【相続税】

ページ	項　目	備　考
224	相続税の基礎控除額	
226	相続税の税率表	速算表
228	配偶者の税額軽減額	
232	申告書の提出期限	相続税の納期限は233ページ
236	相続税のタイムスケジュール	

【贈与税】

242	贈与税の配偶者控除	
242	贈与税の基礎控除	
243	贈与税の税率	
244	申告書の提出期限	
246	相続時精算課税制度の適用要件	

【財産評価】

261〜	宅地及び借地権等の評価	
264	地積規模の大きな宅地	該当する要件及び評価方法
266	小規模宅地等の評価減の特例	
270	家屋の評価	
270	マンションの評価	
272	動産の評価	
273	上場株式の評価	
273〜	取引相場のない株式の評価	

【国際課税】

290 〜	外貨建取引の邦貨換算	法人税は109ページ
291 〜	外国税額控除（居住者）	法人税は142ページ
301 〜	外国子会社合算税制	

【地方税】

332〜	個人住民税の税率	均等割額及び所得割額
338〜	法人住民税の税率	均等割額及び法人税割額
343	個人事業税の法定業種及び税率	
352〜	法人事業税の税率	東京都の税率352ページ〜
358	特別法人事業税（国税）の税率	
362	固定資産税の標準税率	都市計画税の税率は366ページ
367	不動産取得税の税率	
369	事業所税の税率	

は　し　が　き

　事業経営者や経理従事者等にとって、税と社会保険の知識は必要不可欠ですが、これを体系的かつコンパクトに解説した書籍はあまり目にしません。本書は、そういった方からの「各税を網羅的に解説した見やすい書籍がほしい」、「携行できるコンパクトな書籍がほしい」といった声にお応えするため、主に税務大学校研究部に勤務経験のある税理士が集まり、「知りたいことがすぐわかる」をコンセプトに編纂したものです。

　本書の編纂方針は、次表のとおりです。

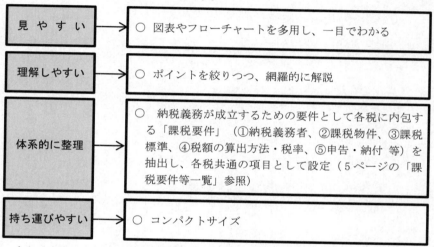

見やすい	→	○ 図表やフローチャートを多用し、一目でわかる
理解しやすい	→	○ ポイントを絞りつつ、網羅的に解説
体系的に整理	→	○ 納税義務が成立するための要件として各税に内包する「課税要件」（①納税義務者、②課税物件、③課税標準、④税額の算出方法・税率、⑤申告・納付 等）を抽出し、各税共通の項目として設定（5ページの「課税要件等一覧」参照）
持ち運びやすい	→	○ コンパクトサイズ

　また、本書では、毎年度の税制改正や税務調査等についても、ポイントを絞って解説しています。

　今後とも皆様方のご意見を反映し、更にわかりやすいものにして参りたいと考えておりますので、忌憚のないご意見、ご批判を賜りますようお願い申し上げます。

　末筆に当たり、本書の刊行に際し、終始ご支援をくださいました一般財団法人大蔵財務協会編集局の諸氏及びご協力いただいた全ての方々に対し、心から謝意を表します。

　令和6年5月

　　　　　　　　　　　　　　　　　　　　編著者　鳴島　安雄
　　　　　　　　　　　　　　　　　　　　同　　　富川　泰敬

は し が き

課税要件等一覧

　本書では、一般に「租税実体法」と呼ばれる主要な租税（所得税、法人税、消費税、相続税、贈与税及び各地方税等）について、原則として、次の共通項目（「課税要件」等）ごとに整理した上で、解説している。

共通項目	共通項目（課税要件等）の概要
○　各税の概要	（各税の概要について解説）
○　各税の計算方法	（各税の納付税額の計算方法の概略について解説）
1　納税義務者	納税義務者とは、租税の支払義務を有する者をいう。なお、租税を支払う者と最終的に負担する者（担税者）が一致する税を「直接税」、一致しない税を「間接税」という。
2　課税物件	課税物件とは、課税の対象とされる物・行為又は事実をいう。所得税及び法人税は「所得」であり、消費税では「資産の譲渡及び貸付け並びに役務の提供」であり、相続税は「相続財産」である。
3　課税標準	課税標準とは、課税物件を具体的に数量や金額で示したものをいう。これに税率を適用するなどして、納めるべき税額を算出する。
4　税額算出方法・税率	税率とは、課税標準に対する税額の割合をいう。通常は、課税標準の一定単位に対する割合として定められる。 　なお、税率には、「比例税率」と「累進税率」とがある。「比例税率」は、課税標準の量と税額との割合が常に比を保つもので、代表的なものに酒税の従量課税方式がある。一方、「累進税率」は、課税標準の量が増えるに従って税率が高くなっていくもので、全額（単純）累進税率と、所得税のような超過累進税率とがある。
5　申告・納付	租税の確定方式には、納付すべき税額が納税表の申告によって確定する「申告納税方式」と、国や地方公共団体が納めるべき金額を計算し、納税者に通知することにより確定する「賦課課税方式」とがある。国税の多くが「申告納税方式」である一方、地方税は原則として「賦課課税方式」を採用している。
6　その他	（各税独自の制度や参考となるべき事項等について解説）

（注）　各税の課税要件については、各章の冒頭に掲載している。

凡　例

通法………………………	国税通則法
通令………………………	国税通則法施行令
徴法………………………	国税徴収法
所法………………………	所得税法
所令………………………	所得税法施行令
所基通……………………	所得税基本通達
法法………………………	法人税法
法令………………………	法人税法施行令
法規………………………	法人税法施行規則
法基通……………………	法人税基本通達
連基通……………………	連結納税基本通達
耐令………………………	減価償却資産の耐用年数等に関する省令
耐通………………………	耐用年数の適用等に関する取扱通達
消法………………………	消費税法
消令………………………	消費税法施行令
消規………………………	消費税法施行規則
消基通……………………	消費税法基本通達
相法………………………	相続税法
相令………………………	相続税法施行令
相規………………………	相続税法施行規則
相基通……………………	相続税法基本通達
評基通……………………	財産評価基本通達
登法………………………	登録免許税法
印法………………………	印紙税法
行審法……………………	行政不服審査法
酒法………………………	酒税法
揮法………………………	揮発油税法
地揮法……………………	地方揮発油税法
石法………………………	石油ガス税法
油法………………………	石油石炭税法
た法………………………	たばこ税法
災法………………………	災害被害者に対する租税の減免、徴収猶予に等に関す

る法律

円滑化法……………………中小企業における経営の承継の円滑化に関する法律

措法……………………………租税特別措置法
措令……………………………租税特別措置法施行令
措規……………………………租税特別措置法施行規則
措通……………………………租税特別措置法関係通達

家事法………………………家事事件手続法

復興財確法…………………東日本大震災からの復興のための施策を実施するため
　　　　　　　　　　　　　に必要な財源の確保に関する特別措置法
復興所得税令………………復興特別所得税に関する省令

出入国管理法………………出入国管理及び難民認定法
国外送金等調書法…………内国税の適正な課税の確保を図るための国外送金等に
　　　　　　　　　　　　　係る調書の提出等に関する法律
国外送金等調書令…………内国税の適正な課税の確保を図るための国外送金等に
　　　　　　　　　　　　　係る調書の提出等に関する法律施行令
国外送金等調書規…………内国税の適正な課税の確保を図るための国外送金等に
　　　　　　　　　　　　　係る調書の提出等に関する法律施行規則
国外送金等調書通達………内国税の適正な課税の確保を図るための国外送金等に
　　　　　　　　　　　　　係る調書の提出等に関する法律（国外財産調書及び財
　　　　　　　　　　　　　産債務調書関係）の取扱いについて（法令解釈通達）
実施特例法…………………租税条約等の実施に伴う所得税法、法人税法及び地方
　　　　　　　　　　　　　税法の特例等に関する法律
実施特例令…………………租税条約等の実施に伴う所得税法、法人税法及び地方
　　　　　　　　　　　　　税法の特例等に関する法律施行令
実施特例規…………………租税条約等の実施に伴う所得税法、法人税法及び地方
　　　　　　　　　　　　　税法の特例等に関する法律の施行に関する省令
酒類業組合法………………酒税の保全及び酒類業組合等に関する法律
森環法………………………森林環境税及び森林環境譲与税に関する法律

地法……………………………地方税法
地令……………………………地方税法施行令
地規……………………………地方税法施行規則
地財確法……………………東日本大震災からの復興に関し地方公共団体が実施す
　　　　　　　　　　　　　る防災のための施策に必要な財源の確保に係る地方税

—7—

の臨時特例に関する法律

取扱通知（県）…………地方税法の施行に関する取扱いについて（道府県税関係）

新型コロナ税特法………新型コロナウイルス感染症等の影響に対応するための
　　　　　　　　　　　　国税関係法律の臨時特例に関する法律
新型コロナ税特令………新型コロナウイルス感染症等の影響に対応するための
　　　　　　　　　　　　国税関係法律の臨時特例に関する法律施行令
電子帳簿保存法…………電子計算機を使用して作成する国税関係帳簿書類の保
　　　　　　　　　　　　存方法等の特例に関する法律

平15改正消規……………消費税法施行規則の一部を改正する省令（平成15年財
　　　　　　　　　　　　務省令第92号）
平22改正法………………所得税法等の一部を改正する法律（平成22年法律第6号）
平24改正法………………社会保障の安定財源の確保等を図る税制の抜本的な改
　　　　　　　　　　　　革を行うための消費税法の一部を改正する等の法律
　　　　　　　　　　　　（平成24年法律第68号）
平27改正法………………所得税法等の一部を改正する法律（平成27年法律第9号）
平27改正所令……………所得税法施行令の一部を改正する政令（平成27年政令
　　　　　　　　　　　　第141号）
平28改正法………………所得税法等の一部を改正する法律（平成28年法律第15号）
平28改正消令……………消費税法施行令等の一部を改正する政令（平成28年政
　　　　　　　　　　　　令第148号）
平29改正法………………所得税法等の一部を改正する等の法律（平成29年法律
　　　　　　　　　　　　第4号）
平30改正法………………所得税法等の一部を改正する法律（平成30年法律第7号）
平30改正消令……………消費税法施行令等の一部を改正する政令（平成30年政
　　　　　　　　　　　　令第135号）
平31改正法………………所得税法等の一部を改正する法律（平成31年法律第6号）
平31改正所令……………所得税法施行令の一部を改正する政令（平成31年政令
　　　　　　　　　　　　第95号）
令2改正法………………所得税法等の一部を改正する法律（令和2年法律第8号）
令3改正法………………所得税法等の一部を改正する法律（令和3年法律第11号）
令4改正法………………所得税法等の一部を改正する法律（令和4年法律第4号）
令5改正法………………所得税法等の一部を改正する法律（令和5年法律第3号）
令6改正法………………所得税法等の一部を改正する法律（令和6年法律第8号）
〈例〉　所法161①十二イ……所得税法第161条第1項第12号イ
本書は、令和6年5月1日現在の法令等によった。

　（注）　文中の「（出典）」には当該文献（原文）のほか、それに基づくものを
　　含む。

—8—

目　次

〈税制改正〉

令和6年度税制改正の概要 ……………………………………………………1

1　個人所得課税 ……………………………………………………………1
2　資産課税 …………………………………………………………………2
3　法人課税 …………………………………………………………………2
4　消費課税 …………………………………………………………………3
5　地方税 ……………………………………………………………………3
6　その他 ……………………………………………………………………4

I　国税通則法

〈国税通則法の構成〉 ………………………………………………………5
1　期間計算 …………………………………………………………………6
2　納税義務の成立 …………………………………………………………7
3　納付 ………………………………………………………………………11
4　納税の緩和制度 …………………………………………………………19
5　国税の還付 ………………………………………………………………22
6　税務調査及び国税犯則調査 ……………………………………………23
7　不服申立て ………………………………………………………………26
8　主な書類の提出期限等 …………………………………………………28

Ⅱ　所得税

〈所得税の概要〉··· 31
〈所得税の計算方法（概要）〉··· 31
〈所得税の課税要件等〉··· 32
　1　納税義務者··· 32
　2　課税物件（課税対象）··· 33
　3　課税標準··· 34
　4　税額算出方法・税率··· 42
　5　申告・納付··· 59
　6　所得税独自の制度··· 62

Ⅲ　法人税

〈法人税の概要〉··· 63
〈法人税の計算方法（概要）〉··· 63
〈法人税の課税要件等〉··· 64
　1　納税義務者··· 64
　2　課税物件（課税対象）··· 67
　3　課税標準··· 68
　4　税額算出方法・税率··· 138
　5　申告・納付··· 152
　6　法人税独自の制度··· 156
　7　主な届出書・申請書··· 158

Ⅳ　消費税

〈消費税の概要〉··· 163
〈消費税の計算方法（概要）〉··· 163
〈消費税の課税要件等〉··· 164
　1　納税義務者··· 165
　2　課税物件（課税の対象）··· 176
　3　課税標準··· 184
　4　税額算出方法・税率··· 186
　5　申告・納付··· 204
　6　主な届出書・申請書··· 207

V　相続税

〈相続税の概要〉···213

〈相続税の計算方法（概要）〉··213

〈民法等の基礎知識〉···214

〈相続税の課税要件等〉···216

  1　納税義務者···217

  2　課税物件（課税対象）···217

  3　課税標準（課税遺産総額）··223

  4　税額算出方法・税率···225

  5　申告・納付··232

  6　その他··236

VI　贈与税

〈贈与税の概要〉···237

〈贈与税の計算方法（概要）〉··237

〈贈与税の課税要件等〉···238

  1　納税義務者···238

  2　課税財産（本来の贈与財産とみなし贈与財産）··············240

  3　課税標準（贈与税の課税価格）····································241

  4　税額算出方法・税率···242

  5　申告・納付··244

  6　贈与税独自の制度···246

VII　財産評価

〈評価の原則〉··261

  1　土地及び土地の上に存する権利・家屋··························261

  2　動産··272

  3　その他の財産···273

Ⅷ　その他の国税

| 第1 | 印紙税 | 281 |

〈印紙税の課税要件等〉 281

| 第2 | 登録免許税 | 282 |

〈登録免許税の課税要件等〉 282

| 第3 | 酒税 | 283 |

〈酒税の課税要件等〉 283

Ⅸ　国際課税

| 第1 | 個人課税 | 285 |

1	納税義務者	285
2	課税所得の範囲と非居住者の課税	286
3	外貨建取引の邦貨換算	290
4	外国税額控除（居住者）	291
5	国外転出時課税	295
6	外国子会社合算税制	297
7	国際相続・贈与	298

| 第2 | 法人課税 | 299 |

1	外国法人に対する課税	299
2	外貨建取引の邦貨換算	301
3	外国税額控除	301
4	外国子会社合算税制	301
5	移転価格税制	304
6	過少資本税制	306
7	過大支払利子税制	307
8	グローバル・ミニマム課税制度	308

| 第3 | 資料情報制度 | 312 |

| 1 | 国外送金等調書制度 | 312 |

  2 国外財産調書制度 ･･････････････････････････････････････ 313

  3 国外証券移管等調書制度 ･･･････････････････････････････ 313

  4 共通報告基準（CRS）に基づく情報交換制度 ････････････ 315

第4 租税条約と実施特例法等 ･････････････････････････････ 317

  1 租税条約 ･･･ 317

  2 実施特例法等による手続 ･･･････････････････････････････ 320

Ⅹ 地方税

〈地方税の概要〉 ･･･ 323

〈各税の特色等〉 ･･･ 324

〔住民税〕

第1 個人住民税 ･･･ 325

〈個人住民税の課税要件等〉 ･･･････････････････････････････ 325

  1 納税義務者 ･･ 327

  2 課税物件（課税客体） ･････････････････････････････････ 327

  3 課税標準 ･･･ 329

  4 税額算出方法・税率 ･･･････････････････････････････････ 329

  5 申告・納付 ･･ 334

  6 個人住民税独自の制度 ････････････････････････････････ 334

第2 法人住民税 ･･･ 335

〈法人住民税の課税要件等〉 ･･･････････････････････････････ 335

  1 納税義務者 ･･ 336

  2 課税物件（課税客体） ･････････････････････････････････ 337

  3 課税標準 ･･･ 337

  4 税額算出方法・税率 ･･･････････････････････････････････ 337

  5 申告・納付 ･･ 340

  6 法人住民税独自の制度 ････････････････････････････････ 340

  7 その他（地方法人税（国税）） ････････････････････････ 341

〈地方法人税の課税要件等〉 ･･･････････････････････････････ 341

〔事業税〕

第3 個人事業税 ··· 342

〈個人事業税の課税要件等〉 ································· 342

  1 納税義務者 ··· 342

  2 課税物件（課税客体） ···························· 343

  3 課税標準 ··· 344

  4 税額算出方法・税率 ······························ 344

  5 申告・納付 ·· 346

  6 個人事業税独自の制度 ···························· 346

第4 法人事業税 ··· 347

〈法人事業税の課税要件等〉 ································· 347

  1 納税義務者 ··· 348

  2 課税物件（課税客体） ···························· 348

  3 課税標準 ··· 349

  4 税額算出方法・税率 ······························ 351

  5 申告・納付 ·· 356

  6 法人事業税独自の制度 ···························· 356

第5 特別法人事業税（国税） ····························· 358

〈特別法人事業税の課税要件等〉 ·························· 358

〔固定資産税等〕

第6 固定資産税 ··· 359

〈固定資産税の課税要件等〉 ································· 359

  1 納税義務者 ··· 360

  2 課税物件（課税客体） ···························· 360

  3 課税標準 ··· 362

  4 税額算出方法・税率 ······························ 363

  5 申告・納付 ·· 365

  6 固定資産税独自の制度 ···························· 365

  7 関連税目 ··· 365

第 7　都市計画税 ······································ 366

〈都市計画税の課税要件等〉 ·························· 366

〔その他〕

第 8　不動産取得税 ·································· 367

〈不動産取得税の課税要件等〉 ······················ 367

第 9　事業所税 ······································ 369

〈事業所税の課税要件等〉 ·························· 369

XI　税務調査等

第 1　所得税 ·· 371

第 2　法人税 ·· 375

第 3　消費税 ·· 379

第 4　相続税・贈与税 ································ 381

〈巻末資料〉

① 納税義務者の区分と課税所得の範囲・課税方法の概要 ·················· 387

② 非居住者及び外国法人に対する課税関係の概要と源泉徴収 ·············· 388

③ 令和 6 年（2024年）分の給与所得の源泉徴収税額表（月額表）·········· 391

④ 月額表の甲欄を適用する給与等に対する源泉徴収税額の電算機計算の特例··· 398

⑤ 令和 6 年（2024年）分の給与所得の源泉徴収税額表（日額表）·········· 399

⑥ 賞与に対する源泉徴収税額の算出率の表（令和 6 年分）················ 406

⑦ 年末調整等のための給与所得控除後の給与等の金額の表 ················ 408

⑧ 居住者又は内国法人に支払う報酬・料金等に対する源泉徴収税額の表······· 417

⑨ 源泉徴収のための退職所得控除額の表（令和 6 年分）················· 429

⑩ 課税退職所得金額の算式の表（令和 6 年分）······················· 430

⑪ 退職所得の源泉徴収税額の速算表（令和 6 年分）···················· 430

⑫　減価償却資産の耐用年数表
・別表第 1　機械及び装置以外の有形減価償却資産の耐用年数表 ················ 431
・別表第 2　機械及び装置の耐用年数表 ······································· 439
・別表第 3　無形減価償却資産の耐用年数表 ··································· 442
・別表第 4　生物の耐用年数表 ··· 442
・別表第 5　公害防止用減価償却資産の耐用年数表 ····························· 443
・別表第 6　開発研究用減価償却資産の耐用年数表 ····························· 443
・別表第 7　平成19年 3 月31日以前に取得した減価償却資産の償却率表 ········ 444
・別表第 8　平成19年 4 月 1 日以後に取得した減価償却資産の定額法の償却率
　　　　　　表 ··· 445
・別表第 9　平成19年 4 月 1 日から平成24年 3 月31日までの間に取得した減価
　　　　　　償却資産の定率法の償却率、改定償却率及び保証率の表 ··········· 446
・別表第10　平成24年 4 月 1 日以後に取得した減価償却資産の定率法の償却率、
　　　　　　改定償却率及び保証率の表 ······································· 447
・別表第11　平成19年 3 月31日以前に取得した減価償却資産の残存割合表 ····· 448
⑬　令和 6 年分土地及び土地の上に存する権利の評価についての調整率表 ········ 449
⑭　印紙税額一覧表（令和 6 年 4 月現在） ····································· 453
⑮　登録免許税の税額表（抄） ··· 455
⑯　協会けんぽの保険料率 ··· 459
⑰　令和 2 年 9 月分（10月納付分）からの厚生年金保険料額表（令和 6 年度版）·· 460
⑱　介護保険料率 ··· 461
⑲　雇用保険料率（令和 6 年度） ··· 461
⑳　国民年金の保険料 ··· 461
㉑　主な税のこよみ（令和 6 年 6 月～令和 7 年 5 月） ························· 462
㉒　年齢早見表（2024年（令和 6 年）用） ····································· 467

索　引 ··· 473

税制改正

令和6年度税制改正の概要

令和6年度税制改正（主なもの）の概要は、次表のとおり。

1	個人所得課税	(1) 所得税・個人住民税の定額減税 (2) スタートアップ関連税制の抜本的強化 (3) 住宅ローン控除の見直し
2	資産課税	(1) マンションの評価方法の見直し (2) 特例承継計画の提出期限の延長
3	法人課税	(1) 賃上げ促進税制（税額控除）の強化 (2) 交際費等から除外される飲食費に係る見直し (3) 暗号資産の評価方法の見直し
4	消費課税	(1) プラットフォーム課税の導入 (2) 外国人旅行者向け消費税免税制度の見直し
5	地方税	(1) 外形標準課税の適用対象法人の見直し（法人事業税）
6	その他	(1) 特定の基金に対する負担金等の損金算入の取扱い

各項目の内容は、以下のとおり。

1　個人所得課税

(1)　所得税・個人住民税の定額減税

○　デフレ脱却のための一時的な措置として、令和6年分の所得税・個人住民税の減税を実施

○　減税額は、納税者及び扶養親族（同一生計配偶者を含み、いずれも居住者に限る。）1人につき、所得税は3万円、住民税は1万円

○　合計所得金額1,805万円（給与収入2,000万円相当）超の高額所得者は対象外

（注）　所得税は令和6年6月以降の源泉徴収税額から減税（不動産所得・事業所得者等については、確定申告で減税）。

(2)　スタートアップ関連税制の抜本的強化

○　スタートアップへの再投資に係る非課税措置を導入

○　スタートアップ発行のストックオプションの権利行使価額の上限の引上げ
（最大1,200万円／年　⇒　最大3,600万円／年）

(3) 住宅ローン控除の見直し

> ○ 子育て世帯等に対し、住宅ローン控除の借入限度額を上乗せ
>
> ○ 特例認定住宅等の新築等に係る床面積要件を緩和（50㎡以上 ⇒ 40㎡以上
>
> であれば可とする）

（注） 借入限度額の上乗せ措置は、令和6年1月1日から同年12月31日までの間に自己の居住の用
に供した認定住宅等について適用。床面積要件の緩和措置は、令和6年12月31日以前に建築確
認を受けた特例認定住宅等について適用。

2 資産課税

(1) マンションの評価方法の見直し

> ○ 居住用のマンションの評価については、評価通達に基づく価額に評価乖離
>
> 率による区分所有補正率を乗じて評価する。

(2) 特例承継計画の提出期限の延長

> ○ 非上場株式等に係る相続税・贈与税の納税猶予の特例について、特例承継
>
> 計画の提出期限を令和8年3月31日まで2年延長
>
> なお、当該特例制度は適用期限である令和9年12月末日以降延長を行わな
>
> い。

3 法人課税

(1) 賃上げ促進税制（税額控除）の強化

> ○ 賃上げ要件を以下のとおり見直し
>
> 大 企 業：現行の3％の賃上げ要件は維持しつつ、段階的に7％まで設
>
> 定
>
> 中堅企業：新たに「中堅企業」枠を創設し、3％・4％の賃上げ要件を
>
> 設定
>
> 中小企業：現行の賃上げ要件（1.5％・2.5％）を維持しつつ、5年間の繰
>
> 越控除措置を創設
>
> ○ 子育てとの両立支援や女性活躍支援に積極的な企業への控除率の上乗せ措
>
> 置（5％）を創設
>
> ○ 以上により、最大控除率を、大企業・中堅企業は30％ ⇒ 35％、中小企業
>
> は40％ ⇒ 45％に拡充

（注） 令和6年4月1日以後に開始する事業年度分の法人税について適用。

(2) 交際費等から除外される飲食費に係る見直し

> ○ 交際費等から除外される飲食費の金額基準を引上げ（5,000円以下
> ⇒ 10,000円以下）

(注) 令和6年4月1日以後に支出する飲食費について適用。

(3) 暗号資産の評価方法の見直し

> ○ 内国法人が保有する市場暗号資産（活発な市場が存在する暗号資産）の評
> 価方法について、事業年度終了時の評価額（時価法）に加え、帳簿価額とす
> る方法（原価法）を追加

(注) 令和6年4月1日以後に終了する事業年度の法人税について適用。

4 消費課税

(1) プラットフォーム課税の導入

> ○ 国外事業者がデジタルプラットフォームを介して国内向けに行うデジタル
> サービスについて、取引高50億円超のプラットフォーム事業者を対象に、国
> 外事業者の代わりに消費税を課す「プラットフォーム課税」を導入

(注) 令和7年4月1日以後に行われる電気通信利用役務の提供について適用。

(2) 外国人旅行者向け消費税免税制度の見直し

> ○ 外国人旅行者向け消費税免税制度により免税購入された物品と知りながら
> 行った課税仕入れについては、仕入税額控除を不適用とする。

(注) 令和6年4月1日以後の課税仕入れに適用。
なお、免税物品の不正横流し防止を目的として、出国時に購入品の持ち出しが確認できた場
合に免税が成立する制度への改正を検討中。

5 地方税

(1) 外形標準課税の適用対象法人の見直し（法人事業税）

> ○ 現行基準（資本金1億円超）は維持しつつ、資本金と資本剰余金の合計額
> が10億円を超える場合には、外形標準課税の対象とする
> ○ 資本金と資本剰余金の合計額が50億円超の法人等の100％子会社等のうち、
> 資本金が1億円以下、かつ、資本金と資本剰余金の合計額が2億円超の場合
> には、外形標準課税の対象とする

(注) 上段は令和7年4月1日以後に開始する事業年度から、下段は令和8年4月1日以後に開始
する事業年度から適用。

6 その他

(1) 特定の基金に対する負担金等の損金算入の取扱い

○ 特定の基金に対する負担金等の損金算入の特例における独立行政法人中小
企業基盤整備機構が行う中小企業倒産防止共済事業に係る措置について、中
小企業倒産防止共済法の共済契約の解除があった後同法の共済契約を締結し
た場合には、その解除の日から同日以後2年を経過する日までの間に支出す
る当該共済契約に係る掛金については、本特例の適用ができないとする。

(注) 令和6年10月1日以後の共済契約の解除について適用。

I　国税通則法

　国税通則法は、国税の納税義務の成立及び確定や国税の納付などの手続に関する各税に共通的な事項を統一的に定めている。

(注)　一方、各税法においては、納税義務者、課税標準、税率など、課税の実体に関する規定を中心に定めている。

国税通則法の構成

本書の項目	章	条文	規　定　等　の　内　容
1　期間計算	1	1〜14	通則法の目的、納税義務の承継、連帯納税義務、期間の計算、書類の送達及び収受
2　納税義務の成立	2	15〜33	納税義務の成立及び確定の時期、確定方式
	7	70〜74	更正、決定、徴収還付などの期間制限
	9	117〜125	納税管理人、端数処理、納税証明等
3　納付	3	34〜45	納税義務の確定した国税の納付及び徴収の手続
	6	60〜69	本税に附帯して課される延滞税、利子税及び加算税
4　納税の緩和制度	4	46〜55	納税の猶予及び担保
5　国税の還付	5	56〜59	納め過ぎた国税の還付及び還付加算金
6　税務調査及び国税犯則調査	7の2	74の2〜74の13	質問検査権、税務調査手続
	7の3	74の14	行政手続法との関係（処分の理由附記等）
	10	126〜130	罰則
	11	131〜160	犯則事件の調査及び処分
7　不服申立て	8	75〜116	不服審査及び訴訟
8　主な書類の提出期限等			主な書類の効力発生時期及び提出期限

(注)　「章」欄及び「条文」欄は、国税通則法の番号。

1 期間計算

期間の計算の具体例は、次表のとおり。

用 語	説 明	用 例	図 解
1 〜日から	原則 初日不算入 （通法10① 一本文）	(1) その理由のやんだ日から2月以内（通法11）	6/1 理由のやんだ日、6/2 起算日…2月…8/1 満了日(点)、8/2 応当日
		(2) 納付の日から3日以内（徴法131）	8/1 納付の日、8/2 起算日、3日、8/4 満了日(点)
	特例 初日算入 （通法10① 一ただし書）	(1) 終了の日の翌日から2月以内（法法74①） （注） 〜の翌日から…午前0時から始まる。	3/31 終了の日、4/1 翌日(起算日)、2月、5/31 満了日(点)(最終月の末日)
		(2) 開始の日以後6月を経過した日から2月以内（法法71①） （注） 6月を経過した日…午前0時から始まる。	4/1 開始日、6月、10/1 6月を経過した日(起算日)、2月、11/30 満了日(点)(最終月の末日)
2 〜日から起算して	期間の初日（起算日）を明確にする場合に用いられる。	督促状を発した日から起算して10日を経過した日（通法40）	4/27 督促状発送(起算日)、10日、5/6 経過する日、5/7 経過した日
3 経過する日	期間の末日	(1) 〜の翌日から起算して1月を経過する日（通法35②二） （注） 〜の翌日から1月を経過する日と同じである。	8/25 発した日、8/26 翌日(起算日)、1月、9/25 経過する日(納期限)、9/26 応当日
		(2) 〜の翌日から起算して1月を経過する日（通法35②二、10①三ただし書）	1/30 発した日、1/31 翌日(起算日)、1月、2/28(29) 経過する日(納期限)、応当日なし
4 経過した日	期間の末日の翌日	〜日から起算して7日を経過したとき（通法14③）	2/7 掲示を始めた日(起算日)、7日、2/13 7日目(経過する日)、2/14 経過した日
5 以前	起算点となる日時を含む。	法定納期限等以前に設定（徴法15）	以前←、3/15 法定納期限
6 以後	起算点又は期限の満了点となる日時を含む。	損失を受けた日以後1年以内に納付すべき国税（通法46①）	本年8/15 受けた日(起算日)、1年、翌年8/14 満了日(点)、8/15 応当日
7 以内			

| 8
前又は後 | 起算点又は満了点となる日時を含まない。 | (1) 公売の日の少なくとも10日前までに（徴法95①） | 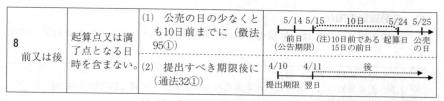 |
| | | (2) 提出すべき期限後に（通法32①） | |

（出典）「国税通則法（基礎編）令和6年度（2024年度）版」税務大学校

2 納税義務の成立

(1) 納税義務の成立時期

納税義務の成立時期の主なものは、次表のとおり。

区　分	成　立　時　期
申告納税による所得税	暦年の終了の時
源泉徴収による所得税	源泉徴収をすべきものとされている所得の支払の時
法人税及び地方法人税	事業年度の終了の時
相続税	相続又は遺贈による財産の取得の時
贈与税	贈与による財産の取得の時
消費税	・国内取引⇒ 課税資産の譲渡等若しくは特定課税仕入れを行った時 ・輸入貨物⇒ 保税地域からの引取りの時
印紙税	課税文書の作成の時
過少申告加算税、無申告加算税又は重加算税（申告納税方式による国税に対する加算税）	法定申告期限の経過の時
不納付加算税又は重加算税（源泉徴収等による国税に対する加算税）	法定納期限の経過の時

【法令等】通法15②

(2) 税額の確定

イ 税額の確定方式

納付すべき税額の確定は、次の「ロ　自動確定の国税」を除き、国税に関する法律の定める手続を経てなされる。これには「申告納税方式」と「賦課課税方式」とがある。

申告納税方式	納付すべき税額が、原則として納税者の申告により確定する方式
賦課課税方式	納付すべき税額が、税務署長等の処分により確定する方式

I　国税通則法

ロ　自動確定の国税

次の国税については、納税義務の成立と同時に納付すべき税額が自動的に確定する。

自動確定の国税	① 予定納税に係る所得税 ② 源泉徴収等による国税（源泉所得税及び特別徴収に係る国際観光旅客税） ③ 自動車重量税 ④ 国際観光旅客税（特別徴収以外のもの） ⑤ 印紙税（申告納税方式による印紙税（加算税を含む。）及び過怠税を除く。） ⑥ 登録免許税 ⑦ 延滞税及び利子税

ハ　端数処理

国税の確定金額などの端数金額の処理は、次表のとおり。

区　分		適　用　税　目	端　数　処　理　方　法
課税標準	原　則	国税一般	1,000円未満の端数切捨て （課税標準の全額が1,000円未満の場合は、その全額を切捨て）
	例　外	源泉所得税（退職所得の申告がされている場合の退職所得及び年末調整に係るものを除く。）	1円未満の端数切捨て （課税標準の全額が1円未満の場合は、その全額を切捨て）
		登録免許税	1,000円未満の端数切捨て （課税標準の全額が1,000円未満の場合は、1,000円とする。）
		印　紙　税	端数処理不要
計算の基礎となる税額		附　帯　税【※】	10,000円未満の端数切捨て （計算の基礎となる税額の全額が10,000円未満の場合は、その全額を切捨て）
税額の確定金額	原　則	国税一般（滞納処分費も国税に含まれる。）	100円未満の端数切捨て （税額の全額が100円未満の場合は、その全額を切捨て）
	例　外	源泉所得税（退職所得の申告がされている場合の退職所得及び年末調整に係るものを除く。）	1円未満の端数切捨て （税額の全額が1円未満の場合は、その全額を切捨て）
		登録免許税	100円未満の端数切捨て （税額の全額が1,000円未満の場合は、1,000円とする。）
		自動車重量税	端数処理不要
		印　紙　税	端数処理不要 （過怠税の全額が1,000円未満の場合は、1,000円とする。）

		附　帯　税【※】	100円未満の端数切捨て 附帯税の全額が1,000円未満（加算税は5,000円未満）の場合は、その全額を切捨て

【※】　附帯税とは、各種の加算税と利子税及び延滞税をいう（通法2四）。

（出典）「国税通則法（基礎編）令和6年度(2024年度)版」税務大学校

【法令等】 通法118、119、通令40、登法15、19、印法20④

(3)　更正・決定

イ　定義

更　正	納税申告書に記載された課税標準等又は税額等が国税に関する法律の規定に従って計算されていないとき、その他課税標準等又は税額等が調査したところと異なるときに、その調査により課税標準等又は税額等を確定する税務署長の処分【※】
再更正	税務署長の行った更正又は決定に係る税額に過不足額があったときに、更に行われる更正処分
決　定	納税申告書を提出する義務があると認められる者が、納税申告書を提出しない場合に、調査により課税標準等及び税額等を確定する税務署長の処分

【※】　納付すべき税額を増加する更正を「増額更正」、減少する更正を「減額更正」という。

　　なお、減額更正には、税務署長が職権で行う場合のほか、納税者からの「更正の請求」に基づいて行うものがある（「(4)　更正の請求」参照）。

【法令等】 通法23～26

ロ　更正又は決定の手続

更　正	更正前と更正後の課税標準等及び税額等並びに増減した税額等を記載した更正通知書を送達
決　定	課税標準等及び税額等を記載した決定通知書を送達

（注）　更正又は決定が国税庁又は国税局の職員の調査に基づく場合には、これらの通知書にその旨を附記し、また、更正又は決定の処分が不利益処分である場合には、その処分の理由を附記しなければならないこととされている。更に、その処分が不服申立てができる処分である場合には、「その処分に不服がある場合は不服申立てができること並びにその不服申立先及び不服申立期間」を書面で教示しなければならないこととされている。

【法令等】 通法27、28②③、74の14①、行手法14、行審法82①

国税通則法

ハ　更正・決定・賦課決定ができる期間

区　分			通常の過少申告・無申告の場合	脱税の場合
更　正			5年【※1、2、4】	7年
決　定			5年【※1、4】	
純損失等の金額に係る更正			5年【※5】	
増額賦課決定	課税標準申告書の提出を要するもの	提出した場合	3年	
		不提出の場合	5年	
	課税標準申告書の提出を要しないもの		5年【※1、2、3、4】	
減額賦課決定			5年【※1、2、4】	

- 【※1】　贈与税の更正決定等については6年、移転価格税制に係る法人税の更正決定等については7年（令和2年4月1日以後に開始する事業年度について適用され、同日前に開始した事業年度については6年）。
- 【※2】　更正の除斥期間の終了する日前6月以内にされた更正の請求に係る更正又はその更正に伴って行われることとなる加算税の賦課決定については、当該更正の請求があった日から6月を経過する日まで。
- 【※3】　賦課決定の除斥期間の終了する日前3月以内にされた納税申告書の提出又は源泉徴収等による国税の納付（調査通知前又は納税の告知前で、かつ、調査による更正決定又は納税の告知を予知してされたものでない場合に限る。）に伴って行われることとなる無申告加算税又は不納付加算税の賦課決定については、その納税申告書の提出又はその源泉徴収等による国税の納付があった日から3月を経過する日まですることができる（令和2年4月1日以後に法定申告期限又は法定納期限が到来する国税について適用）。
- 【※4】　国外転出等の特例の適用がある場合の所得税についての更正決定等については、原則として7年。
- 【※5】　法人税に係る純損失等の金額についての更正は、平成30年4月1日以後に開始する事業年度において生じるものについては10年、同日前に開始する事業年度については9年。

　　【法令等】　通法70①〜④、措法66の4㉗、相法37①

(4)　更正の請求（納税者によるもの）

イ　制度の概要

　　次に該当する場合は、申告した課税標準等又は税額等（更正されている場合には、更正後の課税標準等又は税額等）について、納付すべき税額の減額（還付金の額に相当する税額等の増額を含む。）の更正をすべき旨の請求をすることができる。

請求ができる場合	①　納付すべき税額が過大であるとき
	②　還付金の額に相当する税額が過少であるとき
	③　純損失等の金額（いわゆる赤字金額）が過少であるとき

ロ　更正の請求の手続

　　その請求に係る更正前と更正後の課税標準等又は税額等、請求の理由、請求をするに至った事情の詳細、その他参考となる事項を記載した更正の請求書を、所

轄税務署長に提出

ハ 更正の請求ができる期間

税　目	期　間
申告所得税（純損失等の金額に係る更正を含む。）	5年
法人税	
純損失等の金額に係る更正	10年 【※1】
移転価格税制に係る更正	7年 【※2】
相続税	5年
贈与税	6年
消費税及び地方消費税	5年
酒税	
上記以外のもの	

【※1】 平成30年4月1日以後に開始する事業年度については10年、同日前に開始した事業年度については9年。

【※2】 令和2年4月1日以後に開始する事業年度については7年、同日前に開始した事業年度については6年。

【法令等】 通法23①、相法32②、措法66の4㉖

3 納付

(1) 法定納期限

区　分		期　限
期限内申告の場合	⇒	法定納期限
期限後申告・修正申告の場合	⇒	提出した日
更正・決定を受けた場合	⇒	通知書が発せられた日の翌日から起算して1月を経過する日

【法令等】 通法35、36

(2)　税額の確定及び納付手続

税　　　　目	区分	確定の方式	確定の手続	納　付　の　手　続	
申告所得税、法人税、地方法人税、相続税、贈与税、地価税、消費税、酒税、揮発油税、地方揮発油税、石油石炭税、石油ガス税、たばこ税、電源開発促進税、航空機燃料税、印紙税（印紙税法11条、12条に掲げるものに限る。）	本税	申告納税方式	納税申告更　正決　定	税額に相当する金銭に納付書を添えて納付する。	
	加算税	賦課課税方式	賦課決定	税額に相当する金銭に納付書を添えて納付する。	
特殊な場合における酒税など	本税（加算税なし）	賦課課税方式	賦課決定課税標準申告書に記載されたものが適正である場合には納税告知	税額に相当する金銭に納税告知書を添えて納付する。	
印紙税（印紙税法20条に掲げるものに限る。）	過怠税				
源泉徴収等による国税（源泉所得税、国際観光旅客税（特別徴収に係るもの））	本税	自動確定	な　し	税額に相当する金銭に納付書又は納税告知書を添えて納付する。	
	加算税	賦課課税方式	賦課決定	税額に相当する金銭に納税告知書を添えて納付する。	
国際観光旅客税（特別徴収以外のもの）	本税（加算税なし）	自動確定	な　し	税額に相当する金銭に納付書又は納税告知書を添えて納付する。	印紙を貼り付けていないなどのときは納税告知書が送達されるので、金銭にその告知書を添えて納付する。
印紙税（印紙税法11条、12条、20条に掲げるものを除く。）				印紙を貼り付けて納付する。ただし、印紙税法9条、10条の場合は、納付書により納付する。	
登録免許税				税額に相当する金銭に納付書を添えて納付する。ただし、税額30,000円以下の場合は、印紙を貼り付けて納付することができる。	
自動車重量税				印紙を貼り付けて納付する。ただし、自動車重量税法10条の場合は、税額に相当する金銭に納付書を添えて納付する。	

（注）　あらかじめ税務署長に届け出た場合には、納付書又は納税告知書により納付する方法に代えて、電子納付の方法により納付することができる（通法34①ただし書）。

（出典）「国税通則法（基礎編）令和6年度（2024年度）版」税務大学校

【法令等】通法34 ～ 36ほか

(3) 延滞税・利子税

イ　定義

延滞税	納税者が納付すべき国税を法定納期限までに納付しない場合に、遅延利息に相当するものとして課される税
利子税	一定の条件により延納又は納税申告書の提出期限の延長などが認められた期間内に、約定利息に相当するものとして課される税

【法令等】 通法60①、64①

ロ　計算方法

$$\left(\begin{array}{c}\text{納付すべき}\\\text{本税の額}\\\text{【※1】}\end{array} \times \begin{array}{c}\text{延滞税}\\\text{又は利子税}\\\text{の割合}\end{array} \times \begin{array}{c}\text{法定納期限の}\\\text{翌日から完納}\\\text{までの日数}\end{array}\right) \div 365 = \begin{array}{c}\text{延滞税又は}\\\text{利子税の額}\\\text{【※2】}\end{array}$$

【※1】 10,000円未満の端数切捨て。納付すべき本税の額の金額が10,000円の場合は、全額切捨て。
【※2】 100円未満の端数切捨て。

ハ　延滞税、利子税及び還付加算金の割合

近年の低金利の状況を踏まえ、延滞税、利子税及び還付加算金の割合は、「本則」でなく次表の「特例」の割合を用いる。

区分	補足説明	本則	特例(R4.1.1〜)
延滞税	納期限までの期間　及び納期限の翌日から2か月を経過する日までの期間	7.3%	2.4%
	納期限の翌日から2か月を経過する日の翌日以後	14.6%	8.7%
利子税	所得税の延納、法人税の確定申告書の提出期間の延長等の特例の場合など	7.3%	0.9%【※】
還付加算金	国から納税者への還付金等に付される利息	7.3%	0.9%

【※】 相続税は、相続財産に占める不動産の割合により0.1%〜0.7%、贈与税は0.8%。

国税通則法

I 国税通則法

(4) 加算税

種　類 課税要件	課税割合 （増差本税に対する率）		不適用又は課税割合の軽減	
	通常分	加重分	要　　　件	不適用 軽　減
過少申告加算税 （通法65） ○ 期限内申告書（還付請求申告書を含む。）が提出された場合において、修正申告書の提出又は更正があったとき ○ 期限後申告書が提出された場合（期限内申告書の提出がなかったことについて正当な理由があるとき等）において、修正申告書の提出又は更正があったとき （通法65①）	10% （通法65①） [5 %] ○ 調査通知以後、調査による更正の予知なしの修正申告の場合 （通法65①括弧書、⑥）	5 % ○ 期限内申告税額相当額又は50万円のいずれか多い金額を超える部分がある場合（当該超える部分に課す。） （通法65②） 10% ① 帳簿の提示等をしなかった場合又は、帳簿への売上金額の記載等が、本来記載等をすべき金額の2分の1未満の場合 （通法65④一） 5 % ② 帳簿への売上金額の記載等が、本来記載等をすべき金額の3分の2未満の場合（①に該当する場合を除く。） （通法65④二）	○ 正当な理由がある場合 （通法65⑤一） ○ 調査による更正の予知なしの修正申告の場合［調査通知前］ （通法65⑥） ○ 減額更正後に修正申告書の提出又は更正があった場合（更正の請求に基づくものを除き、期限内申告書に係る税額に達するまでの税額） （通法65⑤二）	**不適用**

— 14 —

種　類 課税要件	課税割合 （増差本税に対する率）		不適用又は課税割合の軽減	
	通　常　分		要　　　件	不適用 軽　減
無申告 加算税 （通法66） ○　期限後申告書の提出又は決定があった場合 ○　期限後申告書の提出又は決定があった後に、修正申告書の提出又は更正があった場合 （通法66①）	**15%** （通法66①）		○　正当な理由がある場合 （通法66①ただし書、⑦） ○　期限内申告の意思があり、次のいずれにも該当する場合（通法66⑨） ①　調査による決定の予知なしの期限後申告書の提出 ②　期限内申告書を提出する意思があったと認められる一定の場合 （通令27の2①） ③　法定申告期限から1月を経過する日までに期限後申告書を提出	不適用
	［10%］ ○　調査通知以後、調査による決定等の予知なしの期限後申告等の場合 （通法66①括弧書）			
	加　重　分　等			
	（第3項該当）	（第2、5、6項該当）		
	○　加算後累積納付税額が300万円を超える場合 （通法66③） ※　無申告加算税額は、通法66①②の規定にかかわらず、加算後累積納付税額に次の区分に応じて定める割合を乗じた金額の合計額から、累積納付税額に次の区分に応じて定める割合を乗じた金額の合計額を控除した金額とする。 **15%** ①　50万円以下の部分に相当する税額 （通法66③一） **20%** ②　50万円を超え300万円以下の部分に相当する税額 （通法66③二） **30%** ③　300万円を超える部分に相当する税額 （通法66③三） ※　「加算後累積納付税額」とは、期限後申告若しくは決定後の修正申告又は更正の場合、累積納付税額（その修正申告又は更正前にされた期限後申告等の税額）を加算した金額 （通法66②） ※　調査通知以後、調査による決定等の予知なしの期限後申告等の場合、5％を減じた割合	**5%** ○　加算後累積納付税額が50万円を超える部分がある場合（当該超える部分に課す。） （通法66②） **10%** ①　帳簿の提示等をしなかった場合又は、帳簿への売上金額の記載等が、本来記載等をすべき金額の2分の1未満の場合 （通法66⑤一） **5%** ②　帳簿への売上金額の記載等が、本来記載等をすべき金額の3分の2未満の場合（①に該当する場合を除く。） （通法66⑤二） **［10%］** ○　調査による期限後申告等・決定等があった日の前日から起算して5年前の日までの間に、その国税に属する税目に調査による無申告加算税又は重加算税を課されたことがある場合（通法66⑥一） ○　調査による期限後申告等・決定等があった年の前年及び前々年の課税期間の国税に属する税目に調査による無申告加算税若しくは重加算税を課された又は課す場合（通法66⑥二）		
			○　調査による決定等の予知なしの期限後申告等の場合 ［調査通知前］ （通法66⑧）	5%

国税通則法

I 国税通則法

種　類 課税要件	課税割合 （増差本税に対する率）		不適用又は課税割合の軽減	
	通常分	加重分	要　件	不適用 軽減
不納付 加算税 （通法67） ○　源泉徴収等により納付すべき税額が法定納期限までに納付されなかった場合で、法定納期限後に納税の告知を受けたとき又は納税の告知を受ける前に納付したとき（通法67①）	10％ （通法67①）		○　正当な理由がある場合 （通法67①ただし書） ○　期限内納付の意思があり、次のいずれにも該当する場合（通法67③） ①　調査による納税の告知なしの納付 ②　法定納期限までに納付の意思があったと認められる一定の場合（通令27の2②） ③　法定納期限から1月を経過する日までに納付	**不適用**
			調査による納税の告知の予知なしの納付の場合 （通法67②）	5％
重加算税【※】 （通法68） ○　次のいずれにも該当する場合 ①　各加算税が課される要件に該当すること ②　課税標準等又は税額等の計算の基礎となるべき事実を隠蔽又は仮装していたこと ③　②に基づき、申告書を提出し、又は法定申告期限までに申告書を提出せず又は法定納期限までに納付しなかったこと（通法68①、②、③）	過少申告加算税に代えて課す場合	35％ （通法68①）	**【※】**　仮装・隠蔽したところに基づき「更正の請求書」を提出した場合を含む（令和7年1月1日以後に法定申告期限等が到来するものから適用）。 （注）1　「課税割合」及び「要件」欄の［　］書は、平成29年1月1日以後に法定申告期限又は法定納期限が到来する国税に適用される（平成28年改正法附則54③）。 2　「課税割合」及び「要件」欄の⬚囲みは、令和6年1月1日以後に法定申告期限又は法定納期限が到来する国税に適用される（令和4年改正法附則20②、令和5年改正法附則23③）。	
		［10％］ ○　調査による期限後申告等・決定等・納税の告知・納付があった日の前日から起算して5年前の日までの間に、その国税に属する税目に調査による無申告加算税又は重加算税を課され、又は徴収されたことがある場合 （通法68④一）		
	無申告加算税に代えて課す場合	40％ （通法68②）		
	不納付加算税に代えて徴収する場合	35％ （通法68③）	○　調査による期限後申告等・決定等があった年の前年及び前々年の課税期間のその国税に属する税目に調査による無申告加算税若しくは重加算税を課された又は課す場合 （通法68④二）	

（出典）「国税通則法（基礎編）令和6年度（2024年度）版」（税務大学校）を基に作成。

【法令等】 通法65 ～ 68

(5) 納付手段の種類

納付手続	納付方法	納付手続に必要となるもの
ダイレクト納付	e-Taxによる簡単な操作で預貯金口座からの振替により納付する方法	・ e-Taxの開始届出書の提出 ・ ダイレクト納付利用届出書の提出
インターネットバンキング等	インターネットバンキング等から納付する方法	・ e-Taxの開始届出書の提出 ・ インターネットバンキング又はモバイルバンキングの契約
クレジットカード納付	「国税クレジットカードお支払サイト」を運営する納付受託者（民間業者）に納付を委託する方法	・ クレジットカード ・ 決済手数料
スマホアプリ納付	「国税スマートフォン決済専用サイト」から納付する方法 ※納付しようとする金額が30万円以下の場合に利用可能	・ スマートフォン
コンビニ納付（QRコード）	コンビニエンスストアの窓口で納付する方法	・ コンビニ納付用QRコード
コンビニ納付（バーコード）		・ バーコード付納付書
振替納税	預貯金口座からの振替により納付する方法	・ 振替依頼書の提出
窓口納付（金融機関や税務署の窓口）	金融機関又は所轄の税務署の窓口で納付する方法	・ 納付書（金融機関の窓口で納付する場合）

（出典）　国税庁HP等

(6) 予納

イ　制度の概要

制　度	予納とは、調査等により近日中（おおむね6か月以内）に納付すべき税額の確定が見込まれる場合に、修正申告書等を提出する前であっても、その納付すべき税額の見込金額を、税務署長に申し出て、あらかじめ納付（予納）することができる制度【※1】
メリット	予納をすることにより、延滞税の計算は納付された日までとなるため、延滞税の額が少なくなる場合がある。【※2】

【※1】　期限内申告書においては、おおむね12か月以内に納付すべき税額が確定することが確実な国税について、あらかじめ税務署長に申し出ることで予納することができる。

【※2】①　法定申告期限から1年以内に修正申告等を行う場合は、延滞税の計算は予納した日までとなり、延滞税の額が少なくなる。

②　法定申告期限から1年を経過して修正申告等を行う場合は、除算期間がない場合に限り、延滞税の額が少なくなる。

Ⅰ　国税通則法

【参考：予納のメリット】

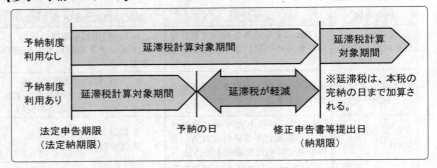

ロ　予納の要件

| ①　納付すべき税額が確定した国税で、
　その納期が到来していないもの　又は
②　最近において納付すべき税額の確定
　が確実と認められる国税 | | ③　「予納の国税」とし
　て納付する旨を税務署
　長に申出【※】 |

【※】　予納申出については、後日の紛争を避けるため、納付書にその旨を記載するか、書面にて申出を行う。

ハ　予納の効果

予納の 効　果	①　予納は適法な納税であるため、納付した者は還付を請求することはできない。 ②　予納に係る国税を納付する必要がなくなったとき【※1】は、過誤納として還付し【※2】、又は他に未納の国税があれば、その国税に充当する。

【※1】　「納付する必要がなくなったとき」とは、予納した場合において、納期未到来の間にこれを減額する処分（予定納税額の減額承認など）があったとき、確定した税額が予納額に満たないとき、又は相当の期間を経過しても申告、更正がないときなどをいう。
【※2】　その納付する必要がなくなった日に納付があったものとみなして、その翌日から起算して1か月を経過する日の翌日から還付加算金が加算される。
　【法令等】　通法59

(7)　納税証明書の種類

　　国税の納税証明書とは、確定申告書等を提出した場合の納税額、所得金額又は未納の税額がないことを証明する書類で、次の6種類がある。

種類（名称）	内　　　　容
その１	確定した税額並びにその納付した税額及び未納の税額等の証明
その２	「申告所得税及び復興特別所得税」又は「法人税」に関する所得金額で申告又は更正若しくは決定に係るもの（これらの金額がないことを含む。）の証明
その３	未納の税額がないことの証明
その３の２	「申告所得税及び復興特別所得税」と「消費税及び地方消費税」に未納の税額がないことの証明
その３の３	「法人税」と「消費税及び地方消費税」に未納の税額がないことの証明
その４	過去３年間、滞納処分を受けたことがないことの証明

【法令等】通法123、通令41、通規16①

4　納税の緩和制度

(1)　制度の概要

主な納税の緩和制度は、次表のとおり。

種類	対象税目	要　件	申請の要否	緩和期間	担保	根拠条項	利子税延滞税
納期限等の延長	全ての国税	災害その他やむを得ない理由の場合	要【※１】否【※２】	２月以内	否	通法11	延滞税及び利子税全額免除
	消費税等	期限内申告書を提出した場合	要	税目により１月ないし３月以内	要	消法51等	
	法人税等	災害を受けた場合	要	１月以内	否	法法75、75の２、消法45の２	利子税年7.3%
		定時総会が招集されない場合		１月又は２月以内			
延　納	所得税	確定申告期限までに２分の１以上の納付	要	３月16日から５月31日	否	所法131①	利子税年7.3%
		延払条件付譲渡の税額（山林・譲渡）が２分の１を超え、かつ、30万円を超える場合	要	５年以内	要	所法132①	
	相続税	確定税額が10万円を超え、金銭納付が困難な場合	要	５年又は財産の種類により10年・15年・20年	要	相法38①措法70の8の2①、70の10①	利子税原則：年6.6%特例：財産の種類により年1.2%～6.0%
		農地等に係る納税猶予の場合	要	相続人の死亡の日・20年・転用等の日から２月以内のいずれか早い日	要	措法70の6①	

国税通則法

I 国税通則法

			担保	期間	要否	法令	利子税・延滞税
	贈与税	確定税額が10万円を超え、金銭納付が困難な場合	要	5年以内	要	相法38③	利子税 年6.6%
		農地等に係る納税猶予の場合	要	贈与者の死亡の日・転用等の日から2月以内のいずれか早い日	要	措法70の4①	
納税の猶予	全ての国税	災害による相当な損失の場合	要	1年以内	否	通法46①	延滞税 全額免除
		災害・疾病・廃業等の場合	要	1年以内（1年の延長可能）	要	通法46②	延滞税 全額免除又は1/2免除
		課税が遅延した場合	要	1年以内（1年の延長可能）	要	通法46③	延滞税 1/2免除
徴収の猶予滞納処分の続行の停止	不服申立て等の国税	再調査審理庁又は国税不服審判所長が必要と認めた場合等	要	決定又は裁決までの間	否	通法105②⑥	延滞税 1/2免除
換価の猶予	滞納中の全ての国税	事業継続又は生活維持が困難な場合と徴収上有利である場合	否	1年以内（1年の延長可能）	要	徴法151①	延滞税 1/2免除
		一時納付が事業継続又は生活維持を困難にするおそれがある場合	要	1年以内（1年の延長可能）	要	徴法151の2①	
滞納処分の停止	滞納中の全ての国税	無財産・生活が著しく困窮・滞納者及び財産がともに不明の場合	否	3年	否	徴法153①	延滞税 全額免除

（注） 利子税・延滞税の割合については、特例基準割合による特例が設けられている（措法93、94）。

（出典）「国税通則法（基礎編）令和6年度（2024年度）版」税務大学校

【※1】 その理由が個別の納税者にある場合、税務署長等は納税者の申請により、納税者ごとに期日を指定する「個別指定」により期限を延長することができる。

【※2】 その理由が都道府県の全部又は一部にわたる場合、国税庁長官は職権で、地域を指定する「地域指定」又は対象者の範囲を指定する「対象者指定」により期限を延長することができる。

【法令等】 通法11 ほか

(2) 納税の猶予

イ 納税の猶予の区分

① 災害による納税の猶予（災害により相当な損失【※】を受けた場合の納税の猶予）		通法46①
一般的な納税の猶予	② 災害等に基づく納税の猶予	通法46②
	③ 確定手続等が遅延した場合の納税の猶予	通法46③

【※】 「相当な損失」とは、災害による損失の額が納税者の全積極財産の価額に占める割合が20%以上の場合をいう。

ロ　制度の概要

猫予の種類／区分	災害により相当な損失を受けた場合の納税の猶予	一般的な納税の猶予	
		災害等に基づく納税の猶予	確定手続等が遅延した場合の納税の猶予
根 拠 条 項	通法46①	通法46②	通法46③
要　　件	1　災害により相当な損失を受けたこと 2　特定の国税（通法46①各号、通令14） 3　災害のやんだ日から2月以内の申請	1　災害その他の事実があること 2　1の事実により納付困難であること 3　申請（期限なし） 4　左の猶予の適用を受ける場合を除く	1　課税遅延であったこと 2　納付困難であること 3　納期限内の申請
担　　保	必要なし	原則として必要（通法46⑤）	同　左
猶予金額など	要件2の特定の国税の全部又は一部	1　要件2の納付困難な金額が限度（要件と関係あり） 2　分割納付できる（通法46④）	1　同　左（要件と関係なし） 2　同　左
猶予期間	1　財産の損失の程度に応じた期間（納期限から1年以内） 2　延長の規定なし	1　納付能力に応じた期間（猶予の始期から1年以内） 2　延長は、1と併せて2年以内(通法46⑦)	1　同　左（納期限から1年以内） 2　同　左
効果など	1　督促、滞納処分（交付要求を除く。）の制限（通法48①） 2　差押えの解除（通法48②） 3　天然果実、第三債務者などから給付を受けたものの換価・充当（通法48③④） 4　徴収権の消滅時効の停止（通法73④） 5　納付委託（通法55①） 6　還付金などの充当日の特例(通令23①ただし書) 7　延滞税の全額免除（通法63①）	1〜5　同　左 6　規定なし 7　延滞税の免除は、要件1の事実により全額免除と半額免除【※】がある（通法63①）。 　また、非免除部分について裁量免除ができる（通法63③）。 （注）　猶予特例基準割合による延滞税の免除金額の特例（措法94②）が設けられている。	1〜6　同　左 7　延滞税の半額免除 【※】裁量免除は同左

【※】　令和3年1月1日以後において、免除対象の期間を含む年の猶予特例基準割合（平均貸付割合に0.5％の割合を加算した割合）が年7.3％に満たない場合には、当該免除対象の期間であってその年に含まれる期間に対応する延滞税の額のうち、当該延滞税の割合が猶予特例基準割合であるとした場合における延滞税の額を超える部分の金額が免除される（措法94②）。また、平

Ⅰ　国税通則法

成26年1月1日から令和2年12月31日までの期間においては、免除対象の期間に対応する延滞税の額のうち、当該延滞税の割合が特例基準割合であるとした場合における延滞税の額を超える部分の金額が免除される（旧措法94②）。

（出典）「国税通則法（基礎編）令和6年度(2024年度)版」税務大学校

5　国税の還付

(1)　還付金等の種類

　国税の還付には、還付金の還付と過誤納金の還付の2種類があり、還付金と過誤納金を併せて「還付金等」という。なお、過誤納金は、「過納金」と「誤納金」とに分かれる。

(2)　還付金

　国税に関する法律において、予定（中間）的に納付することが義務付けられている税額が後日確定額を超えることとなった場合などに還付するものである。

　なお、主な還付金は次表のとおりである。

区　分	還付金の内容	根拠条文
予定的な納税義務が確定したことに基づくもの	所得税の予納税額の還付金	所法139①②、160①〜③
	法人税の中間納付額の還付金	法法79①②、134①〜③
	消費税の中間納付額の還付金	消法53①②、55①〜③
税額を通算して計算するため認められるもの	所得税法における源泉徴収額などの還付金	所法138①、159①②
	法人税法における所得税額の還付金	法法78①、133①
	消費税法における消費税額の控除不足の還付金	消法52①、54①
所得を通算して計算するため認められるもの	所得税法における純損失の繰戻しによる還付金	所法140①、141①
	法人税法における欠損金の繰戻しによる還付金	法法80①
租税負担の適正化を図るために認められるもの	酒税などの課税物件が戻し入れされたことなどによる還付金	酒法30④⑤、揮法17③④、石法15④⑤、地揮法9①、油法12③④、た法16④⑤
	災害を受けたことによる還付金	災法3②③、7④、9①
	仮装経理に基づく過大申告の場合の還付金	法法135②③⑦
主として政策的理由に基づいて認められるもの	たばこ税などの課税済物品の輸出などをした場合の還付	た法15①

（出典）「国税通則法（基礎編）令和6年度(2024年度)版」税務大学校

(3)　過誤納金

区分	発 生 原 因	
過納金	後発事由により、その納付すべき国税が減少した場合	減額更正や不服審査の裁決など
誤納金	納付された金額に対応する租税債権がない場合	①　納付すべき国税の確定前に納付があった場合 ②　納付すべき税額は確定しているが、納期開始前に納付があった場合（これらの納付金で予納要件に該当するものを除く。） ③　確定した納付すべき税額を超えて納付があった場合

(4)　還付加算金

　　還付加算金とは、国税の納付遅延に対し延滞税が課されることとの均衡等を図るため、還付金等に付される利息に相当する金額である。

　　還付加算金の算出方法は、以下のとおり。

$$\left(還付すべき金額【※1】 \times \frac{7.3\%又は（還付加算金）特例基準割合【※2】}{} \times 税法に定められた日から支払決定日又は充当日までの日数 \right) \div 365 = 還付加算金の額【※3】$$

【※1】　10,000円未満切捨て（還付すべき金額が10,000円未満の場合は、全額切捨て）
【※2】　本則（7.3%）又は各年の（還付加算金）特例基準割合のいずれか低い方が適用される。
　　　・特例基準割合
　　　　平成30年1月1日から令和2年12月31日　1.6%
　　　・還付加算金特例基準割合
　　　　令和3年1月1日から令和3年12月31日　1.0%
　　　　令和4年1月1日から令和6年12月31日　0.9%
【※3】　100円未満切捨て（還付金額が1,000円未満の場合は、全額切捨て）
【法令等】　通法56、58①、120③④

6　税務調査及び国税犯則調査

(1)　税務調査の事前通知

　　税務署長等は、国税庁等の当該職員に、納税義務者に対し実地の調査において質問検査等を行わせる場合には、あらかじめ、当該納税義務者に対し一定の事項を通知しなければならない。なお、対象者及び通知の内容等は、次表のとおり。

I 国税通則法

事前通知の対象者	各税の納税義務者。ただし、納税義務者に税理士等の税務代理人がある場合には、その税務代理人も事前通知の対象者となる。【※1】
事前通知の内容	実地の調査【※2】を行う旨のほか、次の事項について通知する。 ① 調査を開始する日時 ② 調査を行う場所 ③ 調査の目的 ④ 調査の対象となる税目 ⑤ 調査の対象となる期間 ⑥ 調査の対象となる帳簿書類その他の物件 ⑦ 調査の相手方である納税義務者の氏名及び住所又は居所 ⑧ 調査を行う当該職員の氏名及び所属官署　等
対象となる調査の範囲	実地の調査【※2】

【※1】 納税義務者の同意がある一定の場合に該当するときは、当該納税義務者への調査の事前通知は、当該税務代理人に対してすれば足りる。また、複数の税務代理人がある場合において、当該納税義務者がこれらの税務代理人のうちから代表する税務代理人を定めた場合として一定の場合に該当するときは、当該代表する税務代理人に対して事前通知をすれば足りる。

なお、「一定の場合に該当する」とは、税務代理権限証書に調査の通知は税務代理人（又は代表する税務代理人）に対してすれば足りる旨の記載がある場合である。

【※2】 「実地の調査」とは、国税の調査のうち、納税義務者の事業所や事務所等に当該職員が臨場して行う調査をいう。

【法令等】 通法74の9、74の10、通規11の3

(2) 国税犯則調査

イ　国税犯則調査手続の体系図

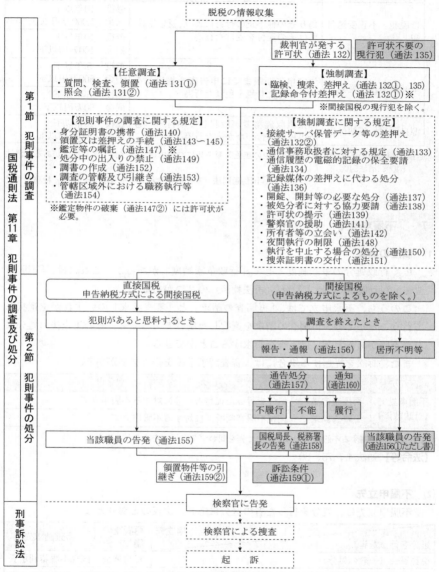

（注）　網掛けは、間接国税（申告納税方式によるものを除く。）のみに適用されるものである。

（出典）　「国税通則法（基礎編）令和6年度(2024年度)版」税務大学校

【法令等】通法131 ～ 160

国税通則法

Ⅰ　国税通則法

ロ　国税に関する主な罰則（脱税犯）

区分	処罰の対象とされる行為	罰則	
ほ脱犯・不正受還付犯	偽りその他不正の行為により、税を免れ、又はその還付を受けた行為	懲役	10年以下
		罰金	1,000万円以下
		懲役	10年以下
		罰金	100万円以下
単純無申告ほ脱犯	法定申告期限までに申告書を提出しないことにより税を免れた行為	懲役	5年以下
		罰金	500万円以下
		懲役	5年以下
		罰金	50万円以下
源泉所得税不納付犯	源泉徴収義務者が徴収して納付すべき所得税を納付しなかった行為	懲役	10年以下
		罰金	200万円以下

(注)　消費税の不正受還付犯及び酒税の無免許製造犯については、未遂犯の処罰規定がある（消法64②、酒法54②）。

（出典）「国税通則法（基礎編）令和6年度（2024年度）版」税務大学校

7　不服申立て

(1)　制度の概要

　　広く行政処分の争訟制度として「行政争訟制度」があるが、これには、「不服申立て」（行政救済）と「訴訟」（司法救済）の2つがある。

　　このうち、不服申立ては、「再調査の請求」と「審査請求」のいずれかを選択して行うことができ、再調査の請求を選択した場合であっても、その決定後の処分になお不服があるときには、審査請求することができる。

　　また、訴訟を提起する場合には、審査請求手続を経る必要がある。

区　分		内　　容
不服申立て（行政救済）	再調査の請求	処分を行った税務署長等に対する不服申立て
	審査請求	国税不服審判所長に対する不服申立て

(注)　地方税に関する不服申立ては、申立て先を問わず全て「審査請求」という。

【法令等】 通法4、75、80

(2)　不服申立先

　　不服申立先は、処分を行った者の区分に応じ、次表のとおりとなる。

処分を行った者 　　　　　申立先	再調査の請求先	審査請求先
税務署長（一般の処分）	税務署長	国税不服審判所長
税務署長（処分に係る通知書に、国税局職員の調査に基づくものである旨の記載があるもの）	国税局長	国税不服審判所長

税務署長（処分に係る通知書に、国税庁職員の調査に基づくものである旨の記載があるもの）	―	国税庁長官【※】
国税局長	国税局長	国税不服審判所長
国税庁長官	―	国税庁長官【※】
税関長	税関長	国税不服審判所長
国税庁、国税局、税務署及び税関以外の長又は職員	―	国税不服審判所長

【※】　国税庁長官に対する審査請求の手続は、国税通則法第8章第1節（不服審査）に別段の定めがあるものを除き、行審法の規定による（通法80②）。

（出典）「国税通則法（基礎編）令和6年度（2024年度）版」税務大学校

【法令等】通法75、110

(3)　不服申立ての流れ

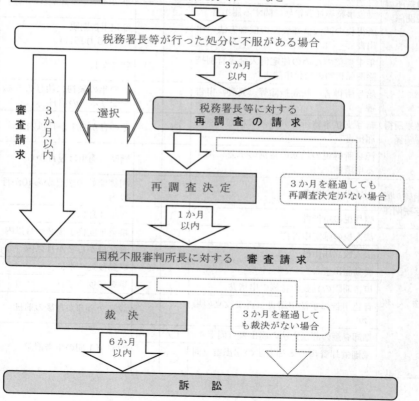

税務署長等が行った処分
・更正　・決定　・加算税の賦課決定
・更正をすべき理由がない旨の通知
・青色申告の承認の取消し
・納税の告知
・滞納処分（差押処分等）　など

税務署長等が行った処分に不服がある場合

審査請求　3か月以内

選択

3か月以内

税務署長等に対する　再調査の請求

再調査決定

3か月を経過しても再調査決定がない場合

1か月以内

国税不服審判所長に対する　審査請求

裁決

3か月を経過しても裁決がない場合

6か月以内

訴訟

国税通則法

Ⅰ 国税通則法

(注)1 国税庁長官が行った処分に不服がある場合は、国税庁長官に対する審査請求を経て、訴訟を提起することができる（国税不服審判所長に対する審査請求をすることはできない。）。
　　　2 国税徴収法171①②の適用があるときの不服申立期間については、上記の期間と異なる場合がある。

（出典）「国税通則法（基礎編）令和6年度(2024年度)版」税務大学校

【法令等】 通法75、77、81、87、110　ほか

8　主な書類の提出期限等

税目等	書類名	効力発生 発信主義	効力発生 到達主義	期限（原則）
申告所得税関係	申告所得税の確定申告書	○		翌年3月15日
	準確定申告書	○		死亡の翌日から4か月以内
	個人事業の開廃業等届出書	○		事業開始から1か月以内
	所得税の青色申告承認申請書	○		事業開始から2か月以内
	青色事業専従者給与に関する届出書	○		
	所得税の減価償却資産の償却方法の届出書	○		確定申告期限（翌年3月15日）
	年末調整のための住宅借入金等特別控除関係書類の交付申請書		○	特になし
源泉所得税関係	給与所得者の扶養控除等（異動）申告書		○	その年の最初に給与の支払を受ける日の前日
	給与支払事務所等の開設・移転・廃止届出書	○		その日から1か月以内
	源泉所得税の納期の特例の承認に関する申請書	○		随時（適用は翌月から）
相続・贈与税関係	相続税の申告書	○		相続開始の翌日から10か月以内
	贈与税の申告書	○		翌年3月15日
法人税	法人税の確定申告書	○		事業年度終了後2か月以内
	法人設立届出書	○		登記日から2か月以内
	異動届出書		○	異動後速やかに
	申告期限の延長の特例の申請書	○		事業年度終了日
	青色申告の承認申請書（新規設立の場合）	○		設立から3か月後の前日
	棚卸資産の評価方法の届出書（同上）	○		設立第1期の申告期限
	減価償却資産の償却方法の届出書（同上）	○		

— 28 —

消 費 税	消費税の確定申告書	○		事業年度終了後2か月以内
	消費税課税事業者選択届出書	○		適用を受ける期間の前日
	消費税課税事業者選択不適用届出書	○		
	消費税課税事業者届出書		○	速やかに
	消費税簡易課税制度選択届出書	○		適用を受ける期間の前日
	消費税簡易課税制度選択不適用届出書	○		
	消費税課税売上割合に準ずる割合の適用承認申請書		○	承認を受ける課税期間中
	消費税申告期限延長届出書	○		事業年度終了日
不服申立関係	再調査の請求書	○		3か月以内
	審査請求書（各種処分用）	○		

(注)1　「期限」は原則のものであり、詳細は国税庁HP「タックスアンサー（よくある税の質問)」参照。
　　2　法人税及び消費税に係る主な書類の詳細については、「**Ⅲ　法人税**」の158ページ及び「**Ⅳ　消費税**」の207ページを参照。

Ⅱ　所得税

所得税の概要

　所得税は、原則として個人が1年間（1暦年）に得た所得に対して課税する税金（国税）である。

　所得税の特色は、次のとおり。

各個人の担税力に応じた課税	○　総合課税は「超過累進税率」が採用されているため、垂直的公平の要請に最もよく適合 ○　個人の担税力を考慮（各種控除や非課税規定あり）
所得の種類別に計算した後でそれらを合算	○　所得（収入）を10種類に分類し、それぞれの「所得金額」を算出した上で、これを合算（通算） ○　その後、各種控除を行い、算出された課税所得金額に超過累進税率を適用

所得税の計算方法（概要）

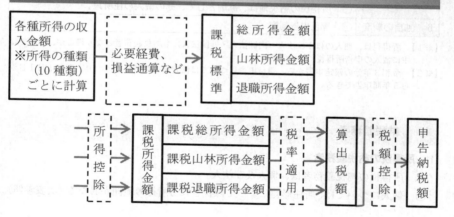

所得税の課税要件等

　所得税の課税要件等の概要は、次表のとおり（各項目の詳細は、次項以降で解説）。

1	納税義務者	○　所得税の納税義務者は、原則として個人（自然人）。【※1】 ○　個人については、居住の形態によって課税される所得の範囲が異なる。
2	課税物件 （課税対象）	○　所得税の課税物件は、1年間（暦年）に得た所得の金額。 ○　「所得」を10種類に分類し、それぞれについて所得の金額を計算する。
3	課税標準	○　所得税では、10種類に分類された所得ごとに所得計算を行い、「総所得金額」「山林所得金額」及び「退職所得金額」を求める。これらの金額が所得税の「課税標準」となる。 ○　土地・建物や株式の譲渡による所得等については「申告分離課税」が適用され、所得の合算は行われない。
4	税額算出 方法・税率	○　所得税額（申告納税額）は、次により算出する。 ①　「課税標準」（総所得金額、山林所得金額及び退職所得金額）－「所得控除」＝「課税所得金額」 ②　「課税所得金額」×「税率」－「税額控除等」＝「申告納税額」 ○　所得税の税率は、課税所得金額に応じた超過累進税率（5％〜45％）。
5	申告・納付	○　確定申告の課税期間は暦年。納税者が所得金額とそれに応じた所得税額を計算して確定申告を行う。 ○　確定申告の申告及び納付の期限は、翌年の3月15日。【※2】 ○　所得税の納税地は、原則として、その個人の住所地。
6	独自の制度	○　青色申告制度

【※1】　所得税は、個人のほか、法人（内国法人・外国法人）も納税義務者となり得るが、本項では主に個人の申告所得税について解説。

【※2】　令和3年分の確定申告から、還付申告については法定申告期限はなくなり、翌年1月1日から5年間申告できる。

1　納税義務者

(1)　所得税の納税義務者

　○　所得税の納税義務者は、個人及び法人。

　○　個人については、居住形態によって課税される所得の範囲が異なる（次表参照）。

【納税義務者の類型】

区　分		定　義　等	課税所得の対象
居住者	① 居住者（②以外）	日本に住所又は1年以上の居所がある個人	○　全ての所得
	② 非永住者	居住者のうち、日本の国籍を有しておらず、かつ、過去10年以内に国内に住所又は居所を有していた期間の合計が5年以下の個人	○　国外源泉所得（国外で生じる所得）以外の所得 ○　国外源泉所得のうち日本国内で支払われ、又は日本国内に送金があった所得
③ 非居住者		日本に住所も1年以上の居所もない個人（海外赴任者や短期滞在の外国人等）	○　国内源泉所得（日本国内において生ずる所得）
④ 内国法人		国内に本店又は主たる事務所を有する法人	○　利子や配当等の一定の所得
⑤ 外国法人		内国法人以外の法人	○　国内源泉所得のうち一定のもの

【法令等】 所法2①二〜七、5、7①

(2)　申告所得税における納税義務の成立

原則	その年が終了することにより、自動的に成立する。
例外	納税義務者が年の途中で死亡した場合や納税管理人の届出をしないで出国する場合には、その時に納税義務が成立し、「準確定申告」が必要となる。

【法令等】 通法15、所法124〜130

2　課税物件（課税対象）

(1)　所得税の課税対象

○　所得税の課税物件（課税対象）は、1年間（1暦年）に得た「所得」。
○　「所得」は、10種類に分類し、それぞれについて所得計算を行う。

【法令等】 通法15、所法22〜35

(2)　所得の種類（10種類）

所得の種類	所　得　の　内　容
① 利子所得	公社債・預貯金の利子、合同運用信託（貸付信託等）・公社債投資信託・公募公社債等運用投資信託の収益の分配による所得
② 配当所得	法人から受ける剰余金・利益の配当、基金利息などによる所得

③	不動産所得	土地・建物など不動産の貸付け、地上権等、不動産上の権利の貸付け、船舶・航空機の貸付けによる所得
④	事業所得	製造業、卸小売業、農漁業、サービス業等の「事業」から生ずる所得
⑤	給与所得	俸給、給料、賃金、賞与等の所得
⑥	退職所得	退職手当など退職により一時に受ける給与などによる所得
⑦	山林所得	山林を伐採して譲渡することによる所得又は立木のまま譲渡することによる所得【※1】
⑧	譲渡所得	土地、借地権、建物、機械などの資産の譲渡による所得【※2】
⑨	一時所得	営利を目的とした継続的行為から生じた所得以外の一時の所得で、労務その他の役務又は資産の譲渡の対価としての性質を有しない所得【※3】
⑩	雑所得	上記以外の所得【※4】

【※1】　山林を取得後5年以内に伐採又は譲渡した場合は、事業所得又は雑所得となる。
【※2】　事業所得、山林所得、雑所得に該当するものを除く。
【※3】　懸賞の賞金、競馬の払戻金、生命保険契約等に基づく一時金等。
【※4】　非事業用貸付金の利子、作家以外の者の原稿料や印税・講演料、公的年金等。

【法令等】所法23～35

3　課税標準

(1)　所得税の課税標準（所得税額算出の基礎となる金額）

○　所得税では、10種類に分類された所得ごとに所得計算を行い、「総所得金額」「山林所得金額」及び「退職所得金額」を求める。これらの金額が所得税額算出の基礎となる所得税の「課税標準」となる。

○　ただし、土地・建物や株式等の譲渡所得等については租税特別措置法により「申告分離課税」が適用され、所得の合算は行われない。

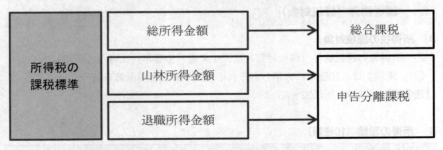

【法令等】所法22、措法31、32、37の10～37の12

(2)　各所得金額の計算方法

所得の種類	各所得金額の計算方法
① 利子所得	収入金額＝所得金額
② 配当所得	収入金額－元本取得に要した負債の利子の額（元本の保有期間分に限る。）＝所得金額
③ 不動産所得	総収入金額－必要経費【※1】＝所得金額【※2】
④ 事業所得	総収入金額－必要経費【※1】＝所得金額
⑤ 給与所得	収入金額－給与所得控除額【※3】＝所得金額【※4】
⑥ 退職所得	〔収入金額－退職所得控除額【※5】〕×1/2【※6】＝所得金額
⑦ 山林所得	総収入金額－必要経費【※1】－特別控除額【※7】＝所得金額
⑧ 譲渡所得	総収入金額－資産の取得費・譲渡経費－特別控除額【※8】＝所得金額【※9】
⑨ 一時所得	総収入金額－その収入を得るために支出した金額－特別控除額【※10】＝所得金額
⑩ 雑所得	（公的年金等の収入金額－公的年金等控除額【※11】）＋（公的年金等以外の総収入金額－必要経費）＝所得金額

（注）　「⑥退職所得」及び「⑦山林所得」は、「総所得金額」に合算せず、それぞれが課税標準となる。

【※1】　必要経費のうち青色申告特別控除及び青色事業専従者給与については、「6　所得税独自の制度」参照（62ページ）。

【※2】　令和3年分の所得税から、国外中古建物の不動産所得の計算上、その国外中古建物の耐用年数をいわゆる簡便法等により算定し、減価償却を行って必要経費に算入している場合に、その減価償却費から生じる損失の金額に相当する金額はなかったものとみなされ、そのなかったものとみなされた損失の金額に相当する金額は、その国外中古建物を譲渡する際にその国外中古建物の取得費として控除される（措法41の4①～③）。

【※3】　給与所得控除額は、次表により算出する（令和2年分以後に適用）。

ただし、給与等の収入金額が660万円以下の場合には次表によらずに、所得税法別表第5（「巻末資料」408ページ以降に掲載、令和2年分以後用）に給与等の金額を当てはめて給与所得控除後の給与等の金額（給与所得の金額）を求める。

なお、給与所得控除額は令和2年から10万円引き下げられた。

給与等の収入金額	給与所得控除額
180万円以下	収入金額×40%－10万円（最低控除額55万円）
180万円超　360万円以下	収入金額×30%＋8万円
360万円超　660万円以下	収入金額×20%＋44万円
660万円超　850万円以下	収入金額×10%＋110万円
850万円超	195万円

（注）　上記とは別に、給与所得者が通勤費や研修費などを支出した場合で、その合計額が給与所得控除額の2分の1を超える場合には、その超える金額を更に給与所得控除後の給与所得金額から控除することができる「特定支出控除」の制度がある。

Ⅱ　所得税

【計算例】（給与収入800万円、通勤費・研修費等の支出金額120万円の場合）
- 給与所得控除額　⇒　800万円×10％＋110万円＝190万円
- 給与所得控除額の１／２＝95万円 … 支出金額120万円の方が大きい。
- 特定支出控除額　⇒　120万円－95万円＝25万円
- 控除額計
  - ⇒　給与所得控除額190万円＋特定支出控除額25万円＝215万円

【※4】　所得金額調整控除（令和２年分以後）

総所得金額を計算する場合に給与所得の金額から一定額を控除することとされた。

A　子ども・特別障害者等を有する場合の所得金額調整控除

対象者	その年中の給与等の合計額が850万円を超え、次のいずれかに該当する居住者 ① 本人が特別障害者 ② 23歳未満の扶養親族を有する。 ③ 特別障害者である同一生計配偶者又は扶養親族を有する。
控除額	（その給与等の合計額（1,000万円を限度）－850万円）×10％

（注）　本控除は、年末調整において適用可能。そのための要件等は、次表のとおり。

適用要件	所得金額調整控除に係る申告書をその給与等の支払者を経由してその給与等に係る所得税の納税地の所轄税務署長に提出する。
その他	年末調整でこの控除が適用された場合には、給与所得の源泉徴収票にはこの控除後の金額が記載される。

B　給与所得と年金所得の両方がある者の所得金額調整控除

対象者	その年の給与所得控除後の給与等の金額及び公的年金等に係る雑所得の金額があり、給与所得控除後の給与等の金額及び公的年金等に係る雑所得の金額の合計額が10万円を超える居住者
控除額	給与所得控除後の給与等の金額（10万円を限度）及び公的年金等に係る雑所得の金額（10万円を限度）の合計額から10万円を控除した残額

【※5】　退職所得控除額は、次表により算出する。

区　分		退職所得控除額
①　通常の退職の場合	勤続年数20年以下	40万円×勤続年数（最低80万円）
	勤続年数20年超	800万円＋70万円×（勤続年数－20年）
②　障害者になったことに直接起因して退職した場合		①により計算した金額＋100万円

【計算例】（勤続年数25年、通常の退職の場合の退職所得控除額）
800万円＋70万円×（25年－20年）＝1,150万円

【※6】　1　特定役員退職手当等については、１／２の適用はない。

　　　特定役員退職手当等とは、役員等の勤続年数が５年以下である者が支払を受ける退職金のうち、その役員等勤続年数に対応する退職金として支払を受けるものをいい、役員等とは以下の者をいう。
- ・　法人の取締役、執行役、会計参与、監査役、理事、監事及び清算人並びにこれら以外の者で法人の経営に従事している一定の者
- ・　国会議員及び地方公共団体の議会の議員
- ・　国家公務員及び地方公務員

　　2　令和４年分の所得税から、役員等以外の者としての勤続年数が５年以上である勤続年数に対応する退職手当等として支払を受けるもので、特定役員退職手当等に該当しないものはその退職手当等の収入金額から退職所得控除額を控除した残額のうち、300万円を超える部分については退職所得の金額の計算上、１／２としないこととされ、その300万円を超える部分に

ついては退職所得の金額の計算は次のようになる。

$$150万円＋収入金額－（300万円＋退職所得控除額）$$

【※7】 山林所得の特別控除額の上限は50万円。

【※8】 譲渡所得の特別控除額は、次表のとおり。

区　分	特別控除額
譲渡益が50万円未満の場合	その譲渡益の額
譲渡益が50万円以上の場合	50万円

【※9】 長期譲渡所得（保有期間5年超の資産の譲渡による所得）及び一時所得は、総所得金額を計算する際にその2分の1が合算対象となる。

【※10】 一時所得の特別控除額は、次表のとおり。

区　分	特別控除額
（総収入金額－その収入を得るために支出した金額）の残高が50万円未満の場合	その残額
当該残高が50万円以上の場合	50万円

【※11】 公的年金等に係る雑所得の金額は、次の表により算出する。

公的年金等に係る雑所得の金額＝(a)×(b)－(c)

○ **公的年金等に係る雑所得の速算表（令和2年分以後）**

公的年金等に係る雑所得以外の所得に係る合計所得金額が1,000万円以下			
年　齢	(a)公的年金等の収入金額の合計額	(b)割合	(c)控除額
65歳未満	（公的年金等の収入金額の合計額が600,000円までは所得金額はゼロ）		
	600,001円から1,299,999円まで	100%	600,000円
	1,300,000円から4,099,999円まで	75%	275,000円
	4,100,000円から7,699,999円まで	85%	685,000円
	7,700,000円から9,999,999円まで	95%	1,455,000円
	10,000,000円以上	100%	1,955,000円
65歳以上	（公的年金等の収入金額の合計額が1,100,000円までは所得金額はゼロ）		
	1,100,001円から3,299,999円まで	100%	1,100,000円
	3,300,000円から4,099,999円まで	75%	275,000円
	4,100,000円から7,699,999円まで	85%	685,000円
	7,700,000円から9,999,999円まで	95%	1,455,000円
	10,000,000円以上	100%	1,955,000円

公的年金等に係る雑所得以外の所得に係る合計所得金額が1,000万円超2,000万円以下			
年　齢	(a)公的年金等の収入金額の合計額	(b)割合	(c)控除額
65歳未満	（公的年金等の収入金額の合計額が500,000円までは所得金額はゼロ）		
	500,001円から1,299,999円まで	100%	500,000円
	1,300,000円から4,099,999円まで	75%	175,000円
	4,100,000円から7,699,999円まで	85%	585,000円
	7,700,000円から9,999,999円まで	95%	1,355,000円
	10,000,000円以上	100%	1,855,000円

所得税

Ⅱ 所得税

65歳以上	(公的年金等の収入金額の合計額が1,000,000円までは所得金額はゼロ)		
	1,000,001円から3,299,999円まで	100%	1,000,000円
	3,300,000円から4,099,999円まで	75%	175,000円
	4,100,000円から7,699,999円まで	85%	585,000円
	7,700,000円から9,999,999円まで	95%	1,355,000円
	10,000,000円以上	100%	1,855,000円

公的年金等に係る雑所得以外の所得に係る合計所得金額が2,000万円超			
年　齢	(a)公的年金等の収入金額の合計額	(b)割合	(c)控除額
65歳未満	(公的年金等の収入金額の合計額が400,000円までは所得金額はゼロ)		
	400,001円から1,299,999円まで	100%	400,000円
	1,300,000円から4,099,999円まで	75%	75,000円
	4,100,000円から7,699,999円まで	85%	485,000円
	7,700,000円から9,999,999円まで	95%	1,255,000円
	10,000,000円以上	100%	1,755,000円
65歳以上	(公的年金等の収入金額の合計額が900,000円までは所得金額はゼロ)		
	900,001円から3,299,999円まで	100%	900,000円
	3,300,000円から4,099,999円まで	75%	75,000円
	4,100,000円から7,699,999円まで	85%	485,000円
	7,700,000円から9,999,999円まで	95%	1,255,000円
	10,000,000円以上	100%	1,755,000円

(注) 例えば65歳以上の人で「公的年金等に係る雑所得以外の所得に係る合計所得金額」が500万円、「公的年金等の収入金額の合計額」が350万円の場合には、公的年金等に係る雑所得の金額は次のようになる。

3,500,000円×75％－275,000円＝2,350,000円

【法令等】所法23〜35、措法41の3の3、3の44

（国外中古建物の不動産所得に係る損益通算の特例等…措法41の4の3、措令26の6の3、措規18の24の2①、耐令3①）

(3) 所得金額の算出（租税特別措置法による分離課税以外）

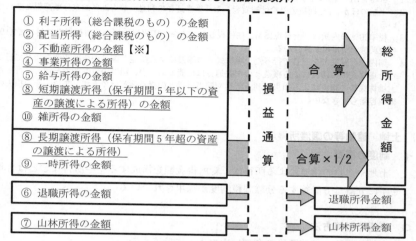

(注) 1 アンダーラインは、その損失について損益通算が可能な所得。ただし、「⑧ 譲渡所得」の金額については、総合課税の対象となっているものに限り損益通算が可能（土地・建物や株式等を譲渡した場合の譲渡所得等は、申告分離課税となり、総合課税の対象とはならない。）。

　　　2 各所得金額の繰越控除（過年度における控除不足）がある場合には、各課税標準を算出する前にこれを控除する。

　　　3 一定の給与所得者の総所得金額を計算する場合には、給与所得の金額から一定額を控除する所得金額調整控除が創設され、令和２年分以後適用。36ページ【※4】参照。

【※】 土地の取得に要した借入金の利子に相当する部分の損失は、損益通算の対象外。

【法令等】所法22、69、措法41の4①

【参考：金融所得課税の一体化のイメージ】

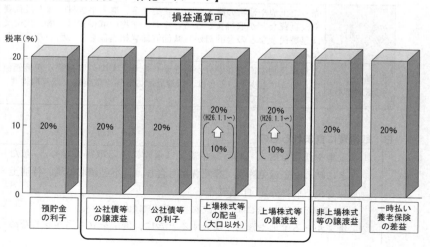

所得税

Ⅱ 所 得 税

(4) 土地・建物等の譲渡所得

イ 制度の概要

土地や建物の譲渡による所得は、総所得金額を構成する給与所得などとは合算せずに分離して計算する分離課税制度が採用されている。

ロ 所得の計算方法

土地や建物の譲渡所得の金額は次のように計算する。

収入金額 －（取得費＋譲渡費用）－ 特別控除 ＝ 譲渡所得金額

(イ) 収入金額

土地や建物を売ったことによって買主から受け取る金銭及び金銭以外の物や権利で受け取った場合の収入金額 ⇒ 金銭及びその物や権利の時価

(ロ) 取得費

A 取得費の額の計算

原 則	売った土地や建物の購入代金、建築代金、購入手数料のほか設備費や改良費などが取得費となる。なお、建物の取得費は、購入代金又は建築代金などの合計額から減価償却費相当額を差し引いた金額となる。
例 外 （概算取得費）	土地や建物の取得費が分からなかったり、実際の取得費が譲渡価額の５％よりも少ないときは、譲渡価額の５％を取得費（概算取得費）とすることができる。

B 取得費に含まれるもの

① 土地や建物を購入（贈与、相続又は遺贈による取得も含む。）したときに納めた登録免許税（登記費用も含む。）、不動産取得税、特別土地保有税（取得分）、印紙税

   (注) 業務用資産の場合には、これらの税は取得費に含まれない。

② 借主がいる土地や建物を購入するときに、借主を立ち退かせるため

　に支払った立退料

③　土地の埋立てや土盛り、地ならしをするために支払った造成費用

④　土地の取得に際して支払った土地の測量費

⑤　所有権などを確保するために要した訴訟費用

　（注）　相続財産である土地を遺産分割するためにかかった訴訟費用等は、取得費にならない。

⑥　建物付の土地を購入して、その後おおむね1年以内に建物を取り壊すなど、当初から土地の利用が目的であったと認められる場合の建物の購入代金や取壊しの費用

⑦　土地や建物を購入するために借り入れた資金の利子のうち、その土地や建物を実際に使用開始する日までの期間に対応する部分の利子

⑧　既に締結されている土地などの購入契約を解除して、他の物件を取得することとした場合に支出する違約金

㈏　譲渡費用

　土地や建物を売るために直接かかった費用が譲渡費用となる。譲渡費用の主なものは次のとおり。

①　売主が負担した印紙税

②　借主がいる土地や建物を購入するときに、借主を立ち退かせるために支払った立退料

③　貸家を売るため、借家人に家屋を明け渡してもらうときに支払う立退料

④　土地などを売るためにその上の建物を取り壊したときの取壊し費用とその建物の損失額

⑤　既に売買契約を締結している資産を更に有利な条件で売るために支払った違約金

⑥　借地権を売るときに地主の承諾をもらうために支払った名義書換料など

㈡　特別控除（特例）

　主な特別控除（特例）には次のようなものがある。

譲渡の種類	特別控除（特例）の概要	法令
①　居住用財産の譲渡	3,000万円までの特別控除	措法35
②　居住用財産の長期譲渡	課税長期譲渡所得【※1】の金額が6,000万円以下の部分の所得税の税率は10%	措法31の3
③　特定居住用財産の買換え	譲渡資産の収入金額のうち買換資産の取得価額を超える部分に譲渡所得の金額の計算を行う（特別控除との併用不可）。	措法36の2

		土地・建物ともに10年超の所有が必要。	
④　被相続人の居住用財産の譲渡（空き家特例）	3,000万円【※2】までの特別控除		措法35③
⑤　収用等による譲渡（代替資産取得の特例）	譲渡資産の収入金額より代替資産の金額（取得価額）が多いときは、所得税の課税が将来に繰り延べられ、売った年については譲渡所得がなかったものとさる。譲渡資産の収入金額より代替資産の金額（取得価額）が少ないときは、その差額を収入金額として譲渡所得の金額の計算を行う。		措法33
⑥　収用等による譲渡（特別控除）	譲渡益相当額から5,000万円までを控除する（代替資産取得の特例との併用不可）。		措法33の4
⑦　特定事業用資産の買換え	譲渡資産の収入金額の80％を超える部分が、買換資産の取得価額を超える場合には、収入金額の80％を超える部分についてのみ譲渡所得の金額の計算を行う。		措法37

(注)　土地建物の譲渡所所得から差し引く特別控除の限度額は、譲渡所得全体で年間5,000万円までであり、控除は上記①から⑦の順に行う。

【※1】　「長期譲渡所得」とは、譲渡した年の1月1日現在で所有期間が5年を超える土地建物を譲渡したことによる所得をいう。これに対し、「短期譲渡所得」とは、所有期間が5年以下の土地建物を譲渡したことによる所得をいう。

【※2】　被相続人から敷地等を取得した相続人の数が3人以上の場合には、各人の特別控除は2,000万円が上限となる。

【法令等】所法33、36、38、措法31、31の3、31の4、32、33、33の4、34〜34の3、35、36、37、復興財確法13、17、18、所基通33−7〜8、37−5、38−1、38−2、38−8、38−9、38−9の3〜38−11、49−3、60−2、措通31の4−1

4　税額算出方法・税率

(1)　所得税額の算出方法

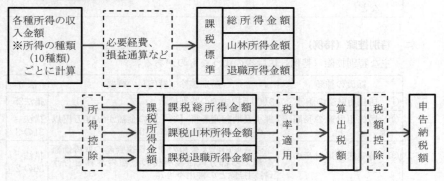

(2)　所得控除の種類（15種類）

種　類	内　　　　容
イ　雑損控除	災害、盗難又は横領によって、資産に損害を受けた場合や災害に関連してやむを得ない支出をした場合に適用。
ロ　医療費控除	医療費等を支払った場合に適用。
ハ　社会保険料控除	社会保険料（国民健康保険法や国民年金法などの規定による保険料又は掛金）を支払った場合に適用。
ニ　小規模企業共済等掛金控除	小規模企業共済等掛金を支払った場合に適用。
ホ　生命保険料控除	生命保険契約、介護医療保険契約又は個人年金保険契約に係る保険料等を支払った場合に適用。
ヘ　地震保険料控除	地震保険契約等に係る保険料又は掛金を支払った場合に適用。
ト　寄附金控除	国や地方公共団体、特定公益増進法人などに対する寄附金（特定寄附金）を支払った場合に適用。
チ　障害者控除	本人又は同一生計配偶者や扶養親族が障害者の場合に適用。
リ　寡婦控除	本人がひとり親に該当しない寡婦である場合に適用。
ヌ　勤労学生控除	本人が勤労学生で、合計所得金額が75万円以下、かつ、給与所得等以外の所得金額が10万円以下である場合に適用。
ル　配偶者控除	本人の合計所得金額が1,000万円以下で、同一生計配偶者（合計所得金額が48万円以下）の場合に適用。
ヲ　配偶者特別控除	本人の合計所得金額が1,000万円以下で、生計を一にする配偶者の合計所得金額が48万円超133万円以下の場合に適用。
ワ　扶養控除	16歳以上の生計を一にする親族の合計所得金額が48万円以下である場合に適用。
カ　ひとり親控除	本人の合計所得金額が500万円以下である未婚の親で、総所得金額等が48万円以下の生計を一にする子がいるなど一定の要件に該当する場合に適用。
ヨ　基礎控除	本人の合計所得金額に応じて金額が変動。

(注)　上記の所得控除のうち、令和2年分から適用されている改正事項は以下のとおり。

令2改正事項	1　寡婦（寡夫）控除が見直され、未婚のひとり親に対する控除（ひとり親控除）が創設された。 2　勤労学生控除の所得金額要件の10万円引上げ等。 3　控除対象配偶者の所得金額要件が10万円引上げ。 4　配偶者特別控除における配偶者の合計所得金額のレンジが10万円引上げ。 　　給与所得控除の10万円引下げにより、年間の給与収入金額ベースでは変更はなし。 5　控除対象扶養親族の所得金額要件を10万円引上げ。 6　基礎控除が一律38万円から、本人の所得金額に応じて0～48万円へと変更。

【法令等】所法2①二十八～三十四の四、72～86

【参考：総所得金額等と合計所得金額】

　総所得金額等も合計所得金額も、次の①と②の合計額に、退職所得金額、山林所得

所得税

金額を加算した金額で、申告分離課税の所得がある場合には、それらの所得金額（長
（短）期譲渡所得については特別控除前の金額）の合計額を加算した金額である点は
同じ。

①　事業所得、不動産所得、給与所得、総合課税の利子所得・配当所得・短期譲渡
所得及び雑所得の合計額（損益通算後の金額）

②　総合課税の長期譲渡所得と一時所得の合計額（損益通算後の金額）の２分の１
の金額

ただし、次の繰越控除を受けている場合は、総所得金額等はその適用後の金額で、
合計所得金額はその適用前の金額である点が異なる。

> 純損失や雑損失の繰越控除、居住用財産の買換え等の場合の譲渡損失の繰越控
> 除、特定居住用財産の譲渡損失の繰越控除、上場株式等に係る譲渡損失の繰越控
> 除、特定中小会社が発行した株式に係る譲渡損失の繰越控除、先物取引の差金等
> 決済に係る損失の繰越控除

(3)　所得控除額の計算方法

イ　雑損控除

> ＡとＢのいずれか多い方の金額
> Ａ　「損失の金額」－（総所得金額等の合計額×10％）
> Ｂ　「損失の金額」のうち「災害関連支出の金額」－５万円

（注）「損失の金額」＝「資産の損失額＋災害関連支出」－「保険金等による補填額」

ロ　医療費控除

> $\left(\begin{array}{l}その年に支払った\\医療費の総額\end{array}\right) - \left(\begin{array}{l}保険金等に\\よる補填額\end{array}\right) - \left(\begin{array}{l}「10万円」又は「総所得金額等の\\５％」（いずれか少ない方の金額）\end{array}\right)$

（注）1　医療費控除の最高額は200万円。
　　　2　特定一般用医薬品等（スイッチOTC医薬品）の購入費が12,000円を超える場合は、「セ
　　　　ルフメディケーション税制」の対象となり、上記の計算式に代えて以下による額とするこ
　　　　とができる。平成29年1月1日から令和8年12月31日までの時限措置。

> ※　セルフメディケーション税制（最高額は8.8万円）
> $\left(\begin{array}{l}その年に支払ったスイッチ\\OTC医薬品購入費の合計額\end{array}\right) - \left(\begin{array}{l}保険金等に\\よる補填額\end{array}\right) - 1.2万円$
> （注）　セルフメディケーション税制は通常の医療費控除との選択適用である。

ハ　社会保険料控除

その年に支払った社会保険料の額（全額）

二　小規模企業共済等掛金控除

その年に支払った小規模企業共済等掛金の額（全額）

ホ　生命保険料控除

生命保険・介護保険・個人年金保険のそれぞれについて、以下により控除額を算出。

（注）　全体の適用限度額は12万円。

㈤　新生命保険契約（平成24年1月1日以降に締結したもの）

年間の支払保険料等		控　除　額
	20,000円以下	支払保険料等の全額
20,000円超	40,000円以下	支払保険料等×1/2＋10,000円
40,000円超	80,000円以下	支払保険料等×1/4＋20,000円
80,000円超		一律40,000円

㈣　旧生命保険契約（平成23年12月31日以前に締結したもの）

年間の支払保険料等		控　除　額
	25,000円以下	支払保険料等の全額
25,000円超	50,000円以下	支払保険料等×1/2＋12,500円
50,000円超	100,000円以下	支払保険料等×1/4＋25,000円
100,000円超		一律50,000円

㈢　介護保険料

年間の支払保険料等		控　除　額
	20,000円以下	支払保険料等の全額
20,000円超	40,000円以下	支払保険料等×1/2＋10,000円
40,000円超	80,000円以下	支払保険料等×1/4＋20,000円
80,000円超		一律40,000円

㈡　新個人年金保険契約（平成24年1月1日以降に締結したもの）

年間の支払保険料等		控　除　額
	20,000円以下	支払保険料等の全額
20,000円超	40,000円以下	支払保険料等×1/2＋10,000円
40,000円超	80,000円以下	支払保険料等×1/4＋20,000円
80,000円超		一律40,000円

所得税

(ホ)　旧個人年金保険契約（平成23年12月31日以前に締結したもの）

年間の支払保険料等	控　除　額
25,000円以下	支払保険料等の全額
25,000円超　50,000円以下	支払保険料等×1／2＋12,500円
50,000円超　100,000円以下	支払保険料等×1／4＋25,000円
100,000円超	一律50,000円

ヘ　地震保険料控除

区　分	年間の支払保険料等	控　除　額
①　地震保険料	50,000円以下	支払金額の全額
	50,000円超	一律50,000円
②　旧長期損害保険料	10,000円以下	支払金額の全額
	10,000円超　20,000円以下	支払金額×1／2＋5,000円
	20,000円超	15,000円
①と②の両方がある場合	－	①と②それぞれの方法で計算した金額の合計額（最高50,000円）

(注)　一の損害保険契約等又は一の長期損害保険契約等に基づき、地震保険料及び旧長期損害保険料の両方を支払っている場合には選択により地震保険料又は旧長期損害保険料のいずれか一方の控除を受けることとなる。

ト　寄附金控除

「①と②のいずれか少ない方の金額」－ 2,000円

①　特定寄附金【※】の合計額

②　「総所得金額等」×40％

【※】　「特定寄附金」とは、国や地方公共団体、特定公益増進法人などに対する寄附金で、寄附金控除の対象となるものをいう。なお、いわゆる「ふるさと納税」は、地方公共団体への寄附金として、本控除の対象となる。

チ　障害者控除

障害者1人につき以下の金額

区　分	控　除　額
障害者	27万円
特別障害者	40万円
同居特別障害者【※】	75万円

【※】　同居特別障害者とは、特別障害者である同一生計配偶者又は扶養親族で納税者自身、配偶者、生計を一にする親族のいずれかとの同居を常としている者。

リ　寡婦控除（令和2年分以後）

離婚・死別 の要件	子以外の扶養 親族の有無	所得要件 （合計所得金額）	控除額
離婚	有	500万円以下	27万円
死別	有・無		

（注）1　寡婦控除は、下記「カ　ひとり親控除」の要件に該当しない寡婦に限り適用。
　　　2　住民票の続柄に「夫（未届）」又は「妻（未届）」の記載がある場合は対象外。
　　　3　寡夫は、寡婦控除の対象外。

ヌ　勤労学生控除

一律27万円

ル　配偶者控除

本人の合計所得金額	控　除　額	
	控除対象配偶者	老人控除対象配偶者【※】
900万円以下	38万円	48万円
900万円超　950万円以下	26万円	32万円
950万円超　1,000万円以下	13万円	16万円
1,000万円超	（適用なし）	（適用なし）

【※】「老人控除対象配偶者」とは、控除対象配偶者のうち、その年の12月31日現在の年齢が70歳以上の者をいう。

ヲ　配偶者特別控除（令和2年分以後）

配偶者の合計所得金額	控　除　額		
	本人の合計所得金額		
	900万円以下	900万円超 950万円以下	950万円超 1,000万円以下
48万円超　95万円以下	38万円	26万円	13万円
95万円超　100万円以下	36万円	24万円	12万円
100万円超　105万円以下	31万円	21万円	11万円
105万円超　110万円以下	26万円	18万円	9万円
110万円超　115万円以下	21万円	14万円	7万円
115万円超　120万円以下	16万円	11万円	6万円
120万円超　125万円以下	11万円	8万円	4万円
125万円超　130万円以下	6万円	4万円	2万円
130万円超　133万円以下	3万円	2万円	1万円

所得税

Ⅱ　所　得　税

ワ　扶養控除

区　　分		控　除　額
一般の扶養親族		38万円
特定扶養親族（19歳以上22歳以下）		63万円
老人扶養親族（70歳以上）	同居老親等以外	48万円
	同居老親等【※】	58万円

【※】　「同居老親等」とは、老人扶養親族のうち、納税者又はその配偶者の直系の尊属（父母・祖父母等）で、納税者又はその配偶者と普段同居している人をいう。
　　また、同居老親等の「同居」については、病気の治療のため入院していることにより納税者等と別居している場合は、その期間が結果として1年以上といった長期にわたるような場合であっても、同居に該当するものとされるが、老人ホーム等へ入所している場合には、その老人ホームが居所となり、同居とはならない。
【国外居住親族についての留意事項】
　　居住者がその国外居住親族について扶養控除、配偶者控除、配偶者特別控除、障害者控除の適用を受けるためには、「親族関係書類」及び「送金関係書類」が必要となっている。
　　そして、令和5年分の所得税からは、年齢30歳以上70歳未満の国外居住親族のうち、次のいずれにも該当しないものは控除対象扶養親族から除かれる。
①　留学により国内に住所及び居所を有しなくなった者
②　障害者
③　その居住者からその年において生活費又は教育費に充てるための支払を38万円以上受けている者

カ　ひとり親控除（令和2年分以後）

離婚・死別等の要件	扶養親族の要件	所得要件 （合計所得金額）	控除額
現に婚姻をしていない者・ 配偶者が生死不明の者	同一生計の子 【※】あり	500万円以下	35万円

（注）1　ひとり親控除の要件に該当しない寡婦で、上記「リ　寡婦控除」の要件に該当した場合には、寡婦控除が適用される。
　　　2　住民票の続柄に「夫（未届）」又は「妻（未届）」の記載がある場合は対象外。
【※】　総所得金額48万円以下の子に限り、他の納税者の同一生計配偶者や扶養親族である者を除く。

ヨ　基礎控除（令和2年分以後）

本人の合計所得金額	控　除　額
2,400万円以下	48万円
2,400万円超　　2,450万円以下	32万円
2,450万円超　　2,5000万円以下	16万円
2,5000万円超	（適用なし）

（注）　令和元年分までは一律38万円。

【法令等】 所法2①二十八～三十四の四、72～86

(4) 所得控除の順序

○　所得控除は、課税標準から差し引くが、その順序は、①総所得金額、②山林所得金額、③退職所得金額の順で行う。

○　この際、「雑損控除」を他の所得控除と区分して最初に差し引き、それでもなお所得金額がある場合には、残りの所得控除の合計金額を差し引く。

所得控除の種類	課税標準		
	総所得金額	山林所得金額	退職所得金額
雑損控除	①	②	③
雑損控除以外の所得控除	④	⑤	⑥

【法令等】所法87

(5) 所得税の税率等

イ　課税総所得金額・課税退職所得金額に対する税率（速算表）

課税される所得金額	税率	控除額
1,000円　～　1,949,000円	5％	0円
1,950,000円　～　3,299,000円	10％	97,500円
3,300,000円　～　6,949,000円	20％	427,500円
6,950,000円　～　8,999,000円	23％	636,000円
9,000,000円　～　17,999,000円	33％	1,536,000円
18,000,000円　～　39,999,000円	40％	2,796,000円
40,000,000円以上	45％	4,796,000円

(注)1　課税される所得金額に1,000円未満の端数があるとき、又はその全額が1,000円未満であるときは、これを切り捨てる（以下同じ。）。
　　2　課税される所得金額が1,000万円の場合の税額は、次のとおり。
　　　10,000,000円×33％－1,536,000円 ＝ 1,764,000円
　　3　所得税のほかに、個人住民税（一律10％）及び復興特別税（所得税額の2.1％相当額）が課税される（下記ロの課税山林所得金額についても同じ。）。

【法令等】所法89、復興財確法13

ロ　課税山林所得金額に対する税率（速算表）

課税山林所得金額	税率	控除額
1,000円　～　9,749,000円	5％	0円
9,750,000円　～　16,499,000円	10％	487,500円
16,500,000円　～　34,749,000円	20％	2,137,500円
34,750,000円　～　44,999,000円	23％	3,180,000円
45,000,000円　～　89,999,000円	33％	7,680,000円
90,000,000円　～　199,999,000円	40％	13,980,000円

II 所得税

200,000,000円以上	45%	23,980,000円

(注) 課税山林所得金額に対する税額は、いわゆる5分5乗方式により算出することとされているが、上記の速算表はこれを織り込んだものとなっている。

【法令等】 所法89、復興財確法13

ハ 利子所得の税率

区　　分	所　得　税	住　民　税
特定公社債の利子・公募公社債投資信託及び公募公社債等運用投資信託の収益の分配	申告分離課税（20%）又は 申告不要	
	15%源泉徴収	5%特別徴収
預金及び特定公社債以外の公社債の利子、合同運用信託及び私募公社債投資信託の収益の分配【※】	源泉分離課税（20%）	
	15%源泉徴収	5%特別徴収

(注)1 財務省HPを基に加筆。
　　2 国外の銀行に預けた預金の利子等で、支払の際に所得税等の源泉徴収の対象とならないものは総合課税の対象となる。
　　3 所得税のほか、所得税額に対して2.1%の復興特別所得税が課される。
【※】 同族会社が発行した社債の利子でその同族会社の役員等が支払を受けるものは、総合課税の対象となる。

【法令等】 所法22、23、89、165、181、182、措法3①、8の4、8の5、復興財確法13、28

ニ 配当所得の税率

区　　分			概　　　要
公募株式投資信託の収益の分配等			次のいずれかを選択
剰余金の配当、利益の配当、剰余金の分配等	上場株式等の配当（大口以外）等（注2）		① 総合課税（配当控除）　上場株式等の配当等×10～55%　（所得税5～45%、住民税10%）　② 申告分離課税（配当控除なし。）　上場株式等の配当×20%（所15%、住5%）　③ 確定申告不要　（所15%源泉徴収、住5%特別徴収）
	上記以外		総合課税（所5～45%、住10%）（配当控除）　（所20%の源泉徴収、住なし。）【※】
	10万円以下（注3）		確定申告不要　（所20%の源泉徴収、住なし。）【※】

(注)1 財務省HPを基に加筆。
　　2 上場株式等の配当（大口以外）とは、その株式等の保有割合が発行済株式又は出資の総数又は総額の3%未満である者が支払を受ける配当をいう。
　　　また、令和4年度の税制改正により、内国法人から支払を受ける上場株式等の配当等で、その配当等の支払に係る基準日においてその支払を受ける居住者等とその者を判定の基準となる株主として選定した場合における同族会社に該当する法人が保有する株式等を合算して

その発行済株式等の総数等に占める割合が３％以上となるときにおけるその居住者等が、令和５年10月１日以後に支払を受けるべき配当等は総合課税の対象となる。

　　3　１回の支払配当の金額が10万円×（配当計算期間／12）以下のもの。

　　4　所得税のほか、所得税額に対して2.1％の復興特別所得税が課される。

【※】　住民税は特別徴収されないが、課税対象となる。

【法令等】所法22、24、89、165、181、182、措法８の２、８の４、８の５、９の３、
　　　　　復興財確法13、28

ホ　株式等の譲渡所得等の税率

区　　　　分	概　　　　要
上場株式等 ・上場株式 ・ETF ・公募投資信託 ・特定公社債等	申告分離課税 　上場株式等の譲渡益×20％（所15％、住５％） ※源泉徴収口座における確定申告不要の特例 　源泉徴収口座（源泉徴収を選択した特定口座）を通じて行われる上場株式等の譲渡による所得については、源泉徴収のみで課税関係を終了させることができる。 ※上場株式等に係る譲渡損失の損益通算、繰越控除 　上場株式等の譲渡損失があるときは、その年の上場株式等の配当所得等の金額から控除可。 　上場株式等の譲渡損失の金額のうち、その年に控除しきれない金額については、翌年以降３年間にわたり、上場株式等に係る譲渡所得等の金額及び上場株式等に係る配当所得等の金額からの繰越控除可。
一般株式等 （上場株式等以外の株式等）	申告分離課税 　一般株式等の譲渡益×20％（所15％、住５％）

（注）1　財務省HPを基に加筆。
　　　2　所得税のほか、所得税額に対して2.1％の復興特別所得税が課される。

【法令等】措法31、32、37の10、37の11、37の11の３～37の11の６、37の12、37の
　　　　　12の２、復興財確法13、28

ヘ　非課税口座内の少額上場株式等に係る配当所得及び譲渡所得等の非課税措置（NISA）

NISAの制度の概要は次の表のとおり。

	つみたて投資枠	成長投資枠
年間の投資上限額	120万円	240万円
非課税保有期間	制限なし（無期限化）	
非課税保有限度額 （総枠）	1,800万円 ※　簿価残高方式で管理（枠の再利用が可能）	
		1,200万円（内数）
口座開設可能期間	制限なし（恒久化）	

所
得
税

Ⅱ　所得税

投資対象商品	積立・分散投資に適した 一定の公募等株式投資信託	上場株式・ 公募株式投資信託等
投資方法	契約に基づき、定期かつ継続 的な方法で投資	制限なし

（注1）　令和6年1月1日から適用。
（注2）　令和5年末までに現行の一般NISA及びつみたてNISA制度において投資した商品は、新し
　　　　い制度の外枠で、現行制度における非課税措置を適用。

【法令等】措法9の8三・四、37の14①三・四、⑤六イ・ハ、七イ

ト　土地・建物等の譲渡所得の税率

土地や建物の譲渡による所得の所得税の税額計算は次のように計算する。

長期譲渡所得	課税長期譲渡所得金額　×　15%
短期譲渡所得	課税短期譲渡所得金額　×　30%

（注）　上記の所得税のほか、所得税額に対して2.1%の復興特別所得税が課される。

【法令等】措法31①、32①、復興財確法13

(6)　税額控除（主なもの）

イ　配当控除

(イ)　制度の概要

○　内国法人から受ける剰余金の配当、利益の配当、剰余金の分配、金銭の分
配、証券投資信託の収益の分配等について、確定申告において総合課税の適
用を受ける場合には、一定の方法で計算した金額の税額控除（配当控除）を
受けることができる。

(ロ)　対象にならない配当等

①　基金利息
②　私募公社債等運用投資信託等の収益の分配に係る配当等
③　国外私募公社債等運用投資信託等の配当等
④　外国株価指数連動型特定株式投資信託の収益の分配に係る配当等
⑤　特定外貨建等証券投資信託の収益の分配に係る配当等
⑥　適格機関投資家私募による投資信託から支払を受けるべき配当等
⑦　特定目的信託から支払を受けるべき配当等
⑧　特定目的会社から支払を受けるべき配当等
⑨　投資法人から支払を受けるべき配当等
⑩　確定申告不要制度を選択したもの
⑪　申告分離課税制度を選択したもの
⑫　外国法人からの配当等

（ハ）　税額控除の額

その配当等の種類に応じて、その配当等の金額に以下の率を掛けた金額が控除される。

区　　　分	率
剰余金の配当等に係る配当所得（特定株式投資信託の収益の分配に係る配当所得を含む。）の金額	10%
証券投資信託の収益の分配金に係る配当所得（特定株式投資信託の収益の分配に係る配当所得を除く。）の金額	5％
証券投資信託の収益の分配に係る配当所得のうち、特定外貨建等証券投資信託以外の外貨建等証券投資信託の収益の分配に係る配当所得の金額	2.5%

ただし、課税総所得金額が1,000万円を超える場合には、その1,000万円を超える部分の配当所得の金額についての配当控除の金額は、上記の率の2分の1を乗じた金額となる。

これを図示すると以下のとおりとなる（国税庁タックスアンサー No.1250から）。

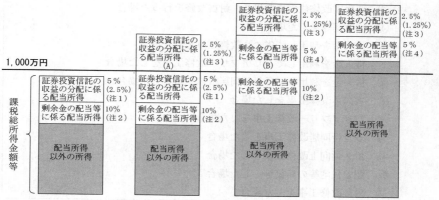

（注1〜4）　2.5%、5％及び10%は、配当所得に乗ずる配当控除の割合を示す。
　　　　なお、括弧内は外貨建等証券投資信託の収益の分配に係る配当所得に乗ずる配当控除の割合を示す。

【法令等】所法92、措法8の4、8の5、9

ロ　住宅借入金等特別控除（住宅ローン控除）

（イ）　制度の概要

○　個人が住宅ローン等を利用してマイホームの新築、取得又は増改築等（以下「取得等」という。）をした場合で、一定の要件を満たすときは、その取得等に係る住宅ローン等の年末残高の合計額等を基として計算した金額を居

住の用に供した年分以後の各年分の所得税額から控除する「住宅借入金等特別控除」又は「特定増改築等住宅借入金等特別控除」の適用を受けることができる。

○　住宅ローン等を利用しない場合であっても、個人が既存住宅について一定の要件を満たす①住宅耐震改修をしたとき、②バリアフリー改修工事や省エネ改修工事、多世帯同居改修工事、耐久性向上改修工事（住宅耐震改修や省エネ改修工事を併せて行うものに限る。）をしたとき又は③認定住宅の新築等をしたときは、それぞれ所定の方法で計算した金額をその年分の所得税額から控除する「住宅耐震改修特別控除」、「住宅特定改修特別税額控除」又は「認定住宅新築等特別税額控除」の適用を受けることができる。

㈹　住宅借入金等特別控除の種類

以下の場合に応じた住宅借入金等特別控除がある。

①　住宅を新築又は新築住宅を取得した場合
②　中古住宅を取得した場合
③　要耐震改修住宅を取得し、耐震改修を行った場合
④　増改築等をした場合
⑤　借入金を利用して省エネ改修工事をした場合
⑥　借入金を利用してバリアフリー改修工事をした場合
⑦　借入金を利用して多世帯同居改修工事をした場合
⑧　省エネ改修工事をした場合
⑨　バリアフリー改修工事をした場合
⑩　多世帯同居改修工事をした場合
⑪　耐久性向上改修工事をした場合
⑫　認定住宅等の新築等をした場合
⑬　耐震改修工事をした場合

㈸　適用要件等

上記㈹の住宅借入金等特別控除のうち、本書においては、「①　住宅を新築又は新築住宅を取得した場合」の適用要件、各年の控除額、手続・添付書類等について解説する。

A　住宅借入金等特別控除の適用要件（住宅を新築又は新築住宅を取得した場合）

次の全ての要件を満たす必要あり。

①　新築又は取得の日から6か月以内に居住の用に供し、適用を受ける

各年の12月31日まで引き続いて住んでいること。

② この特別控除を受ける年分の合計所得金額が、2,000万円以下（令和4年1月1日以後に居住の用に供した場合）であること。

③ 新築又は取得をした住宅の床面積が50平方メートル以上（一定の場合には40平方メートル以上）であり、床面積の2分の1以上の部分が専ら自己の居住の用に供するものであること。

④ 10年以上にわたり分割して返済する方法になっている新築又は取得のための一定の借入金又は債務（住宅とともに取得するその住宅の敷地の用に供される土地等の取得のための借入金等を含む。）があること。

⑤ 居住の用に供した年とその前後の2年ずつの5年間（令和2年4月1日以降の譲渡の場合には、その居住の用に供した年とその前2年、後3年の合計6年間）に、居住用財産を譲渡した場合の長期譲渡所得の課税の特例など（措法31の3①、35①、36の2、36の5、37の5、旧37の9の2）の適用を受けていないこと。

B　各年の控除額（住宅を新築又は新築住宅を取得した場合（認定住宅等以外））

居住の用に供した年	控除期間	各年の控除額の計算（控除限度額）
平成19年1月1日から平成19年12月31日まで	15年	【1～10年目】年末残高等×0.6%（15万円） 【11～15年目】年末残高等×0.4%（10万円）
平成20年1月1日から平成20年12月31日まで	15年	【1～10年目】年末残高等×0.6%（12万円） 【11～15年目】年末残高等×0.4%（8万円）
平成21年1月1日から平成22年12月31日まで	10年	年末残高等×1%（50万円）
平成23年1月1日から平成23年12月31日まで	10年	年末残高等×1%（40万円）
平成24年1月1日から平成24年12月31日まで	10年	年末残高等×1%（30万円）
平成25年1月1日から平成25年12月31日まで	10年	年末残高等×1%（20万円）
平成26年1月1日から令和元年9月30日まで	10年	年末残高等×1%（40万円） (注)　住宅の取得等が特定取得【※1】以外は20万円
令和元年10月1日から令和2年12月31日まで【※6】	13年	[住宅の取得等が特別特定取得【※2】に該当する場合] 【1～10年目】年末残高等×1%（40万円） 【11～13年目】次のいずれか少ない額が控除限度額 ① 年末残高等〔上限4,000万円〕×1% ② （住宅取得等対価の額【※3】－消費税額〔上限4,000万円〕）×2%÷3

	10年	**［上記以外の場合］** 年末残高等×1％（40万円） （注）　住宅の取得等が特定取得【※1】以外は20万円
令和3年1月1日から 令和3年12月31日まで	10年	年末残高等×1％（40万円） （注）　住宅の取得等が特定取得【※1】以外は20万円
令和3年1月1日から 12月31日まで 【※7】	13年	**［住宅の取得等が特別特例取得【※4】又は特例特別特例取得【※5】に該当する場合］** 【1～10年目】年末残高等×1％（40万円） 【11～13年目】次のいずれか少ない額が控除限度額 ①　年末残高等〔上限4,000万円〕×1％ ②　（住宅取得等対価の額【※3】－消費税額〔上限4,000万円〕）×2％÷3
令和4年1月1日から 令和5年12月31日まで	13年	年末残高等（上限3,000万円）×0.7％（21万円）
令和6年1月1日から 令和7年12月31日まで	10年	年末残高等（上限2,000万円）×0.7％（14万円）

（注）　認定住宅等の新築等に係る住宅借入金等特別控除の特例の場合はこれと異なる。

【※1】　「特定取得」とは、住宅の取得等の対価の額又は費用の額に含まれる消費税額等（消費税額及び地方消費税額の合計額をいう。以下同じ。）が、8％又は10％の税率により課されるべき消費税額等である場合におけるその住宅の取得等をいう。

【※2】　「特別特定取得」とは、住宅の取得等の対価の額又は費用の額に含まれる消費税額等が10％の税率により課されるべき消費税額等である場合におけるその住宅の取得等をいう。

【※3】　「住宅取得等対価の額」は、補助金及び住宅取得等資金の贈与の額を控除しないこととした金額をいう。

【※4】　「特別特例取得」とは、その対価の額又は費用の額に含まれる消費税等の税率が10％である場合の住宅の取得等で、次に掲げる区分に応じそれぞれ次に定める期間内にその契約が締結されているものをいう。
　　①　居住用家屋の新築…令和2年10月1日から令和3年9月30日までの期間
　　②　居住用家屋で建築後使用されたことのないもの若しくは既存住宅の取得又はその者の居住の用に供する家屋の増改築等…令和2年12月1日から令和3年11月30日までの期間

【※5】　「特例特別特例取得」とは、特別特例取得に該当する場合で床面積が40㎡以上50㎡未満の住宅の取得等をいう。

【※6】　この期間においては通常10年である控除期間が13年に延長される特例が措置されているが、新型コロナウイルス感染症等の影響により、控除の対象となる住宅の取得等をした後、その住宅への入居が入居の期限（令和2年12月31日）までにできなかった場合、次の要件を満たすときには、その特例の適用を受けることができる。
　　①　新築については令和2年9月末、中古住宅の取得、増改築等については令和2年11月までに、住宅の取得等に係る契約を締結していること
　　②　令和3年12月31日までに住宅に入居していること

【※7】　この期間における特例は、個人が取得等をした床面積が40㎡以上50㎡未満である住宅の用に供する家屋についても適用できる。ただし、床面積が40㎡以上50㎡未満である住宅の用に供する家屋に係るこの特例は、その者の13年間の控除期間のうち、その年分の所得税に係る合計所得金額が1,000万円を超える年については適用できない。

C　手続・必要書類（住宅を新築又は新築住宅を取得した場合）

(A)　控除を受ける最初の年分

確定申告書に、次の書類を添付して所轄税務署長に提出する。

敷地の取得に係る住宅借入金等がない場合	a　「（特定増改築等）住宅借入金等特別控除額の計算明細書」 b　住宅取得資金に係る借入金の年末残高等証明書（2か所以上から交付を受けている場合は、その全ての証明書） c　家屋の登記事項証明書、請負契約書の写し、売買契約書の写し等【※1】で次のことを明らかにする書類 ・　家屋の新築又は取得年月日 ・　家屋の取得対価の額 ・　家屋の床面積が50平方メートル以上であること【※2】 ・　家屋の取得等が特定取得又は特別特定取得に該当する場合には、その該当する事実
敷地の取得に係る住宅借入金等がある場合	上記に加え、次の書類が必要。 a　敷地の登記事項証明書、売買契約書の写し等で敷地の取得年月日及び取得対価の額を明らかにする書類【※3】 b　敷地の購入に係る住宅借入金等が次の(a)から(c)までのいずれかに該当するときは、それぞれに掲げる書類 (a)　家屋の新築の日前2年以内に購入したその家屋の敷地の購入に係る住宅借入金等があるとき 　○　金融機関、地方公共団体又は貸金業者からの借入金 　　⇒　家屋の登記事項証明書などで、家屋に一定の抵当権が設定されていることを明らかにする書類 　○　上記以外の借入金 　　⇒　家屋の登記事項証明書などで、家屋に一定の抵当権が設定されていることを明らかにする書類又は貸付け若しくは譲渡の条件に従って一定期間内に家屋が建築されたことをその貸付けをした者若しくはその譲渡の対価に係る債権を有する者が確認した旨を証する書類 (b)　家屋の新築の日前に3か月以内の建築条件付きで購入したその家屋の敷地の購入に係る住宅借入金等であるとき 　⇒　敷地の分譲に係る契約書の写しなどで、契約において3か月以内の建築条件が定められていることなどを明らかにする書類 (c)　家屋の新築の日前に一定期間内の建築条件付きで購入したその家屋の敷地の購入に係る住宅借入金等であるとき 　⇒　敷地の分譲に係る契約書の写しなどで、契約において一定期間内の建築条件が定められていることなどを明らかにする書類

（注）　令和5年1月1日以後に居住の用に供する場合には、住宅取得資金に係る借入金の年末残高証明書及び新築の工事の請負契約書の写し等については、確定申告書への添付は不要となる。

【※1】　住宅の取得等に関し補助金等の交付を受けているときは、補助金等の額を証する書類、住宅取得等資金の贈与の特例の適用を受けているときは、住宅取得等資金の額を証する書類の写しも添付する。

【※2】　一定の場合には、40㎡以上50㎡未満の場合でも適用となる。

【※3】　住宅の敷地の取得に関し補助金等の交付を受けているときは、交付を受けている補助金等の額を証する書類、住宅取得等資金の贈与の特例の適用を受けているときは、その

II　所　得　税

特例に係る住宅取得等資金の額を証する書類の写しも添付する。

(B)　2年目以後の年分

確定申告書に上表の上段「a（特定増改築等）住宅借入金等特別控除額の計算明細書」（付表が必要な場合は付表を含む。）のほか、「b　住宅取得資金に係る借入金の年末残高等証明書」（2か所以上から交付を受けている場合は、その全ての証明書）を添付して提出する。

ただし、給与所得者については、年末調整で適用を受けることができる。なお、その場合には、次の書類を勤務先に提出する必要がある。

① 　税務署から送付される「年末調整のための（特定増改築等）住宅借入金等特別控除証明書」及び「給与所得者の（特定増改築等）住宅借入金等特別控除申告書」
② 　「住宅取得資金に係る借入金の年末残高等証明書」

【法令等】 措法41、41の2、41の2の2、措令26、措規18の21、平28改正法附則76、平29改正法附則55、令4改正法附則34①、新型コロナ税特法6、6の2、新型コロナ税特令4

ハ　政党等寄附金特別控除
(イ)　制度の概要

○ 　個人が令和6年12月31日までに支払った政党又は政治資金団体に対する政治活動に関する寄附金で一定のものについては、支払った年分の所得控除としての寄附金控除の適用を受けるか、又は次の算式で計算した金額（その年分の所得税額の25%相当額を限度）について税額控除の適用を受けるか、いずれか有利な方を選択することができる。

(ロ)　控除額

（政党等に対する寄附金－2,000円）×30%（100円未満切捨て）

(注)1 　「その年中に支払った政党等寄附金の額の合計額」については、その年分の総所得金額等の40%相当額が限度。
　　2 　「2,000円」については、寄附金控除を受ける特定寄附金等の額がある場合には2,000円からその特定寄附金等の額の合計額を控除した残額とされる。

【法令等】 措法41の18

ニ　外国税額控除

外国税額控除については、「**Ⅸ　国際課税**」の291ページのとおり。

ホ　税額控除等の順序

税額控除等を行う順序は、租税特別措置法関係通達41の19の 4 - 4 （税額控除等の順序）でその説明がされている。

【法令等】措通41の19の 4 - 4

ヘ　所得税の定額減税

令和 6 年分の所得税額から、納税者及び扶養親族（同一生計配偶者を含み、いずれも居住者に限る。） 1 人につき 3 万円の特別控除を実施する。ただし、納税者の合計所得金額が1,805万円以下の場合に限る。

【法令等】措通41の 3 の 3 ～ 41の 3 の10

5　申告・納付

(1)　所得税の申告（確定申告）

原則	翌年の 2 月16日から 3 月15日までに、住所地の所轄税務署長に確定申告書を提出し納税
例外	納税者が死亡した場合、その相続人は、原則として相続のあったことを知った日の翌日から 4 か月以内に被相続人の所得について申告（準確定申告）し納税
	納税者が、納税管理人の届出をしないで出国する場合、出国の時までに申告（準確定申告）し納税

（注）　令和 3 年分の確定申告から還付申告については法定申告期限はなくなり、翌年 1 月 1 日から 5 年間申告できる。

○　通常の確定申告

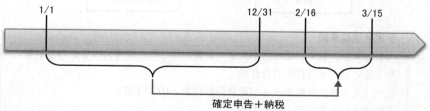

○　準確定申告

死亡の場合	相続の開始があったことを知った日の翌日から 4 か月以内に申告・納税
出国の場合	出国の時までに申告・納税（納税管理人の届出をしない場合）

【法令等】所法120、124 ～ 130

所得税

Ⅱ　所得税

(2)　予定納税

イ　予定納税義務者及び納期

○　原則として、前年度の所得税額を基に調整計算を行った額（予定納税基準額）が15万円以上である納税者は予定納税をする必要がある。

ロ　予定納税の有無の判定

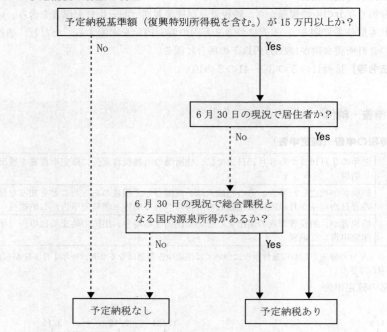

ハ　予定納税基準額

A＝前年分の利子、配当、不動産、事業、給与の各種所得の金額の合計額
B＝前年分の所得控除の合計額
C＝（A−B）×税率−Aの源泉徴収税額×100／102.1
予定納税基準額＝C＋C×2.1％

（注）1　予定納税額は、その年分の確定申告の申告納税額から控除される。
　　　2　その年6月30日の現況による申告納税見積額が予定納税基準額に満たないと見込まれる場合には、その年7月15日までに、予定納税の減額承認申請をすることができる。また、その年10月31日の現況による申告納税見積額が予定納税基準額に満たないと見込まれる場合には、その年11月15日までに、第2期において納付すべき予定納税額の減額承認申請をすることができる。

二　予定納税の例（イメージ）

【法令等】 所法104 ～ 106、111①②、166①

(3)　源泉徴収

イ　源泉徴収義務者

○　給与や報酬を支払う際に源泉徴収に係る所得税や復興特別所得税を徴収して国に納付する義務のある者を「源泉徴収義務者」という。源泉徴収の対象とされている所得の支払者は、全て源泉徴収義務者となる。

○　ただし、常時２人以下の家事使用人のみに対して給与の支払をする個人は、その支払う給与や退職手当について源泉徴収は要しない。

○　また、給与所得について源泉徴収義務を有する個人以外の個人が支払う弁護士報酬などの報酬・料金等については、源泉徴収を要しない。

ロ　課税所得の範囲と源泉徴収税額表等

「納税義務者の区分と課税所得の範囲・課税方法の概要」（387ページ）、「非居住者及び外国法人に対する課税関係の概要と源泉徴収」（388ページ）、「給与所得の源泉徴収税額表（月額表）」（391ページ）、「給与所得の源泉徴収税額表（日額表）」（399ページ）、「賞与に対する源泉徴収税額の算出率の表」（406ページ）、「居住者又は内国法人に支払う報酬・料金等に対する源泉徴収税額の表」（417ページ）は、「巻末資料」（385ページ以降）に掲載。

ハ　納付期日

原則	源泉徴収の対象となる所得を支払った月の翌月10日までに納付
例外	年２回にまとめて納付（納期の特例） ※１～６月分の納付期限は７月10日、７～12月分は翌年１月20日。

(注)　「納期の特例」は、給与の支給人員が常時10人未満の支払者が、税務署長の承認を受けた場合に、給与や退職手当など特定のものについて認められる。

【法令等】 所法６、184、200、204②二、216、復興財確法８②

6　所得税独自の制度

青色申告制度

○　青色申告は、一定の帳簿を備え付け、それに基づいて正確に所得を計算する納税者について税法上の特典を与える制度。

青色申告をすることができる者	不動産所得、事業所得又は山林所得を生ずべき業務を行う者
青色申告の要件	①　青色申告の承認申請書を所轄税務署長へ提出し、あらかじめ承認を受ける。 ②　一定の帳簿書類を備え付けて、これに取引の内容を記録し、かつ、これを7年間（一定のものは5年間）保存する。
青色申告の主な特典	①　青色申告特別控除（令和2年分からは最高55万円、ただし、電子申告又は電子帳簿保存を行うと引き続き65万円） ②　青色事業専従者給与（事前に提出した届出書に記載した範囲内で必要経費となる。） ③　貸倒引当金（事業所得者で、売掛金、貸付金などの貸倒れによる損失の見込額として、貸金の帳簿価額の合計額の5.5％以下（金融業の場合は3.3％以下）の金額を貸倒引当金勘定へ繰り入れたときはその金額が必要経費となる。） ④　純損失の繰越し（翌年以降3年間にわたり、各年分の所得金額から差し引くことができる。） ⑤　純損失の繰戻し（前年も青色申告をしている場合に「純損失の繰越し」に代えて、前年の所得金額から差し引き、還付を受けることができる。）

【法令等】所法52、57①、70①②、140、144〜145、148、措法25の2

Ⅲ　法人税

法人税の概要

　法人税は、株式会社、協同組合等の法人の所得を対象として法人に課される税金である。

　法人税の特色は、次のとおり。

所得の算出方法を適正な企業会計の慣行に委ねる	○　所得の計算に関し、所得の種類を区分せず、特別に定めるものを除き法人の得た利益は法人の所得とする。 ○　所得の算出方法は相当部分を適正な企業会計の慣行に委ねている。
所得の計算期間は事業年度が基準	○　所得税が暦年を基準とするのに対し、法人税は法人が定款等によって定めた会計期間（事業年度）を基準とする。
税率は原則として単一税率	○　所得税が超過累進税率であるのに対し、法人税は原則として単一税率

法人税の計算方法（概要）

企業会計の利益　 収益の額 − 原価・費用・損失の額 ＝ 利益の金額

法人税法上の所得金額　 益金の額 − 損　金　の　額 ＝ 所得の金額

企業会計の利益		法人税法上の所得金額	
売 上 原 価 販　売　費 一般管理費 営業外費用 特 別 損 失	売　上 営業外収益 特 別 利 益	損金の額 〔原価 　費用 　損失 　の額〕	益金の額 （収益の額）
当期純利益		所得の金額	

（出典）「法人税法（基礎編）令和 6 年度（2024年度）版」税務大学校

{ 各事業年度の所得の金額 × 税率 } − 税額控除 ＝ 申告納税額

法
人
税

法人税の課税要件等

法人税の課税要件等の概要は、次表のとおり（各項目の詳細は、次項以降で解説）。

1	納税義務者	○　法人税の納税義務者となる法人には、株式会社のような一般の会社のほかに各種の法人がある。 ○　法人税法では、法人を「内国法人」と「外国法人」に区分した上で、「普通法人」や「協同組合等」のほか、「公共法人」、「公益法人等」、「人格のない社団等」を納税義務者に含めている。
2	課税物件 （課税対象）	○　法人税の課税物件（課税対象）は、原則として、法人の事業活動によって得た各事業年度の所得の金額。 ○　「所得」は、所得税のように種類ごとに区分せず、特別に定めるものを除き、法人が得た利益は全て法人の所得となる。
3	課税標準	○　法人税の課税標準である各事業年度の所得の金額は、当該事業年度の「益金の額」から「損金の額」を控除した金額。 ○　法人税法上の所得の金額は、公正妥当な会計処理の基準に従って計算された企業会計上の利益の額に「別段の定め」による調整を加えて求める。
4	税額算出 方法・税率	○　法人税額＝「各事業年度の所得の金額」×「税率」 ○　法人税の税率は、23.2％（平成30年4月1日以後開始事業年度）。 　　ただし、資本金1億円以下の法人等については、例外を除き、一部所得の金額に軽減措置が図られている。
5	申告・納付	○　法人税の課税期間は、事業年度。法人は、事業年度終了後に決算を行い、株主総会等の承認を受けた決算（確定決算）に基づいて法人税額を計算して確定申告を行う。 ○　確定申告の申告及び納付の期限は、原則として、各事業年度終了の日の翌日から2か月以内。
6	法人税独自 の　制　度	○　青色申告制度 ①　法定の帳簿書類を備え付けて記録し、保存すること及び税務署長に「青色申告の承認申請書」を提出して、承認を受けることが要件。 ②　青色申告法人には、欠損金の繰越控除や特別償却等の各種特典が与えられる。

1　納税義務者

(1)　法人税の納税義務者

○　法人税の納税義務者となる法人には、株式会社のような一般の会社の他に各種の法人がある。

○　法人税法はまず、「内国法人」と「外国法人」に区分した上で、会社法等の種々の法律によって設立された法人を「公共法人」、「公益法人等」、「協同組合等」及び「普通法人」に区分し、更に、「人格のない社団等」を納税義務者に含めている。

【法令等】法法2三〜九、4①③

【法人税法上における法人】

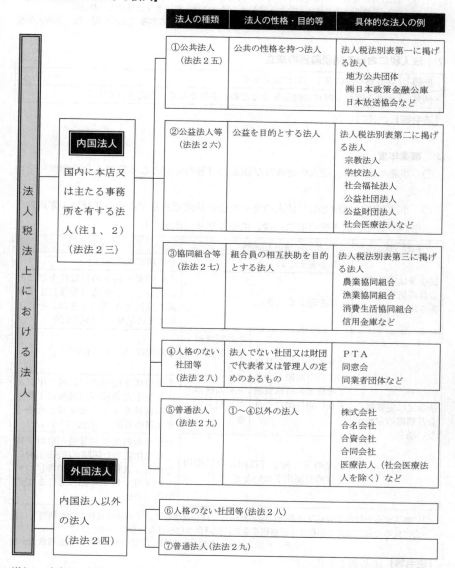

法人の種類	法人の性格・目的等	具体的な法人の例
①公共法人 （法法２五）	公共の性格を持つ法人	法人税法別表第一に掲げる法人 　地方公共団体 　㈱日本政策金融公庫 　日本放送協会など
②公益法人等 （法法２六）	公益を目的とする法人	法人税法別表第二に掲げる法人 　宗教法人 　学校法人 　社会福祉法人 　公益社団法人 　公益財団法人 　社会医療法人など
③協同組合等 （法法２七）	組合員の相互扶助を目的とする法人	法人税法別表第三に掲げる法人 　農業協同組合 　漁業協同組合 　消費生活協同組合 　信用金庫など
④人格のない社団等 （法法２八）	法人でない社団又は財団で代表者又は管理人の定めのあるもの	ＰＴＡ 同窓会 同業者団体など
⑤普通法人 （法法２九）	①～④以外の法人	株式会社 合名会社 合資会社 合同会社 医療法人（社会医療法人を除く）など

内国法人　国内に本店又は主たる事務所を有する法人（注１、２）（法法２三）

外国法人　内国法人以外の法人（法法２四）

⑥人格のない社団等（法法２八）

⑦普通法人（法法２九）

法人税法上における法人

法人税

（注）1　本店又は主たる事務所の所在地の判定に当たっては、登記を設立要件とする法人については、登記簿上の所在地による。
　2　人格のない社団等の本店又は主たる事務所の所在地については、次による（法基通１－１－４）。
　①　定款、寄附行為、規則又は規約に本店又は主たる事務所の所在地の定めがある場合……その定款等に定められている所在地

Ⅲ　法人税

② ①以外の場合……事業の本拠として代表者又は管理人が駐在し、業務の企画や経理を総括している場所（その場所が転々と移転する場合には、代表者又は管理人の住所）

（出典）「法人税法（基礎編）令和6年度（2024年度）版」税務大学校

(2) 法人税における納税義務の成立

原則	各事業年度の終了の時に成立する。
例外	事業年度の中間点で納税をするための手続として、中間申告がある。

【法令等】 法法71、74

(3) 事業年度

○　事業年度とは、法人の財産及び損益の計算の単位となる期間（会計期間）をいう。

○　事業年度は原則として法人の定めた会計期間であるが、その期は1年以内とされており、法人税の取扱いは、次のとおり（法法13）。

形　態	会計期間等		事業年度
法令又は定款等に会計期間の定めがある場合	1年を超えないとき		その期間（法法13①）
	1年を超えるとき		その期間を開始の日以後1年ごとに区分した各期間（最後に1年未満の期間を生じたときは、その1年未満の期間）（法法13①）
法令又は定款等に会計期間の定めがない場合	設立の日以後2月以内に会計期間を定めて納税地の所轄税務署長に届け出たとき	その期間が1年を超えないとき	その期間（法法13①）
		その期間が1年を超えるとき	その期間を開始の日以後1年ごとに区分した各期間（最後に1年未満の期間を生じたときは、その1年未満の期間）（法法13①）
	設立の日以後2月以内に会計期間を定めた届出がないとき		納税地の所轄税務署長が会計期間として指定した期間（法法13③）。ただし、人格のない社団等については1月1日から12月31日までの期間（法法13④）

(注)　法人が会計期間を変更又は新たに定めた場合には、遅滞なく、その変更前後の会計期間又は新たに定めた会計期間を納税地の所轄税務署長に届け出なければならない（法法15）。

（出典）「法人税法（基礎編）令和6年度（2024年度）版」税務大学校

【法令等】 法基通1-2-1

(4) 事業年度の特例

○　法人が事業年度の中途で解散したり、合併によって消滅したりした場合には、それぞれの期間を1事業年度とみなすこととしている（法法14）。

【株式会社の解散の場合】

(設立の日）令和元年 7 月 11 日　　　(決算日）毎年 3 月 31 日
(解散の日）令和 4 年 7 月 15 日

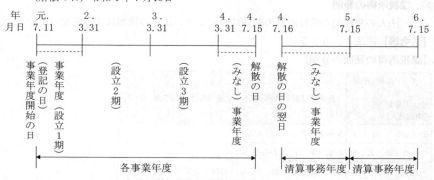

(出典）「法人税法（基礎編）令和 6 年度（2024年）版」税務大学校

【法令等】法基通 1 - 2 - 4 、 1 - 2 - 9

(5)　納税地

　○　内国法人の法人税の納税地は、原則として、その本店又は主たる事務所の所在地である（法法16）。

2　課税物件（課税対象）

(1)　法人税の課税対象

　○　法人税の課税物件（課税対象）は、原則として、法人の事業活動によって得た各事業年度の所得の金額。

　○　「所得」の種類は区分せず、特別に定めるものを除き、法人が得た利益は全て法人の所得となる。

【法人税の対象となる所得】

(注)　従来、内国法人である普通法人及び協同組合等が解散した場合、「清算所得に対する法人税」が課税されていたが、平成22年度税制改正により、平成22年10月 1 日以後に解散が行われた場合には、清算所得課税は行われず、「各事業年度の所得に対する法人税」が課されることとされた。

(出典）「法人税法（基礎編）令和 6 年度（2024年度）版」税務大学校

法人税

Ⅲ　法人税

【法令等】　法法 5 、 7

⑵　課税所得の範囲

○　法人の具体的な課税所得の範囲については、法人の種類により異なっている。

【法令等】　法法 4 、 5 、 7

【課税所得の範囲の分類】

課税所得 法人の種類 （内国法人）	各事業年度の所得(注1)	退職年金等積立金（注3）
公　共　法　人	納税義務なし（法法4②）	
公　益　法　人　等	収益事業（注2）から生じた所得にのみ課税（法法4①ただし書、5、6）	退職年金業務等を行う法人（信託会社及び保険会社等）に対して課税（法法7）
人格のない社団等		
協　同　組　合　等	全ての所得（法法4、5）	
普　通　法　人		

(注) 1　各事業年度の所得に対する法人税には、法人課税信託の受託者を納税義務者として「法人課税信託」の信託財産について生ずる所得に対して課税される法人税が含まれる（法法4の2）。
2　収益事業とは、法人税法施行令第 5 条に列挙されている物品販売業等の34の事業で継続して事業場を設けて行われるものをいう（法法 2 二十三）。例えば、お寺（宗教法人）が境内の一部を駐車場として貸したり（駐車場業）、幼稚園（学校法人）が園児に制服・制帽等を販売（物品販売業）することなどをいう。
　　【法令等】　法基通15－1－1 ～ 15－1－72
3　退職年金等積立金に対する法人税は平成11年 4 月 1 日から令和 8 年 3 月31日までの間に開始する事業年度については、時限措置として、課税が停止されている（措法68の 5 ）。
　　　　　　　　　　　（出典）「法人税法（基礎編）令和 6 年度（2024年度）版」（税務大学校）

3　課税標準

⑴　法人税の課税標準

○　法人税の課税標準である各事業年度の所得の金額は、当該事業年度の「益金の額」から「損金の額」を控除した金額。

○　益金の額は、おおよそ企業会計上の売上高や販売高等の収益の額に相当するもの。

○　損金の額は、企業会計上の売上原価、販売費、一般管理費等の費用及び損失の額に相当するもの。

○　公正妥当な会計処理の基準に従って計算された企業会計上の利益の額に「別段の定め」による調整を加えたものが、法人税法上の所得の金額となる。

【法令等】　法法21、22

【課税所得金額の構造】

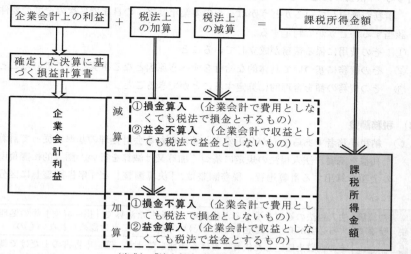

(出典)「法人税法（基礎編）令和6年度（2024年度）版」税務大学校

(2)　益金の額に算入すべき金額

○　別段の定めがあるものを除く、**資本等取引【※】**以外の取引に係る収益の額

代表的なものは、次のとおり。

①	商品、製品等の資産の販売による収益の額
②	固定資産、有価証券等の資産の譲渡による収益の額
③	請負等の役務の提供による収益の額
④	無償による資産の譲渡や役務の提供による収益の額
⑤	無償による資産の譲受けによる収益の額
⑥	その他取引による収益の額

【※】　「資本等取引」とは、法人の資本金等の額を増加あるいは減少させる取引（例えば増資、減資、合併等）のほか、法人が行う利益又は剰余金の分配及び残余財産の分配又は引渡しをいう。

【法令等】 法法22②⑤

(3)　損金の額に算入すべき金額

○　別段の定めがあるものを除く、次の原価、期間費用【※】及び損失の額

①	収益に対応する売上原価、完成工事原価等の原価の額
②	販売費、一般管理費等の費用（償却費を含む。）の額
③	災害等による損失の額（資本等取引を除く。）

【※】　期間費用については、償却費を除いて、その費用が事業年度末までに債務として確定していることを要する。

【法令等】 法法22③⑤

Ⅲ　法人税

【参考：「債務の確定」とは（法基通2-2-12）】

　　債務が確定しているかどうかは、その事業年度終了の日までに次の全ての要件に該当するかどうかで判定する。

①　その費用に係る債務が成立していること

②　その債務に基づいて具体的な給付をすべき原因となる事実が生じていること

③　その債務の額を合理的に算定することができること

(4)　税務調整

○　納税義務者である法人が公正妥当と認められる会計処理の基準に従って計算した利益を基礎に法人税法の規定に基づく加算又は減算を行い、誘導的に課税所得の金額を算出する計算過程。税務調整は、「決算調整」と「申告調整」に区分される。

税務調整	決算調整事項	法人税法の適用を受けるためには、確定した決算で「損金経理」等の処理をする必要があり、確定申告書上だけで調整することは認められないもの
	申告調整事項	その性質上確定した決算における経理を要せず、確定申告書の上だけで調整を求めるもので、任意の申告調整事項（注1）と必須の申告調整事項（注2）とがある。

(注)1　法人の決算上の経理処理に関係なく法人の選択により、自ら確定申告書で調整を行った場合にのみ適用される事項

　　2　法人の申告調整の有無に関係なく、税務上当然に益金不算入、損金不算入等の計算を行い、企業利益を修正すべき事項

【法令等】法法2二十五

【税務調整のまとめ】

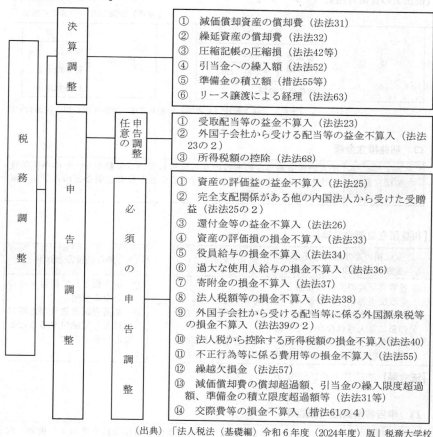

税務調整

決算調整
① 減価償却資産の償却費（法法31）
② 繰延資産の償却費（法法32）
③ 圧縮記帳の圧縮損（法法42等）
④ 引当金への繰入額（法法52）
⑤ 準備金の積立額（措法55等）
⑥ リース譲渡による経理（法法63）

申告調整

任意の申告調整
① 受取配当等の益金不算入（法法23）
② 外国子会社から受ける配当等の益金不算入（法法23の２）
③ 所得税額の控除（法法68）

必須の申告調整
① 資産の評価益の益金不算入（法法25）
② 完全支配関係がある他の内国法人から受けた受贈益（法法25の２）
③ 還付金等の益金不算入（法法26）
④ 資産の評価損の損金不算入（法法33）
⑤ 役員給与の損金不算入（法法34）
⑥ 過大な使用人給与の損金不算入（法法36）
⑦ 寄附金の損金不算入（法法37）
⑧ 法人税額等の損金不算入（法法38）
⑨ 外国子会社から受ける配当等に係る外国源泉税等の損金不算入（法法39の２）
⑩ 法人税から控除する所得税額の損金不算入（法法40）
⑪ 不正行為等に係る費用等の損金不算入（法法55）
⑫ 繰越欠損金（法法57）
⑬ 減価償却費の償却超過額、引当金の繰入限度超過額、準備金の積立限度超過額等（法法31等）
⑭ 交際費等の損金不算入（措法61の４）

（出典）「法人税法（基礎編）令和６年度（2024年度）版」税務大学校

（5）　税法上の資本の部

イ　資本金等の額

資本金の額	法人税法において特に独自の規定を設けておらず、会社法等の規定による金額となることから、「資本金」又は「出資金」と同義
資本金の額以外のもの	株主等から拠出された金額のうち、資本金の額に組み入れられずに留保されているもの

【法令等】法法２十六、法令８①柱書

法人税

Ⅲ　法人税

【税法上の貸借対照表（イメージ）】

<table>
<tr><td rowspan="4">資　産</td><td colspan="2">負　債</td></tr>
<tr><td rowspan="2">資本金等の額</td><td>資本金の額</td></tr>
<tr><td>資本金の額以外</td></tr>
<tr><td colspan="2">利益積立金額</td></tr>
</table>

【参考】企業会計上の貸借対照表

<table>
<tr><td rowspan="2">資　産</td><td>負　債</td></tr>
<tr><td>資本金
資本剰余金
利益剰余金</td></tr>
</table>

（出典）「法人税法（基礎編）令和６年度（2024年度）版」税務大学校

ロ　利益積立金額

利益積立金額	法人の各事業年度の所得のうち留保している金額から、その事業年度の法人税及び住民税として納付することとなる金額などの合計額を減算した金額の累計額

【利益積立金額の計算】

次に掲げる金額のうち法人が留保している金額の合計額		次の金額の合計額
①　各事業年度の所得の金額 ②　受取配当等の益金不算入、還付金等の益金不算入等の規定により各事業年度の所得の金額の計算上益金の額に算入されなかった金額 ③　繰越欠損金の損金算入の規定により各事業年度の所得の金額の計算上損金の額に算入された金額　など	－	①　法人税として納付することとなる金額 ②　都道府県民税及び市町村民税として納付することとなる金額　など

【法令等】法法２十八、法令９

ハ　申告書別表四の機能等

所得金額の算出機能	確定した決算に基づく利益又は損失を基礎に所得金額を算出する機能（次図参照）
当期分利益積立金額の計算の基礎機能	申告調整の金額について、その処分（「留保」又は「社外流出」の区分け）を行い、当期の所得金額のうち社内に留保された金額、すなわち当期に発生した利益積立金額を算出する機能 【※】「留保」とは、法人の内部に金銭など何らかの形で資産として残っているということ （例）　減価償却資産の償却超過額、引当金の繰入限度超過額、準備金の積立限度超過額など 【※】「社外流出」とは、所得の金額が法人内に留まることなく減少すること。「配当」と「その他」に区分 （例）　株主に対する剰余金の配当額、交際費等の損金不算入額、役員給与の損金不算入額など
申告書別表四の作成	損益計算書の当期純利益又は当期純損失を基礎として各種の申告調整を行い、当期の所得金額又は当期の欠損金額若しくは留保所得金額を計算する

【法令等】 法令9①八

【所得金額の算出機能（イメージ）】

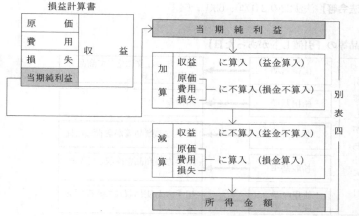

(出典)「法人税法（基礎編）令和6年度（2024年度）版」税務大学校

二　申告書別表五（一）の機能等

税務上の貸借対照表の機能	法人の決算上の貸借対照表に表れていないものを含む税務計算上の利益積立金額及び資本金等の額の内容とその異動状況を示す。
申告書別表五（一）の作成	貸借対照表の「純資産の部」に計上されているもののほか、利益積立金額及び資本金等の額の計算の明細を記載する。

⑹　益金の額の計算

本項では、次表の項目について解説する。

益金の額の計算	イ　資産の販売等の収益の額
	ロ　資産の無償譲渡等による収益の額
	ハ　「収益の認識に関する会計基準」への対応
	ニ　受取配当等
	ホ　資産の評価益・受贈益・還付金等

イ　資産の販売等の収益の額

㈠　商品や製品等の販売による収益

○　法人税法では、法人が商品等を販売した場合の収益の額は、商品等の「引渡し」があった日に計上することとされている（販売基準による考え方）。

○　引渡しの日の判断基準としては、法人が合理的な基準を選び、毎期継続して適用すれば税法上もその計算が認められる。

法
人
税

Ⅲ　法人税

○　収益の計上基準について、法人税法上の特例として、延払基準（収益の計上時期を繰り延べるもの）・工事進行基準（収益の計上時期を繰り上げるもの）がある。

【法令等】法法22の2①②、63①、64①

【商品等の「引渡し」があった日】

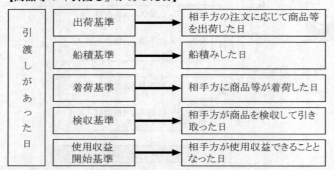

(注)　委託販売、ガス・水道・電気等の販売の場合には、継続適用を条件に例外処理（引渡しの日に近接する日）による収益計上も認められている。

（出典）「法人税法（基礎編）令和6年度（2024年度）版」税務大学校

【法令等】法法22の2①②、法基通2-1-2 ～ 2-1-4等

㈥　請負による収益

○　請負による収益は、原則として、建設請負のように物の引渡しを必要とするものについてはその物の全部を引き渡した日、運送や技術指導のように物の引渡しを必要としないで、役務の提供だけで完了するものについては、役務提供の全部を完了した日に収益に計上する。

【請負契約による目的物の「引渡し等」のあった日】

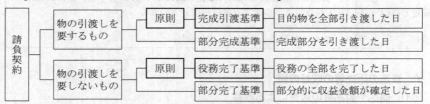

（出典）「法人税法（基礎編）令和6年度（2024年度）版」税務大学校

【法令等】法基通2-1-1の4、2-1-21の7 ～ 2-1-21の11

ロ　資産の無償譲渡等による収益の額

○　法人が資産を無償で譲渡した場合であっても、その資産の時価相当額が収益の額に含まれる。

○　法人が他の者から資産等の贈与を受けた場合であっても、その資産の時価相当額が収益の額に含まれる。

【法令等】法法22②、22の2④

ハ　「収益の認識に関する会計基準」への対応

○　平成30年の「収益の認識に関する会計基準」の公表を受け、同年度の税制改正を通じて法令・通達等を整備。

○　「履行義務の充足」により収益を認識するという新会計基準の考え方は、法人税法上の実現主義又は権利確定主義の考え方と齟齬をきたすものではない。

○　中小企業（監査対象法人以外）については、引き続き従前の企業会計原則等に則った取扱いによることも可能。

【平成30年改正法人税法22の2の概要】

項目		主 な 内 容
第1項	収益の計上時期	原則として、収益の計上時期は目的物の引渡し又は役務の提供の日の属する事業年度となる。 （例）出荷日、検収日、作業結了日、使用収益開始日等
第2項		公正処理基準に従って、引渡し等の日に近接する日の属する事業年度の確定決算で収益経理することも認められる。 （例）契約効力発生日、仕切精算書到達日、検針日等
第3項		収益の額を近接する日の属する事業年度において申告調整することも認められる。 ただし、引渡し等の日又は近接する日の属する事業年度において収益経理している場合には、申告調整によりこれらの日以外の日の属する事業年度の益金の額に算入することはできない。
第4項	収益の計上額	販売若しくは譲渡をした資産の引渡しの日における価額又はその提供をした役務につき通常得べき対価の額に相当する金額とは、一般的には第三者間で通常付される価額（いわゆる時価）をいう。
第5項		引渡しの時における価額又は通常得べき対価の額には、貸倒れや返品の可能性がある場合においてもその影響を織り込むことはできない。
第6項		現物配当
第7項		政令委任

法人税

Ⅲ　法人税

二　受取配当等

(イ)　配当等の範囲等

益金不算入となるもの	①　剰余金の配当（株式等に係るものに限るものとし、資本剰余金の額の減少に伴うもの並びに分割型分割によるもの及び株式分配を除く。）若しくは利益の配当（分割型分配によるもの及び株式分配を除く。）又は剰余金の分配（出資に係るものに限る。）の額 ②　投資信託及び投資法人に関する法律第137条の金銭の分配（出資総額等の減少に伴う金銭の分配を除く。）の額 ③　資産の流動化に関する法律第115条第1項（中間配当）に規定する金銭の分配の額 ④　特定株式投資信託（外国株価指数連動型特定株式投資信託を除く。）の収益の分配の額 ⑤　みなし配当 ⑥　名義株等の配当
益金不算入とならないもの	①　外国法人、公益法人等又は人格のない社団等から受ける配当等の額 ②　保険会社の契約者配当の額 ③　協同組合等の事業分量配当等の額 ④　公社債投資信託以外の証券投資信託の収益の分配の額 ⑤　特定目的会社及び投資法人から受ける配当等の額 ⑥　信用取引に係る配当落調整額
短期保有株式等の不適用	配当等の額の元本である株式等をその配当等の額の支払に係る基準日以前1月以内に取得し、かつ、その株式等を基準日後2月以内に譲渡した場合には、譲渡した株式等（短期保有株式等）の配当等の額につき、益金不算入制度の適用がない。
適用要件	確定申告書等に益金の額に算入されない配当等の額及びその計算に関する明細を記載した書類の添付がある場合に限り、その記載された金額を限度として適用

【法令等】　法法23①②、23⑦、60①、60の2、措法67の6、67の14④、67の15④、
　　　　　法基通3-1-1、3-1-6

(ロ)　受取配当等の益金不算入額（平成27年度税制改正後）

区　　分	不算入割合
完全子法人株式等 （株式等保有割合100％）	全　額
関連法人株式等 （株式等保有割合3分の1超）【※】	全　額 （負債利子の控除あり）
その他の株式等 （株式等保有割合5％超3分の1以下）	100分の50
非支配目的株式等 （株式等保有割合5％以下）【※】	100分の20
証券投資信託（注）	（全額益金算入）

【※】　令和4年4月1日以後開始事業年度については、関連法人株式等及び非支配目的株式等の

　　　保有割合の判定は、完全支配関係にある他の法人を含めて行う。

（注）　益金不算入の対象となる配当等の額から「証券投資信託の収益の分配の額」が除外され、その全額を益金算入することとされた（旧法法23①三、旧法令19）。ただし、特定株式投資信託（外国株価指数連動型特定株式投資信託を除く。）の収益の分配の額については、その受益権を株式等と同様に扱い、非支配目的株式等として、その収益の分配の額の100分の20相当額を益金不算入とすることとされた（措法67の６）。

　　　（出典）「法人税法（基礎編）令和６年度（2024年度）版」（税務大学校）を基に作成。

【法令等】 法法23①④⑤⑥、法令22、22の２、22の３

(ハ)　負債利子の控除（令和４年４月１日以後開始事業年度)

原則	当期に受ける関連法人株式等の配当等の額の４％相当額
特例	当期に係る支払配当等の額の合計額の10％相当額が、当期に受ける関連法人株式等の配当等の額の合計額の４％相当額以下である場合には、次の算式により計算した金額

$$\text{当期に係る支払利子等の額の合計額の10％相当額} \times \frac{\text{当期に受ける関連法人株式等の配当等の額}}{\text{当期に受ける関連法人株式等の配当等の額の合計額}}$$

【法令等】 法法23①、法令19①②

(ニ)　みなし配当

みなし配当が生ずる場合		みなし配当の額
金銭その他の資産の交付を受けた場合	①合併（適格合併を除く。）	交付を受けた金銭その他の資産の価額 － 資本金等の額から成る部分の金額
	②分割型分割（適格分割型分割を除く。）	
	③株式分配（適格株式分配を除く。）	
	④資本の払戻し、解散による残余財産の分配	
	⑤自己の株式又は出資の取得（市場購入を除く。）	
	⑥出資の消却、払戻し等（発行法人が取得することなく消滅させること。）	
	⑦組織変更（株式・出資以外の資産を交付したものに限る。）	

　　　（出典）「図解法人税（令和５年版）」（一般財団法人大蔵財務協会）を基に作成。

【法令等】 法法24①、法令23③

法人税

Ⅲ　法人税

㈱　外国子会社から受ける配当等

概　　要	内国法人が外国子会社から受ける配当等の額の95%相当額は益金の額に算入しない。
益金不算入額の計算	外国子会社から受ける剰余金の配当等の額　ー　外国子会社から受ける剰余金の配当等の額×５％
対象となる外国子会社（①かつ②）	①発行済株式等の25%以上【※】保有 ②配当等の支払義務確定日以前６月以上継続保有 【※】　租税条約により緩和されている場合あり。
適　用　要　件	確定申告書等に益金の額に算入されない配当等の額及びその計算に関する明細を記載した書類の添付、財務省令で定める書類の保存を要する。
配当等に係る外国源泉税額等の損金不算入	益金不算入の適用を受ける場合、その配当等に係る外国源泉税等の額は損金不算入となる。

【法令等】 法法23の２①⑤、39の２、法令22の４①②⑦、法規８の５

ホ　資産の評価益・受贈益・還付金等

評価益	原則	資産の評価換えに基づく課税所得の恣意的調整等が行われる点を考え、資産の評価益は原則的には認められない。
	例外	次のような場合の評価益は、その資産の時価を限度として益金の額に算入する。 ①　内国法人が会社更生法又は金融機関等の更生手続の特例等に関する法律の規定に従って評価換えをする場合 ②　内国法人について再生計画認可の決定があったこと等により評価換えをする場合 ③　保険会社が保険業法第112条（株式の評価の特例）の規定に基づいて保有株式の評価換えをする場合

【法令等】 法法25②③、法令24

受贈益	原則	法人が、他の者から資産を無償又は低額で取得した場合及び他の者から債務の免除を受けた場合には、原則として、その資産の譲受価額と時価との差額及び債務免除された額が、収益として益金の額に算入される。
	例外	完全支配関係がある法人間の受贈益は、益金の額に算入されない。

【法令等】 法法22②、25の２

還付金等	納付しても損金の額に算入されない法人税や地方税である住民税（都道府県民税、市町村民税）等の還付金の受入れによる収益は、益金の額に算入されない。

【法令等】 法法26、38

⑺　損金の額の計算（Ⅰ）

本項では、次表（太枠）の項目について解説する。

損金の額の計算（Ⅰ）	イ　棚卸資産　　ロ　減価償却資産　　ハ　繰延資産		
損金の額の計算（Ⅱ）	イ　役員給与　　ロ　経済的利益　　ハ　交際費等 ニ　寄附金　ホ　租税公課等　へ　不正行為等に係る費用等 ト　資産の評価損　　チ　特別償却（中小企業向け） リ　圧縮記帳　　ヌ　青色欠損金の繰越控除 ル　災害損失金の繰越控除		
損金の額の計算（Ⅲ）	イ　貸倒損失　　ロ　貸倒引当金　　ハ　有価証券 ニ　暗号資産		

イ　棚卸資産

○　法人税法において棚卸資産とは、商品、製品その他の資産で棚卸しをすべき
もの（有価証券及び短期売買商品を除く。）をいう。

○　棚卸資産の価額の計算

1単位当たりの評価額 × 期末在庫数量 ＝ 期末商品棚卸高

○　法人は、その営んでいる事業の種類ごと、かつ、棚卸資産の区分ごとにそれ
ぞれ評価方法を選定しなければならない。

○　法定評価方法は最終仕入原価法による原価法

【法令等】法法2二十、29、法令28、29①、31①

【棚卸資産の範囲（法令10）】

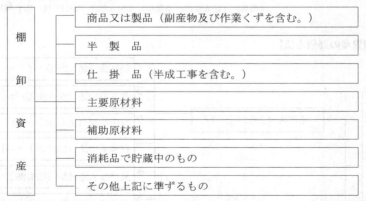

棚卸資産

- 商品又は製品（副産物及び作業くずを含む。）
- 半　製　品
- 仕　掛　品（半成工事を含む。）
- 主要原材料
- 補助原材料
- 消耗品で貯蔵中のもの
- その他上記に準ずるもの

（注）　有価証券については、その性質の違いから棚卸資産には含まれず、別に譲渡損益及び評価方法
が定められている（法法61の2①、61の3①）。また、平成19年度税制改正によって、短期売買商
品（短期的な価格の変動を利用して利益を得る目的で取得した資産として政令で定めるもの（有
価証券を除く。）をいう。法法61①）の譲渡損益及び時価評価損益の益金又は損金算入制度（法法
61、法令118の4）が創設されたため、短期売買目的の金、銀、白金等は、棚卸資産から除かれた。
（出典）「法人税法（基礎編）令和6年度（2024年度）版」税務大学校

Ⅲ 法人税

【棚卸資産の取得価額（法令32）】

㈲ 購入した棚卸資産

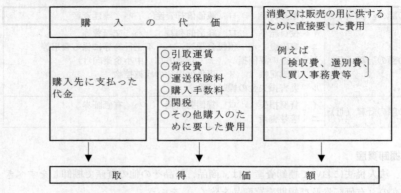

（出典）「法人税法（基礎編）令和6年度（2024年度）版」税務大学校

㈹ 自己が製造等をした棚卸資産

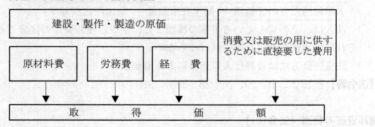

（出典）「法人税法（基礎編）令和6年度（2024年度）版」税務大学校

【棚卸資産の評価方法】

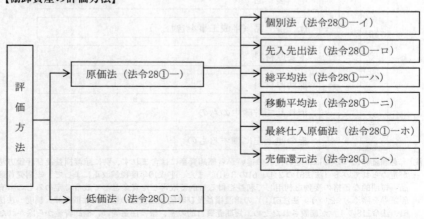

（出典）「法人税法（基礎編）令和6年度（2024年度）版」税務大学校

ロ　減価償却資産

(イ)　減価償却の概要

○　法人税法では、固定資産のうち減価償却をすべき資産を「減価償却資産」
とし、限定列挙して定めている。

○　減価償却資産を取得した場合には、これを資産に計上して事業の用に供し
た後に一定の方法により減価償却を行う。

【法令等】法法2二十三、法令13

【減価償却資産の範囲】

資産	流動資産	・預貯金 ・有価証券 ・棚卸資産 ・貸付金　　など		

減　価　償　却　資　産		非 減 価 償 却 資 産 （減価償却できないもの）	
有償形却減資価産	建物、建物附属設備、構築物、車両運搬具、工具、器具備品、機械装置　など	時の経過や使用によって価値が減少しないもの	・土地 ・借地権 ・電話加入権 ・白金製品 　　　　など
無償形却減資価産	特許権、実用新案権、商標権、営業権、ソフトウエア、鉱業権　　など	事業の用に供していないもの	・稼働休止中のもの ・建設中のもの
生物	牛、馬 果樹　　など		

資産	固定資産	・土地・借地権 ・**減価償却資産** ・電話加入権 　　　　　　　　など
	繰延資産	・開業費 ・開発費 ・社債等発行費 　　　　　　　　など

(出典)「法人税法（基礎編）令和6年度（2024年度）版」税務大学校

【法令等】法基通7-1-1 ～ 7-1-10

【法定耐用年数（法令56）】

区　分	耐用年数表	耐用年数が法定されている資産の種類
一般的な 減価償却資産	別表第一	建物、構築物、車両及び運搬具、器具及び備品等
	別表第二	機械及び装置
	別表第三	無形減価償却資産
	別表第四	生物
特殊な 減価償却資産	別表第五	公害防止用減価償却資産
	別表第六	開発研究用減価償却資産

(具体的な耐用年数は、「巻末資料」431ページ以降参照。)

法人税

Ⅲ　法人税

【特殊な場合の耐用年数】

形　態	耐用年数
中古資産を取得した場合	原則：合理的に見積もった耐用年数 例外：**簡便法【※】**による耐用年数
賃借建物等に内部造作をした場合	・建物についての造作：合理的に見積もった耐用年数 ・建物附属設備についての造作：建物附属設備の耐用年数
資産を賃貸した場合	原則として、貸付先の用途に応じた耐用年数

【※】 簡便法（1年未満の端数は切り捨て、耐用年数が2年に満たないときは2年とする。）

①法定耐用年数の全部を経過したもの	法定耐用年数×20/100
②法定耐用年数の一部を経過したもの	（法定耐用年数－経過年数）＋経過年数×20/100

【法令等】 耐令3、耐通1－1－3、1－1－5

㈹　減価償却資産の取得価額

【購入した減価償却資産の取得価額（法令54）】

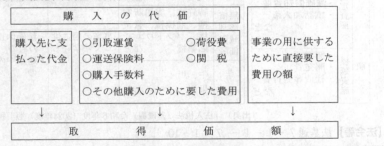

（出典）「法人税法（基礎編）令和6年度（2024年度）版」税務大学校

【法令等】 法基通7－3－1の2、7－3－3の2、7－3－5〜7－3－7

㈸　資本的支出と修繕費

○　固定資産を修理、改良等するために支出した費用のうち、「資本的支出」に該当する金額は、固定資産の取得価額に加算しなければならない。

○　法人税法で定める資本的支出の内容

① その固定資産の使用可能期間を延長させる部分

② その固定資産の価額を増加させる部分

支出の内容	区分	取扱い
固定資産の使用可能期間の延長又は価額の増加をもたらす等の積極的な支出 ⇒	資本的支出	新たな固定資産の取得価額又は既存の固定資産の取得価額に加算する。
固定資産の通常の維持管理及び原状回復のため等の消極的な支出 ⇒	修繕費	支出事業年度で一時の損金とする。

（出典）「法人税法（基礎編）令和6年度（2024年度）版」税務大学校

【法令等】 法令55、132

【資本的支出と修繕費の判定】

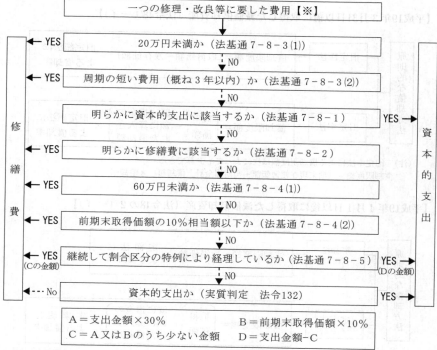

一つの修理・改良等に要した費用【※】

← YES ── 20万円未満か（法基通7-8-3(1)）
　　　　　↓ NO
← YES ── 周期の短い費用（概ね3年以内）か（法基通7-8-3(2)）
　　　　　↓ NO
明らかに資本的支出に該当するか（法基通7-8-1）── YES →
　　　　　↓ NO
← YES ── 明らかに修繕費に該当するか（法基通7-8-2）
　　　　　↓ NO
← YES ── 60万円未満か（法基通7-8-4(1)）
　　　　　↓ NO
← YES ── 前期末取得価額の10％相当額以下か（法基通7-8-4(2)）
　　　　　↓ NO
← YES（Cの金額）── 継続して割合区分の特例により経理しているか（法基通7-8-5）── YES →（Dの金額）
　　　　　↓ NO
◀-- No 資本的支出か（実質判定　法令132）── YES →

修繕費　／　資本的支出

A＝支出金額×30％	B＝前期末取得価額×10％
C＝A又はBのうち少ない金額	D＝支出金額－C

【※】 災害の場合の区分の特例（法基通7-8-6）

(1) 原状回復又は被災前の効用を維持するための支出は、修繕費該当。

(2) 上記(1)に該当する費用を除き、判定が明らかでないものにつき、30％を修繕費とし、残額を資本的支出とする経理が認められる。

法人税

Ⅲ　法人税

㈡　減価償却資産の償却方法

○　減価償却の方法には、償却費が耐用年数に応じて毎年同一額となるように計算する方法（定額法）と、償却費が毎年一定の割合で逓減するように計算する方法（定率法）等がある。

○　平成19年3月31日以前に取得した減価償却資産に適用する定額法及び定率法等をそれぞれ「旧定額法」及び「旧定率法」等といい、平成19年4月1日以後に取得した減価償却資産に適用する償却方法は、単に「定額法」及び「定率法」等という。

○　平成19年4月1日以後に取得した建物、平成28年4月1日以後に取得した建物附属設備及び構築物については、原則として定額法により、それ以外の有形減価償却資産については、定額法若しくは定率法のうち届け出た方法により償却を行う。

【法令等】法令48①、48の2

【平成19年3月31日以前に取得した減価償却資産（法令48①一イ）】

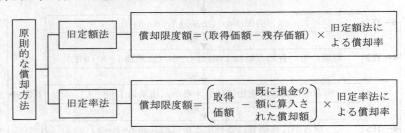

（注）　旧定率法による償却限度額は次によっても計算できる。
　　　　償却限度額＝（期末現在帳簿価額＋当期損金計上償却額）×償却率

【平成19年4月1日以後に取得した減価償却資産（法令48の2①一イ）】

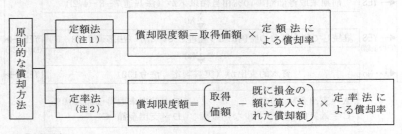

(注)1　**「定額法」**
　　　残存価額が廃止されたことに伴い、償却限度額の計算はその減価償却資産の取得価額にその資産の耐用年数に応じた償却率を乗じて計算する。

2 「定率法」

平成24年4月1日以後に取得されたものは、いわゆる200％償却法「（1÷耐用年数）×200％」をもって計算した金額（調整前償却額）を償却限度とする。ただし、調整前償却額が償却保証額（減価償却資産の取得価額に当該資産の耐用年数に応じた保証率を乗じて計算した金額をいう。）に満たない場合の償却限度額は、改定取得価額に改定償却率（耐令別表第十の「改定償却率」）を乗じて計算する。

（出典）「法人税法（基礎編）令和6年度（2024年度）版」（税務大学校）を基に作成。

【法令等】 法令48の2①、⑤一、耐令別表第八、第九

㈱ 減価償却資産の償却費の計算

原　則	○ 法人税法上、損金の額に算入される償却費の額は、①償却限度額、②償却費として損金経理した金額のうち、いずれか少ない金額 ○ 法人が損金経理した償却費が、償却限度額を超える場合のその超える部分の金額（償却超過額）は損金の額に算入されない。
例 外 ① 少額の減価償却資産	以下のいずれかに該当するものは、その事業の用に供した日の事業年度に、取得価額に相当する金額を損金の額に算入することができる。 ○ その使用可能期間が1年未満であるもの ○ その取得価額が10万円未満であるもの
② 一括償却資産（3年償却）	減価償却資産で取得価額が20万円未満であるもの（①を除く。）については、取得価額の合計額（一括償却対象額）を、原則3年間で各事業年度の損金の額に算入することができる。 〔算式〕 損金算入額 ＝ 一括償却対象額 × $\dfrac{その事業年度の月数}{36}$
（注1） ③ 中小企業者等の少額減価償却資産	租税特別措置法第42条の4第19項第7号に規定する中小企業者（「適用除外事業者」（144ページ参照）に該当するものを除く。）等で青色申告法人（通算法人を除く。）のうち、常時使用する従業員の数が500人以下の法人が、平成18年4月1日から令和8年3月31日の間に取得等した減価償却資産で、その取得価額が30万円未満である少額減価償却資産につき、その取得価額の合計額のうち300万円までは、各事業年度の損金の額に算入することができる（注2）。

（注）1 令和4年度税制改正により、令和4年4月1日以後に取得等をする減価償却資産の特例については、対象資産から、貸付け（主要な事業として行われるものを除く。）の用に供したものを除くこととされた。

2 令和6年度税制改正により、令和6年4月1日以後に取得等をする中小企業者等の少額減価償却資産の特例については、対象法人から、e-Taxにより法人税の確定申告書等を提出しなければならない法人のうち出資金等が1億円超の組合等で、常時使用する従業員数が300人を超えるものを除外することとされた。

【法令等】 法法2二十五、31①、法令58、133、133の2①、措法67の5、措令27の4⑰、39の28、令和4改正法附則48、法基通7-1-11、7-1-12

Ⅲ　法人税

【少額の減価償却資産の損金算入の取扱い】

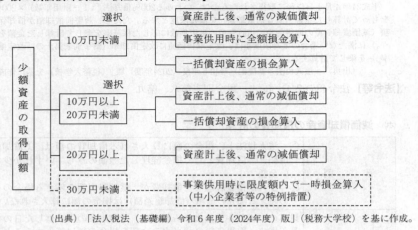

（出典）「法人税法（基礎編）令和6年度（2024年度）版」（税務大学校）を基に作成。

八　繰延資産

定義	法人税法上の繰延資産は、法人の支出する費用のうち支出の効果が1年以上に及ぶものをいい、資産の取得価額に算入される費用と前払費用は除かれている。 （注）　損金の額に算入される額は、償却費として損金経理した金額のうち償却限度額に達するまでの金額。	
償却限度額の計算	企業会計にもある繰延資産	償却限度額 ＝ その繰延資産の額
	税法固有の繰延資産	償却限度額 ＝ 支出した費用の額 × $\dfrac{\text{その事業年度の月数}}{\text{支出の効果が及ぶ期間の月数}}$

（注）　少額の繰延資産（支出額が20万円未満）については、支出した事業年度の損金の額に算入することができる。

【**法令等**】法法2二十四、32①、法令14、64①、134

【税法上の繰延資産】

```
          税 法 上 の 繰 延 資 産
```

(1)　企業会計にもある繰延資産	(2)　税法固有の繰延資産

(1)　企業会計にもある繰延資産
①　創立費
②　開業費
③　開発費
④　株式交付費
⑤　社債等発行費

【※】 平成19年度税制改正により繰延資産から除外されたもの
・試験研究費
・社債発行差金

(2)　税法固有の繰延資産
　　次に掲げる費用で支出の効果がその支出の日以後1年以上に及ぶもの
①　自己が便益を受ける公共的施設又は共同的施設の設置又は改良のために支出する費用（道路負担金等）
②　資産を賃借し又は使用するために支出する権利金又は立退料その他の費用（借家の権利金、礼金等）
③　役務の提供を受けるために支出する権利金その他の費用（ノウハウの頭金等）
④　製品等の広告宣伝の用に供する資産を贈与したことにより生ずる費用（広告宣伝用の看板、陳列棚等を贈与した費用）
⑤　①から④までの費用のほか、自己が便益を受けるために支出する費用（出版権の設定の対価、プロ野球選手の契約金等）

（出典）「法人税法（基礎編）令和6年度（2024年度）版」税務大学校

【法令等】 法基通8-1-1 ～ 8-1-15

(8)　損金の額の計算（Ⅱ）

本項では、次表（太枠）の項目について解説する。

損金の額の計算（Ⅰ）	イ　棚卸資産　　　ロ　減価償却資産　　　ハ　繰延資産
損金の額の計算（Ⅱ）	イ　役員給与　　　ロ　経済的利益　　　ハ　交際費等 ニ　寄附金　　ホ　租税公課等　　ヘ　不正行為等に係る費用等 ト　資産の評価損　　チ　特別償却（中小企業向け） リ　圧縮記帳　　ヌ　青色欠損金の繰越控除 ル　災害損失金の繰越控除
損金の額の計算（Ⅲ）	イ　貸倒損失　　　ロ　貸倒引当金　　　ハ　有価証券 ニ　暗号資産

イ　役員給与

(イ)　法人税法上の役員

A　法人の取締役、執行役、会計参与、監査役、理事、監事及び清算人

B　会長、相談役、顧問等のように、登記上の役員ではないが、使用人以外の者で実質的に法人の経営に従事している者

C　同族会社の使用人のうち、同族会社の判定の基礎となった特定の株主グループに属しているなど、次の三つの要件の全てに該当している株主（特定株

Ⅲ　法人税

主）でその会社の経営に従事している者

(A) 各株主グループの所有割合の多い順に順位を付し、第一順位のグループから順次所有割合を足したときに、初めて50％を超えるグループに属していること

(B) 自己の属する株主グループの所有割合が10％を超えていること

(C) 自己の所有割合（配偶者及び所有割合50％超の関係会社を含む。）が5％を超えていること

【役員の範囲】

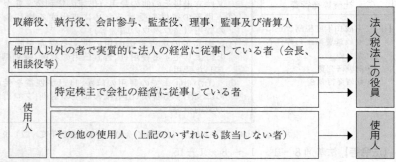

【法令等】法法２十五、34⑥、法令７、71

㈡　使用人兼務役員

　　役員のうち部長、課長その他法人の使用人としての職制上の地位を有し、常時使用人として職務に従事する者（例えば、取締役営業部長、取締役工場長等）をいう。

㈢　一定の役員給与の損金算入

　　役員給与として損金の額に算入されるものは、次表のとおり。

定期同額給与	支給時期が１月以下の一定の期間ごとであり、かつ、当該事業年度の各支給時期における支給額が同額である給与、その他これに準ずる給与（以下の給与を含む。） ① **通常の改定** 　当該事業年度開始の日の属する会計期間開始の日から３月を経過する日までに改定がされた場合の改定前・改定後の定期同額給与 ② **「臨時改定事由」による改定** 　役員の職制上の地位の変更、職務内容の重大な変更等により改定された場合（①の改定を除く。）の改定前・改定後の定期同額給与 ③ **「業績悪化改定事由」による改定** 　法人の経営の状況が著しく悪化したこと等により改定された場合（減額改定に限り、①②の改定を除く。）の改定前・改定後の定期同額給与

	④　継続的に供与される経済的な利益のうち、その供与される利益の額が毎月おおむね一定であるもの
事前確定届出給与	①　その役員の職務につき所定の時期に⑦確定した額の金銭、④確定した数の株式又は新株予約権及び⑦確定した額の金銭債権に係る特定譲渡制限付株式又は特定新株予約権を交付する旨の定めに基づいて支給する給与で、納税地の所轄税務署長に届出をしているもの（158ページ参照） ②　確定した株式又は新株予約権を交付する給与については、適格株式又は適格新株予約権であること
業績連動給与	法人（同族会社にあっては同族会社以外の法人との間にその法人による完全支配関係がある法人に限る。）が業務を執行する役員に対して支給する業績連動型給与で次の要件を満たすもの ①　業績連動給与の算定方法が、業績連動指標を基礎とした客観的なものであり、その内容が適正手続を経た上で有価証券報告書等により開示されていること ②　業績連動指標の数値確定後1月以内に支払われ、又は支払われる見込みであること（株式等の場合は2月以内に交付又は交付見込みであること） ③　損金経理をしていること（引当金勘定の取崩しを含む。）

【法令等】 法法34①、法令69①～⑲、法規22の3①②

㈡　過大な役員給与等の損金不算入

次表に該当するものは、損金の額に算入されない。

役員退職給与以外の役員給与	①　役員の職務内容、法人の収益状況、使用人に対する給与の支給状況、同業種同規模法人の役員給与の支給状況等に照らし、不相当に高額な場合の、その高額な部分の金額（**実質基準**） ②　法人の定款や株主総会等で定めた金額の範囲を超えて給与を支給していた場合の、その超える部分の金額（**形式基準**） （注）　①と②のいずれか多い金額が損金不算入
役員退職給与	①　退職給与のうち、当該役員の業務に従事した期間や退職の事情、同業種同規模法人の役員退職金の支給状況等に照らし、不相当に高額な場合の、その高額であると認められる部分の金額 ②　業績連動指標を基礎として支給される役員退職給与につき、上記業績連動給与の損金算入要件を満たさないもの

【法令等】 法法34①②、法令70

㈤　その他

A　使用人兼務役員に対する賞与の損金算入

他の使用人の支給時期と同時期に支給し、かつ、他の職務が類似する使用人の賞与の額と比較して適正な額である場合に損金算入が認められる。

B　隠ぺい又は仮装により支給する役員給与の損金不算入

事実を隠ぺいし、又は仮装して経理することにより、その役員に対して支給する給与の額は損金とならない。

法人税

Ⅲ 法人税

C 過大な使用人給与の損金不算入

役員と特殊の関係にある使用人（特殊関係使用人）に対して支給する給与の額のうち、不相当に高額な部分の金額については、損金の額に算入されない。

D 分掌変更等の場合の退職給与

役員の分掌変更等に際し退職給与として支給した給与につき、次のような事実がある場合等、分掌変更等によりその役員としての地位又は職務内容が激変し、実質的に退職したと同様の事情にあると認められるときは、退職給与として取り扱われる。

(A) 常勤役員が非常勤役員になったこと

(B) 取締役が監査役になったこと

(C) 分掌変更後の給与が激減（おおむね50％以上減少）したこと

【法令等】 法法34②③、36、法令70三、法基通9－2－32

ロ 経済的利益

経済的利益とは、現金は支払われないが実質的にその役員等に対して給与を支給したのと同様の経済的利益をもたらす利益が与えられる場合のその利益で、法人税法上、次のように取り扱われる。

(イ) 役員の場合

経済的利益の実態に応じて定期同額給与、臨時的な給与、退職給与に区分し、これを実際に支給した給与の額に含めて過大であるか否か判断

(ロ) 使用人の場合

役員と特殊な関係のある使用人について、経済的利益の実態に応じ給料、賞与、退職給与に区分し、これを実際に支給した給与の額に含めて過大であるか否か判断

【法令等】 法法34④、36、法基通9－2－9

【役員等に対する経済的利益とその取扱い】

経 済 的 利 益	取 扱 い
① 役員等に法人の資産を無償又は低い価額で譲渡した場合 （時価－譲渡価額＝差額）	その差額が毎月おおむね一定している場合は定期同額給与
② 役員等に社宅等を無償又は低い価額で提供した場合 （通常の賃料－徴収賃料＝差額）	定期同額給与

③　役員等に金銭を低い利率で貸し付けた場合 （通常の利息－徴収利息＝差額）	定期同額給与
④　役員等に機密費、接待費、交際費等の名義で支給した金額で、法人の業務のために使用したことが明らかでないもの	毎月定額で支給している場合（渡切交際費）は定期同額給与
⑤　役員等の個人的費用を負担した場合	毎月負担する住宅の光熱費、家事手伝いの給料等は定期同額給与

（注）　②、③及び⑤の額が毎月著しく変動する場合は、定期同額給与に該当しない。

（出典）「法人税法（基礎編）令和6年度（2024年度）版」税務大学校

【法令等】法基通9－2－9　～　9－2－11

ハ　交際費等

交際費の範囲	交際費、接待費、機密費、その他の費用で、法人がその得意先や仕入先その他事業に関係のある者に対する接待、供応、慰安、贈答その他これらに類する行為のために支出するもの
交際費等から除かれるもの	①　専ら従業員の福利厚生のための運動会や旅行等に通常要する費用 ②　飲食その他これに類する行為のために要する費用（専らその法人の役員若しくは従業員又はこれらの親族に対する接待等のために支出するものを除く。）であって、その飲食費として支出する金額をその飲食等に参加した者の数で除して計算した金額が5,000円以下となる費用（注） ③　広告宣伝のためのカレンダーや手帳等の作成費用 ④　会議に関連してお茶菓子や弁当程度のもてなしをする費用 ⑤　出版、放送のための取材費等の費用
交際費に含まれる費用の例示	⑥　得意先、仕入先等社外の者に対する接待、供応に要した費用で、次の例示に該当しない全ての費用 ①　会社の何周年記念、社屋新築記念等における宴会費、記念品代等 ②　下請工場、代理店等となるため、又はするための運動費 ③　得意先、仕入先等社外の者の慶弔、禍福に際し支出する費用 ④　得意先、仕入先等事業に関係ある者を旅行、観劇等に招待する費用 ⑤　得意先、仕入先等の従業員に対して取引の謝礼等として支出する費用
交際費に含まれない費用の例示	①　社会事業団体、政治団体等に対する拠金（寄附金） ②　神社の祭礼等の寄贈金（寄附金） ③　得意先に対し、売上高に比例させるなど一定の基準により交付する金銭や事業用資産、又は少額物品（おおむね3,000円以下）（売上割戻し） ④　あらかじめ行った広告宣伝に基づき、一定の商品を購入した一般消費者を旅行に招待したり景品を交付したりするための費用（広告宣伝費） ⑤　一般の工場見学者等に製品の試飲、試食をさせる費用（広告宣伝費） ⑥　得意先等に対する見本品等の供与に通常要する費用（広告宣伝費） ⑦　創立記念日等に際し、従業員等におおむね一律に社内で供与される通常の飲食に要する費用（福利厚生費） ⑧　従業員等又はその親族等の慶弔、禍福に際し、一定の基準で支給される費用（福利厚生費） ⑨　機密費、交際費等の名義で、従業員等に支給した金額でその費途が不明のものや法人の業務に関係がないもの（給与）

Ⅲ　法人税

（注）　令和 6 年度税制改正により、当該金額基準が10,000円以下に引き上げられた（令和 6 年 4 月 1 日以後に支出する飲食費について適用）。

【法令等】措法61の 4 ⑥、措令37の 5 、措通61の 4 (1)− 1 〜24

【交際費等の損金不算入額の計算】

○　法人が、平成26年 4 月 1 日から令和 9 年 3 月31日開始事業年度において支出する交際費等の額は、原則として損金の額に算入されないが、資本金等の額が 1 億円以下の法人（普通法人のうちその事業年度終了の日において、法人税法第66条第 6 項第二号又は第三号に掲げる法人に該当するものを除く。）については、定額控除限度額（平成25年 4 月 1 日以後開始事業年度は年800万円）を超える金額が損金の額に算入されないこととされている。

○　平成26年 4 月 1 日以後開始事業年度から、特例措置として交際費等のうち接待飲食費(注)の額の50/100に相当する金額は、損金の額に算入される取扱いとなっている。

（注）　交際費等のうち飲食費であって、帳簿書類に飲食等のあった年月日等の所定の事項を記載することにより、飲食費であることを明らかにしているもの

○　定額控除限度額までの損金算入と接待飲食費の額の50/100相当額の損金算入は選択適用できる。

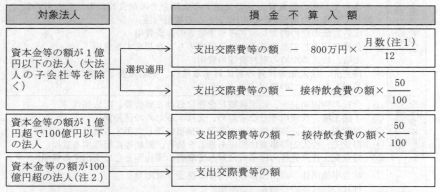

（注）1　月数は事業年度の月数をいい、暦に従って計算し、 1 月に満たない端数を生じたときは、その端数を 1 月とする。

2　令和 2 年度税制改正により、接待飲食費に係る損金算入の特例の対象法人からその事業年度終了の日における資本金の額等が100億円を超える法人が除外されることとなった。

（出典）「法人税法（基礎編）令和 6 年度（2024年度）版」（税務大学校）を基に作成。

【法令等】措法61の 4 ①〜④、措規21の18の 4

二　寄附金

寄附金の範囲	法人が行った金銭その他の資産又は経済的な利益の贈与又は無償の供与（国外関連者に対するものを含む。）

寄附金から除かれるもの	①　金銭その他の資産又は経済的な利益の贈与又は無償の供与であっても、法人の事業遂行と直接関係があると認められる広告宣伝費、交際費、福利厚生費等に該当するもの ②　法人が寄附金として支出したものであっても、法人の役員等が個人として負担すべき性格を持つ支出（給与）
寄附金の取扱い	①　現実に支払った事業年度の損金として取り扱う（仮払金経理等の場合を含む）。 ②　未払計上しても、計上した事業年度の損金の額に算入されず、実際に支払った事業年度の寄附金として取り扱われる。

【法令等】法法37⑦、法令78、法基通９－４－１～９－４－２の３、移転価格事務運営要領の制定について（平13.6.1付査調７－１ほか）３－20

【寄附金の損金算入限度額の計算（普通法人）】

①　一般の寄附金

期末資本金等の額（注）×当期の月数/12×2.5/1,000＝資本金基準額

当期の所得の金額×2.5/100＝所得基準額

（資本金基準額＋所得基準額）×１/４＝損金算入限度額

②　特定公益増進法人等に対する寄附金

期末資本金等の額（注）×当期の月数/12×3.75/1,000＝資本金基準額

当期の所得の金額×6.25/100＝所得基準額

（資本金基準額＋所得基準額）×１/２＝損金算入限度額

（注）　令和４年４月１日以後に開始する事業年度から資本金の額及び資本準備金の額の合計額若しくは出資金の額となった。

【法令等】法法37①④、法令73①～③、77の２①～③、令２改正法附則１五ロ、14①

【寄附金の区分による取扱い】

	寄　附　金　の　区　分	取　　扱　　い
①	一般の寄附金	資本金等の額と所得の金額に基づいて計算した金額まで損金算入できる。
②	完全支配関係がある他の法人に対する寄附金	全額損金算入できない。
③	国又は地方公共団体に対する寄附金	全額損金算入できる。
④	財務大臣が指定した寄附金（指定寄附金）	
⑤	特定公益増進法人に対する寄附金	①とは別枠の限度額の範囲内の金額まで損金算入できる。
⑥	特定公益信託財産とするために支出する金銭等（公益増進信託に限る。）	
⑦	認定特定非営利活動法人（認定NPO法人）に対する寄附金	
⑧	国外関連者に対する寄附金	全額損金算入できない。

（出典）「法人税法（基礎編）令和６年度（2024年度）版」税務大学校

法人税

Ⅲ　法人税

【法令等】 法法37①〜④⑥、措法66の11の3②、66の4③

ホ　租税公課等

○　租税公課のうち、①所得に対する税、②法人税額から控除する所得税額等は損金算入とならない。

【法令等】 法法38

【租税公課の取扱い】

国　税	○法人税　○地方法人税 ○法人税から控除する所得税 ○法人税から控除する外国税	⇨	損金不算入
地方税	○都道府県税、市町村民税		

国　税	○消費税　○印紙税 ○酒税その他の個別間接税　○利子税 ○法人税から控除しない所得税	⇨	損金算入
地方税	○事業税　○固定資産税その他の地方税 ○納期限延長の場合の延滞金		

（出典）「法人税法（基礎編）令和6年度（2024年度）版」税務大学校

【租税公課の損金算入時期】

区　分	損金算入時期	主な租税公課
①　申告納税方式	申告書が提出された日又は更正若しくは決定があった日の属する事業年度。ただし、酒税又は事業所税等で申告期限未到来のものが製造原価等に含まれている場合において、損金経理により未払金計上したときは、その事業年度。	・事業税 ・税込処理による消費税 ・酒税 ・事業所税
②　賦課課税方式	賦課決定のあった事業年度。ただし、納付開始日又は実際納付日に損金経理した場合は、その事業年度。	・固定資産税 ・不動産取得税 ・自動車税 ・都市計画税
③　特別徴収方式	申告の日又は更正若しくは決定があった日の属する事業年度。ただし、申告期限未到来のものを収入金額に含めている場合において、損金経理により未払金計上したときは、その事業年度。	・軽油引取税 ・ゴルフ場利用税
④　その他	納付の日の属する事業年度。ただし、その事業年度の期間に係る未納額を損金経理により未払金計上したときは、その事業年度。	・利子税 ・延滞金（納期限延長期間分）

【法令等】 法基通9−5−1、消費税法等の施行に伴う法人税の取扱いについ

て（平元.3.1付直法2-1）7

ヘ　不正行為等に係る費用等

○　損金不算入とされる不正行為等に係る費用等は、次のとおり。

①　隠ぺい仮装行為に要する費用等
②　賄賂等に当たるべき費用等
③　国税等に係る附帯税等
④　罰科金等

【法令等】法法55

ト　資産の評価損

○　法人税法は、資産の評価換えに基づく課税所得の恣意的調整の防止等を考慮する立場から、取得原価主義を適用することを原則としている。

○　法人の所有する資産が災害による著しい損傷その他特別の事実が生じた場合などの他は、原則として損金の額に算入しない。

○　法人の有する資産について、法的整理など一定の事実が生じた場合には、評価損を計上することが認められる。

【資産の評価損が計上できる特別の事実】

区　分	内　　容
棚卸資産	災害による著しい損傷、著しい陳腐化、破損、型崩れ、棚ざらし、品質変化等
有価証券	①　上場有価証券等 市場価格の著しい低下（有価証券の事業年度終了時における価額がその時の帳簿価額の概ね50％を下回り、かつ、近い将来その回復が見込まれないこと） ②　上場有価証券等以外 ・発行法人の資産状態が著しく悪化したことによる価額の著しい低下 ・上記に準ずる特別の事実
固定資産	災害による著しい損傷、1年以上の遊休状態、本来の用途以外の使用、立地状況の著しい変化等
繰延資産	支出の対象となった固定資産について生じた上記の事実

【法令等】法法33①～④、法令68、68の2、法基通9-1-1 ～ 9-1-19

法人税

Ⅲ　法人税

チ　特別償却（中小企業向け）

(イ)　中小企業者等が機械等を取得した場合の特別償却
（中小企業投資促進税制）

概　要	青色申告書を提出する中小企業者等【※】が指定期間内に適用対象資産（新品に限る。）の取得等をし、国内にある製造業、建設業等の指定事業の用に供した場合に、特別償却を認めるもの 【※】　中小企業者（144ページ参照）又は農業協同組合等
指定期間	平成10年6月1日から令和7年3月31日までの期間
適用対象資産	①　機械装置で1台又は1基の取得価額が160万円以上のもの ②　測定工具及び検査工具で、(1)1台又は1基の取得価額が120万円以上のもの、(2)事業年度の取得価額の合計額が120万円以上であるもの（1台又は1基の取得価額が30万円未満のものを除く。） ③　ソフトウエアで次に掲げるいずれかのもの ・一の取得価額が70万円以上のもの ・事業年度の取得価額の合計額が70万円以上のもの ④　貨物運送の用に供される一定の普通自動車のうち車両総重量が3.5トン以上のもの ⑤　内航海運業の用に供される船舶
特別償却額	取得価額×30% （⑤の適用対象資産は、取得価額×75%×30%）
注意点	①　税額控除（145ページ参照）との重複適用は認められない。 ②　適用を受けるためには、確定申告書等に償却限度額の計算に関する明細書を添付して申告する。

(注)　令和5年度税制改正において、適用対象資産から、コインランドリー業（主要な事業であるものを除く。）の用に供する機械装置でその管理のおおむね全部を他の者に委託するものが除かれることとなった。

【法令等】 措法42の6、措令27の6、措規20の3

(ロ)　中小企業者等が特定経営力向上設備等を取得した場合の特別償却
（中小企業経営強化税制）

概　要	青色申告書を提出する中小企業者等【※】が中小企業等経営強化法の経営力向上計画に基づき、指定期間内に適用対象資産の取得等をし、国内にある製造業、建設業等の指定事業の用に供した場合に、特別償却を認めるもの 【※】　中小企業者（144ページ参照）又は農業協同組合等
指定期間	平成29年4月1日から令和7年3月31日までの期間
適用対象資産	特定経営力向上設備等（次の要件を全て満たすもの）に該当すること ①　生産等設備【※】を構成する機械及び装置、工具、器具及び備品、建物附属設備並びにソフトウエアであること（中古資産・貸付資産を除く。） 【※】　本店、寄宿舎等に係る建物附属設備、事務用器具備品、福利厚生施設に係るものを除く（措通42の12の4－2）。 ②　中小企業等経営強化法の経営力向上計画に記載された次の設備等であること

	【生産性向上設備（Ａ類型）】 次の(1)及び(2)の要件を満たす機械及び装置、工具（測定工具、検査工具に限る。）、器具及び備品、建物附属設備並びにソフトウエア（情報収集機能及び分析・指示機能を有するものに限る。） ※　ソフトウエア及び旧モデルがないものは(1)の要件を満たすもの (1)　販売開始から、機械装置：10年以内、工具：５年以内、器具及び備品：６年以内、建物附属設備：14年以内、ソフトウエア：５年以内のものであること (2)　旧モデル比で生産効率、エネルギー効率等が年平均１％以上向上しているものであること **【収益力強化設備（Ｂ類型）】** 年平均の投資利益率が５％以上となることが見込まれるとして投資計画に記載された設備（機械及び装置、工具、器具及び備品、建物附属設備並びにソフトウエア） **【デジタル化設備（Ｃ類型）】** 事業プロセスの遠隔操作、可視化又は自動制御化のいずれかを可能にするとして投資計画に記載された設備（対象資産の種類はＢ類型に同じ。） **【経営資源集約化設備（Ｄ類型）】**※令和３年度税制改正で追加 修正ROA又は有形固定資産回転率が一定以上上昇する経営力向上計画を実施するために必要不可欠な設備（対象資産の種類はＢ類型に同じ。） ③　次の取得価額要件を満たすものであること

種　　　類	取　得　価　額　要　件
機械及び装置	１台又は１基の取得価額が160万円以上
工具、器具及び備品	１台又は１基の取得価額が30万円以上
建物附属設備	一の取得価額が60万円以上
ソフトウエア	一の取得価額が70万円以上

特別償却 額	（取得価額－普通償却額） ※　普通償却額と併せて100％の即時償却が可能
注意点	①　税額控除（145ページ参照）との重複適用は認められない。 ②　適用を受けるためには、確定申告書等に償却限度額の計算に関する明細書及び経営力向上計画の写し等を添付して申告する。

（注）　令和５年度税制改正において、特定経営力向上設備等の対象から、コインランドリー業又は暗号資産マイニング業（主要な事業であるものを除く。）の用に供する資産でその管理のおおむね全部を他の者に委託するものが除かれることとなった。

【法令等】措法42の12の４、措令27の12の４、措規20の９

リ　圧縮記帳

圧縮記帳の内容等	①　補助金や交換等で取得した資産の取得価額をその受贈益や譲渡益等に相当する額だけ減額し、その減額した部分を損金の額に算入することにより、一時的に課税利益の繰延べを図る制度。 ②　圧縮記帳には、法人税法に規定されているものと、租税特別措置法に規定されているものとがある。

法
人
税

	《法人税法上の圧縮記帳（主なもの）》 ・国庫補助金等の圧縮記帳（法法42） ・保険金等の圧縮記帳（法法47） ・固定資産の交換の圧縮記帳（法法50） 《租税特別措置法上の圧縮記帳（主なもの）》 ・収用換地等の圧縮記帳（措法64） ・特定資産の買換えの圧縮記帳（措法65の７） ・転廃業助成金等に係る課税の特例（措法67の４）
圧縮記帳の効果	①　圧縮記帳を適用して取得した資産について、減価償却を行うとき又はその取得資産を譲渡した際の譲渡原価を計算するときには、圧縮記帳により減額した後の帳簿価額を基礎として計算する。 ②　圧縮記帳を行った資産については、その減価償却を通じて又は譲渡の際に、圧縮記帳によって課税されなかった収益に対する課税が実現していく。
圧縮記帳の適用要件	①　圧縮記帳を行う場合には、圧縮限度額（譲渡益に相当する額）内で確定決算において所定の経理をしなければならない。 ②　経理方法として、㋐損金経理により帳簿価額を減額する方法のほか、㋑確定決算で積立金として積み立てる方法、㋒決算の確定の日までの剰余金処分により積立金として積み立てる方法がある。 ③　確定申告書に圧縮額等の損金算入に関する明細（申告書別表十三（一）～（九））を添付することが必要となる。

(注)　特定資産の買換えの圧縮記帳については、令和５年度税制改正において既成市街地等の内から外への買換えを適用対象から除外することとされた（令和５年４月１日から令和８年３月31日までの間に譲渡したものについて適用）。

【法令等】法法42～50、法令54③、措法61の３、64、64の２、65の７～66、67の４など

【圧縮記帳の例示】

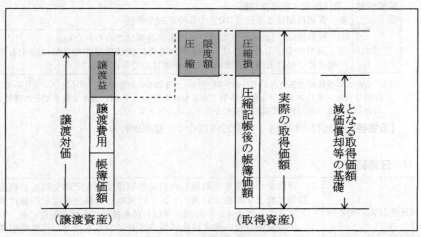

（出典）「法人税法（基礎編）令和６年度（2024年度）版」税務大学校

ヌ　青色欠損金の繰越控除

制度の概要	①　前期以前に生じた欠損金額がある場合に、下記の要件に該当すれば、その欠損金額を当期の所得金額の50%（下表参照）に相当する金額から控除するもの。 ②　資本の額が1億円以下である中小法人等（一定の大法人等の100%子法人等を除く。）並びに新設及び更生手続開始決定等の事実が生じた法人における一定の事業年度については、控除額に制限はない。
繰越控除の要件	①　各事業年度開始の日前10年以内（下表参照）に開始した事業年度において生じた税務計算上の欠損金額であること ②　青色申告書を提出した事業年度に生じた欠損金額であること ③　その後において連続して確定申告書を提出していること ④　欠損金額の生じた事業年度に係る帳簿書類を保存していること
繰越控除の方法	①　繰越欠損金は、控除する事業年度の所得の金額を限度とし、控除できなかった欠損金額は更に翌期以降に繰り越す。 ②　繰越欠損金は最も古い事業年度において生じたものから順次控除する。

【法令等】 法法57①⑪、法基通12－1－1

【控除限度額と繰越期間】

対象事業年度	平20.4.1～平24.3.31の間に開始する事業年度	平24.4.1～平27.3.31の間に開始する事業年度	平27.4.1～平28.3.31の間に開始する事業年度	平28.4.1～平29.3.31の間に開始する事業年度	平29.4.1～平30.3.31の間に開始する事業年度	平30.4.1以後に開始する事業年度
控除限度額	制限なし	所得の金額の80%	所得の金額の65%	所得の金額の60%	所得の金額の55%	所得の金額の50%
繰越期間	9年					10年

（出典）「法人税法（基礎編）令和6年度（2024年度）版」税務大学校

ル　災害損失金の繰越控除

制度の概要	①　前期以前に生じた欠損金額のうち、震災、風水害、火災等の自然災害、鉱害等の人為災害、害虫等の生物による災害により、棚卸資産、固定資産、固定資産利用のための繰延資産につき生じたものについて、青色欠損金の場合と同様に当期の損金の額に算入する制度 ②　青色申告以外の法人も適用可
繰越控除の要件	①　各事業年度開始の日前10年以内に開始した事業年度において生じた上記災害による欠損金額であること ②　青色欠損金の繰越控除及び繰戻還付の対象となる欠損金額でないこと ③　確定申告書等に災害損失の金額に関する明細を記載した書類を添付し、かつ、その後においても連続して確定申告書を提出していること

	④　欠損金額の生じた事業年度に係る帳簿書類を保存していること
繰越控除の方法	繰越期間、控除限度額、発生事業年度ごとの充当順序等は、青色欠損金と同様

【法令等】法法58①⑤⑥、法令114 ～ 116、法基通12-1-1、12-2-16

(9)　損金の額の計算（Ⅲ）

本項では、次表（太枠）の項目について解説する。

損金の額の計算（Ⅰ）	イ　棚卸資産　　ロ　減価償却資産　　ハ　繰延資産
損金の額の計算（Ⅱ）	イ　役員給与　　ロ　経済的利益　　ハ　交際費等 ニ　寄附金　ホ　租税公課等　へ　不正行為等に係る費用等 ト　資産の評価損　　チ　特別償却（中小企業向け） リ　圧縮記帳　　ヌ　青色欠損金の繰越控除 ル　災害損失金の繰越控除
損金の額の計算（Ⅲ）	イ　貸倒損失　　ロ　貸倒引当金　　ハ　有価証券 ニ　暗号資産

イ　貸倒損失

貸倒れと判定される一般的な基準は、次表のとおり。

認定基準	損　金　算　入　額
①　金銭債権の全部又は一部の切捨てをした場合	○　金銭債権のうち会社更生法等の法令の規定や関係者の協議決定等により切り捨てられることとなった金額 ○　債務者の債務超過の状態が相当期間継続し、金銭債権の弁済を受けることができない場合に、その債務者に対し書面により債務免除をした金額
②　回収不能の金銭債権	○　債務者の資産状況、支払能力等からみて金銭債権の全額が回収できないことが明らかになった場合の、その債権の全額を貸倒れとして損金経理した金額
③　一定期間取引停止後弁済がない場合等	○　債務者との取引を停止した時以後1年を経過した場合等の、その債務者に対して有する売掛債権（備忘価額を控除した後の金額）を貸倒れとして損金経理した金額

【法令等】法基通9-6-1 ～ 9-6-3

ロ　貸倒引当金

○　貸倒引当金を損金算入できる法人は、次のとおり。

①　期末資本金（出資金）の額が1億円以下である普通法人

※　ただし、資本金が5億円以上である法人等との間に完全支配関係のある普通法人等を除く。

②　資本若しくは出資を有しない法人

③ 公益法人等又は協同組合等
④ 人格のない社団等
⑤ 銀行・保険会社等
⑥ 金融に関する取引に係る金銭債権を有する法人

【法令等】 法法52①

【繰入限度額の計算（全体イメージ）】

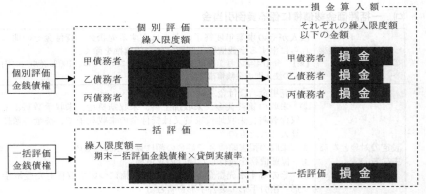

（出典）「法人税法（基礎編）令和6年度（2024年度）版」税務大学校

法人税

(ｲ) 個別評価金銭債権に係る貸倒引当金

個別評価金銭債権の範囲	売掛金、貸付金その他これらに類する金銭債権のほか、例えば、保証金や前渡金等について返還請求を行った場合におけるその返還請求債権が含まれる。 **【※】** 令和4年4月1日以後開始事業年度については、100%グループ内の法人間の金銭債権を除く。
繰入限度額	法人の有する金銭債権について次の場合に応じて債務者ごとに計算した回収不能見込額 ① **長期棚上債権** 　当該金銭債権等が更生計画認可の決定があったこと等の事由により、その弁済を猶予され又は賦払により弁済される場合 　⇒これらの事実があった事業年度終了の日から5年経過後に弁済されることとなる金額（弁済見込みのある金額を除く。） ② **債務超過等により回収見込みのない金銭債権** 　①以外で、債務者について債務超過の状態が相当期間継続し、事業好転の見通しがないこと等の事由が生じたため、金銭債権の一部の金額につき回収見込みがないと認められる場合 　⇒その回収見込みのない金額 ③ **形式基準による金銭債権** 　①及び②以外の場合に、債務者について更生手続開始の申立てがあったこと等の事由が発生した場合

| | ⇒その事実が発生した事業年度の末日において、その債務者に対して有する金銭債権の額のうち、実質的に債権とみられない部分の金額等を除いた金額の50％相当額 |
| | **④　外国政府等に対する金銭債権**
　　外国の政府、中央銀行等に対する金銭債権のうち、長期にわたる不払い等によりその経済的価値が著しく減少し、かつ、その弁済を受けることが著しく困難であると認められる事由が生じている金銭債権の50％相当額 |

【法令等】 法法52①⑨、法令96①、法基通11－2－2～15

(ロ)　**一括評価金銭債権に係る貸倒引当金**

一括評価金銭債権の範囲	法人がその事業年度終了のときに有する売掛金、貸付金その他これらに準ずる金銭債権（個別評価金銭債権を除く。） **【※】** 令和4年4月1日以後開始事業年度については、100％グループ内の法人間の金銭債権を除く。
設定の対象となる主なもの	①　売掛金、貸付金 ②　未収の譲渡代金、未収加工料、未収請負金、未収手数料、未収保管料、未収地代家賃又は貸付金の未収利子で、益金の額に算入されたもの ③　未収の損害賠償金で益金の額に算入されたもの ④　保証債務を履行した場合の求償権 ⑤　その有する売掛金、貸付金等の債権について取得した受取手形（割引手形・裏書手形を含む。） ⑥　その有する売掛金、貸付金等の債権について取得した先日付小切手のうち、その法人が一括評価金銭債権に含めたもの
設定の対象とならない主なもの	①　預貯金及びその未収利子、公社債の未収利子、未収配当その他これらに類する債権 ②　保証金、敷金（借地権、借地権等の取得に関連して無利息又は低利率で提供した協力金等を含む。）、預け金その他これらに類する債権 ③　手付金、前渡金等のように資産の取得の代価又は費用の支出に充てるものとして支出した金額 ④　前払給料、概算払旅費、前渡交際費等のように将来精算される費用の前払として一時的に仮払金、立替金等として経理されている金額 ⑤　仕入割戻しの未収金

【法令等】 法法52②⑨、法基通11－2－16～11－2－18

(ハ)　**一括評価金銭債権に係る繰入限度額**

A　繰入限度額の計算

その事業年度終了時の一括評価金銭債権の帳簿価額の合計額	×	貸倒実績率

B　貸倒実績率

次の算式によって算出した割合（過去3年間の平均貸倒率）

貸倒実績率〔小数点以下4位未満切上げ〕＝

$$\frac{\left(\begin{array}{l}\text{その事業年度開始の日前3年以内に}\\\text{開始した各事業年度の売掛債権等の}\\\text{貸倒損失の額＋個別評価分の引当金}\\\text{繰入額－個別評価分の引当金戻入額}\end{array}\right)\times\dfrac{12}{\text{左の各事業年度の合計月数}}}{\left(\begin{array}{l}\text{その事業年度開始の日前3年以内に}\\\text{開始した各事業年度終了の時における}\\\text{一括評価金銭債権の帳簿価額の合計額}\end{array}\right)\div\text{左の各事業年度の数}}$$

【法令等】 法令96⑥

㈡　中小企業者等の貸倒引当金の特例

① 　中小企業者等の貸倒引当金の特例制度の対象法人（資本金の額等が1億円を超える普通法人及び資本金の額等が5億円以上である法人等との間にその法人による完全支配関係がある普通法人（法法66⑤二又は三に掲げる法人に該当するもの）並びに保険業法に規定する相互会社などを除く。なお、平成31年4月1日以後に開始する事業年度においては、「適用除外事業者（144ページ参照）」を除く。）については、租税特別措置として、法定繰入率による繰入れが認められている。

② 　中小企業者等の繰入限度額

$$\left(\begin{array}{l}\text{期末一括評}\\\text{価金銭債権}\\\text{の帳簿価額}\end{array}-\begin{array}{l}\text{実質的に債権}\\\text{とみられな}\\\text{いものの額}\end{array}\right)\times\begin{array}{c}\text{法定繰入率}\\\text{（措令33の7④）}\end{array}=\begin{array}{l}\text{中小企業者等}\\\text{の繰入限度額}\end{array}$$

（その法人の主たる事業に応じた率）

卸売業及び小売業（飲食店業及び料理店業を含む。）……1,000分の10

製造業……1,000分の8

金融及び保険業……1,000分の3

割賦販売小売業、包括信用購入あっせん業及び個別信用購入あっせん業……1,000分の7

その他……1,000分の6

（注）1　法定繰入率による特例計算と過去3年間の貸倒実績率による原則計算とは、事業年度ごとに選択適用できる。
　2　実質的に債権とみられないものの額については、措通57の9-1を参照。

③ 　公益法人等又は協同組合等の繰入限度額については、通常の方法によって計算した金額に対する割増特例が認められていた。

法人税

Ⅲ 法人税

次の期間に開始する事業年度	令2.4.1 ～ 令3.3.31	令3.4.1 ～ 令4.3.31	令4.4.1 ～ 令5.3.31	令5.4.1 ～
割増特例	106%	104%	102%	制度廃止

【法令等】措法42の4⑲七、八、57の9①、措令33の7④、平31改正法附則54

ハ 有価証券

法人税法上の有価証券	金融商品取引法第2条第1項に規定する有価証券その他これに準ずるもので政令で定めるもの 例えば、①国債証券、②地方債証券、③社債券、④日本銀行等の発行する出資証券、⑤株券、⑥投資信託の受益証券、⑦貸付信託の受益証券等
有価証券を譲渡したときの取扱い	その譲渡に係る利益金額又は譲渡損失額を、その譲渡に係る契約をした日（約定日）の属する事業年度の益金の額又は損金の額に算入する。
有価証券の取得価額等の計算	① 購入した有価証券 　※ 信用取引等又はデリバティブ取引による現物の取得の場合を除く。 　購入の代価に購入手数料その他その有価証券の購入のために要した費用を加算した金額 ② 金銭の払込み等により取得した有価証券 　その払込金額及び金銭以外の資産の価額の合計額 ③ 株式等無償交付により取得した株式又は新株予約権 　取得価額はゼロ ④ 有利な金額で取得した有価証券 　その取得の時におけるその有価証券の取得のために通常要する価額
一単位当たりの帳簿価額の算出	売買目的有価証券、満期保有目的等有価証券及びその他有価証券の区分ごとに、かつ、その銘柄を同じくするものごとに、移動平均法又は総平均法により算出する（法定評価方法は移動平均法）。
有価証券の期末の評価	① 売買目的有価証券 　期末において時価評価し、翌期首において洗替方式により戻入れを行う。 ② 売買目的外有価証券 　・ 原価法による期末帳簿価額をもって期末評価額とする。 　・ 償還期限及び償還金額の定めのあるものについて（転換社債を除く。）は、償却原価法による。

【法令等】法法2二十一、61の2①、61の3①②④、法令11、119①、119の2①②、119の15

【有価証券の評価のまとめ】

有価証券の区分		帳簿価額	期　末　評　価
売買目的有価証券		移動平均法 又は 総平均法	時価法
売買目的外有価証券	満期保有目的等 有価証券		原価法（償還期限及び償還金額の定めのあるものは償却原価法）
	その他の有価証券		

（出典）「法人税法（基礎編）令和6年度（2024年度）版」税務大学校

二　暗号資産（仮想通貨）

取得価額	取得の方法により、次のとおり（購入手数料など暗号資産の購入のために要した費用を含む。） ①　対価を支払って取得（購入）した場合は、購入者に支払った対価の額 ②　自己が発行した場合は、発行のために要した費用の額 ③　暗号資産同士の交換、マイニング（採掘）などにより取得した場合は、取得時の価額（時価） ④　分裂（分岐）により取得した場合の取得価額はゼロ円
譲渡損益の計上時期等	原則として、暗号資産の売却等に係る契約をした日（約定日）の属する事業年度に計上する。 【※】　譲渡損益＝譲渡価額－譲渡原価
譲渡原価	譲渡原価　＝　暗号資産の1単位当たりの帳簿価額　×　その譲渡をした暗号資産の数量 暗号資産の1単位当たりの帳簿価額は、暗号資産の取得価額を平均化して算出することとされ、具体的には、移動平均法又は総平均法による原価法により計算する（法定算出方法は移動平均法による原価法）。
期末時価評価	①　活発な市場が存在する暗号資産（市場暗号資産）は、時価法によって評価した金額をもってその評価額とする（注）。 ②　活発な市場が存在しない暗号資産については、原価法が適用される。
時価法による期末評価額	市場暗号資産の種類ごとに次のいずれかにその暗号資産の数量を乗じて計算した金額 ①　価格等公表者によって公表されたその事業年度終了の日における市場暗号資産の最終の売買の価格 ②　価格等公表者によって公表されたその事業年度終了の日における市場暗号資産の最終の交換比率×その交換比率により交換される他の市場暗号資産に係る上記①の価格

（注）1　令和5年度税制改正により、時価評価すべき暗号資産の範囲から「特定自己発行暗号資産」が除外された。

　　　2　令和6年度税制改正により、市場暗号資産で「譲渡についての制限その他の条件が付されている暗号資産」の期末評価額は、①原価法（法定評価方法）もしくは②時価法のうち法人が選択した評価方法（自己の発行する暗号資産で発行時から継続して保有するものは、①の原価法）により計算した金額とすることとされた（令和6年4月1日以後終了事業年度から適用）。

【法令等】法法61、法令118の5〜9、令和5年12月25日付「暗号資産等に関する税務上の取扱いについて（情報）」（国税庁）

法
人
税

Ⅲ　法人税

⑽　その他の損益の計算

本項では、次表の項目について解説する。

その他の損益の計算	イ　借地権　　ロ　リース取引　　ハ　外貨建取引の換算等 ニ　法人契約の生命保険　　ホ　信託課税　　ヘ　企業組織再編税制 ト　グループ通算制度　　チ　グループ法人税制

イ　借地権

(イ)　法人税法上の借地権

○　建物又は構築物の所有を目的とする地上権又は土地の賃借権（法令138①）

(ロ)　原則的取扱い

取　引　形　態	法人税法上の取扱い
通常の権利金も収受せず、相当の地代も収受しない場合	通常の権利金のうち一定の金額を受け取ったものと認定され、それを相手方に贈与したものとして取り扱われる（相手方が役員又は使用人の場合は、給与の支給があったものとされる。）。 ※　下記（計算方法）参照
権利金の収受に代えて使用の対価として「相当の地代（注）」を収受している場合	取引が正常な条件で行われたものとして、権利金の認定課税は行われない。
借地権設定の契約書において将来借地人が無償で返還することが定められており、そのことを税務署長に届け出た場合	権利金の認定に代えて相当の地代の贈与とすることが認められる（実際に収受している地代が相当の地代より少ないときは、その差額に相当する金額を借地人に贈与したものとされる。）。
土地の使用目的が駐車場等として土地を更地のまま使用し、又は簡易な建物の敷地として使用するなど、通常権利金の授受を伴わないものであると認められる場合	権利金を授受しないことが正常な取引条件であるから、権利金の認定課税は行われない（通常収受すべき地代の額に満たない程度の地代しか収受していないときは、地代の認定課税が行われる。）。

(注)　「相当の地代」は、その土地の更地価額に対しておおむね年6％程度の金額が目安とされている。なお、「土地の更地価額」は、借地権の設定等の時における通常の取引価額であるが、課税上弊害がない限り、公示価格又は相続税評価額によることも認められる。

【権利金の贈与と認定される金額】

〔算式〕

$$\text{土地の更地価額} \times \left[1 - \frac{\text{実際に収受している地代の年額}}{\text{相当の地代の年額}} \right] - \text{実際に収受している権利金等の額}$$

【法令等】法令137、法基通13－1－2～3、13－1－5、13－1－7～8、平元.3.30付直法2－2「法人税の借地権課税における相当の地代の取扱いについて」通達

(ハ)　土地等の帳簿価額の損金算入

法人が借地権の設定等により他人に土地を使用させる場合において、その設定等により土地の時価が10分の5以上低下するときは、次の算式により計算した金額を損金の額に算入することができる。

$$\text{その設定等の直前の土地の帳簿価額} \times \frac{\text{借 地 権 の 価 額}}{\text{その設定等の直前の土地の価額}}$$

【法令等】 法令138

(ニ)　借地契約更新の場合の更新料

契約更新で更新料を支払った場合には、次の算式により計算した金額を損金の額に算入するとともに、その支払った更新料を借地権の帳簿価額に加えて資産に計上する。

$$\text{更新直前の借地権の帳簿価額} \times \frac{\text{更 新 料 の 額}}{\text{更新の時の借地権の価額}}$$

【法令等】 法令139

ロ　リース取引

(イ)　法人税法上のリース取引

法人税法上、ファイナンス・リースとして特別の取扱いがされるリース取引とは、資産の賃貸借（所有権が移転しない土地の賃貸借等を除く。）で次の要件を満たすものをいう。

リース取引の要件	①　賃貸借期間（リース期間）の中途において契約の解除をすることができないものであること、又はこれに準ずる事情があること〔いわゆるノン・キャンセラブル〕
	②　賃借人がその賃貸借に係る資産（リース資産）からもたらされる経済的な利益を実質的に享受することができ、かつ、リース資産の使用に伴って生ずる費用を実質的に負担すべきこととされているものであること〔いわゆるフル・ペイアウト〕

(注)　リース期間中に賃借人が支払うべき賃借料（リース料）の合計額がリース資産の取得のために通常要する価額（リース資産を事業の用に供するために要する費用の額を含む。）のおおむね90％相当額を超える場合には、②の要件に該当するものとされている。

【法令等】 法法64の2③④、法令131の2①②、法基通12の5-1-1～2

(ロ)　売買として取り扱われるリース取引

上記(イ)のリース取引を行った場合には、リース資産の賃貸人から賃借人への引渡しがあった時点で、リース資産の売買があったものとみなして課税所得の計算を行う。

法人税

賃貸人の処理	①　法人がリース取引によりリース資産の引渡し（リース譲渡）を行った場合には、リース期間中に収受すべきリース料の合計額を譲渡対価とし、リース資産の取得価額を譲渡原価として譲渡損益を計上する。 ②　法人が行ったリース譲渡はリース取引該当として、**延払基準【※】**により収益・費用を計上することができる。 【※】　商品等を割賦販売したときに、収益と費用を割賦代金の支払いサイクル等に合わせてあん分して計上する方法 ③　延払基準に代えて、譲渡対価の額を利息相当額（注）と元本相当額に区分し、受取利息相当額は複利利息法により収益計上し、元本相当額はリース期間にわたって均等額を収益に計上してもよいこととされている。この場合、原価の額もリース期間にわたって均等額を費用に計上することとなる。 （注）　利息相当額は、譲渡対価の額から譲渡原価の額を控除した金額の20％相当額とされている。
賃借人の処理	①　法人がリース資産の譲渡を受けた場合には、支払うリース料は、リース資産の取得代金の分割払として取扱い、一方でリース資産の取得として減価償却を行うこととなる。 ②　この場合、「**所有権移転外リース取引**（注１）」により取得したものとされるリース資産の償却方法は、「**リース期間定額法**（注２）」によることになる。 （注）１　リース期間終了時にリース資産の所有権が賃貸人に無償で移転するもの、賃借人にリース資産を著しく有利な価額で買い取る権利が付与されているものなどに該当しないリース取引。 　　　　　このリース資産については、次のような制度は適用がない。 　　　(1)圧縮記帳（法法47、措法65の７等）、(2)特別償却（措法42の５、42の６等）、(3)少額減価償却資産の損金算入（法令133）、(4)一括償却資産の損金算入（法令133の２） 　　　　２　「リース期間定額法」 $$償却限度額 = \frac{リース資産の取得価額 - 残価保証額}{リース期間の月数} \times \begin{array}{c} その事業年度における \\ そのリース期間の月数 \end{array}$$ ③　リース資産につき賃借人が賃借料として損金経理をした金額は、償却費として損金経理をした金額に含まれる。

【法令等】 法法63①、64の２①、法令48の２①六、48の２⑤四・五、124①二③④、131の２③

(ハ)　金銭の貸借として取り扱われるリース取引（リースバック取引）

　「リースバック取引（注）」が行われた場合において、一連の取引が実質的に金銭の貸借であると認められるときは、その資産の売買はなかったものとし、かつ、譲受人から譲渡人に対する金銭の貸付があったものとみなして課税所得の計算を行う。

（注）　リース取引の一形態として、譲渡人（賃借人）が所有する資産を譲受人（賃貸人）に売却し、譲受人からその資産のリースを受ける取引

譲渡人の処理	①　リース資産の売買により受け入れた金額は借入金とし、リース期間中に支払うべきリース料の合計額のうち借入金相当額は元本返済額として処理する。 ②　自己がリース資産を保有するものとして減価償却を行う。 ③　リース料を賃借料として損金経理した場合には、元本返済額相当額は、償却費として損金経理をした金額に含まれる。
譲受人の処理	①　リース資産の売買により支払った金額は貸付金とし、リース期間中に収受すべきリース料の合計額のうち貸付金相当額は貸付金返済額として処理し、差額は受取利息となる。 ②　自己が資産を保有するものとして減価償却を行うことはできない。

【法令等】法法64の２②、法令131の２③、法基通12の５－２－１～３

ハ　外貨建取引の換算等

(イ)　外貨建取引と換算の方法

A　外貨建取引

外国通貨で支払が行われる資産の販売及び購入、役務の提供、金銭の貸付け及び借入れ、剰余金の配当その他の取引をいう。

B　外貨建取引の換算方法

①　発生時換算法

外貨建資産等の取得等の基因となった外貨建取引の金額の円換算額への換算に用いた外国為替の売買相場により換算した金額（先物外国為替契約等により外貨建資産等の金額の円換算額を確定させた場合には、その先物外国為替契約等により確定させた円換算額）をもって当該期末時の円換算額とする方法

区　分	原　　則	特　　例
収益又は資産	取引日における電信売買相場の仲値	取引日の電信買相場（継続適用が条件）
費用又は負債	同　　上	取引日の電信売相場（継続適用が条件）

②　期末時換算法

期末時における外国為替の売買相場により換算した金額（先物外国為替契約等により外貨建資産等の金額の円換算額を確定させた場合には、その先物外国為替契約等により確定させた円換算額）をもって当該期末時の円換算額とする方法

区　分	原　　則	特　　例
資　産	事業年度終了の日における電信売買相場の仲値	事業年度終了の日の電信買相場（外国通貨の種類の異なるごとに全ての資産について継続適用が条件）

法人税

| 負　債 | 同　　上 | 事業年度終了の日の電信売相場（外国通貨の種類の異なるごとに全ての負債について継続適用が条件） |

【法令等】法法61の8①、61の9①一、法基通13の2-1-2、13の2-2-5

㈹　**換算差益又は換算差損の益金又は損金算入等**

期末に有する外貨建資産等は、その区分に応じ、次の方法により円換算を行う。

（注）　期末時換算法により換算した金額と帳簿価額との差額は、洗替方式により益金の額又は損金の額に算入する。

外貨建資産等の区分			換算方法
外貨建債権債務	短期外貨建債権債務（注1）		発生時換算法又は期末時換算法【※】
	長期外貨建債権債務（注2）		発生時換算法【※】又は期末時換算法
外貨建有価証券	売買目的有価証券		期末時換算法
	売買目的外有価証券	償還期限及び償還金額の定めのあるもの	発生時換算法【※】又は期末時換算法
		上記以外のもの	発生時換算法
外貨預金	短期外貨預金（注3）		発生時換算法又は期末時換算法【※】
	長期外貨預金（注4）		発生時換算法【※】又は期末時換算法
外　国　通　貨			期末時換算法

（注）1　支払又は受取の期日がその事業年度終了の日の翌日から1年を経過した日の前日までに到来するもの
　　　2　外貨建債権債務のうち短期外貨建債権債務以外のもの
　　　3　満期日がその事業年度終了の日の翌日から1年を経過した日の前日までに到来するもの
　　　4　外貨預金のうち短期外貨預金以外のもの
【※】　換算方法の選定に関する届出がない場合には、【※】を付した方法により換算する。
　　　（出典）「図解法人税（令和5年版）」（一般財団法人大蔵財務協会）を基に作成。

【法令等】法法61の9、法令122の4、122の7～8

㈥　**換算方法の届出・変更**

区　　分	手　　　　続
外貨建資産等の取得をした場合	その取得をした日の属する事業年度の確定申告書の提出期限（仮決算による中間申告書を提出する場合には、その提出期限）までに、その外貨建資産等と外国通貨の種類を異にするものごとに、かつ、一定の区分ごとにそのよるべき期末換算の方法を書面により所轄税務署長に届け出る

換算方法を変更する場合	変更する事業年度開始の日の前日までに承認申請書を所轄税務署長に提出する

【法令等】法令122の4～6

二　法人契約の生命保険

(イ)　養老保険に係る保険料

○　養老保険とは、被保険者が死亡したとき又は保険期間が満了したときに死亡保険金又は満期保険金が支払われる生死混合保険をいう。

保険契約の形式			法人税法上の取扱い
保険契約者	保険金受取人		
	死亡保険金	満期（生存）保険金	
法人	法人		保険積立金等として資産計上
	被保険者又はその遺族		役員又は使用人に対する給与
	被保険者の遺族	法人	1/2～保険積立金として資産計上 1/2～期間の経過に応じて損金算入（注）

（注）役員、部課長その他特定の使用人（これらの者の親族を含む。）のみを被保険者としている場合には、その者に対する給与

【法令等】法基通9－3－4

(ロ)　定期保険及び第三分野保険に係る保険料

○　定期保険とは、定められた保険期間内に被保険者が死亡した場合に死亡保険金が支払われる生命保険をいう。

○　第三分野保険とは、生命保険会社及び損害保険会社が取り扱うことができる医療保険・介護保険などをいう。

保険契約の形式		法人税法上の取扱い
保険契約者	保険金受取人	
	死亡保険金	
法人	法人	原則として、期間の経過に応じて損金算入
	被保険者の遺族	原則として、期間の経過に応じて損金算入 ※役員、部課長その他特定の使用人（これらの者の親族を含む。）のみを被保険者としている場合には、その者に対する給与

（注）1　保険期間が終身の第三分野保険については、保険期間開始～被保険者の年齢が116歳に達する日を計算上の保険期間とする。
　　　2　解約返戻金のない短期払の定期保険等について、年間の保険料が30万円以下であれば、支払日の属する事業年度の損金の額に算入することができる。

【法令等】法基通9－3－5

法人税

Ⅲ　法人税

【参考：令和元年改正通達の適用時期等】

○　定期保険及び第三分野保険に係る保険料の取扱いについて、所要の見直しが行われた。

○　改正通達は、令和元年7月8日以後の契約に係る定期保険又は第三分野保険の保険料について適用される。

○　法基通9－3－5の（注2）他に定める解約返戻金相当額のない短期払の定期保険又は第三分野保険の保険料については、令和元年10月8日以後の契約に係るものについて適用される。

保険の種類		適用関係			
		7/8前契約	7/8以後契約	10/8前契約	10/8以後契約
定期保険		旧9－3－5他 廃止前個別通達	新9－3－5、9－3－5の2他		
無解約返戻金・短期払		旧9－3－5他			新9－3－5他
	30万以下				新9－3－5の（注2）
第三分野保険		廃止前個別通達	新9－3－5、9－3－5の2他		
無解約返戻金・短期払		廃止前個別通達 （廃止前のがん保険通達の(3) 例外的取扱い）			新9－3－5他
	30万以下				新9－3－5の（注2）

（出典）　定期保険及び第三分野保険に係る保険料の取扱いに関するFAQ（国税庁）

㈧　定期保険等の保険料に相当多額の前払部分保険料が含まれる場合の取扱い（令和元年新設）

○　保険期間が3年以上で最高解約返戻率が50％を超える定期保険等については、法基通9－3－5の2の取扱いによる。

最高解約返戻率	資産計上期間	資産計上額	資産取崩期間
50％以下	全期間にわたり、原則資産計上不要（支払保険料全額損金算入）		
50％超 70％以下 （注1）	保険開始期間～当初4割相当期間	支払保険料×0.4 （6割損金算入）	当初7.5割相当期間経過後から保険期間の終了の日まで
70％超 85％以下		支払保険料×0.6 （4割損金算入）	
85％超	①：保険期間開始～最高解約返戻率となる期間まで ②：①の期間経過後において、年換算保険料に対する解約返戻金の増加割合(注2)が7割を超える期間があれば、	当初10年間：支払保険料×最高解約返戻率×0.9 11年目以降：支払保険料×最高解約返戻率×0.7	解約返戻金額が最も高い金額となる期間経過後から保険期間の終了の日まで ③の場合は、資産計上期間経過後から保険期間の

保険期間開始～その期間まで ③：①または②の期間が５年 未満の場合は、５年間（保 険期間10年未満の場合は、 保険期間の１/２期間）	終了の日まで

(注)１　被保険者１人当たり年換算保険料30万円以下は全額損金算入可能
　　２　(当年度の解約返戻金額－前年度の解約返戻金額)/年換算保険料

【法令等】法基通９－３－５の２

㈡　定期付養老保険等に係る保険料

　　○　定期付養老保険等とは、主契約の養老保険に定期保険又は第三分野保険を
　　　特約として付加したものをいう。

区　分	法人税法上の取扱い
保険料の額が保険証券等において養老保険に係るものと定期保険又は第三分野保険に係るものとに区分されている場合	それぞれの保険料の額について、上記(イ)、(ロ)又は(ハ)の例による
上記以外の場合	その保険料の額について上記(イ)の例による

【法令等】法基通９－３－６

ホ　信託課税

㈠　信託税制の概要

信　託　の　区　分		取　扱　い
受益者等課税信託	○　不動産、動産の管理等の一般的な信託	受益者段階課税 （発生時課税）
集団投資信託	○　特定受益証券発行信託 ○　合同運用信託 ○　一定の投資信託《証券投資信託、国内公募等投資信託、外国投資信託》	受益者段階課税 （受領時課税）
○　退職年金等信託、特定公益信託等		
法人課税信託	○　特定受益証券発行信託に該当しない受益証券発行信託 ○　受益者等が存在しない信託 ○　法人が委託者となる信託のうち一定のもの ○　投資信託《受領時課税される投資信託以外のもの》 ○　特定目的信託	信託段階法人課税 （信託段階において受託者を納税義務者として法人税を課税）

（出典）「図解法人税（令和５年版）」（一般財団法人大蔵財務協会）を基に作成。

【法令等】法法２二十九・二十九の二

法人税

Ⅲ　法人税

㈲　具体的な取扱い

受益者等 課税信託	受益者等課税信託の受益者等はその信託財産に属する資産及び負債を有するものとみなし、かつ、その信託財産に帰せられる収益及び費用はその受益者等の収益及び費用とみなして、その受益者等の各事業年度の所得金額を計算する。
集団投資 信　託	集団投資信託の信託収益は、受託者段階で課税されず、受益者が現実に受領した時（分配された時）にその受益者に対して課税される。
法人課税 信　託	①　法人課税信託の受託者は、各法人課税信託の信託資産等及び固有資産等ごとに、それぞれ別の者とみなして、法人税法の規定が適用される。 ②　各法人課税信託の信託資産等及び固有資産等は、そのみなされた各別の者にそれぞれ帰属するものとされる。

【法令等】 法法2二十九の二、4の2、12①③

ヘ　企業組織再編税制

　　組織再編成税制とは、企業間の再編成等によって、資産・負債の移転等が行われた場合のその当事者又はその株主における課税関係に関する制度であり、再編の種類・資本関係等ごとに、一定の要件（適格要件）を満たすものについては、適格組織再編成として、課税の繰延べ等の措置が講じられている。

　　再編の種類は、次表のとおり。

再編の種類	㈲　合併　　㈹　分割　　㈸　株式交換　　㈴　株式移転 ㈺　現物出資　㈻　現物分配　㈼　株式分配

　　また、適格組織再編成に該当する組織再編成は、次のとおり、資本関係により、グループ内とグループ外に大別され、グループ内は更に、完全支配関係と支配関係に区分される。

資本関係	グループ内（持分50%超）		グループ外
	完全支配関係 （持分100%）	支配関係 （持分100%未満）	持分50%以下

【法令等】 法法2十二の七の五・十二の七の六

㈲　合併

A　当事者

区　　分	内　　　容
被合併法人	合併により資産及び負債の移転を行った法人
合併法人	合併により被合併法人から資産及び負債の移転を受けた法人

【法令等】 法法2十一・十二

B　適格要件

要　件	グループ内		グループ外
	完全支配関係【※】	支配関係【※】	共同で事業を行うためのもの
① 対価	必要	必要	必要
② 従業者引継	－	必要	必要
③ 移転事業継続	－	必要	必要
④ 事業関連性	－	－	必要
⑤ 事業規模	－	－	必要
⑥ 特定役員	－	－	（⑤又は⑥）
⑦ 株式継続保有	－	－	必要

【※】　その完全支配関係又は支配関係が同一の者によるものである場合、合併後においてもその関係が継続することが要件

C　適格要件の内容

要　件	内　　容
① 対価	合併の対価として被合併法人の株主に「合併法人又は合併法人の完全親会社のうち、いずれか一の法人の株式」以外の資産が交付されないこと
② 従業者引継	被合併法人の合併直前の従業者【※1】のうち、その総数のおおむね80％以上に相当する数の者が合併後に合併法人等の業務に従事することが見込まれていること
③ 移転事業継続	被合併法人の合併前に行う主要な事業が合併後に合併法人等において引き続き行われることが見込まれていること
④ 事業関連性	被合併法人の主要な事業のいずれかと合併法人のいずれかの事業とが相互に関連するものであること
⑤ 事業規模	被合併事業と被合併事業に関連する合併事業のそれぞれの売上金額、被合併事業と合併事業のそれぞれの従業者の数、被合併法人と合併法人のそれぞれの資本金等の額若しくはこれらに準ずるものの規模の割合がおおむね5倍を超えないこと
⑥ 特定役員	合併前の被合併法人の特定役員のいずれかと合併法人の特定役員【※2】のいずれかが、それぞれ合併後に合併法人の特定役員となることが見込まれていること
⑦ 株式継続保有	合併により交付される「合併法人又は合併親法人のうち、いずれか一の法人の株式」であって支配株主（合併の直前に被合併法人と他の者との間に当該他の者による支配関係がある場合における当該他の者及び当該他の者による支配関係があるもの）に交付されるものの全部が支配株主により継続して保有されることが見込まれていること

【※1】　役員、使用人その他の者で、合併直前において被合併法人の合併前に行う事業に現に従事する者

法
人
税

【※2】　社長、副社長、代表取締役、代表執行役、専務取締役若しくは常務取締役又はこれら
に準ずる者で法人の経営に従事している者

　【法令等】法法２十二の八、法令４の３①～④、法規３

D　課税関係

区分	被合併法人	合　併　法　人	被合併法人株主
非適格	資産負債の時価譲渡	・資産負債の時価取得 ・みなし配当 ・資産（差額負債）調整勘定の計上 ・自己の繰越欠損金の使用制限 ・特定資産譲渡等損失額の損金不算入　等	・みなし配当 ・被合併法人株式に係る譲渡損益
適格	資産負債の簿価引継	・資産負債の簿価引受 ・被合併法人の繰越欠損金の引継制限 ・自己の繰越欠損金の使用制限 ・特定資産譲渡等損失額の損金不算入　等	原則、課税関係は生じない

　【法令等】法法23①、24①～③、57②～④、61の２②③⑥⑫⑰㉓、62、62の２①
　　　　　　④、62の７、62の８

㈑　分割

A　当事者及び類型

(A)　当事者

区　分	内　　容
分割法人	分割により資産又は負債の移転を行った法人
被分割法人	分割により分割法人から資産又は負債の移転を受けた法人

　【法令等】法法２十二の二・十二の三

(B)　類型

分割型分割	「分割型分割」とは、次に掲げる分割をいう。 ①　分割対価資産の全てが分割の日において分割法人の株主等に交付される分割又は分割対価資産の全てが分割法人の株主に直接交付される場合のこれらの分割 ②　分割対価資産がない分割（無対価分割）で、分割の直前において、分割承継法人が分割法人の発行済株式の全部を保有している場合又は分割法人が分割承継法人の株式を保有していない場合の無対価分割
分社型分割	「分社型分割」とは、次に掲げる分割をいう。 ①　分割対価資産が分割の日において分割法人の株主等に交付されない分割（無対価分割を除く。） ②　無対価分割で、分割の直前において分割法人が分割承継法人の株式を保有している場合（分割承継法人が分割法人の発行済株式の全部を保有している場合を除く。）の無対価分割

【法令等】法法２十二の九・十二の十

B　適格要件

要件	グループ内		グループ外	
	完全支配関係 【※１】	支配関係 【※１】	共同で事業を行うためのもの	スピンオフ（分割型分割に該当し、単独新設分割であるもの）
①　対価	必要	必要	必要	必要
②　主要資産等引継	－	必要	必要	必要
③　従業者引継	－	必要	必要	必要
④　移転事業継続	－	必要	必要	必要
⑤　事業関連性	－	－	必要	－
⑥　事業規模	－	－	必要	－
⑦　特定役員	－	－	（⑥又は⑦）	必要
⑧　株式継続保有【※２】	－	－	必要	－
⑨　非支配関係継続	－	－	－	必要

【※１】　その完全支配関係又は支配関係が同一の者によるものである場合には、分割後においてもその関係が継続されること、また、その完全支配関係又は支配関係が当事者間の支配関係である場合には、その分割形態に応じて、分割後においてもその関係が継続されること等が要件

【※２】　当該分割が、分割型分割である場合において、分割の直前に分割法人の全てについて他の者との間に当該他の者による支配関係がないときは要件とされない。

法人税

C　適格要件の内容

要　件	内　　容
①　対価	分割の対価として「分割承継法人又は分割承継親法人のうち、いずれか一の法人の株式」以外の資産が交付されないこと（当該株式が交付される分割型分割にあっては、分割法人の株主の分割法人株式保有割合に応じて交付されるものに限る。）
②　主要資産等引継	分割事業（分割法人の分割前に行う事業のうち、分割承継法人において行われることとなるものをいう。）に係る主要な資産及び負債が分割承継法人に移転していること
③　従業者引継	分割事業に係る従業者のうち、その総数のおおむね80％以上に相当する数の者が分割後に分割承継法人等の業務に従事することが見込まれていること
④　移転事業継続	分割事業が分割後に分割承継法人等において引き続き行われることが見込まれていること
⑤　事業関連性	分割事業と分割承継事業（分割承継法人の分割前に行う事業のいずれかの事業をいう。）とが相互に関連するものであること
⑥　事業規模	分割事業と分割事業に関連する分割承継法人の事業のそれぞれの売上金額、分割事業と分割承継事業のそれぞれの従業者の数又はこれらに準ずるものの規模の割合がおおむね5倍を超えないこと
⑦　特定役員	（共同事業） 分割前の分割法人の役員等のいずれかと分割承継法人の特定役員のいずれかが、それぞれ分割後に分割承継法人の特定役員となることが見込まれていること （スピンオフ） 分割前の分割法人の役員等（重要な使用人を含む。）のいずれかが分割後に分割承継法人の特定役員となることが見込まれていること
⑧　株式継続保有	分割型分割により交付される「分割承継法人又は分割承継親法人のうち、いずれか一の法人の株式」であって支配株主（分割の直前に分割法人との間に支配関係がある株主）に交付されるものの全部が支配株主により継続して保有されることが見込まれていること、又は、分社型分割により交付される分割承継法人又は分割承継親法人のうちいずれか一の法人の株式の全部が分割法人により継続して保有されることが見込まれていること
⑨　非支配関係継続	分割の直前に分割法人と他の者との間に当該他の者による支配関係がなく、かつ、分割後に分割承継法人と他の者との間に当該他の者による支配関係があることとなることが見込まれていないこと

【法令等】法法2十二の十一〜十二の十三、法令4の3⑤〜⑨

D 課税関係

区　分	分割法人	分割承継法人	分割法人株主	
			分割型分割	分社型分割
非適格	資産負債の時価譲渡	・資産負債の時価取得 ・資産（差額負債）調整勘定の計上	・みなし配当 ・分割法人株式に係る譲渡損益	原則、課税関係は生じない
適格	資産負債の簿価引継	・資産負債の簿価引受 ・自己の繰越欠損金の使用制限 ・特定資産譲渡等損失額の損金不算入等	原則、課税関係は生じない	

【法令等】法法24①③、57④、61の2④⑤⑦⑫⑯㉓、62①、62の2②③④、62の3②、62の7、62の8

(ハ) 株式交換

A 当事者

区　分	内　容
株式交換完全子法人	株式交換により株主の有する株式を他の法人に取得させた当該株式を発行した法人
株式交換完全親法人	株式交換により他の法人の株式を取得したことによって当該法人の発行済株式の全てを有することとなった法人

【法令等】法法2十二の六・十二の六の三

B 適格要件

要　件	グループ内		グループ外
	完全支配関係	支配関係	共同で事業を行うためのもの
① 対価	必要	必要	必要
② 完全支配関係（支配関係）継続	必要	必要	－
③ 従業者継続従事	－	必要	必要
④ 事業継続	－	必要	必要
⑤ 事業関連性	－	－	必要
⑥ 事業規模等	－	－	必要 （⑥又は⑦）
⑦ 特定役員	－	－	
⑧ 株式継続保有【※】	－	－	必要
⑨ 組織再編後完全支配関係継続	－	－	必要

【※】 株式交換の直前に株式交換完全子法人と他の者との間に当該他の者による支配関係がな

い場合には要件とされない。

【法令等】法法２十二の十七、法令４の３⑰～⑳

㈡　株式移転

A　当事者

区　分	内　容
株式移転完全子法人	株式移転により株主の有する株式を当該株式移転により設立させた当該株式を発行した法人
株式移転完全親法人	株式移転により他の法人の発行済株式の全部を取得した当該株式移転により設立された法人

【法令等】法法２十二の六の五・十二の六の六

B　適格要件

要　件	グループ内		グループ外
	完全支配関係	支配関係	共同で事業を行うためのもの
①　対価	必要	必要	必要
②　完全支配関係（支配関係）継続	必要	必要	－
③　従業者継続従事	－	必要	必要
④　事業継続	－	必要	必要
⑤　事業関連性	－	－	必要
⑥　事業規模等	－	－	必要 （⑥又は⑦）
⑦　特定役員	－	－	
⑧　株式継続保有【※】	－	－	必要
⑨　組織再編後完全支配関係継続	－	－	必要

【※】　株式移転の直前にその株式移転に係る株式移転完全子法人の全てについて他の者との間に当該他の者による支配関係がない場合には要件とされない。

【法令等】法法２十二の十八、法令４の３㉑～㉔

㈣　現物出資

A　当事者

区　分	内　容
現物出資法人	現物出資により資産の移転を行い、又はこれと併せて負債の移転を行った法人
被現物出資法人	現物出資により現物出資法人から資産の移転を受け、又はこれと併せて負債の移転を受けた法人

【法令等】法法２十二の四・十二の五

B　適格要件

要　件	グループ内		グループ外
	完全支配関係	支配関係	共同で事業を 行うためのもの
①　対価	必要	必要	必要
②　完全支配関係 　　（支配関係）継続	必要	必要	－
③　主要資産等引継	－	必要	必要
④　従業者引継	－	必要	必要
⑤　事業継続	－	必要	必要
⑥　事業関連性	－	－	必要
⑦　事業規模	－	－	必要
⑧　特定役員	－	－	（⑥又は⑦）
⑨　株式継続保有	－	－	必要

【法令等】法法２十二の十四、法令４の３⑩〜⑮

C　適格要件の内容

要　件	内　　容
①　対価	現物出資法人に被現物出資法人の株式のみが交付されるもの【※】であること
②　完全支配関係 　　（支配関係）継続	当事者間の完全支配関係（支配関係）又は同一の者による完全支配関係（支配関係）が継続することが見込まれていること
③　主要資産等引継	現物出資事業（現物出資法人の現物出資前に行う事業のうち、現物出資により被現物出資法人において行われることとなるものをいう。）に係る主要な資産及び負債が被現物出資法人に移転していること
④　従業者引継	現物出資の直前の現物出資事業に係る従業者のうち、その総数のおおむね80％以上に相当する数の者が現物出資後に被現物出資法人の業務に従事することが見込まれていること
⑤　事業継続	現物出資事業が現物出資後に被現物出資法人において引き続き行われることが見込まれていること
⑥　事業関連性	現物出資事業と被現物出資事業（被現物出資法人の現物出資前に行う事業のうちのいずれかの事業をいう。）とが相互に関連するものであること
⑦　事業規模	現物出資事業と現物出資事業と関連する被現物出資事業のそれぞれの売上金額、現物出資事業と被現物出資事業のそれぞれの従業者の数又はこれらに準ずるものの規模の割合がおおむね５倍を超えないこと
⑧　特定役員	現物出資前の現物出資法人の役員等のいずれかと被現物出資法人の特定役員のいずれかが、それぞれ現物出資後に被現物出資法人の特定役員となることが見込まれていること
⑨　株式継続保有	現物出資により交付される被現物出資法人の株式の全部が現物出資法人により継続して保有されることが見込まれていること

法人税

Ⅲ 法人税

【※】 外国法人に国内資産等（保有比率25％以上の外国法人株式を除く。）の移転を行うもの、外国法人が国外資産等の移転を行うもの及び内国法人が外国法人に国外資産等の移転を行うもので当該国外資産等の全部又は一部が当該外国法人の恒久的施設に属しないもの並びに新株予約権付社債に付された新株予約権の行使に伴う当該新株予約権付社債についての社債の給付を除く。

(注) 令和6年度税制改正において以下の見直しが行われている（いずれも、令和6年10月1日以後に行われる現物出資から適用）。
1 上記アンダーライン部分については、<u>内国法人が外国法人に無形資産等の移転を行うもの</u>に改正される。
2 現物出資により移転する資産等の内外判定については、その資産がその国内にある事業所又は国外にある事業所のいずれの事業所の帳簿に記帳されているか等により判定することとされていたが、「法人の本店等」又は「恒久的施設（PE）」により判定することとされる。

(ヘ) 現物分配

A 当事者

区　分	内　　　容
現物分配法人	現物分配（法人が株主等に対し剰余金の配当等の事由により金銭以外の資産の交付をすることをいう。）により資産の移転を行った法人
被現物分配法人	現物分配により現物分配法人から資産の移転を受けた法人

【法令等】 法法2十二の五の二・十二の五の三

B 適格要件

現物分配の適格要件	内国法人を現物分配法人とする現物分配のうち、現物分配により資産の移転を受ける者が現物分配の直前において当該内国法人との間に完全支配関係がある内国法人（普通法人又は協同組合等に限る。）のみであること

【法令等】 法法2十二の十五、法令4の3⑯

(ト) 株式分配

A 定義

株式分配の定義	現物分配（剰余金の配当又は利益の配当に限る。）のうち、現物分配の直前において現物分配法人により発行済株式等の全部を保有されていた法人（完全子会社）の当該発行済株式等の全部が移転するものをいう。【※】

【※】 現物分配により当該発行済株式等の移転を受ける者が現物分配の直前において当該現物分配法人との間に完全支配関係がある者のみである場合における当該現物分配を除く。

【法令等】 法法2十二の十五の二

B 適格要件

要　件	内　　　　容
① 株式按分交付	完全子法人の株式のみが移転する株式分配のうち、その株式が、現物分配法人の発行済株式等の総数のうちに占めるその現物分配法人の各株主等の有するその現物分配法人の株式の数の割合に応じて交付されるものであること
② 支配株主不存在	株式分配の直前に現物分配法人と他の者との間に当該他の者による支配関係がなく、かつ、株式分配後に完全子法人と他の者との間に当該他の者による支配関係があることとなることが見込まれていないこと
③ 特定役員	株式分配前の完全子法人の特定役員の全てが株式分配に伴って退任するものでないこと
④ 従業者継続従事	完全子法人の株式分配の直前の従業者のうち、その総数のおおむね80％以上に相当する数の者が完全子法人の業務に引き続き従事することが見込まれていること
⑤ 事業継続	完全子法人の株式分配前に行う主要な事業が完全子法人において引き続き行われることが見込まれること

【法令等】法法２十二の十五の三、法令４の３⑯

ト　グループ通算制度

　グループ通算制度とは、完全支配関係にある企業グループ内の各法人を納税単位として、各法人が個別に法人税額の計算及び申告を行い、その中で、損益通算等の調整を行う制度である。併せて、後発的に修更正事由が生じた場合には、原則として他の法人の税額計算に反映させない（遮断する）仕組みとされており、また、グループ通算制度の開始・加入時の時価評価課税及び欠損金の持込み等について組織再編税制と整合性の取れた制度となっている。

法人税

Ⅲ 法 人 税

【イメージ図】

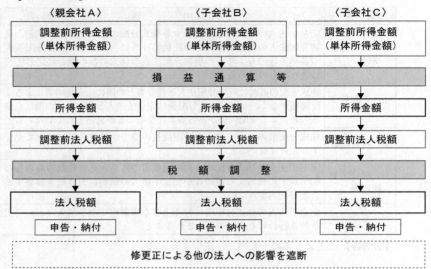

(出典) 財務省ホームページ

(イ) 適用法人

　　　グループ通算制度の適用を受けようとする場合には、「内国法人及びその内国法人との間にその内国法人による完全支配関係がある他の内国法人」の全てが国税庁長官の承認を受けなければならないこととされており、適用対象となる法人は、次の親法人及びその親法人との間にその親法人による完全支配関係がある子法人に限られている。

(注) グループ通算制度における「完全支配関係」は、完全支配関係のうち下記③から⑦までの法人及び外国法人が介在しない一定の関係に限られている。

A 親法人及び子法人	(1) 親法人 　普通法人又は協同組合等のうち、次の①から⑥までの法人及び⑥に類する一定の法人のいずれにも該当しない法人 (2) 子法人 　親法人との間にその親法人による完全支配関係がある他の内国法人のうち次の③から⑦までの法人以外の法人 ① 清算中の法人 ② 普通法人（外国法人を除く。）又は協同組合等との間にその普通法人又は協同組合等による完全支配関係がある法人 ③ 通算承認の取りやめの承認を受けた法人でその承認日の属する事業年度終了後５年を経過する日の属する事業年度終了の日を経過していない法人

	④　青色申告の承認の取消通知を受けた法人でその通知後5年を経過する日の属する事業年度終了の日を経過していない法人 ⑤　青色申告の取りやめの届出書を提出した法人でその提出後1年を経過する日の属する事業年度終了の日を経過していない法人 ⑥　投資法人、特定目的会社 ⑦　その他一定の法人（普通法人以外の法人、破産手続開始の決定を受けた法人等）
B　通算予定法人	グループ通算制度の適用を受けようとする親法人又は子法人
C　通算親法人	上記A(1)の親法人であって通算承認を受けた法人
D　通算子法人	上記A(2)の子法人であって通算承認を受けた法人
E　通算法人	通算親法人及び通算子法人

【法令等】法法2十二の六の七、十二の七、十二の七の二、十二の七の六、64の9①

【イメージ図】

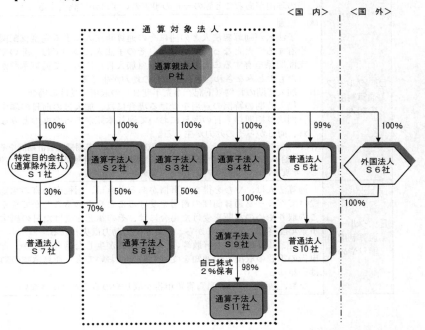

（出典）　国税庁　グループ通算制度に関するＱ＆Ａ

Ⅲ 法人税

(ロ) 適用方法

A 申請	親法人及び子法人が、通算承認を受けようとする場合には、原則として、その親法人のグループ通算制度の適用を受けようとする最初の事業年度開始の日の3月前の日までに、その親法人及び子法人の全ての連名で、承認申請書をその親法人の納税地の所轄税務署長を経由して、国税庁長官に提出する必要がある。 (注)「通算承認」とは、グループ通算制度の適用に係る国税庁長官の承認をいう。
B 承認（みなし承認）	上記の申請後、グループ通算制度の適用を受けようとする最初の事業年度開始の日の前日までにその申請についての通算承認又は却下の処分がなかったときは、その親法人及び子法人の全てについて、その開始の日にその通算承認があったものとみなされ、同日からその効力が生じる。
C 申請の却下	国税庁長官は、承認申請書の提出があった場合において、次のいずれかに該当する事実があるときは、その申請を却下することができる。 (A) 通算予定法人のいずれかがその申請を行っていないこと。 (B) その申請を行っている法人に通算予定法人以外の法人が含まれていること。 (C) その申請を行っている通算予定法人について、その備え付ける帳簿書類に取引の全部又は一部を隠蔽し、又は仮装して記載し、又は記録していることその他不実の記載又は記録があると認められる相当の理由があること等の一定の事実のいずれかに該当すること。
D グループ通算制度への加入	(A) 原則 　子法人が通算親法人との間にその通算親法人による完全支配関係を有することとなった場合には、その子法人については、その完全支配関係を有することとなった日（加入日）において通算承認があったものとみなされ、同日からその効力が生じる。 (B) 加入時期の特例（下記(ハ)事業年度B）の適用を受ける場合 　加入時期の特例の適用を受ける場合には、加入日の前日の属する特例決算期間の末日の翌日において通算承認があったものとみなされ、同日からその効力が生じる。 (注)「特例決算期間」とは、その内国法人の月次決算期間（会計期間をその開始の日以後1月ごとに区分した各期間）又は会計期間のうち下記(ハ)事業年度Bにおいて提出する届出書に記載された期間をいう。
E グループ通算制度の取りやめ等	通算法人は、やむを得ない事情があるときは、国税庁長官の承認を受けてグループ通算制度の適用を受けることをやめることができる。この取りやめの承認を受けた場合には、その承認を受けた日の属する事業年度終了の日の翌日から、通算承認の効力は失われる。 　また、通算親法人の解散等の一定の事実が生じた場合のほか、青色申告の承認の取消しの通知を受けた場合においても、通算承認の効力は失われる。 　なお、通算法人は、自ら青色申告を取りやめることはできない。

F　経過措置	(A)　連結納税制度の承認を受けている法人については、原則として、令和4年4月1日以後最初に開始する事業年度の開始の日において、通算承認があったものとみなされ、同日からその効力が生じる。 　また、その法人が青色申告の承認を受けていない場合には、同日において青色申告の承認があったものとみなされる。 (B)　連結法人は、その連結法人に係る連結親法人が令和4年4月1日以後最初に開始する事業年度開始の日の前日までに税務署長に届出書を提出することにより、グループ通算制度を適用しない法人となることができる。

【法令等】法法14⑧一、64の9②③⑤⑥⑪、64の10①〜⑥、125②、127①〜④、128、令2改正法附則29①②

(ハ)　事業年度

通算親法人	会計期間等による事業年度と同じ。
通算子法人	①　通算親法人と通算子法人との間に継続して通算完全支配関係【※】がある場合 　通算親法人と同じ事業年度（通算子法人である期間については、その通算子法人の会計期間等による事業年度で区切らない。） ②　内国法人が通算グループに加入した場合 　加入日の前日に終了する事業年度と加入日から開始する事業年度とに区分する。 　この加入日から開始する事業年度については、一定の届出書を提出することを要件に、加入月の翌月初又は翌期首をその事業年度の開始日とすることができる（加入日の特例）。 ③　内国法人が通算グループから離脱した場合 　離脱日の前日に終了する事業年度と離脱日から開始する事業年度とに区分する。

【※】　「通算完全支配関係」とは、通算親法人と通算子法人との間の完全支配関係又は通算親法人との間に完全支配関係がある通算子法人相互の関係をいう。

A　通算子法人の事業年度の特例
【通算親法人と通算子法人との間に継続して通算完全支配関係がある場合】

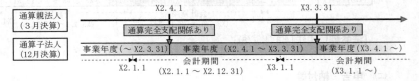

法人税

Ⅲ 法 人 税

B 通算子法人のグループ通算制度への加入・離脱に係る事業年度の特例

【加入した場合】

原則（加入日の前後で事業年度を区切る。）

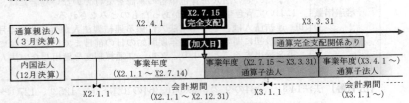

加入時期の特例

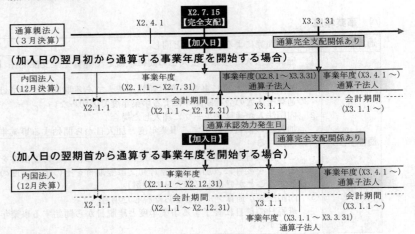

【離脱した場合】

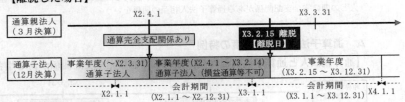

【法令等】 法法14③④⑦⑧

㈡ 申告・納付等

A 個別申告方式	通算グループ内の各通算法人を納税単位として、その各通算法人が個別に法人税額の計算及び申告を行う。
B 電子情報処理組織（e-Tax）による申告	通算法人は、事業年度開始の時における資本金の額又は出資金の額が1億円以下であるか否かにかかわらず、e-Taxを使用する方法により納税申告書を提出する必要がある。

		これに際し、通算親法人が、通算子法人の法人税の申告に関する事項の処理として、その通算親法人の電子署名をしてe-Taxにより提供した場合には、その通算子法人がe-Taxによる申告の規定により提出したものとみなされる。
C	連帯納付の責任	通算法人は、他の通算法人の各事業年度の法人税（その通算法人と当該他の通算法人との間に通算完全支配関係がある期間内に納税義務が成立したものに限る。）について、連帯納付の責任を負う。
D	経過措置	上記(ﾛ)F(A)により通算承認があったものとみなされた連結親法人が、連結確定申告書の提出期限の延長特例及び延長期間の指定の規定の適用を受けている場合には、グループ通算制度へ移行するグループ内の全ての通算法人について、延長特例の適用及び延長期間の指定を受けたものとみなされる。

【法令等】法法74、75の4①②、150の3①②、152①、旧法法81の24①、令2改正法附則34①②

(ﾎ)　所得金額及び法人税の計算

A　損益通算

(A)　所得事業年度の損益通算による損金算入	通算法人の所得事業年度終了の日（基準日）において、その通算法人との間に通算完全支配関係がある他の通算法人の基準日に終了する事業年度において通算前欠損金額が生ずる場合、通算グループ内の欠損法人の欠損金額の合計額が、所得法人の所得の金額の比で配分され、所得法人の損金の額に算入される。
(B)　欠損事業年度の損益通算による益金算入	上記(A)で損金算入された金額の合計額と同額の所得の金額が、欠損法人の欠損金額の比で配分され、欠損法人の益金の額に算入される。
(C)　損益通算の遮断措置	上記(A)又は(B)の場合において、通算グループ内の一法人に修更正事由が生じた場合、損益通算に用いる通算前所得金額及び通算前欠損金額を当初申告額に固定することにより、原則として、その修更正事由が生じた通算法人以外の他の通算法人への影響を遮断し、その修更正事由が生じた通算法人の申告のみが是正される。

【法令等】法法64の5①③⑤

【用語の意義】

用　　語	意　　　義
所得事業年度	通算前所得金額の生ずる事業年度（その通算法人に係る通算親法人の事業年度終了の日に終了する事業年度に限る。）
通算前所得金額	損益通算及び欠損金の控除前の所得の金額
通算前欠損金額	損益通算前の欠損金額

Ⅲ　法　人　税

通算対象欠損金額	①　他の通算法人の基準日に終了する事業年度の通算前欠損金額の合計額（③を超える場合には③の金額）	×	②　通算法人の所得事業年度の通算前所得金額 ──────────── ③　通算法人の所得事業年度及び他の通算法人の基準日に終了する事業年度の通算前所得金額の合計額
欠損事業年度	通算前欠損金額の生ずる事業年度（その通算法人に係る通算親法人の事業年度終了の日に終了する事業年度に限る。）		
通算対象所得金額	①　他の通算法人の基準日に終了する事業年度の通算前所得金額の合計額（③を超える場合には③の金額）	×	②　通算法人の欠損事業年度の通算前欠損金額 ──────────── ③　通算法人の欠損事業年度及び他の通算法人の基準日に終了する事業年度の通算前欠損金額の合計額
通算事業年度	上記(A)の通算法人の所得事業年度若しくは他の通算法人の基準日に終了する事業年度又は上記(B)の通算法人の欠損事業年度若しくは他の通算法人の基準日に終了する事業年度		

【法令等】 法法64の5②一二三、④一二三

B　欠損金の通算

　　通算法人に係る欠損金の繰越しの規定の適用については、次の(A)及び(B)等の一定の調整を行う必要がある。

(A)　欠損金の繰越控除額の計算

a　各通算法人の十年内事業年度の欠損金額の配分	通算法人の適用事業年度開始の日前10年以内に開始した各事業年度において生じた欠損金額は、特定欠損金額と非特定欠損金額の合計額とされる。非特定欠損金額は、通算グループ全体の非特定欠損金額の合計額が、過年度において損金算入された欠損金額及び特定欠損金額を控除した後の損金算入限度額の比で配分される。
b　各通算法人の欠損金額の損金算入限度額等の計算	各通算法人の繰越控除額は、それぞれ次の金額が限度とされる。 (a)　特定欠損金額 　　各通算法人の損金算入限度額の合計額を各通算法人の特定欠損金額のうち欠損控除前所得金額に達するまでの金額の比で配分した金額 (b)　非特定欠損金額 　　各通算法人の特定欠損金額の繰越控除後の損金算入限度額の合計額を各通算法人の上記aによる配分後の非特定欠損金額の比で配分した金額 　また、適用事業年度後の事業年度の繰越欠損金額から除かれる過年度において損金算入された欠損金額は、上記aによる配分前の欠損金額を基に計算された金額とされる。

【法令等】 法法57①、64の7①二〜四

【用語の意義】

用　　語	意　　義
十年内事業年度	通算法人の適用事業年度開始の日前10年以内に開始した各事業年度（その通算法人が通算親法人の事業年度に合わせるための調整をしている通算子法人である場合には、その規定を適用した場合における開始日前10年以内に開始した各事業年度）
適用事業年度	法法57①の規定の適用を受ける事業年度をいい、その通算法人が通算子法人である場合には、その通算法人に係る通算親法人の事業年度終了の日に終了するものに限る。
特定欠損金額	下記(ト)Aの時価評価除外法人の最初通算事業年度開始の日前10年以内に開始した各事業年度において生じた欠損金額等。この特定欠損金額は、その通算法人の所得の金額のみから控除できる。
非特定欠損金額	欠損金額のうち特定欠損金額以外の金額
欠損控除前所得金額	法法57①本文の規定を適用せず、かつ、法法59③④及び62の5⑤の規定を適用しないものとして計算した場合における適用事業年度の所得の金額から一定の金額を控除した金額

【法令等】 法法64の7①一、②

(B)　欠損金の通算の遮断措置

a　他の通算法人の修更正による影響の遮断	上記(A)の場合において、通算法人の適用事業年度終了の日に終了する他の通算法人の事業年度（他の事業年度）の損金算入限度額又は過年度の欠損金額等が当初申告額と異なるときは、それらの当初申告額が当該他の事業年度の損金算入限度額又は過年度の欠損金額等とみなされる。すなわち、通算グループ内の他の通算法人に修更正事由が生じた場合には、欠損金の通算に用いる金額を当初申告額に固定することにより、その通算法人への影響が遮断される。
b　通算法人の修更正による損金算入欠損金額の調整	上記(A)の場合において、通算法人の適用事業年度の損金算入限度額又は過年度の欠損金額等が当初申告額と異なるときは、欠損金額及び損金算入限度額（下記(ヘ)③の中小通算法人等である場合を除く。）で当初の期限内申告において通算グループ内の他の通算法人との間で配分し又は配分された金額を固定する調整等をした上で、その通算通算法人のみで欠損金額の損金算入額等が再計算される。

【法令等】 法法64の7④～⑦

C　上記A及びBにおける遮断措置の不適用

　期限内申告書を提出した通算事業年度等のいずれかについて修更正事由が生じた場合において、通算事業年度の全ての通算法人について、期限内申告書にその通算事業年度の所得の金額として記載された金額が0又は欠損金額

法人税

であること等の要件に該当するときは、上記A(C)（損益通算の遮断措置）及びB(B)（欠損金の通算の遮断措置）は適用されない。すなわち、通算グループ全体では所得金額がないにもかかわらず、当初申告額に固定することにより所得金額が発生する法人が生ずることのないようにするため、一定の要件に該当する場合には、損益通算及び欠損金の通算の規定の計算に用いる所得の金額及び欠損金額を当初申告額に固定せずに、通算グループ全体で再計算される。

また、損益通算及び欠損金の通算の遮断措置の規定の濫用を防止するため、一定の場合には、税務署長は、損益通算及び欠損金の通算の規定の計算に用いる所得の金額及び欠損金額を当初申告額に固定せずに、通算グループ全体で再計算をすることができる。

【法令等】 法法64の5⑥⑧、64の7⑧一二

D 経過措置

(A) 連結納税制度における連結欠損金個別帰属額は、旧法人税法第57条第6項と同様に各法人の欠損金額とみなされる。上記(ロ)F(A)又は(B)のグループ通算制度を適用する法人又は適用しない法人についても同様である。

(B) 上記(A)の欠損金額は、上記B(A)aの欠損金額に含まれ、その欠損金額のうち、連結納税制度における特定連結欠損金個別帰属額は、グループ通算制度における特定欠損金額とみなされる。

【法令等】 令2改正法附則20①、28③

(ヘ) 税率

区　　　分	税　率
① 普通法人である通算法人	23.2%
② 協同組合等である通算法人	19%
③ 中小通算法人（大通算法人【※】以外の普通法人である通算法人）の各事業年度の所得の金額のうち軽減対象所得金額以下の金額	19%

【※】「大通算法人」とは、通算法人である普通法人又はその普通法人の各事業年度終了の日においてその普通法人との間に通算完全支配関係がある他の通算法人のうち、いずれかの法人がその各事業年度終了の時における資本金の額又は出資金の額が1億円を超える法人等一定の法人に該当する場合におけるその普通法人をいう。

このため、通算グループ内に資本金が1億円超である法人が1社でもある場合には、通算グループ内の全ての法人が中小通算法人に該当せず、軽減税率の適用はない。

A 軽減対象所得金額の計算

$$800万円【※】\times \frac{各中小通算法人の所得金額}{全各中小通算法人の所得金額の合計額}$$

【※】　通算親法人の事業年度が１年に満たない場合には、800万円を12で除し、通算親法人の事業年度の月数を乗じて計算した金額

B　修更正軽減対象所得金額の計算

　　中小通算法人に修更正事由が生じた場合には、各中小通算法人の所得の金額の合計額が年800万円以下である場合又は上記㈱Cの適用がある場合を除いて、その中小通算法人の所得の金額を当初申告額に固定して計算する。

【法令等】法法66①⑥～⑨⑪

㈧　グループ通算制度の適用開始、通算グループへの加入及び通算グループからの離脱

　　グループ通算制度の適用開始、通算グループへの加入及び通算グループからの離脱時において、一定の場合には、資産の時価評価課税や欠損金の切捨て等の制限がある。

A　時価評価除外法人

　　次の法人は、グループ通算制度の適用開始又は通算グループへの加入に伴う資産の時価評価の対象外となる。

㈠　適用開始時の時価評価除外法人

　a　いずれかの子法人との間に完全支配関係の継続が見込まれる親法人

　b　親法人との間に完全支配関係の継続が見込まれる子法人

㈢　加入時の時価評価除外法人

　a　通算グループ内の新設法人

　b　適格株式交換等により加入した株式交換等完全子法人

　c　適格組織再編成と同様の要件として次の要件（通算グループへの加入の直前に支配関係がある場合には、(a)の各要件）の全てに該当する法人

　　(a)　通算親法人との間の完全支配関係の継続要件、加入法人の従業者継続要件、加入法人の主要事業継続要件

　　(b)　通算親法人又は他の通算法人と共同で事業を行う場合に該当する一定の要件

法人税

Ⅲ　法人税

【グループ通算制度の適用開始・加入前の欠損金額及び開始・加入後の損益通算等】

区　分					開始・加入前の欠損金	開始・加入後の損益通算
時価評価法人					切捨て	
時価評価除外法人	支配関係5年超（設立日から継続支配関係）あり				切捨てなし	制限なし
		共同事業性あり				
	支配関係5年超（設立日から継続支配関係）なし	共同事業性なし	新たな事業を開始した場合	多額の償却費計上事業年度に該当	・支配関係発生前に生じた欠損金額：切捨て ・支配関係発生前から有する一定の資産の開始又は加入前の実現損から成る欠損金額：切捨て	支配関係発生前から有する一定の資産の開始・加入後の実現損に係る金額：損金不算入 通算グループ内で生じた欠損金額：損益通算の対象外（特定欠損金額とされる。）
				多額の償却費計上事業年度に該当せず		支配関係発生前から有する一定の資産の開始・加入後の実現損に係る金額：損金不算入
			新たな事業を開始しない場合	多額の償却費計上事業年度に該当	切捨てなし	通算グループ内で生じた欠損金額：損益通算の対象外（特定欠損金額とされる。）
				多額の償却費計上事業年度に該当せず		通算グループ内で生じた欠損金額のうち、支配関係発生前から有する一定の資産の実現損から成る欠損金額：損益通算の対象外（特定欠損金額とされる。）

【法令等】 法法57⑥⑧、64の6①③、64の7②三、64の11①、64の12①、64の14①

(注)　令和4年度税制改正において、通算制度の開始又は通算制度への加入に伴う時価評価除外法人に該当する通算法人が支配関係発生日以後に新たな事業を開始した場合の繰越欠損金額に係る繰越控除の適用の制限及び損益通算の対象となる欠損金額の特例の適用の対象から除外される継続して支配関係がある場合について、以下の見直しが行われている（法令112の2、131の8関係）。
　1　通算承認日の5年前の日後に設立された通算親法人についての継続して支配関係があるかどうかの判定は、他の通算法人のうちその通算親法人との間に最後に支配関係を有することとなった日が最も早いものとの間で行う。
　2　その通算法人が通算承認日の5年前の日後に設立された法人である場合等についての継続して支配関係がある場合から除外される一定の組織再編成が行われていた

場合について次のとおりとする。

① 通算子法人の判定において、他の通算子法人との間に支配関係（通算完全支配関係を除く。）がある他の内国法人を被合併法人とする適格合併で、その通算子法人である法人を合併法人とするものが行われていた場合等を加える。

② 通算完全支配関係がある法人を被合併法人とする適格合併が行われていた場合等を除外する。

B　通算グループからの離脱

通算グループから離脱した法人が主要な事業を継続することが見込まれていない場合等には、その離脱直前の時に有する一定の資産については、離脱直前の事業年度において、時価評価により評価損益の計上が行われる。

【法令等】 法法64の13①

㋑　個別制度の取扱い（主なもの）

制　　度	内　　容
A　外国子会社配当等の益金不算入	通算法人が外国法人から剰余金の配当等を受ける場合において、外国子会社から受ける配当等の益金不算入規定の適用がある外国子会社の判定は、原則として、通算グループ全体で保有するその外国法人の株式の保有割合が25％以上であるか否かにより行う。 　ただし、通算グループ全体で保有するその外国法人の株式の保有割合が25％未満の場合であっても、その外国法人が租税条約締約国の居住者である法人であり、通算法人単独での保有割合が租税条約の二重課税排除条項で軽減された割合以上である場合には、その外国法人は、外国子会社から受ける配当等の益金不算入規定の適用がある外国子会社に該当し、その通算法人は、当該規定を適用することができる。
B　交際費	(A)　その適用年度（平成26年4月1日から令和6年3月31日までの間に開始する各事業年度）終了の日における資本金の額等が100億円以下である法人については、その支出する交際費等の額のうち接待飲食費の額の50％相当額以下の金額は、その適用年度において交際費等の損金不算入の規定の適用はない（接待飲食費に係る損金算入の特例）。 (B)　資本金の額等が1億円以下の法人（普通法人のうち資本金の額等が5億円以上の法人等の100％子法人等を除く。）については、支出する交際費等の額のうち年800万円（定額控除限度額）を超える部分の金額を損金不算入額とすることができる（中小法人に係る定額控除限度額の特例）。
C　試験研究費	通算グループを一体として計算した税額控除限度額と控除上限額とのうちいずれか少ない金額を、通算法人の調整前法人税額の比であん分することにより税額控除を算出する。

【法令等】 法法23の2①、法令22の4①⑦、措法42の4①②、61の4①②

(リ) グループ通算制度への移行に併せた個別制度の見直し

次の個別制度については、グループ通算制度への移行に併せ、それぞれ次のとおり見直され、A及びCについては、グループ法人税制の対象とされている。

制　度	内　　　　容
A　受取配当等の益金不算入制度	株式等の区分判定については、内国法人及びその内国法人との間に完全支配関係がある他の法人を含む持株比率で判定される。 関連法人株式等に係る配当等の額のうち益金不算入となる金額は、その配当等の額からその配当等の額に係る負債の利子の額として一定の計算により算出した金額を控除した金額とされる。 グループ通算制度を適用している法人については、短期保有株式等の判定を各法人で行う。
B　寄附金の損金不算入制度	(A)　寄附金の損金算入限度額については、内国法人の各事業年度終了の時の資本金の額及び資本準備金の額との合計額若しくは出資金の額又はその事業年度の所得の金額を基礎として一定の計算により算出する。 (B)　グループ通算制度を適用している法人については、上記(A)の計算を各法人で行う。
C　貸倒引当金	貸倒引当金繰入限度額の計算における個別評価金銭債権及び一括評価金銭債権には、内国法人がその内国法人との間に完全支配関係がある他の法人に対して有する金銭債権は、含まれないものとされる。

【法令等】 法法23①②④⑥、37①、52⑨二

チ　グループ法人税制

(イ) 概要

完全支配関係がある内国法人間において行われる、一定の資産の譲渡損益、受贈益、寄附金等について、その損益等の計上を繰り延べるとともに、その資産を譲り受けた法人がその資産を譲渡した場合など一定の事由が生じたときに、繰り延べた損益等の全部又は一部を繰り戻す（計上する）制度であり、強制適用される。

(ロ) 適用対象取引及び課税関係等

資産の譲渡	繰り延べられる損益は、次の資産（譲渡損益調整資産）に係る譲渡損益 ①　固定資産 ②　棚卸資産たる土地（土地の上に存する権利を含む。） ③　有価証券（譲渡法人又は譲受法人において売買目的有価証券証券に該当するものを除く。） ④　金銭債権 ⑤　繰延資産
繰戻事由	譲渡、償却、評価換え、貸倒れ、除却その他これらに類する事由

譲渡損益の戻入れ	上記繰戻事由が生じたときは、譲渡損益調整資産に係る譲渡利益額又は譲渡損失額につき、繰戻事由の区分に応じて計算した金額を、益金の額又は損金の額に算入する。
受取配当等	完全子法人株式等に係る配当等の額は全額が益金不算入。
受贈益	内国法人がその内国法人と完全支配関係（法人による完全支配関係に限る。）がある他の内国法人から受けた受贈益の額は、益金の額に算入されない。
寄附金	内国法人が完全支配関係（法人による完全支配関係に限る。）がある他の内国法人に対して支出した寄附金の額（上記受贈益に対応するものに限る。）は、損金の額に算入されない。

(ハ)　通知義務

A　譲渡法人の通知義務

　　譲渡法人がその有する譲渡損益調整資産を譲受法人に譲渡した場合には、その譲渡の後遅滞なく、その譲受法人に対し、その譲渡した資産が譲渡損益調整資産該当資産である旨（その資産につき簡便法【※】の適用を受けようとする場合には、その旨）を通知しなければならない。

【※】簡便法による譲渡損益の戻入額の計算式

減価償却資産	譲渡利益額又は譲渡損失額	×	その事業年度（譲渡の日の前日までの期間を除く。）の月数 / 譲受法人が適用する耐用年数×12
繰延資産	譲渡利益額又は譲渡損失額	×	その事業年度（譲渡の日の前日までの期間を除く。）の月数 / 支出の効果の及ぶ期間の月数

B　譲受法人の通知義務

(A)　譲渡法人からの通知に対する回答通知

　　上記Aの通知を受けた譲受法人は、次に掲げる場合の区分に応じてその掲げる事項を、その通知を受けた後遅滞なく、その通知をした譲渡法人に通知しなければならない。

区　　　分	通知する内容
上記Aの通知に係る資産が譲受法人において売買目的有価証券に該当する場合	その旨
上記Aの通知に係る資産が譲受法人において減価償却資産又は繰延資産に該当する場合で、その資産につき簡便法の適用を受けようとする旨の通知を受けたとき	その資産について適用する耐用年数又はその資産の支出の効果の及ぶ期間

法人税

(B)　譲渡損益の戻入事由の発生時の通知

　　譲受法人は、譲渡損益調整資産につき戻入事由【※】が生じたときには、その旨及びその生じた日を、その事由が生じた事業年度終了後遅滞なく、譲渡法人に通知しなければならない。ただし、その譲渡損益調整資産につき簡便法の適用を受けようとする旨の通知を受けた場合は除かれる。

　【※】　戻入事由とは、譲渡損益調整資産に係る譲渡、償却、評価換え、貸倒れ、除却などをいう。

　【法令等】法法２十二の七の六、23①、25の２、37②、61の11、法令122の
　　　　　　14

4　税額算出方法・税率

(1)　法人税額の算出方法

　○　法人税額は、法人税の課税標準である各事業年度の所得の金額に一定の税率を乗じて算出する。

　【法令等】法法66、81の12、143

(2)　法人税の税率

　○　各事業年度の所得に対する法人税の税率は23.2％（平成30年４月１日以後開始事業年度）であるが、資本金１億円以下の法人等（資本金の額等が５億円以上である大法人等との間にその大法人による完全支配関係がある普通法人等に該当するものを除く。）については、所得金額のうち年800万円以下の部分に対しては19％となっている。

　○　さらに、中小企業者等の法人税率の特例として、年800万円以下の部分について税率を15％とする軽減措置が図られている（平成24年４月１日から令和７年３月31日開始事業年度）。

　○　平成29年度税制改正により、過去３年間の平均所得の金額が15億円を超える法人は、「適用除外事業者（144ページ参照）」として中小企業者向けの軽減税率（15％）の特例は適用されないこととされている（平成31年４月１日以後開始事業年度から）。

　【法令等】法法66、143、措法42の３の２、67の２、68

【税率表】

税率は、法人の種類別と所得金額の区分に従い、次のとおりである。

適用事業年度／法人の種類、所得金額			平24.4.1以後開始事業年度	平27.4.1以後開始事業年度	平28.4.1以後開始事業年度	平30.4.1以後開始事業年度	平31.4.1以後開始事業年度
普通法人・人格のない社団等	資本金の額若しくは出資金の額が1億円以下のもの又は資本若しくは出資を有しないもの（相互会社、大法人による完全支配関係がある法人を除く。）	年800万円以下の部分　下記以外の法人	15%	15%	15%	15%	15%
		年800万円以下の部分　適用除外事業者（注4）					19%
		年800万円超の部分	25.5%	23.9%	23.4%	23.2%	23.2%
	上記以外の法人		25.5%	23.9%	23.4%	23.2%	23.2%
協同組合等（特定の協同組合等（注2）を除く。）		年800万円以下の部分	15%	15%	15%	15%	15%
		年800万円超の部分	19%	19%	19%	19%	19%
公益法人等	公益社団（財団）法人、一般社団（財団）法人のうち非営利型法人	年800万円以下の部分	15%	15%	15%	15%	15%
		年800万円超の部分	25.5%	23.9%	23.4%	23.2%	23.2%
	一定の公益法人等（注3）	年800万円以下の部分	15%	15%	15%	15%	15%
		年800万円超の部分	25.5%	23.9%	23.4%	23.2%	23.2%
	上記以外の公益法人等	年800万円以下の部分	15%	15%	15%	15%	15%
		年800万円超の部分	19%	19%	19%	19%	19%

(注)1　事業年度の期間が1年未満の法人については、年800万円とあるものは、

$$800万円 \times \frac{その事業年度の月数}{12}$$ として計算する（法法66④）。

2　特定の協同組合等（構成員が50万人以上である組合など）にあっては、所得金額のうち10億円を超える部分の金額については22％（平成24年4月1日以後に開始する事業年度、それ以前は26％）の税率が適用される（措法68）。

3　一定の公益法人等とは、認可地縁団体、管理組合法人、団地管理組合法人、法人である政党等、防災街区整備事業組合、特定非営利活動法人、マンション建替組合及びマンション敷地売却組合をいう（措令27の3の2）。

4　適用除外事業者とは、当該事業年度開始の日前3年以内に終了した各事業年度（基準年度）の所得金額の年平均が15億円を超える法人をいう（措法42の4⑲八）。

（出典）「法人税法（基礎編）令和6年度（2024年度）版」税務大学校

法人税

Ⅲ　法人税

(3)　特定同族会社と留保金課税

イ　特定同族会社

○　特定同族会社とは、「**被支配会社【※】**」のうち、被支配会社であることについての判定の基礎となった株主等のうちに被支配会社でない法人がある場合、その法人を判定の基礎となる株主等から除外して判定するとした場合においても被支配会社となるもの（資本金の額又は出資金の額が1億円以下であるものにあっては、資本金の額が5億円以上である法人等による完全支配関係がある会社等に限る。また、清算中のものを除く。）をいう。

【※】　被支配会社とは、会社の株主等の1人とその同族関係者がその会社の発行済株式又は出資の総数又は総額の50％を超える数又は金額の株式又は出資を有する場合など「その会社を支配している場合」におけるその会社をいう。

【法令等】法法67①②

【特定同族会社の留保金課税の概要】

○　特定同族会社が一定の限度額を超えて所得等の金額を留保した場合、通常の法人税の他に、その限度額（留保控除額）を超えて留保した所得等の金額（課税留保金額）に対し、その金額に応じて特別税率による法人税を課す制度

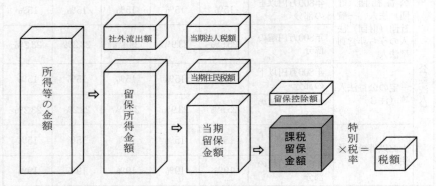

(注)1　当期住民税額は、「法人税額（所得税額等を控除する前の金額）×10.4％（平成29年4月1日以後）」である（法法67③、法令139の10）。

2　平成26年度税制改正による地方法人税の創設に伴い、①法人が課される地方法人税の額は、留保金額の計算上、所得等の金額のうち留保した金額から控除することとされた。②また、所得の金額の計算上損金の額に算入されない地方法人税の額に係る還付金についても、所得等の金額を構成する還付金等の益金不算入額に含めないこととされた（法法67③、法令139の10）。

（出典）「法人税法（基礎編）令和6年度（2024年度）版」（税務大学校）を基に作成。

ロ　留保控除額の計算と特別税率

留保控除額の計算	○　次の金額のうち最も多い金額 ①　所得等の金額×40％ ②　年2,000万円 ③　資本金の額又は出資金の額×25％－利益積立金額（当期の所得等の金額に係る部分の金額を除く。）
特別税率	①　課税留保金額が3,000万円以下の金額……10％ ②　課税留保金額が3,000万円を超え1億円以下の金額……15％ ③　課税留保金額が1億円を超える金額……20％

【法令等】法法67①⑤、法基通16－1－1 ～ 16－1－8

(4)　使途秘匿金

使途秘匿金となるもの	①　法人がした金銭の支出のうち、相当の理由がなく、その相手方の氏名（名称）、住所（所在地）及びその事由を帳簿書類に記載していないもの ②　贈与、供与その他これらに類する目的のためにする金銭以外の資産の引渡しについても金銭の支出と同様に取り扱うこととされている。
使途秘匿金から除外されるもの	①　帳簿書類に相手方の氏名等を記載していないことについて相当の理由があるもの（手帳、カレンダー等の広告宣伝用物品の贈与やチップ等の小口の謝金） ②　取引の対価として支出されたものであることが明らかなもの
使途秘匿金に対する特別税率	通常の法人税額に、その使途秘匿金の支出額の40％を加算した金額

【法令等】措法62①②、措令38

(5)　税額控除

イ　税額控除の対象となるもの

二重課税の排除を目的とするもの	①　所得税額の控除 ②　外国税額の控除
政策的配慮を目的とするもの（主なもの）	①　仮装経理に基づく過大申告の場合の更正に伴う法人税額の控除 ②　試験研究を行った場合の法人税額の特別控除 ③　中小企業者等が機械等を取得した場合の法人税額の特別控除 ④　沖縄の特定地域において工業用機械等を取得した場合の法人税額の特別控除 ⑤　国家戦略特別区域において機械等を取得した場合の法人税額の特別控除 ⑥　給与等の支給額が増加した場合の法人税額の特別控除

【法令等】法法68、69、70、措法42の4、42の6、42の9、42の10、42の12の5

Ⅲ　法　人　税

ロ　所得税額の控除

控除対象となる 金額	預貯金の利子等に対する所得税額についてはその全額、剰余金の配当等に対する所得税額についてはその元本を所有していた期間に対応する金額（下記計算方法参照）
元本所有期間対応分の計算方法（①と②は事業年度ごとに有利選択可能）	①　**原則法** 配当等に対する所得税の額 $\times$ $\dfrac{\text{分母の期間のうち元本所有期間の月数}}{\begin{array}{c}\text{その配当等の計算期間の基礎となった}\\ \text{期間の月数}\end{array}}$ 【※】　分子の月数は、1月未満切上げ 【※】　分母分子の計算は、小数点3位未満切上げ ②　**簡便法** 配当等に対する所得税の額 $\times$ $\dfrac{A+（B-A）\times 1/2}{B}$ A：計算期間開始時所有元本の数 B：計算期間終了時所有元本の数 【※】　分母分子の計算は、小数点3位未満切上げ 【※】　B≦Aのときは全額控除対象
損金不算入となるもの	税額控除を受ける所得税の額 【※】　税額控除の規定の適用を受けない場合は、損金の額に算入できる
適用要件	確定申告書等に控除を受けるべき金額を記載し、計算明細書を添付すること

【法令等】 法法40、68①④、法令140の2①～③

ハ　外国税額の控除

控除対象となる金額	①　外国法人税の額のうち、通常行われない取引に起因して生じた所得に対して課される部分及び所得に対する負担が高率な部分として一定のもの（高率負担部分等）を除いた金額 ②　みなし外国税額控除の場合は、内国法人が納付する外国法人税の軽減又は免除がなかったものとした場合に課される税額につき①により算出される税額
外国法人税の範囲	①　法人の所得を課税標準として課される税 ②　超過利潤税その他法人の所得の特定の部分を課税標準として課される税 ③　法人の所得又はその特定の部分を課税標準として課される税の附加税 ④　法人の所得を課税標準として課される税と同一の税目に属する税で、法人の特定の所得につき、徴税上の便宜のため、所得に代えて収入金額その他これに準ずるものを課税標準として課されるもの ⑤　法人の特定の所得につき、所得を課税標準とする税に代え、法人の収入金額その他これに準ずるものを課税標準として課される税

控除限度額	［算　式］ 法人税額 × $\dfrac{調整国外所得金額【※】}{所得金額}$ 【※】　国外所得金額 － 外国法人税が課税されない国外源泉所得に係る所得金額 【※】　所得金額の90％を超える場合には、90％相当額
国外所得金額の計算	［算　式］〜ゼロを下回る場合はゼロ 国外事業所等帰属所得【※】　＋　その他の国外源泉所得 【※】　国外事業所等を通じて行う事業に係る益金の額から損金の額を減算した金額
地方法人税等からの控除	法人税の控除限度額を超える外国法人税額については、地方法人税及び地方税からその控除限度額の範囲内で控除できる
控除余裕額及び控除限度超過額の繰越し	控除対象外国法人税額が控除限度額未満の場合のその差額（控除余裕額）及び控除対象外国法人税額が控除限度額を超える場合のその差額（控除限度超過額）は、いずれも３年間繰り越すことができる
損金不算入となるもの	外国税額控除を選択した場合の控除対象外国法人税額 【※】　税額控除の規定の適用を受けない場合は、損金の額に算入できる
適用要件	確定申告書等に控除を受けるべき金額を記載し、計算明細書等を添付すること

【法令等】法法41、69①〜③㉓、法令141〜141の３、142、142の３、143〜145

二　中小企業者等が試験研究を行った場合の特別控除
（中小企業技術基盤強化税制）

概　要	青色申告書を提出する中小企業者等の各事業年度において、損金の額に算入される試験研究費の額がある場合に、その試験研究費の額に一定割合を乗じて計算した金額を、その事業年度の法人税額から控除することを認めるもの
適用対象年度	次に掲げる事業年度以外の事業年度 ①　一般型の税額控除制度の適用を受ける事業年度 ②　解散（合併による解散を除く。）の日を含む事業年度 ③　清算中の各事業年度
税額控除限度額 （①と②のいずれか小さい額）	【増減試験研究費割合12％超の場合】 ①　試験研究費の額×［12％＋（増減試験研究費割合－12％）×0.375（小数点３位未満切捨て）］（注） 　【※】　税額控除率は、17％上限 ②　法人税額×35％（注） 　（注）　令和３年４月１日から令和８年３月31日開始事業年度において、試験研究費割合10％超の場合の上乗せ措置は次のとおり 　　①　上記①で求めた割合に当該割合×控除割増率（10％限度）を加算した割合（17％上限） 　　②　法人税額×25％に法人税額×｛（試験研究費割合－10％）×2｝（10％限度）を加算した金額 　　【※】　増減試験研究費割合又は試験研究費割合に基づく控除税額の10％上乗せ措置は選択適用

【増減試験研究費割合12％以下の場合】
①　試験研究費の額×12％（注）
②　法人税額×25％（注）
（注）令和3年4月1日から令和8年3月31日開始事業年度において、試験研究費割合10％超の場合の上乗せ措置は次のとおり
①　12％に12％×控除割増率（10％限度）を加算した割合
②　法人税額×25％に法人税額×｜（試験研究費割合－10％）×2｝（10％限度）を加算した金額

(注)1　増減試験研究費割合＝$\dfrac{当期の試験研究費の額－比較試験研究費の額 【※】}{比較試験研究費の額}$

【※】　適用事業年度開始の日3年以内に開始した各事業年度の試験研究費の合計額をその各事業年度の数で除して計算した平均額

2　試験研究費割合＝$\dfrac{当期の試験研究費}{当期及び過去3期の平均売上高}$

3　控除割増率（10％限度）＝（試験研究費割合－10％）×0.5

【法令等】措法42の4④⑤⑥、措令27の4

なお、ここでいう「中小企業者」等の定義は、次表のとおり（平成31年4月1日以後開始事業年度）。

中小企業者	「**中小企業者**」とは、次に掲げる法人で、「適用除外事業者」に該当するものを除く。 ①　資本金の額又は出資金の額が1億円以下の法人のうち次に掲げる法人以外の法人（受託法人を除く。） (1)　その発行済株式又は出資（自己の株式又は出資を除く。）の総数又は総額の2分の1以上を同一の「大規模法人」に所有されている法人 (2)　上記(1)のほか、その発行済株式又は出資の総数又は総額の3分の2以上を複数の「大規模法人」に所有されている法人 (3)　他の通算法人のうちいずれかの法人がイ及びロに該当せず、または受託法人に該当する場合における通算法人 イ　資本金の額又は出資金の額が1億円以下の法人のうち上記(1)及び(2)に掲げる法人以外の法人 ロ　資本又は出資を有しない法人のうち常時使用する従業員の数が1,000人以下の法人 ②　資本又は出資を有しない法人のうち常時使用する従業員の数が1,000人以下の法人（受託法人及びその法人が通算親法人である場合における上記①(3)に掲げる法人を除く。）
適用除外事業者	「**適用除外事業者**」とは、次の算式の要件に該当する法人をいう。 $\dfrac{その事業年度開始の日3年以内に終了した各事業年度の所得金額の合計額}{上記の各事業年度の月数}×12＞15億円$ 【参考】 　適用除外事業者に該当する場合には、研究開発税制のほか、主に次のような中小企業向けの各租税特別措置の適用を受けることができない。 ・中小企業者等の軽減税率の特例（措法42の3の2①） ・中小企業投資促進税制（措法42の6①） ・中小企業者等における所得拡大促進税制（措法42の12の5③）

大規模法人	・中小企業者等の貸倒引当金の特例（措法57の9①②） ・中小企業者等の少額減価償却資産の特例（措法67の5） 「**大規模法人**」とは、次に掲げる法人をいい、中小企業投資育成株式会社を除く。 ①　資本金の額又は出資金の額が1億円を超える法人 ②　資本又は出資を有しない法人のうち常時使用する従業員の数が1,000人を超える法人 ③　大法人（次に掲げる法人）との間にその大法人による完全支配関係がある普通法人 　(1)　資本金の額又は出資金の額が5億円以上の法人 　(2)　相互会社及び外国相互会社のうち、常時使用する従業員の数が1,000人を超える法人 　(3)　受託法人 ④　100%グループ内の複数の大法人に発行済株式等の全部を直接又は間接に保有されている法人（③に掲げる法人を除く。）

【法令等】措法42の4⑲七・八、措令27の4⑰⑱

ホ　中小企業者等が機械等を取得した場合の特別控除
（中小企業投資促進税制）

概要	青色申告書を提出する特定中小企業者等（注）が指定期間内に適用対象資産の取得等をし、国内にある製造業、建設業等の指定事業の用に供した場合に、税額控除を認めるもの ＊　指定期間及び適用対象資産は96ページ参照 （注）　中小企業者（144ページ参照）のうち資本金の額若しくは出資金の額が3,000万円以下の法人又は農業協同組合等
税額控除限度額（いずれか小さい額）	①　基準取得価額（注1）×7％ ②　法人税額×20％（注2、3） （注）1　船舶については取得価額×75％、その他の資産は取得価額 　　2　当該税制と中小企業経営強化税制の控除税額の合計で法人税額の20％を限度とする。 　　3　20％の上限額を超過した部分は、1年間の繰越控除ができる。
注意点	①　特別償却との重複適用は認められない。 ②　適用を受けるためには、控除を受ける金額を確定申告書等に記載するとともに、その金額の計算に関する明細書を添付して申告する。

（注）　令和5年度税制改正において、適用対象資産から、コインランドリー業（主要な事業であるものを除く。）の用に供する機械装置でその管理のおおむね全部を他の者に委託するものが除かれることとなった。

【法令等】措法42の6、措令27の6、措規20の3

ヘ　中小企業者等が特定経営力向上設備等を取得した場合の特別控除
（中小企業経営強化税制）

概要	青色申告書を提出する中小企業者等（注）が中小企業等経営強化法の経営力向上計画に基づき、指定期間内に適用対象資産の取得等をし、国内にある製造業、

法人税

税額控除限度額（いずれか小さい額）	①	［特定中小企業者等］（注１） 取得価額×10％ ［特定中小企業者等以外の中小企業者等］ 取得価額×７％
	②	法人税額×20％（注２、３）

建設業等の指定事業の用に供した場合に、税額控除を認めるもの
＊　指定期間及び適用対象資産は96ページ参照
（注）　中小企業者（144ページ参照）又は農業協同組合等

（注）１　資本金の額若しくは出資金の額が3,000万円以下の法人又は農業協同組合等
　　　２　当該税制と中小企業投資促進税制の控除額の合計で法人税額の20％を限度とする。
　　　３　20％の上限額を超過した部分は、１年間の繰越控除ができる。

注意点	①　特別償却との重複適用は認められない。 ②　適用を受けるためには、控除を受ける金額を確定申告書等に記載するとともに、その金額の計算に関する明細書及び経営力向上計画の写し等を添付して申告する。

（注）　令和５年度税制改正において、特定経営力向上設備等の対象から、コインランドリー業又は暗号資産マイニング業（主要な事業であるものを除く。）の用に供する資産でその管理のおおむね全部を他の者に委託するものが除かれることとなった。

【法令等】措法42の12の４、措令27の12の４、措規20の９

ト　給与等の支給額が増加した場合の特別控除

(イ)　大企業向け（全法人向け）賃上げ促進税制（令和６年度税制改正で見直し）

概要	青色申告法人が国内雇用者に対して給与等を支給する場合において、一定の要件を満たすときは、一定の範囲内の金額を法人税額から控除することを認めるもの
適用対象年度	令和６年４月１日から令和９年３月31日に開始する各事業年度（設立事業年度、合併以外の解散の日を含む事業年度及び清算中の事業年度を除く。）
適用要件	《基本要件》 次の①及び②の要件を満たしていること ①　雇用者給与等支給額（注１）≧　比較雇用者給与等支給額（注２） ②　$\dfrac{継続雇用者給与等支給額（注３）-継続雇用者比較給与等支給額（注４）}{継続雇用者比較給与等支給額}≧3\％$ 【※】　資本金額等が10億円以上、かつ、常時使用する従業員数1,000人以上の法人又は常時使用する従業員数2,000人超の法人の場合は、一定のマルチステークホルダー要件の充足を要する。 《税額控除率の上乗せ要件》 ③　継続雇用者給与等支給増加割合によるもの (イ)　5％上乗せ $\dfrac{継続雇用者給与等支給額-継続雇用者比較給与等支給額}{継続雇用者比較給与等支給額}≧4\％$

(ロ)　10%上乗せ

$$\frac{継続雇用者給与等支給額　-　継続雇用者比較給与等支給額}{継続雇用者比較給与等支給額} \geqq 5\%$$

(ハ)　15%上乗せ

$$\frac{継続雇用者給与等支給額　-　継続雇用者比較給与等支給額}{継続雇用者比較給与等支給額} \geqq 7\%$$

④　教育訓練費増加割合によるもの

5%上乗せ（次の2要件を満たすこと）

(イ)　$\dfrac{教育訓練費の額（注5）　-　比較教育訓練費の額}{比較教育訓練費の額} \geqq 10\%$

(ロ)　教育訓練費の額　≧　雇用者給与等支給額 ×0.05%

⑤　厚生労働大臣の認定によるもの

5%上乗せ

「プラチナくるみん認定（注6）」又は「プラチナえるぼし認定（注7）」を受けている事業年度

(注)1　適用年度の損金の額に算入される国内雇用者に対する給与等の支給額（その給与等に充てるため他の者から支払いを受ける金額（雇用安定助成金額を除く。）がある場合には、その金額を控除する。）

2　前期の損金の額に算入される国内雇用者に対する給与等の支給額

3　継続雇用者（当期及び前期の全期間の各月分の給与等の支給がある一定の雇用者）に対する給与等の支給額

4　前期の継続雇用者給与等支給額

5　国内雇用者の職務に必要な技術又は知識を習得させ、又は向上させるために支出する費用

6　子育て支援に積極的に取り組む企業に対して厚生労働大臣が認定する「くるみん認定」のさらに上位の特例認定制度

7　女性の活躍推進に関する取り組みを実施している企業を女性活躍推進法に基づいて厚生労働大臣が認定する「えるぼし認定」のさらに上位の特例認定制度

税額控除	限度額	控除対象雇用者給与等支給増加額（注1）×10%（注2） ＝税額控除限度額（法人税額の20%が限度） (注)1　雇用者給与等支給額—比較雇用者給与等支給額 2　上乗せ措置（③～⑤）の適用により最大35%
	注意点	①　雇用安定助成金額の取扱いにつき、賃金要件の判定における基礎金額からは控除されないが、税額控除限度額の計算の基礎金額からは、これを控除する。 ②　教育訓練費に係る上乗せ措置の適用を受ける場合には、教育訓練費の明細を記載した書類を保存する。

【法令等】措法42の12の5①⑤⑦、措令27の12の5，措規20の10

法人税

Ⅲ　法人税

(ロ)　中堅企業向け賃上げ促進税制（令和6年度税制改正で新設）

概要	青色申告法人で常時使用する従業員数が2,000人以下であるもの（その法人及びその法人との間にその法人による支配関係がある法人の常時使用する従業員の合計数が1万人を超えるものを除く。）が国内雇用者に対して給与等を支給する場合において、一定の要件を満たすときは、一定の範囲内の金額を法人税額から控除することを認めるもの
適用対象年度	令和6年4月1日から令和9年3月31日に開始する各事業年度（設立事業年度、合併以外の解散の日を含む事業年度及び清算中の事業年度を除く。）
適用要件	《基本要件》 次の①及び②の要件を満たしていること ①　雇用者給与等支給額　≧　比較雇用者給与等支給額 ②　$\dfrac{継続雇用者給与等支給額　-　継続雇用者比較給与等支給額}{継続雇用者比較給与等支給額}$　≧　3% 【※】　資本金額等が10億円以上、かつ、常時使用する従業員数1,000人以上の法人の場合は、一定のマルチステークホルダー要件の充足を要する。 《税額控除率の上乗せ要件》 ③　継続雇用者給与等支給増加割合によるもの 　15%上乗せ 　$\dfrac{継続雇用者給与等支給額　-　継続雇用者比較給与等支給額}{継続雇用者比較給与等支給額}$　≧　4% ④　教育訓練費増加割合によるもの 　5%上乗せ（次の2要件を満たすこと） (イ)　$\dfrac{教育訓練費の額　-　比較教育訓練費の額}{比較教育訓練費の額}$　≧　10% (ロ)　教育訓練費の額　≧　雇用者給与等支給額 ×0.05% ⑤　厚生労働大臣の認定によるもの 　5%上乗せ 　当期が「プラチナくるみん認定」若しくは「プラチナえるぼし認定」を受けている事業年度又は「えるぼし認定（3段階目）」を受けた事業年度である場合
税額控除限度額	控除対象雇用者給与等支給増加額（注1）×10%（注2） ＝税額控除限度額（法人税額の20%が限度） （注）1　雇用者給与等支給額－比較雇用者給与等支給額 　　　2　上乗せ措置（③～⑤）の適用により最大35%
注意点	(イ)の大企業向け（全法人向け）賃上げ促進税制に同じ。

【法令等】措法42の12の5 ②⑤⑦、措令27の12の5，措規20の10

(ハ) 中小企業向け賃上げ促進税制（令和6年度税制改正で見直し）

概要	青色申告書を提出する中小企業者等（注1）が国内雇用者に対して給与等を支給する場合において、一定の要件を満たすときは、一定の範囲内の金額を法人税額から控除することを認めるもの。当期の税額から控除できなかった分は5年間繰越しができる（注2）。 （注）1　中小企業者（144ページ参照）又は農業協同組合等 　　　2　繰越税額控除制度を適用するには、適用要件を満たす事業年度以後、継続して「繰越税額控除限度超過額の明細書」を提出する必要があり、繰越税額控除をする事業年度において雇用者給与等支給額が比較雇用者給与等支給額を超える場合に限り適用できる。
適用対象年度	令和6年4月1日から令和9年3月31日に開始する各事業年度（設立事業年度、合併以外の解散の日を含む事業年度及び清算中の事業年度を除く。）
適用要件	《基本要件》 次の①の要件を満たしていること ①　$\dfrac{雇用者給与等支給額 － 比較雇用者給与等支給額}{比較雇用者給与等支給額} \geqq 1.5\%$ 《税額控除率の上乗せ要件》 ②　雇用者給与等支給増加割合によるもの 　15％上乗せ 　$\dfrac{雇用者給与等支給額 － 比較雇用者給与等支給額}{比較雇用者給与等支給額} \geqq 2.5\%$ ③　教育訓練費増加割合によるもの 　10％上乗せ（次の2要件を満たすこと） （イ）$\dfrac{教育訓練費の額 － 比較教育訓練費の額}{比較教育訓練費の額} \geqq 5\%$ （ロ）教育訓練費の額 $\geqq$ 雇用者給与等支給額 $\times 0.05\%$ ④　厚生労働大臣の認定によるもの 　5％上乗せ 　　当期が「プラチナくるみん認定」若しくは「プラチナえるぼし認定」を受けている事業年度又は「くるみん認定」若しくは「えるぼし認定（2段階目以上）」を受けた事業年度である場合
税額控除限度額	控除対象雇用者給与等支給増加額（注1）×15％（注2） 　＝税額控除限度額（法人税額の20％が限度） （注）1　雇用者給与等支給額－比較雇用者給与等支給額 　　　2　上乗せ措置（②～④）の適用により最大45％
注意点	(イ)の大企業向け（全法人向け）賃上げ促進税制に同じ。

【法令等】 措法42の12の5③④⑤⑦⑧、措令27の12の5，措規20の10

法人税

Ⅲ 法人税

(6) その他

イ 一定の大法人等の100%子法人等における中小企業向け特例措置の不適用

概　　要	資本金の額又は出資金の額が1億円以下の法人に係る次の制度（いわゆる「中小企業向け特例措置」）は、資本金の額若しくは出資金の額が5億円以上の法人又は相互会社等（いわゆる「大法人」）の100%子法人等には適用されない。 【※】 平成23年4月1日以後に開始する事業年度からは、完全支配関係がある複数の大法人に発行済株式等の全部を保有されている法人についても、中小企業向け特例措置の適用はない。
① 貸倒引当金の繰入れ	銀行、保険会社又は金融に関する取引に関する金銭債権を有する法人など、一定の法人を除き貸倒引当金を繰り入れることができない。
② 欠損金等の控除限度額	青色申告書を提出した事業年度の欠損金及び災害による損失金の繰越控除制度における控除限度額は、繰越控除をする事業年度の控除前所得の金額の一定の割合が控除限度額となる。
③ 軽減税率	普通法人の各事業年度の所得の金額のうち、年800万円以下の金額に対する法人税の軽減税率の適用がない。
④ 特定同族会社の特別税率	留保金課税が適用されることとなる。
⑤ 貸倒引当金の法定繰入率の選択	一括評価金銭債権の貸倒引当金の繰入限度額の計算において、法定繰入率の選択は行えず、貸倒実績率により計算することとなる。
⑥ 交際費等の損金不算入制度における定額控除制度	定額控除制度の適用はできず、支出交際費等の額のうち、接待飲食費の額（専らその法人の役員若しくは従業員又はこれらの親族に対するものを除く。）の50%相当額を超える金額が損金不算入となる。
⑦ 欠損金の繰戻しによる還付制度	解散、事業の全部の譲渡など一定の事実が生じた場合の欠損金を除き、この制度による還付金の請求は行えない。

【法令等】 法法2十二の七の六、52①、57⑪、66⑤二・三、67①、80①、措法42の3の2①、57の9①、61の4②、66の12

ロ 消費税等の取扱い

(イ) 消費税等の経理処理の方法

○ 消費税等の経理処理については、税込経理方式又は税抜経理方式のいずれの方式によることとしても差し支えない。

○ 法人が選択した方式は、原則として、全ての取引について適用する必要がある。

○ 売上げ等の収益に係る取引につき税抜経理を採用している場合には、一定のグルーピングにより、経理方式を選択適用することも認められる。

区　分	内　容
税込経理方式	消費税等の額と当該消費税等に係る取引の対価の額とを区分しないで経理する方式
税抜経理方式	消費税等の額と当該消費税等に係る取引の対価の額とを区分して経理する方式

【法令等】消費税法等の施行に伴う法人税の取扱いについて（平元.3.1付直法2-1）1〜3

(ロ)　消費税額等の納付・還付額の取扱い
○　税込経理方式
損益計上時期は、次に掲げる日の属する事業年度

区　分	納付額の損金算入時期	還付額の益金算入時期
原　則	納税申告書の提出日	
更正又は決定の場合	その更正又は決定の日	
特　例	損金経理により未払金に計上したときは、その計上日	収益の額として未収入金に計上したときは、その計上日

○　税抜経理方式
①　仮受消費税の額から仮払消費税の額を控除した金額の差額が納付すべき又は還付を受けるべき消費税等の額となるので、原則として、法人税の損益には影響がない。
②　簡易課税の適用を受けている場合には、上記差額と納付（還付）額の合致しない部分の金額につき、その課税期間を含む事業年度の益金の額又は損金の額に算入する。

【法令等】消費税法等の施行に伴う法人税の取扱いについて（平元.3.1付直法2-1）6〜8

(ハ)　控除対象外消費税額等の取扱い
○　税抜経理方式を採用している場合、原則として課税売上割合が95％未満、又はその課税期間の課税売上高が5億円超の場合、仮払消費税等の額の一部が控除対象外消費税等として残ることになるため、法人税法上は、次の表のとおり取り扱うこととしている。
○　資産に係る控除対象外消費税等の全額について、個々の資産の取得価額に算入する処理も認められる。

法人税

Ⅲ 法人税

資産に係るもの	課税売上割合が80％以上である場合	①	損金経理を要件として損金の額に算入
	一の資産に係るものの金額が20万円未満のもの	②	
	特定課税仕入れ（注１）に係るもの	③	
	棚卸資産に係るもの	④	
	繰延消費税額等（①〜④で、損金経理により損金算入を行わなかったものを含む。）	⑤	５年以上の期間で損金経理により損金の額に算入（注２）
経費に係るもの		⑥	損金の額に算入（交際費に係るものは、損金不算入の規定の適用がある。）

(注)1　課税仕入れのうち特定仕入れ（事業として他の者から受けた事業者向け電気通信利用役務の提供及び特定役務の提供）に該当するもの
　　　2　繰延消費税額等の損金算入限度額
　　　　①　繰延消費税額の生じた事業年度
　　　　　　損金算入限度額＝繰延消費税額等×当期の月数／60×1／2
　　　　②　その後の事業年度
　　　　　　損金算入限度額＝繰延消費税額等×当期の月数／60

【法令等】法令139の4①〜④、消費税法等の施行に伴う法人税の取扱いについて（平元.3.1付直法2－1）12、13

5　申告・納付

(1)　法人税の確定申告

原則	○　法人は、事業年度終了後に決算を行い、株主総会等の承認を受けた決算（確定決算）に基づいて申告書を作成し、提出する（確定申告）。 ○　確定申告の申告及び納付の期限は、原則として、各事業年度終了の日の翌日から2月以内。
例外	○　災害その他やむを得ない理由により、法人の決算が事業年度終了の日の翌日から2月以内に確定しないと認められる場合には、申告期限の延長を申請できる。 ○　清算中の法人につきその残余財産が確定した場合には、原則としてその法人の残余財産の確定の日から1月以内。

【法令等】法法74①②、75①、75の2①、通法11

イ　申告期限の延長

(イ)　災害等による期限の延長（全ての国税に共通）

　税務署長等に申請を行うことにより、次のような理由のやんだ日から2月以内に限り、申告・納付の期限を延長できる。

①　都道府県の全部又は一部にわたり災害その他やむを得ない理由が発生した場合

② 災害その他やむを得ない理由により、電子申告等をすることができない者が多数に上る場合

③ 個別的に災害その他やむを得ない理由が発生した場合

(ロ) **災害その他やむを得ない理由により決算が確定しない場合**

○ その事業年度終了の日から45日以内に、申請書を税務署長に提出して期日の指定を受ける。

(ハ) **定款等の定め又は特別の事情により各事業年度終了の日の翌日から2月以内にその事業年度の決算について定時総会が招集されない常況にあると認められる場合**

○ 法人の申請に基づき、確定申告書の提出期限を1月間延長できる。

【延長期間の特例】

① 会計監査人を置いている場合で、かつ、定款等の定めにより各事業年度終了の日の翌日から3月以内にその事業年度の決算について定時総会が招集されない常況にあると認められる場合

⇒ その定めの内容を勘案して4月を超えない範囲内において税務署長が指定する月数の期間

② 特別の事情があることにより各事業年度終了の日の翌日から3月以内にその事業年度の決算について定時総会が招集されない常況にあることその他やむを得ない事情があると認められる場合

⇒ 税務署長が指定する月数の期間

【法令等】通法11、通令3、法法75①②、75の2①、法基通17-1-4～17-1-4の3

ロ 確定申告書に添付すべき書類

○ 確定申告書には、確定決算の基礎となった次に掲げる決算書等を添付する。

① 貸借対象表

② 損益計算書

③ 株主資本等変動計算書若しくは社員資本等変動計算書又は損益金の処分表

④ 貸借対照表及び損益計算書に係る勘定科目内訳明細書

⑤ 事業等の概況に関する書類（完全支配関係にある法人がある場合、その法人との関係を系統的に示した図）

⑥ 合併契約書、分割契約書、分割計画書その他これらに類するものの写し

⑦ 組織再編成により合併法人に移転した資産、負債その他主要な事項又は被合併法人等から移転を受けた資産、負債その他主要な事項に関する明細書

○ 租税特別措置法（税額又は所得の金額を減少させる規定等に限る。）の適用を受ける場合には、「適用額明細書」を添付する。

【法令等】法法74③、法規35、法基通17-1-5

Ⅲ 法人税

(2) 中間申告

- ○ 中間申告は、事業年度の中間点で納税をするための手続。
- ○ 事業年度が6月を超える普通法人は、原則として事業年度開始の日以後6月を経過した日から2月以内に中間申告書を提出しなければならない。
- ○ 中間申告には、前年度実績を基準とする中間申告（予定申告）と仮決算に基づく中間申告の2種類があり、いずれかを選択できる。
- ○ 中間申告書を提出すべき法人が提出期限までに中間申告書を提出しなかった場合には、前年度実績による中間申告があったものとみなされる（みなし申告）。

【法令等】法法71 ～ 73、通法11、通令3

【中間申告の概要】

中間申告	その事業年度が6月を超える場合に申告

前事業年度実績に基づく税額（法法71）	前事業年度の法人税額÷前事業年度の月数×6 （税額が10万円以下のときは申告不要）
仮決算による税額（法法72）	事業年度開始の日以後6月を1事業年度とみなして税額を計算する（前条に規定する申告の提出を要しない場合又は、前条の前事業年度実績に基づく税額を超える場合、仮決算は不可。）。

（出典）「法人税法（基礎編）令和6年度（2024年度）版」税務大学校

(3) 特定法人の電子申告の義務化

- ○ 特定法人の法人税及び地方法人税の確定申告書、中間申告書等については、令和2年4月1日以後開始事業年度から電子情報処理組織を使用する方法（e-Tax）で提出しなければならない。
- ○ 特定法人とは、内国法人のうち事業年度開始の時において資本金の額又は出資金の額又が1億円を超える法人並びに通算法人、相互会社、投資法人及び特定目的会社をいう。

【法令等】法法75の4、平30改正法附則31

(4) 法人税の納付

- ○ 中間申告書や確定申告書を提出した法人は、その申告書に記載された法人税額を、その申告書の提出期限までに納付しなければならない。
- ○ 期限までに納付できなかった法人税については、延滞税が課される。

【法令等】法法76、77、通法60

(5) 法人税の還付

イ　所得税額等の還付

○　所得税額及び外国税額の控除額が各事業年度の確定法人税額から控除しきれなかった場合に、その控除しきれなかった金額を還付するもの。

○　確定申告書の提出期限の翌日から支払決定等の日までの期間に応じて、還付加算金が加算される。

【法令等】法法78

ロ　中間納付額の還付

○　中間納付額がその事業年度の確定法人税額を超えている場合に、その超える部分の金額を還付するもの。

○　中間納付額の納付期限の翌日から支払決定等の日までの期間に応じて、還付加算金が加算される。

【法令等】法法79

ハ　青色欠損金の繰戻しによる還付

制度の概要	確定申告書を提出する事業年度において生じた欠損金額につき、前1年以内に開始したいずれかの事業年度（還付所得事業年度）の所得金額に対する法人税額を対象に還付を受ける制度
適用要件	還付所得事業年度から欠損金額が生じた事業年度（欠損事業年度）まで連続して青色申告書を提出していること
還付できる金額	還付所得事業年度の法人税額 × 欠損事業年度の欠損金額（分母を限度）／還付所得事業年度の所得金額
手続	期限内の確定申告書と同時に還付請求書を所轄税務署長に提出
制度の適用停止	本制度は、次に掲げる法人以外の法人の平成4年4月1日から令和8年3月31日までの間に終了する事業年度において生じた欠損金額について、適用が停止されている。【※】 ① 普通法人のうち、欠損事業年度終了の時において資本金の額若しくは出資金の額が1億円以下であるもの（資本金の額若しくは出資金の額が5億円以上である法人又は相互会社等との間にこれらの法人による完全支配関係がある普通法人を除く。）又は資本若しくは出資を有しないもの（相互会社等を除く。） ② 公益法人等又は協同組合等 ③ 法人税法以外の法律によって公益法人等とみなされている所定の法人 ④ 人格のない社団等 【※】 ただし、清算中に終了する事業年度及び解散（適格合併による解散を除く。）、事業の全部譲渡、更生手続の開始等の一定の事実が生じた日前1年以内に終了したいずれかの事業年度又は同日の属する事業年度の欠損金額については、本制度の適用が認められている。

【法令等】法法80、法令156、法規38、措法66の12

ニ　災害損失欠損金の繰戻しによる還付

制度の概要	①　災害が発生した日（発災日）から1年を経過する日までの間に終了する事業年度又は発災日から6月を経過する日までの間に終了する中間期間（災害欠損事業年度）において生じた欠損金額のうち災害損失金額に達するまでの金額（災害損失欠損金額）がある場合、その災害欠損事業年度開始の日前1年（青色申告書である場合には、前2年）以内に開始した事業年度（還付所得事業年度）に繰戻し、当該事業年度の法人税額を対象に還付を受ける制度 ②　青色申告以外の法人や資本金の額が1億円超の法人も適用可
適用要件	還付所得事業年度から災害欠損事業年度の前事業年度まで連続して確定申告書（期限後申告書を含む。）を提出していること
還付できる金額	還付所得事業年度の法人税額 × 災害欠損事業年度の災害損失欠損金額（分母を限度）／還付所得事業年度の所得金額
手続	災害欠損事業年度の確定申告書等と同時に還付請求書を所轄税務署長に提出

$$\text{還付所得事業年度の法人税額} \times \frac{\text{災害欠損事業年度の災害損失欠損金額（分母を限度）}}{\text{還付所得事業年度の所得金額}}$$

【法令等】法法80⑤、法令156、法規38

6　法人税独自の制度

○　青色申告制度

イ　要件

　　法定の帳簿書類を備え付けて記録し、保存すること及び税務署長に「青色申告の承認申請書」を提出して、あらかじめ承認を受けること。

【法令等】法法126①、122

ロ　承認の手続

原　則	青色申告書を提出しようとする事業年度開始の日の前日までに「青色申告の承認申請書」を所轄税務署長に提出する。
例　外 （新設法人）	新設法人が、設立後最初の事業年度から青色申告書を提出しようとするときは、次のいずれか早い日の前日までに上記申請書を所轄税務署長に提出する。 ①　設立の日以後3月を経過した日 ②　最初の事業年度終了の日

【法令等】法法122①②

ハ　却下と取消し

却下	○　税務署長は、次のいずれか一つに該当する事実があるときは、その申請を却下できる。 ①　その法人の帳簿書類の備付け、記録又は保存が青色申告法人の帳簿書類の要件を定める規定に従って行われていないこと ②　その備え付ける帳簿書類に取引の全部又は一部を隠蔽し又は仮装して記載し又は記録していることその他不実の記載又は記録があると認められる相当の理由があること ③　青色申告の承認の取消しの規定による通知を受け、又は青色申告の取りやめの規定による届出書の提出をした日以後１年以内にその申請書を提出したこと
取消し	○　税務署長は、次のいずれか一つに該当する事実があるときは、その該当する事実がある事業年度まで遡って、承認を取り消すことができる。 ①　その事業年度に係る帳簿書類の備付け、記録又は保存が法令で定めるところに従って行われていないこと ②　その事業年度に係る帳簿書類について税務署長の必要な指示に従わなかったこと ③　その事業年度に係る帳簿書類に取引の全部又は一部を隠蔽し又は仮装して記載し又は記録し、その他その記載又は記録をした事項の全体についてその真実性を疑うに足りる相当の理由があること ④　確定申告の規定による申告書をその提出期限までに提出しなかったこと

【法令等】 法法123一～三、126①、127①

【青色申告の特典】

根　拠　法	特　典　の　内　容
法　人　税　法	○　青色申告書を提出した事業年度に生じた欠損金の10年間繰越控除（法法57） ○　欠損金の繰戻しによる法人税額の還付（法法80） ○　帳簿書類の調査に基づく更正（計算誤りが明白な場合を除く。）（法法130①） ○　更正通知書への理由付記（法法130②） ○　推計による更正又は決定の禁止（法法131）
租税特別措置法	○　特別償却又は割増償却（措法42の６①、42の10①ほか） ○　各種準備金等の積立額等の損金算入（措法55～57の６ほか） ○　各種の法人税額の特別控除（措法42の４、42の６②ほか） ○　各種の所得の特別控除等（措法59、60） ○　中小企業者等の少額減価償却資産の取得価額の損金算入（措法67の５） ○　課税の特例等（措法59の２、66の10、67の７ほか）

（出典）「法人税法（基礎編）令和６年度（2024年度）版」（税務大学校）を基に作成。

| 7 | 主な届出書・申請書 |

書類名	内　　容	提出期限等	根拠法令
法人設立届出書	内国普通法人等を設立した場合	法人設立の日（設立登記の日）以後2月以内	法法148、法規63
異動届出書	商号の変更、納税地の異動、代表者の変更等をした場合	異動後速やかに【※1】	法法15、20、法令18
更正の請求書	既に行った申告について、次のような誤りがあった場合 ①納付すべき税額が多すぎたこと ②申告書に記載した翌期へ繰り越す欠損金が少なすぎたこと ③申告書に記載した還付税額が少なすぎたこと	（主なもの） 通法23①に基づくもの：法定申告期限から5年以内 通法23②に基づくもの：通法23②の各号に掲げる事実に該当した日の翌日から起算して2月以内 【161ページ参照】	通法23、法法82、145等
災害による申告、納付等の期限延長申請書	災害その他やむを得ない理由により、申告、申請、請求、届出その他書類の提出、納付又は徴収に関する期限までにこれらの行為ができない場合	やむを得ない理由がやんだ後相当の期間内（おおむね1月以内）	通法11、通令3
申告期限の延長申請書	災害その他やむを得ない理由によって決算が確定しないため、法人税の確定申告書を提出期限までに提出できないとき	申請しようとする事業年度終了の日の翌日から45日以内	法法75の2⑧、144の7、法規36、61の6
申告期限の延長の特例の申請書	一定の事由に該当する場合【※2】	最初に適用を受けようとする事業年度終了の日まで	法法75の2③⑪、144の8、法規36の2、61の7
青色申告の承認申請書	法人税の確定申告書、中間申告書等を青色申告書によって提出することの承認を受けようとする場合	原則として、青色申告によって申告書を提出しようとする事業年度開始の日の前日まで 普通法人又は協同組合等の設立の日の属する事業年度の場合は、設立の日以後3月を経過した日と事業年度終了の日とのうちいずれか早い日の前日まで	法法122、146、法規52、62
事前確定届出給与に関する届出書	一定の事由に該当するものとして、事前確定届出給与について届け出る場合【※3】	【※3】のとおり	法令69④

棚卸資産の評価方法の変更承認申請書	既に選定している棚卸資産の評価方法を変更しようとする場合	変更しようとする事業年度開始の日の前日まで	法令30②、法規9の2
減価償却資産の償却方法の変更承認申請書	既に選定している減価償却資産の償却方法を変更しようとする場合	変更しようとする事業年度開始の日の前日まで	法令52②、法規15
有価証券の一単位当たりの帳簿価額の算出方法の変更承認申請書	既に選定している有価証券の一単位当たりの帳簿価額の算出方法を変更しようとする場合	変更しようとする事業年度開始の日の前日まで	法令119の6②、法規27の2
欠損金の繰戻しによる還付請求書	各事業年度の欠損金額をその事業年度開始の日前1年以内に開始したいずれかの事業年度に繰り戻し、法人税額の還付を請求する場合	欠損事業年度の確定申告書の提出期限まで	法法80⑨、法規38
特定の資産の買換えの場合における特別勘定の設定期間延長承認申請書	特定資産の買換えの場合の課税の特例に規定する譲渡資産の譲渡を行い、譲渡事業年度の翌事業年度開始の日から1年以内に買換資産を取得できない場合に、特別勘定の設定期間の延長の承認を受ける手続	譲渡した日を含む事業年度終了の日の翌日から2月以内	措法65の8、措令39の7㉕
土地の無償返還に関する届出書	法人が借地権の設定等により他人に土地を使用させた場合で、その借地権の設定等に係る契約書において将来借地人等がその土地を無償で返還することが定められている場合	土地を無償で返還することが定められた後遅滞なく	法基通13-1-7
相当の地代の改訂方法に関する届出書	法人が借地権の設定等により他人に土地を使用させ、その使用の対価として権利金に代えて法基通13-1-2に定める相当の地代を収受することとした場合に、その契約期間内に収受する地代の額の改訂方法について届け出る場合	相当の地代を収受することとした後遅滞なく	法基通13-1-8

【※1】　納税地の異動届は、異動前の納税地を所轄する税務署長に提出する。
【※2】　「一定の事由に該当する場合」とは、次表に掲げる場合をいう。

法人税

Ⅲ　法人税

① 定款等の定め又は特別の事情があることにより、今後、各事業年度終了の日の翌日から2月以内にその各事業年度の決算についての定時総会が招集されない常況にあるため、申告書の提出期限を1月間（通算法人にあっては2月間）延長しようとする場合
② 会計監査人を置いている場合で、かつ、定款等の定めにより、今後、各事業年度終了の日の翌日から3月以内（通算法人にあっては4月以内）にその各事業年度の決算についての定時総会が招集されない常況にあるため、4月を超えない範囲内で申告期限の延長月数の指定を受けようとする場合
③ 特別の事情により、今後、各事業年度終了の日の翌日から3月以内（通算法人にあっては4月以内）にその各事業年度の決算についての定時総会が招集されない常況にあること、その他やむを得ない事情があるため、申告期限の延長月数の指定を受けようとする場合
④ 通算法人が多数に上ること等の理由によりグループ通算の規定による所得金額等の計算を了することができないことにより、今後、通算法人の各事業年度終了の日の翌日から2月以内に法人税の確定申告書を提出できない常況にあるため、申告書の提出期限を2月延長しようとする場合
⑤ 特別の事情があることにより、今後、通算法人の各事業年度終了の日の翌日から4月以内に所得金額等の計算を了することができない常況にあること、その他やむを得ない事情があるため、申告期限の延長月数の指定を受けようとする場合

【※3】　一定の事由及び事前確定届出給与の提出期限は、次表のとおり。

一定の事由	提出期限
① 株主総会等の決議により役員の職務につき「所定の時期に確定した額の金銭等を交付する旨の定め」をした場合（②又は③に該当する場合を除く。）	株主総会の決議をした日（同日がその職務の執行を開始する日後である場合にあっては、当該開始する日）から1月を経過する日 ただし、その日が職務執行期間開始の日の属する会計期間開始の日から4月（確定申告書の提出期限の延長の特例の指定を受けている内国法人にあっては、その指定に係る月数に3を加えた月数）を経過する日後である場合には当該会計期間4月経過日等
② 新設法人がその役員のその設立の時に開始する職務につき「所定の時期に確定した額の金銭等を交付する旨の定め」をした場合	その設立の日以後2月を経過する日
③ 臨時改定事由により当該臨時改定事由に係る役員の職務につき「所定の時期に確定した額の金銭等を交付する旨の定め」をした場合	①に掲げる日（②に該当する場合には、②に掲げる日）又は当該臨時改定事由が生じた日から1月を経過する日のうちいずれか遅い日

【法人税等の確定申告に係る税額等についての更正の請求書提出期限】

内　　容	提出期限
国税通則法第23条第1項の規定に基づいて提出する場合	請求の基になる申告の法定申告期限（申告期限の延長申請に対する承認がある場合は、その承認申告期限）から5年以内【※4】
国税通則法第23条第2項の規定に基づいて提出する場合	国税通則法第23条第2項の各号に掲げる事実に該当した日の翌日から起算して2月以内
法人税法第82条の規定に基づいて提出する場合	請求の基因となる修正申告書を提出した日又は更正決定の通知を受けた日の翌日から起算して2月以内
法人税法第145条の規定に基づいて提出する場合	請求の基因となる修正申告書を提出した日又は更正決定の通知を受けた日の翌日から起算して2月以内
地方法人税法第24条の規定に基づいて提出する場合	請求の基因となる修正申告書を提出した日又は更正決定の通知を受けた日の翌日から起算して2月以内
租税特別措置法第66条の4第26項の規定に基づいて提出する場合	請求の基になる申告の法定申告期限（申告期限の延長申請に対する承認がある場合は、その承認申告期限）から7年以内

【※4】　ただし、次表に掲げるものの提出期限は、各「提出期限」欄のとおり。

区　　分		提出期限
純損失の金額に係る更正の請求のうち、		
	平成23年12月2日以後に法定申告期限が到来した申告に係るもので、平成30年3月31日までに開始した事業年度に係るもの	9年以内
	平成30年4月1日以後に開始した事業年度に係るもの	10年以内
平成23年12月2日より前に法定申告期限が到来する法人税申告		1年以内

Ⅳ　消費税

消費税の概要

消費税は、消費一般に対して、広く、公平に負担を求める間接税である。
消費税の特色は、次のとおり。

消費に対して広く公平に課税（一般消費税）	○　ほとんど全ての物品の販売、サービスの提供等及び保税地域から引き取られる外国貨物が課税の対象 ○　取引の各段階でそれぞれの取引金額に対して課税する多段階課税方式による間接税
消費税の負担者（税の転嫁）	○　消費税は事業者の販売する物品やサービスの価格に上乗せされて、次々と転嫁されていくことを予定 ○　最終的に商品を消費し又はサービスの提供を受ける消費者が負担する税金
税の累積を排除（仕入税額控除）	○　生産、流通の各段階で二重、三重に税が課されることのないよう、課税売上げに対する消費税額から課税仕入れ等に係る消費税額を控除する前段階税額控除方式を採用

消費税の計算方法（概要）

①　国の消費税

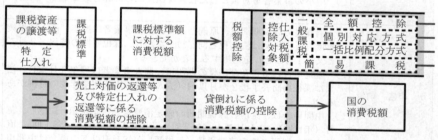

②　地方消費税

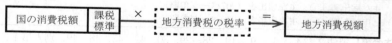

○　納付税額（①＋②）

消費税

消費税の課税要件等

消費税の課税要件等の概要は、次表のとおり（各項目の詳細は、次項以降で解説）。

1	納税義務者	○　国内取引の納税義務者は、国内において課税資産の譲渡等（特定資産の譲渡等に該当するものを除く。）及び特定課税仕入れを行った事業者。 ○　輸入取引の納税義務者は、課税貨物を保税地域から引き取る者。
2	課税物件 （課税の対象）	○　国内取引の課税物件（課税の対象）は、国内において事業者が行った資産の譲渡等及び特定課税仕入れ。 ○　輸入取引の課税物件（課税の対象）は、保税地域から引き取られる外国貨物。
3	課税標準	○　課税資産の譲渡等に係る課税標準は、課税資産の譲渡等の対価の額。 ○　特定課税仕入れに係る課税標準は、特定仕入れに係る支払対価の額。 ○　輸入取引における課税標準（保税地域から引き取られる課税貨物の課税標準）は、関税課税価格（通常はCIF価格）に、関税及び個別消費税額（酒税やたばこ税など）を合計した金額。
4	税額算出 方法・税率	○　消費税額（納付税額）＝「課税標準額に対する消費税額」－「税額控除」 ○　消費税の税率は、標準税率7.8％、飲食料品等の譲渡に係る軽減税率6.24％の複数税率（消費税（国税）と地方消費税（地方税）とを合わせた税率は、標準税率10％、軽減税率8％）。 ○　消費税の仕入税額控除の適用を受けるためには、原則として、適格請求書等の保存が必要である。 ○　仕入税額控除の一般課税の計算方式として、個別対応方式及び一括比例配分方式がある。 ○　中小の事業者を対象とした仕入税額控除の計算方式として、簡易課税制度がある。
5	申告・納付	○　消費税の課税期間は、原則として、個人事業者は暦年、法人は事業年度（所得税又は法人税と同じ）。ただし、課税期間の特例（3月ごと又は1月ごと）を選択することができる。 ○　確定申告の申告及び納付の期限は、個人事業者は翌年3月末日、法人は課税期間終了後2か月以内（法人に係る申告期限延長の特例がある。）。 ○　中間申告は、直前の課税期間の確定消費税額（年税額）に応じ、毎月（年11回）、3か月ごと（年3回）又は6か月経過後（年1回）。直前の課税期間の確定消費税額（年税額）が48万円以下の場合は中間申告不要。
6	主な届出書 ・申請書	○　主な届出書（207ページ参照） ○　主な申請書（210ページ参照）

【法令等】消法2、4、5、9、19、28、29、30、42、45、48、49、別表第1、措法86の4

1　納税義務者

(1)　消費税の納税義務者

> ○　国内取引の納税義務者は、国内において課税資産の譲渡等（特定資産の譲渡等に該当するものを除く。）及び特定課税仕入れを行った事業者
> ○　輸入取引の納税義務者は、課税貨物を保税地域から引き取る者

各用語の定義は、次表のとおり。

用　語	定　義
課税資産の譲渡等	資産の譲渡等のうち、非課税とされるもの以外のものをいう。
特定資産の譲渡等	「事業者向け電気通信利用役務の提供」及び「特定役務の提供」をいう。 これを受けた事業者に特定課税仕入れとして納税義務を課す（リバースチャージ方式）一方、これら役務の提供を行った国外事業者に納税義務を課さないこととしている。
事業者向け電気通信利用役務の提供	国外事業者が行う電気通信利用役務の提供のうち、当該電気通信利用役務の提供に係る役務の性質又は当該役務の提供に係る取引条件等から当該役務の提供を受ける者が通常事業者に限られるものをいう。
特定役務の提供	資産の譲渡等のうち、国外事業者が行う演劇その他の役務の提供（電気通信利用役務の提供に該当するものは除く。）をいう。
特定課税仕入れ	課税仕入れのうち「特定仕入れ」（事業として他の者から受けた特定資産の譲渡等）に該当するものをいう。
事業者	「個人事業者」及び「法人」をいい、国、地方公共団体、公共法人、公益法人等、人格のない社団等（以下「国等」という。）も含まれる。非居住者や外国法人であっても、国内において課税の対象となる取引を行う場合は納税義務者となる。
課税事業者	事業者のうち、次のいずれかに該当する者をいう。 ①　基準期間の課税売上高が1,000万円を超える事業者 ②　課税事業者を選択している事業者 ③　新設法人又は特定新設法人に該当する事業者
課税貨物	保税地域から引き取られる外国貨物のうち、非課税とされるもの以外のものをいう。 なお、国内取引については、事業者のみが納税義務者となるが、輸入取引については、事業者のほか消費者個人が輸入者となる場合も納税義務者となる。

【法令等】消法2～5、60①

(2)　小規模事業者の納税義務の免除

その課税期間の基準期間における課税売上高が1,000万円以下の事業者は、その課税期間の消費税の納税義務が免除される。この納税義務が免除される事業者を免

Ⅳ　消費税

税事業者という。

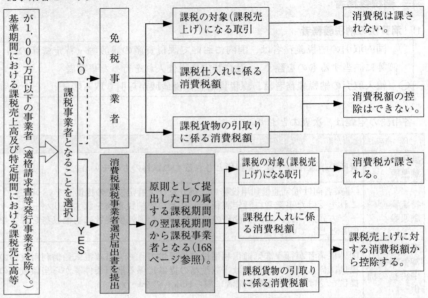

イ　基準期間の課税売上高

基準期間の課税売上高は、基準期間中の国内において行った課税資産の譲渡等の対価の額の合計額（税抜き）から、売上げに係る返品、値引き及び割戻しの金額（税抜き）を控除した金額。

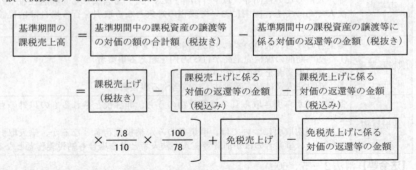

(注)1　基準期間が免税事業者の場合は、税抜きにする必要はない。
　　2　「×7.8/110×100/78」は、標準税率適用の場合で、消費税及び地方消費税の合計税額（10％相当額）を計算するためのものである。

課税資産の譲渡等の対価の額（税抜き） （＝課税売上げ（税抜き）＋免税売上げ）	
課税売上高	返品・値引き・割戻し （税抜き）

課税期間	個人事業者	その年の1月1日から12月31日までの期間（暦年）
	法　　人	事業年度

基準期間	個人事業者	その年の前々年
	法　　人	その事業年度の前々事業年度

【個人事業者の基準期間（その年の前々年）】

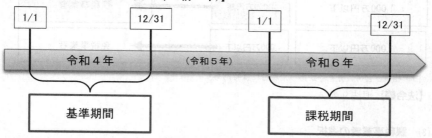

(注)1　その前々事業年度が1年未満である法人の基準期間は、その事業年度開始の日の2年前の日の前日から同日以後1年を経過する日までの間に開始した各事業年度を合わせた期間。
　　2　基準期間が1年でない法人については、その金額を1年分に換算した金額となる。

　　　納税義務の判定 ⇨ 基準期間の課税売上高 ÷ 基準期間の月数×12

【法令等】 消法9、消令19

ロ　特定期間における課税売上高による判定

原則	個人事業者のその年又は法人のその事業年度の基準期間における課税売上高が1,000万円以下である場合において、その個人事業者又は法人（課税事業者を選択しているものを除く。）のうち、個人事業者のその年又は法人のその事業年度に係る特定期間【※1】における課税売上高が1,000万円を超えるときは、その個人事業者のその年又は法人のその事業年度については、納税義務は免除されない。【※2】
例外	特定期間【※1】における課税売上高に代えて、個人事業者又は法人が特定期間中に支払った所得税法に規定する支払明細書に記載すべき給与等の金額に相当するものの合計額により納税義務を判定することができる。【※2】

【※1】 「特定期間」とは、個人事業者のその年の前年1月1日から6月30日までの期間、法人の場合は原則としてその事業年度の前事業年度開始の日以後6月の期間をいう。
【※2】 いずれの基準で判定するかは、納税者の任意とされている。

消費税

Ⅳ　消費税

【個人事業者、法人（事業年度が1年間、12月決算）の納税義務】

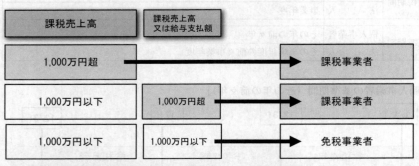

（注）　相続、合併、分割等があった場合には特例あり。

【法令等】消法9の2

(3)　課税事業者の選択

　免税事業者であっても、課税事業者になることを選択することができる。

手　続	適用開始日
「消費税課税事業者選択届出書」を所轄税務署長に提出	提出した日の属する課税期間の翌課税期間以後、課税事業者となる。
課税事業者を選択した事業者が選択をやめようとするときは、「消費税課税事業者選択不適用届出書」を所轄税務署長に提出	提出をした日の属する課税期間の翌課税期間以後、課税事業者選択届出書の効力は失われる（免税事業者となる。）。【※1】【※2】

【※1】　不適用届出書は、事業を廃止した場合を除き、課税事業者の選択によって納税義務者となった課税期間の初日から2年を経過する日の属する課税期間の初日以後でなければ提出することができない。したがって、最低2年間は課税事業者として申告・納税義務を負うこととなる。

【※2】　課税事業者を選択した事業者は、課税事業者となった日から2年を経過する日までの間に開始した各課税期間中に調整対象固定資産の課税仕入れを行い、かつ、仕入れた日の属する課税期間の確定申告を一般課税で行う場合には、調整対象固定資産の課税仕入れを行った日の属する課税期間の初日から原則として3年間は、免税事業者になることはできず、簡易課税制度を選択して申告することもできない。

【法令等】消法9

(4)　納税義務が免除されない場合

イ　相続があった場合

　　免税事業者である個人事業者又は事業を行っていない個人が相続により被相続人の事業を承継した場合の納税義務の判定は、次表のとおり。

時　期	納税義務の判定
相続のあった年（相続のあった日の翌日からその年の12月31日まで）	被相続人のその年の前々年（基準期間）の課税売上高が1,000万円を超える場合には、納税義務あり。
相続のあった年の翌年と翌々年	相続人のその年の前々年（基準期間）の課税売上高と被相続人のその年の前々年（基準期間）の課税売上高の合計が1,000万円を超える場合には、その年（相続のあった年の翌年又は翌々年）は納税義務あり。

【法令等】消法10

ロ　新設法人の場合

　その事業年度の基準期間がない法人（社会福祉法人を除く。）のうち、その事業年度開始の日における資本金の額又は出資の金額が1,000万円以上である法人（新設法人）については、その基準期間がない事業年度（課税期間）の納税義務は免除されない。

(注)1　法人を新規に設立した事業年度に限らず、設立した事業年度の翌事業年度以後の事業年度であっても、基準期間がない事業年度の開始の日における資本金の額又は出資金の金額が1,000万円以上である場合には、この特例の適用を受ける新設法人に該当することとなる。
　　2　新設法人が基準期間のない課税期間中に調整対象固定資産の課税仕入れを行い、かつ、その仕入れた課税期間の消費税の確定申告を一般課税で行う場合には、課税仕入れを行った課税期間から3年間は納税義務が免除されない。また、簡易課税を選択して申告することもできない。

【法令等】消法12の2、37③、消基通1-5-15

ハ　特定新規設立法人の場合

　その事業年度の基準期間がない法人（新設法人及び社会福祉法人を除く。）のうち、次表の要件を満たす法人（特定新規設立法人）については、その基準期間のない事業年度（課税期間）の納税義務は免除されない。

特定新規設立法人の要件	①　他の者により株式等の50％超を直接又は間接に保有されている場合など、他の者によりその新規設立法人が支配される一定の場合（特定要件）に該当すること【※】
	②　特定要件に該当するかどうかの判定の基礎となった「他の者」及びその「他の者」と一定の特殊な関係にある法人のうちいずれかの者のその新規設立法人のその事業年度の基準期間に相当する期間（基準期間相当期間）における課税売上高が5億円を超えていること

(注)　特定新規設立法人が基準期間のない課税期間中に調整対象固定資産の課税仕入れを行い、かつ、その仕入れた課税期間の消費税の確定申告を一般課税で行う場合には、課税仕入れを行った課税期間から3年間は納税義務が免除されない。また、簡易課税を選択して申告することもできない。
【※】　「特定要件」とは、消費税法施行令第25条の2第1項各号に定める要件をいう。

【法令等】消法12の2、12の3、37③、消令25の2①

消費税

Ⅳ　消費税

二　高額特定資産を取得した場合

○　課税事業者が、簡易課税制度の適用を受けない課税期間中に高額特定資産の課税仕入れ等を行った場合には、高額特定資産の仕入れ等の日の属する課税期間の翌課税期間から高額特定資産の仕入れ等の課税期間の初日以後3年を経過する日の属する課税期間までの各課税期間については、納税義務が免除されず、簡易課税制度を選択することもできない。【※1】

○　自己建設高額特定資産については、自己建設高額特定資産の建設等に要した課税仕入れ等の金額の累計額が1,000万円以上となった日の属する課税期間の翌課税期間から高額特定資産の建設等が完了した日の属する課税期間の初日以後3年を経過する日の属する課税期間までの各課税期間については納税義務が免除されず、簡易課税制度を選択することもできない。【※2】

【※1】　「高額特定資産」とは、棚卸資産及び調整対象固定資産のうち、一の取引単位につき、課税仕入れ等の金額（税抜き）が1,000万円以上のもの及びその課税期間において取得した金又は白金の地金等の額の合計額が200万円以上であるものをいう。

【※2】　「自己建設高額特定資産」とは、他の者との契約に基づき、又は棚卸資産若しくは調整対象固定資産として自ら建設等をした高額特定資産をいう。

【法令等】 消法12の4①③、37③三

ホ　高額特定資産である棚卸資産等について調整措置の適用を受けた場合

○　事業者が、高額特定資産である棚卸資産等について、消費税法第36条第1項又は第3項の規定（棚卸資産の調整措置【※1】）の適用を受けた場合には、その適用を受けた課税期間の翌課税期間からその適用を受けた課税期間の初日以後3年を経過する日の属する課税期間までの各課税期間については、免税事業者になることができない。また、その3年を経過する日の属する課税期間の初日の前日までの期間は、「消費税簡易課税制度選択届出書」を提出することもできない。

○　事業者が、調整対象自己建設高額資産【※2】について、棚卸資産の調整措置の適用を受けた場合には、その適用を受けた課税期間の翌課税期間からその適用を受けた課税期間（その適用を受けることとなった日の前日までに建設等が完了していない調整対象自己建設高額資産にあっては、その建設等が完了した日の属する課税期間）の初日以後3年を経過する日の属する課税期間までの各課税期間については、免税事業者になることができない。また、その3年を経過する日の属する課税期間の初日の前日までの期間は、「消費税簡易課税制度選択届出書」を提出することもできない。

【※1】　「棚卸資産の調整措置」とは、免税事業者が課税事業者となる日の前日に、免税事業者であった期間中に行った課税仕入れ等に係る棚卸資産を有している場合、その棚卸資産の課税仕入れ等に係る消費税額を、課税事業者となった課税期間の課税仕入れ等に係る消費税額とみなして仕入税額控除の計算の対象とする等の制度をいう。

【※2】　「調整対象自己建設高額資産」とは、他の者との契約に基づき、又は事業者の棚卸資産として自ら建設等をした棚卸資産で、その建設等に要した課税仕入れに係る支払対価の額の100/110に相当する金額等の累計額が1,000万円以上となったものをいう。

【法令等】消法12の4②、37③四

ヘ　合併があった場合
(イ)　吸収合併の場合

合併があった事業年度	合併法人（合併後存続する法人）の合併があった日の属する事業年度の基準期間に対応する期間における被合併法人（合併により消滅した法人）の課税売上高として一定の方法により計算した金額（被合併法人が2以上ある場合には、いずれかの被合併法人に係る当該金額）が1,000万円を超えるときは、合併があった日から合併があった日の属する事業年度終了の日までの間については、納税義務が免除されない。
合併があった事業年度の翌事業年度と翌々事業年度	合併法人のその事業年度の基準期間における課税売上高と合併法人のその事業年度の基準期間に対応する期間における被合併法人の課税売上高として一定の方法により計算した金額（被合併法人が2以上ある場合には、各被合併法人に係る金額の合計額）との合計額が1,000万円を超えるときは、合併法人のその事業年度については、納税義務が免除されない。

(ロ)　新設合併の場合

合併があった事業年度	新設法人（合併により設立された法人）の合併があった日の属する事業年度の基準期間に対応する期間における被合併法人の課税売上高として一定の方法により計算した金額のいずれかが1,000万円を超えるときは、新設法人の合併があった日の属する事業年度については、納税義務が免除されない。
合併があった事業年度の翌事業年度と翌々事業年度	新設法人のその事業年度の基準期間における課税売上高と新設法人のその事業年度の基準期間に対応する期間における各被合併法人の課税売上高として一定の方法により計算した金額の合計額との合計額が1,000万円を超えるときは、新設法人のその事業年度については、納税義務が免除されない。

【法令等】消法11、消令22

ト　分割又は吸収分割があった場合
(イ)　分割等（新設分割、現物出資、事後設立）に係る新設分割子法人の納税義務

分割等があった事業年度	新設分割子法人（分割等により設立された法人又は資産の譲渡を受けた法人）の分割等があった日の属する事業年度の基準期間に対応する期間における新設分割親法人（分割等を行った法人）の課税売上高として一定の方法により計算した金額（新設分割親法人が2以上ある場合には、いずれかの新設分割親法人に係る金額）が1,000万円を超えるときは、新設分割子法人のその分割等があった日から分割等があった事業年度終了の日までの間については、納税義務が免除されない。

消費税

分割等があった事業年度の翌事業年度	新設分割子法人のその事業年度の基準期間に対応する期間における新設分割親法人の課税売上高として一定の方法により計算した金額（新設分割親法人が２以上ある場合には、いずれかの新設分割親法人に係る金額）が1,000万円を超えるときは、新設分割子法人のその事業年度については、納税義務が免除されない。
分割等があった事業年度の翌々事業年度	分割等（新設分割親法人が１つの場合に限られる。）があった事業年度の翌々事業年度以後の事業年度その事業年度の基準期間の末日において当該新設分割子法人が特定要件【※】に該当し、かつ、新設分割子法人のその事業年度の基準期間における課税売上高として一定の方法により計算した金額と新設分割子法人のその事業年度の基準期間に対応する期間における新設分割親法人の課税売上高として一定の方法により計算した金額との合計額が1,000万円を超えるときは、新設分割子法人のその事業年度については、納税義務が免除されない。

【※】「特定要件」とは、新設分割子法人の発行済株式又は出資（その新設分割子法人が有する自己の株式又は出資を除く。）の総数又は総額の100分の50を超える数又は金額の株式又は出資を新設分割親法人及びその新設分割親法人と特殊な関係にある者が所有している場合をいう。

(ロ) 分割等に係る新設分割親法人の納税義務

分割等（新設分割親法人が１つの場合に限る。）があった事業年度の翌々事業年度以後の事業年度	その事業年度の基準期間の末日において新設分割子法人が特定要件に該当し、かつ、その新設分割親法人のその事業年度の基準期間における課税売上高と新設分割親法人の当該事業年度の基準期間に対応する期間における新設分割子法人の課税売上高として一定の方法により計算した金額との合計額が1,000万円を超えるときは、新設分割親法人のその事業年度については、納税義務が免除されない。 なお、分割等があった事業年度とその事業年度の翌事業年度の新設分割親法人については、新設分割親法人の基準期間における課税売上高のみによって納税義務の有無を判定する。

(ハ) 吸収分割（会社法第２条第29号に規定する吸収分割）に係る分割承継法人の納税義務

吸収分割があった事業年度	分割承継法人の吸収分割があった日の属する事業年度の基準期間に対応する期間における分割法人の課税売上高として一定の方法により計算した金額（分割法人が２以上ある場合には、いずれかの分割法人に係る当該金額）が1,000万円を超えるときは、分割承継法人のその吸収分割があった日の属する事業年度の吸収分割があった日から吸収分割があった事業年度終了の日までの間については、納税義務が免除されない。
吸収分割があった事業年度の翌事業年度	分割承継法人のその事業年度の基準期間に対応する期間における分割法人の課税売上高として一定の方法により計算した金額（分割法人が２以上ある場合には、いずれかの分割法人に係る当該金額）が1,000万円を超えるときは、分割承継法人のその事業年度については、納税義務が免除されない。

吸収分割があった事業年度の翌々事業年度以後の事業年度	吸収分割があった事業年度の翌々事業年度以後の分割承継法人の納税義務については、分割承継法人の基準期間における課税売上高のみによって判定する。

(ニ)　**吸収分割に係る分割法人の納税義務**

　　　分割法人については、分割法人の基準期間における課税売上高のみによって納税義務の有無を判定する。

　　【法令等】 消法11、12、消令23

(5)　適格請求書発行事業者の登録等

イ　適格請求書等保存方式（インボイス制度）の概要

　　　令和5年10月1日から、複数税率に対応した仕入税額控除の方式として適格請求書等保存方式が導入された。適格請求書等保存方式では、税務署長の登録を受けた適格請求書発行事業者が交付する「適格請求書（いわゆるインボイス）」等と帳簿の保存が仕入税額控除の要件とされた。

適格請求書とは
適格請求書は、売手が、買手に対し正確な適用税率や消費税額等を伝えるための手段であり、登録番号のほか一定の事項が記載された請求書や納品書その他これらに類する書類をいう。 ○　請求書や納品書、領収書、レシート等その書類の名称は問わない。 ○　買手が作成した仕入明細書等による対応も可能である。 ○　適格請求書の交付に代えて、電磁的記録を提供することも可能である。

　　【法令等】 消法30⑦、57の4①、消令70の9②、消規26の6

ロ　適格請求書発行事業者の登録

　　　適格請求書等の交付は、適格請求書発行事業者に限られており、適格請求書発行事業者は、納税地を所轄する税務署長に「適格請求書発行事業者の登録申請書」を提出し、登録を受ける必要がある。

登録の流れ	①登録申請書の提出（事業者）→　②税務署の審査→　③登録及び公表・登録簿への登載（税務署）→　④税務署の登録通知
国税庁公表サイトでの公表事項	・適格請求書発行事業者の氏名又は名称 ・登録番号、登録年月日（取消、失効年月日） ・法人の場合、本店又は主たる事務所の所在地 （上記のほか、事業者から公表の申出があった場合） ・個人事業者：主たる屋号、主たる事務所の所在地等 ・人格のない社団等：本店又は主たる事務所の所在地

消費税

Ⅳ　消費税

通知される登録番号	・法人番号を有する課税事業者　　T＋法人番号 ・上記以外の課税事業者（個人事業者、人格のない社団等）　T＋13桁の数字

免税事業者の登録手続（適格請求書発行事業者の登録に係る経過措置）

○　適格請求書発行事業者の登録申請は、課税事業者に限られていることから、免税事業者が登録を受けるためには、原則として、消費税課税事業者選択届出書を提出し、課税事業者となる必要があるが、令和5年10月1日から令和11年9月30日までの日の属する課税期間中に登録を受ける場合には、消費税課税事業者選択届出書を提出しなくても、登録申請書を提出すれば登録を受けることができ、免税事業者がこれらの課税期間中に登録を受けることとなった場合には、登録日から課税事業者となる経過措置が設けられている。

○　この経過措置の適用を受けて適格請求書発行事業者となった場合、登録を受けた日から2年を経過する日の属する課税期間の末日までは、免税事業者となることはできない（登録を受けた日が令和5年10月1日の属する課税期間中である場合は除かれる。）。

○　登録申請書は、課税事業者となる課税期間の初日の前日から起算して15日前の日までに提出する。

○　免税事業者が令和5年10月1日から令和11年9月30日の属する課税期間に適格請求書発行事業者の登録を受け、登録日から課税事業者となる場合、その課税期間から簡易課税制度の適用を受ける旨を記載した届出書をその課税期間中に提出した場合、その課税期間から簡易課税制度を適用することができる。

【法令等】平28年改正法附則44④⑤

ハ　適格請求書発行事業者の義務等

適格請求書発行事業者の義務

①　適格請求書の交付
　　適格請求書発行事業者は、取引の相手方（課税事業者）の求めに応じて、適格請求書を交付しなければならない。

②　適格返還請求書の交付
　　売上げに係る対価の返還等を行った場合は、適格返還請求書を交付しなければならない。なお、対価の返還等の税込価額が1万円未満の場合には、その適格返還請求書の交付義務が免除される。

③　修正した適格請求書の交付
　　交付した適格請求書（又は適格簡易請求書、適格返還請求書）に誤りがあった場合は、修正した適格請求書等を交付しなければならない。

④　写しの保存
　　交付した適格請求書等の写しを保存しなければならない。

(注)　適格請求書発行事業者は、基準期間の課税売上高が1,000万円以下となった場合でも、申告が必要となる。

適格請求書の交付義務の免除

次の取引は、適格請求書の交付義務が免除される。

①　公共交通機関である船舶、バス又は鉄道による旅客の運送（3万円未満のものに限る。）

② 出荷者が卸売市場において行う生鮮食料品等の譲渡（出荷者から委託を受けた受託者が卸売の業務として行うものに限る。）
③ 生産者が農業協同組合、漁業協同組合又は森林組合等に委託して行う農林水産物の譲渡（無条件委託方式かつ共同計算方式により生産者を特定せずに行うものに限る。）
④ 自動販売機により行われる課税資産の譲渡等（３万円未満のものに限る。）
⑤ 郵便切手を対価とする郵便サービス（郵便ポストに差し出されたものに限る。）

【法令等】消法57の４、消令70の９②

二　適格請求書類似書類の交付の禁止等

適格請求書の交付に当たっては、以下の行為が禁止されている。
① 適格請求書発行事業者の登録を受けていない事業者が、適格請求書と誤認されるおそれのある書類を交付すること。
② 適格請求書発行事業者が、偽りの記載をした適格請求書を交付すること。

(6)　納税義務の成立

イ　納税義務の成立時期

国内取引	課税資産の譲渡等又は特定課税仕入れ（事業として他の者から受けた特定資産の譲渡等）をした時
輸入取引	課税貨物を保税地域から引き取る時

【法令等】通法15②

ロ　具体的な納税義務の成立の時期

国内取引	資産の譲渡	棚卸資産の販売（委託販売等を除く。）	その引渡しがあった日
		固定資産の譲渡（工業所有権等を除く。）	その引渡しがあった日
		工業所有権等の譲渡又は実施権の設定	その譲渡又は実施権の設定に関する契約の効力の発生の日
	資産の貸付け	資産の貸付け（契約又は慣習により使用料等の支払日が定められているもの）	その支払を受けるべき日
		資産の貸付け（支払日が定められていないもの）	その支払を受けた日（請求があったときに支払うべきものとされているものにあっては、その請求日）
	役務の提供	請負（物の引渡しを要するもの）	その目的物の全部を完成し相手方に引き渡した日
		請負（物の引渡しを要しないもの）	その約した役務の全部を完了した日
		人的役務の提供（請負を除く。）	その人的役務の提供を完了した日
輸　入　取　引			課税貨物の保税地域からの引取りの時

消費税

2　課税物件（課税の対象）

(1)　消費税の課税の対象

課税の 対　象	国内取引	国内において事業者が行った資産の譲渡等及び特定仕入れ
	輸入取引	保税地域から引き取られる外国貨物

【法令等】消法2、4

イ　国内取引の課税対象

国内取引の課税対象は、次の要件を満たしたもの。

要件	(イ)　国内において行う取引（国内取引）であること (ロ)　事業者が事業として行うものであること (ハ)　対価を得て行うものであること (ニ)　資産の譲渡、貸付け及び役務の提供であること

(イ)　「国内において行う取引（国内取引）であること」の判定（内外判定）

その取引が国内取引となるか国外取引となるかの判定（内外判定）は、原則として、次の場所により判定する。

区　　分	内外判定を行う場所
A　資産の譲渡又は貸付け	資産の譲渡又は貸付けが行われる時において、その資産の所在していた場所
B　役務の提供（電気通信利用役務の提供を除く。）	役務の提供が行われた場所
C　電気通信利用役務の提供	その役務の提供を受ける者の住所等又は本店等の所在地
D　利子を対価とする金銭の貸付け等	利子を対価とする金銭の貸付け等については、その行為を行う者のその行為に係る事務所等の所在地

次の資産の譲渡又は貸付け及び役務の提供の判定基準は、それぞれ次の場所により判定する。

A　資産の譲渡又は貸付けの内外判定基準

資産の内容	内外判定を行う場所
船舶、航空機	○　登録をした機関の所在地【※】 ○　登録を受けていない場合には、譲渡又は貸付けを行う者の譲渡又は貸付けに係る事務所等の所在地
鉱業権等	鉱業権の鉱区等の所在地

特許権、実用新案権、意匠権、商標権等	○　権利の登録をした機関の所在地 ○　同一の権利を2以上の国において登録している場合には、譲渡又は貸付けを行う者の住所地
公共施設等運営権	公共施設等運営権に係る民間資金等の活用による公共施設等の整備等の促進に関する法律に規定する公共施設等の所在地
著作権、ノウハウ等	譲渡又は貸付けを行う者の住所地
営業権、漁業権、入漁権	権利に係る事業を行う者の住所地
有価証券（券面のあるもの）	有価証券が所在していた場所
有価証券（券面のないもの）	振替機関等において取り扱われるものは、振替機関等の所在地（それ以外のものは、その有価証券等に係る法人の本店又は主たる事務所等の所在地）
登録国債等	登録をした機関の所在地
合名会社等の出資者持分	持分に係る法人の本店又は主たる事務所の所在地
貸付金等の金銭債権	債権者の譲渡に係る事務所等の所在地
ゴルフ場利用株式等	ゴルフ場等施設の所在地
上記以外の資産で所在場所が明らかでないもの	譲渡又は貸付けを行う者の譲渡又は貸付けに係る事務所等の所在地

【※】　居住者が行う日本船舶（国内において登録を受けた船舶）以外の船舶の貸付け及び非居住者が行う日本船舶の譲渡又は貸付けにあっては、その譲渡又は貸付けを行う者の住所地。

【法令等】消法4③一、消令6①

B　役務の提供の内外判定基準

役務の内容	内外判定を行う場所
国際運輸	出発地、発送地又は到着地
国際通信	発信地又は受信地
国際郵便	差出地又は配達地
保険	保険会社等の保険契約締結に係る事務所等の所在地
生産設備等の建設、製造に関する専門的な科学技術に関する知識を必要とする調査、企画、立案等	生産設備等の建設、製造に必要な資材の大部分が調達される場所
上記以外の役務の提供で役務の提供場所が明らかでないもの	役務の提供を行う者の役務の提供に係る事務所等の所在地

【法令等】消法4③二、消令6②

C　特定仕入れ（特定資産の譲渡等）の内外判定基準

役務の内容	内外判定を行う場所
事業者向け電気通信利用役務の提供	その役務の提供を受ける者の住所等又は本店等の所在地　【※】
特定役務の提供	役務の提供が行われた場所

【※】　国外事業者が恒久的施設で行う特定仕入れ（他の者から受けた事業者向け電気通信利用役務の提供に限る。）のうち、国内において行う資産の譲渡等に要するものは、国内で行われたものとされる。また、国内事業者が国外事業所等で行う特定仕入れ（他の者から受けた事業者向け電気通信利用役務の提供に限る。）のうち、国外において行う資産の譲渡等にのみ要するものは、国外で行われたものとされる。

【法令等】 消法4③三、4④

D　利子を対価とする金銭の貸付け等の内外判定基準

資産の内容	内外判定を行う場所
利子を対価とする金銭の貸付け等	その行為を行う者のその行為に係る事務所等の所在地

【法令等】 消令6③

㈹　事業者が事業として行うものであること

区　分	判　定　基　準
法人	法人が行う取引は、その全てが「事業として行う」取引に該当する。
個人事業者	事業者の立場で行う取引が「事業として行う」取引に該当する。

（注）「事業として行う」とは、資産の譲渡、資産の貸付け及び役務の提供を反復、継続、かつ、独立して行うことをいう。

【法令等】 消基通5－1－1、5－1－8

㈶　対価を得て行うものであること

区分	判　定　基　準
原則	消費税の課税の対象は、原則として、対価を得て行う取引に限られる。【※】
例外的に該当するもの	①　みなし譲渡 　○　個人事業者が棚卸資産等の事業用の資産を家事消費又は家事使用した場合 　○　法人が自己の役員に対して資産を贈与した場合 ②　資産の譲渡等に類する行為 　○　代物弁済による資産の譲渡 　○　負担付き贈与による資産の譲渡 　○　金銭以外の資産の出資

【※】　対価を得て行う取引とは、反対給付を受ける取引をいう。

【法令等】 消法2①八、4⑤、消令2①、消基通5－1－2

㈡　資産の譲渡、貸付け及び役務の提供であること

区　分	判　定　基　準
資産の譲渡	「資産の譲渡」とは、売買や交換などの契約により、資産の同一性を保持しつつ、他人に移転することをいう。【※1】
資産の貸付け	「資産の貸付け」とは、賃貸借や消費貸借などの契約により、資産を他の者に貸したり、使用させたりする一切の行為をいう。【※2】
役務の提供	「役務の提供」とは、請負契約、運送契約などにより、労務、便益、その他のサービスを提供することをいう。【※3】

【※1】　資産の交換は、資産の譲渡に該当する。

【※2】　不動産、無体財産権、その他の資産に地上権、利用権等の権利を設定する行為も資産の貸付けに含まれる。

【※3】　例えば、請負、宿泊、出演、広告、運送などの他、税理士、弁護士、作家、スポーツ選手、映画俳優、棋士等によるその専門的な知識や技能に基づく役務の提供もこれに含まれる。

【法令等】 消法2②、消基通5−2−1、5−4−1、5−5−1

ロ　特定仕入れの課税対象

「特定仕入れ」とは、事業として他の者から受けた特定資産の譲渡等をいい、「特定資産の譲渡等」とは「事業者向け電気通信利用役務の提供」及び「特定役務の提供」をいう。

㈗　事業者向け電気通信利用役務の提供

「事業者向け電気通信利用役務の提供」とは、国外事業者が行う電気通信利用役務の提供のうち、役務の提供を受ける者が通常事業者に限られるものをいう。【※】

【※】　「電気通信利用役務の提供」とは、資産の譲渡等のうち、電気通信回線を介して行われる著作物の提供その他の電気通信回線を介して行われる役務の提供をいう。具体的には、インターネット等の電気通信回線を介して行われる電子書籍、音楽、ソフトウエアの提供、ネット広告の配信、クラウドサービスの提供などの役務の提供が該当する。

㈘　特定役務の提供

特定役務の提供とは、資産の譲渡等のうち、国外事業者が行う、映画若しくは演劇の俳優、音楽家その他の芸能人又は職業運動家の役務の提供を主たる内容とする事業として行う役務の提供のうち、その国外事業者が他の事業者に対して行うもの（不特定かつ多数の者に対して行う役務の提供を除く。）をいう。

【法令等】 消法2①、4①、消令2の2、消基通5−8−6

ハ　輸入取引の課税対象

輸入取引に係る消費税の課税の対象は、保税地域から引き取られる外国貨物。

消費税

Ⅳ　消費税

【※1】【※2】

【※1】　「保税地域」とは、外国貨物について、関税の賦課徴収を保留しておくことができる場所をいう。なお、保税地域には、①指定保税地域、②保税蔵置場、③保税工場、④保税展示場、⑤総合保税地域の5種類がある。

【※2】　「外国貨物」とは、①外国から国内に到着した貨物で、輸入が許可される前のもの及び②輸出の許可を受けた貨物をいう。保税地域から引き取られる外国貨物については、事業者（免税事業者を含む。）として輸入するほか、消費者である個人で輸入する場合や無償で輸入する場合についても課税の対象となる。

　　なお、「課税貨物」とは、保税地域から引き取られる外国貨物のうち消費税を課さないこととされるもの以外のものをいう。

【法令等】消法2①十・十一、4②、関税法2①三、29、消基通5－6－2

(2)　非課税取引

　　消費税は、課税の対象としている取引のうち、消費に負担を求める税としての性格から課税の対象とすることになじまないものや、社会政策的な配慮から課税することが適当でないものについては、消費税を課税しない「非課税取引」としている。

【法令等】消法6

イ　非課税取引の範囲

(イ)　国内取引における非課税

非課税取引の区分		留　意　点　等
1	土地（土地の上に存する権利を含む。）の譲渡及び貸付け（一時的に使用させる場合等を除く。）	①　「土地の上に存する権利」とは、地上権（空中地上権を含む。）、土地の賃借権、地役権、永小作権等の土地の使用収益に関する権利をいう。 ②　「一時的に使用させる場合等」とは、土地の貸付期間が1月に満たない場合及び建物、駐車場その他の施設の利用に伴って土地が使用される場合をいう。 ③　土地と建物を一括して譲渡した場合には、原則として、その全体の譲渡代金を土地と建物のそれぞれの対価の額に合理的に区分することになる。
2	有価証券及び支払手段（収集品及び販売用のものを除く。）等の譲渡	①　有価証券の例 　・　国債証券、地方債証券、社債券、新株予約権証券、株券 　・　日本銀行等の発行する出資証券 　・　投資信託、貸付信託の受益証券 　・　コマーシャルペーパー（CP）、外国法人が発行する譲渡性預金証書（海外CD） ②　ゴルフ会員権等は、非課税とはならない。 ③　有価証券に類するものの例 　・　登録された国債、地方債、社債、株券の発行がない株式等 　・　合名会社等の社員の持分、協同組合等の組合員や会員の持分等

		・　貸付金、預金、売掛金その他の金銭債権 ④　支払手段の例（これらのうち収集品や販売用のものは課税対象とされる。） ・　銀行券、政府紙幣、小額紙幣、硬貨 ・　小切手（旅行小切手を含む。）、為替手形、約束手形、信用状 ⑤　支払手段に類するものの例 ・　暗号資産
3	利子を対価とする貸付金等及び保険料を対価とする役務の提供等	○　非課税となるものの例 ・　国債、地方債、社債、新株予約権付社債、預金、貯金及び貸付金の利子 ・　集団投資信託、法人課税信託等の収益として分配される分配金 ・　信用の保証料、保険料、共済掛金、手形の割引料 ・　割賦販売、ローン提携販売及び割賦購入あっせんの手数料（契約においてその額が明示されているものに限る。）
4	(1)　郵便切手類、印紙及び証紙の譲渡	①　非課税とされもの ・　郵便局や印紙売りさばき所など一定の場所における郵便切手類又は印紙の譲渡 ・　地方公共団体又は売りさばき人が行う証紙の譲渡 ②　例えば、郵便切手類等がいわゆる金券ショップなどで販売される場合には課税対象となる。
	(2)　物品切手等の譲渡	①　物品切手等とは、商品券、ギフト券、ビール券、図書カードなどのように物品の給付、貸付け又は役務の提供に係る請求権を表彰する証書等をいう。 ②　物品切手等の発行について、交付した相手先から収受する金品は、資産の譲渡等の対価に該当しない。
5	(1)　国、地方公共団体等が法令に基づき徴収する手数料等に係る役務の提供	○　非課税とされるものの例 ・　次のイ及びロの要件を満たす手数料等 　イ　国、地方公共団体、公共法人、公益法人等が法令に基づいて行う事務で、登記、登録、許可、指定、検査、証明、公文書の交付等に係るものであること 　ロ　手数料等の徴収が法令に基づくものであること ・　上記イに類する一定の登録等（法令にその徴収の根拠が規定されていないもの） ・　執行官、公証人の手数料
	(2)　外国為替業務に係る役務の提供	○　次のものが非課税とされる。 ・　外国為替取引、対外支払手段（信用状、旅行小切手）の発行及び売買
6	公的な医療保障制度に係る療養、医療、施設療養又はこれらに類するものとしての資産の譲渡等	①　例えば、健康保険法、国民健康保険法等の規定に基づいて行われる社会保険医療等 ②　健康保険法、国民健康保険法等の規定に基づく医薬品又は医療用具の給付は非課税となるが、これらの療養等に該当しない医薬品の販売又は医療用具の販売等は課税資産の譲渡等に該当する。

消費税

7	(1)　介護保険に係る資産の譲渡等（利用者の選定による一部サービスを除く。）	○　介護保険法の規定に基づいて行われる居宅介護サービス費の支給に係る居宅サービス、施設介護サービス費の支給に係る施設サービス及びこれらに類するサービスで一定のもの
	(2)　社会福祉法に規定する社会福祉事業等	○　社会福祉法に規定する第一種社会福祉事業及び第二種社会福祉事業並びに更生保護事業法に規定する更生保護事業及び社会福祉事業として行われる資産の譲渡等に類するもののうち一定のもの
8	医師、助産師その他医療に関する施設の開設者による助産に係る資産の譲渡等	①　例えば、次のものが非課税とされている。 ・　妊娠しているか否かの検査 ・　妊娠していることが判明した時以降の検診、入院 ・　分娩の介助 ・　出産の日以後2月以内に行われる母体の回復検診 ・　新生児に係る検診及び入院 ②　保険診療に係る部分は6の公的医療として非課税となる。
9	埋葬に係る埋葬料、火葬に係る火葬料等	○　墓地、埋葬等に関する法律に規定される埋葬料、火葬料が該当する。なお、葬儀業者等に支払う葬儀料は課税の対象となる。
10	身体障害者の使用に供するための特殊な性状、構造又は機能を有する物品の譲渡、貸付け等	○　義肢、盲人安全つえ、義眼、点字器、車椅子等で身体障害者の使用に供するための特殊な性状、構造又は機能を有する物品で一定のものの譲渡、貸付け等
11	学校、専修学校、各種学校等の授業料、入学金、施設設備費等	○　例えば、学校、専修学校、各種学校等における次のもの ・　授業料 ・　入学金及び入園料 ・　施設設備費 ・　入学・入園のための試験に係る検定料 ・　在学証明、成績証明等に係る手数料
12	教科用図書の譲渡	○　学校教育法に規定する教科用図書の譲渡
13	住宅の貸付け	①　住宅とは、人の居住の用に供する家屋又は家屋のうち人の居住の用に供する部分をいい、一戸建ての住宅の他マンション、アパート、社宅、寮等が含まれる。 ②　住宅の貸付けとは、貸付けに係る契約において人の居住の用に供することが明らかにされているもの（契約においてその貸付けに係る用途が明らかにされていない場合にその貸付け等の状況からみて人の居住の用に供されていることが明らかな場合を含む。）に限られる。 ③　貸付けに係る期間が1月に満たない場合及びその貸付けが旅館業法に規定する旅館業に係る施設の貸付けに該当する場合は非課税とはならない。

【**法令等**】消法6①、別表第二、消令8、9②、14の4①、14の5、16の2、消基通6-1～13

㈹　**輸入取引における非課税**

　　国内における非課税取引とのバランスを図るため、保税地域から引き取られ
る外国貨物のうち、次に掲げるものが非課税とされている。

　① 有価証券等、　② 郵便切手類、　③ 印紙、　④ 証紙、
　⑤ 物品切手等、　⑥ 身体障害者用物品、　⑦ 教科用図書

　【法令等】 消法6②、別表第二の二

⑶　**輸出免税等**

イ　**輸出取引等に係る免税**

　　消費税は、国内において消費される財貨やサービスに対して税負担を求めるこ
ととしていることから、輸出して外国で消費されるものや国際通信、国際輸送な
ど輸出に類似する取引については、消費税が免除されている。

　【法令等】 消法7

ロ　**輸出取引等の範囲**

輸出取引等の範囲	○　国内からの輸出として行われる資産の譲渡又は貸付け（典型的な輸出）**【※】** ○　外国貨物の譲渡又は貸付け ○　国内と国外の間の旅客や貨物の輸送又は通信（国際輸送、国際通信） ○　外航船舶等の譲渡又は貸付け、修理で一定のもの ○　専ら国内及び国外にわたって又は国外の地域間で行われる貨物輸送用のコンテナーの譲渡、貸付け又は修理で一定のもの ○　外航船舶等の水先、誘導その他入出港若しくは離着陸の補助又は入出港、離着陸、停泊若しくは駐機のための施設の提供に係る役務の提供等で一定のもの ○　外国貨物の荷役、運送、保管、検数、鑑定等 ○　国内と国外の間の郵便又は信書便（国際郵便） ○　非居住者に対する無形固定資産等の譲渡又は貸付け ○　非居住者に対する役務の提供で次に掲げるもの以外のもの 　① 国内に所在する資産に係る運送又は保管 　② 国内における飲食又は宿泊 　③ ①及び②に掲げるものに準ずるもので、国内において直接便益を享受するもの

（注）　これらの輸出取引等の免税の適用を受けるためには、税関長が証明した「輸出証明書」など
　　輸出の事実を証明する所定の書類（これらの書類に係る電磁的記録を含む。）又は帳簿を整理し、
　　その輸出等を行った課税期間の末日の翌日から2月を経過した日から7年間、これを納税地又
　　はその取引に係る事務所、事業所その他これらに準ずるものの所在地に保存する必要がある。

【※】 最終的に輸出される資産の譲渡等であっても、例えば、次のような取引については、輸出免
　　税は適用されない。
　　① 輸出する物品の製造のための下請加工
　　② 輸出取引を行う事業者に対する国内での資産の譲渡等

　【法令等】 消法7、消令17、消規5、消基通7-1-1、7-2-1〜23

消費税

ハ　輸出物品販売場における輸出物品の譲渡に係る免税

項　目	内　容
制度の概要	輸出物品販売場（いわゆる免税店）を経営する事業者が、外国人旅行者などの免税購入対象者に対して免税対象物品を一定の方法で販売する場合には、消費税が免除される。
免税購入対象者	日本国籍を有しない非居住者については、「短期滞在」、「外交」又は「公用」の在留資格を有する者
免税対象物品	免税対象物品は、次のいずれにも該当するもの。 ①　通常生活の用に供する物品であること ②　一般物品（家電、バッグ、衣料品など消耗品以外のもの）と消耗品（飲食料品、医薬品、化粧品など）との別に、同一の輸出物品販売場における１日の同一の非居住者に対する販売価額の合計額が、一般物品は5,000円以上、消耗品は5,000円以上50万円以下であるもの【※１】【※２】
輸出物品販売場の開設	販売場ごとに事業者の納税地を所轄する税務署長の許可を受ける必要がある。【※３】
輸出物品販売場の種類	①　一般型輸出物品販売場 ②　手続委託型輸出物品販売場 ③　自動販売機型輸出物品販売場
電子情報処理組織による購入記録情報の提供	輸出物品販売場を経営する事業者は、購入記録情報（外国人旅行者等の旅券等に記載された情報及び免税対象物品の購入の事実を記録した電磁的記録をいう。）について、電子情報処理組織により遅滞なく国税庁長官に提供する必要がある。

【※１】　一般物品と消耗品の販売価額が各々、5,000円未満であったとしても、合計額が5,000円以上であれば、一般物品を消耗品と同様の指定された包装をすることにより、免税販売することができる。

【※２】　次のものは、免税対象物品から除かれる。
　　　①　事業用又は販売用として購入することが明らかな物品
　　　②　金又は白金の地金

【※３】　輸出物品販売場を経営する事業者は、納税地を所轄する税務署長の承認を受け、一定の手続を行うことにより臨時販売場（７月以内の期間を定めて設置する販売場）を設置することができる。

【法令等】消法８、消令18、消基通８－１－２、８－１－２の２

3　課税標準

(1)　国内取引の課税標準

区　分	課税標準の額
課税資産の譲渡等に係る課税標準（みなし譲渡等特殊な取引を含む。）	課税資産の譲渡等の対価の額【※１】
特定課税仕入れに係る課税標準	特定仕入れに係る支払対価の額【※２】

【※１】　「課税資産の譲渡等の対価の額」とは、課税資産の譲渡等の対価につき、対価として収受し、又は収受すべき一切の金銭又は金銭以外の物若しくは権利その他経済的な利益の額をいい、課

税資産の譲渡等につき課されるべき消費税額及び地方消費税額に相当する額を含まない。

(注) 1　「収受すべき」とは、原則として、当事者間で授受することとした対価の額をいう。

　　　2　「金銭以外の物若しくは権利その他経済的な利益」とは、実質的に資産の譲渡等の対価と同様の経済的効果をもたらすものをいう。

【※2】「特定課税仕入れに係る支払対価の額」とは、特定課税仕入れに係る支払対価につき、対価として支払い、又は支払うべき一切の金銭又は金銭以外の物若しくは権利その他経済的な利益の額をいう。

(注) 1　「支払うべき」とは、原則として、当事者間で授受することとした対価の額をいう（単なる定価、時価ではない。）。

　　　2　「金銭以外の物若しくは権利その他経済的な利益」とは、実質的に特定課税仕入れに係る支払対価と同様の経済的効果をもたらすものをいう。

　　　3　特定課税仕入れに係る課税標準は、課税資産の譲渡等に係る課税標準と異なり、「課税資産の譲渡等につき課されるべき消費税及び地方消費税に相当する額を含まない」とする規定がないことから、税抜計算する必要はなく、支払った対価の額がそのまま課税標準となる。

(2)　特殊な取引の課税標準

区　分	課　税　標　準　の　額
法人の役員に対する低額譲渡	対価の額がその資産の時価に比して著しく低いとき（通常の販売価額のおおむね50%未満の金額）は、その時価に相当する金額
代物弁済	その代物弁済により消滅する債務の額
負担付き贈与	その負担付き贈与に係る負担の価額
金銭以外の資産の出資	その出資により取得する株式の取得の時における時価
資産の交換	その交換により取得する資産の取得の時における時価【※】
個人事業者の棚卸資産等の家事消費等	その家事消費等の時における資産の時価
法人の役員に対する贈与	その贈与の時における資産の時価
軽減対象課税資産、軽減対象以外の課税資産及び非課税資産の区分のうち、異なる2以上の区分の資産を一括して譲渡した場合	○　資産の譲渡の対価の額が資産ごとに合理的に区分されている場合 　・　その資産の区分ごとの課税資産の譲渡の対価の額 ○　合理的に区分されていない場合 　・　軽減対象以外の課税資産の譲渡の対価の額 　　これらの資産の譲渡の対価の額に、これらの資産の譲渡の時におけるこれらの資産の価額の合計額のうちに軽減対象以外の課税資産の価額の占める割合を乗じて計算した金額 　・　軽減対象課税資産の譲渡の対価の額 　　これらの資産の譲渡の対価の額に、これらの資産の譲渡の時におけるこれらの資産の価額の合計額のうちに軽減対象課税資産の価額の占める割合を乗じて計算した金額
外貨建取引に係る対価	所得税又は法人税の課税所得金額の計算において外貨建ての取引に係る売上金額その他の収入金額につき円換算して計上すべきこととされている金額によるものとされている。

【※】　交換差金を授受する場合において、交換差金を受領するときはその額を譲渡する資産の時価に加算し、交換差金を支払うときはその額を譲渡する資産の時価から控除する。

【法令等】　消法28①③、消令45②、消基通10-1-2、10-1-7

消費税

Ⅳ　消費税

(3)　輸入取引の課税標準

区　分	課　税　標　準　の　額
輸入取引	保税地域から引き取られる課税貨物の関税課税価格（通常はCIF価格【※】）に、関税及び個別消費税額を合計した金額

【※】　「CIF価格」とは、いわゆる輸入港到着価格をいい、商品価格に輸入港に到着するまでに要する通常の運賃、保険料を加えた価格である。

【法令等】消法28④

4　税額算出方法・税率

(1)　税率

イ　消費税の税率

○　消費税の税率は、標準税率7.8％及び飲食料品等の譲渡に係る軽減税率6.24％の複数税率。

○　地方消費税は消費税額を課税標準として22/78（標準税率適用資産等で消費税率2.2％相当、軽減税率対象資産で消費税率1.76％相当）の税率で課され、消費税と地方消費税とを合わせた税率は標準税率10％及び軽減税率8％となる。

区　分	現　　　行		令和元年9月30日まで
	標準税率	軽減税率	
消費税率	7.8％	6.24％	6.3％
地方消費税率	消費税額の22/78（消費税率換算2.2％）	消費税額の22/78（消費税率換算1.76％）	消費税額の17/63（消費税率換算1.7％）
合　計	10.0％	8.0％	8.0％

【法令等】消法2①九の二、2①十一の二、29、別表一、別表一の二、地法72の83

ロ　軽減税率

項　目	内　　　容
軽減税率の適用対象	○　酒類、外食を除く飲食料品の譲渡 ○　週2回以上発行される新聞の譲渡（定期購読契約に基づくもの）
飲食料品の範囲等	○　軽減税率の適用対象となる飲食料品は、食品表示法に規定する食品（酒類を除く。）であり、一定の一体資産を含む。【※1】【※2】 ○　外食やケータリング等は、軽減税率の対象に含まれない。
一体資産の範囲等	○　「一体資産」とは、食品と食品以外の資産があらかじめ一体となっている資産で、その一体となっている資産に係る価格のみが提示されているものをいう。 ○　一体資産のうち、①税抜価額が10,000円以下であって、②食品の価額の占める割合が3分の2以上の場合は、その一体資産全体が軽減税率の適用対象となる。

外食の範囲等	○　軽減税率の対象とならない「外食」とは、飲食店営業等を営む者が、飲食に用いられる設備（飲食設備）がある場所において、飲食料品を飲食させる役務の提供をいう。【※3】
ケータリング等	○　「ケータリング等」とは、相手方が指定した場所において行う加熱、調理又は給仕等の役務を伴う飲食料品の提供をいう。【※4】

【※1】　食品表示法に規定する食品とは、人の飲用又は食用に供されるものをいい、医薬品、医薬部外品及び再生医療等製品が除かれ、食品衛生法に規定する添加物が含まれる。

【※2】　軽減税率が適用される取引か否かは、その取引の時点において、「食品（人の飲用又は食用に供されるもの）」として、取引されたか否かにより判定する。

【※3】　飲食店営業等を営む者が行うものであっても、いわゆるテイクアウトは、単なる飲食料品の譲渡であり、軽減税率の適用対象となる。

【※4】　出前や宅配等の場合は、単に飲食料品を届けるだけのものであるから、軽減税率の適用対象となる。

【法令等】 消法2①九の二、2①十一の二、29、別表一、別表一の二、消令2の3、2の4、消基通5－9－11

(2)　税額算出方法

課税標準額に対する消費税額から、仕入税額控除等の税額控除を行い、納付税額を計算します。

課税標準額	課税資産の譲渡等の対価の額
納付（還付）税額	課税標準額に対する消費税額　－　税額控除

令和5年10月1日以降の課税標準額に対する消費税額の計算の基礎となる売上税額及び仕入税額控除の計算の基礎となる仕入税額の計算は、次の①又は②を選択する。

① 積上げ計算　適格請求書に記載のある消費税額等を積み上げて計算する方法

② 割戻し計算　適用税率ごとの取引総額を割り戻して計算する方法

ただし、売上税額を積上げ計算により計算する場合は、仕入税額も積上げ計算により計算しなければならない。

(注) 売上税額の積上げ計算の選択は、適格請求書発行事業者に限られる。

イ　売上税額の算出方法

原則（割戻し計算）
税率ごとに区分した課税期間中の課税資産の譲渡等の税込価額の合計額に、108分の100又は110分の100を乗じて税率ごとの課税標準額を算出し、それぞれの税率（6.24％又は7.8％）を乗じて売上税額を算出する。 ①　軽減税率対象の売上税額 　　軽減税率対象の課税売上げ（税込み）×　100/108　＝　軽減税率対象の課税標準額 　　軽減税率対象の課税標準額　　　×　6.24％　＝　軽減税率対象の売上税額 ②　標準税率対象の売上税額

標準税率対象の課税売上げ（税込み）　×　100/110　＝　標準税率対象の課税標準額

標準税率対象の課税標準額　　　　　×　7.8%　＝　標準税率対象の売上税額

③　売上税額の合計額

軽減税率対象の売上税額　＋　標準税率対象の売上税額　＝　売上税額の合計額

特例（積上げ計算）

相手方に交付した適格請求書等の写しを保存している場合（電磁的記録を含む。）には、これらの書類に記載した消費税額等の合計額に100分の78を乗じて算出した金額を売上税額とすることができる。

適格請求書等に記載した消費税額等の合計額　×　78/100　＝　売上税額の合計額

【法令等】消法45、消令62①

ロ　仕入税額の算出方法

原則（積上げ計算）

相手方から交付を受けた適格請求書等（提供を受けた電磁的記録を含む。）に記載されている消費税額等のうち課税仕入れに係る部分の金額の合計額に100分の78を乗じて仕入税額を算出する。

請求書等に記載された消費税額等のうち
課税仕入れに係る部分の金額の合計額　×　78/100　＝　仕入税額の合計額

特例（割戻し計算）

税率ごとに区分した課税期間中の課税仕入れに係る支払対価の額の合計額に、108分の6.24又は110分の7.8を乗じて算出した金額を仕入税額とすることができる。

（注）　割戻し計算により仕入税額を計算できるのは、売上税額を割戻し計算している場合に限られる。

①　軽減税率対象の仕入税額

軽減税率対象の課税仕入れ（税込み）　×　6.24/108　＝　軽減税率対象の仕入税額

②　標準税率対象の仕入税額

標準税率対象の課税仕入れ（税込み）　×　7.8/110　＝　標準税率対象の仕入税額

③　仕入税額の合計額

軽減税率対象の仕入税額　＋　標準税率対象の仕入税額　＝　仕入税額の合計額

【法令等】消法30①、消令46①②③

ハ　売上税額と仕入税額の計算方法の関係

売上税額	仕入税額
割戻し計算（原則）【※1】	積上げ計算（原則）
	割戻し計算（特例）
積上げ計算（特例）	積上げ計算（原則）【※2】

（注）　売上税額の計算方法において、「割戻し計算」と「積上げ計算」を併用することは認められているが、仕入税額の計算方法において、「積上げ計算」と「割戻し計算」を併用することはできない。

【※1】　売上税額の計算において「割戻し計算」を選択した場合、仕入税額は積上げ計算（原則）又は割戻し計算（特例）のいずれかを選択することができる。

【※2】　売上税額の計算において「積上げ計算」を選択した場合、仕入税額の計算では「割戻し

計算」を適用することはできない。

【法令等】消法30①、45①⑤、消令46③、消基通11－1－9

(3)　税額控除

税額控除	仕入税額控除	一般課税
		簡易課税
	対価の返還等の場合の税額控除	売上げに係る対価の返還等をした場合の税額控除
		特定課税仕入れに係る対価の返還等を受けた場合の税額控除
	貸倒れが生じた場合の税額控除	

イ　仕入税額控除

(イ)　仕入税額控除の概要

　　課税事業者は、国内において行った課税仕入れに係る消費税額、特定課税仕入れに係る消費税額及び保税地域から引き取る課税貨物につき課された又は課されるべき消費税額（課税仕入れ等の税額）を、課税仕入れ等の日の属する課税期間の課税標準額に対する消費税額から控除することとされている。

用　語	定　義
課税仕入れ	課税仕入れとは、事業者が、事業として他の者【※1】から資産を譲り受け、若しくは借り受け、又は役務の提供を受けることをいう。【※2】【※3】【※4】【※5】【※6】
特定課税仕入れ	特定課税仕入れとは、課税仕入れのうち特定仕入れに該当するものをいう。

【※1】　「他の者」には、課税事業者に限らず、免税事業者や消費者も含まれる。
【※2】　給与を対価とする役務の提供は含まれない。
【※3】　他の者が事業として資産を譲り渡し、若しくは貸し付け、又は役務の提供をしたと仮定（「事業者が事業として」に該当）した場合に、課税資産の譲渡等に該当することとなるもので、消費税が免除されるもの以外のものに限られる（給与を対価とする役務の提供は含まれない。）。
【※4】　居住用賃貸建物（住宅の貸付けの用に供しないことが明らかな建物以外の建物であって高額特定資産又は調整対象自己建設高額資産に該当するもの）の課税仕入れについては、仕入税額控除制度の適用が受けられないこととされた。ただし、居住用賃貸建物のうち、住宅の貸付けの用に供しないことが明らかな部分については、引き続き仕入税額控除の対象となる。
【※5】　密輸に対応するための制度
　　①　国内において事業者が行う金又は白金の地金の課税仕入れについては、その相手方の本人確認書類を保存しない場合、仕入税額控除制度の適用を受けることができない。
　　②　密輸品（金又は白金の地金に限らず、密輸された全ての資産が対象となる。）と知りながら行った課税仕入れは、仕入税額控除制度の適用を受けることができない。
【※6】　輸出物品販売場における免税購入された物品と知りながら行った課税仕入れは、仕入税額控除の適用を受けることができない。

　　【法令等】消法2①八の二・十二、4①、5①、30①、30⑩、30⑪、30⑫、消基通11－1－1、11－1－3

Ⅳ　消費税

㈁　仕入税額控除の要件

　　課税事業者は、課税仕入れ等に係る消費税額を控除するためには、原則として、課税仕入れ等の事実を記載した帳簿及び請求書等（特定課税仕入れに係るものである場合等は帳簿）の書類を課税期間の末日の翌日から2月を経過した日から7年間保存することとされている。

　　適格請求書等保存方式（インボイス制度）の下においては、一定の事項を記載した帳簿及び税務署長の登録を受けた適格請求書発行事業者が交付する「適格請求書（いわゆるインボイス）」等の保存が仕入税額控除の要件となる。

【参考：仕入税額控除の要件の変遷】

～令和元年9月30日	令和元年10月1日～	令和5年10月1日～
帳簿請求書等保存方式	区分記載請求書等保存方式	適格請求書等保存方式

【法令等】 消法30⑦、消令50①

A　帳簿の記載事項

区　分	記　載　事　項
課税仕入れ	①　課税仕入れの相手方の氏名又は名称（再生資源卸売業者等、不特定多数の者から課税仕入れを行う事業に係る課税仕入れについては記載を省略できる。） ②　課税仕入れを行った年月日 ③　課税仕入れの内容（軽減税率の対象となる資産の譲渡等である場合はその旨） ④　課税仕入れの対価の額
特定課税仕入れ	上記「課税仕入れ」の記載事項に加え、 ①　「特定課税仕入れに係るものである旨」
消費者向け電気通信利用役務の提供	上記「課税仕入れ」の記載事項に加え、 ①　登録国外事業者の「登録番号」
課税貨物	①　引取年月日 ②　課税貨物の内容 ③　課税貨物の引取りに係る消費税額及び地方消費税額又はその合計額

B　適格請求書等の記載事項

区　分	記　載　事　項
適格請求書	①　適格請求書発行事業者の氏名又は名称及び登録番号 ②　課税資産の譲渡等を行った年月日 ③　課税資産の譲渡等に係る資産又は役務の内容（課税資産の譲渡等が軽減対象資産の譲渡等である場合には、資産の内容及び軽減対象資産の譲渡等である旨）

	④　課税資産の譲渡等の税抜価額又は税込価額を税率ごとに区分して合計した金額及び適用税率 ⑤　税率ごとに区分した消費税額等【※1】 ⑥　書類の交付を受ける事業者の氏名又は名称
適格簡易請求書	小売業など一定の事業を行う場合には、適格請求書に代えて、適格簡易請求書を交付することができる。適格簡易請求書は、「書類の交付を受ける事業者の氏名又は名称」の記載が不要である。 ①　適格請求書発行事業者の氏名又は名称及び登録番号 ②　取引年月日 ③　取引内容（軽減税率の対象品目である旨） ④　税率ごとに区分して合計した対価の額（税抜き又は税込み） ⑤　税率ごとに区分した消費税額等【※1】又は適用税率
仕入明細書・ 仕入計算書等 【※2】	①　仕入明細書の作成者の氏名又は名称 ②　課税仕入れの相手方の氏名又は名称及び登録番号 ③　課税仕入れを行った年月日 ④　課税仕入れに係る資産又は役務の内容（課税仕入れが他の者から受けた軽減対象資産の譲渡等に係るものである場合には、資産の内容及び軽減対象資産の譲渡等に係るものである旨） ⑤　税率ごとに合計した課税仕入れに係る支払対価の額及び適用税率 ⑥　税率ごとに区分した消費税額等

【※1】　税率ごとに区分した消費税額等に1円未満の端数が生じる場合には、一の適格請求書につき、税率ごとに1回の端数処理を行う。

【※2】　課税仕入れを行った事業者が作成した仕入明細書等で、記載事項について相手方の確認を受けたものであり、仕入明細書等による仕入税額控除は、その課税仕入れが他の事業者が行う課税資産の譲渡等に該当する場合に限り、行うことができる。

C　帳簿のみの保存で仕入税額控除の適用が受けられる場合

次の取引については、一定の事項を記載した帳簿のみの保存で仕入税額控除が認められる。【※】
①　適格請求書の交付義務が免除される3万円未満の公共交通機関による旅客の運送
②　適格簡易請求書の記載事項（取引年月日を除きます。）が記載されている入場券等が使用の際に回収される取引（①に該当するものを除く。）
③　古物営業を営む者の適格請求書発行事業者でない者からの古物（古物営業を営む者の棚卸資産に該当するものに限る。）の購入
④　質屋を営む者の適格請求書発行事業者でない者からの質物（質屋を営む者の棚卸資産に該当するものに限る。）の取得
⑤　宅地建物取引業を営む者の適格請求書発行事業者でない者からの建物（宅地建物取引業を営む者の棚卸資産に該当するものに限る。）の購入
⑥　適格請求書発行事業者でない者からの再生資源及び再生部品（購入者の棚卸資産に該当するものに限る。）の購入
⑦　適格請求書の交付義務が免除される3万円未満の自動販売機及び自動サービス機からの商品の購入等
⑧　適格請求書の交付義務が免除される郵便切手類のみを対価とする郵便・貨物サ

消費税

　　ービス（郵便ポストに差し出されたものに限る。）
　⑨　従業員等に支給する通常必要と認められる出張旅費等（出張旅費、宿泊費、日
　　当及び通勤手当）

【※】　中小事業者（基準期間における課税売上高が1億円以下又は特定期間における
　　課税売上高が5,000万円以下である事業者）が、令和5年10月1日から令和11年9
　　月30日までの間の支払対価が1万円未満の課税仕入れについては、適格請求書等
　　の保存がなくても帳簿の保存のみで仕入税額控除が可能とされている（少額特
　　例）。
　【法令等】消法30⑦、消令49①、消規15の4

【参考】区分記載請求書等保存方式（令和5年9月30日まで）
　　　仕入税額控除を行うためには、課税仕入れ等の事実を記録し、区分経理に対
　　応した帳簿及び事実を証する請求書等の両方の保存が必要となります。これら
　　の両方が保存されていない場合は、保存されていない課税仕入れ等に係る消費
　　税額は控除の対象となりません。
　　　なお、令和5年9月30日までに行われた課税仕入れについては、区分記載請
　　求書等の保存が必要となります。
①　帳簿の記載事項
　　　帳簿の記載事項は、適格請求書等保存方式における帳簿の記載事項と同じ。

②　請求書等の記載事項

区　分	記　載　事　項
課税仕入れ	○　請求書・納品書等（課税仕入れについて相手方が発行した請求書、納品書等） ①　区分記載請求書発行者の氏名又は名称 ②　課税資産の譲渡等を行った年月日 ③　課税資産の譲渡等の内容（軽減税率の対象となる資産の譲渡等である場合はその旨） ④　税率ごとに区分して合計した課税資産の譲渡等の対価の額（税込み） ⑤　書類の交付を受ける事業者の氏名又は名称 （小売業、飲食店業等不特定多数の者に対し資産の譲渡等を 行う事業者から交付を受ける書類で、これらの事業に係るものについては⑤の記載が省略されていても差し支えないこととされている） ○　仕入明細書・仕入計算書等（課税仕入れを行った事業者が作成した仕入明細書等で、記載事項について相手方の確認を受けたもの） ①　仕入明細書作成者の氏名又は名称 ②　課税仕入れの相手方の氏名又は名称 ③　課税仕入れを行った年月日 ④　課税仕入れの内容（軽減税率の対象となる資産の譲渡等であ

	る場合はその旨） 　⑤　税率ごとに区分して合計した課税資産の譲渡等の対価の額（税込み）
消費者向け電気通信利用役務の提供	上記「課税仕入れ」の記載事項に加え、 ①　登録国外事業者の「登録番号」 ②　「課税資産の譲渡等を行った者が消費税を納める義務がある旨」
課税貨物	税関長から交付を受けた輸入許可書等（これらの書類に係る電磁的記録を含む。） ①　保税地域の所轄税関長 ②　引取り可能になった年月日 ③　課税貨物の内容 ④　課税貨物の価額並びに消費税額及び地方消費税額 ⑤　書類の交付を受ける事業者の氏名又は名称

(ハ)　免税事業者等からの仕入れに係る経過措置

　　適格請求書等保存方式の導入後は、免税事業者や消費者など適格請求書発行事業者以外の者からの課税仕入れは、原則として、仕入税額控除を行うことはできないが、区分記載請求書等と同様の事項が記載された請求書等及びこの経過措置の規定の適用を受ける旨を記載した帳簿を保存している場合には、次のとおり、一定の期間、仕入税額相当額の一定割合を仕入税額として控除できる。

【※】

①　令和５年10月１日から令和８年９月30日までの期間

　　　……仕入税額相当額の80％

②　令和８年10月１日から令和11年９月30日までの期間

　　　……仕入税額相当額の50％

　【※】　令和６年10月１日以後に開始する課税期間から、一の適格請求書発行事業者以外の者からの課税仕入れの額の合計額がその年又はその事業年度で10億円を超える場合には、その超えた部分の課税仕入れについては、この経過措置の適用が認められない。

　【法令等】平28年改正法附則52、53

(ニ)　仕入控除税額の計算

A　概要

　　課税仕入れ等に係る消費税額から実際に控除できる税額（仕入控除税額）を計算する方法は、その課税期間中の課税売上高が５億円を超えるかどうか、又は５億円以下であっても課税売上割合が95％以上であるか、95％未満であるかによって異なる。

消費税

Ⅳ　消費税

課税仕入れ等の税額	一般課税適用者	課税資産の譲渡等のみを行っている事業者	全額控除
		その課税期間の課税売上高【※】が５億円以下、かつ、課税売上割合が95％以上	
		その課税期間の課税売上高【※】が５億円超	①個別対応方式、②一括比例配分方式のいずれかにより計算
		課税売上割合が95％未満	
	簡易課税制度適用者		みなし仕入れ率により計算

【※】　$\dfrac{その課税期間}{の課税売上高} = \dfrac{その課税期間中に国内におい}{て行った課税資産の譲渡等の} - \dfrac{その課税期間における売}{上げに係る対価の返還等}$　　対価の額の合計額（税抜き）　　　の金額の合計額（税抜き）

【法令等】消法30②⑥、37、消令47の２、57

B　課税売上割合

課税売上割合は、次の式により計算する。

$$課税売上割合 = \frac{その課税期間中に国内において行った課税資産の譲渡等の対価の額の合計額（課税資産の譲渡等に係る対価の返還等の金額を控除した金額）（税抜き）}{その課税期間中に国内において行った資産の譲渡等の対価の額の合計額（資産の譲渡等に係る対価の返還等の金額を控除した金額）（税抜き）}$$

$$= \frac{課税売上高（税抜き）＋　免税売上高}{課税売上高（税抜き）＋　非課税売上高　＋　免税売上高}$$

課税売上割合の計算に当たって注意する主な事項	
分母・分子に含めるもの	○　非課税資産の輸出を行った場合における非課税資産の譲渡の対価の額 ○　国外における資産の譲渡等又は自己の使用のために輸出した資産の価額（FOB価額）
分母・分子に含めないもの	○　通貨、小切手等の支払手段の譲渡 ○　暗号資産の譲渡 ○　特別引出権の譲渡 ○　資産の譲渡等の対価として取得した金銭債権の譲渡 ○　売現先に係る国債等又は海外CD、CP等の譲渡
分母に含めるもの	○　合名会社、合資会社、合同会社、協同組合等の社員等の持ち分の譲渡対価 ○　公社債、貸付金、預貯金等の受取利息の額 ○　買現先に係る国債等又は海外CD、CP等の益部分の額 ○　合同運用信託、投資信託、特定目的信託又は特定公益信託等の収益の分配金の額 ○　国債等の償還差益の額 ○　抵当証券の受取利息の額 ○　手形の受取割引料の額

分母に５％相当額を含めるもの	○　貸付金、預金（居住者発行のCD）、売掛金その他の金銭債権（資産の譲渡等の対価として取得したものを除く。）の譲渡対価 ○　有価証券（金融商品取引法第２条第１項に規定する有価証券で、ゴルフ場利用株式等を除き、先物取引のうち現物（株式）の受渡しが行われた場合を含む。）の譲渡対価 ○　金融商品取引法第２条第１項第１号から第15号までに掲げる有価証券及び同項第17号に掲げる有価証券（同項第16号に掲げる有価証券の性質を有するものを除く。）に表示されるべき権利（有価証券が発行されていないものに限る。）の譲渡対価 ○　株主又は投資主となる権利、優先出資者となる権利、特定社員又は優先出資社員となる権利その他法人の出資者となる権利の譲渡対価 ○　海外CD、CPの譲渡（現先取引を除く。）の対価
分母から控除するもの	○　買現先に係る国債等又は海外CD、CP等の損部分の額 ○　国債等の償還差損の額

【法令等】消法30⑥、消令48

C　個別対応方式

　個別対応方式とは、その課税期間中において行った課税仕入れ等について、次の３つの用途に区分が明らかにされている場合に、次の計算式により仕入控除税額を計算する。

区分	①　課税資産の譲渡等にのみ要するもの【※１】 ②　その他の資産（非課税資産）の譲渡等にのみ要するもの【※２】 ③　課税資産の譲渡等とその他の資産の譲渡等に共通して要するもの【※３】
計算式	仕入控除税額 ＝ ①に係る課税仕入れ等の税額 ＋（③に係る課税仕入れ等の税額 × 課税売上割合【※４】）

【※１】　課税資産の譲渡等にのみ要するものの例
　　○　そのまま他に譲渡される課税資産
　　○　課税資産の製造用にのみ消費し、又は使用される原材料、容器、包装、機械及び装置、工具、器具、備品等
　　○　課税資産に係る倉庫料、運送費、広告宣伝費、支払手数料又は支払加工賃等
【※２】　その他の資産の譲渡等にのみ要するものの例
　　○　販売用の土地の造成費用
　　○　賃貸用住宅の建設費
　　○　販売用の土地の取得に係る仲介手数料
　　○　土地の譲渡に係る仲介手数料
　　○　有価証券の売買手数料
　　○　住宅の賃貸に係る仲介手数料
【※３】　課税資産の譲渡等とその他の資産の譲渡等に共通して要するものの例
　　○　福利厚生費、交際費等の一般管理費
　　○　課税資産を贈与した場合のその物品の取得費
　　○　土地及び建物の一括譲渡に係る仲介手数料
【※４】　所轄税務署長の承認を受けた場合には、課税売上割合に代えて、「課税売上割合に準ずる割合」によることができる。
　　　「課税売上割合に準ずる割合」とは、使用人の数又は従事日数の割合、消費又は使

消費税

用する資産の価額、使用数量、使用面積の割合その他課税資産の譲渡等とその他の資産の譲渡等に共通して要するものの性質に応ずる合理的な基準により算出した割合をいう。

【法令等】 消法30②一、30③、消基通11-5-7、11-5-8

D　一括比例配分方式

　一括比例配分方式とは、課税仕入れ等の消費税額を、個別対応方式を適用する前提となる用途区分が明らかにされていない場合や用途区分が明らかにされていても納税者が選択した場合の仕入控除税額の計算方式であり、仕入控除税額は次の算式により算出される。

　なお、一括比例配分方式を選択した事業者は、2年間は継続して適用した後でなければ、個別対応方式に変更することはできない。

仕入控除税額　＝　その課税期間中の課税仕入れ等の税額　×　課税売上割合

【法令等】 消法30②二、30⑤、消基通11-2-21

㈱　仕入控除税額の調整

区　　　分	内　　　容
仕入れに係る対価の返還等を受けた場合	課税仕入れ又は特定課税仕入れについて返品し、又は値引き等があったことにより、対価の返還等を受けた場合は、その返還を受けた課税期間中の課税仕入れ等の税額の合計額からその対価の返還等に係る消費税額【※1】を控除する。 （計算方法） 仕入対価の返還等に係る消費税額　＝　仕入対価の返還等の金額（税込み）　×　$\dfrac{7.8\%（又は6.24\%）}{100\%+10\%（又は8\%）}$
非課税資産を輸出した場合等	非課税資産の輸出取引等（有価証券及び支払手段等特定のものの輸出を除く。）を行った場合（例えば、金銭の貸付けや社債等の取得で債務者が非居住者であるもの等をいう。）及び海外支店等に資産（有価証券及び支払手段等特定のものを除く。）を移送する場合は、課税資産の譲渡等に係る輸出取引等とみなされる。 この場合には、その輸出取引等の対価相当額を課税売上割合の分母、分子に算入することとなる。【※2】
課税売上割合が著しく変動した場合	課税事業者が調整対象固定資産【※3】の課税仕入れ等に係る消費税額について、比例配分法【※4】により仕入れに係る消費税額を計算した場合（全額が控除された場合を含む。）において、その計算に用いた課税売上割合と、その後3年間の通算課税売上割合と比較して著しく増加又は減少した場合で、第3年度の課税期間の末日にその調整対象固定資産を保有している場合は、第3年度の課税期間において仕入控除税額を増額又は減額して調整する。

課税業務用から非課税業務用に転用した場合	課税事業者が、個別対応方式により仕入控除税額を計算した場合で、調整対象固定資産【※3】を課税業務用のみに使用するものとして全額控除した場合において、これを3年以内に非課税業務用にのみ使用するものものとして用途を変更したときは、その調整対象固定資産の課税仕入れ等に係る消費税額のうち変更した課税期間に応じた税額をその用途を変更した課税期間の仕入控除税額から控除する。【※5】
非課税業務用から課税業務用に転用した場合等	課税事業者が、個別対応方式により仕入控除税額を計算した場合で、調整対象固定資産【※3】を非課税業務用のみに使用するものとしていた場合において、これを3年以内に課税業務用にのみ使用するものとして用途を変更したときは、その調整対象固定資産の課税仕入れ等に係る消費税額のうちその変更した課税期間に応じた税額をその用途を変更した課税期間の仕入控除税額に加算する。【※5】
居住用賃貸建物の取得等に係る消費税額の調整	①　第3年度の課税期間の末日にその居住用賃貸建物を有しており、かつ、その居住用賃貸建物の全部又は一部を調整期間【※6】に課税賃貸用に供した場合は、次の算式で計算した消費税額を第3年度の課税期間の仕入控除税額に加算する。$$加算する消費税額 = 居住用賃貸建物の課税仕入れ等に係る消費税額 \times \frac{Aのうち課税賃貸用に供したものに係る金額}{調整期間に行った居住用賃貸建物の貸付けの対価の額の合計額(A)}$$②　その居住用賃貸建物の全部又は一部を調整期間【※6】に他の者に譲渡した場合は、次の算式で計算した消費税額を第3年度の課税期間の仕入控除税額に加算する。$$加算する消費税額 = 居住用賃貸建物の課税仕入れ等に係る消費税額 \times \frac{Bのうち課税賃貸用に供したものに係る金額 + Cの金額}{課税資産等調整期間【※7】に行った居住用賃貸建物の貸付けの対価の額の合計額(B) + 居住用賃貸建物の譲渡の対価の額(C)}$$
免税事業者が課税事業者となった場合	免税事業者が新たに課税事業者となる場合に、課税事業者となる日の前日において所有する棚卸資産のうちに、納税義務が免除されていた期間において仕入れた棚卸資産がある場合は、その棚卸資産に係る消費税額を課税事業者になった課税期間の仕入れに係る消費税額の計算の基礎となる課税仕入れ等の税額とみなして、仕入税額控除の対象となる。【※8】【※9】
課税事業者が免税事業者となる場合	課税事業者が免税事業者となる課税期間の直前の課税期間に仕入れた課税仕入れ等に係る棚卸資産を、その直前の課税期間の末日において所有している場合には、その棚卸資産に係る課税仕入れ等の税額は、その直前の課税期間における仕入控除税額の計算の対象とすることはできない。【※8】【※10】

【※1】　対価の返還等に係る消費税額は、仕入れに係る消費税額の算出に採用している方法と同一の方法で計算し、控除しきれない場合には、その控除しきれない金額を課税資産の譲渡等に係る消費税額とみなして、課税標準額に対する消費税額に加算する。

【※2】　輸出されたことについての証明がない場合には適用されない。

【※3】　「調整対象固定資産」とは、建物、構築物、機械及び装置、船舶、航空機、車両及び運

搬具、工具、器具及び備品、鉱業権その他の資産で、一取引につき100万円（税抜き）以上のものをいう。

【※４】　「比例配分法」とは、仕入控除税額の計算に当たって、個別対応方式による課税売上割合を乗じて計算する方法又は一括比例配分方式により計算する方法をいう。

【※５】　調整税額

1年以内の転用	調整対象資産の課税仕入れ等の税額の全額
1年超、2年以内の転用	調整対象資産の課税仕入れ等の税額の2/3
2年超、3年以内の転用	調整対象資産の課税仕入れ等の税額の1/3

【※６】　調整期間とは、居住用賃貸建物の仕入れ等の日から第３年度の課税期間の末日までの間をいう。

【※７】　課税譲渡等調整期間とは、居住用賃貸建物の仕入れ等の日からその居住用賃貸建物を他の者に譲渡した日までの間をいう。

【※８】　この対象となる棚卸資産は、商品、製品、半製品、仕掛品、原材料、貯蔵中の消耗品等で、現に所有しているものをいう。

【※９】　免税事業者である期間において行った課税仕入れについて、適格請求書発行事業者から行ったものであるか否かの区分は不要であり、課税仕入れの相手方が免税事業者であっても、課税仕入れの対価を税込対価とみてその税相当額の全額について仕入税額控除の適用を受けることができる。

【※10】　経過措置の適用を受けて消費税相当額の80％又は50％が仕入税額控除の対象とされた免税事業者からの課税仕入れに係る棚卸資産について、課税事業者から免税事業者となる場合の棚卸資産の調整の適用を受ける場合には、その消費税相当額の80％又は50％について、仕入れに係る消費税額の計算の基礎となる課税仕入れ等の税額に含まれないこととされている。

【法令等】消法２①十五・十六、31 ～ 36、平28年改正法附則52④、53④、消令
　　　　　5、51③

(ヘ)　簡易課税制度

　　簡易課税制度は、中小事業者の事務負担に配慮して設けられたもので、原則として、基準期間における課税売上高が5,000万円以下の事業者が、選択によって課税売上高を基に仕入控除税額を計算することができる制度。

【法令等】消法37①

A　簡易課税の適用要件等

区　分	内　　　容
対象事業者 （適用要件）	○　基準期間における課税売上高が5,000万円以下であること ○　「消費税簡易課税制度選択届出書」を、原則として、適用しようとする課税期間の開始の日の前日までに所轄税務署長に提出していること【※１】
簡易課税制度の選択をやめようとするとき	○　簡易課税制度の選択をやめようとするときは、やめようとする課税期間の初日の前日までに「消費税簡易課税制度選択不適用届出書」を提出する必要がある。 ○　ただし、事業を廃止した場合を除き、2年間の継続適用をした後の課税期間でなければこの不適用届出書を提出して簡易課税制度の適用をやめることができない。

調整対象固定資産の仕入れ等を行った場合の簡易課税制度選択届出書の提出制限	○　課税事業者選択届出書を提出して課税事業者となった事業者又は新設法人に該当する事業者が調整対象固定資産【※2】の課税仕入れ等を行った場合には、その調整対象固定資産の課税仕入れの日の属する課税期間の初日から原則として3年間は、「消費税簡易課税制度選択届出書」を提出することはできない。
高額特定資産の仕入れ等を行った場合の簡易課税選択届出書の提出制限	○　事業者が事業者免税点制度及び簡易課税制度の適用を受けない課税期間中に高額特定資産の仕入れ等を行った場合には、その高額特定資産【※3】の仕入れ等の日の属する課税期間の初日から原則として3年間は、「消費税簡易課税制度選択届出書」を提出することはできない。 ○　自己建設高額特定資産【※4】については、その建設に要した仕入れ等の支払対価の額の税抜きの累計額が1,000万円以上となった日から、その自己建設高額特定資産の建設等が完了した日の属する課税期間の初日から原則として3年間は、「消費税簡易課税制度選択届出書」を提出することはできない。
高額特定資産である棚卸資産等について調整措置の適用を受けた場合の簡易課税選択届出書の提出制限	○　事業者が、高額特定資産【※3】である棚卸資産等について、消費税法第36条第1項又は第3項の規定（棚卸資産の調整措置）の適用を受けた場合には、その適用を受けた課税期間の翌課税期間からその適用を受けた課税期間の初日以後3年を経過する日の属する課税期間の初日の前日までの期間は、「消費税簡易課税制度選択届出書」を提出することはできない。 ○　事業者が、調整対象自己建設高額資産【※5】について、棚卸資産の調整措置の適用を受けた場合には、その適用を受けた課税期間の翌課税期間からその適用を受けた課税期間（その適用を受けることとなった日の前日までに建設等が完了していない調整対象自己建設高額資産にあっては、その建設等が完了した日の属する課税期間）の初日以後3年を経過する日の属する課税期間の初日の前日までの期間は、「消費税簡易課税制度選択届出書」を提出することはできない。

【※1】　消費税簡易課税制度選択届出書は、不適用の届出書を提出しない限り、その効力は失われず継続するため、適用の途中で基準期間における課税売上高が5,000万円を超えたり、免税事業者になっても、その後の課税期間の基準期間における課税売上高が1,000万円を超え5,000万円以下となった時は、その課税期間において簡易課税制度の適用を受けることになる。

【※2】　調整対象固定資産とは、建物、構築物、機械及び装置、船舶、航空機、車両及び運搬具、工具、器具及び備品、鉱業権その他の資産で、一取引につき100万円（税抜き）以上のものをいう。

【※3】　高額特定資産とは、棚卸資産及び調整対象固定資産のうち、一の取引単位につき、課税仕入れ等の金額（税抜き）が1,000万円以上のものをいう。

【※4】　自己建設高額特定資産とは、他の者との契約に基づき、又は棚卸資産若しくは調整対象固定資産として自ら建設等をした高額特定資産をいう。

【※5】　調整対象自己建設高額資産とは、他の者との契約に基づき、又は事業者の棚卸資産として自ら建設等をした棚卸資産で、その建設等に要した課税仕入れに係る支払対価の額の100/110に相当する金額等の累計額が1,000万円以上となったものをいう。

【法令等】消法2①十五、12の4、37、消令5、消基通13-1-3

B　簡易課税制度による場合の仕入控除税額の計算

○　簡易課税制度の適用を受けた場合は、次の算式により計算した金額を仕入控除税額とみなして、その課税期間の課税標準額に対する消費税額から控除することができる。

> 仕入控除税額 ＝ 課税標準額に対する消費税額 × みなし仕入れ率

(注)1　売上げに係る対価の返還等をした若しくは特定課税仕入れに係る対価の返還を受けた場合には、それぞれの「課税標準額に対する消費税額」から、それぞれ売上対価の返還等若しくは特定課税仕入対価の返還等に係る消費税額の合計を控除する。
　　　2　貸倒回収額がある場合には、「課税標準額に対する消費税額」に貸倒回収額に係る消費税額を加算する。

【法令等】消法37

C　みなし仕入れ率

事業区分	みなし仕入率	該当する事業
第1種事業 （卸売業）	90%	卸売業（他の者から購入した商品をその性質及び形状を変更しないで、他の事業者に販売する事業）
第2種事業 （小売業）	80%	小売業（他の者から購入した商品をその性質及び形状を変更しないで販売する事業で、第一種事業以外のもの（消費者に販売する事業）） 農業、林業、漁業（飲食料品の譲渡を行う部分）
第3種事業 （製造業等）	70%	農業、林業、漁業（飲食料品の譲渡を行う部分を除く。） 鉱業、建設業、製造業（製造小売を含む。）、電気業、ガス業、熱供給業及び水道業【※】
第4種事業 （飲食店等）	60%	第1種事業、第2種事業、第3種事業、第5種事業及び第6種事業以外の事業。例えば、飲食店業等が該当し、事業者が自己で使用していた固定資産を譲渡する場合も該当する。
第5種事業 （サービス業等）	50%	第1種事業から3種事業までの事業以外の事業のうち、運輸通信業、金融業・保険業、サービス業（飲食店に該当する事業は除く。）が該当する。
第6種事業 （不動産業）	40%	第1種事業、第2種事業、第3種事業及び第5種事業以外の事業のうち、不動産業が該当する。

【※】　第1種事業又は第2種事業に該当するもの及び加工賃その他これに類する料金を対価とする役務提供を行う事業を除く。

【法令等】消令57①⑤⑥

D　2以上の事業を行っている場合のみなし仕入率

原　則　計　算
それぞれの事業区分ごとの課税売上高に係る消費税額に、それぞれの事業区分ごとのみなし仕入率を乗じたものの加重平均値となる。

みなし仕入れ率 ＝

第1種事業に係る消費税額×90％	＋	第2種事業に係る消費税額×80％	＋	第3種事業に係る消費税額×70％	＋	第4種事業に係る消費税額×60％	＋	第5種事業に係る消費税額×50％	＋	第6種事業に係る消費税額×40％
第1種事業に係る消費税額	＋	第2種事業に係る消費税額	＋	第3種事業に係る消費税額	＋	第4種事業に係る消費税額	＋	第5種事業に係る消費税額	＋	第6種事業に係る消費税額

【法令等】 消令57②

特　例　計　算
(イ)　1事業に係る課税売上高が75％以上の場合 　2以上の事業を営む事業者で、特定の一事業のその課税期間の課税売上高が全体の75％以上を占める事業者は、その75％以上を占める事業のみなし仕入率をその事業者の課税売上高に係る消費税額の全体に対して適用することができる。 みなし仕入れ率 ＝ 75％以上を占める事業のみなし仕入れ率
(ロ)　2事業に係る課税売上高が75％以上の場合 　3以上の事業を営む事業者で、特定の2事業のその課税期間の課税売上高の合計額が全体の75％以上を占める事業者は、そのうちみなし仕入率の高い事業に係る消費税額については、その事業に適用されるみなし仕入率をそのまま適用し、それ以外の事業に係る消費税額については、特定の二事業のうち低い方のみなし仕入率を適用することができる。

みなし仕入れ率 ＝

2事業のうちみなし仕入れ率の高い事業（A）に係る消費税額	×	Aのみなし仕入れ率	＋	A以外の事業に係る消費税額	×	2事業のうちみなし仕入れ率の低い事業に係るみなし仕入れ率
課税売上げに係る消費税額						

(注)　事業者が営む事業ごとに課税売上高を区分していない場合
　　　2以上の事業を営む事業者が、事業ごとに区分していない課税売上高がある場合には、区分していない課税売上高に係る事業のみなし仕入率のうち最も低いみなし仕入率を、区分していない課税売上高に係る消費税額に適用して計算する。

【法令等】 消令57③、④、消基通13－4－1、13－4－2

(ヘ)　小規模事業者に係る税額控除に関する経過措置（2割特例）

　適格請求書発行事業者の令和5年10月1日から令和8年9月30日までの日の属する各課税期間において、免税事業者が適格請求書発行事業者となったこと又は課税事業者選択届出書を提出したことにより事業者免税点制度の適用を受けられない場合には、納付税額を課税標準額に対する消費税額の2割とするこ

とができる。

A　2割特例の適用対象者

　　適格請求書等保存方式を機に免税事業者から適格請求書発行事業者として課税事業者になった事業者に適用される。【※】

　　次のいずれかに該当する場合には適用はない。

①　適格請求書発行事業者でない課税事業者

②　次のように適格請求書等保存方式と関係なく課税事業者となる者

・　基準期間における課税売上高が1,000万円を超える事業者

・　資本金1,000万円以上の新設法人

・　調整対象固定資産又は高額特定資産の取得により免税事業者とならない事業者

③　課税期間の特例の適用を受ける事業者

B　納付税額の計算方法等

　　具体的な計算方法は以下のとおりです。

　　売上税額　－　売上税額　×　80%　＝　納付税額（＝売上税額の2割）

【※】　2割特例の適用を受けるには、確定申告書に2割特例の適用を受ける旨を付記する。

【法令等】平28年改正法附則51の2

○　2割特例を適用した課税期間後の簡易課税制度の選択

　　簡易課税制度を選択するためには、原則として、適用を受けようとする課税期間の前課税期間に届出書を提出する必要があるが、2割特例の適用を受けた適格請求書発行事業者が、2割特例の適用を受けた課税期間の翌課税期間中に、消費税簡易課税制度選択届出書を提出したときは、その提出した日の属する課税期間から簡易課税制度の適用を受けることができることとされている。

【法令等】平28改正法附則51の2⑥

ロ　対価の返還等をした場合の税額控除

㈠　売上げに係る対価の返還等をした場合の税額控除

　　○　課税事業者が、国内において行った課税資産の譲渡等（輸出取引等消費税が免除されるものを除く。）について返品を受け、又は値引き若しくは割戻しをしたことにより売上げに係る対価の返還等をした場合は、返還等をした課税期間の課税標準額に対する消費税額から、売上対価の返還等に係る消費税額を控除する。

　　○　売上げに係る対価の返還等をした金額の明細を記録した帳簿を保存する必

要がある。

$$\text{売上対価の返還等の金額に係る消費税額} = \text{売上対価の返還等の金額（税込み）} \times \frac{7.8\%（又は6.24\%）}{100\%+10\%（又は8\%）}$$

【法令等】消法38

㈹　特定課税仕入れに係る対価の返還等を受けた場合の税額控除

○　課税事業者が、国内において行った特定課税仕入れについて、値引き又は割戻しを受けたことにより特定課税仕入れに係る対価の返還等を受けた場合は、返還等を受けた課税期間の課税標準額に対する消費税額から、特定課税仕入れに係る対価の返還等の金額に係る消費税額を控除する。

○　特定課税仕入れに係る対価の返還等を受けた金額の明細を記録した帳簿を保存する必要がある。

【法令等】消法38の2

ハ　貸倒れが生じた場合の税額控除

○　課税事業者が国内において課税資産の譲渡等（輸出取引等消費税が免除されるものを除く。）を行った場合で、相手方に対する課税資産の譲渡等に係る売掛金その他の債権につき貸倒れが生じ、その対価を領収することができなくなった場合は、領収することができなくなった課税期間の課税標準額に対する消費税額から、領収することができなくなった貸倒れに係る消費税額を控除する。

○　貸倒れの事実が生じたことを証する書類を保存する必要がある。

○　貸倒れに係る消費税額の控除を受けた課税資産の譲渡等の金額が後日回収された場合には、その回収した金額に係る消費税額を課税資産の譲渡等に係る消費税額とみなして、その回収した課税期間の課税標準額に対する消費税額に加算する。

$$\text{貸倒れに係る消費税額} = \text{貸倒れに係る金額（税込み）} \times \frac{7.8\%（又は6.24\%）}{100\%+10\%（又は8\%）}$$

【法令等】消法39

【参考】　軽減税率制度の実施に伴う中小事業者の税額計算の特例

○　課税売上げを税率ごとに区分することに困難な事情のある中小事業者（基準期間の課税売上高が5,000万円以下の事業者をいう。）は、次に掲げる方法により売上税額を計算する特例が認められている。

【法令等】平28改正法附則38①②④

消費税

Ⅳ　消費税

(イ)　売上税額の計算の特例

A　小売等軽減仕入割合の特例

　　課税仕入れ（税込み）を税率ごとに管理できる卸売業又は小売業を営む中小事業者【※】は、その事業に係る課税売上げ（税込み）に、その事業に係る課税仕入れ（税込み）に占める軽減税率対象品目の売上げにのみ要する課税仕入れ（税込み）の割合（小売等軽減仕入割合）を乗じて、軽減対象資産に係る課税売上げ（税込み）を算出し、売上税額を計算することができる。

【※】　簡易課税制度の適用を受けない事業者に限る。

【この経過措置の適用期間】

　　課税期間のうち令和元年10月１日から令和５年９月30日までの期間

B　軽減売上割合の特例

　　課税売上げ（税込み）に、通常の連続する10営業日【※】の課税売上げ（税込み）に占める同期間の軽減税率対象品目の課税売上げ（税込み）の割合（軽減売上割合）を乗じて、軽減対象資産に係る課税売上げ（税込み）を算出し、売上税額を計算することができる。

【※】　通常の連続する10営業日は、特例の適用を受けようとする期間内の通常の事業を行う連続する10営業日であればいつかは問わない。

【この経過措置の適用期間】

　　課税期間のうち令和元年10月１日から令和５年９月30日までの期間

C　上記A、Bの割合の計算が困難な場合

　　上記A、Bの割合の計算が困難な中小事業者で、主として軽減税率対象品目の譲渡等を行う事業者は、A及びBの計算においてこれらの割合を50/100として計算することができる。

　　【法令等】平28改正法附則38

5　申告・納付

(1)　課税期間

イ　原則

課税期間	個人事業者	その年の１月１日から12月31日までの期間（暦年）
	法　　人	事業年度

【法令等】消法２、19

ロ　課税期間の特例

個人事業者	選択により、1月1日から課税期間を1月又は3月ごとに区分した期間に短縮することができる。
法人	選択により、事業年度の開始日以後、1月又は3月ごとに区分した期間に短縮することができる。なお、最後に1月未満又は3月未満の期間が生じたときは、その1月未満又は3月未満の期間が課税期間になる。
課税期間特例の選択	適用を受けようとする課税期間の初日の前日までに、「消費税課税期間特例選択・変更届出書」を納税地の所轄税務署長に提出する必要がある。
課税期間特例の選択不適用	特例の適用をやめようとする課税期間の初日の前日までに、「消費税課税期間特例選択不適用届出書」納税地の所轄税務署長に提出する必要がある。なお、事業を廃止した場合を除き、2年間以上継続した後でなければ、課税期間の特例の適用をやめることはできない。

【法令等】消法19

(2)　申告・納付

イ　確定申告

区　　分	申告・納付期限
個人事業者	その年の翌年の3月31日
被相続人に係るもの	相続の開始があったことを知った日の翌日から4月以内
法人	事業年度の末日の翌日から2月以内（特例については下記ハを参照）
清算法人（残余財産が確定した場合）	確定した日の翌日から1月以内（1月以内に残余財産の最後の分配又は引渡しが行われる場合には、その行われる日の前日まで）

【法令等】消法45、措法86の4

ロ　中間申告

○　課税事業者は、直前の課税期間の確定消費税額の年税額（以下「確定年税額」という。）が4,800万円を超える場合、400万円を超え4,800万円以下である場合又は48万円を超え400万円以下である場合には、それぞれ中間申告及び納付することとされている。

○　確定年税額48万円以下であっても、事業者の選択により中間申告を行う旨の届出書を提出することにより、中間申告を行うことができる。

○　中間申告には、直前の課税期間の確定消費税額を基礎とする場合（原則）と、仮決算に基づく場合（特例）がある。

【※】　中間申告書の提出が必要な事業者が、中間申告書を期限までに提出しなかった場合には、その提出期限に、直前の課税期間に係る次の(イ)により計算される消費税額を記載した中間申告書の提出があったものとみなされる。

消費税

㈡　直前の課税期間の確定消費税額による場合

直前の課税期間の確定消費税額	区　分	中間申告対象期間	申告・納期限	中間申告税額
4,800万円超【年11回の中間申告】	個人事業者	１月〜３月	５月末日	直前の課税期間の確定消費税額（Ａ）× 1/12
		４月分から11月分までの各月分	中間申告対象期間の末日の翌日から２月以内	
	法人	課税期間開始後の１月分	その課税期間開始の日から２月を経過した日から２月以内	
		上記１月分の翌月以降の10月分	中間申告対象期間の末日の翌日から２月以内	
400万円超、4,800万円以下【年３回の中間申告】	個人事業者・法人	課税期間開始の日以後３月ごとに区分した期間	中間申告対象期間の末日の翌日から２月以内	Ⓐ × 3/12
48万円超、400万円以下【年１回の中間申告】	個人事業者・法人	課税期間開始の日以後６月の期間	中間申告対象期間の末日の翌日から２月以内	Ⓐ × 6/12
48万円以下	中間申告不要（注）　事業者が中間申告を行う旨の届出書を提出した場合には、6月中間申告を提出することができる。			

(注) 1　課税期間が１年である課税事業者を前提にしている。
　　 2　確定消費税額とは、原則として、その課税期間の直前の課税期間の確定申告書に記載すべき消費税額で、中間申告対象期間の末日までに確定したものである。

㈣　仮決算による中間申告

○　中間申告書の提出が必要な事業者が、課税期間の開始後１か月、３か月又は６か月を一課税期間とみなして仮決算を行い、計算された実額を中間申告書に記載して、申告及び納付を行うことができる。

【法令等】消法42〜44、48

ハ　法人に係る消費税の申告期限の特例

「法人税の申告期限の延長の特例」の適用を受ける法人が、「消費税申告期限延長届出書」を提出した場合には、その提出をした日の属する事業年度以後の各事業年度終了の日の属する課税期間に係る消費税の確定申告の期限は１月延長される。

(注) 1　この特例の適用により、消費税の確定申告の期限が延長された期間の消費税及び地方消費税の納付については、その延長された期間に係る利子税を併せて納付する。

2　この特例の適用により、消費税の確定申告の期限が延長された場合でも、中間申告（年11回中間申告を行う場合の1回目及び2回目の中間申告対象期間を除く。）の期限や課税期間の特例により短縮された課税期間（事業年度終了の日の属する課税期間を除く。）に係る確定申告の期限は延長されない。

3　「国、地方公共団体に準ずる法人の申告期限の特例」の適用を受けている法人はこの特例の適用を受けることはできない。

4　法人税の申告期限の延長の特例の適用を受ける通算親法人又はその通算子法人が消費税申告期限延長届出書を提出した場合にも、その提出をした日の属する事業年度（その事業年度終了の日の翌日から45日以内に提出した場合のその事業年度を含む。）以後の各事業年度終了の日の属する課税期間に係る消費税の確定申告の期限は1月延長される。

【法令等】 消法45の2、消令63の2、消規23の2、法法75の2①

二　一定の法人の電子申告の義務化

　一定の法人が行う消費税等の申告は、添付書類を含めてe-Taxで提出しなければならない。また、令和4年4月1日以後に開始する事業年度等から、通算法人の法人税等の確定申告等についてもe-Taxによる提出が義務化された。

　義務化の対象法人は、内国法人のうち、事業年度開始の時における資本金又は出資金の額が1億円を超える法人及び通算法人、相互会社、投資法人及び特定目的会社並びに国及び地方公共団体をいう。

(3)　納税地

個人事業者	国内に住所を有する場合	その住所地
	国内に住所を有せず居所を有する場合	その居所地
	国内に住所及び居所を有しない場合	事務所等の所在地
法人	内国法人	その本店又は主たる事務所の所在地
	外国法人	国内にある事務所等の所在地
輸入取引	保税地域の所在地	

【法令等】 消法20、22、26

6　主な届出書・申請書

(1)　主な届出書

届出書名	提出が必要な場合	根拠条文	提出時期
消費税課税事業者届出書(基準期間用)	基準期間における課税売上高が1,000万円を超えることとなった場合	消法57①一	速やかに
消費税課税事業者届出書(特定期間用)	特定期間における課税売上高が1,000万円を超えることとなった場合	消法57①一	速やかに
消費税の納税義務者でなくなった旨の届出書	基準期間における課税売上高が1,000万円以下となった場合（課税事業者が免税事業者となった場合）	消法57①二	速やかに

高額特定資産の取得等に係る課税事業者である旨の届出書	高額特定資産の仕入れ等を行ったことにより消費税法第12条の4第1項又は第2項の適用を受ける課税期間の基準期間における課税売上高が1,000万円以下となったとき	消法57①二の二	速やかに
事業廃止届出書	課税事業者が事業を廃止した場合	消法57①三	速やかに
個人事業者の死亡届出書	課税事業者が死亡した場合	消法57①四	速やかに
合併による法人の消滅届出書	課税事業者である法人が合併により消滅した場合	消法57①五	速やかに
消費税の新設法人に該当する旨の届出書	基準期間がない事業年度の開始の日における資本又は出資の金額が1,000万円以上である法人に該当することとなった場合	消法57②	速やかに
消費税の特定新規設立法人に該当する旨の届出書	特定新規設立法人に該当することとなったとき	消法57②	速やかに
消費税課税事業者選択届出書	免税事業者（基準期間における課税売上高1,000万円以下の者）が課税事業者となることを選択する場合	消法9④	適用課税期間の開始の日の前日
消費税課税事業者選択不適用届出書	課税事業者の選択をやめる場合（ただし課税事業者を選択した場合2年間は継続適用しなければならない。また、調整対象固定資産の課税仕入れを行った場合で、一定の要件に該当する場合は、一定期間提出することができない。）	消法9⑤～⑧	適用をやめようとする課税期間の開始の日の前日
消費税課税期間特例選択・変更届出書	課税期間の特例を選択又は変更しようとする場合	消法19①三～四の二	適用課税期間の開始の日の前日
消費税課税期間特例選択不適用届出書	課税期間短縮の選択をやめる場合（ただし課税期間の短縮を選択した場合2年間は継続適用しなければならない。）	消法19③④	適用をやめようとする課税期間の開始の日の前日
消費税異動届出書	納税地等に異動があった場合	消法25	遅滞なく
消費税簡易課税制度選択届出書	簡易課税制度の適用を受ける場合	消法37①	適用課税期間の開始の日の前日
消費税簡易課税制度選択不適用届出書	簡易課税制度の適用をやめる場合（ただし簡易課税制度を選択した場合2年間は継続適用しなければならない。なお、調整対象固定資産の課税仕入れを行った場合で、一定の要件に該当する場合は、一定期間提出できない。また、高額特定資産を取得した場合の事業者免税点制度の特例の適用を受ける場合は、一定期間提出できない。）	消法37⑤～⑦	適用をやめようとする課税期間の開始の日の前日

消費税課税売上割合に準ずる割合の不適用届出書	承認を受けた課税売上割合に準ずる割合の適用をやめようとする場合	消法30③	適用をやめようとする課税期間の末日まで
任意の中間申告書を提出する旨の届出書	任意の中間申告制度を適用しようとするとき	消法42⑧	適用を受けようとする6月中間申告対象期間の末日まで
任意の中間申告書を提出することの取りやめ届出書	任意の中間申告制度の適用をやめようとするとき	消法42⑨	適用をやめようとする6月中間申告対象期間の末日まで
消費税申告期限延長届出書	消費税の確定申告書を提出すべき法人（法人税の申告期限の延長の特例の適用を受ける法人に限る。）が、消費税の確定申告の期限を1月延長しようとする場合	消法45の2①	特例の適用を受けようとする事業年度又は連結事業年度終了の日の属する課税期間の末日まで
消費税申告期限延長不適用届出書	消費税の確定申告期限の延長特例の適用を受けている法人がその適用をやめようとするとき	消法45の2②	適用をやめようとする事業年度終了の日の属する課税期間の末日まで
臨時販売場設置届出書（一般型・手続委託型用）	臨時販売場を設置しようとする事業者の承認（一般型・手続委託型用）を受けた事業者が、臨時販売場（一般型・手続委託型用）を設置しようとするとき	消法8⑧	設置する日の前日まで
臨時販売場設置届出書（自動販売機型用）	臨時販売場を設置しようとする事業者の承認（自動販売機型用）を受けた事業者が、臨時販売場（自動販売機型用）を設置しようとするとき	消法8⑧	設置する日の前日まで
輸出物品販売場における購入記録情報の提供方法等の届出書	輸出物品販売場を経営する事業者が、その経営する輸出物品販売場において、電子情報処理組織を使用して購入記録情報の提供を行う場合	消令18⑥	購入記録情報の提供を開始する前に
適格請求書発行事業者の登録の取消しを求める旨の届出書	適格請求書発行事業者の登録を取りやめようとするとき	消法57の2⑩一	登録を取りやめようとする課税期間の初日から起算して15日前まで
適格請求書発行事業者登録簿の登録事項変更届出書	適格請求書発行事業者登録簿に登録された事項に変更があったとき	消法57の2⑧	事由が生じた場合、速やかに

| 任意組合等の組合員の全てが適格請求書発行事業者である旨の届出書 | 任意組合等の組合員である適格請求書発行事業者が、任意組合等の事業としての適格請求書を交付するとき | 消法57の6① | 適格請求書を交付する日の前日まで |
| 適格請求書発行事業者の公表事項の公表（変更）申出書 | 適格請求書発行事業者の公表に当たり、国税庁ホームページでの公表事項について「屋号」、「本店」又は主たる事務所等の所在地等を新たに追加する又は変更しようとする場合 | － | 公表事項を新たに追加又は変更しようとするとき |

(2) 主な申請書

申請書名	承認が必要な場合	根拠条文	承認申請期間、効力発生時期等
消費税課税事業者選択（不適用）届出に係る特例承認申請書	課税事業者選択届出書又は選択不適用届出書を災害等により適用を受けようとする課税期間の初日の前日までに提出できなかった場合	消令20の2③	災害等がやんだ日から2月以内（課税事業者選択（不適用）届出書と併せて提出）
適格請求書発行事業者の登録申請書（国内事業者用）	国内事業者が適格請求書発行事業者の登録を受けようとする場合	消法57の2②	この申請による効力は、税務署長が登録をした日から生じる。
消費税簡易課税制度選択（不適用）届出に係る特例承認申請書	簡易課税制度選択届出書又は選択不適用届出書を災害等により適用を受けようとする課税期間の初日の前日までに提出できなかった場合	消令57の2③	災害等がやんだ日から2月以内（簡易課税制度選択（不適用）届出書と併せて提出）
災害等による消費税簡易課税制度選択（不適用）届出に係る特例承認申請書	災害等の生じた課税期間等について簡易課税制度の適用を受けることが必要となった又は受ける必要がなくなった場合	消法37の2②	災害等がやんだ日から2月以内（簡易課税制度選択（不適用）届出書と併せて提出）
消費税課税売上割合に準ずる割合の適用承認申請書	課税売上割合に代えて課税売上割合に準ずる割合を用いて仕入控除税額を計算しようとする場合	消法30③	承認を受けようとするとき（承認を受けた日の属する課税期間から適用（承認申請書を適用を受けようとする課税期間の末日までに提出し、同日の翌日から同日以後1月を経過する日までの間に承認を受けた場合は、その課税期間の末日に承認があったものとみなされる。））

輸出物品販売場許可申請書（一般型用）、（手続委託型用）、（自動販売機型用）	輸出物品販売場を開設しようとするとき	消法8⑥	許可を受けようとするとき
承認免税手続事業者承認申請書	特定商業施設内に免税手続カウンターを設置しようとするとき	消令18の2⑧	設置しようとするとき
臨時販売場を設置しようとする事業者に係る承認申請書（一般型用）、（手続委託型用）、（自動販売機型用）	臨時販売場を設置しようとする事業者の承認を受けようとするとき	消法8⑨	承認を受けようとするとき
承認送信事業者承認申請書	承認送信事業者の承認を受けようとするとき	消令18の4⑤	承認を受けようとするとき

消費税

Ⅴ　相続税

相続税の概要

　相続税は、死亡した人（被相続人）の財産を相続又は遺贈により取得した相続人等に対して、その取得財産の価額を基に課税される税である。

　相続税の機能は、次のとおりである。

所得税の補完機能	○　被相続人が生前に受けた社会・経済上の要請に基づく税制上の特典、その他による負担の軽減などにより蓄積した財産を相続開始の時点で清算する、いわば所得税を補完する機能がある。
富の集中抑制機能	○　相続により相続人等が得た偶然の富の増加に対し、その一部を税として徴収することで、相続した者としなかった者との間の財産保有状況の均衡を図り、併せて富の過度の集中を抑制する機能がある。

相続税の計算方法（概要）

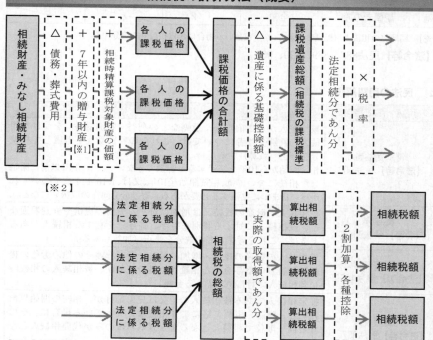

【※1】　暦年贈与について相続開始前3年以内の贈与及び令和6年1月1日以後の贈与で7年以内のものに ついて適用。
【※2】　相続人等ごとに計算する。

Ⅴ　相続税

民法等の基礎知識

○　相続は、被相続人の住所において開始する。また、失踪宣告によっても死亡したものとみなされ、死亡と同様に相続開始の原因となる。

○　民法は、誰を相続人とするかを定めた法定相続主義を採用している。

【法令等】民法31、882、883

(1)　相続順位と相続分・遺留分

順位	相続人	配偶者		配偶者以外【※】	
		相続分	遺留分	相続分	遺留分
1	配偶者及び子	1/2	1/2×1/2	1/2	1/2×1/2
	子のみ			全額	1/2
2	配偶者及び直系尊属	2/3	2/3×1/2	1/3	1/3×1/2
	直系尊属のみ			全額	1/3
3	配偶者及び兄弟姉妹	3/4	1/2	1/4	なし
	兄弟姉妹のみ			全額	なし
他	配偶者のみ	全額	1/2		

【※】　同順位の相続人（配偶者を除く。）が複数いる場合は法定相続分を均分する。

【法令等】民法887、889、890、900

(2)　民法の用語解説

用語・根拠規定	解　説
特別受益者 【法令等】民法903	被相続人から生前贈与や遺贈などの利益（特別受益）を受けた相続人。特別受益者については、これらの特別受益を考慮して相続分を修正（減算）する。 相続開始から10年を経過すると主張できない（R5.3.31以前に開始した相続については、相続開始後10年、又は、R10.4.1までのいずれか早い日までに主張する必要がある。寄与分も同様の取扱いになる。）。
寄与分 【法令等】民法904の2	被相続人の財産の維持又は増加に対する労務の提供や療養看護など、被相続人に対する特別な寄与。寄与分を有する相続人があるときは、これを考慮して相続分を修正（加算）する。
特別寄与料 【法令等】民法1050	被相続人の財産の維持・増加に対し、療養看護その他の労務の提供等の特別の寄与をした相続人以外の親族が、被相続人の相続時に各相続人に対し請求できる金銭。
代襲相続人 【法令等】民法887、889、901	推定相続人である被相続人の子又は兄弟姉妹が、相続の開始以前に死亡、廃除、相続欠格により相続権を失っている場合に、その者と同一順位で相続人となる者（直系卑属のみが代襲相続人となる。）。 (注)　再代襲相続は、被相続人の直系卑属のみ認められており、兄弟姉妹の孫は再代襲相続できない。

非嫡出子（婚姻以外の関係で生まれた子） 【法令等】民法900	法律上の婚姻関係にない男女の間に生まれた子。相続分は、嫡出子と同等。
半血兄弟姉妹（父母の一方のみを同じくする兄弟姉妹） 【法令等】民法900	いわゆる異父あるいは異母兄弟姉妹のこと。兄弟姉妹の中で、父母の両方を同じくする者（全血兄弟姉妹）に対し、父母のどちらか片方のみを同じくする者。子、直系尊属又は兄弟姉妹が数人いるときは、各自の相続分は等しいが、半血兄弟姉妹の相続分は、全血兄弟姉妹（父母を同じくする兄弟姉妹）の相続分の2分の1となる。
普通養子 【法令等】民法809	実親（生みの親）との法的な親子関係を残したまま、養親と新しく養子縁組を行うこと。養子縁組をしても養子と実親との親子関係は終了せず、普通養子は、養親及び実親の相続権を有する。
特別養子 【法令等】民法817の9	実親（生みの親）との法的な親子関係を解消し、実の子と同じ親子関係を結ぶ制度。これにより、子は実親の相続権がなくなり、養親のみの相続権を有することとなる。
遺言 【法令等】民法968他	自分の死後のために、財産の処置などを言い残すこと。また、その言葉。遺言の方式には、普通方式と特別方式があり、普通方式には、自筆証書遺言、公正証書遺言、秘密証書遺言の3種類がある。
遺贈 【法令等】民法964	被相続人が遺言書を書くことによって遺言で相続人へ相続財産を与える行為。遺産全体の割合を指定する「包括遺贈」方法と特定の遺産を指定する「特定遺贈」がある。
死因贈与 【法令等】民法554	贈与者（財産を渡す人）と受贈者（受け取る側）の間で、「贈与者が死亡した時点で、事前に指定した財産を受贈者に贈与する」という贈与契約を結ぶこと。相続税では遺贈と同じ取扱いになる（相法1の3一）。
遺産分割協議 【法令等】民法907	被相続人が死亡時に有していた財産について、個々の相続財産の権利者を確定させる手続。 (注) 遺言がある場合であっても、一定の条件（被相続人が遺言と異なる遺産分割協議を禁じていないことなど）を満たせば、遺言の内容と異なる遺産分割協議を行うことは可能。
代償分割 【法令等】民法906	特定の相続人が相続財産を取得する代わりに、他の相続人に対して代償財産（金銭等）を交付する方法。 (注) 代償財産として交付する財産が金銭以外（例えば、不動産）の場合は、交付者は時価で譲渡したものとみなされ、交付者に対して所得税等が課税対象となる。
換価分割 【法令等】民法906、家事法194	例えば、相続財産の大半が不動産などで現物分割や代償分割が困難な場合に、相続財産を売却し、その売却代金を相続人間で分割する方法。 (注) 換価分割をした場合は、換価分割の割合により換価前の相続財産を譲渡したものとみなされ、換価財産を取得した者は所得税等の課税対象となる。

相続税

(3) 親族の範囲

　親族とは、6親等内の血族（①～⑥）、配偶者、3親等内の姻族（一～三）をい

う。

【法令等】 民法725

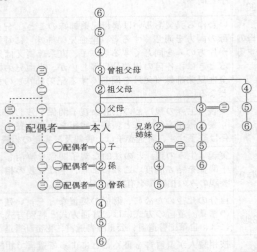

相続税の課税要件等

相続税の課税要件等の概要は、次表のとおり。

1	納税義務者	○ 相続税の納税義務者は、原則として、相続又は遺贈（死因贈与を含む。）により財産を取得した個人。 ○ 相続又は遺贈により財産を取得していない者であっても、被相続人からの贈与について相続時精算課税制度の適用を受けた個人は、相続税の納税義務者となる。
2	課税物件 （課税対象）	○ 相続税の課税物件は、被相続人からの相続財産（みなし相続財産を含み、非課税財産を除く。）。
3	課税標準 （課税遺産総額）	○ 相続税の課税標準（課税遺産総額）は、「課税価格の合計額」から「遺産に係る基礎控除額」を差し引いて求める。
4	税額算出 方法・税率	○ 相続税額（各人の相続税額）は、次により算出する。 ① 「課税標準」（課税遺産総額）×「法定相続分」×「税率」＝「法定相続分に係る税額」 ② 「法定相続分に係る税額」を合計して「相続税の総額」を算出 ③ 「相続税の総額」を、実際の取得額に応じてあん分し、各相続人等の「算出相続税額」を求める ④ 「算出相続税額」＋「2割加算」－「各種控除」＝「各人の相続税額」
5	申告・納付	○ 申告及び納付の期限は、原則として、その相続の開始があったことを知った日（通常、被相続人が亡くなった日）の翌日から「10か月以内」。 ○ 相続税の納税地は、原則として、被相続人の死亡時の住所地。
6	そ の 他	○ 相続税のタイムスケジュール

1　納税義務者

(1)　相続税の納税義務者の類型

○　相続税の納税義務者は、原則として、相続又は遺贈（死因贈与を含む。）により財産を取得した個人。

○　相続又は遺贈により財産を取得していない者であっても、被相続人からの贈与について相続時精算課税制度の適用を受けた個人は、相続税の納税義務者となる。

【法令等】相法1の3

(2)　納税義務者の区分と課税財産の範囲（贈与税の場合も含む。）

【納税義務者の判定（特定納税義務者を除く。）】

相続人 受贈者 / 被相続人 贈与者	国内に住所あり	国内に住所なし		
	一時居住者【※1】	日本国籍あり		日本国籍なし
		10年以内に国内に住所あり	10年以内に国内に住所なし	
国内に住所あり	国内・国外財産に課税	国内・国外財産に課税		
外国人被相続人・外国人贈与者【※2】	国内財産のみに課税		国内財産のみに課税	
国内に住所なし 10年以内に国内に住所あり	国内・国外財産に課税	国内・国外財産に課税		
国内に住所なし 日本国籍なし 非居住被相続人【※3】 非居住贈与者【※4】	国内財産のみに課税		国内財産のみに課税	
10年以内に国内に住所のない非居住被相続人・非居住贈与者【※5】				

【※1】　相続・贈与時に出入国管理及び難民認定法別表第1の上欄の在留資格を有し、相続・贈与前15年以内の国内居住期間の合計が10年以下であるもの。

【※2】　相続開始時又は贈与時において、出入国管理及び難民認定法別表第1の上欄の在留資格を有する者。

【※3】　相続前10年以内において国内に住所を有していた期間中、継続して日本国籍がなかったもの。

【※4】　贈与前10年以内において国内に住所を有していた期間中、継続して日本国籍がなかったもの。

【※5】　相続・贈与前10年以内に国内に住所を有していたことがないもの。

2　課税物件（課税対象）

相続税の課税対象は、被相続人からの相続財産（みなし相続財産を含み、非課税財

V 相続税

産を除く。）。

(注)　一般に、相続財産とは、相続によって相続人に引き継がれることになる権利義務をいう。

相続財産	(1)　課税財産	イ　本来の相続財産	土地・建物、現金、有価証券等
		ロ　みなし相続財産	死亡保険金、死亡退職金等
	(2)　非課税財産		墓地、死亡保険金のうち一定額等
	(3)　債務・葬式費用		被相続人の債務、葬式費用等
(4)　相続時精算課税対象財産の価額			相続時精算課税制度の選択をした以後に贈与を受けた財産等の価額（令和6年分以後は基礎控除適用分は除く。）
(5)　生前贈与加算			相続開始前7年以内に被相続人から贈与を受けた財産等【※】

【※】　221ページ(4)①【※1、3】参照。

(1)　課税財産

課税財産には、「本来の相続財産」と「みなし相続財産」がある。

イ　本来の相続財産

本来の相続財産とは、被相続人に帰属していた財産のうち、金銭に見積もることができる経済的価値のあるもの全て（積極財産のみ）をいう。

(注)　本来の相続財産は、有形・無形を問わず、遺産分割協議の対象となる。

財産の種類	財産の明細
土地	田、畑、宅地等
土地の上に存する権利	借地権、地上権、永小作権等
家屋	家屋及び構築物
事業（農業）用資産	機械器具等の減価償却資産、商品等
有価証券	株式、出資、債券、受益証券等
現金・預貯金	現金、預貯金、小切手等
家庭用財産	家具、什器等
その他の財産	立木、未収金、著作権、生命保険契約に関する権利、定期金に関する権利等

【法令等】相基通11の2－1

ロ　みなし相続財産

「みなし相続財産」とは、法的には、被相続人から相続又は遺贈により取得したものではないが、実質的には相続又は遺贈により取得した財産と同様の経済的効果を持つものをいう。

(注)　みなし相続財産は、取得する者が決まっており、遺産分割協議の対象とならない。

主なみなし相続財産	みなし相続財産の対象部分（金額）
死亡保険金	○　被相続人の死亡により取得した死亡保険金のうち、被相続人が負担した保険料に相当する部分の金額
死亡退職金	○　被相続人の死亡により支給された退職金で、被相続人の死亡後3年以内に支給額が確定した金額
生命保険契約に関する権利	○　相続開始時において、保険事故が発生していない生命保険契約で、①被相続人が保険料の全部又は一部を負担し、かつ、②契約者が被相続人以外である場合には、生命保険に関する権利（解約返戻金を受取る権利等）のうち被相続人が負担した保険料に相当する部分の金額 （注）　被相続人が保険契約者で保険料を負担しているときは、本来の相続財産となる。 ○　上記の解約返戻金の額は、相続開始の時においてその契約を解約した場合に支払われることになる解約返戻金の額となる。 　　なお、解約返戻金のほかに支払われることになる前納保険料の金額、剰余金の分配額等がある場合には、これらの金額が加算され、源泉徴収されるべき所得税の額に相当する金額がある場合には、その金額を控除した金額による。

【法令等】 相法3①一～三、評基通214

(2) 非課税財産

イ　墓地・仏壇・仏具等

　　墓地、仏壇、仏具等のうち、日常礼拝の用に供されるものは相続税の課税対象から除かれている。

【法令等】 相法12

ロ　死亡保険金のうち一定金額（死亡保険金の非課税）

　　相続人が取得した死亡保険金のみに適用され、非課税限度額は次のとおり。

> 非課税限度額＝500万円×法定相続人の数

（注）　各相続人が受け取った死亡保険金の合計額が非課税限度額を超える場合には、非課税限度額を各相続人の受取金額の比（各相続人の受取金額の合計額÷各相続人の受取金額の合計額の総額）であん分した金額が各相続人の非課税限度額となる。

【法令等】 相法12①五、15②③

ハ　死亡退職金・弔慰金のうち一定金額（死亡退職金の非課税）

　　相続人が取得した死亡退職金のみに適用され、非課税限度額は次のとおり。

> 非課税限度額＝500万円×法定相続人の数

（注）　各相続人が受け取った死亡退職金の合計額が非課税限度額を超える場合には、非課税限度額を各相続人の受取金額の比（各相続人の受取金額の合計額÷各相続人の受取金額の合計額の総額）であん分した金額が各相続人の非課税限度額となる。

相続税

V 相続税

(3) 債務・葬式費用

イ 債務控除（葬式費用を含む）

相続税の課税価格の計算上、相続人・包括受遺者が負担した債務の金額は、取得財産の価額から控除される。

【法令等】 相法13

(イ) 債務控除の範囲

相続人・包括受遺者	居住無制限納税義務者 非居住者無制限納税義務者	① 被相続人の債務で、相続開始の際、現に存するもの（公租公課を含む。） ② 被相続人に係る葬式費用
	制限納税義務者	① その財産に係る公租公課（固定資産税等） ② その財産を目的とする留置権、特別の先取特権、質権又は抵当権で担保される債務 ③ その財産の取得、維持又は管理のために生じた債務 ④ その財産に関する贈与の義務 ⑤ 被相続人が死亡の際、日本国内に営業所又は事業所を有していた場合には、その営業所又は事業所に係る営業上又は事業上の債務

(ロ) 債務控除の対象となる債務とならない債務

控除の対象となる債務	控除の対象とならない債務
○ 相続人又は包括受遺者が承継した債務であること	○ 墓所、霊廟及び祭具等の購入、維持又は管理のために生じた債務
○ 被相続人の債務で相続開始の際現に存するもの（公租公課を含む。）であること	○ 宗教、慈善、学術その他公益を目的とする事業の用に供する財産の取得、維持又は管理のために生じた債務（ただし、この財産が課税価格に算入された場合には、債務控除される。）
○ 確実と認められるものであること	○ 相続財産に関する費用（相続財産が確定的に相続人などにより現実に承継支配されるまでの管理、保存の諸費用等）

【法令等】 相法13①、14①、相基通13−2、13−6、14−1

ロ 債務控除の対象となる葬式費用と葬式費用とならないもの

控除の対象となる葬式費用	葬式費用とならないもの
① 葬式や葬送に際し、又はそれらの前において、埋葬、火葬、納骨又は遺がい若しくは遺骨の回送その他に要した費用（仮葬式と本葬式とを行うものにあっては、その両者の費用）	① 香典返戻費用

② 葬式に際し、施与した金品で、被相続人の職業、財産その他の事情に照らして相当程度と認められるものに要した費用	② 墓碑、墓地の買入費及び墓地の借入料
③ ①及び②のほか、葬式の前後に生じた出費で通常葬式に伴うものと認められるもの	③ 初七日、その他法要のための費用
④ 死体の捜索又は死体若しくは遺骨の運搬に要した費用	④ 医学上、裁判上の特別の処置に要した費用

【法令等】相法13①二、相基通13－4、13－5

⑷　生前贈与加算

① 相続又は遺贈により財産を取得した者が、相続開始前7年以内【※1】に被相続人から贈与により取得した財産(特定贈与財産【※2】を除く。)は、相続税の課税価格に加算する【※3】。

【※1】 令和5年度改正により加算期間が3年から7年に延長され、段階的に7年以内加算に移行となる。具体的な贈与の時期等と加算対象期間は次のとおりとなる。

贈与の時期		加算対象期間
〜令和5年12月31日		相続開始前3年間
令和6年1月1日〜	贈与者の相続開始日	
	令和6年1月1日〜令和8年12月31日	相続開始3年間
	令和9年1月1日〜令和12年12月31日	令和6年1月1日〜相続開始日
	令和13年1月1日〜	相続開始前7年間

【※2】 特定贈与財産とは、贈与税の配偶者控除の対象となった受贈財産のうち、その配偶者控除に相当する部分(最高2,000万円)をいう。

【※3】 相続開始前3年超7年以内の贈与については、総額100万円を控除した残額が加算の対象となる。

② 被相続人から相続時精算課税制度を選択して贈与を受けた財産は、贈与時期に関係なく、相続税の課税価格に加算する【※4、5】。

【※4】 令和6年分以後の贈与については基礎控除110万円を控除した残額が対象となる。

【※5】 Ｒ6.1.1以後の贈与については、災害により一定の被害を受けたときには、その被害認定額を控除する。

③ 相続人等は他の相続人等が上記①②の贈与について、税務署に開示の請求をすることができる。

【法令等】相法19、49①、措法70の3の3、相基通11の2－5

相続税

V　相　続　税

【参考：暦年贈与と相続時精算課税制度を適用した場合の比較】

		一般の生前贈与 （暦年贈与があった場合）	相続時精算課税制度による 贈与があった場合
対象者		○　相続又は遺贈により財産を取得した者	○　相続時精算課税制度を選択して被相続人から贈与を受けた者
相続財産に加算する 贈与財産		○　相続開始前7年以内に被相続人から贈与により取得した財産（上記【※1】参照） ○　3年超7年以内に贈与を受けた財産は総額100万円を控除した残額	○　相続時精算課税制度の適用を受けた被相続人からの贈与財産（令和6年分以後の贈与は基礎控除110万円を控除した後の価額）
相続税の 計算上の 取扱い	加算する金額 （評価額）	○　贈与時の財産評価額（課税価格ではない。）を相続財産に加算	○　贈与時の課税価格を相続財産に加算
	過去に支払った贈与税額の取扱い	○　対象財産に係る贈与税額を控除 ○　3年超7年以内の贈与については、総額100万を控除した後の割合的部分の税額を控除する。	○　贈与時に支払った贈与税額を控除し、控除しきれなかった金額の還付を受けることができる。

3　課税標準（課税遺産総額）

　相続税の課税標準（課税遺産総額）は、「課税価格の合計額」から「遺産に係る基礎控除額」を差し引いて求める。

(1)　「課税価格の合計額」の計算

　　課税価格の合計額は、各相続人及び受遺者の相続税の課税価格（各人の課税価格）を合計して求める。

イ　「各人の課税価格」の算出方法

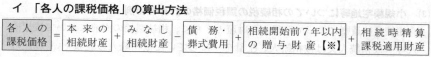

【イメージ図】

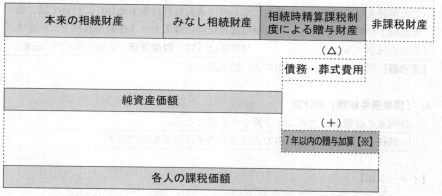

【※】　221ページ(4)①【※1、3】参照。

【参考：遺産が未分割の場合の課税価格】

　遺産が未分割の場合には、その未分割財産は、民法の規定による相続分（900《法定相続分》、901《代襲相続人の相続分》、902《遺言による相続分の指定》、903《特別受益者の相続分》）又は包括遺贈の割合に従って、その財産を取得したものとして課税価格を計算する。

【法令等】　相法55

Ⅴ　相続税

ロ　「課税価格の合計額」の算出方法

$$課税価格の合計額 = 各人の課税価格 + 各人の課税価格 + 各人の課税価格 \cdots$$

(2)　基礎控除額

遺産に係る基礎控除額は、次により計算した金額となる。

> 遺産に係る基礎控除額＝3,000万円＋（600万円×法定相続人の数）

【法令等】相法15、相基通15－1～15－7

(3)　小規模宅地等についての相続税の課税価格の計算の特例

相続又は遺贈によって取得した財産のうちに、相続開始の直前において被相続人等（被相続人又は被相続人と生計を一にしていた被相続人の親族をいう。）の事業の用又は居住の用に供されていた宅地等で、建物や構築物の敷地の用に供されているもの（特例対象宅地等）がある場合には、これらの宅地等を取得した全ての相続人等の同意により選択したもの（選択特例対象宅地等）については、限度面積までの部分に限り、相続税の課税価格に算入すべき価額の計算上、一定の割合を減額する。　　　　　（詳細は「Ⅶ　財産評価」の266ページに記載）

【法令等】措法69の4、措令40の2、措規23の2

(4)　「課税遺産総額」の計算

課税遺産総額は、次により計算した金額となる。

> 課税遺産総額＝課税価格の合計額－遺産に係る基礎控除額

【イメージ図】

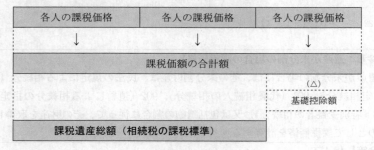

4　税額算出方法・税率

相続税額の算出方法の概要は、以下のとおり。

(1)　「相続税の総額」の算出	①各相続人が、課税遺産総額のうちの法定相続分を取得したものとみなし、②それに税率をかけて、③「法定相続分に係る税額」を求め、④これを合計して「相続税の総額」を算出する。
(2)　各相続人等の相続税額の算出	⑤「相続税の総額」を、実際の取得額に応じてあん分し、⑥各相続人等の「算出相続税額」を求め、⑦これに各種控除などを行い、⑧相続税額を算出する。
(3)　各相続人等の相続税額からの加算・減算	(2)で算出した相続税額から、その者に応じた税額の加算・減算（税額控除等）を行い、各相続人等の相続税額（納付すべき税額）を求める。

【イメージ図】

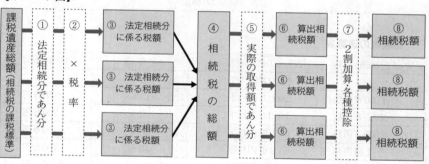

(1)　「相続税の総額」の算出

　①被相続人から相続又は遺贈により財産を取得した者の課税価格の合計額から「遺産に係る基礎控除額」を控除した残額（課税遺産総額）を計算し、②この残額を「法定相続人の数」に応じた「法定相続分」により取得したものとしてあん分した各取得金額を計算し、③その各取得金額に「相続税の税率」を乗じて計算した金額を合計して、「相続税の総額」を算出する。

【法令等】 相法16、相基通16－1、民法900、901

V 相続税

【イメージ図】

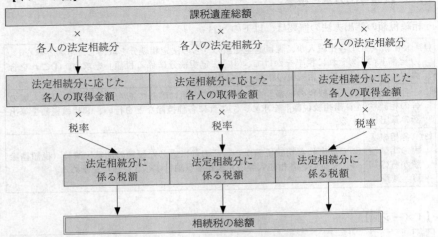

○ 相続税の速算表

法定相続分の各法定相続人の取得金額(A)		税率(B)	控除額(C)
	1,000万円以下	10%	―
1,000万円超	3,000万円以下	15%	50万円
3,000万円超	5,000万円以下	20%	200万円
5,000万円超	1億円以下	30%	700万円
1億円超	2億円以下	40%	1,700万円
2億円超	3億円以下	45%	2,700万円
3億円超	6億円以下	50%	4,200万円
6億円超		55%	7,200万円

【計算例】法定相続分に応じた取得金額が、それぞれ7,000万円、3,500万円、3,500万円の場合の相続税の総額（相続人は3人とする）
○ 7,000万円(A)×30%(B)－700万円(C)＝1,400万円（法定相続分に係る税額）
○ 3,500万円(A)×20%(B)－200万円(C)＝ 500万円（法定相続分に係る税額）
○ 1,400万円＋500万円＋500万円＝2,400万円（相続税の総額）

【法令等】相法16

(2) 各相続人等の相続税額（加算・減算前）の算出

　　各相続人又は受遺者の相続税額（加算・減算前の相続税額）は、次により算出する。

$$\text{相続税}\atop\text{の総額} \times \frac{\text{各相続人又は受遺者の課税価格}}{\text{課税価格の合計額}} = \text{各相続人又は}\atop\text{受遺者の相続税額}$$
$$\text{【　あん分割合　】} \qquad \text{【　算出税額　】}$$

(注)　あん分割合は、その合計値が1になるように端数調整して差し支えない。

【計算例】　各相続人又は受遺者の相続税額（相続税額の総額を2,400万円、相続人は
　　　　　3人。あん分割合は、甲60%、乙25%、丙15%とする。）
　甲の相続税額 ⇒ 2,400万円 × 60% = 1,440万円
　乙の相続税額 ⇒ 2,400万円 × 25% = 600万円
　丙の相続税額 ⇒ 2,400万円 × 15% = 360万円

【法令等】相法17、相基通17-1

(3)　各相続人等の相続税額からの加算・減算

　(2)で算出した相続税額から、以下の項目について加算・減算を行い、各相続人等
の相続税額（納付すべき税額）を求める。

【参考：税額控除等の順序】

相　続　税　の　総　額	
↓（実際の取得額であん分）	
各相続人等の算出相続税額	
↓	
イ　相続税の加算（2割加算）	配偶者又は1親等の血族以外の者
↓	
ロ　暦年課税分の贈与税額控除	
↓	
ハ　配偶者に対する相続税額の軽減	配偶者
↓	
ニ　未成年者控除	制限納税義務者以外の者
↓	
ホ　障害者控除	居住無制限納税義務者及び特定納税義務者
↓	
ヘ　相次相続控除	
↓	
ト　外国税額控除	無制限納税義務者
↓	
チ　相続時精算課税の適用を受けた贈与に係る贈与税額の控除	相続時精算課税適用者（相続税額から控除しきれない贈与税相当額は還付できる。）

相続税

V 相続税

イ 相続税額の加算（2割加算）

配偶者及び1親等の血族以外の相続人等（被相続人の子、被相続人の父母、代襲相続人となった孫等の直系卑属）以外の者について、納付すべき相続税額は、その者の相続税額にその相続税額の2割相当額を加算した金額となる。

【法令等】相法18、相基通18-1 ～18-5

ロ 暦年課税分の贈与税額控除

相続又は遺贈により財産を取得した者が、相続開始前7年以内【※】に被相続人から贈与を受けていた財産の価額は、その者の相続税の課税価格に加算して相続税額を計算することから、贈与財産に課税されていた贈与税相当額をその者の算出税額（（2）の各相続人等の相続税額）から控除する（二重課税排除のため）。

【※】 221ページ(4)①【※1、3】参照。

受贈年の贈与税額 ×	$\dfrac{\text{相続税の課税価格に加算した贈与財産額}}{\text{受贈年の贈与税課税価格 【※】}}$

【※】 贈与税の配偶者控除を受けている場合には、控除後の金額

【法令等】相法19①かっこ書、相基通19-1 ～19-7

ハ 配偶者の税額軽減

配偶者（相続を放棄した配偶者を含むが、内縁関係者は除く。）の相続後の生活保障等を考慮し、配偶者が遺産分割や遺贈により実際に取得した正味の遺産額が、配偶者の法定相続分相当額か、1億6,000万円に満たない場合には1億6,000万円のどちらか多い金額までは配偶者に相続税がかからないとする税額軽減制度である。

配偶者の税額軽減額は、次の算式で計算する。

相続税の総額 ×	$\dfrac{\text{次の(A)(B)のうちいずれか少ない金額}}{\text{課税価格の合計額}}$

(A) 課税価格の合計額×配偶者の法定相続分

　　（1億6,000万円以下の場合は、 1億6,000万円）

(B) 配偶者の実際の取得額

(注)1 配偶者の税額軽減を受けるためには、遺産分割の確定と相続税の申告が必要となる。

　　2 相続又は遺贈により財産を取得した者が、被相続人の配偶者の課税価格の計算の基礎となるべき事実の全部又は一部を隠ぺいし、又は仮装し、これに基づき相続税の申告書を提出し又は提出していなかった場合において、その配偶者が相続税の調査があったこと等により期限後申告書又は修正申告書を提出するときには、その隠ぺい仮装行為による部分については、この配偶者の税額軽減は適用されない。

【法令等】相法19の2、相令4の2、相基通19の2-1 ～19の2-19

二　未成年者控除

　　相続又は遺贈により財産を取得した者（制限納税義務者を除く。）が、被相続人の法定相続人で、かつ、未成年者である場合には、その者の算出税額から満18歳に達するまでの１年につき10万円を乗じた金額を控除する。

> （18歳－未成年者の年齢【※】）×10万円

　　【※】　年齢は相続開始時点で判定、１年未満の端数は切捨て（例　15歳８か月→15歳）。
　　【法令等】相法19の３

ホ　障害者控除

　　相続又は遺贈により財産を取得した者（制限納税義務者及び非居住者無制限納税義務者を除く。）が、被相続人の法定相続人で、かつ、85歳未満の障害者である場合には、その者の算出税額から85歳に達するまでの１年につき10万円（特別障害者は20万円）を乗じた金額を控除する。

> （85歳－障害者の年齢【※１】）×10万円（特別障害者【※２】の場合は20万円）

　　【※１】　年齢の計算は上記ニの未成年者控除と同様である。
　　【※２】　特別障害者とは、障害者手帳１級・２級など、一定の要件を満たす者をいう。
　　【法令等】相法19の４、相令４の４、相基通19の４－１～19の４－６

ヘ　相次相続控除

　　被相続人が相続開始前10年以内に財産を相続して相続税が課されていた場合、次の算式で計算した金額を算出相続税額から控除する。これは同じ財産に相次いで相続税が課されることに対する負担の調整である。

> $$A \times \frac{C}{B-A} \left(\frac{100}{100} を超えるときは \frac{100}{100} \right) \times \frac{D}{C} \times \frac{10-E}{10}$$
>
> Ａ：今回の相続における被相続人が、前回の相続により取得した財産【※１】に対して課せられた相続税額【※２】
> Ｂ：今回の相続における被相続人が、前回の相続により取得した財産の価額【※３】
> Ｃ：今回の相続により、相続人等の全員が取得した財産の価額の合計額【※３】
> Ｄ：今回の相続により、控除対象相続人が取得した財産の価額【※３】
> Ｅ：前回の相続開始から今回の相続開始までの期間年数（１年未満の端数切捨て）

　　【※１】　前回の相続時に相続時精算課税の適用を受けた贈与財産を含む。
　　【※２】　相続時精算課税の適用を受けた贈与財産があるときは、贈与税を控除した後の金額。
　　【※３】　相続時精算課税の適用を受けた贈与財産を含み、債務控除後の金額。
　　【法令等】相法20、相基通20－１～20－４

相続税

V 相続税

ト 外国税額控除

相続又は遺贈により法施行地外にある財産を取得した場合において、その財産に対して外国の法令により我が国の相続税に相当する税が課されたときには、その課された相続税に相当する金額は、その者の算出税額から控除する（いわゆる国際二重課税の緩和規定）。

次の①と②の金額のうち、いずれか少ない金額を控除する。

① 課せられた外国税額

② 次の算式により計算した金額

$$算出相続税額（相次相続控除後） \times \frac{分母のうち外国にある財産の価額【※1】}{相続税の課税価格【※2】}$$

【※1】 外国に所在する財産に係る債務は控除する。
【※2】 債務控除後の金額をいう。

【法令等】相法20の2、相基通20の2-1～20の2-2

チ 相続時精算課税制度における贈与税額の控除

「暦年贈与と相続時精算課税制度を適用した場合の比較」（222ページ）を参照。

(4) 「相続税額（納付すべき税額）」の計算

各相続人等の相続税額（加算・減算前）から、上記(3)イ～チの各項目について加算・減算を行い、各相続人等の相続税額（納付すべき税額）を算出する。

$$\boxed{\begin{array}{c}各相続人の相続税額\\（納付すべき税額）\end{array}} = \boxed{(2)各相続人等の相続税額} + \boxed{\begin{array}{c}2割加算\\((3)イ)\end{array}} - \boxed{\begin{array}{c}各種控除等\\((3)ロ～チ)\end{array}}$$

【参考：相続税早見表】

1 相続人が配偶者と子の場合

（単位：万円）

子の数 課税価格	1人	2人	3人	4人	5人
1億円	385	315	262	225	188
2億円	1,670	1,350	1,217	1,125	1,033
3億円	3,460	2,860	2,540	2,350	2,243
4億円	5,460	4,610	4,155	3,850	3,660
5億円	7,605	6,555	5,962	5,500	5,203
6億円	9,855	8,680	7,838	7,375	6,913
7億円	12,250	10,870	9,885	9,300	8,830
8億円	14,750	13,120	12,135	11,300	10,830
9億円	17,250	15,435	14,385	13,400	12,830
10億円	19,750	17,810	16,635	15,650	14,830

12億円	24,750	22,560	21,135	20,150	19,165
14億円	30,145	27,690	26,000	24,825	23,833
20億円	46,645	43,440	41,182	39,500	38,083

（注）1　配偶者の税額軽減の特例を法定相続分まで活用し、その他の税額控除はないものとする。
　　　2　子は全て成人とし、孫の養子縁組はないものとする。
　　　3　1万円未満は四捨五入
　　　4　「1人」の列以外は合計金額を記載（次表においても同じ）

2　相続人が子のみの場合

（単位：万円）

課税価格 ＼ 子の数	1人	2人	3人	4人	5人
1億円	1,220	770	630	490	400
1.5億円	2,860	1,840	1,440	1,240	1,100
2億円	4,860	3,340	2,460	2,120	1,850
2.5億円	6,930	4,920	3,960	3,120	2,800
3億円	9,180	6,920	5,460	4,580	3,800
3.5億円	11,500	8,920	6,980	6,080	5,200
4億円	14,000	10,920	8,980	7,580	6,700
4.5億円	16,500	12,960	10,980	9,080	8,200
5億円	19,000	15,210	12,980	11,040	9,700
6億円	24,000	19,710	16,980	15,040	13,100
7億円	29,320	24,500	21,240	19,040	17,100
8億円	34,820	29,500	25,740	23,040	21,100
9億円	40,320	34,500	30,240	27,270	25,100
10億円	45,820	39,500	35,000	31,770	29,100
12億円	56,820	49,500	45,000	40,770	37,800
14億円	67,820	60,290	55,000	50,500	46,800
20億円	100,820	93,290	85,760	80,500	76,000

（注）1　税額控除はないものとする。
　　　2　子は全て成人とし、孫の養子縁組はないものとする。
　　　3　1万円未満は四捨五入
　　　4　例えば、課税価格5億円で配偶者が法定相続分を相続した場合における相続税額（一次相続、二次相続の合計額）は、次のとおり。
　　　　イ　本人（一次）相続時
　　　　　　上記1の表より、課税価格5億円で子の数3人の欄から5,962万円
　　　　ロ　配偶者（二次）相続時
　　　　　　配偶者の固有財産がないものとすると、配偶者の課税価格は2.5億円（一次相続5億円×1/2）。
　　　　　　上記2の表より、課税価格2.5億円で子の数3人の欄から3,960万円
　　　　ハ　合計　5,962万円＋3,960万円＝9,922万円

相続税

5　申告・納付

⑴　相続税の申告

イ　相続税申告書の提出義務者

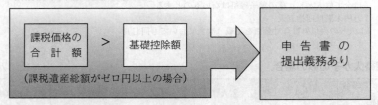

（注）　①被相続人の配偶者について、配偶者の税額軽減がないものとして税額計算を行った場合に納付すべき相続税額が算出されるとき、②小規模宅地等についての相続税の課税価格の計算の特例など、申告書の提出を適用要件にしているものについては、相続税の申告書を提出しなければならない。

【法令等】相法27①、19の2③、措法69の4⑥、69の5⑦、70⑤⑩

ロ　申告書の提出期限

原則	相続税の申告期限は、その相続の開始があったことを知った日（通常、被相続人が亡くなった日）の翌日から「10か月以内」。
例外	納税管理人の届出をしないで、相続税法の施行地に住所及び居所を有しなくなるときは、その有しないこととなる日までに申告書を提出しなければならない。

【法令等】相法27①、相基通27-4

ハ　申告書の提出先（納税地）

申告書の提出先	被相続人の死亡時における住所地を所轄する税務署長

（注）　同一の被相続人から相続又は遺贈により財産を取得した者で、相続税の申告をしなければならない者が2人以上ある場合には、共同して相続税の申告書を提出することができる（一般には、共同して相続税の申告書を提出することになる。）。

【法令等】相法27、62①②、相法附則3、相令7、相基通27-1、27-3

ニ　申告書の記載事項及び添付書類

記載事項	課税価格、相続税の総額に関する事項、納税義務者の住所、氏名など、相続税法施行規則13条に規定する事項
添付書類 【※1】 【※2】	被相続人の死亡の時における財産及び債務、被相続人から相続人又は受遺者が相続又は遺贈により取得した財産又は承継した債務の各人の明細並びにその遺産を各相続人がどのように分割したかなど、同規則16条に規定する事項を記載した明細書

【※1】　配偶者の税額軽減については、相続又は遺贈により取得することが確定した相続財産について、相続税の申告書を提出して初めて適用されることから、次の証明書等を添付する必要

がある。

| 配偶者の税額軽減を受けるための書類 | ① 遺言書の写し又は遺産分割協議書の写し（印鑑証明書を添付）
② その他生命保険金や退職金の支払通知書などの財産の取得状況の分かる書類 |

【※2】 平成30年4月1日以後に提出する相続税の申告書の添付書類については、次に掲げるものが追加された。

| H30.4.1以後の添付書類（次の①、②のいずれかの書類） | ① 戸籍の謄本を複写したもの
　(注) 従来の相続人等の戸籍の謄本そのものに代えて、これらの書類を複写したものを提出することも可能とされた。
② 法定相続情報一覧図の写し又はそれを複写したもの
　(注) 相続関係を証する書類として、次の要件を満たす法定相続情報一覧図の写し又はそれを複写したものを提出することも可能とされた。
　　イ 系統図方式で記載されていること
　　ロ 子の続柄について、実子又は養子の別が記載されていること |

【法令等】 相法19の2③、27④、相規1の6③

(2) 相続税の納期限

期限内申告の場合	期限内申告書の提出期限までに納付（その相続の開始があったことを知った日の翌日から「10か月以内」）
期限後申告又は修正申告の場合	その申告書を提出した日までに納付
更正又は決定の場合	更正又は決定の通知書が発せられた日の翌日から起算して1か月を経過する日までに納付

(注) 相続税は、金銭一括納付が原則であるが、納期限までに金銭一括納付が困難である場合に、一定の要件を満たすと「延納」や「物納」が認められる。

【法令等】 相法33、38、41、通法35②一・二

(3) 相続税の連帯納付義務

　同一の被相続人から相続又は遺贈により財産を取得した全ての者は、その相続又は遺贈により取得した財産に係る相続税について、当該相続又は遺贈により受けた利益の価額に相当する金額を限度として、法定申告期限から5年以内に納付義務があることの通知書を発しない場合など一定の事由がある場合を除いて、互いに連帯納付の義務がある。

【法令等】 相法34①

相続税

V 相続税

【納付のしかた判定フローチャート】

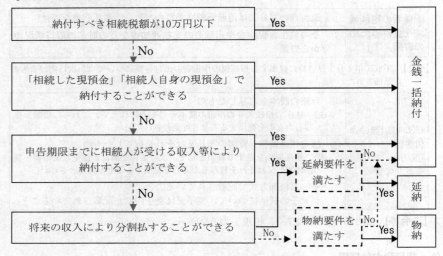

(4) 延納

相続税の額が10万円を超え、かつ、納期限までに、納付すべき日に金銭で納付することを困難とする事由がある場合には、納税義務者の要請により、年賦延納が認められている。

【法令等】 相法38

イ 延納（相続税）の許可要件

① 申告・更正又は決定による納付すべき相続税額が10万円を超えること
② 金銭納付を困難とする事由があること
③ 必要な担保を提供すること（ただし、延納税額が100万円以下で、かつ、延納期間が3年以下である場合は、不要である。）
　（担保に提供できる財産の種類（通法50））
　　・ 国債及び地方債
　　・ 社債その他の有価証券で税務署長等が確実と認めるもの
　　・ 土地
　　・ 建物、立木、船舶などで保険に附したもの
　　・ 鉄道財団・工場財団など
　　・ 税務署長等が確実と認める保証人の保証
　　・ 金銭
④ 相続税の納期限又は納付すべき日までに延納申請書を提出すること

【法令等】 相法38、39、相令12 ～ 14、相基通38 － 1、38 － 2、38 － 5 ～ 38 － 9、
　　　　　　39 － 1、通法50

ロ　延納期間及び利子税

延納期間	最長5 ～ 20年 (注)　課税相続財産の価額のうちに不動産等の価額が占める割合による。
支払方法	年1回の元金均等払い（繰上げ返済も可能）
利　子　税 （特例割合）	0.1 ～ 0.7% (注)　課税相続財産の価額のうちに不動産等の価額が占める割合による。 　　　例えば、不動産等の価額の占める割合が50%未満の場合は、原則として、 　　　最長5年・年利0.7%。
物納への変更	延納許可を受けた相続税額につき、延納を継続することが困難となった場合、申告期限から10年以内に限り、分納期限未到来の税額について延納から物納に変更することができる。

【法令等】　相法38①、52、措法70の8の2、70の9 ～ 70の11

(5)　物納

　　物納は、相続税にだけ設けられている制度である。申告による納付税額又は更正、決定による納付税額を金銭で納付することを困難とする事由がある場合には、その納付を困難とする金額を限度として物納を申請することができる。

イ　物納の許可要件

①　相続税を延納によっても金銭で納付することが困難な事由があること
②　申請により税務署長の許可を受けること
③　金銭で納付することが困難である金額の限度内であること
④　物納できる財産であること

ロ　物納できる財産と収納価額等

財産の要件	①　日本国内にある財産であること ②　課税価格計算の基礎となった財産（相続時精算課税の適用を受ける財産を除く。）であること ③　管理処分不適格財産に該当しないこと
財産の種類	①　国債 ②　不動産・船舶 ③　社債、株式、証券投資信託又は貸付信託の受益証券 ④　動産 (注)　物納に充てることができる財産の順位 　　　　第1順位：①及び②、　第2順位：③、　第3順位：④
収　納　価　額	（原則）　課税価格の計算の基礎となったその財産の価額 （例外）　収納時までにその財産の状況に著しい変化が生じたときはその収納時の現況により税務署長が定めた価額

(注)1　物納に充てようとする財産が特定登録美術品であるときは、申請により、上記の順位によることなく物納が認められる（措法70の12①）。

V 相 続 税

2　物納の許可を受けようとする者は、相続税の納期限又は納付すべき日までに、物納しよう
とする税額、物納に充てようとする財産の種類などを記載した物納申請書を納税地の所轄税
務署長に提出しなければならない（相法42①）。

【法令等】 相法41、43①、相令18

6 | その他

○　**相続税のタイムスケジュール**

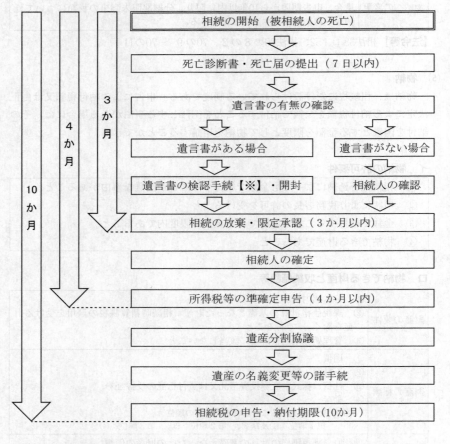

※　検認手続とは、遺言書の偽造・変造を防ぐために家庭裁判所で行う証拠保全手続である。

Ⅵ　贈与税

贈与税の概要

　贈与税は、個人からの贈与により財産を取得した者に対して、その取得財産の価額を基に課税される税である。

　贈与税の特色は、次のとおり。

相続税の補完機能	○　生前贈与などにより、相続税負担に著しい不公平が生じないよう、贈与税には、相続税の補完機能がある。 （注）　相続税と贈与税は、別の税目にもかかわらず、いずれも相続税法に規定。
受贈者課税方式	○　我が国の相続税の課税方式は遺産取得課税方式を採用していることから、贈与税についても「受贈者課税方式」を採用。

贈与税の計算方法（概要）

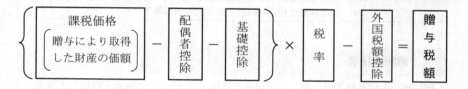

$$\left\{\begin{array}{c}\text{課税価格}\\ \text{（贈与により取得した財産の価額）}\end{array}\right\} - \text{配偶者控除} - \text{基礎控除} \times \text{税率} - \text{外国税額控除} = \text{贈与税額}$$

VI　贈与税

贈与税の課税要件等

贈与税の課税要件等の概要は、次表のとおり（各項目の詳細は、次項以降で解説）。

1	納税義務者	○ 贈与税の納税義務者は、贈与（死因贈与を除く。）によって財産を取得した個人。
2	課税物件	○ 贈与税の課税物件は、贈与によって取得した財産（贈与財産）。
3	課税標準（課税対象）	○ 贈与税の課税標準（課税価格）は、納税義務者が暦年の間（1月1日から12月31日までの間）に、贈与によって取得した財産の価額の合計額。
4	税額算出方法・税率	○ 贈与税額＝課税価格－配偶者控除－基礎控除110万円）×税率 ○ 贈与税の税率は、10％から55％までの8段階の超過累進税率
5	申告・納付	○ 贈与税の申告及び納付の期限は、翌年2月1日から3月15日。 ○ 贈与税の納税地は、原則として、受贈者の住所地。
6	独自の制度（例）	(1) 直系尊属からの住宅取得等資金の贈与の非課税制度 (2) 直系尊属からの教育資金の一括贈与に係る非課税制度 (3) 直系尊属からの結婚・子育て資金の一括贈与に係る非課税制度 (4) 相続時精算課税制度 (5) 事業承継制度（一般） (6) 事業承継制度（特例） (7) 個人事業者の事業用資産に係る贈与税・相続税の納税猶予制度 (8) 医業継続に係る相続税・贈与税の納税猶予

1　納税義務者

　贈与税の納税義務者は、贈与（死因贈与を除く。）によって財産を取得した個人。その納税義務は、贈与により財産を取得した時に成立する。

(1)　納税義務者の区分と課税の対象

　贈与税の納税義務者は、財産取得の時の住所、日本国籍の有無などにより、次の4区分に分けられ、その区分により贈与税の課税財産の範囲が異なる。

（注）　相続時精算課税の適用を受けた財産については、全て課税の対象となる。なお、相続又は遺贈により財産を取得しなかった個人で、相続時精算課税の適用を受ける財産のみを贈与により取得していた者を「特定納税義務者」という。

区　分	定　　義			課税対象
	財産取得時の住所	日本国籍	その他の定義	
① 居住無制限納税義務者	国内	−	③居住制限納税義務者を除く。	取得財産の全部
② 非居住無制限納税義務者	国外	有	④非居住制限納税義務者を除く。	取得財産の全部
		無		
③ 居住制限納税義務者	国内	−	一時居住者	取得財産のうち日本国内にあるもの
④ 非居住制限納税義務者	国外	有	相続開始前10年以内に国内に住所なし	
		無		

【法令等】 相法 1 の 4

【参考：納税義務者の判定表（特定納税義務者を除く。）】

被相続人贈与者＼相続人受贈者	国内に住所あり	国内に住所なし		
	一時居住者【※1】	日本国籍あり		日本国籍なし
		10年以内に国内に住所あり	10年以内に国内に住所なし	
国内に住所あり	国内・国外財産に課税	国内・国外財産に課税		
外国人被相続人・外国人贈与者【※2】	国内財産のみに課税		国内財産のみに課税	
国内に住所なし｜10年以内に国内に住所あり	国内・国外財産に課税	国内・国外財産に課税		
国内に住所なし｜日本国籍なし｜非居住被相続人【※3】非居住贈与者【※4】	国内財産のみに課税		国内財産のみに課税	
国内に住所なし｜10年以内に国内に住所のない非居住被相続人・非居住贈与者【※5】				

【※1】　相続・贈与時に出入国管理及び難民認定法別表第1の上欄の在留資格を有し、相続・贈与前15年以内の国内居住期間の合計が10年以下であるもの。

【※2】　相続開始時又は贈与時において、出入国管理及び難民認定法別表第1の上欄の在留資格を有する者。

【※3】　相続前10年以内において国内に住所を有していた期間中、継続して日本国籍がなかったもの。

【※4】　贈与前10年以内において国内に住所を有していた期間中、継続して日本国籍がなかったもの。

【※5】　相続・贈与前10年以内に国内に住所を有していたことがないもの。

(2)　財産の所在地の判定

財産の種類	財産の所在
動産又は不動産	動産（現金を含む。）又は不動産の所在（ただし、船舶又は航空機は、それらの登録をした機関の所在）
金融機関に対する預貯金等	受入れをした営業所又は事業所の所在
保険金	保険契約に係る保険会社の本店又は主たる事務所の所在
退職手当金等	支払った者の住所又は本店若しくは主たる事務所の所在
貸付金債権	債務者の住所又は本店若しくは主たる事務所の所在
社債、株式又は出資	社債・株式の発行法人又は出資のされている法人の本店又は主たる事務所の所在
国債又は地方債	相続税法の施行地
外国又は外国の地方公共団体の発行する公債	その外国

2　課税財産（本来の贈与財産とみなし贈与財産）

贈与税の課税物件（課税の対象）は、贈与によって取得した財産（＝贈与財産）。

(1)　課税財産

贈与税の課税財産には、本来の課税財産のほか、みなし贈与財産がある。

イ　本来の贈与財産

本来の贈与財産とは、贈与税が相続税の補完税であることから、相続税における本来の財産と同様の範囲に属するものをいう。

【法令等】相基通11の2－1

ロ　みなし贈与財産

「みなし贈与財産」とは、法的には、贈与者から贈与により取得したものではないが、実質的には贈与により取得した財産と同様な経済的効果を持つものをいう。

区　分	みなし贈与財産に該当するもの
生命保険金等	生命保険契約や損害保険契約の保険事故の発生により取得した保険金のうち、その取得した者以外の者が負担した保険料に相当する部分（保険料負担者が被相続人であり、被相続人の死亡を保険事故として受け取った保険金については、その部分を除く。）の金額

財産の低額譲受による利益	著しく低い価額の対価で財産を譲り受けた場合における、その財産の時価と、支払った対価の額との差額に相当する金額
債務免除による利益	対価を支払わないで又は著しく低い価額の対価で債務の免除、引受け又は第三者のためにする債務の弁済による利益を受けた場合における、その債務の免除、引受け又は弁済に係る債務の金額に相当する金額（対価の支払があった場合はその価額を控除した金額）
その他の利益の享受	対価を支払わないで又は著しく低い価額の対価で利益を受ける場合における、その利益の価額に相当する金額

【法令等】相法5 ～ 9、9の2 ～ 9の6、65①、相基通5－1 ～ 5－7、7－1 ～ 7－5、8－1 ～ 8－4、9－1 ～ 9－14

(2) 非課税財産

非課税財産	補 足 説 明
法人からの贈与	法人からの贈与については、所得税（一時所得）が課税される。
扶養義務者間の通常必要とする生活費又は教育費	扶養義務者間で行われる贈与で、通常必要と認められる生活費や教育費で必要な都度直接これらに充てるためのものに限られる。
相続又は遺贈により財産を取得した者が相続開始の年に取得した被相続人からの贈与財産	相続又は遺贈により財産を取得した者が相続開始の年に取得した被相続人からの贈与財産については、相続税の課税価格に算入される。

【法令等】相法21の2④、21の3①一・二

3 課税標準（贈与税の課税価格）

贈与税の課税標準（課税価格）は、納税義務者が1暦年（1月1日から12月31日までの間）に贈与によって取得した財産の価額の合計額。

区 分	贈与税の課税価格
① 居住無制限納税義務者 ② 非居住無制限納税義務者	その年中において、贈与により取得した財産の価額の合計額
③ 居住制限納税義務者 ④ 非居住制限納税義務者	その取得財産のうち相続税法の施行地にあるものの価額の合計額
⑤ 特定納税義務者	相続時精算課税の適用を受けた財産

【法令等】相法21の2

4　税額算出方法・税率

(1)　贈与税額の算出方法

$$
\boxed{\begin{array}{c}\text{贈与税額}\\ \text{【※1】}\end{array}} = \left(\boxed{\begin{array}{c}\text{課税価格}\\ \text{【※2】}\end{array}} - \boxed{\begin{array}{c}\text{配偶者}\\ \text{控　除}\end{array}} - \boxed{\begin{array}{c}\text{基礎控除}\\ \text{110万円}\end{array}} \right) \times \boxed{\text{税率}} - \boxed{\begin{array}{c}\text{外国税}\\ \text{額控除}\end{array}}
$$

(注)　課税価格から配偶者控除額及び基礎控除額を差し引いた金額を「控除後の課税価格」という（1,000円未満の端数切捨て）。

【※1】　100円未満の端数切捨て。

【※2】　課税価格　=　本来の贈与財産　+　みなし贈与財産

(2)　贈与税の配偶者控除

制度の概要	婚姻期間（民法に規定する婚姻の届出があった日から贈与の日までの期間）が20年以上の配偶者から、①居住用不動産（国内にある専ら居住の用に供する土地等又は家屋）又は②その取得資金の贈与を受けた場合には、その贈与を受けた居住用不動産等の課税価格から2,000万円までの金額を配偶者控除として控除できる。
取得した財産の要件	①国内にある居住用不動産、又は、②その取得資金で、贈与を受けた日の属する年の翌年3月15日までに受贈者が居住し、かつ、その後も引き続き居住する見込みであるもの
その他の要件	○　贈与税の申告書等を提出すること ○　過去において、同一の配偶者からの贈与につき、本規定の適用を受けていないこと
その他	○　この規定の適用を受けた金額は、相続開始前7年以内に贈与を受けた財産の相続税の課税価格の加算から除外される。 ○　基礎控除との併用は可能であり、2,000万円の配偶者控除は、基礎控除に先立って控除される。 (注)　配偶者控除の額は、2,000万円と贈与を受けた居住用不動産等の価額のうちいずれか少ない方の金額とする。 ○　民法上、居住用不動産を取得した場合には特別受益の対象とならない意思（持戻しの免除の意思）を表示したものと推定される（民法903④）。

【法令等】相法21の6、19、相基通21の6-1～21の6-8

(3)　贈与税の基礎控除

○　基礎控除の金額は110万円

【法令等】相法21の5、措法70の2の4

(4)　贈与税の税率

○　贈与税の配偶者控除及び基礎控除後の課税価格（控除後の課税価格）に対して、税率を適用する。

○　贈与税の税率は、10％から55％までの8段階の超過累進税率となっている。

○ 「一般贈与」と「特例贈与」では税率が異なる。

イ 一般贈与（下記ロ以外の場合）

基礎控除後の金額		税率	控除額
0万円超	200万円以下	10%	0万円
200万円超	300万円以下	15%	10万円
300万円超	400万円以下	20%	25万円
400万円超	600万円以下	30%	65万円
600万円超	1,000万円以下	40%	125万円
1,000万円超	1,500万円以下	45%	175万円
1,500万円超	3,000万円以下	50%	250万円
3,000万円超		55%	400万円

ロ 特例贈与（贈与年1月1日において18歳以上の者が直系尊属から贈与を受けた場合）

基礎控除後の金額		税率	控除額
0万円超	200万円以下	10%	0万円
200万円超	400万円以下	15%	10万円
400万円超	600万円以下	20%	30万円
600万円超	1,000万円以下	30%	90万円
1,000万円超	1,500万円以下	40%	190万円
1,500万円超	3,000万円以下	45%	265万円
3,000万円超	4,500万円以下	50%	415万円
4,500万円超		55%	640万円

(5) 贈与税額の計算例

【前提条件】贈与された財産の合計額（課税価格）… 200万円
　　200万円 － 110万円 ＝ 90万円（控除後の課税価格）
　　90万円 × 10%（税率）＝ 9万円

5　申告・納付

(1)　贈与税の申告

イ　申告義務者

原則	贈与によって財産を取得した者で、その年分の贈与税の課税価格が基礎控除額を超え、納付すべき贈与税額がある者
例外	○　相続時精算課税制度の適用を受ける財産を取得した者（課税価格が特別控除額以下であっても提出） ○　直系尊属から住宅取得等資金の贈与を受けた場合の贈与税の非課税制度などの特例制度（申告書の提出を適用要件にしているもの）を受ける者（納付すべき贈与額がゼロになる場合であっても提出）

【法令等】相法28、措法70の2

ロ　申告書の提出期限

原則	贈与税の申告期限は、贈与により財産を取得した年の翌年2月1日から3月15日
例外	財産の贈与を受けた者が年の途中で死亡した場合は、その相続人又は包括受遺者が、相続開始があったことを知った日の翌日から10か月以内

【法令等】相法28

ハ　申告書の提出先（納税地）

提出先	贈与により財産を取得した者の住所地（日本国内に住所を有しないこととなった場合には、居所地）を所轄する税務署長

【法令等】相法28、62①②

ニ　申告書の記載事項及び添付書類

記載事項	課税価格、贈与税額など相続税法施行規則第17条第1項に規定する事項
添付書類	贈与税の配偶者控除については、次の書類を添付した申告書を提出した場合に限り適用される。 ①　戸籍謄本又は抄本及び戸籍の附票の写し（贈与を受けた日から10日を経過した日以後に作成されたものに限る。） ②　受贈者が取得した居住用不動産に関する登記事項証明書 ③　住民票の写し（居住用不動産をその者の居住の用に供した日以降に作成されたものに限る。） (注)　上記①の戸籍の附票の写しに記載されている受贈者の住所が居住用不動産の所在場所である場合には、③の住民票の写しの提出は要しない。

【法令等】相法21の6②、相規9

(2)　贈与税の納付

原則	贈与により財産を取得した年の翌年３月15日（申告期限）までに金銭一括納付
例外	贈与の納付期限までに金銭一括納付が困難である場合で、一定の要件を満たすときは「延納」が認められる。

（注）　贈与税についても、相続税と同様に連帯納付義務が設けられている。

【法令等】相法33、34、38

(3)　延納

イ　延納の許可要件

①　申告・更正又は決定による納付すべき相続税額が10万円を超えること

②　金銭納付を困難とする事由があること

③　必要な担保を提供すること（ただし、延納税額が100万円以下で、かつ、延納期間が３年以下である場合は、不要である。）

担保に提供できる財産の種類	・　国債及び地方債 ・　社債その他の有価証券で税務署長等が確実と認めるもの ・　土地 ・　建物、立木、船舶などで保険を附したもの ・　鉄道財団・工場財団など ・　税務署長等が確実と認める保証人の保証

④　贈与税の納期限又は納付すべき日までに延納申請書を提出すること

【法令等】相法38、相令12②、相基通38－1、38－2、38－5、38－6、38－10、38－11

ロ　延納期間及び利子税

延納期間	５年以内
利子税 （特例割合）	0.8% （注）　延納税額に対し、年率6.6%の利子税がかかる。ただし、各年の延納特例基準割合が7.3%に満たない場合の利子税の割合は、次の算式により計算される割合（特例割合）が適用される。 6.6%×延納特例基準割合【※】÷7.3%（0.1%未満の端数は切捨て） 【※】　各分納期間の開始の日の属する年の前々年の10月から前年の９月までの各月における銀行の新規の短期貸出約定平均金利の合計を12で除して得た割合として各年の前年の11月30日までに財務大臣が告示する割合に、年0.5%の割合を加算した割合（令和６年１月１日から同年12月31日までの期間は0.9%）

6 贈与税独自の制度

⑴ 相続時精算課税制度

イ 制度の概要

　　相続時精算課税制度は、納税者の選択により、暦年課税に代えて、贈与時には本制度に係る贈与税額を納付し、その後、その贈与をした者の相続開始時には、本制度を適用した受贈財産の課税価額（特別控除前の価額）と相続又は遺贈により取得した財産の価額の合計額を課税価格として計算した相続税額から既に納付した本制度に係る贈与税額を控除した金額を納付する（贈与税額が相続税額を上回る場合には還付を受ける）ことにより、贈与税・相続税を通じた納税をすることができるものである。

【法令等】相法21の9 〜 21の18

【※】 R6.1.1以後については222ページの表参照。

ロ 適用要件

贈　　与　　者	贈与をした年の1月1日において60歳以上の者 一定の住宅取得等資金については年齢制限なし
受　　贈　　者	贈与を受けた年の1月1日において18歳以上の子又は孫（代襲相続人に限らない。）
基 礎 控 除 額	令和6年分以後は、基礎控除額110万円
特 別 控 除 額	1人の贈与者につき2,500万円（前年までにこの相続時精算課税の特別控除額を使用した場合には、2,500万円から既に使用した額を控除した残額）
贈　　与　　税　　率	累計2,500万円超過部分につき一律20%
相続時の取扱い	贈与財産を全て相続財産に加算（贈与時評価） 納付済贈与税額は相続税額から控除（払い過ぎた分は還付）

ハ 適用手続

　　相続時精算課税制度の適用を受けようとする受贈者は、贈与を受けた財産に係る贈与税の申告期間内に「相続時精算課税選択届出書」（贈与者ごとに作成が必要）を贈与税の申告書に添付して、納税地の所轄税務署長に提出する。

　　なお、提出された当該届出書は撤回することができない。

ニ 住宅取得等資金に係る贈与の特例

　　令和5年12月31日までの間に、贈与により住宅取得等資金を取得した場合において、贈与者の年齢がその年の1月1日において60歳未満であっても、一定の要件を満たすときは、相続時精算課税制度の適用を受けることができる。

(2)　直系尊属からの住宅取得等資金の贈与の非課税制度

イ　制度の概要

　　平成27年1月1日から令和8年12月31日までの間に、父母や祖父母など直系尊属からの贈与により、自己の居住の用に供する住宅用の家屋の新築、取得又は増改築等（以下「新築等」という。）の対価に充てるための金銭（以下「住宅取得等資金」という。）を取得した場合において、一定の要件を満たすときは、次表の非課税限度額【※1】までの金額について、贈与税が非課税となる。

　　【法令等】措法70の2

ロ　非課税限度額

住宅用家屋の種類 住宅取得等 資金の取得日	省エネ等住宅 【※2】	左記以外の住宅
令和4年1月1日〜 令和8年12月31日	1,000万円	500万円

【※1】　非課税限度額
　　　　既に非課税制度の適用を受けて非課税となった金額がある場合には、その金額を控除した残額が非課税限度額となる。
【※2】　省エネ等住宅
　　　　省エネ等基準（①断熱等性能等級5以上かつ一次エネルギー消費量等級6以上であること、②耐震等級（構造躯体の倒壊等防止）2以上若しくは免震建築物であること又は③高齢者等配慮対策等級（専用部分）3以上であること。）に適合する住宅用の家屋であることにつき、一定の書類により証明されたものをいう。

ハ　適用要件

(イ)　受贈者の要件

　○　贈与を受けた時に贈与者の直系卑属（贈与者は受贈者の直系尊属）であること。

　○　贈与税の居住無制限納税義務者又は非居住無制限納税義務者であること。

　○　贈与を受けた年の1月1日において、18歳以上であって、当該年の年分の所得税の合計所得金額が2,000万円【※】以下であること。

　○　贈与を受けた年の翌年3月15日までに、住宅取得等資金の全額を充てて住宅用の家屋の新築等をすること。

　○　贈与を受けた年の翌年3月15日までにその家屋に居住すること、又は同日後遅滞なくその家屋に居住することが確実であると見込まれること。

　○　受贈者の配偶者、親族などの一定の特別の関係がある者から住宅用の家屋を取得したものではないこと、又はこれらの者との請負契約等により新築若しくは増改築等をしたものではないこと。

○　平成26年分以前の年分において、旧非課税制度（平成22・24・27年度の各税制改正前の「住宅取得等資金の贈与税の非課税」のことをいう。）の適用を受けたことがないこと。

【※】　新築又は取得した家屋の登記簿上の床面積が40㎡以上50㎡未満の場合は、合計所得金額は1,000万円以下に限られる。

ㅁ　対象となる家屋等の要件

新築又は取得の場合	○　新築又は取得した住宅用の家屋の登記簿上の床面積（マンションなどの区分所有建物の場合はその専有部分の床面積）が40㎡以上240㎡以下で、かつ、その家屋の床面積の2分の1以上に相当する部分が受贈者の居住の用に供されるものであること。
	○　取得した住宅用の家屋が次のいずれかに該当すること。 ①　建築後使用されたことのないもの ②　建築後使用されたことのあるもので、耐震基準に適合するものとして、次のいずれかの書類により証明がされたもの（登記簿上の建築日付が昭和57年1月1日以後の家屋については、耐震基準に適合している住宅用家屋とみなされることから、証明書類の添付は不要） 　A　耐震基準適合証明書 　B　建設住宅性能評価書の写し 　C　既存住宅売買瑕疵担保責任保険契約が締結されていることを証する書類 （注）　家屋の取得の日2年以内に、その証明のための家屋の調査が終了したもの、評価されたもの又は保険契約が締結されたものに限る。 ③　建築後使用されたことのあるもの（上記②に該当しないものに限る。）で、耐震改修を行うことにつき建築物の耐震改修の促進に関する法律第17条第1項の申請等をし、かつ、取得期限までに耐震基準に適合することとなったことにつき証明がされたもの
増改築等の場合	○　増改築等後の住宅用の家屋の登記簿上の床面積（マンションなどの区分所有建物の場合はその専有部分の床面積）が40㎡以上240㎡以下で、かつ、その家屋の床面積の2分の1以上に相当する部分が受贈者の居住の用に供されるものであること。
	○　増改築等の工事が、自己が所有し、かつ、居住している家屋に対して行われたもので、一定の工事に該当することにつき「確認済証の写し」、「検査済証の写し」又は「増改築等工事証明書」などにより証明されたものであること。
	○　増改築等の工事に要した費用の額が100万円以上であること。また、増改築等の工事に要した費用の2分の1以上が、自己の居住の用に供される部分の工事に要したものであること。

【※1】　対象となる住宅用の家屋は、日本国内にあるものに限られる。
【※2】　「新築」若しくは「取得」又は「増改築等」には、これらとともに取得する敷地の用に供される土地等の取得（その新築に先行してその敷地の用に供される土地等の取得が行われる場合における当該土地等の取得を含む。）も含まれる。

(3)　直系尊属からの教育資金の一括贈与に係る非課税制度

イ　制度の概要

受贈者（受贈者の教育に必要な資金を管理することを目的とする契約で一定の ものを締結する日において30歳未満の者に限る。）が、学校等に対して直接支払 われる入学金等その他一定の資金に充てるため、金融機関等との一定の契約に基 づき、教育資金口座の開設等を行った場合には、これらの信託受益権又は金銭等 の価額のうち、1,500万円（学校等以外に支払う金銭については500万円）までの 金額に相当する部分の価額については、金融機関等の営業所等を経由して教育資 金非課税申告書を提出することにより、贈与税が非課税となる。

その後、受贈者が30歳に達するなどにより、教育資金口座に係る契約が終了し た場合において、非課税拠出額から教育資金支出額を控除した残額があるときは、 その残額がその契約が終了した日の属する年に贈与があったこととされる。

【法令等】措法70の2の2

ロ　適用要件

贈　　与　　者	父母、祖父母等の直系尊属
受　　贈　　者	30歳未満である子、孫、ひ孫等の直系卑属（贈与の年の合計所得金額が1,000万円を超える場合を除く。）
贈　与　財　産	教育資金に充てる金銭等
非課税限度額	受贈者1人につき1,500万円（そのうち、学校等以外の者に支払われるものについては、500万円）
期　　　　　間	平成25年4月1日から令和8年3月31日までの間に行われる贈与
申　　　　　告	受贈者は「教育資金非課税申告書」を、金融機関を経由して所轄税務署長に提出する。なお、提出する上記申告書には、個人番号（マイナンバー）の記載が必要である。
領収書の提出	受贈者は、教育資金に使った領収書等を金融機関に提出する。 平成28年以降、領収書等に記載された支払金額が1万円以下で、かつ、その年中における合計支払金額が24万円に達するまでのものについては、領収書等に代えて教育資金の内訳などを記載した明細書を提出できる。

ハ　相続税の課税

① 信託受益権等の取得が令和3年3月31日以前の場合

贈与者が平成31年4月1日以後に死亡した場合において、その死亡前3年以 内に教育資金の一括贈与非課税措置を受けている場合に、死亡日において次の いずれにも該当しないときには、受贈者がその死亡日の管理残額を贈与者から 相続又は遺贈により取得したものとみなして相続税が課税される。

> A　受贈者が23歳未満である場合
> B　受贈者が学校等に在学している場合
> C　受贈者が教育訓練給付金の支給対象となる教育訓練を受講している場合

② 信託受益権等の取得が令和3年4月1日以後の場合

　　信託等があった日から教育資金管理契約の終了の日までの間に贈与者が死亡した場合（その死亡の日において、受贈者が上記①のA、B、Cのいずれかに該当する場合を除く。）には、その死亡の日までの年数にかかわらず、同日における管理残額（非課税拠出額から教育資金支出額を控除した残額をいう。）を、受贈者が当該贈与者から相続等により取得したものとみなされる。

③ 令和5年4月1日以降に取得する信託受益権等に係る相続について、当該贈与者の死亡に係る相続税の課税価格の合計額が5億円を超えるときは、受贈者が上記①のA、B、Cのいずれかに該当する場合であっても、管理残額を受贈者が当該贈与者から相続等により取得したものとみなされる。

二　相続税額の2割加算

　　上記ハ②により相続等により取得したものとみなされる管理残額について、贈与者の子以外の直系卑属に相続税が課される場合には、当該管理残額に対応する相続税額が、相続税額の2割加算の対象となる。

ホ　適用税率

　　令和5年4月1日以後に受贈者が30歳に達した場合等において、贈与税が課税されるときは、一般税率が適用される。

⑷　直系尊属からの結婚・子育て資金の一括贈与に係る非課税制度
イ　制度の概要

　　一定の個人が、その結婚・子育て資金として、その直系尊属が金融機関等との一定の契約に基づき金銭等を拠出し、信託等をした場合には、信託受益権の価格等のうち受贈者1人につき1,000万円（結婚に際して支出する費用については300万円を限度とする。）までの金額に相当する部分については、贈与税が非課税となる。

【法令等】措法70の2の3

ロ　適用要件

贈　　与　　者	父母、祖父母等の直系尊属
受　　贈　　者	18歳以上50歳未満である子、孫、ひ孫等の直系卑属（贈与の年の前年の合計所得金額が1,000万円を超える場合を除く。）
贈　与　財　産	結婚・子育て資金に充てる金銭等
非課税限度額	受贈者1人につき1,000万円（そのうち、結婚に際して支出するものについては、300万円）
期　　　　　間	平成27年4月1日から令和7年3月31日までの間に行われる贈与
申　　　　　告	受贈者は「結婚・子育て資金非課税申告書」を、金融機関を経由して所轄税務署長に提出する。なお、提出する上記申告書には、個人番号（マイナンバー）の記載が必要である。
領収書の提出	受贈者は、結婚・子育て資金に使った領収書等を金融機関に提出する。

ハ　結婚・子育て資金の範囲

(イ)　結婚に際して支出する次のような金銭（300万円を限度）

①	挙式費用、衣装代等の婚礼（結婚披露）費用（婚姻の日の1年前の日以降に支払われるもの）
②	家賃、敷金等の新居費用、転居費用（一定の期間内に支払われるもの）

(ロ)　妊娠、出産及び育児に要する次のような金銭

①	不妊治療・妊婦健診に要する費用
②	分娩費等・産後ケアに要する費用
③	受贈者の子（小学校就学前）の医療費、幼稚園・保育所等の保育料（ベビーシッター代を含む。）など【※】

【※】　1日当たり5人以下の乳幼児を保育する認可外保育施設のうち、都道府県知事等から一定の基準を満たす旨の証明書の交付を受けたものに支払われる保育料等が加えられた（令和3年4月1日以後に支払われるもの）。

二　相続税・贈与税の課税

　　契約期間中に贈与者が死亡した場合には、死亡日における非課税拠出額から結婚・子育て資金支出額（結婚に際して支払う金銭については、300万円を限度とする。）を控除した残額（管理残額）を、贈与者から相続等により取得したものとみなされる。

　　また、受贈者が50歳に達することなどにより、結婚・子育て口座に係る契約が終了した場合には、非課税拠出額から結婚・子育て資金支出額を控除（管理残額がある場合には、管理残額も控除する。）した残額があるときは、その残額はその契約終了時に贈与があったものとみなされる。

Ⅵ　贈 与 税

ホ　相続税額の２割加算

　　令和３年４月１日以後に信託等により取得する信託受益権等については、贈与者から相続等により取得したものとみなされる管理残額（非課税拠出額から結婚・子育て資金支出額を控除した残額をいう。）について、贈与者の子以外の直系卑属に相続税が課される場合には、その管理残額に対応する相続税額が、相続税額の２割加算の対象となる。

ヘ　適用税率

　　令和５年４月１日以後に受贈者が50歳に達した場合等において、贈与税が課税されるときは、一般税率が適用される。

(5)　法人版事業承継税制（特例措置）

イ　制度の概要

　　一定の要件を満たす後継者が、平成30年１月１日から令和９年12月31日までの間の贈与、相続又は遺贈により、一定の要件を満たす非上場会社（承継会社）の経営者から自社株式を取得し、代表取締役の交代をするなど、一定の要件を満たした場合には、その取得をした株式に係る相続税・贈与税の全額の納税を猶予することができる。なお、承継後に一定の要件を満たす場合には、猶予額が免除される。

　　【法令等】措法70の７の５ ～ 70の７の８

　　(注)　一般措置（措法70の７の５ ～ 70の７の８）については256ページのト参照。

ロ　特例承継計画の提出

　　この規定の適用を受けようとする会社は、平成30年４月１日から令和８年３月31日までの間に特例承継計画【※】を都道府県に提出し、中小企業における経営の承継の円滑化に関する法律（以下「円滑化法」という。）12条１項の認定を受ける必要がある。

　　【※】　特例承継計画とは、認定経営革新等支援機関の指導及び助言を受けた対象会社が作成した、承継時までの経営の見通し等が記載された計画をいう。

ハ　適用対象株式等

　　後継者が先代経営者又は先代経営者以外の株主等で一定の者から贈与等により取得した議決権に制限のない株式等が対象となる。

二　納税猶予の対象となる税額

相続税	対象株式等に係る課税価格に対応する相続税の全額
贈与税	対象株式等に係る課税価格に対応する贈与税の全額

ホ　納税猶予の主な要件

(イ)　承継会社の要件

項　目	具 体 的 な 要 件
①　中小企業者要件	対象会社が、一定の資本金額又は従業員数である中小企業者に該当すること
②　円滑化法認定要件	対象会社が、中小企業における経営の承継の円滑化に関する法律（円滑化法）の認定を受けた会社であること
③　従業員要件	対象会社の従業員数が1人以上（又は5人以上）であること
④　資産管理型会社非該当要件	対象会社が、その対象会社の総収入金額に占める特定資産の運用収入の割合が75％以上であるなど、いわゆる資産管理型会社に該当しないこと
⑤　非上場会社該当要件	対象会社の株式等が非上場株式に該当するものとして一定のものであること
⑥　風俗営業会社非該当要件	対象会社が風俗営業会社に該当しないこと
⑦　事業運営要件	直前事業年度の主たる事業活動からの収入金額がゼロを超えること

(ロ)　先代経営者要件

項　目	具 体 的 な 要 件
①　代表権保有要件	対象会社の代表権（制限が加えられたものを除く。）を、贈与等の日前いずれかの時点で有していた個人であること (注)　贈与税の納税猶予の場合には、贈与時点で対象会社の代表権を有していないこと
②　議決権保有要件	先代経営者が代表権を有していた時及びその贈与等の直前において、先代経営者に係る同族関係者と合わせて対象会社の議決権数の過半数を有し、かつ同族内で筆頭株主であったこと

(ハ)　後継者の要件

項　目	具 体 的 な 内 容
①　代表権保有要件	○　相続税 　相続開始から5か月を経過する日に対象会社の代表権を有していること ○　贈与税 　贈与時に対象の代表権を有していること

② 関係者による議決権保有要件	相続開始又は贈与時において、相続人又は受贈者の同族関係者と併せて会社の総株主等議決権の50％を超える議決権の数を有すること
③ 議決権保有要件	○ 相続人又は受贈者が一人の場合 相続開始時又は贈与時に、相続人又は受贈者が有する株式の議決権の数が、いずれの同族関係者（他の後継者を除く。）が有する株式の議決権の数を下回らないこと ○ 相続人又は受贈者が2人又は3人の場合 Ⓐ 相続開始時又は贈与時に、総議決権数の10％以上を有すること Ⓑ 相続人又は受贈者が有する株式の議決権の数が、いずれの同族関係者（他の後継者を除く。）が有する株式の議決権の数を下回らないこと
④ 株式等保有要件	相続開始日又は贈与の日から相続税又は贈与税の申告書の提出期限まで引き続き、当該株式の全てを保有していること
⑤ 役員要件	○ 相続税 先代経営者が60歳未満で死亡した場合を除き、相続開始の直前において、対象会社の役員であること ○ 贈与税 受贈者が贈与の日まで引き続き3年以上にわたり対象会社の役員の地位を継続して有していること
⑥ 従来の制度非適用要件	当該株式等について、後継者が他の非上場株式の納税猶予の特例を受けていないこと
⑦ 円滑化法の特例後継者要件	円滑化法規則17条1項の確認を受けた後継者であること
⑧ 年齢要件	○ 贈与税 贈与時において満18歳以上であること

㈁ その他の要件

項 目	具 体 的 な 要 件
① 分割要件（相続税のみ）	この規定の適用を受ける対象会社の非上場株式等が、相続税の申告書の提出期限までに分割されていること
② 期限内申告要件	贈与税等の申告書にこの規定の適用を受けようとする旨の記載をし、非上場株式等の明細及び納税猶予分の計算に関する明細その他財務省令で定める事項を記載した書類の添付があること
③ 継続届出書提出要件	○ 特例期間（贈与税等の申告書の提出期限の翌日から5年を経過する日まで） 贈与税等の申告期限の翌日から1年を経過する日ごとの日（以下、「第1種基準日」という。）の翌日から5か月を経過する日までに、継続届出書及び特例会社に関する明細書を納税地の所轄税務署長に提出し、かつ、毎年1回、贈与税等の申告期限から5年間、申告期限の翌日から起算して1年を経過するごとの日の翌日から3か月以内に、一定

		の事項を都道府県知事に報告すること
		○　特例期間経過後 　　特例期間の末日の翌日から3年を経過する日ごとの日（以下、「第2種基準日」という。）の翌日から3か月を経過する日までに、継続届出書を提出すること（都道府県知事への報告は不要）
④	担保提供要件	贈与税等の申告期限までに猶予税額相当額の担保を提供すること【※】
⑤	雇用確保要件	各第1種基準日における常時使用従業員の数の5年間の平均値が80％以上であること (注)　この雇用確保要件を満たせない場合であっても、その満たせない理由を記載した書類を都道府県に提出した場合には、納税猶予の適用を引き続き受けることができる。
⑥	代表権継続保有要件	特例期間内において、特例後継者が引き続き代表権を有していること
⑦	株式等継続保有要件	特例期間内において、特例後継者が引き続き対象株式等を保有していること
⑧	承継会社継続該当要件	承継会社要件を継続して満たしていること。（特例期間中においては中小企業者要件を除き、特例期間経過後については中小企業者要件、非上場企業要件、非性風俗経営会社要件を除く。）

【※】　特例対象株式等の全てを担保に供した場合は、その金額が猶予税額に満たない場合でも、猶予税額相当額の担保が供されたとみなされる。

ヘ　納税猶予後の主な免除規定

① 　特例後継者が死亡した場合

② 　特例期間経過後に、特例後継者が対象会社の株式等を3代目の後継者に贈与し、3代目の後継者が、その贈与について納税猶予の適用を受ける場合

③ 　特例期間中に特例後継者が一定のやむを得ない事情により代表権を有しないこととなった場合に、特例後継者が対象会社の株式等を3代目の後継者に贈与し、3代目の後継者が、その贈与について納税猶予の適用を受ける場合

④ 　特例期間経過後に、同族関係者以外の者へ保有する対象会社の株式等を一括譲渡した場合において、その譲渡対価又は譲渡時の時価のいずれか高い額が猶予税額を下回るときは、その差額分

⑤ 　特例期間経過後に、対象会社について破産手続開始の決定等があった場合

⑥ 　経営環境の変化を示す一定の要件を満たす場合において、特例期間経過後に、対象会社の非上場株式を譲渡するとき等一定の要件を満たす場合には、一定額まで免除される。

Ⅵ　贈 与 税

ト　特例措置と一般措置の比較

項目	特例措置	一般措置
事前の計画策定等	特例承継計画の提出 （H30.4.1 〜 R8.3.30）	不要
適用期間	H30.1.1 〜 R9.12.31	なし
対象株数	全株式 （議決権の制限のないものに限る）	総株式数の3分の2まで
納税猶予割合	100%	贈与100%　相続80%
承継パターン	複数の株主から最大3人の後継者	複数の株主から1人の後継者
雇用確保要件	弾力化	承継後5年間平均80%の雇用維持が必要
事業継続困難時の免除	あり	なし
相続時精算課税の適用	60歳以上の者から18歳以上の者への贈与	60歳以上の者から18歳以上の推定相続人・孫への贈与

(6)　個人版事業承継税制

イ　制度の概要

　　青色申告に係る一定の事業を行っていた事業者の後継者として円滑化法の認定を受けた者が、平成31年1月1日から令和10年12月31日までの贈与又は相続等により、特定事業用資産を取得した場合において、一定の要件を満たす場合には、その特定事業用資産に係る贈与税・相続税の全額の納税が猶予される。

　　なお、承継後に一定の要件を満たす場合には、猶予額が免除される。

（注）　この規定は、平成31年4月1日から令和8年3月31日までに「個人事業承継計画」を都道府県に提出した場合に限り、平成31年1月1日から令和10年12月31日までの贈与又は相続等により、特定事業用資産を取得した場合に適用を受けることができる。

【法令等】措法70の6の8 〜 70の6の10

ロ　特定事業用資産

　　特定事業用資産とは、先代事業者（贈与者・被相続人）の事業の用に供されていた次の資産で、贈与等の日の属する年の前年の事業所得に係る青色申告書に添付される貸借対照表に計上されていたものをいう。

　　当該相続税の特例は、先代事業者から相続等により財産を取得した者が、特定事業用宅地等について小規模宅地等の特例を受ける場合には適用ができない。

> ①　建物又は構築物の敷地の用に供される土地等（400㎡まで）
>
> ②　建物（面積800㎡まで）
>
> ③　②以外の減価償却資産（固定資産税の課税対象とされるもの、自動車税・軽自動車税の営業用の標準税率が適用されるもの、その他一定のもの【※】）

【※】 被相続人又は贈与者の事業の用に供されていた乗用自動車（取得価額500万円以下の部分に対応する部分）も適用対象となる。

(7) 農地に係る相続税・贈与税の納税猶予

イ 制度の概要

　　農業を営んでいた被相続人又は特定貸付け等を行っていた被相続人から一定の相続人（農業相続人という。）が一定の農地等を相続又は遺贈によって取得し、農業を営む場合又は特定貸付け等を行う場合には、一定の要件の下にその取得した農地等の価額のうち農業投資価格による価額を超える部分に対応相続税額は、その取得した農地等について農業相続人が農業の継続又は特定貸付け等を行っている場合に限り、その納税が猶予される。

　　また、農業の後継者が、贈与者の農業に供している農地等のうち、農地の全部などを一括して贈与を受けた場合（以下「農地等の一括贈与」という。）、贈与を受けた一定の農地等の価額に対応する贈与税額は、一定の要件の下に、その農地等の贈与者の死亡の日まで納税が猶予される。当該特例農地等は、贈与者の死亡の際、受贈者が贈与者から相続又は遺贈により取得したものとみなされて相続税の課税の対象とされ、その時に贈与税の農地等の納税猶予税額は免除される。

【法令等】措法70の4 ～ 70の6の5

　　ここでは相続税についての納税猶予の概要を説明する。

ロ 納税猶予の主な要件

(イ) 被相続人の要件

　　次の①から④のいずれかに該当する人であること

①	死亡の日まで農業を営んでいた人
②	農地等の生前一括贈与をした人
③	死亡日まで特定貸付等を行っていた人※1
④	死亡日まで相続税の納税猶予受けていた農業相続人又は農地の生前一括贈与の適用を受けていた受贈者で、営農困難時貸付けをし、税務署長に届出をした人※2

【※1】 特定貸付け等とは、特定貸付け（市街化区域以外の農地の賃借権の設定等）、認定都市農地貸付け（生産緑地内の農地についての都市農地賃借法による賃借権等の設定による貸付け）又は農園地貸付け（生産緑地内の農地についての都市計画法による賃借権等の設定による貸付け）をいう。

【※2】 営農困難時貸付けとは、納税猶予の特例を受けている者が、疾病等の事由で営農が困難な状態になったために、その農地等について賃借権等の設定により行った貸付けをいう。

(ロ)　農業相続人の要件

次の①から④のいずれかに該当する人であること

①	相続税の申告期限までに農業経営を開始し、その後も引き続き農業経営を行うと認められる人（農業委員会の証明が必要）
②	農地等の生前一括贈与の特例を受けた受贈者で、特例付加年金又は経営移譲年金の支給を受けるため推定相続人の1人に対し農地等について使用貸借による権利を設定して、農業経営を委譲し、税務署長に届出をした人（贈与者の死亡後も引き続いてその推定相続人が農業経営を行う者に限る）（農業委員会の証明が必要）
③	農地等の生前一括贈与の特例の適用を受けた受贈者で、営農困難時貸付けをし、税務署長に届出をした人（贈与者の死亡後も引き続いて営農困難時貸付けを行う者に限る。）
④	相続税の申告期限までに特定貸付け等を行った人（農地等の生前一括贈与の特例適用を受けた受贈者である場合には、相続税の申告期限において特定貸付け等を行っている人）

(ハ)　特例農地等の要件

特例の対象となる農地等（※）は、次の①から⑤までのいずれかに該当するものであり、相続税の期限内申告書にこの特例の適用を受ける旨を記載したものであること

①	被相続人が農業の用に供していた農地等で相続税の申告期限までに遺産分割された農地等
②	被相続人が特定貸付け等を行っていた農地又は採草放牧地で相続税の申告期限までに遺産分割をされた農地又は採草放牧地
③	被相続人が営農困難時貸付けを行っていた農地等で相続税の申告期限までに遺産分割された農地等
④	被相続人から生前一括贈与により取得した農地等で、被相続人の死亡の時まで贈与税の納税猶予又は納期限の延長の特例を受けていた農地等
⑤	相続や遺贈によって財産を取得した人が相続開始の年に被相続人から生前一括贈与を受けていた農地等

【※】　農地等とは、農地及び採草放牧地、準農地又は一時的道路用地等をいい、農地には特定市街化区域農地等（三大都市圏の特定市の市街化区域内に所在する生産緑地等の指定を受けている都市営農農地等に該当しないものをいう。）に該当するもの等は除かれる。

ハ　申告及び納税猶予期間中の手続等

(イ)　この特例を受けるためには、相続税の申告書を期限内に提出するとともに納税猶予税額及び利子税の額に見合う担保を提供する必要がある。

(ロ)　農業相続人は相続税の申告期限から3年ごとに、特例農地等に係る農業経営に関する事項等を記載した継続届出書を提出しなければならない。

(ハ)　特例農地等についての譲渡等、特例農地等に係る農業経営の廃止又は継続届

出書の不提出があった場合等においては、当該相続税額の一部又は全部の納税
猶予額及びそれに対応する利子税額を納付しなければならない。

二　納税猶予の免除

次の①から③のいずれかに該当した場合納税猶予税額は免除される。

①	特例の適用を受けた農業相続人の死亡
②	特定貸付け等を行っていない特例の適用を受け農業相続人が当該特例の適用を受けた特例農地等の全部を農業の後継者に生前一括贈与をした場合
③	特例農地等のうちに三大都市圏の特定市以外の区域内に所在する市街化区域農地等（生産緑地等を除く。）について特例を受けた農業相続人（都市営農農地等を有しない者に限る。）が、相続税申告書の提出期限の翌日から農業を10年間継続したとき

Ⅶ　財産評価

評価の原則

　相続税法第22条は、「特別の定めのあるものを除くほか、相続、遺贈又は贈与により取得した財産の価額は、当該財産の取得の時における時価により、当該財産の価額から控除すべき債務の金額は、その時の現況による。」と定めている。

財　産	（相続、遺贈又は贈与による）取得の時【※】における時価
債　務	その時の現況

【※】「取得の時」とは、次表に掲げる時をいう。

相続又は遺贈の場合		相続の開始の時
贈与の場合	契約書面あり	その契約の効力が発生した時
	契約書面なし	その履行の時

【法令等】相法22、相基通1の3・1の4共-8

○　邦貨換算

財　産	課税時期のTTB（対顧客直物電信買相場）
債　務	課税時期のTTS（対顧客直物電信売相場）

【※】課税時期に相場が無い場合には、課税時期前で最も近い日の相場による。
　【法令等】評基通4-3

1　土地及び土地の上に存する権利・家屋

○　宅地及び借地権等の評価

宅地 【法令等】評基通11、13、21	(1)　路線価方式 　路線価（円/㎡）×各種補正率【※】×地積（㎡） 　【※】各種補正率については「巻末資料」449～452ページ参照。 (2)　倍率方式 　固定資産税評価額×倍率（地域別かつ地目別に国税局長が定める倍率）
私道 【法令等】評基通24	○　自用地評価額（円）×30% 　なお、不特定多数の者の通行の用に供されている場合は、評価しない。

財産評価

— 261 —

セットバックを必要とする宅地 **【法令等】**評基通24－6	その宅地について道路敷きとして提供するものがないものとした場合の価額（A）	－ （A）×	将来、建物の建替え時等に道路敷きとして提供しなければならない部分の地積（㎡） ―――――――――――― 宅地の総地積（㎡） ×70%
借地権 **【法令等】**評基通27	○ 自用地としての価額（円）×借地権割合（%） なお、借地権の取引慣行がない地域の場合には、評価しない。		
貸宅地 **【法令等】**評基通25(1)	○ 通常の場合 　自用地としての価額（円）× ｛1－借地権割合（%）｝ ○ 例外（国税局長が貸宅地割合を定めている地域の場合） 　自用地としての価額（円）×貸宅地割合（%）		
貸家建付地 **【法令等】**評基通26	○ 自用地としての価額（円）× ｛1－借地権割合（%）×借家権割合（%）×賃貸割合（%）｝		
貸家建付借地権等 **【法令等】**評基通28	借地権等評価額（円）× ｛1－借家権割合（%）×賃貸割合（%）｝		

【宅地の評価】

(1) 評価単位

　宅地は一体として利用されている一団の土地ごと（「画地」という。）により評価する（評基通7－2）。

　所有する宅地を自ら使用している場合（自用地という。）には、居住の用か事業の用かにかかわらず、その全体を1画地の宅地とする。

　貸家建付地を評価する場合において、貸家が数棟あるときには、原則として、各棟の敷地ごとに1画地の宅地とする。

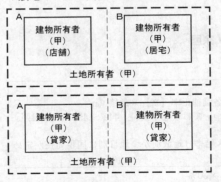

A、Bの土地全体を一画地として評価する。

A、Bの土地を個々に一画地として評価する。
複数建物について借家権がひとつ（例：サブリース）の場合においても、各建物の敷地ごとに評価する。

(2) 正面路線価の確定

　二方路線に接する土地について、その宅地の接する各路線の路線価に奥行価格補正率を乗じて計算した金額の高い方の路線を正面路線とする。路線価に奥行価格補正率を乗じて計算した金額が同額となる場合には、路線に接する距離の長い方の路線を正

面路線とする。

　ただし、間口が狭小で接道義務を満たさないなど正面路線の影響を受ける度合いが著しく低い立地条件にある宅地については、その宅地が影響を受ける度合いが最も高いと認められる路線を正面路線として差し支えない。

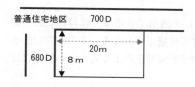

左図「700D」は700,000円/㎡、借地権割合60%のことである。
700,000円×0.95（※）＝665,000円①
680,000円×1.00（※）＝680,000円②
①＜②　∴②が正面路線となる。
※　奥行価格補正率である。

(3) 奥行価格補正

　正面路線の価額に奥行価格補正率を乗じて計算する（449ページ付表①参照）。

　奥行距離は、原則正面路線に対し垂直的な距離（最奥部までの距離）をいうが、当該宅地が不整形地であり想定整形地により評価する場合には、不整形地の面積を間口距離で除した数値が奥行距離の上限となる。

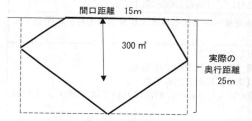

実際の奥行距離　25m①
計算上の奥行距離
　300㎡÷15m＝20m②
①＞②　∴②が奥行距離となる。
左図点線で囲まれた部分が想定整形地である。

(4) 側方路線影響加算及び二方路線影響加算

　正面路線以外に側方路線に接する宅地は側方路線影響加算を行い、裏面が他路線に接する宅地は二方路線影響加算を行う。

　正面路線の側方が他の路線に接する場合の側方路線影響加算は、側方路線を正面路線と仮定して奥行距離を測定し、側方路線に側方影響加算率及び奥行価格補正率を乗じて計算する（450ページ付表②参照　二方路線影響加算も同様である。450ページ付表③参照）。

　なお、側方路線が角地でない場合には、側方影響加算率に替えて二方路線影響加算率を適用するとともに、影響率を加重計算（実際の側方距離を正面路線から側方路線の最奥部までの距離で除して計算する。）して減算する。

(5) 不整形地補正（想定整形地により算出方法のみ解説）

　不整形地の全体を囲み正面路線に接する矩形又は正方形の土地（想定整形地という。）を作成し、不整形地補正率（地区区分及び地積区分に応じたかげ地割合）を乗

Ⅶ　財産評価

じて計算する方法である（450ページ付表④及び451ページ付表⑤参照）。かげ地割合は次のとおり算出する。

$$かげ地割合 = \frac{想定整形地の地積 - 不整形地の地積}{想定整形地の地積}$$

　なお、間口狭小補正率（451ページ付表⑥参照）が適用できる場合には、上記不整形地補正率に間口狭小補正率を乗じたものが不整形地補正率となる。また、間口狭小補正率に奥行長大補正率を乗じた補正率が上記不整形地補正率よりも大きい場合には当該値を不整形地補正率とすることもできる。

(6)　地積規模の大きな宅地

　路線価額（上記(1)～(5)を適用して算出した金額）に規模格差補正率を乗じて評価する。

【要件】 右の(1)～(3)の要件を全て満たすこと	(1)　三大都市圏においては地積500㎡以上であること、それ以外の地域においては地積1,000㎡以上であること
	(2)　路線価図上で普通商業・併用住宅地区及び普通住宅地区に所在すること
	(3)　下記①～④に該当しないこと 　①　市街化調整区域【※1】に所在する宅地 　②　工業専用地域【※2】に所在する宅地 　③　指定容積率が400％（東京都の特別区においては300％）以上の地域に所在する宅地 　④　倍率地域にある宅地については、大規模工業用地（地積が5万㎡以上のもの）に所在する宅地
【評価】	路線価（奥行価格補正から不整形地補正まで計算後）×規模格差補正率【※3】×地積（㎡）

【※1】　都市計画法第34条第10号又は第11号の規定に基づき宅地分譲に係る同法第4条《定義》第12項に規定する開発行為を行うことができる区域を除く。

【※2】　都市計画法第8条《地域地区》第1項第1号に規定するものに限る。

【※3】　規模格差補正率＝$\dfrac{(Ⓐ×Ⓑ+Ⓒ)}{地積規模の大きな宅地の地積（Ⓐ）}$×80％

（小数点以下第2位未満切捨て）

　なお、ⒷⒸの値は次の表の①②の区分に応じた数値を当てはめる。

① 三大都市圏に所在する宅地

地積㎡ ＼ 記号 ＼ 地区区分	普通商業・併用住宅地区、普通住宅地区	
	Ⓑ	Ⓒ
500㎡以上～ 1,000㎡未満	0.95	25
1,000㎡以上～ 3,000㎡未満	0.90	75
3,000㎡以上～ 5,000㎡未満	0.85	225
5,000㎡以上～	0.80	475

② 三大都市圏以外の地域に所在する宅地

地積㎡ ＼ 記号 ＼ 地区区分	普通商業・併用住宅地区、普通住宅地区	
	Ⓑ	Ⓒ
1,000㎡以上～ 3,000㎡未満	0.90	100
3,000㎡以上～ 5,000㎡未満	0.85	250
5,000㎡以上～	0.80	500

【法令等】評基通20－2、21－2

財産評価

Ⅶ　財産評価

【小規模宅地等の評価減の特例】

⑴　宅地の要件

○　個人が相続又は遺贈により取得していること

○　被相続人又は被相続人の生計一親族の事業（一定の準事業を含む。）用又は居住用の宅地等（土地又は土地の上に存する権利）であること

○　一定の建物又は構築物の敷地の用に供されているもの

○　限度面積要件を満たすもの

【法令等】措法69の４、措令40の２

⑵　相続人その他の要件と減額割合・限度面積

① 特定居住用宅地等【※１】 【法令等】措法69の４③二、措令40の２⑪～⑬、措規23の２④		限度 面積	減額 割合
被相続人の居住用宅地等	㋑　配偶者が取得した場合	330㎡	80%
	㋺　被相続人が居住していた１棟の建物に居住していた親族が、相続開始時から申告期限まで引き続き当該宅地等を有し、かつ、当該建物に居住している場合 　(a)　その１棟の建物が区分所有建物である旨の登記がされている場合は、被相続人の居住の用に供されていた部分 　(b)　上記(a)以外（いわゆる二世帯住宅）の場合は、被相続人及びその親族の居住の用に供されていた部分		
	㋩　次の要件(a)～(d)を全て満たす別居親族が取得した場合 　(a)　配偶者及び被相続人とその家屋に同居していた法定相続人がいないこと 　(b)　相続開始前３年以内に国内にある当該親族、当該親族の配偶者、当該親族の３親等内の親族又は当該親族と特別の関係がある一定の法人の所有する家屋（相続開始直前において被相続人の居住の用に供されていた家屋を除く。）に居住したことがないこと 　(c)　相続開始時に当該親族が居住している家屋を相続開始前のいずれの時においても所有していたことがないこと 　(d)　相続開始時から申告期限まで引き続きその宅地等を所有していること		
生計一親族の居住用宅地等	㊁　配偶者が取得した場合		
	㋬　被相続人と生計を一にしていた親族【※２】が、相続開始時から申告期限まで引き続き当該宅地等を有し、かつ、相続開始前から申告期限まで引き続き当該宅地等を自己の居住の用に供している場合		

【※１】　老人ホーム等に入所したことにより被相続人の居住の用に供されなくなった宅地等について次の要件を満たしている場合は、相続開始直前において被相続人の居住用の宅地等として取り扱う。

①　要介護認定若しくは要支援認定を受けていた被相続人が養護老人ホーム等に入所していること、又は障害支援区分の認定を受けていた被相続人が障害者支援施設等に入所していること（認定は相続開始直前で判定）

②　被相続人が①の養護老人ホーム等に入所した後、その宅地等を事業の用又は入所直前の生

計一親族以外の者の居住の用に供していないこと

【※2】　「生計を一にしていた」とは被相続人と親族が日常生活上の糧を共通にしていたことであり、所得税上の概念とは異なる（所基通2－47参照）。

【法令等】 措令40の2②③

②	貸付事業用宅地等 **【※3】** 　**【法令等】** 措法69の4③四、措令40の2⑲⑳	限度 面積	減額 割合
	(イ)　親族が、 　相続開始時から申告期限までの間に当該宅地等に係る被相続人の貸付事業を引き継ぎ、 　申告期限まで引き続き当該宅地等を有し、 　かつ、当該貸付事業の用に供している場合	200㎡	50%
	(ロ)　被相続人の生計一親族が、 　相続開始時から申告期限まで引き続き当該宅地等を有し、 　かつ、相続開始前から申告期限まで当該宅地等を自己の貸付事業の用に供している場合		

【※3】　相続開始前3年以内に新たに貸付事業の用に供された宅地等は適用対象から除外される。
　　　　ただし、相続開始の日まで3年を超えて引き続き事業的規模で貸付事業を行っていた被相続人等の当該貸付事業の用に供されていた宅地等である場合には上記(イ)(ロ)に該当するものは適用対象から除外されない。

【法令等】 措令40の2⑲

③	特定事業用宅地等（貸付事業用宅地等を除く。）**【※4】** 　**【法令等】** 措法69の4③一	限度 面積	減額 割合
	(イ)　親族が、 　相続開始時から申告期限までの間に当該宅地等の上で営まれていた被相続人の事業を引き継ぎ、 　申告期限まで引き続き当該宅地等を有し、 　かつ、当該事業を申告期限まで営んでいる場合	400㎡	80%
	(ロ)　被相続人の生計一親族が、 　相続開始時から申告期限まで引き続き当該宅地等を有し、 　かつ、相続開始前から申告期限まで引き続き当該宅地等を自己の事業の用に供している場合		
④	特定同族会社事業用宅地等 　**【法令等】** 措法69の4③三	限度 面積	減額 割合
	被相続人の親族が、 　申告期限においてその同族会社 **【※5】** の役員であり、 　その同族会社の事業の用に供している宅地等を相続し、 　相続開始時から申告期限までその宅地等を引き続き有し、 　かつ、申告期限まで引き続き当該法人の事業の用に供している場合	400㎡	80%

Ⅶ　財産評価

【※４】　相続開始前３年以内に新たに事業の用に供された宅地等は、適用対象から除外される。
　　　　ただし、次の割合が15％以上であるものは適用対象となる（特定事業用宅地等に該当する。）。

$$\frac{\text{その宅地等の上で事業の用に供されてた建物、構築物又は減価償却資産の相続開始時の価額}}{\text{新たに事業の用に供された宅地等の相続開始時の価額}}$$

【法令等】措令40の２⑧

【※５】相続開始直前に被相続人及びその親族等その他特別関係者の議決権割合が50％超の法人。

【法令等】措令40の２⑮

(3)　併用の場合の限度面積計算

貸付事業用宅地等がない場合	A、Bそれぞれの限度面積まで併用可（最大で730㎡まで可）
貸付事業用宅地等がある場合	A×200/400＋B×200/330＋C≦200㎡

A＝特定事業用宅地等又は特定同族会社事業用宅地等の合計面積

B＝特定居住用宅地等の合計面積

C＝貸付事業用宅地等の合計面積

【法令等】措法69の４②

【相当の地代】

相当の地代＝自用地としての価額の過去３年間平均額×６％

通常の地代＝自用地としての価額の過去３年間平均額×６％×（１－借地権割合）

			借地権	借地権の目的となっている宅地
相当の地代の	権利金の支払	なし	借地権はゼロ（評価しない）	自用地としての価額×80％【※２】
支払あり		あり	自用地としての価額【※１】×借地権割合×（１－A／B） A＝実際に支払っている地代の年額－通常の地代の年額 B＝相当の地代の年額－通常の地代の年額	下記①②のいずれか低い方 ①　自用地としての価額－左欄の借地権の評価額【※３】 ②　自用地としての価額×80％【※２】
通常の地代を超え、相当の地代に満たない地代の支払がある場合			自用地としての価額【※１】×借地権割合×（１－A／B） A＝実際に支払っている地代の年額－通常の地代の年額 B＝相当の地代の年額－通常の地代の年額	下記①②のいずれか低い方 ①　自用地としての価額－左欄の借地権の評価額【※３】 ②　自用地としての価額×80％【※２】
無償返還の届出あり	賃貸借		借地権はゼロ（評価しない）	自用地としての価額×80％【※２】
	使用貸借		借地権はゼロ（評価しない）	自用地としての価額×100％

【※１】　実際に支払っている権利金の額又は供与した特別の経済的利益の額がある場合に限り、借地権の設定時における当該土地の通常の取引価額による。

【※2】 被相続人が同族会社に土地を賃貸している場合、被相続人が所有するその同族会社の株価算定上、自用地としての価額×20％の価額を純資産価額に加算する。

【※3】 被相続人が同族会社に土地を賃貸している場合、被相続人が所有するその同族会社の株価算定上、その借地権の評価額を純資産価額に加算する。

【法令等】 相当の地代を支払っている場合等の借地権等についての相続税及び贈与税の取扱いについて（昭60直資2－58・直評9（改正 平3課資2－51、平17課資2－4））、相当の地代を収受している貸宅地の評価について（昭43直資3－22）

財産評価

【農地の評価】

純農地・中間農地 【法令等】評基通37、38	○ 固定資産税評価額（円）×倍率（国税局長が定める）	
市街地周辺農地 【法令等】評基通39	○ 市街地農地の評価額×80％	
市街地農地 【法令等】評基通40	○ 原則 （その農地が宅地であるとした場合の1㎡当たりの価額 － その農地を宅地に転用する場合において通常必要と認められる1㎡当たりの造成費（国税局長が定める）） × 地積（㎡）	
	○ 地積規模の大きな宅地の評価（評基通20－2）の適用対象となる場合は、同項の定めを適用して計算する。	
生産緑地 【法令等】評基通40－3	(1) 買取りの申出ができる場合又は申出をしていた場合 生産緑地でないものとした評価額×95％	
	(2) 買取りの申出ができない場合 生産緑地でないものとした評価額×（1－減額割合【※】）	

【※】減額割合

課税時期から買取り申出ができる日までの期間	減額割合
〜 5年以下	10％
5年超〜10年以下	15％
10年超〜15年以下	20％
15年超〜20年以下	25％
20年超〜25年以下	30％
25年超〜30年以下	35％

【家屋の評価】

家屋（自用） 【法令等】評基通89、91	○　固定資産税評価額（円）×1.0 　　建築中の家屋は、その家屋の費用現価の70％で評価する。
貸家 【法令等】評基通93	○　固定資産税評価額（円）×｛1－借家権割合（％）×賃貸割合（％）｝ 　　【※】　賃貸割合＝課税時期においてその家屋のうち実際に賃貸している部分の面積割合
附属設備等 【法令等】評基通92	○　家屋と構造上一体となっている設備は家屋に含めて評価
門、塀 【法令等】評基通92	○　（再建築価額－定率法による償却費の額の合計額）×70％
庭園設備 【法令等】評基通92	○　調達価額（課税時期においてその財産をその財産の現況により取得する場合の価額）×70％
構築物 【法令等】評基通96、97	○　（再建築価額－定率法による償却費の額の合計額）×70％

【マンションの評価】令和6年1月1日以後の相続・贈与に適用

⑴　**評価方法**

　居住用の区分所有権を有するマンションの評価については、次のイ及びロに基づき評価乖離率及び区分所有補正率を求め、評価基本通達によるマンションの家屋及び土地の価額に区分所有補正率を乗じてその価額を算出する。

　イ　次の算式に基づき**評価乖離率**を求める。

　　①築年数×△0.033＋②総階数指数×0.239＋③所在階×0.018＋④敷地持分狭小度×△1.195＋3.220

　　　①　築年数：1年未満の端数があるときには切り上げる。

　　　②　総階数指数：総階数÷33（1.0を超える場合は1.0）
　　　　　少数点第4位を切り捨てる。1を超える場合は1

　　　④　敷地持分狭小度：一室に係る敷地利用権の面積÷一室に係る専有面積
　　　　　少数点第4位を切り上げる。

　　　※　評価乖離率が零又は負数のものについては評価しない。

　ロ　評価水準に基づき**区分所有補正率等**を確定する。

　　　評価水準＝1÷評価乖離率

　⑴　評価水準が0.6未満の場合　区分所有補正率＝評価乖離率×0.6

　㊀　評価水準が0.6以上で1未満の場合　財産評価基本通達に基づき評価

　㋩　評価水準が1を超える場合　区分所有補正率＝評価乖離率

　※　上記イ、ロについては、国税庁HP「居住用の区分所有財産の評価に係る区分所有補正率の計算明細書」により自動計算可能

(2)　計算例

課税時期：R 6（2024）.1.1　マンションの建築時期：H 29（2017）.3

総階数：10階　所在階：10階　専有面積：68.00㎡　当該専有面積に係る土地の面積：15.12㎡

土地の路線価額：700万円　建物の固定資産税評価額：950万円　合計1,650万円

〈計算式〉①7年×△0.033＋②0.303×0.239＋③10階×0.018＋④0.223×△1.195＋3.220

　　　　＝①△0.231＋②0.072＋③0.180＋④△0.267＋3.220＝2.974

　※1　築年数：6年10か月　⇒　7年（1年未満は切上げ）

　　2　総階数指数：10階÷33階≒0.303（小数点4位切捨て）

　　　0.303×0.239≒0.072（小数点4位切捨て）

　　3　敷地持分狭小度：15.12㎡（少数点第3位切上げ）÷68㎡≒0.223（少数点第4位切上げ）

　　　0.223×△1.195≒△0.267（少数点第4位切上げ）

〈評価水準〉1÷2.974＝0.336　⇒　区分所有補正率＝評価乖離率（2.974）×0.6＝1.7844

　　敷地利用権の価額　700万円×1.7844＝<u>12,490,800円</u>①

　　区分所有権の価額　950万円×1.7844＝<u>16,951,800円</u>②

　　①＋②の価額　①12,490,800円＋②16,951,800円＝<u>29,442,600円</u>③

【法令等】 R 6 . 9 . 28「居住用の区分所有財産の評価について」法令解釈通達

【配偶者居住権等の評価】

家屋	①　配偶者居住権	建物の時価【※1】 －建物の時価【※1】 ×　$\dfrac{残存耐用年数【※2】－存続年数}{残存耐用年数}$　【※4】 ×　存続年数【※3】に応じた民法の 　法定利率【※5】による複利現価率
	②　配偶者居住権の目的となっている建物（居住建物）の所有権	建物の時価【※1】－①の配偶者居住権の価額
土地等	③　配偶者居住権に基づく居住建物の敷地の利用に関する権利（敷地利用権）	土地等の時価【※1】 －土地等の時価【※1】 ×　存続年数【※3】に応じた民法の 　法定利率【※5】による複利現価率
	④　居住建物の敷地の所有権等	土地等の時価【※1】－③の敷地の利用に関する権利の価額

VII　財産評価

【※1】　「建物の時価」、「土地等の時価」は、実務的には相続開始の時における当該配偶者居住権が設定されていない場合のそれぞれの相続税評価額をいう。
【※2】　残存耐用年数＝法定耐用年数（住宅用）×1.5－建築後の経過年数
【※3】　存続年数　＝　下記㋑又は㋺の年数
　　㋑　配偶者居住権の存続期間が終身である場合は、配偶者の平均余命年数
　　㋺　上記㋑以外の場合は、遺産分割協議等により定められた存続期間の年数（配偶者の平均余命年数を上限とする。）
【※4】　残存耐用年数又は「残存耐用年数－存続年数」が0以下の場合は0とする。
【※5】　民法の法定利率は年利3％で3年ごとに見直される（民法404）。

【法令等】相法23の2、民法404

2　動産

(1)　一般動産の評価

一般動産 【法令等】評基通129～130	○　原則 　　売買実例価額、精通者意見価格等を参酌して評価
	○　例外 　　課税時期における同種・同規格の新品小売価額－経過年数に応じた償却費（定率法）の額の合計額

(2)　たな卸商品等の評価

たな卸商品等 【法令等】評基通133	①　商品 　　課税時期における販売価額－適正利潤の額－予定経費の額－その商品につき納付すべき消費税等の額
	②　原材料 　　課税時期における仕入価額＋引取り等に要する諸経費の額
	③　半製品及び仕掛品 　　その半製品又は仕掛品の原材料の課税時期における仕入価額＋引取り運賃や加工費等の諸経費の額
	④　製品及び生産品 　　課税時期における販売価額－適正利潤の額－予定経費の額－その製品等につき納付すべき消費税等の額

(3)　書画骨とう品の評価

書画骨とう品 【法令等】評基通135	○　売買実例価額、精通者意見価格等を参酌して評価 【※】　書画骨とう品の販売業者が有するものはたな卸商品等として評価

3　その他の財産

(1)　上場株式の評価

上場株式 【法令等】評基通169	次のうちいずれか低い金額 ①　課税時期の最終価格 ②　課税時期の属する月の毎日の最終価格の月平均額 ③　課税時期の属する月の前月の毎日の最終価格の月平均額 ④　課税時期の属する月の前々月の毎日の最終価格の月平均額 ただし、負担付贈与又は個人間売買の場合は①のみである。

(2)　取引相場のない株式の評価

イ　株主の態様による評価方式の区分

株主の態様による区分					評価方式
会社区分	株主区分				
同族株主のいる会社	同族株主グループ（30％以上（50％超））に属する株主	取得後の議決権割合５％以上の株主			原則的評価方式
		取得後の議決権割合５％未満の株主	中心的な同族株主がいない場合の株主		
			中心的な同族株主（25％以上）がいる場合の株主	中心的な同族株主	
				役員	
				その他	特例的評価方式
	同族株主以外の株主				
同族株主のいない会社	議決権割合の合計が15％以上のグループに属する株主	取得後の議決権割合５％以上の株主			原則的評価方式
		取得後の議決権割合５％未満の株主	中心的な株主がいない場合の株主		
			中心的な株主(10％以上)がいる場合の株主	役員	
				その他	特例的評価方式
	議決権割合の合計が15％未満のグループに属する株主				

【法令等】評基通188

○上記表中の用語の定義

用語	定義
同族株主 【法令等】 評基通188(1)	課税時期における評価会社の株主のうち、株主とその同族関係者の議決権割合の合計数がその会社の議決権総数の30％以上（50％超のグループがある場合には50％超）である場合のその株主及び同族関係者
同族関係者 【法令等】 評基通188(1)、 法令4	親族（6親等内の血族、配偶者、3親等内の姻族）とその他特殊関係にある個人・法人

Ⅶ　財産評価

中心的な 同族株主 【法令等】 評基通188(2)	同族株主のいる会社の株主で、課税時期において同族株主とその配偶者、直系血族、兄弟姉妹及び一親等の姻族（これらの者の同族関係者である会社のうち、これらの者の議決権割合が25％以上の法人を含む。）の議決権割合の合計が25％以上である場合のその株主
中心的な 株主 【法令等】 評基通188(4)	同族株主がいない会社の株主で、課税時期において株主とその同族関係者の議決権割合の合計数がその会社の議決権総数の15％以上であるグループのうち、単独で10％以上の議決権を有している株主

ロ　評価方式

規模	原則的評価			特例的評価
大会社	類似	又は	純資産	配
中会社の大	類似 【※1】 ×0.9	+	純資産 【※2】 ×0.1	配
中会社の中	類似 【※1】 ×0.75	+	純資産 【※2】 ×0.25	
中会社の小	類似 【※1】 ×0.6	+	純資産 【※2】 ×0.4	配
小会社	類似 ×0.5	+	純資産 【※2】 ×0.5 又は 純資産 【※2】	配

【※1】　納税義務者の選択により、純資産 によって計算できる。ただし、その置き換えた部分の純資産 については、下記【※2】の80％評価の適用はなし。

【※2】　株式の取得者とその同族関係者の議決権割合が50％以下の場合、この価額の80％を評価額とする。

　　類似 ＝類似業種比準価額
　　純資産 ＝純資産価額
　　配 ＝配当還元価額

【法令等】評基通179、185ただし書

ハ　会社規模の判定基準

㋑　直前期末以前１年間における従業員数	70人以上〜　➡　大会社
	〜70人未満　➡　下記㋠及び㋑により判定

㋑ 直前期末の総資産価額（帳簿価額）及び直前期末以前1年間における従業員数に応ずる区分				㋺ 直前期末以前1年間の取引金額に応ずる区分			会社規模
総資産価額（帳簿価額）			従業員数	取引金額【※】			
卸売業	小売・サービス業	左記以外		卸売業	小売・サービス業	左記以外	
20億円以上	15億円以上	15億円以上	35人超	30億円以上	20億円以上	15億円以上	大会社
4億円以上 20億円未満	5億円以上 15億円未満	5億円以上 15億円未満	35人超	7億円以上 30億円未満	5億円以上 20億円未満	4億円以上 15億円未満	中会社の大
2億円以上 4億円未満	2億5,000万円以上 5億円未満	2億5,000万円以上 5億円未満	20人超 35人以下	3億5,000万円以上 7億円未満	2億5,000万円以上 5億円未満	2億円以上 4億円未満	中会社の中
7,000万円以上 2億円未満	4,000万円以上 2億5,000万円未満	5,000万円以上 2億5,000万円未満	5人超 20人以下	2億円以上 3億5,000万円未満	6,000万円以上 2億5,000万円未満	8,000万円以上 2億円未満	中会社の小
7,000万円未満	4,000万円未満	5,000万円未満	5人以下	2億円未満	6,000万円未満	8,000万円未満	小会社

いずれか下位の区分

いずれか上位の区分

【※】 取引金額のうちに2以上の業種に係る取引金額が含まれている場合には、それらの取引金額のうち最も多い取引金額に係る業種によって判定する。

【法令等】 評基通178、相続税及び贈与税における取引相場のない株式等の評価明細書の様式及び記載方法等について（第1表の2　評価上の株主の判定及び会社規模の判定の明細書（続））

二　評価算式

㋑ 類似業種比準価額

$$A \times \cfrac{\cfrac{Ⓑ}{B} + \cfrac{Ⓒ}{C} + \cfrac{Ⓓ}{D}}{3\,【※1】} \times 斟酌率【※2】 \times \cfrac{1株当たりの資本金等の額}{50円}$$

A＝類似業種の株価

B＝課税時期の属する年の類似業種の1株当たりの配当金額

C＝課税時期の属する年の類似業種の1株当たりの年利益金額

D＝課税時期の属する年の類似業種の1株当たりの純資産価額（帳簿価額によって計算した金額）

Ⓑ＝評価会社の1株当たりの配当金額【※3】

Ⅶ　財産評価

ⓒ＝評価会社の１株当たりの利益金額【※３】

ⓓ＝評価会社の１株当たりの純資産価額（帳簿価額によって計算した金額）
　　【※３】

【※１】　医療法人の場合は、分母は「３」ではなく「２」とする。
【※２】　斟酌率＝大会社0.7、中会社0.6、小会社0.5
【※３】　１株当たりの資本金等の額を50円とした場合の金額

【法令等】評基通180、182、183、183－2

(ロ)　純資産価額

$$\text{1株当たりの純資産価額}=\frac{\left(\begin{array}{c}\text{総資産の}\\\text{相続税評価額【※1】}\end{array}-\begin{array}{c}\text{総負債の}\\\text{相続税評価額}\end{array}\right)-\text{評価差額}\times37\%}{\text{発行済株式総数（自己株式を除く）【※2】}}$$

【※１】　評価会社が課税時期前３年以内に取得又は新築した土地等並びに家屋等の価額は、課税時期における通常の取引価額によって評価する。
【※２】　「発行済株式総数」は直前期末ではなく、課税時期における発行済株式数である。

【法令等】評基通185、186－2

(ハ)　配当還元価額

$$\text{1株当たりの配当還元価額}=\frac{\text{上記ニ(イ)のⓑと2.5円のいずれか大きい額}}{10\%}\times\frac{\text{1株当たりの資本金等の額}}{50円}$$

【法令等】評基通188－2

ホ　特定会社

特定会社の区分	評価方法	
	原則的評価（下記のいずれか小）	特例的評価
清算中の会社 【法令等】評基通189－6	清算分配見込額の複利現価	清算分配見込額の複利現価
開業前又は休業中の会社 【法令等】評基通189－5	純資産	純資産
開業後３年未満の会社 【法令等】評基通189－4	純資産【※4】	配
比準要素数０の会社 【法令等】評基通189－4	純資産【※4】	配
土地保有特定会社【※１】 【法令等】評基通189－4	純資産【※4】	配

－ 276 －

株式等保有特定会社【※2】 【法令等】評基通189-3	純資産 【※4】	S1+S2方式	配
比準要素数1の会社 【法令等】評基通189-2	純資産 【※4】	類似 ×0.25 + 純資産 ×0.75 【※4】	配

類似 = 類似業種比準価額
純資産 = 純資産価額
配 = 配当還元価額

【※1】 土地保有特定会社 【※3】

会社の規模	大会社	中会社	小会社
総資産に占める土地等の保有割合	70%以上	90%以上	90%以上（一定の総資産を有するものは70%以上）

【※2】 株式等保有特定会社 【※3】
　　　　総資産に占める株式等の保有割合が50%以上
【※3】 課税時期前において合理的な理由もなく評価会社の資産構成に変動があり、その変動が土地保有特定会社又は株式等保有特定会社と判定されることを免れるためのものと認められるときは、その変動はなかったものとして当該判定を行うものとする。
【※4】 株式の取得者とその同族関係者の議決権割合が50%以下の場合、この価額の80%を評価額とする。

【法令等】評基通189、185ただし書

(3) 配当期待権の評価

配当期待権 【法令等】 評基通193	課税時期後に受けると見込まれる予想配当の金額 － 源泉所得税相当額

(4) ストックオプションの評価

ストックオプション 【法令等】 評基通193-2	【要件】 次の①②の双方を満たすこと ① その目的の株式が上場株式又は気配相場等のある株式であること。 ② 課税時期が権利行使期間内にあること。
	【評価額】 $(A-B) \times$ (ストックオプション1個の行使により取得することができる株式数) A＝課税時期におけるその株式の価額 B＝権利行使価額 【※】上記算式の値が負数の場合は、評価額0円

(5)　公社債の評価

利付公社債 【法令等】 評基通197－2	①　上場されているもの 　　課税時期の最終価格＋既経過利息－源泉所得税相当額 ②　日本証券業協会において売買参考統計値が公表されるもの 　　課税時期の平均値＋既経過利息－源泉所得税相当額 ③　その他 　　発行価額＋既経過利息－源泉所得税相当額
割引公社債 【法令等】 評基通197－3	①　上場されているもの 　　課税時期の最終価格 ②　日本証券業協会において売買参考統計値が公表されるもの 　　課税時期の平均値 ③　その他 　　発行価額＋{（券面額－発行価額）×A／B－源泉所得税相当額} 　　A＝発行日から課税時期までの日数 　　B＝発行日から償還期限までの日数
個人向け国債 【法令等】評 基通197－2、 個人向け国債 の発行等に関 する省令第6 条、第7条	額面金額＋既経過利息（税引前）－中途換金調整額【※】 【※】財務省ホームページ上で中途換金シミュレーションが可能。
貸付信託受益 証券 【法令等】 評基通198	元本の額＋既経過収益の額－源泉所得税相当額－買取割引料
投資信託受益 証券 【法令等】 評基通199	①　上場されているもの 　　上場株式に準じて評価 ②　日々決算型のもの（中期国債ファンド、MMF等） 　　1口当たりの基準価額×口数＋未収分配金－源泉所得税相当額－信託財産留保額及び解約手数料（消費税込み） ③　その他 　　1口当たりの基準価額×口数－源泉所得税相当額－信託財産留保額及び解約手数料（消費税込み）

(6) 定期金に関する評価

定期金の給付事由（被保険者の死亡等）が発生しているもの【法令等】相法24、評基通200、200-2、200-3		
① 有期定期金 右記㋑～㋩のうちいずれか多い金額	㋑	権利取得時に解約するとしたならば支払われるべき解約返戻金の金額
	㋺	定期金に変えて一時金の給付を受けることができる場合には、その給付されるべき一時金の金額
	㋩	給付を受けるべき金額の1年当たりの平均額×残存期間に応ずる予定利率による複利年金現価率
② 無期定期金 右記㋑～㋩のうちいずれか多い金額	㋑	権利取得時に解約するとしたならば支払われるべき解約返戻金の金額
	㋺	定期金に代えて一時金の給付を受けることができる場合には、その給付されるべき一時金の金額
	㋩	給付を受けるべき金額の1年当たりの平均額÷予定利率
③ 終身定期金 次の㋑～㋩のうちいずれか多い金額	㋑	権利取得時に解約するとしたならば支払われるべき解約返戻金の金額
	㋺	定期金に代えて一時金の給付を受けることができる場合には、その給付されるべき一時金の金額
	㋩	給付を受けるべき金額の1年当たりの平均額×政令で定める平均余命年数に応ずる予定利率による複利年金現価率
定期金の給付事由（被保険者の死亡等）が発生していないもの【法令等】相法25、評基通200-4、200-5		
① 解約返戻金を支払う旨の定めが無い場合	㋑	掛金又は保険料が一時払いの場合　一時払い掛金等の額×経過期間に応ずる複利終価率×0.9
	㋺	掛金又は保険料が一時払いではない場合　既払込掛金等の1年当たりの平均額×経過期間に応ずる予定利率による複利年金終価率×0.9
② 上記①以外の場合	権利取得時に解約するとしたならば支払われるべき解約返戻金の金額	

(7) その他の財産の評価

預貯金【法令等】評基通203	① 定期預金、定期郵便貯金、定額郵便貯金　課税時期の預入高＋解約する場合の既経過利子－源泉所得税相当額（復興特別所得税の額を含む。以下同じ。）
	② 上記①以外の預貯金　既経過利子が少額のものに限り、課税時期の預入高
上場不動産投資信託証券（J－REIT）【法令等】評基通213	上場株式に準じて評価

財産評価

ゴルフ会員権 【法令等】 評基通211	①　取引相場のあるもの 　　課税時期の通常の取引価格×70% 　【※】　取引価格に含まれない預託金等がある場合、返還時期に応じた 　　　　　預託金等の額（基準年利率による複利現価で評価）を加算。
	②　取引相場の無いもの 　㋑　株式制の会員権 　　　株式として評価した金額 　㋺　預託金制の会員権 　　　上記①【※】の額 　㋩　上記㋑㋺の併用制の会員権 　　　上記㋑＋㋺の額
	③　上記①②以外で、単にプレーができるだけのもの 　　評価しない
生命保険契約 に関する権利 【法令等】 評基通214	権利取得時に解約するものとした場合の解約返戻金の金額＋返納される前 納保険料の額＋剰余金の分配額等－源泉所得税の額 【※】いわゆる掛捨保険で解約返戻金のないものは評価しない。

Ⅷ　その他の国税

第1　印紙税

　印紙税は、経済取引等に伴って作成される各種の文書のうち、印紙税法別表第1「課税物件表」（以下「課税物件表」という。）に掲げる文書（課税物件）に課される租税（国税）。

印紙税の課税要件等

　印紙税の課税要件等の概略は、次表のとおり。

1	納税義務者	課税の対象となる文書（課税文書）の作成者 (注)　一の文書を二以上の者が共同で作成した場合は、連帯して納税義務を負う。	
2	課税物件	課税文書（課税物件表に定める文書） (注)　別表第一の非課税物件の欄に掲げる文書や、国、地方公共団体又は一定の公共法人が作成する文書等は非課税。	
3	課税標準	課税物件表の課税標準及び税率の欄に定めるところによる。	
4	税額算出方法・税率	(1)　算出方法 　　課税物件表を適用 　(注)　一の文書が同時に二以上の課税文書に該当する場合等、課税物件表の適用については、印紙税法別表第1「課税物件表の適用に関する通則」の定めによる。 (2)　税率（「巻末資料」453ページ参照） 　　課税物件表において、課税文書ごとに定められた税額による（階級定額又は定額）。	
5	申告・納付	(1)　申告・納付方法	
		原則	申告不要（課税文書の作成の時までに、課税文書に印紙税に相当する金額の印紙をはり付け、印章又は署名で印紙を消す）【※】
		例外	税印による納付及び印紙税納付計器の使用による納付の場合は事前に金銭納付、申告納税方法が適用になる場合は定められた期限までに申告納付
		【※】　課税文書の作成の時までに、納付すべき印紙税を納付しなかった場合には、過怠税が徴収される。	

【法令等】印法

第2　登録免許税

登録免許税は、各種の登記・登録等を受けることを対象として課される租税（国税）。

登録免許税の課税要件等

登録免許税の課税要件等の概略は、次表のとおり。

1	納税義務者	登記・登録を受ける者 (注)　複数の者が共同で登記・登録を受ける場合は、連帯して納税義務を負う。
2	課税物件	登録免許税法「別表第一」に掲げる各種の登記・登録・特許・免許・認可・指定及び技能証明（以下「登記等」という。） (注)　公共法人等が受ける登記等、一定のものは非課税
3	課税標準	登録免許税法「別表第一」の課税標準欄に掲げる金額又は数量（登記等の区分による。）
4	税額算出方法・税率	(1)　算出方法 　　登録免許税法「別表第一」による。 (2)　税率（「巻末資料」455ページ以降参照） 　　登録免許税法「別表第一」において、登記等の区分ごとに定められた税率による。
5	申告・納付	(1)　申告・納期限 　　登記の申請又は登記の嘱託に先立って納付（申告は不要） (2)　納付方法 <table><tr><td>原則</td><td>日本銀行本支店又は銀行等の金融機関で納付</td></tr><tr><td>例外</td><td>税額が3万円以下の場合などは印紙納付が可能</td></tr></table>事前申請によりインターネットバンキング等及びクレジットカード等による納付ができる。

【法令等】登法

第3　酒税

酒税は、酒類に対して課される租税（国税）。

酒税の課税要件等

酒税の課税要件等の概略は、次表のとおり。

1	納税義務者	(1) 国産酒類　…　酒類の製造者 (2) 輸入酒類　…　保税地域から酒類を引き取る者		
2	課税物件	酒類（アルコール分1度以上の飲料）		
3	課税標準	酒類の数量		
4	税額算出 方法・税率	(1) 算出方法 　　数量×税率（品目・アルコール分等によって異なる税率を適用） (2) 税率（主なもの） 　　　　　　　　　　　　　　（単位：円、1リットル当たり）		

品　目　等	税率	品　目　等	税率
ビール	181	チューハイ	80
清酒	100	焼酎（alc分20度）	200
果実酒（ワイン）	100	ウイスキー・ブランデー・スピリッツ（40度）	400
発泡酒（麦芽比率25％未満）	134.25		

（注）　前年度課税移出数量が3,000kℓ以下の承認酒類製造者（一定の要件を満たすものとして税務署長の承認を受けた者）が、令和6年4月1日から令和11年3月31日までの間に酒類の製造場から酒類を移出する場合には、所定の方法で計算した金額に、一定の割合（80％～98.75％）を乗じて酒税額を算出する。
（例）　前年度における品目ごとの課税移出数量が全て400kℓ以下、かつ、当年度酒税累計額が5,000万円以下の場合　⇒　「80％」を乗じる（酒税額が20％減となる）

5	申告・納付	(1) 申告 　イ　国産酒類　…　製造場から移出した月の翌月末日までに申告 　ロ　輸入酒類　…　酒類を保税地域から引き取る時までに申告 (2) 納期限 　イ　国産酒類　…　製造場から移出した月の翌々月末日までに納付 　ロ　輸入酒類　…　酒類を保税地域から引き取る時までに納付
6	独自の制度	(1) 酒類免許（製造免許・販売業免許）制度 (2) 酒類容器等への表示制度（根拠法は酒類業組合法など） (3) 酒類販売管理制度（根拠法は酒類業組合法）

【法令等】酒法、酒類業組合法86の5 ～ 86の9

その他の国税

Ⅸ　国際課税

第1　個人課税

1　納税義務者

(1)　居住形態と課税所得の範囲等

　　個人は、国内に住所を有するか否かなどにより、居住者と非居住者に分かれ、居住者は、更に非永住者と非永住者以外の居住者（以下「永住者」【※】という。）に分かれる。この居住者、永住者、非永住者及び非居住者の区分を「居住形態」といい、この区分に応じて、課税所得の範囲や課税方法が異なる。

【※】　「永住者」という用語は、所得税法上の用語ではないが、「非永住者以外の居住者」を「永住者」ということが多いことから、以下「永住者」という。

(2)　居住形態の区分

居　住　者	国内に住所【※】を有し、又は現在まで引き続いて1年以上居所を有する個人
永　住　者	非永住者以外の居住者
非永住者	居住者のうち、日本の国籍を有しておらず、かつ、過去10年以内において国内に住所又は居所を有していた期間の合計が5年以下である個人
非居住者	居住者以外の個人

【※】　住所とは、「各人の生活の本拠をいい、生活の本拠であるかどうかは客観的事実によって判定する」（所基通2－1）。また、「国内に住所を有する者と推定する場合」及び「国内に住所を有しない者と推定する場合」の推定規定がある（所令14、15、所基通3－3）。

　　上記の各定義を整理すると、次表のとおり。

住所・居所の状況		日本国籍	過去10年間のうち住所又は居所を有していた期間の合計	居住形態
住　所　あ　り		有		永住者
		無	5年超	永住者
			5年以下	非永住者
住所なし	引き続き1年以上の居所	有		永住者
		無	5年超	永住者
			5年以下	非永住者
	1年未満の居所又は居所なし			非居住者

【法令等】所法2①、二～三、5、7①、所令14、15、所基通2－1、3－3

2 課税所得の範囲と非居住者の課税

(1) 課税所得の範囲

居住形態	課 税 所 得 の 範 囲
永住者	全ての所得
非永住者	①国外源泉所得以外の所得及び②国外源泉所得で国内において支払われ、又は国外から送金されたもの
非居住者	国内源泉所得

(注) 原則として、国内源泉所得とは国内において生じた所得をいい、国外源泉所得とは国外において生じた所得をいう（下表参照）。

区 分		国外源泉所得以外	国外源泉所得	
			国内払い	国外払い
居住者	永住者	課　税		
	非永住者	課　税		【※】

【※】 国内に送金されたとみなされるものは課税

区 分	国内源泉所得	国内源泉所得以外
非居住者	原則として課税	非課税

【法令等】 所法5、7①、所令17④、所基通7－2 ～ 7－6

(2) 非居住者に対する課税

　非居住者に対する課税は、まず、その非居住者が国内に恒久的施設（下記イ参照）を有するか否か、また、恒久的施設帰属所得を有するか否かでその課税方法が異なる。

イ 恒久的施設（PE＝Permanent Establishment）

　恒久的施設とは、次のものをいう。

区 分	定 　義
(イ) 支店等	事業を行う一定の場所で、支店、事務所や天然資源を採取する等の一定の場所
(ロ) 長期建設工事現場等	非居住者等【※】の国内にある長期建設工事現場等（建設若しくは据付けの工事又はこれらの指揮監督の役務の提供で1年を超えて行われる長期建設工事等）
(ハ) 契約締結代理人等	国内において非居住者等に代わって、その事業に関し、反復して次に掲げる契約を締結し、又は非居住者等によって重要な修正が行われることなく日常的に締結される次に掲げる契約のために反復して主要な役割を果たす者 ① 非居住者等の名において締結される契約

| | ② 非居住者等が所有し、又は使用の権利を有する財産について、所有権を移転し、又は使用の権利を与えるための契約
③ 非居住者等による役務の提供のための契約 |

(注)　ただし、我が国が締結した所得に対する租税に関する二重課税の回避又は脱税の防止のための条約において上記に掲げるものと異なる定めがある場合には、その条約の適用を受ける非居住者又は外国法人に係る恒久的施設については、その条約において恒久的施設と定められたもの（国内にあるものに限る。）となる。

【※】　非居住者等とは非居住者又は外国法人をいう。

ロ　非居住者の課税の区分等

　　非居住者は、①恒久的施設があり、恒久的施設帰属所得がある場合、②恒久的施設があり、恒久的施設帰属所得以外の所得を有する場合及び③恒久的施設を有しない場合の三つに区分され、所得税法第161条第1項に規定する国内源泉所得の種類に応じて、①課税対象外、②総合課税、③源泉徴収の上、総合課税、④源泉分離課税（源泉徴収による分離課税）の四つに分かれる（「非居住者に対する課税関係の概要」については、「巻末資料」②の「非居住者及び外国法人に対する課税関係の概要と源泉徴収」のとおり。）。

(注)1　所得税法上、総合課税となる場合でも、租税特別措置法の規定により、申告分離課税又は源泉分離課税となる場合がある。
　　2　国内源泉所得について租税条約に所得税法と異なる規定があるものについては租税条約の規定による。

(3)　非居住者に対する特殊な課税

イ　退職手当等への課税

(イ)　課税の方法等

区　分	課税対象	税　額　の　計　算
原　則	国内源泉所得のみ【※1】	国内源泉所得×税率（20.42％）＝所得税及び復興特別所得税の額（分離課税）
例外（退職所得の選択課税）	国外源泉所得を含めた退職手当等の総額	（退職手当等－退職所得控除）×1/2＝退職所得金額 退職所得金額×税率（居住者の通常の税率）【※2】 ＝所得税及び復興特別所得税

【※1】　非居住者になってから退職手当等を受領する場合、その退職手当等のうち居住者であった期間に行った勤務に係る部分（国内源泉所得）が課税対象となる。

【※2】　居住者の税率の適用に当たっては、基礎控除を含め、所得控除は一切課税所得から差し引くことはできない。

(ロ)　厚生年金の脱退一時金に対する課税

| 課税の方法 | 外国人が国外から日本の関係会社に数年間出向により勤務し、その間、厚生年金の掛金を支払い、帰国後に厚生年金の脱退一時金を受領する場合、その一時金は、退職手当等とみなされ、支払の際に、通常の退職手当等と同様、20.42％の税率で所得税等が源泉徴収される。 |

| 還付申告 | 上記の一時金は、退職所得の選択課税の対象となるため、退職所得の選択課税による税額の方が20.42％の税額より少ない場合には、退職所得の選択課税による申告を行うことにより、所得税額等の還付を受けることができる。 |

(ハ)　選択課税の申告方法等

申告方法	退職所得の選択課税の申告は、通常は、日本に住所や居所を有しない非居住者が行うことから、納税管理人を選任し、納税管理人を通じて行うこととなる。
申告書の様式	退職所得の選択課税のための申告様式は用意されていないことから、通常の所得税等の確定申告の様式を利用し、必要な補正等を行う。
申告様式の補正方法	①　確定申告書第1表、第2表及び第3表の標題部分、「所得税及び復興特別所得税の」を抹消し、「退職所得の選択課税」と記載する。 ②　確定申告書第1表の住所欄には、上段に現住所（国外の住所）、下段に納税地（通常は、帰国直前の国内の住所）を記載する。【※】 ③　確定申告書第1表の「令和　年1月1日現在の住所」を抹消し、その右側には、納税管理人の住所、氏名を記載し、納税管理人が押印。 ④　退職所得の選択課税の申告により還付金が発生し、その還付金を納税管理人の預金口座で受領する場合には、確定申告書第1表の右下の「還付される税金の受取場所」の欄に、納税管理人の預金口座であることが分かるように記載する。

【※】　確定申告書第2表及び第3表の住所欄には、納税地（通常は、帰国直前の国内の住所）を記載する。

【法令等】　通法117、所法30、89、161①十二ハ、164②二、170、171、173、212①、復興財確法13、28①②、所基通161－41（注）2

ロ　源泉徴収を受けない場合の申告納税（所法172①）

非居住者が、日本勤務に係る給与や退職手当等（国内源泉所得）を受領する場合の取扱いは、次表のとおり。

支払われる場所	課　税　の　方　法
国　内【※1】	支払の際に20.42％の税率による所得税等が源泉徴収される。
国外（その支払者が国内に事務所、事業所等を有しない場合）	支払の際に所得税等は源泉徴収されない。 よって、非居住者である受給者個人が、源泉徴収の対象とならない給与や退職手当等について、20.42％の税率による所得税等を申告・納税する必要がある。【※2】

【※1】　給与等（国内源泉所得）の支払を国外において行う場合でも、その支払者が国内に事務所、事業所等を有する場合には、国内において支払うものとみなされるため、所得税等の源泉徴収が必要となる。

【※2】　これを「所得税等につき源泉徴収を受けない場合の申告納税」といい、その給与や退職手当等を受領した年の翌年の3月15日までに申告・納税を要する。ただし、その日までに、受給者個人が国内に居所を有しなくなる場合には、その有しなくなる日までに申告・納税を行う必要がある。

なお、この申告に使用する様式は、次ページのとおり。

個人番号(Individual Numbers)

令和 ＊年分所得税及び復興特別所得税の準確定申告書

(所得税法第172条第1項及び東日本大震災からの復興のための施策を実施するために必要な財源の確保に関する特別措置法第17条第5項に規定する申告書)

Income Tax and Special Income Tax for Reconstruction Quasi-Final Return (Under Article 172, Paragraph 1 of the Income Tax Law and Article 17, Paragraph 5 of Special Measures Act for the Reconstruction Funding After the Great East Japan Earthquake)

受付印

＊ Calendar year for which you file this Return (enter year of Heisei era)	税　務　署　長 Name of the Tax Office where your return should be filed	(Year) (Month) (Date) 年　月　日 Date of filing your return

氏　　　名 Name(last,first,middle initial)		署 名 な つ 印 Signature or seal of the taxpayer

住 所 又 は 居 所 Domicile or residence	電 話 番 号 Telephone number －　　　－

生 年 月 日 Date of birth	年　月　日	性別 sex	男(male)　女(female)	国　　籍 Nationality

下記事項を記入してください。
Please fill out the following items.

当初の入国許可年月日 The date of original entry into Japan	年　月　日	在　留　期　間 The period you are permitted to stay in Japan	From To	年　月　日から 年　月　日まで
在　留　資　格 Your visa status in Japan		この申告に係る非居住者期間 The period in this tax year you were classified as a non-resident(Enter the beginning and ending dates during this calendar year.)	From To	年　月　日から 年　月　日まで
日本における勤務、人的役務の内容 Description of employment or other personal services performed in Japan				

1．給与又は報酬の明細 (Details of your income)

源泉徴収の方法により納付済のものは記入しないでください。
(Do not enter receipts from which income tax and special income tax for reconstruction has been withheld at source.)

所得の種類(該当する所得を○で囲む) Type of income(circle the applicable income.)	給 与 所 得 ・ 退 職 所 得 ・ 人 的 役 務 の 提 供 に よ る 所 得 Employment income・Retirement income・Income from the provision of personal services	
支払者の氏名又は名称 Name or title of the payer	支払者の住所若しくは居所又は本店若しくは主たる事務所の所在地 Domicile residence place of head office or place of main office of the payer	収 入 金 額 Amount of receipts
課 税 所 得 金 額 Amount of taxable income (The same amount of receipts.)	Ⓐ	

2．納める税金の計算 (Calculation of your tax)

課税所得金額 (Amount of taxable income)		所得税の税率 (Income tax rate)		所得税額（基準所得税額） (Amount of (base) income tax)
Ⓐ	×	$\frac{20}{100}$	=	Ⓑ

(1,000円未満の端数は切り捨ててください。)
(Any fractional sum of less than ¥1,000 shall be discarded.)

基準所得税額 (Amount of base income tax)		復興特別所得税の税率 Special income tax for reconstruction rate		復興特別所得税の額 Amount of special income tax for reconstruction
Ⓑ	×	$\frac{2.1}{100}$	=	Ⓒ

所得税及び復興特別所得税の申告納税額（Ⓑ＋Ⓒ） Amount of income tax and special income tax for reconstruction	=	円

(100円未満の端数は切り捨ててください。)
(Any fractional sum of less than ¥100 shall be discarded.)

税理士 署名押印	㊞		整 理 番 号	納 管	事 業	住 民	検 算	通信日付印の年月日 年　月　日	準番号
電話番号　－　　－			番号確認 身元確認	確 認		書 類			
			□ 済 □ 未済	個人番号カード／通知カード・運転免許証 その他（ ）					

【法令等】　所法161①十二イ、ハ、164②二、170 ～ 173、212①②、復興財確法13、17
⑤一、28①②

国際課税

3　外貨建取引の邦貨換算

(1)　外貨建取引の邦貨換算の方法

外貨建取引の邦貨換算は、原則として、その外貨建取引を行った時の外国為替相場の売買相場により円換算する。

【法令等】 所法57の3①

(2)　為替相場

原則	邦貨換算を行う場合の為替相場は、取引日における対顧客直物電信売相場（TTS＝Telegraphic Transfer Selling Rate）と対顧客直物電信買相場（TTB＝Telegraphic Transfer Buying Rate）の仲値（TTM＝Telegraphic Transfer Middle Rate）による（所基通57の3－2）。 この場合における相場は、原則として、その者の主たる金融機関のものによるが、合理的なものを継続して使用している場合にはそれが認められる。
例外	イ　不動産所得、事業所得、山林所得又は雑所得を生ずべき業務に係るこれらの所得の金額の計算においては、継続適用を条件として、売上その他の収入又は資産については取引日のTTB、仕入その他の経費（原価及び損失を含む。）又は負債については取引日のTTSも可能。
	ロ　不動産所得、事業所得、山林所得又は雑所得を生ずべき業務に係るこれらの所得の金額の計算においては、継続適用を条件として、その外貨建取引の内容に応じてそれぞれ合理的と認められる次のような外国為替の売買相場の使用も可能。 ①　取引日の属する月若しくは週の前月若しくは前週の末日又は当月若しくは当週の初日のTTB若しくはTTS又はこれらの日におけるTTM ②　取引日の属する月の前月又は前週の平均相場のように1月以内の一定期間におけるTTM、TTB又はTTSの平均値
	ハ　国外において不動産所得、事業所得、山林所得又は雑所得を生ずべき業務を行う個人で、当該業務に係る損益計算書又は収支内訳書を外国通貨表示により作成している者については、継続適用を条件として、当該業務に係る損益計算書又は収支内訳書の項目（前受金等の収益性負債の収益化額及び減価償却資産等の費用性資産の費用化額を除く。）の全てを当該年の年末における為替相場により換算することが可能。 (注)　上記の円換算に当たっては、継続適用を条件として、収入金額及び必要経費の換算につき、その年において当該業務を行っていた期間内におけるTTM、TTB又はTTSの平均値を使用することが可能。
	ニ　譲渡代金として受領した外国通貨をその受領をした都度直ちに売却して本邦通貨を受け入れている場合にはTTBにより円換算した金額を譲渡価額とし、また、本邦通貨により外国通貨を購入し直ちに資産の取得費用や譲渡費用の支払に充てている場合にはTTSにより円換算した金額を取得価額及び譲渡費用とすることが可能。
	ホ　株式等に係る譲渡所得等の金額の計算に当たり、外貨で表示されている額の邦貨換算については、その譲渡の価額はTTB、取得価額はTTSによる。

例外	ヘ　非居住者又は外国法人に支払う国内源泉所得について源泉徴収すべき所得税の額の計算において、その国内源泉所得が外貨で表示され外貨で支払う場合に、契約等によりその支払期日が定められているときはその支払うべき日のTTB、支払期日が定められていないときは現に支払った日のTTBによりその国内源泉所得を円換算する。
	ト　国外財産調書又は財産債務調書に記載する財産が外貨で表示されている場合には、その年の12月31日における最終のTTB又はこれに準ずる相場、財産債務調書に記載する債務が外貨で表示されている場合には、その年の12月31日における最終のTTS又はこれに準ずる相場によりそれぞれ円換算する。

(注)1　相続又は贈与により財産を取得した場合において、外貨建てによる財産及び国外にある財産の邦貨換算は課税時期におけるTTB又はこれに準ずる相場、外貨建の債務の邦貨換算はTTS又はこれに準ずる相場による。

　　　2　外国税額控除を適用する場合の外貨で表示されている外国所得税の円換算は295ページのとおり。

【法令等】所基通57の3－2、57の3－7、213－1、措通37の10・37の11共－6、
　　　　　国外送金等調書通達5－11、6の2－15、評基通4－3

4　外国税額控除（居住者）

(1)　制度の概要

　居住者は、原則として全ての所得について日本で課税され、国外で生じた所得についてはその源泉地国でも外国所得税が課される。このように、同一の所得に対して発生する国際的な二重課税については、居住地国である日本において確定申告等により、外国税額控除（税額控除）を行い、二重課税を調整する。

(注)1　外国所得税については、外国税額控除（税額控除）を行わずに必要経費に算入することもできる。その選択については、その年中に確定した外国所得税の額の全部について行う必要がある。

　　　2　国外転出時課税における外国税額控除については、「5　国外転出時課税」参照。

　　　3　非居住者は国内源泉所得が課税対象であるが、国内に恒久的施設を有する非居住者がその恒久的施設に帰属する所得（恒久的施設帰属所得）について、外国の法令で所得税に相当する租税が課される場合、日本及びその外国の双方で二重に所得税が課税されることとなる。この国際的な二重課税を調整するために、恒久的施設を有する非居住者が恒久的施設帰属所得につき外国所得税を納付することとなる場合には、外国税額控除を受けることができる。

(2)　外国税額控除の計算

イ　外国税額の控除額

　その年分に納付することとなる控除対象外国所得税については、控除限度額の範囲内で、その年分に税額控除を行う。

　控除限度額の計算は、次表のとおり。

所得税の控除限度額	その年分の所得税の額【※1】×（その年分の調整国外所得金額【※2】／その年分の所得総額【※3】）
復興特別所得税の控除限度額	その年分の復興所得税の額×（その年分の調整国外所得金額【※2】／その年分の所得総額【※3】）

【※1】　「その年分の所得税の額」は、配当控除や住宅借入金等特別控除等の税額控除、災害減免法による減免税額を適用した後の額。

【※2】　「その年分の調整国外所得金額」とは、純損失又は雑損失の繰越控除、居住用財産の買換え等の場合の譲渡損失の繰越控除等、上場株式等に係る譲渡損失の繰越控除、特定中小子会社が発行した株式に係る譲渡損失の繰越控除又は先物取引の差金等決済に係る損失の繰越控除の規定を適用しないで計算した場合のその年分の国外所得金額（非永住者については、当該国外源泉所得のうち、国内において支払われ、又は国外から送金されたものに限る。）をいう。ただし、その年分の国外源泉所得が、その年分の所得総額に相当する金額を超える場合には、その年分の所得総額に相当する金額に達するまでの金額とする。

　　　なお、「国外所得金額」とは、次の国外源泉所得の合計額（その合計額がゼロを下回る場合には、ゼロ）である。

国外所得金額	①　所得税法第95条第4項第1号に掲げる国外源泉所得 ②　所得税法第95条第4項第2号から第17号までに掲げる国外源泉所得（同項第2号から第14号まで、第16号及び第17号に掲げる国外源泉所得について、同項第1号に掲げる国外源泉所得に該当するものを除く。）

【※3】　「その年分の所得総額」とは、純損失又は雑損失の繰越控除、居住用財産の買換え等の場合の譲渡損失の繰越控除等、上場株式等に係る譲渡損失の繰越控除、特定中小子会社が発行した株式に係る譲渡損失の繰越控除又は先物取引の差金等決済に係る損失の繰越控除の規定を適用しないで計算した場合のその年分の総所得金額等の合計額をいう。

ロ　外国所得税の額が控除限度額を超える場合

　　その年において納付することとなる控除対象外国所得税の額が、その年の所得税の控除限度額及び復興特別所得税の控除限度額と地方税の控除限度額（その年の所得税の控除限度額の30％）との合計額を超える場合、その年の前年以前3年内の各年の所得税の控除限度額のうち、その年に繰り越される部分として一定の金額（以下「繰越控除限度額」という。）があるときは、その繰越控除限度額を限度として、その超える部分の金額をその年分の所得税の額から控除する。

ハ　外国所得税の額が控除限度額に満たない場合

　　その年において納付することとなる控除対象外国所得税の額が、その年の所得税の控除限度額に満たない場合、その年の前年以前3年内の各年において納付することとなった控除対象外国所得税の額のうち、その年の繰り越される部分として一定の金額（以下「繰越控除対象外国所得税額」という。）があるときは、その所得税の控除限度額からその年に納付することとなる控除対象外国所得税の額を控除した残額を限度として、その繰越控除対象外国所得税額をその年分の所得税の額から控除する。

⑶　外国所得税の額が減額された場合

　外国税額控除の適用を受けた年の翌年以後7年内の各年において、その適用を受けた外国所得税の額が減額された場合の取扱いは次表のとおり。

> ①　その減額されることとなった日の属する年（以下「減額に係る年」という。）において納付することとなる外国所得税の額（以下「納付外国所得税額」という。）から、その減額された外国所得税の額（以下「減額外国所得税額」という。）に相当する金額を控除し、その控除後の金額につき外国税額控除を適用する。
> ②　減額に係る年に納付外国所得税額がない場合又は納付外国所得税額が減額外国所得税額に満たない場合には、減額に係る年の前年以前3年内の各年の控除限度超過額から、それぞれ減額外国所得税の全額又は減額外国所得税のうち納付外国所得税額を超える部分の金額に相当する金額を控除し、その控除後の金額について外国税額控除を適用する。
> ③　減額外国所得税額のうち上記①及び②の外国税額控除の適用額の調整に充てられない部分の金額は、外国所得税額が減額された年分の雑所得の金額の計算上、総収入金額に算入する。

⑷　外国税額控除の対象となる外国所得税の範囲

　外国税額控除の対象となる外国所得税は、外国の法令に基づき外国又はその地方公共団体により個人の所得を課税標準として課される税（次表参照）。

イ　外国所得税に含まれるもの	①　超過所得税その他個人の所得の特定の部分を課税標準として課される税 ②　個人の所得又はその特定の部分を課税標準として課される税の附加税 ③　個人の所得を課税標準として課される税と同一の税目に属する税で、個人の特定の所得につき、徴税上の便宜のため、所得に代えて収入金額その他これに準ずるものを課税標準として課されるもの ④　個人の特定の所得につき、所得を課税標準とする税に代え、個人の収入金額その他これに準ずるものを課税標準として課される税
ロ　外国所得税に含まれないもの	①　税を納付する人が、その税の納付後、任意にその金額の全部又は一部の還付を請求することができる税 ②　税を納付する人が、税の納付が猶予される期間を任意に定めることができる税 ③　複数の税率の中から税を納付することとなる人と外国若しくはその地方公共団体又はこれらの者により税率を合意する権限を付与された者との合意により税率が決定された税のうち一定の部分 ④　外国所得税に附帯して課される附帯税に相当する税その他これに類する税

IX　国際課税

八　外国税額 控除の対象 とならない 外国所得税	①　通常行われる取引と認められない一定の取引に基因して生じた所得に対して課される外国所得税の額 ②　資本の払戻しなど所得税法第25条第1項各号に掲げる事由により交付を受ける金銭の額及び金銭以外の資産の価額に対して課される外国所得税額（その交付の基因となったその法人の株式又は出資の取得価額を超える部分の金銭に対して課される部分を除く。） ③　国外事業所等と事業場等との間の内部取引につきその国外事業所等の所在する国又は地域において課される外国所得税の額 ④　租税特別措置法第9条の8に規定する非課税口座内上場株式等の配当等又は同法第9条の9第1項に規定する未成年者口座内上場株式等の配当等に対して課される外国所得税の額 ⑤　居住者がその年以前の年において非居住者であった期間内に生じた所得に対して課される外国所得税の額 ⑥　特定外国子会社等から受ける剰余金の配当等の額（租税特別措置法第40条の5第1項又は第2項の規定の適用を受けるものに限る。）を課税標準として課される一定の外国所得税の額 ⑦　特定外国法人から受ける剰余金の配当等の額（租税特別措置法第40条の8第1項又は第2項の規定の適用を受けるものに限る。）を課税標準として課される外国所得税額 ⑧　居住者の所得に対して課される外国所得税の額で租税条約の規定において外国税額控除をされるべき金額の計算に当たって考慮しないものとされるもの ⑨　日本が租税条約を締結している相手国等において課される外国所得税の額のうち、その租税条約の規定によりその相手国等において課することができることとされる額を超える部分に相当する金額又は免除することとされる額に相当する金額 ⑩　外国において課される外国所得税の額のうち、外国居住者等の所得に対する相互主義による所得税等の非課税等に関する法律の規定により、軽減することとされる部分に相当する金額又は免除することとされる額に相当する金額 ⑪　居住者が有する株式又は出資を発行した外国法人の本店又は主たる事務所の所在する国や地域の法令に基づき、その外国法人の課税標準等又は税額等につき更正又は決定に相当する処分があった場合において、その処分が行われたことにより増額された外国法人の所得金額相当額に対し、所得税法第24条第1項に規定する剰余金の配当等の額に相当する金銭の支払とみなして課される外国所得税の額（令和2年分以降） ⑫　マレーシアにおける配当所得に対するいわゆる源泉控除のように、外国法人から配当等の支払を受けるに当たり、その外国法人のその配当等の額の支払の基礎となった所得の金額に対して課される外国法人税の額に充てるためにその配当等の額から控除される金額 ⑬　非永住者の課税所得の範囲外の所得に対して外国又はその地方公共団体により課された外国所得税の額 ⑭　居住者が有する株式等を発行した外国法人が本店所在地国において更正等の処分を受け、その更正等により増額した外国法人の所得金額に相当する金額に対し、これを配当の支払とみなして課される外国所得税の額その他の他の者の所得の金額に相当する金額に対し、これを居住者の所得の金額とみなして課される一定の外国所得税の額（令和4年分の所得

税から）
⑮　居住者の国外事業所等の所在する国において課される外国所得税の額
で特定のもの（令和4年分の所得税から）

(5) 外貨で表示されている外国所得税の円換算

外国税額控除を適用する場合の外貨で表示されている外国所得税の円換算は次に
よる。

① 源泉徴収により納付することとなる利子、配当、使用料等に係る外国所得税
については、その利子、配当、使用料等の額の換算に使用する為替相場を使用
することからTTMにより円換算する。
② 源泉徴収以外の方法により納付することとなる外貨で表示されている外国所
得税については、所得税法第57条の3第1項に係る経費の金額の換算に使用す
る為替相場によることとされている。したがって、原則としてTTM、例外と
して、不動産所得、事業所得、山林所得又は雑所得に課される外国所得税につ
いては継続適用を条件としてTTSによることができる。

(6) 外国税額控除を受けるための添付書類等

居住者に係る外国税額控除の適用を受けるためには、確定申告書、修正申告書、
更正請求書に控除額を記載するとともに、次の書類を添付する必要がある。

① 外国税額控除に関する明細書（居住者用）
② 外国所得税を課されたことを証する書類及びその税が既に納付されている場
合にはその納付を証する書類（例：納税申告書、更正決定に係る通知書、賦課
決定通知書、納税告知書、源泉徴収票、納税証明書）（電子申告を行う場合に
は添付を省略することが可能）
③ 国外事業所等帰属所得に係る所得の金額及びその他の国外源泉所得の金額の
計算に関する明細を記載した書類

【法令等】所法44の3、46、57の3①、95、所令93の2、221～226、所規41、42、
所基通46-1、57の3-2、95-28、95-30、復興財確法13、14、復興所
得税令3、平31改正所令附則5、令2改正所令附則6

5　国外転出時課税

(1) 制度の概要

有価証券などの対象資産の合計額が1億円以上である一定の居住者が国外転出す
る場合には、その有価証券などを譲渡したものとみなしてその含み益に対して所得
税等が課税される。

Ⅸ　国際課税

(注)　国外転出をしなくても、一定の要件に該当する居住者が、贈与、相続又は遺贈により非居住者に対象資産を移転させた場合にも、その時に対象資産を譲渡したものとみなして対象資産の含み益に対して所得税等が課税される。

(2)　国外転出時課税の要件

次の二つの要件を満たす場合には、国外転出時課税の対象となる。

要件	①　国外転出（国内に住所又は居所を有しなくなることをいう。）をする居住者が、国外転出をする日前10年間以内において国内に5年を超えて住所又は居所を有していること【※1】 ②　居住者が所有している対象資産【※2】の価額の合計が1億円以上であること

【※1】　国内に5年を超えて住所又は居所を有しているかどうかの判定に当たっては、出入国管理法別表第一の上欄の在留資格（外交、教授、芸術、高度専門職、経営・管理、法律・会計業務、医療、研究、教育、技術・人文知識・国際業務、企業内転勤、技能実習、短期滞在、留学等）で在留していた期間は含まれない。
　　　　また、2015年（平成27年）6月30日までに同法別表第二の在留資格（永住者、日本人の配偶者等、永住者の配偶者等、定住者）で在留している期間がある場合は、国内に住所又は居所を有していた期間には含まれない。
【※2】　「対象資産」とは、①有価証券（株券、国債・地方債証券、社債券、投資信託等の受益証券等）、②匿名組合契約の出資の持分、③未決済の信用取引・発行日取引・デリバティブ取引をいう。

(3)　国外転出時課税の申告・納税の期限

区　分	申告・納税期限
納税管理人の届出を行ってから国外転出した場合	翌年の3月15日
納税管理人の届出を行わないで国外転出した場合	国外転出まで

(4)　納税の猶予

国外転出課税の申告を行う者が、国外転出の時までに納税管理人の届出を行うなど一定の手続を行った場合は、国外転出課税の適用により納付することとなった所得税について、国外転出の日から5年間（延長の届出により最長10年間）、納税を猶予することができ、納税猶予の満了の翌月以降4か月を経過する日が納期限となる。

この適用を受けるためには、次の全ての要件を満たす必要がある。

要件	①　国外転出の時までに、所轄税務署に納税管理人の届出を行うこと ②　確定申告書に納税猶予の特例を受けようとする旨を記載すること ③　確定申告書に「国外転出等の時に譲渡又は決済があったものとみなされる対象資産の明細書（兼納税猶予の特例の適用を受ける場合の対象資産の明細書《確定申告書付表》）」、「国外転出をする場合の譲渡所得等の特例等に係る納税猶予分の所得税及び復興特別所得税の額の計算」など一定の書類を添付すること ④　確定申告書の提出期限までに、納税を猶予される所得税額及び利子税額に相当する担保を提供すること

（注）　納税猶予期間中は、各年の12月31日において所有等している適用資産（国外転出時課税に係る納税猶予の特例を受けている対象資産）について、引き続き納税猶予の特例を受けたい旨を記載した届出書（国外転出をする場合の譲渡所得等の特例等に係る納税猶予の継続適用届出書）を翌年3月15日までに所轄税務署へ提出する必要がある。

(5)　減免措置

一定の場合は、次表の減免措置等の適用を受けることができる。

区　分	減　免　措　置	必要な手続
譲渡した対象資産の価額が下落した場合	譲渡等した対象資産について、国外転出時課税により課された税額の減額を申請することができる。	譲渡等の日から4か月を経過する日までに更正の請求を行う。
転出先で外国所得税が課された場合	納税猶予期間中に対象資産を譲渡等した際に国外転出先の国で外国所得税が課され、国外転出先の国で国外転出時課税分の税額が調整されない場合に、外国税額控除の適用を申請することができる。	外国所得税を納付することとなる日から4か月を経過する日までに更正の請求を行う。
一定期間内に対象資産を譲渡せずに帰国した場合	国外転出後、納税猶予期間（5年又は10年）の満了日までに帰国した場合（納税猶予の適用を受けず、国外転出から5年以内に帰国した場合も含む）は、国外転出時から帰国時まで引き続き有している対象資産について、国外転出時課税により課された税額の取消しを申請することができる。	帰国した日から4か月を経過する日までに更正の請求又は修正申告【※】を行う。
納税猶予期間満了後に対象資産が下落した場合	国外転出時から引き続き有している対象資産について、納税猶予期間が満了した時点で、対象資産の価額が国外転出時よりも下落しているときは、国外転出時課税により課された税額の減額を申請することができる。	納税猶予期間の満了日から起算して4か月を経過する日までに更正の請求を行う。

【※】　国外転出時の株式等の譲渡所得等の申告で、譲渡益が発生していた場合には更正の請求、譲渡損が発生していた場合には修正申告となる。

【法令等】　通法117、所法60の2、60の3、95の2①、120①、127①、128、130、137の2①～③⑥、151の2①、153の2①～③、所令170③一、平27改正所令附則8②

6　外国子会社合算税制

外国子会社合算税制については、法人税における制度と概ね同様（「第2　法人課税」の「4　外国子会社合算税制」（301ページ）参照）。

7　国際相続・贈与

(1)　制度の概要

　　相続税・贈与税の納税義務者は、相続や贈与により財産を取得した人であるが、取得した全ての財産について納税義務を負う「無制限納税義務者」と国内にある財産を取得した場合に納税義務を負う「制限納税義務者」に分かれる。

（注）　制限納税義務者は、従来は、取得者の住所地の有無のみで判定されていたが、人や財産を国外に移動させることによる租税回避に対処するため、2000年（平成12年）以降類似の改正がなされ、取得者だけでなく、被相続人や贈与者も含めた住所の有無や期間のほか、日本国籍の有無などとの組合せを基に判定されるようになった。

(2)　国際相続・贈与のイメージ

　　外国人を含めた相続税・贈与税における納税義務者の区分及び課税資産の範囲のイメージは、217ページ及び239ページの表のとおり。

第2　法人課税

1　外国法人に対する課税

(1)　概要

内国法人が全ての所得（全世界所得）に対して課税されるのに対し、外国法人は「国内源泉所得【※1】」のみが課税対象となる。

課税所得の範囲は「恒久的施設（PE＝Permanent Establishment）」【※2】の有無やその種類によって異なる。

【※1】「国内源泉所得」とは、国内において生じた所得をいう。
【※2】「恒久的施設（PE）」とは、次のものをいう。

区　分	定　　義
イ　支店等	事業を行う一定の場所で、支店、事務所や天然資源を採取する等の一定の場所
ロ　長期建設工事現場等	外国法人の国内にある長期建設工事現場等（建設若しくは据付けの工事又はこれらの指揮監督の役務の提供で1年を超えて行われる長期建設工事等）
ハ　契約締結代理人等	国内において外国法人に代わって、その事業に関し、反復して次のいずれかの契約を締結し、又は外国法人によって重要な修正が行われることなく日常的に締結される次に掲げる契約のために反復して主要な役割を果たす者 ①　外国法人の名において締結される契約 ②　外国法人が所有し、又は使用の権利を有する財産について、所有権を移転し、又は使用の権利を与えるための契約 ③　外国法人による役務の提供のための契約

(注)　我が国が締結した租税条約において上記に掲げるものと異なる定めがある場合には、その条約の適用を受ける非居住者又は外国法人に係る恒久的施設については、その条約において恒久的施設と定められたもの（国内にあるものに限る。）となる。

(2)　課税関係

外国法人に対する課税関係は、

①　恒久的施設があり、「恒久的施設帰属所得」【※1】がある場合

②　恒久的施設があるが恒久的施設帰属所得以外の所得を有する場合

③　恒久的施設を有しない場合

の三つの区分と、所得税法及び法人税法に規定する国内源泉所得の種類【※2】に応じて、次の四つのパターンに分類される。

外国法人に対する課税関係	①　所得税等が源泉徴収の上、法人税の課税対象となるもの
	②　所得税等は源泉徴収されずに法人税の課税対象となるもの
	③　所得税等の源泉徴収のみによる課税（源泉分離課税）となるもの
	④　課税対象外

Ⅸ　国際課税

(注)　国内源泉所得について租税条約に所得税法や法人税法と異なる規定があるものについては、租税条約の規定による。

【※１】　「恒久的施設帰属所得」とは、外国法人が恒久的施設を通じて事業を行う場合において、その恒久的施設がその外国法人から独立して事業を行う事業者であるとしたならば、その恒久的施設が果たす機能、その恒久的施設において使用する資産、その恒久的施設とその本店等との間の内部取引その他の状況を勘案して、その恒久的施設に帰せられるべき所得をいう。

【※２】　所得税法及び法人税法に規定する国内源泉所得の種類

国　内　源　泉　所　得　の　種　類	根　拠　法　令
①　恒久的施設（PE）帰属所得	法法138①一
②　国内にある資産の運用・保有による所得	法法138①二
③　国内にある資産の譲渡による所得	法法138①三
④　人的役務の提供事業の対価	法法138①四
⑤　国内不動産等の貸付け対価	法法138①五
⑥　その他その源泉が国内にある所得	法法138①六
⑦　債券利子、配当、使用料等	所法161①八～十一、十三～十六

【法令等】　所法７①五、161①八～十一、十三～十六、162①、212①、213①、法法２十二の十九、138①、139、141、法令４の４、177、178①、179、180

【参考：課税のイメージ】

```
┌─────────────────────────────┐      ┌─────────────────────────────┐
│        【三つの区分】        │      │   【国内源泉所得の種類】    │
│ ① 恒久的施設があり、「恒久的施設 │      │ ① 恒久的施設(PE)帰属所得     │
│   帰属所得」【※1】がある場合  │      │ ② 国内にある資産の運用・保有によ │
│ ② 恒久的施設があるが恒久的施設 │  ×  │   る所得                    │
│   帰属所得以外の所得を有する場合 │      │ ③ 国内にある資産の譲渡による所得 │
│ ③ 恒久的施設を有しない場合   │      │ ④ 人的役務の提供事業の対価   │
│                             │      │ ⑤ 国内不動産等の貸付け対価   │
│                             │      │ ⑥ その他その源泉が国内にある所得 │
│                             │      │ ⑦ 債券利子、配当、使用料等   │
└─────────────────────────────┘      └─────────────────────────────┘
```

┌───┐
│ 【課税方法の分類】   │
│ ①　所得税等が源泉徴収の上、法人税の課税対象となるもの   │
│ ②　所得税等は源泉徴収されずに法人税の課税対象となるもの   │
│ ③　所得税等の源泉徴収のみによる課税（源泉分離課税）となるもの │
└───┘

　「外国法人に対する課税関係の概要」については、「巻末資料」②の「非居住者及び外国法人に対する課税関係の概要と源泉徴収」のとおり。

2　外貨建取引の邦貨換算

「外貨建取引の邦貨換算」については、「**Ⅲ　法人税**」の109ページを参照。

3　外国税額控除

「外国税額控除」については、「**Ⅲ　法人税**」の142ページを参照。

4　外国子会社合算税制

（1）外国子会社合算税制の概要
イ　会社単位での合算課税

　　内国法人や居住者が、実質的活動を伴わない「外国関係会社」【※1】を利用する等により、日本の税負担を軽減・回避する行為に対処するため、関係会社等がペーパー・カンパニー等である場合又は「経済活動基準」【※2】のいずれかを満たさない場合には、その外国関係会社の所得に相当する金額について、内国法人又は居住者の所得とみなし、それを合算して課税する制度（会社単位での合算課税）。

【※1】「外国関係会社」とは、以下の外国法人をいう。

外国関係会社	①　居住者及び内国法人並びに特殊関係非居住者及び一定の外国法人が直接又は間接に合計で50％を超える持分を有する外国法人 ②　居住者又は内国法人との間に実質支配関係のある外国法人

【※2】「経済活動基準」とは、以下の基準をいう。

（イ）事業基準	主たる事業が株式の保有等、一定の事業でないこと
（ロ）実体基準	本店所在地国に主たる事業に必要な事務所等を有すること
（ハ）管理支配基準	本店所在地国において事業の管理、支配及び運営を自ら行っていること
（ニ）右のいずれかの基準	①　所在地国基準　（主として本店所在地国で主たる事業を行っていること）　⇒　下記②以外の業種に適用 ②　非関連者基準　（主として関連者以外の者と取引を行っていること）　⇒　卸売業、銀行業、信託業、金融商品取引業、保険業、水運業、航空運送業、航空機貸付業の場合に適用

（注）　外国関係会社の租税負担割合が一定（ペーパー・カンパニー等は30％、それ以外の外国関係会社は20％）以上の場合には合算課税の適用が免除される。

ロ　受動的所得の合算課税

　　外国関係会社が経済活動基準を全て満たす場合であっても、実質的活動のない事業から得られる所得（いわゆる「受動的所得【※】」）については、内国法人又は居住者の所得とみなし、それを合算して課税する。

【※】 「受動的所得」とは、配当、利子等、有価証券の貸付対価、有価証券の譲渡損益、デリバティブ取引損益、外国為替差損益、その他の金融所得、保険所得、固定資産の貸付対価、無形資産等の使用料、無形資産等の譲渡損益等をいう。

ハ 外国子会社合算税制の概要

外国子会社合算税制の概要を図にすると次のようになる。

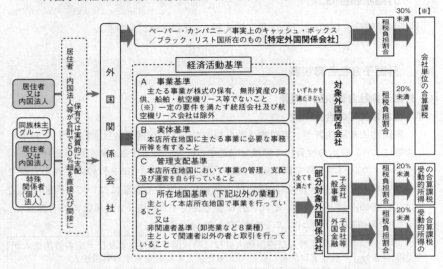

（出典） 財務省「令和元年度税制改正の解説」605頁を基に作成。

【※】 内国法人は令和6年4月1日以後に開始する事業年度について、居住者は令和6年分以後の年分について、この30％はそれぞれ27％となる。

【参考】

平成29年度、平成30年度及び令和元年度税制改正に係る外国子会社合算税制に関する次のQ&Aが、国税庁ホームページで公表されている。

○ 令和元年6月20日付法人課税課情報第3号、調査課情報第1号「外国子会社合算税制に関するQ&A（平成29年度改正関係等）（情報）」

⑵ 納税義務者

この制度の適用を受ける納税義務者は次表のとおり。

納税義務者	① 外国関係会社の直接・間接の持分割合が10％以上である内国法人及び居住者 ② 外国関係会社との間に実質的支配関係がある内国法人及び居住者 ③ 外国関係会社の直接・間接の持分割合が10％以上である一の同族株主グループに属する内国法人及び居住者

(3)　適用対象金額

　合算課税の適用対象となる金額は、特定外国関係会社【※】又は対象外国関係会社等【※】の各事業年度の決算に基づく所得の金額につき、本邦法令基準又は現地法令基準によって計算した金額に、繰越欠損金額及び納付法人所得税の額に関する調整を加えた金額等である。

【※】　(1)の「ハ　外国子会社合算税制の概要」参照

(4)　税額控除

　二重課税の調整措置としての税額控除は、次表のとおり。

外国税額の控除	内国法人がこの制度の適用を受ける場合に、内国法人に係るその外国関係会社の所得に対して課される外国法人税の額があるときは、その外国法人税の額のうち、その外国関係会社の課税対象金額、部分課税対象金額又は金融子会社等部分課税対象金額に対応する部分の金額をその内国法人が納付する控除対象外国法人税の額とみなして、法人税法第69条《外国税額の控除》及び地方法人税法第12条《外国税額の控除》を適用する。
控除対象所得税額等相当額の控除	内国法人がこの制度の適用を受ける場合に、内国法人に係るその外国関係会社に対して課される所得税等の額のうち、その外国関係会社の課税対象金額、部分課税対象金額又は金融子会社等部分課税対象金額に対応する部分に相当する金額を、その内国法人の法人税の額から控除する。

(5)　配当等の益金不算入

　内国法人が外国法人から受ける剰余金の配当等がある場合には、この制度による課税済金額（特定課税対象金額又は間接特定課税対象金額）の範囲内で益金不算入とすることにより、二重課税の調整を行う。

【法令等】措法66の6、66の7、個人課税については措法40の4、令5改正法附則35、48

5　移転価格税制

(1)　移転価格税制の趣旨と概要

移転価格税制の趣旨と概要は、次表のとおり。

趣　旨	親子会社間等の特殊企業間取引を通じて行う所得の国外移転に対処して適正な課税を実現するため、法人の国外関連者との取引価格を独立企業間価格に修正して課税所得を計算することを定めた制度。昭和61年度の税制改正で導入され、移転価格税制といわれている。なお、令和元年度の税制改正で移転価格課税に係る法人税の更正期間が7年に延長された。
概　要	法人が、その法人の国外関連者との間で資産の販売、資産の購入、役務の提供その他の取引を行った場合に、その取引につき、その法人がその国外関連者から支払を受ける対価の額が独立企業間価格に満たないとき、又はその法人がその国外関連者に支払う対価の額が独立企業間価格を超えるときは、その法人のその事業年度の所得に係る法人税法その他法人税に関する法令の規定の適用については、その国外関連取引は独立企業間価格で行われたものとみなす。

(2)　国外関連者

「国外関連者」とは、その法人と次の関係にある外国法人をいう。

法人との関係	①　一方の法人が他方の法人の発行済株式等の50%以上を直接又は間接に保有する関係 ②　二の法人が同一の者によってその発行済株式等の50%以上を直接又は間接に保有される関係 ③　一方の法人が他方の法人の事業の方針の全部又は一部につき実質的に決定できる関係

(3)　独立企業間価格（ALP）

「独立企業間価格（ALP=Arm's Length Price）」とは、国外関連取引が、棚卸資産の販売又は購入か、それ以外の取引かの区分に応じて定められており、定められた方法のうち、国外関連取引の内容及びその国外関連取引の当事者が果たす機能その他の事情を勘案して、その国外関連取引が独立の事業者の間で通常の取引の条件に従って行われるとした場合にその国外関連取引につき支払われるべき対価の額を算定するための最も適切な方法により算定した金額をいうとされている。

この算定方法は、棚卸資産の販売又は購入に係る取引の場合、以下の方法によることとされており、棚卸資産の販売又は購入以外に係る取引の場合も、これと同等の方法によることとされている。

ALPの算定方法	内　　　容
イ　独立価格比準法 （CUP法＝Comparable Uncontrolled Price Method）	特殊の関係にない売手と買手が、国外関連取引に係る棚卸資産と同種の棚卸資産をその国外関連取引と取引段階、取引数量その他が同様の状況の下で売買した取引の対価の額に相当する金額をもって国外関連取引の対価の額（その同種の棚卸資産を国外関連取引と取引段階、取引数量その他に差異のある状況の下で売買した取引がある場合において、その差異により生じる対価の額の差を調整できるときは、その調整を行った後の対価の額を含む。）とする方法
ロ　再販売価格基準法 （RP法＝Resale Price Method）	国外関連取引に係る棚卸資産の買手が特殊の関係にない者に対してその棚卸資産を販売した対価の額から通常の利潤の額を控除して計算した金額をもって国外関連取引の対価の額とする方法
ハ　原価基準法 （CP法＝Cost Plus Method）	国外関連取引に係る棚卸資産の売手の購入、製造その他の行為による取得の原価の額に通常の利潤の額を加算して計算した金額をもって国外関連取引の対価の額とする方法
ニ　取引単位営業利益法 （TNMM法＝Transactional Net Margin Method）	再販売価格基準法及び原価基準法が比較対象取引に係る売上総利益を基に国外関連取引に係る対価の額を算出する方法であるのに対して、比較対象取引に係る営業利益を基にして国外関連取引に係る対価の額を算出する方法
ホ　利益分割法 （PS法＝Profit Split Method）	租税特別措置法施行令第39条の12第8項第1号イからハまでに掲げるいずれかの方法によって、国外関連取引に係る棚卸資産の販売等により法人及び国外関連者に生じた所得をその法人及び国外関連者に配分することにより独立企業間価格を算定する方法をいい、以下の三つの類型がある。
(イ)　比較利益分割法 （Comparable Profit Split Method）	国外関連者と類似の状況の下で行われた非関連者間取引に係る非関連者間の分割対象利益等に相当する利益の分配割合を用いて、その国外関連取引に係る分割対象利益等を法人及び国外関連者に配分することにより独立企業間価格を算定する方法
(ロ)　寄与度利益分割法 （Contribution Profit Split Method）	国外関連取引に係る分割対象利益等をその発生に寄与した程度を推測するに足りる国外関連取引の当事者に係る要因に応じてこれらの者に配分することにより独立企業間価格を算定する方法
(ハ)　残余利益分割法 （Residual Profit Split Method）	国外関連取引の両当事者が独自の機能を果たすことにより、その国外関連取引においてこれらの者による独自の価値ある寄与が認められる場合において、分割対象利益等のうち基本的利益を国外関連取引の両当事者それぞれに配分し、その分割対象利益等とその配分をした基本的利益の合計額との差額である残余利益等を、その発生に寄与した程度を推測するに足りる要因に応じてこれらの者に配分し、独立企業間価格を算定する方法。この場合に、分割対象利益等を基本的利益と残余利益等に分けて二段階の配分を行う。
ヘ　ディスカウント・キャッシュ・フロー法 （Discount Cash Flows Method）	国外関連取引に係る資産の使用その他の行為により生ずる各事業年度の予測利益の金額について、合理的と認められる割引率を用いることにより、その国外関連取引が行われた時の現在価値として割り引いた金額を合計して独立企業間価格を算定する方法

（注）1　平成28年度税制改正により、平成29年4月1日以後開始事業年度から、法人が国外関連者との間で一定規模以上の国外関連取引を行った場合には、独立企業間価格を算定するために必要と認められる書類として一定のもの（ローカルファイル）を作成し、又は取得し保存すること

とされている（措法66の4⑥⑦、措規22の10⑥⑦）。
2　平成28年度税制改正により、平成28年4月1日以後開始事業年度から、特定多国籍企業グループに対して一定の要件を満たす場合には、国別報告事項の提供及び事業概況報告事項（マスターファイル）の提供が義務づけられた（措法66の4の4、66の4の5、措規22の10の4、22の10の5）。

【参考】

租税特別措置法第66条の4（国外関連者との取引に係る課税の特例）に関し、国税庁における事務運営の指針を整備し、移転価格税制の適正、円滑な執行を図ることを目的として、国税庁から以下の事務運営指針が発遣されており、国税庁のホームページで公表されている。その項目は次表のとおり。

○　平成13年6月1日付査調7－1ほか3課合同「移転価格事務運営要領の制定について」（事務運営指針）

第1章	定義及び基本方針
第2章	国別報告事項、事業概況報告事項及びローカルファイル
第3章	調査
第4章	独立企業間価格の算定等における留意点
第5章	国外移転所得金額等の取扱い
第6章	事前確認
第7章	平成29年1月31日付官協8－1ほか7課共同「日台民間租税取決め第24条（相互協議手続）の取扱い等について」（事務運営指針）に定める相互協議が行われる場合の取扱い
第8章	平成17年4月28日付査調7－4ほか3課共同「連結法人に係る移転価格事務運営要領の制定について」（事務運営指針）の廃止に伴う経過的取扱い

【法令等】措法66の4①②、措令39の12⑧

6　過少資本税制

⑴　過少資本税制の趣旨

内国法人が外国法人等から出資を受ける形で資金調達をする場合、その出資に対して配当を支払うときは、その内国法人の課税後の利益から支払われる。一方、内国法人が外国法人等から借入金という形で資金調達をする場合、その借入金に対して利子を支払うときは、その内国法人の課税所得の計算上、損金とされる。

このような取扱いを利用して、内国法人が出資を少額に抑え、多額の借入金という形で租税回避的なことを行うことを防止するため、自己資本の額の一定の額を超える借入金の利子の損金算入に制限を設けている。

(2)　過少資本税制の概要

過少資本税制の概要は、次のとおり。

<table>
<tr><td rowspan="5">過少資本税制の概要</td><td>イ</td><td>内国法人の各事業年度の国外支配株主等及び資金供与等に対する利付き負債の平均残高が、国外支配株主等のその内国法人に対する自己資本持分の3倍を超える場合には、その事業年度において国外支配株主等及び資金供与者等に支払う負債の利子等のうちその超過額に対応する部分の金額は、損金の額に算入しない。</td></tr>
<tr><td>ロ</td><td>各事業年度の利付き負債総額の平均残高がその事業年度の自己資本の額の3倍以内であれば、上記イの損金不算入は適用しない。</td></tr>
<tr><td>ハ</td><td>内国法人は、申告に当たり、上記イの3倍に代えて、同種の事業を営む内国法人で事業規模その他の状況が類似するものの借入れ・自己資本比率に照らし妥当な倍率を用いることができる。</td></tr>
<tr><td>ニ</td><td>国外支配株主等及び資金供与者等に負債及び負債の利子等のうちに、借入れと貸付けの対応関係が明らかな債券現先取引等に係るものがある場合には、それを控除することができる。この場合において、上記イ及び上記ハの3倍は、2倍とされる。</td></tr>
<tr><td>ホ</td><td>2014年度（平成26年度）の税制改正で、外国法人の課税制度が帰属主義に変更になったことにより、恒久的施設から本店等に対する内部利子の額を関連者支払利子等の額として取り扱い、過大利子支払税制が適用されることとされた。従来は、過少資本税制は内国法人だけでなく外国法人にも適用される制度であったが、この税制改正に伴い、外国法人の日本支店（恒久的施設）には適用されないこととなった。</td></tr>
</table>

【法令等】 措法66の5

7　過大支払利子税制

(1)　過大支払利子税制の趣旨

法人が各事業年度の所得金額に比して過大な利子を関連者もしくは第三者に支払うことを通じた租税回避を防止するため、対象純支払利子等の額のうち、所得の一定割合を超える部分の金額についてその事業年度の損金の額に算入しないとする制度を設けている。

(2)　過大支払利子税制の概要

過大支払利子税制の概要は、次のとおり。

<table>
<tr><td>イ　基本的な仕組み</td><td>対象純支払利子等の額（次のニ）のうち、調整所得金額（次のロ）のうち一定割合（20％）を超える部分の金額についてその事業年度の損金の額に算入しないとするもの。</td></tr>
<tr><td>ロ　調整所得金額</td><td>「調整所得金額」とは、過大支払利子税制の適用において、その事業年度の対象純支払利子等の額が過大か否かの判定の基礎となるべき所得水準を示す金額をいう。この調整所得金額は、その事業年度の所得金額に、対象純支払利子等の額、欠損金のその事業年度の控除額、減価償却費の額、貸倒損失等の特別の損失の額その他について調整を行った金額とされている。</td></tr>
</table>

ハ　適用除外	その事業年度の対象純支払利子等の額が調整所得金額の20％を超える場合でも、次の①又は②のいずれかに該当するときには、確定申告書に以下のことを満たしていることを記載した書類を添付することにより、本制度の適用が除外される。 ①　その事業年度における対象純支払利子等が2,000万円以下であること ②　特定資本関係（50％超）を有する内国法人グループのその事業年度における対象純支払利子等の合計額が、同内国法人グループの調整所得金額の合計額（※調整損失金額を生じている法人は相殺する）の20％を超えないこと
ニ　対象純支払利子等の額	対象純支払利子等の額は、対象支払利子等の額の合計額からこれに対応する控除対象受取利子等合計額（次のヘ）を控除した残額をいう。
ホ　対象支払利子等の額	「対象支払利子等の額」とは、企業が支出する支払利子等の額で受領者側の日本における課税対象所得に含まれないものとされている。
ヘ　控除対象受取利子等合計額	対象支払利子等の額から控除される控除対象受取利子等合計額は、その事業年度の受取利子等の合計額をその事業年度の対象支払利子等の額の合計額のその事業年度の支払利子等の額の合計額に対する割合であん分した金額とされている。
ト　過少資本税制との調整	過大支払利子税制は過少資本税制を補完するものであるので、過大支払利子税制と過少資本税制の双方で損金不算入額が計算される場合には、その損金不算入額が大きい方の制度が適用される。
チ　超過利子額の損金算入	過大支払利子税制による損金不算入額は最大7年間繰り越して、一定限度額の範囲内で損金算入することができる。法人の各事業年度開始の日前7年以内に開始した事業年度において過大支払利子税制により損金の額に算入されなかった金額がある場合には、その超過利子額に相当する金額は、その法人の各事業年度の調整所得金額の20％に相当する金額から対象純支払利子等の額を控除した残額に相当する金額を限度として、その法人のその各事業年度の所得の金額の計算上、損金の額に算入される。

（注）　令和4年度税制改正により、令和4年4月1日以後開始事業年度から、外国法人の法人税の課税対象とされる次に掲げる国内源泉所得の金額についても本税制が適用されることとなった。
　　　(イ)　恒久的施設（PE）を有する外国法人に係るPE帰属所得以外の国内源泉所得
　　　(ロ)　PEを有しない外国法人に係る国内源泉所得

【法令等】 措法66の5の2 ～ 5の3

8　グローバル・ミニマム課税制度

(1)　「各対象会計年度の国際最低課税額に対する法人税」の創設

　　2021年10月にOECD/G20の「BEPS包摂的枠組み」でグローバル・ミニマム課税についての国際合意が行われ、令和5年度税制改正において、グローバル・ミニマム課税のルールのうち、所得合算ルール（Income Inclusion Rule：ⅠⅠR）に係る法制化として、「各対象会計年度の国際最低課税額に対する法人税」が創設されている。

　　制度の概要は、次のとおり。

イ 基本的な仕組み	グループの全世界での年間総収入金額が7億5,000万ユーロ以上の多国籍企業グループを対象に、実質ベースの所得除外額を除く所得について国ごとに基準税率15％以上の課税を確保する目的で、子会社や支店等の所在する軽課税国での税負担が基準税率15％に至るまで、日本に所在する親会社等に対して上乗せ（トップアップ）課税を行う制度
ロ 納税義務者・課税の範囲	特定多国籍企業グループ等（次のハ）に属する内国法人（公共法人を除く。）に対して、各対象会計年度（次のへ）の国際最低課税額（【計算過程のイメージ】参照。）について、各対象会計年度の国際最低課税額に対する法人税が課される。
ハ 特定多国籍企業グループ等	多国籍企業グループ等（次のニ）のうち、各対象会計年度の直前の4対象会計年度のうち2以上の対象会計年度の総収入金額が7億5,000万ユーロ以上であるもの等
ニ 多国籍企業グループ等	(イ) 次のホ(イ)の企業グループ等に属する会社等の所在地国（その会社等の恒久的施設等がある場合には、その恒久的施設等の所在地国を含む。）が2以上ある場合のその企業グループ等その他一定の企業グループ等 (ロ) 次のホ(ロ)の企業グループ等
ホ 企業グループ等	(イ) 連結等財務諸表に財産及び損益の状況が連結して記載される又は記載されることとなる会社等に係る企業集団のうち、最終親会社に係るもの（＝子会社等） (ロ) 会社等（上記(イ)の企業集団に属する会社等を除く。）のうち、その会社等の恒久的施設等の所在地国がその会社等の所在地国以外の国又は地域であるもの（＝支店等）
へ 対象会計年度	多国籍企業グループ等の最終親会社等の連結等財務諸表の作成に係る期間
ト 恒久的適用免除基準（デミニマス）	特定多国籍企業グループ等に属する構成会社等（各種投資会社等を除く。）が各対象会計年度において次の要件の全てを満たす場合には、その構成会社等の所在地国における当期国別国際最低課税額は零（＝適用免除）とすることを選択できる（注）。 (イ) その構成会社等の所在地国におけるその対象会計年度及びその直前の2対象会計年度に係るその特定多国籍企業グループ等の収入金額の平均額として一定の計算をした金額が1,000万ユーロに満たないこと (ロ) その構成会社等の所在地国におけるその対象会計年度及びその直前の2対象会計年度に係るその特定多国籍企業グループ等の利益又は損失の額の平均額として一定の計算をした金額が100万ユーロに満たないこと (注) 共同支配会社等に係る適用免除基準（デミニマス）についても基本的に同様であるが、無国籍会社等である構成会社等及び共同支配会社等については、この適用免除基準は適用されない。
チ 経過的適用免除基準（国別報告事項セーフハーバー）	特定多国籍企業グループ等に属する構成会社等の令和6年4月1日から令和8年12月31日までの間に開始する各対象会計年度（令和10年6月30日までに終了するものに限る。）については、その各対象会計年度に係る国別報告事項【※】等における記載内容に基づき、次のいずれかの要件を満たす構成会社等（無国籍構成会社等その他一定のものを除く。）の所在地国で計算されるグループ国際最低課税額の金額を零（＝適用免除）とすることを選択できる。

国際課税

		【※】 措法第66条の4の4第1項に規定する国別報告事項をいい、連結等財務諸表を基礎として作成されたものに限る。 (イ) デミニマス要件（次の要件の全てを満たすこと。） ① 国別報告事項等に記載されるその構成会社等の所在地国に係る収入金額に一定の調整を加えた金額が1,000万ユーロ未満であること ② 国別報告事項等に記載されるその構成会社等の所在地国に係る税引前当期利益の額に一定の調整を加えた金額（＝調整後税引前当期利益の額）が100万ユーロ未満であること (ロ) 簡素な実効税率要件 次の計算式による簡素な実効税率が、次の対象会計年度の区分に応じた割合以上であること 簡素な実効税率 ＝ (連結等財務諸表に係る法人税の額等に一定の調整を加えた金額の国別合計額) ／ (調整後税引前当期利益の額（零を超えるものに限る。)) ・令和6年4月1日から同年12月31日開始対象会計年度 15% ・令和7年1月1日から同年12月31日開始対象会計年度 16% ・令和8年1月1日から同年12月31日開始対象会計年度 17% (ハ) 通常利益要件 調整後税引前当期利益の額が、特定構成会社等とそれ以外の構成会社等を区分しないで計算した場合の実質ベースの所得除外額（国別報告事項等における措法第66条の4の4第1項の事業が行われる国又は地域と所在地国が同一である構成会社等（無国籍構成会社等その他一定のものを除く。）に係るものに限る。）以下であること
リ	税額の計算	各対象会計年度の課税標準国際最低課税額に100分の90.7の税率を乗じて計算した金額
ヌ	申告及び納付	(イ) 特定多国籍企業グループ等に属する内国法人は、その対象会計年度の課税標準国際最低課税額がない場合を除き、各対象会計年度終了の日の翌日から1年3月以内に、税務署長に対し、「国際最低課税額確定申告書」を提出する（注1,2）。 (注)1 国際最低課税額確定申告書を最初に提出すべき一定の場合には、その対象会計年度終了の日の翌日から1年6月以内に提出する。 2 対象会計年度開始の時における資本金等の額が1億円を超える法人等の特定法人に該当する内国法人は、e-Taxにより申告する。 (ロ) 上記申告書を提出した内国法人は、その申告書の提出期限までに、各対象会計年度の国際最低課税額に対する法人税を納付する。
ル	適用関係	内国法人の令和6年4月1日以後に開始する対象会計年度の国際最低課税額に対する法人税について適用

【国際最低課税額の計算過程のイメージ】

国際最低課税額の計算過程

❶グループ国際最低課税額（法法82の2①）

❷構成会社等に係る
グループ国際最低課税額
（法法82の2②）

❷共同支配会社等に係る
グループ国際最低課税額
（法法82の2④）

❸会社等別国際
最低課税額
（法法82の2①）

❸会社等別国際
最低課税額
（法法82の2①）

❹国際最低課税額
（法法82の2①）

❹国際最低課税額
（法法82の2①）

❶　グループ国際最低課税額
本税制は企業のグループ単位での活動に着目した仕組みであることから、特定多国籍企業グループ等全体で負担すべき税額を計算

❷　構成会社等に係るグループ国際最低課税額及び共同支配会社等に係るグループ国際最低課税額
グループ国際最低課税額は、特定多国籍企業グループ等に属する構成会社等と特定多国籍企業グループ等に属さないものの最終親会社等との関係性の強い共同支配会社等とに区分して計算

❸　会社等別国際最低課税額
構成会社等に係るグループ国際最低課税額び及び共同支配会社等に係るグループ国際最低課税額から、その個別計算所得金額等を勘案して、各社に配分される金額を計算

❹　国際最低課税額
会社等別国際最低課税額から、親会社等である内国法人の持分等を勘案して計算した帰属割合を用いて、その内国法人が負担すべき金額を計算

（出典）財務省「令和5年度税制改正の解説」934頁

【法令等】法法2三十一の二、4①②、6の2、15の2、82～82の9、令5改正法附則11、14

(2)　「特定基準法人税額に対する地方法人税」の創設

「各対象会計年度の国際最低課税額に対する法人税」に係る地方法人税として、特定基準法人税額に対する地方法人税が創設されている。

(3)　情報申告制度の創設

上記(1)及び(2)の制度の対象となる特定多国籍企業グループ等に属する構成会社等の名称、国別実効税率、グループ国際最低課税額等の事項を税務当局に提供する制度として、情報申告制度が創設されている。

(4)　外国子会社合算税制等の見直し

グローバル・ミニマム課税の導入に伴い、外国子会社合算税制について、特定外国関係会社に係る会社単位の合算課税の適用を免除する租税負担割合の基準が27%以上（現行:30%以上）に引き下げられるなどの見直しが行われている（302ページ参照）。

【法令等】措法66の6⑤一

第3　資料情報制度

1　国外送金等調書制度

(1)　国外送金等調書制度の概要

　1998年度（平成10年度）の税制改正において、「内国税の適正な課税の確保を図るための国外送金等に関する調書の提出等に関する法律」（以下「国外送金等調書法」という。）が制定され、個人や法人等が金融機関の営業所等において、1回について200万円を超える国外送金又は国外からの送金等の受領（以下「国外送金等」という。）を行った場合には、その金融機関はその国外送金等についてその営業所等の所在地の所轄税務署長に一定の事項を記載した「国外送金等調書」を提出しなければならないこととされた。

　その後、2008年度（平成20年度）の税制改正により、対象となる1回の金額が200万円から100万円に引き下げられて現在に至っている。

(2)　制度に係る用語の意義等

　制度に係る用語の意義等は、次のとおり。

国外送金	「国外送金」とは、金融機関が行う為替取引によってされる国内から国外へ向けた支払をいう。具体的には、電信送金、小切手送金、小切手や手形の取立てに対する支払、国際郵便為替、国際郵便振替等がこれに当たる。なお、国際クレジットカードを海外で利用した場合の代金の支払やトラベラーズ・チェック（旅行小切手）の購入に係る支払は該当しない。 また、輸入貨物に係る荷為替手形に基づく取立てによる支払は除かれている。
国外からの送金等の受領	「国外からの送金等の受領」とは、金融機関が行う為替取引によってされる国外から国内へ向けた支払の受領をいう。具体的には、上記の国外送金と同様に、電信送金、小切手送金、小切手や手形の取立てに対する支払の受領、国際郵便為替、国際郵便振替等がこれに当たる。更に、金融機関が行う小切手、為替手形、その他これらに準ずるもの（国外で支払がされるものに限る。）の買取りに係る対価の受領も含まれる。具体的には、外国の企業等を支払者とする小切手、為替手形等を国内にある銀行などの支店に持ち込んで買い取ってもらう場合がこれに当たる。 他方、輸出貨物に係る荷為替手形に基づく取立てによる支払の受領及び荷為替手形の買取りに係る対価の受領は除かれる。
調書の記載内容等	国外送金等に係る為替取引を行った金融機関は、1回の国外送金等ごとに、その顧客の氏名又は名称、住所（国内に住所を有しない場合には居所等の一定の場所）、送金金額等の一定の事項を「国外送金等調書」に記載し、その為替取引を行った日の属する月の翌月末日までに所轄税務署長に提出する。

【法令等】国外送金等調書法2四、五、4①、国外送金等調書令8①

2　国外財産調書制度

(1)　国外財産調書制度の概要

　　2012年度（平成24年度）の税制改正において、居住者（永住者に限る。）でその年の12月31日において、国外財産の価額の合計額が5,000万円を超える者は、その財産の種類、数量及び価額その他必要な事項を記載した「国外財産調書」を、その年の翌年の3月15日まで【※】に所轄税務署長に提出しなければならないこととされた。

　　【※】　令和5年分からは6月30日までに後倒しとなった。

(2)　制度に係る用語の意義等

　　制度に係る用語の意義等は、次表のとおり。

国外財産	「国外財産」とは、国外にある財産をいうこととされているが、国外にあるかどうかの判定については、相続税法第10条第1項及び第2項の規定の定めるところによる。ただし、社債、株式等の有価証券等が、金融商品取引業者等の営業所等に開設された口座に係る振替口座簿に記載等がされているものである場合におけるその有価証券等の所在については、その口座が開設された金融商品取引業者等の営業所等の所在地による。
国外財産の価額	国外財産の「価額」は、その年の12月31日における「時価」又は時価に準ずるものとして、「見積価額」によることとされている。また、国外財産調書に記載する財産が外貨で表示されている場合には、その年の12月31日における最終の対顧客直物電信買相場（TTB）又はこれに準ずる相場により円換算する。
調書の記載内容等	国外財産調書には、提出者の氏名、住所（又は居所）、個人番号、財産の種類、数量、価額、所在等を記載する。また、国外財産に関する事項については、「種類別」、「用途別」（一般用及び事業用）、「所在別」に記載する必要がある。
加算税及び罰則	国外財産調書制度においては、適正な提出を促すための措置として、 ①　国外財産調書の提出がある場合の過少申告加算税等の優遇措置（過少申告加算税等の5％減額） ②　国外財産調書の提出がない場合等の過少申告加算税等の加重措置（過少申告加算税等の5％加重）及び③故意の国外財産調書の不提出等に対する罰則（1年以下の懲役又は50万円以下の罰金等）が設けられている。

　　【法令等】国外送金等調書法5、6、9、10、国外送金等調書令4、5、10、国外送金等調書規12①⑤、別表1、2、令4改正法附則72①、国外送金等調書通達5－11

3　国外証券移管等調書制度

(1)　国外証券移管等調書制度の概要

　　2014年度（平成26年度）税制改正で、国境を越えて有価証券の証券口座間の移管

を行った場合、「国外証券移管等調書」が、金融商品取引業者等から税務署に提出されることとなった。

　金融商品取引業者等の営業所等の長に、国外証券移管の依頼をする者及び国外証券受入れの依頼をする者は、氏名又は名称及び住所等を記載した告知書を、国外証券移管等をする際に、その金融商品取引業者等の長に提出する必要がある。

(2)　制度に係る用語の意義等

　制度に係る用語の意義等は、次表のとおり。

金融商品取引業者等	「金融商品取引業者等」とは、金融商品取引法第2条第9項に規定する金融商品取引業者（同法28条第1項に規定する第一種金融商品取引業を行う者に限る。）、同法第2条第11項に規定する登録金融機関又は投資信託及び投資法人に関する法律第2条第11項に規定する投資信託委託会社などをいい、国外においてこれらの者と同種類の業務を行う者を含む。
告知書の提出義務者	告知書の提出義務者は、国外証券移管の依頼をする者及び国外証券受入れの依頼をする者をいい、原則として、個人・法人、居住者・非居住者、内国法人・外国法人の別を問わない。
告知書の提出義務者	国外証券移管等の依頼をする者は、告知書に氏名又は名称・住所又は居所等、国外証券移管等の原因となる取引等一定の事項を記載する必要がある。
国外証券移管及び国外証券受入れの範囲等	金融商品取引業者等は、顧客からの依頼により国外証券移管等をしたときは、国外証券移管等ごとに、顧客の氏名又は名称及び住所、国外証券移管等をした有価証券の種類及び銘柄等を記載した国外証券移管等調書を、国外証券移管等をした日の属する翌月末日までに、国外証券移管等を行った金融商品取引業者等の所在地の所轄税務署長に提出する必要がある。 　この制度は国外送金等調書と異なり、提出の金額基準は設けられていないので、全ての国外証券移管等について報告する必要がある。 　国外証券移管等調書の対象となる国外証券移管等とは、次の国外証券移管又は国外証券受入れをいう。 ①　国外証券移管の範囲 　　金融商品取引業者等が、顧客の依頼に基づいて行う国内証券口座から国外証券口座への有価証券の移管 ②　国外証券受入れの範囲 　　金融商品取引業者等が、顧客の依頼に基づいて行う国外証券口座から国内証券口座への有価証券の受入れ
罰　　則	次の違反があった場合は、違反行為をした者は、1年以下の懲役又は50万円以下の罰金に処せられる。 ①　告知書の不提出又は虚偽記載による提出 ②　国外証券移管等調書の不提出又は虚偽記載による提出 ③　国税庁、国税局又は税務署の当該職員の質問検査権に対する不答弁若しくは虚偽答弁又は検査の拒否、妨害若しくは忌避 ④　国税庁、国税局又は税務署の当該職員の物件の提示又は提出の要求に対する不提示若しくは不提出又は虚偽記載の帳簿書類その他の物件の提示若しくは提出

【法令等】　国外送金等調書法2①七・十一・十二、4の2①、4の3①、9、国外送

金等調書規11の3

4　共通報告基準（CRS）に基づく情報交換制度

(1)　共通報告基準に基づく情報交換制度の趣旨

　2014年（平成26年）にOECDにおいて、外国の金融機関等を利用した国際的な脱税及び租税回避に対処するため、非居住者に係る金融口座情報を税務当局間で自動的に交換するための国際基準である「共通報告基準（CRS＝Common Reporting Standard）」が公表され、日本を含む100を超える国・地域が参加することになった。

　この基準に基づき各国の税務当局は、自国に所在する金融機関等から非居住者が保有する金融口座情報の報告を受け、租税条約等の情報交換規定に基づき、その非居住者の居住地国の税務当局に対しその情報を提供することとされた。

　なお、各国税務当局間での情報の授受は、OECDが開発した共通送受信システム（CTS＝Common Transmission System）を通じて行われている。

(2)　日本における本制度の概要

　日本における本制度の概要は、次表のとおり。

制度の概要	イ　日本では、この自動的情報交換を行うため、2015年度（平成27年度）の税制改正において、租税条約等の実施に伴う所得税法、法人税法及び地方税法の特例等に関する法律（以下「実施特例法」という。）が改正され、国内に所在する金融機関等が非居住者の保有する口座につき、口座保有者の氏名、住所、利子・配当等の年間受取総額等の情報を所轄税務署長に報告する制度が導入された。
	ロ　金融口座情報を報告する義務を負う金融機関（以下「報告金融機関等」という。）は、銀行等の預金機関、生命保険会社等の特定保険会社、証券会社等の保管機関及び信託等の投資事業体である。報告の対象となる情報は、口座保有者の氏名・住所（名称・所在地）、居住地国、外国の納税者番号、口座残高、利子・配当等の年間受取総額等である。
	ハ　個人や法人等が、報告金融機関等と行う口座開設等の取引（以下「特定取引」という。）のうち、2017年（平成29年）1月1日以後に行う特定取引（以下「新規特定取引」という。）については、次の義務がある。すなわち、報告金融機関等との間で、その営業所等を通じて新規特定取引を行う者は、特定取引を行う者（以下「特定対象者」という。）の氏名又は名称、住所又は本店若しくは主たる事務所の所在地、居住地国、外国において納税者番号を有する場合にはその納税者番号（日本のマイナンバーは報告対象外。）等を記載した届出書を、その特定取引を行う際、当該報告金融機関等の営業所等の長に提出する必要がある。
	ニ　報告金融機関等は、当該報告金融機関等との間で、その営業所等を通じて2016年（平成28年）12月31日以前に行う特定取引を行った者が、同年12月31日において当該特定取引に係る契約を締結している場合、保有している情報に基づき、2018年（平成30年）12月31日までに、特定対象者の住所等所在地国と認められる国又は地域を特定する必要がある。

ホ　報告金融機関等は、その年の12月31日において、当該報告金融機関等との間で、その営業所等を通じて特定取引を行った者が報告対象となる契約を締結している場合には、その契約ごとに特定対象者の氏名又は名称、住所又は本店若しくは主たる事務所の所在地、居住地国、外国において納税者番号を有する場合にはその納税者番号及び当該取引に係る資産の価額、当該資産の運用、保有又は譲渡による収入金額等を、その年の翌年4月30日までに、当該報告金融機関等の本店等の所在地の所轄税務署長に提供する必要がある。

【法令等】実施特例法10の5、10の6、実施特例令6の6①、実施特例規16の2①、16の12①

第4　租税条約と実施特例法等

1　租税条約

(1)　租税条約の概要

　租税に関する国際法としては、租税に関する条約がある。租税に関する条約には、二国間租税条約、国際機関等との協定等のほか、外交関係に関するウィーン条約、領事関係に関するウィーン条約があり、それらの中には、外交官、領事及び在外公館の職員等の一定の所得について免税とする規定がある。

　我が国の租税条約ネットワークは次ページのとおり（出典：租税条約に関する資料（財務省））。

イ　二国間租税条約

　二国間の租税条約は、所得に対する租税（所得税・法人税）に関する二国間租税条約を86条約等、155か国・地域（令和6年3月1日現在、財務省HP）【※】と締結しており、例えば、新日米租税条約がある。このほか、米国とのみ相続税条約を締結している。

　二国間の租税条約は、①二重課税の調整（両国間の課税権の調整、発生した二重課税の排除方法）、②租税回避への対応（税務当局間の情報交換、相互協議、条約濫用を防止する措置等）、③投資交流の促進の租税（投資所得を中心とした源泉地国での課税の軽減、無差別条項）を主な内容として締結されている。

【※】　税務行政執行共助条約が多数国間条約であること及び旧ソ連・旧チェコスロバキアとの条約が複数国へ承継されていることから、条約等の数と国・地域数が一致しない。

ロ　多国間租税条約

　多国間条約として税務行政執行共助条約があり、我が国はこれに署名するとともに関係する国内法を整備し、①情報交換、②徴収共助及び③送達共助ができるように対応している。

(2)　租税条約の適用による国内法の修正

　日本の国内法と租税条約の内容が異なる場合には、原則として租税条約の規定が優先して適用されることから、国内法の修正がなされることとなる。代表的なものは次表のとおり。

　(注)　租税条約による軽減・免除の手続については、次の「2　実施特例法等による手続」参照。

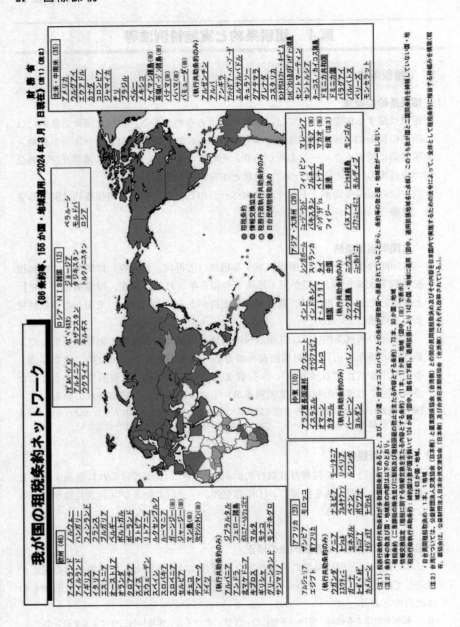

我が国の租税条約ネットワーク

《86条約等、155か国・地域適用／2024年3月1日現在》(注1)(注2)

財 務 省

● 租税条約
● 情報交換協定
● 税務行政執行共助条約のみ
● 日台民間租税取決め

欧州 (46)
アイスランド　ノルウェー
アイルランド　ハンガリー
イギリス　フィンランド
イタリア　フランス
エストニア　ブルガリア
オーストリア　ベルギー
オランダ　ポルトガル
クロアチア　ポーランド
スイス　ラトビア
スウェーデン　リトアニア
スペイン　ルクセンブルク
スロバキア　ルーマニア
スロベニア　ガーンジー(※)
チェコ　ジャージー(※)
デンマーク　マン島
ドイツ　リヒテンシュタイン(※)

(執行共助条約のみ)
アルバニア　ジブラルタル
アンドラ　フェロー諸島
北マケドニア　英領ヴァージン諸島(※)
キプロス　マルタ
ギリシャ　モナコ
グリーンランド(※)　モンテネグロ
サンマリノ

アフリカ (23)
アルジェリア　モロッコ
エジプト　南アフリカ

(執行共助条約のみ)
ウガンダ　ナミビア　モーリシャス
カーボヴェルデ　ニジェール　リベリア
ガーナ　セネガル　ルワンダ
カメルーン　チュニジア
セーシェル　ボツワナ
コートジボワール　マラウイ

ロシア・NIS諸国 (12)
アゼルバイジャン　ジョージア
アルメニア　タジキスタン
ウクライナ　トルクメニスタン
カザフスタン
キルギス

(その他)
ウズベキスタン　ベラルーシ
タジキスタン　モルドバ
トルクメニスタン　ロシア

中東 (10)
アラブ首長国連邦　クウェート
イスラエル　サウジアラビア
オマーン　トルコ
カタール

(執行共助条約のみ)
バーレーン　レバノン
ヨルダン

アジア・大洋州 (20)
シンガポール　フィリピン　マレーシア
スリランカ　ブルネイ　サモア(※)
タイ　ベトナム　ナウル(※)
中国　香港　台湾(注3)　モンゴル

(執行共助条約のみ)
インド　バヌアツ
インドネシア　パキスタン　ニウエ
オーストラリア　クック諸島
韓国　モルディブ
ニュージーランド
ネパール

北米・中南米 (35)
アメリカ
ウルグアイ
エクアドル
カナダ
コロンビア
ジャマイカ
チリ
ブラジル
ペルー
メキシコ
ケイマン諸島(※)
英領バージン諸島(※)
バハマ(※)
バミューダ(※)

アルゼンチン
アンティグア・バーブーダ
エルサルバドル
キュラソー
グアテマラ
グレナダ
コスタリカ
セントクリストファー・ネービス
セントルシア
タークス・カイコス諸島
ドミニカ共和国
バルバドス
ベリーズ
モントセラト

(注1) 税務行政執行共助条約が多数国間条約であること、及び、旧ソ連・旧チェコスロバキアとの条約が複数国へ承継されていることから、条約等の数及び国・地域数が一致しない。

(注2) 条約等の数及び国・地域数の考え方は以下のとおり。
・租税条約(二重課税の除去並びに脱税及び租税回避の防止):73本、80か国・地域
・情報交換協定(租税に関する情報交換を主たる内容とする条約):11本、11か国・地域　(※)で表示
・税務行政執行共助条約:締約国は我が国を除いて124か国　(図中、適用拡張地域を除いて142か国　(図中、適用:下段)、地域:適用　地域名に点線)。このうち我が国と二国間条約を締結していない国・地域が63か国・地域。
・日台民間租税取決め:1本、1地域

(注3) 台湾については、公益財団法人交流協会(日本側)と亜東関係協会(台湾側)との間の民間租税取決め及びその内容を日本国内で実施するための法令によって、全体として租税条約に相当する枠組みを構築(現在、公益財団法人日本台湾交流協会(日本側)及び台湾日本関係協会(台湾側)にそれぞれ改称されている。)。

イ　居住形態（居住者）の修正	個人が、日本の所得税法と租税条約相手国の国内法により、双方の国で居住者となる場合があり、そのような場合にいずれの国の居住者とするかについての振分規定（双方居住者の振分規定）が租税条約に置かれている。この規定に沿って振り分けた場合に、国内法による居住者としての判定が修正される場合がある。
ロ　所得源泉の修正	(イ)　国内源泉所得の修正 　　使用料の所得源泉について、所得税法では、「日本において業務を行う者から受ける（中略）使用料又は対価で当該業務に係る」ものが国内源泉所得であるとされており、「使用地主義」が採用されている。一方、例えば、日伊租税条約第12条では、使用料の支払者の居住地国を使用料の源泉地とする「債務者主義」が採用されている。 　　所得税法では、このような場合を想定して、国内源泉所得について国内法と租税条約の規定が異なっている場合には、租税条約における源泉規定に置き換える規定が置かれており、これにより、国内源泉所得が修正されることとなる。 (ロ)　国外源泉所得の修正 　　所得税法では給与などの人的役務の提供による所得は、その役務提供を行った場所がその所得の源泉地とされる。一方、内国法人の役員（使用人兼務役員を除く。）としての報酬については、勤務が国外で行われた場合でも、国外源泉所得以外の所得とされる。 　　内国法人の役員である日本の居住者（永住者）が、内国法人の役員として租税条約の相手国において一定期間役務提供を行い、その相手国での役務提供に基づく所得に対して、租税条約に基づきその相手国で所得税が課された場合には修正が必要となる場合がある。租税条約の規定に基づき条約相手国において租税を課すことができるとされている所得について実際に所得税が課された場合には、その所得については国外源泉所得とされるからである。これにより、外国税額控除の計算上、その国外源泉所得に応じた控除限度額が発生することとなる。 　　また、租税条約において国外源泉所得についての所得税法第95条の規定と異なる定めがある場合には、その租税条約の適用を受ける居住者については、その異なる定めがある限りにおいて、その租税条約に定めるところによる。
ハ　恒久的施設の修正	恒久的施設の意義については、所得税法及び法人税法において定められているが、「我が国が締結した所得に対する租税に関する二重課税の回避又は脱税の防止のための条約において次に掲げるものと異なる定めがある場合には、その条約の適用を受ける非居住者又は外国法人については、その条約において恒久的施設と定められたもの（国内にあるものに限る。）とする。」とされていることから、そのような場合には修正を要する。
ニ　税率の修正等	利子、配当、使用料については、国内法の税率が租税条約により軽減されたり、免除される場合がある。 使用料については、国内法における所得税法等の源泉徴収税率は20.42%であるが、日伊租税条約第12条では10%の限度税率となっている。このように国内法の税率が租税条約に規定される限度税率よりも高い場合には、国内法の税率に代えて、その租税条約に規定されている限度税率によることとなる。

【法令等】所法2①八の四ただし書、95④十イ、十六、⑥、161①十一、162①、所令

　　　225の13、法法2十二の十九ただし書、実施特例法3の2①、6

2　実施特例法等による手続

(1)　租税条約の軽減・免除を受けるための手続

租税条約の軽減・免除を受けるための手続については、次表のとおり。

イ　租税条約に関する届出書等の事前提出	(イ) 非居住者及び外国法人（以下「非居住者等」という。）が受領する利子、配当、使用料等については、国内法の税率が租税条約により軽減されたり、免除される場合がある。 (ロ) 租税条約に基づき所得税等の源泉徴収の軽減又は免除を受けるためには、それらの支払を受ける日の前日までに支払者を通じて、支払者の所轄税務署長に所定の租税条約に関する届出書を提出する必要がある。 (ハ) 租税条約の規定の適用に関して条約の特典を受けることができる居住者についての条件を定めている租税条約の規定、いわゆる「特典条項」を有する租税条約の場合は、特典条項の適用対象となる所得について軽減、免除の適用を受けるには、租税条約に関する届出書のほかに「特典条項に関する付表（様式17）」及び「居住者証明書（相手国において課税を受けるべきものとされる居住者であることを証明する書類）」が必要になる。
ロ　事後における還付請求	非居住者等が支払を受ける所得につき租税条約の規定の適用の対象となるにもかかわらず、租税条約に関する届出書等を提出しなかったことにより源泉徴収された所得税等の額のうち、その租税条約の規定に基づき軽減又は免除を受けるべき金額について還付の請求をする場合には、その非居住者等は、「租税条約に関する届出書等」と支払内容が確認できる書類の写し等を「租税条約に関する源泉徴収額の還付請求書（様式11）」に添付し、支払者を通じて、支払者の納税地の所轄税務署長へ提出することにより還付請求を行う。

(2)　租税条約に関する届出書等

租税条約に関する届出書等は、国税庁の以下のイからロのサイトから入手可能。

イ　国税庁「A3　源泉所得税（租税条約等）関係」

　・租税条約に関する届出書の様式1 ～様式10

　・租税条約に関する源泉徴収税額の還付請求書の様式11 ～ 14

　・租税条約に関する源泉徴収税額の還付請求（利子所得に相手国の租税が賦課されている場合の外国税額の還付）

　・租税条約に基づく認定を受けるための申請書（認定省令【※】第1条第1号関係）[様式18]

　・租税条約に基づく認定を受けるための申請書（認定省令【※】第1条第2号関係）[様式18-2]

　　　・免税芸能法人等に関する届出書

　　ロ　国税庁「Ｃ１－77　租税条約に関する届出（申告対象国内源泉所得に対する法
　　　人税の軽減・免除）」

　　　　・租税条約に関する届出書（申告対象国内源泉所得に対する所得税又は法人
　　　　税の軽減・免除）[様式15]

　　ハ　https://www.nta.go.jp/taxes/tetsuzuki/shinsei/annai/joyaku/annai/pdf2/265.
　　　pdf

　　　　・外国法人の株主等の名簿兼相手国団体の構成員の名簿［様式16］

（注）　台湾との関係においては、外国居住者等の所得に対する相互主義による所得税等の非課税等に
　　　関する法律の規定に基づき源泉徴収税額の軽減を受けるため、上記の租税条約に関する届出書に
　　　準じた様式として「外国居住者等所得相互免除法に関する届出書」が用意されている。

【※】認定省令：租税条約等の実施に伴う所得税法、法人税法及び地方税法の特例等に関する法律に基
　　　づく租税条約に基づく認定に関する省令

(3)　特典条項に関する付表（様式17）

　　特典条項に関する付表［様式17］の国別の様式は、以下の国税庁のサイトから入
　手可能。

　　国税庁：「Ａ３－21　特典条項に関する付表（様式17）」

【法令等】措法41の22、措令26の32③、措規19の14、実施特例法３、３の２、実施特
　　　例令２、実施特例規１の２～３、２～２の５、３①～③、４～８、９
　　　の２、９の５～９の９、13の２、平成16年５月20日付課法３－17ほか７
　　　課合同「法人課税関係の申請、届出等の様式の制定について」の一部改正
　　　について（法令解釈通達）

国際課税

X　地方税

地方税の概要

　地方税は、地方税法の枠内において地方団体が制定した条例に基づき、賦課徴収する税である。

　地方税では、道府県が課する「道府県税」と市町村が課する「市町村税」とに区分される。また、税の使途から「普通税」と「目的税」に区分される。

　現行の地方税全体の体系は、次図のとおり。

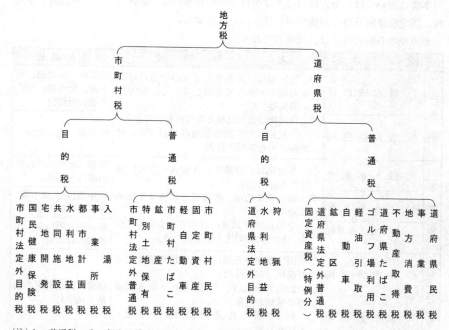

(注)1　普通税：その収入の使途を特定せず、一般経費に充てるために課される税。普通税のうち、地方税法により税目が法定されているものを法定普通税といい、それ以外のもので地方団体が一定の手続、要件に従い課するものを法定外普通税という。
　　2　目的税：特定の費用に充てるために課される税。目的税のうち、地方税法により税目が法定されているものを法定目的税といい、それ以外のもので地方団体が一定の手続、要件に従い課するものを法定外目的税という。

（出典）総務省HP「地方税体系」（抜粋）

地方税

X　地方税

【道府県税・市町村税と都税・特別区税の法的関係】

原　則	道府県に関する規定は都に、市町村に関する規定は特別区に準用する。
特　例	東京都は、特別区（23区）内では、道府県税である税の全部と市町村税の一部（法人の市町村民税、固定資産税、事業所税、都市計画税等）を都税として課する。 また、特別区では、市町村税である税のうち、東京都が課する税以外の税を特別区税として課する。

【法令等】地法1②、734、735

各税の特色等

　本書においては、地方税の様々な税目の中から地方税の基幹税である住民税、事業税、固定資産税及びその他の税目について概説する。

　地方税の各税の特色は、次表のとおり。

	税　目	各　税　の　特　色	課税構成
住民税	1　個人住民税	○　住民税は、公共サービスの受益に対する対価などとして応益性を有し、地方税の基幹税 ○　住民税は道府県税と市町村税とに区分	均等割、所得割、利子割、配当割、株式等譲渡所得割
	2　法人住民税	○　住民税は均等割額と所得割額（法人税割額）の合算額が原則	均等割、法人税割
事業税	3　個人事業税	○　事業税は、事業を行う個人・法人に課する都道府県税	所得（前年中の事業の所得×税率）
	4　法人事業税	○　個人事業税は、業種ごとに異なる税率を適用	付加価値割、資本割、所得割、収入割
	5　特別法人事業税（国　税）	○　令和元.10.1以後に開始する事業年度から、新たに特別法人事業税の導入	基準法人所得割、基準法人収入割
固定資産税等	6　固定資産税	○　固定資産の価値に応じて毎年課税する財産税（市町村税） ○　固定資産税は、土地・家屋・償却資産の3種類が対象	価格（固定資産の価格×税率）
	7　都市計画税	○　都市計画税は、市街化区域内の土地・家屋が対象	
その他	8　不動産取得税	○　不動産取得税は、土地・家屋を取得した者に課税（法人及び個人）	価格（固定資産の価格×税率）
	9　事業所税	○　事業所税は、人口30万人以上の都市等定められた都市においてのみ課税	資産割、従業者割

住　民　税

　住民税は、「個人住民税」と「法人住民税」の二つがあり、本書ではこれらごとに概説する。

住　民　税	個人住民税	個人に対して課する道府県民税（東京都の場合は都民税）と市町村民税（東京都の特別区の場合は特別区民税）を総称したもの
	法人住民税	法人に対して課する道府県民税、市町村民税及び都民税を総称したもの

第1　個人住民税

○　個人住民税の構成は、次表のとおり。

個 人 住 民 税	道府県民税・都民税	均　　等　　割
		所　　得　　割
		利　　子　　割
		配　　当　　割
		株式等譲渡所得割
	市町村民税・特別区民税	均　　等　　割
		所　　得　　割

個人住民税の課税要件等

　個人住民税（均等割及び所得割部分）の課税要件等の概要は、次表のとおり（各項目の詳細は、次ページ以降で解説）。

　なお、課税物件については、地方税では「課税客体」と呼んでいることから、表記上「課税物件（課税客体）」と記載している（以下同じ。）。

地方税

X 地方税

1	納税義務者	① 都道府県・市区町村内に住所を有する個人（均等割・所得割） ② 都道府県・市区町村内に事務所、事業所又は家屋敷を有する個人 （①に該当する者を除く。）（均等割）
2	課税物件 （課税客体）	(1) 均等割…納税義務者である個人 (2) 所得割…前年に得た「所得」
3	課税標準	(1) 均等割…定額課税 (2) 所得割…前年中の所得金額（総所得金額、退職所得金額及び山林所得金額）

| 4 | 税額算出
方法・税率 | 地方税額の算出方法・税率は次のとおり。
(1) 均等割額 |

		区　　　　分	平成26年度 ～令和5年度	令和6年度～
	均等割額	道府県民税・都民税	1,500円	1,000円
		市町村民税・特別区民税	3,500円	3,000円
	森林環境税	国　　税	－	1,000円
		合　　計	5,000円	5,000円

（注）1　上記は、地方税法に定める標準税率であり、各地方公共団体においては、これを基にして実際の税率を条例で定めている。

2　平成26年度から令和5年度までは均等割額に復興特別税（1,000円）が加算されている。令和6年度以降は均等割額と併せて、森林環境税（国税：1,000円）が課税される。

(2) 所得割額

前年中の所得金額から所得控除を行い、課税所得金額を求める。課税所得金額に次表の税率をかけて求めた金額から税額控除を行い、所得割額を算出する。

【総合課税分】

区　　　分	標準税率
道府県民税・都民税	4％（2％）
市町村民税・特別区民税	6％（8％）
合　　計	10％（10％）

（注）1　かっこ内数字は、指定都市に住所を有する者の税率。

2　上記は、地方税法に定める標準税率であり、各地方公共団体においては、これを基にして実際の税率を条例で定めている。

5	申告・納付	(1) 申告 　　個人住民税の場合は、前年1年間の所得を1月1日現在の住所地の市区町村に3月15日までに申告。ただし、所得税の確定申告をした者等は申告不要。 (2) 納付 　イ　給与所得者…毎月の給与から特別徴収 　ロ　公的年金等受給者…年金給付額から特別徴収 　ハ　上記以外…納税通知書で年4回に分けて納付 　　　　　　　（6月、8月、10月、翌年1月）
6	独自の制度	○　原則として「賦課課税方式」を採用 ○　「普通徴収」と「特別徴収」による徴収方法

1　納税義務者

(1)　個人住民税の納税義務者

個人住民税の納税義務者は、次表のとおり。

道府県民税及び都民税	①　都道府県内に住所を有する個人【※】（均等割額＋所得割額） ②　都道府県内に事務所、事業所又は家屋敷を有する個人で当該事務所、事業所又は家屋敷を有する市町村又は特別区内に住所を有しないもの（均等割額） ③　利子等の支払又はその取扱いをする者の営業所等で都道府県内に所在するものを通じて利子等の支払を受ける個人（利子割額） ④　特定配当等の支払を受ける個人で当該特定配当等の支払を受けるべき日現在において都道府県内に住所を有するもの（配当割額） ⑤　所得税において源泉徴収することを選択した特定口座における上場株式等の譲渡の対価等の支払を受ける個人で当該譲渡の対価等の支払を受けるべき日の属する年の１月１日現在において都道府県内に住所を有するもの（株式等譲渡所得割額）
市町村民税及び特別区民税	①　市町村又は特別区内に住所を有する個人【※】（均等割額＋所得割額） ②　市町村又は特別区内に事務所、事業所又は家屋敷を有する個人で当該事務所、事業所又は家屋敷を有する市町村又は特別区内に住所を有しないもの（均等割額）

（注）1　住所の概念
　　　　納税義務者本人の生活の本拠。生活の本拠とは、その人の日常生活の状況、住民基本台帳登録の状況、職業、選挙権行使の状況、家族の生活の状況等、その者の生活関係の全ての面を総合して、その中心をいうものと解されている（民法上の住所の概念を借用）。
　　　2　一定の条件にあてはまる者に対して、個人住民税を課さない「非課税」制度がある。
【※】「住所を有する個人」とは、原則としてその都道府県又は市町村・特別区の住民票基本台帳に記録されている者をいう。
【法令等】地法24①、24の5、294①、734②、736③

(2)　個人住民税における納税義務の成立

原　　則	賦課期日（当該年度の初日の属する年の１月１日）に課税
特　　例	退職所得（現年分離課税）、利子割・配当割（支払の際に特別徴収）など

【法令等】地法39、318

2　課税物件（課税客体）

(1)　個人住民税の課税客体（以下、「均等割」「所得割」を中心に説明）

均　等　割	納税義務者である個人
所　得　割	1年間（1暦年）に得た所得

（注）　所得割の場合は、各種所得を10種類に分類し、それぞれについて所得計算を行う。

【法令等】地法23、292

Ⅹ 地方税

(2) 所得の種類

イ 総所得金額に含まれる所得（次頁3(2)）

ロ 総所得金額以外の所得

山林所得、退職所得及び土地・建物等の譲渡所得や株式等の譲渡所得等の分離課税所得

(注)1 個人住民税における損益通算は、所得税法の規定による計算例によって行う。
損益通算の対象となる損失の金額は、不動産所得、事業所得、譲渡所得及び山林所得の金額の計算上生じた損失の金額である。
2 退職所得は、原則として退職により所得の発生した年に課税する（現年分離課税）。

【法令等】 地法32、50の2、313、328

(3) 人的非課税制度

一定の所得金額以下等の者について個人住民税を課さない制度が設けられている。

所得金額 ≦ 35万円〔基本額〕 × 世帯人員数 + 10万円〔R3年度以降〕 + 21万円〔加算額〕

(注)1 「加算額」は、同一生計配偶者又は扶養親族を有する場合のみ加算。
2 各地方公共団体においては、基本額及び加算額に生活保護基準の級地区分に応じた率（1級地：1.0、2級地：0.9、3級地：0.8）を乗じた額を基にして、実際の金額を条例で定めている。

（参考）東京23区の場合

非　課　税　区　分	均等割	所得割
生活保護法の規定による生活扶助を受けている者	非課税	非課税
障害者、未成年者（注）、寡婦又はひとり親で前年の合計所得金額が135万円以下の者		
前年の合計所得金額が次の金額以下の者 イ　扶養親族等のいない者：45万円 ロ　扶養親族等のいる者：35万円×（扶養親族等の数+1）＋31万円		
上記の金額を超え、前年の総所得金額等が次の金額以下の者 イ　扶養親族等のいない者：45万円 ロ　扶養親族等のいる者：35万円×（扶養親族等の数+1）＋42万円	課　税	

（出典）東京都主税局HP「個人住民税の非課税」

(注) 民法の成年年齢の引き下げに伴い、未成年の対象年齢は次のとおり。

令和4年度まで	令和5年度以後
20歳未満（令和4年度の場合、平成14年1月3日以降に生まれた者）	18歳未満（令和5年度の場合、平成17年1月3日以降に生まれた者）

【法令等】 地法24の5①③、295①③、地法附則3の3①④、地令47の3

3　課税標準

(1)　個人住民税の課税標準（個人住民税額算出の基礎となる金額）

均等割	定額課税（納税義務者ごと）
所得割	前年の所得について算定した総所得金額、退職所得金額及び山林所得金額

(注)1　所得税において非課税とされる所得は、個人住民税所得割においても非課税。
　　2　納税者1人当たりの標準税率は、各地方公共団体においてこれを基にして実際の税率を条例で定めている。

【法令等】 地法23、32、38、292、310、313

(2)　所得割の「総所得金額」の計算方法

所得割の「総所得金額」は、次表の各所得を合計して求める。

所得の種類	各　所　得　金　額　の　計　算　方　法	
利 子 所 得	（収入金額）	
配 当 所 得	（収入金額）－（株式等を取得するための借入金の利子の額）	
不 動 産 所 得	（総収入金額）－（必要経費）	
事 業 所 得	（総収入金額）－（必要経費）	
給 与 所 得	（収入金額）－（給与所得控除額又は特定支出控除額）	
譲 渡 所 得	（総収入金額）－（取得費、譲渡費用）－（特別控除額）	
一 時 所 得	（総収入金額）－（その収入を得るための支出額）－（特別控除額）	
雑 所 得	公的年金	（収入金額）－（公的年金等控除額）
	そ の 他	（総収入金額）－（必要経費）

【法令等】 地法32②、313②

4　税額算出方法・税率

(1)　個人住民税額の算出方法

「都道府県・市区町村内に住所を有する個人」の場合

$$\boxed{\text{イ　均等割額}} + \boxed{\text{ロ　所得割額}} = \boxed{\text{税額}}$$

イ　均等割額（令和6年度以後）

$$\boxed{\begin{array}{c}\text{道府県民税}\\ \text{都　民　税}\\ \text{（1,000円）}\end{array}} + \boxed{\begin{array}{c}\text{市町村民税}\\ \text{特別区民税}\\ \text{（3,000円）}\end{array}} + \boxed{\begin{array}{c}\text{森林環境税}\\ \text{（国　税）}\\ \text{（1,000円）}\end{array}} = \boxed{\begin{array}{c}\text{合　　計}\\ \text{（5,000円）}\end{array}}$$

(注)1　令和6年度から森林環境税（国税）は均等割額と併せて課税される。
　　2　標準税率は、各地方公共団体においてこれを基にして実際の税率を条例で定めている。

地方税

X 地方税

ロ 所得割額

$$\left(\begin{array}{c} (総所得金額＋山林所得金額＋退職所得金額) \\ (分離課税となる所得金額) \end{array} \right. - \boxed{所得控除} \left. \begin{array}{c}) \times \boxed{標準税率10\%} \\ ) \times \boxed{税率} \end{array} \right.$$

上記計算を行った後に、$\boxed{税額控除}$ を行い、最終的な税額を算出する。

(注) 1　標準税率は、各地方公共団体においてこれを基にして実際の税率を条例で定めている。
　　 2　分離課税の所得については、それぞれの税率を適用。

【**法令等**】地法32、35、38、310、313、314の3、地財確法2、森環法5

(2) 所得控除

区　　　分	所　得　控　除　額	
	個人住民税（令和3年度分～）	所　得　税（令和2年分～）
雑　損　控　除	下記イ又はロのうち多い金額 イ　損失額 － 総所得金額等 × 10% ロ　災害関連支出の金額 － 5万円	同　左
医　療　費　控　除	医療費 － 10万円（最高200万円） (注) 1　上記10万円は総所得金額等の合計額が200万円未満の場合は5％相当額 　　　2　特定一般用医薬品等の特例計算有	同　左
社 会 保 険 料 控 除	支払った額	同　左
小規模企業共済等掛金控除	支払った額	同　左
生 命 保 険 料 控 除	最高　7万円	最高　12万円
地 震 保 険 料 控 除	最高　2.5万円	最高　5万円
障　害　者　控　除	障害者　　　　　　　　　26万円 特別障害者　　　　　　　30万円 同居特別障害者　　　　　53万円	27万円 40万円 75万円
寡　婦　控　除	26万円	27万円
ひ　と　り　親　控　除	30万円	35万円
勤 労 学 生 控 除	26万円	27万円
配　偶　者　控　除	最高　33万円 老人配偶者（70歳以上）　最高　38万円	最高　38万円 最高　48万円
配 偶 者 特 別 控 除	最高　33万円	最高　38万円
扶　養　控　除	扶養親族（16～18歳、23～69歳）　33万円 特定扶養親族（19～22歳）　45万円 老人扶養親族（70歳以上）　38万円 同居老人扶養親族（70歳以上）　45万円	38万円 63万円 48万円 58万円
基　礎　控　除	納税義務者の合計所得金額 　　　　　2,400万円以下　43万円 2,400万円超～2,450万円以下　29万円 2,450万円超～2,500万円以下　15万円 2,500万円超　　　　　　　0円	48万円 32万円 16万円 0円

【法令等】 地法34、314の2

(3) 税額控除

イ　税額控除の種類

① 調整控除（所得税と個人住民税の人的控除額の差に基づく負担増を調整）
② 配当控除
③ 住宅借入金等特別税額控除（住宅ローン控除）
④ 寄附金税額控除
⑤ 外国税額控除

（注）　配当割又は株式等譲渡所得割が課された所得を申告した場合には、その特別徴収額が所得割から控除される。

ロ　調整控除

税源移譲に伴う調整措置の一環として、所得税と住民税の人的控除額の差に基づく負担増を調整するため、次の金額が所得割額から控除される。

なお、令和3年度分以後は、合計所得金額2,500万円超の者には調整控除は適用されない。

個人住民税の合計課税所得金額	調　整　控　除　額
200万円以下	次の①、②のいずれか少ない金額の5％ ① 人的控除額の差の合計額 ② 個人住民税の合計課税所得金額
200万円超	｛人的控除額の差の合計額 －（個人住民税の合計課税所得金額 － 200万円）｝（最低5万円）の5％

【法令等】 地法37、37の2 ～ 4、314の6 ～ 9、地法附則5、5の4の2

ハ　住宅借入金等特別税額控除（住宅ローン控除）

所得税の住宅借入金等特別税額控除のうち所得税額から控除しきれなかった額がある場合、翌年度の個人住民税（所得割額）から控除される。

居住年月日	控除限度額	控除期間
令和4年1月～令和7年12月	所得税の課税総所得金額等の5％ 〈最高　97,500円〉	13年間 （10年間）

（注）　適用期限が延長されるとともに、適用要件により控除期間等が異なる場合有。

【法令等】 地法附則5の4の2

ニ　寄附金税額控除

対象となる寄附は、都道府県・市区町村（ふるさと納税）、住所地の都道府県共同募金会、住所地の日本赤十字社支部に対する寄附金及び都道府県・市区町村

地方税

が条例で指定する寄附金がある。

【ふるさと納税に係る控除の概要】

（控除額イメージ図：寄附額30,000円、所得税の限界税率が20％の場合）

寄附額 30,000円	所得税の 控除額 5,600円	【所得税】所得控除による軽減 　（寄附額）　　　　　（所得税率） 　(30,000円 − 2,000円) × 20% = 5,600円
	住民税の 控除額 22,400円	【個人住民税】税額控除（①基本分 ＋ ②特例分） 　　　（寄附額） ①(30,000円 − 2,000円) × 10% = 2,800円 　　　（寄附額）　　　　　　　（基本分）（所得税率） ②(30,000円 − 2,000円) × (100% − 10% − 20%) = 19,600円
	適用下限額 （自己負担額） 2,000円	

(注)1　総務省HP「ふるさと納税」を基に加筆。
　　2　上記計算は所得金額や他の控除額によって計算額が変わるため、寄附額から2,000円を除く全額が控除できない場合がある。
　　3　対象となる寄附額は所得税は総所得金額等の40％が上限であり、個人住民税（基本分）は総所得金額等の30％が上限である。
　　4　「②特例分」は個人住民税所得割額の20％が上限である。
　　5　所得税率については、実際には復興特別所得税（所得税額の2.1％）を加算した率となる。

【法令等】地法37の２、314の７、地法附則５の５～７

(注)　税額控除の配当控除、外国税額控除の概要等については省略。

ホ　令和６年度分の個人住民税の定額減税

令和６年度分の個人住民税所得割額から、納税者及び扶養親族（控除対象配偶者を含み、いずれも居住者に限る。）１人につき１万円の特別控除を実施する。ただし、納税者の合計所得金額が、1,805万円以下の場合に限る。

(注)1　控除対象配偶者を除く同一生計配偶者（居住者に限る。）については、令和７年度分の所得割額から、１万円を控除する。
　　2　ふるさと納税の特例控除上限額（所得割額の２割）等について、定額減税「前」の所得割額とする。

【法令等】地法附則５の８～13、措法41の３の３～10

(4)　税率（標準税率）
イ　均等割額

区　分		平成26年度 ～令和5年度	令和6年度～
均　等　割　額	道府県民税・都民税	1,500円	1,000円
	市町村民税・特別区民税	3,500円	3,000円
森林環境税	国　　税	－	1,000円
合　　計		5,000円	5,000円

(注)1　上記は、地方税法に定める標準税率であり、各地方公共団体においては、これを基にして実際の税率を条例で定めている。
　　2　平成26年度から令和5年度までは均等割額に復興特別税（1,000円）が加算されている。令和6年度以降は均等割額と併せて、森林環境税（国税：1,000円）が課税される。

ロ　所得割額
【総合課税分】

区　分	標　準　税　率
道府県民税・都民税	4％（2％）
市町村民税・特別区民税	6％（8％）
合　　計	10％（10％）

【分離課税分】

区　分			合計税率	道府県民税 都民税	市町村民税 特別区民税
短期譲渡所得	一般		9％	3.6％（1.8％）	5.4％（7.2％）
	軽減（国等への譲渡）		5％	2％（1％）	3％（4％）
長期譲渡所得	一般		5％	2％（1％）	3％（4％）
	優良住宅等	所得2千万円以下の部分	4％	1.6％（0.8％）	2.4％（3.2％）
		所得2千万円超の部分	5％	2％（1％）	3％（4％）
	居住用財産	所得6千万円以下の部分	4％	1.6％（0.8％）	2.4％（3.2％）
		所得6千万円超の部分	5％	2％（1％）	3％（4％）
株式等に係る譲渡所得			5％	2％（1％）	3％（4％）
上場株式等に係る配当所得等			5％	2％（1％）	3％（4％）
先物取引に係る事業・雑所得			5％	2％（1％）	3％（4％）

(注)1　かっこ内数字は、指定都市に住所を有する者の税率。
　　2　上記は、地方税法に定める標準税率であり、各地方公共団体においては、これを基にして実際の税率を条例で定めている。
　　3　個人住民税の上場株式等の配当所得及び譲渡所得に係る課税方式（総合課税・申告分離課税・申告不要）は、令和6年度分の住民税から所得税と統一される。

【法令等】地法35①、38、310、314の3①、地法附則33の2、34～34の3、35、35の

2の2、35の4、地財確法2、森環法5

5　申告・納付

(1)　申告（原則）

　　前年1年間の所得を1月1日現在の住所地の市区町村に申告。ただし、所得税の確定申告書を提出した者等は申告不要。

①　申告を要する者（②又は③に該当しない者）	3月15日までに、住所所在地の市区町村長に「市町村民税・道府県民税申告書」を提出する必要あり
②　申告が免除される者（申告不要の者）	○　給与所得又は公的年金に係る所得のみの者 ○　条例で申告義務が免除されている者
③　所得税確定申告書を提出した者	個人住民税の申告書提出不要（所得税の確定申告書が提出された日に個人住民税の申告書が提出されたものとみなす。）

　【法令等】地法45の2①、45の3①、317の2①、317の3①

(2)　納付（納める時期と方法）

給 与 所 得 者	毎月の給与から特別徴収（天引き）
公的年金等受給者	年金給付額から特別徴収（天引き）
上 記 以 外	納税通知書で年4回に分けて納付（6月、8月、10月、翌年1月）

（注）　市区町村の条例により納期限が異なる場合がある。

　【法令等】地法41、319、320、321の3

6　個人住民税独自の制度

①　原則として「賦課課税方式」を採用	納税義務者から提出された申告書又は給与支払者から提出される給与支払報告書等の課税資料を基にして税額を計算。これを納税通知書により納税者に通知することによって課税するいわゆる「賦課課税方式」を採用。
②　「普通徴収」と「特別徴収」による徴収方法	一般的には給与所得者や公的年金等所得者は「特別徴収」の方法により、それ以外の者は「普通徴収」の方法により徴収される。

　【法令等】地法315、319、321の3

第2　法人住民税

○　法人住民税の構成は次のとおり。

法 人 住 民 税	道府県民税・都民税	均　　等　　割
		法　人　税　割
	市　町　村　民　税	均　　等　　割
		法　人　税　割

(注)　東京都23区内の法人は、都の特例として市町村民税相当分もあわせて都民税として都税事務所に申告納付。

法人住民税の課税要件等

法人住民税の課税要件等の概略は、次表のとおり。

1	納税義務者	○　都道府県・市町村に事務所等を有する法人（均等割・法人税割） ○　都道府県・市町村に寮等を有する法人で当該市町村内に事務所等を有しないもの　など（均等割）
2	課税物件 （課税客体）	(1)　均 等 割…納税義務者である法人 (2)　法人税割…各事業年度の法人税額
3	課税標準	(1)　均 等 割…定額課税 (2)　法人税割…各事業年度の法人税額
4	税額算出 方法・税率	地方税額の算出方法・税率は、次のとおり。 (1)　均等割額（標準税率） 　道府県民税2万円〜80万円+市町村民税5万円〜300万円 　（注）　各区分の金額については、別記の税率欄に記載。 (2)　法人税割額

区　分	開　始　事　業　年　度			
	平26.10.1〜令元.9.30		令元.10.1以後	
	標準税率	制限税率	標準税率	制限税率
道府県民税	3.2%	4.2%	1.0%	2.0%
市町村民税	9.7%	12.1%	6.0%	8.4%
合　計	12.9%	16.3%	7.0%	10.4%

（注）　上記は、地方税法に定める標準税率であり、各地方公共団体においては、これを基にして実際の税率を条例で定めている。

5	申告・納付	(1)　申告 　確定決算に基づく法人住民税額の申告 　（注）　中間申告の義務のある法人はそれぞれ中間申告を行う。 (2)　納付 　納期限は、法人税の申告書の提出期限（原則として各事業年度終了の日の翌日から2月以内）。
6	独自の制度	○　「分割基準」による法人税額の算定
7	その他	○　地方公共団体間の税収格差の縮減を目的として、平成26年度税制改正で「地方法人税」（国税）を導入

地方税

Ⅹ　地方税

1　納税義務者

(1)　法人住民税の納税義務者

法人住民税の納税義務者は、次表のとおり。

道府県民税	①　道府県内に事務所又は事業所を有する法人（均等割額＋法人税割額） ②　道府県内に事務所又は事業所を有する法人でない社団又は財団で代表者又は管理人の定めのあるもの（収益事業を行うものに限る。）（均等割額＋法人税割額） ③　道府県内に寮等を有する法人及び法人でない社団又は財団で代表者又は管理人の定めのあるもの（収益事業を行うものに限る。）で当該道府県内に事務所又は事業所を有しないもの（均等割額） ④　法人課税信託の引受けを行うことにより法人税を課される個人で道府県内に事務所又は事業所を有するもの（法人税割額）
市町村民税	①　市町村内に事務所又は事業所を有する法人（均等割額＋法人税割額） ②　市町村内に事務所又は事業所を有する法人でない社団又は財団で代表者又は管理人の定めのあるもの（収益事業を行うものに限る。）（均等割額＋法人税割額） ③　市町村内に寮等を有する法人及び法人でない社団又は財団で代表者又は管理人の定めのあるもの（収益事業を行うものに限る。）で当該市町村内に事務所又は事業所を有しないもの（均等割額） ④　法人課税信託の引受けを行うことにより法人税を課される個人で市町村内に事務所又は事業所を有するもの（法人税割額）
都民税 — 道府県民税相当分	①　都内に事務所又は事業所を有する法人（均等割額＋法人税割額） ②　都内に事務所又は事業所を有する法人でない社団又は財団で代表者又は管理人の定めのあるもの（収益事業を行うものに限る。）（均等割額＋法人税割額） ③　都内に寮等を有する法人及び法人でない社団又は財団で代表者又は管理人の定めのあるもの（収益事業を行うものに限る。）で当該都内に事務所又は事業所を有しないもの（均等割額） ④　法人課税信託の引受けを行うことにより法人税を課される個人で都内に事務所又は事業所を有するもの（法人税割額）
都民税 — 市町村民税相当分	①　特別区内に事務所又は事業所を有する法人（均等割額＋法人税割額） ②　特別区内に事務所又は事業所を有する法人でない社団又は財団で代表者又は管理人の定めのあるもの（収益事業を行うものに限る。）（均等割額＋法人税割額） ③　特別区内に寮等を有する法人及び法人でない社団又は財団で代表者又は管理人の定めのあるもの（収益事業を行うものに限る。）で当該特別区内に事務所又は事業所を有しないもの（均等割額） ④　法人課税信託の引受けを行うことにより法人税を課される個人で特別区内に事務所又は事業所を有するもの（法人税割額）

(注)　1　事務所又は事業所の概念

事務所又は事業所とは、それが自己の所有に属するものであるか否かにかかわらず、事業の必要から設けられた人的及び物的設備であって、そこで継続して事業が行われる場所をいう。

　　　2　寮等の概念

寮等とは、寮、宿泊所、クラブ、集会所その他これらに類するもので、法人等が従業員の宿泊、慰安、娯楽等の便宜を図るために常時設けられている施設をいい、それが自己の所有に属

するものであるか否かを問わない。

【法令等】 地法24①、294①、734②

(2)　法人住民税における納税義務の成立

原　則	事業年度が終了することにより、自動的に成立する。
例　外	事業年度の中間点で納税をするための手続として、中間申告がある。

【法令等】 地法53①、321の8①

2　課税物件（課税客体）

○　法人住民税の課税客体

均　等　割		納税義務者である法人
法人税割	～令4.3.31	事業年度の法人税額又は個別帰属法人税額
	令4.4.1～	事業年度の法人税額

(注)　令和4年4月1日以後に開始する事業年度から、連結納税制度はグループ通算制度に移行。

【法令等】 地法23①、52①、292①、312①

3　課税標準

○　法人住民税の課税標準（法人住民税額算出の基礎となる金額）

均　　等　　割			定額課税（納税義務者ごと）
法人税割	～令4.3.31	連結申告法人以外の法人	法人税額
		連　結　申　告　法　人	個別帰属法人税額
	令4.4.1～	法人税額	

(注)　令和4年4月1日以後に開始する事業年度から、連結納税制度はグループ通算制度に移行。

【法令等】 地法23①、52①、292①、312①

4　税額算出方法・税率

(1)　法人住民税額の算出方法

イ　均等割額 ＋ ロ　法人税割額 ＝ 税額

イ　均　等　割　額	資本金等の額による法人等の区分に応じ、定められた金額
ロ　法人税割額	法人税額に税率を乗じた金額

Ⅹ　地方税

(2)　税率
イ　均等割額（標準税率）

区　　　分		道府県民税	市町村民税	都民税
資 本 金 等 の 額	従業者数			
50億円超の法人	50人超	80万円	300万円	380万円
	50人以下		41万円	121万円
10億円超〜50億円以下の法人	50人超	54万円	175万円	229万円
	50人以下		41万円	95万円
1億円超〜10億円以下の法人	50人超	13万円	40万円	53万円
	50人以下		16万円	29万円
1千万円超〜1億円以下の法人	50人超	5万円	15万円	20万円
	50人以下		13万円	18万円
1千万円以下の法人	50人超	2万円	12万円	14万円
	50人以下		5万円	7万円
資本金等の額を有しない法人 （公共法人、公益法人等）		2万円	5万円	7万円

(注)1　上記は地方税法に定める標準税率であり、各地方公共団体においては、これを基にして実際の税率を条例で定めている（市町村民税においては標準税率の1.2倍が限度）。

　　　2　上記都民税の標準税率は、特別区のみに事務所等又は寮等を有する法人の事例である（詳細については、東京都主税局HP参照）。

　　　3　均等割は、法人が都道府県又は市区町村内に事務所等又は寮等を有する事実に基づいて課される。均等割額は、次のとおり月割によって計算される。

$$均等割額（税率）× \frac{算定期間中に事務所等又は寮等を有していた月数}{12}$$

　　　4　「資本金等の額」の定義

　　　　　均等割の税率適用区分の基準となる「資本金等の額」とは、次に掲げる法人の区分に応じ、次に定める額をいう。

　　　　　「資本金等の額」は、課税標準の算定期間の末日（確定申告の場合、事業年度終了の日）現在の額で判定する。

区　分	資 本 金 等 の 額			
下欄の相互会社以外の法人	原則として法人税法第2条第16号に規定する資本金等の額をいう。 （算式）平27.4.1以後の開始事業年度から適用			
	法人税法上の資本金等の額	+	地方税法による調整	
			加算　　　−	減算
保険業法に規定する相互会社	判定日における貸借対照表に計上されている総資産の帳簿価額から当該貸借対照表に計上されている総負債の帳簿価額を控除した金額（当該貸借対照表に当該期間に係る利益の額又は欠損金の額が計上されているときは、当該利益の額を控除し、又は当該欠損金の額を加算）をいう。			

【法令等】地法52①、292①、312①②、734②、737

ロ　法人税割額

(イ)　「法人税割」の計算方法

$$\boxed{\text{課税標準となる法人税額}} \times \boxed{\text{税率}} - \boxed{\text{税額控除}} = \boxed{\text{法人税割額}}$$

（注）　法人税割の課税標準となる法人税額は、法人税における税額控除等を適用する前の金額である。

(ロ)　税率

【法人税割】

区　　　　分	開　始　事　業　年　度			
	平26.10.1～令元.9.30		令元.10.1以後	
	標準税率	制限税率	標準税率	制限税率
道　府　県　民　税	3.2%	4.2%	1.0%	2.0%
市　町　村　民　税	9.7%	12.1%	6.0%	8.4%
合　　　　　計	12.9%	16.3%	7.0%	10.4%

都民税	特別区内に事務所等を有する法人の特別区民分	12.9%	16.3%	7.0%	10.4%
	都内の市町村に事務所等を有する法人の市町村分	3.2%	4.2%	1.0%	2.0%

（注）1　上記は地方税法に定める標準税率であり、各地方公共団体においては、これを基にして実際の税率を条例で定めている。

　　　2　東京都の場合
　　　(1)　特別区の存する区域内においては、道府県民税に相当する税と市町村民税に相当する税との合算額に相当する税が「法人都民税」となる。
　　　　　また、特別区の区域外の都内においては、道府県民税に相当する税を法人都民税として、それぞれ課することとされている。
　　　(2)　法人税割の超過課税を実施しており、あわせて資本金の額（又は出資金の額）が1億円以下で、かつ法人税額が年1,000万円以下の法人は、標準税率となる不均一課税を行っている。

（出典）　東京都主税局HP「法人都民税の法人割」

【法令等】地法51①、314の4①、734③

ハ　税額控除

区　　分	種　　　　　　類
法人税割における税　額　控　除	①　特定寄附金税額控除（企業版ふるさと納税）
	②　控除対象所得税額等相当額又は個別控除対象所得税額等相当額の控除
	③　外国税額控除

	④	仮装経理に基づく過大申告の場合の更正に伴う法人税割額の控除
	⑤	租税条約の実施に係る更正に伴う法人税割額の控除

（注）1　税額控除の順序はまず①を控除し、次に②～⑤の順序に控除を行う。
　　　2　令和2年度税制改正により、特定寄附金税額控除（企業版ふるさと納税）の税額控除割合が引き上げられている（令和2年4月1日施行）。

【法令等】　地法53、321の8、地法附則8の2の2

5　申告・納付

法人住民税は、申告納税方式である。

申　告	確　定	確定決算に基づく法人住民税額の申告
	中　間 【※】	前事業年度実績に基づく法人住民税額の予定申告
		仮決算に基づく法人住民税額の申告
申告期限・納期限		当該法人税の申告書の提出期限と同じ（原則として各事業年度終了の日の翌日から2月以内）

【※】　中間申告を行う法人は、各事業年度の所得に対する法人税について中間申告の義務のある法人である。
（注）1　申告期限の延長
　　　　法人税の規定により申告期限が延長された場合にはその旨を届け出る必要がある。
　　　2　大法人の電子申告義務化
　　　　大法人（資本金の額が1億円超等）の申告は、令和2年4月1日以後に開始する事業年度から電子情報処理組織（eLTAX）により提出しなければならない。

【法令等】　地法53①③�61～�63�65、321の8①③�62

6　法人住民税独自の制度

○　「分割基準」による法人税額の算定

分　割　基　準	二以上の都道府県に事務所又は事業所を有する法人などは、課税標準を従業者数により分割して各都道府県又は各市町村に納付する。

(1)　分割法人

区　　分	対　象　と　な　る　法　人
分　割　法　人	① 二以上の都道府県に事務所又は事業所を有する法人
	② 東京都の特別区と市町村に事務所又は事業所を有する法人
	③ 二以上の市町村に事務所又は事業所を有する法人

(2)　分割の算定方法（法人税割額）

$$\frac{課税標準となる法人税額}{事務所又は事業所の従業者の総数} \times 関係都道府県又は市町村に所在する事務所又は事業所の従業者の数$$

(3) 従業者の数等

従 業 者 の 数	当該算定期間の末日現在における従業者の数
従 業 者 の 範 囲	事務所又は事業所に勤務すべき者で、俸給、給料、賃金、手当、賞与その他これらの性質を有する給与（退職給与金、年金、恩給及びこれらの性質を有する給与は含まない。）の支払を受けるべき者をいう。

【法令等】 地法57①②、321の13①②、地規3の5

7　その他（地方法人税（国税））

○　地方法人税の概要

　地方法人税は、地方公共団体間の税収格差の縮減を目的として、平成26年度の税制改正において導入された国税（平成26年10月1日以後に開始する事業年度から実施）。

　法人住民税（法人税割）の税率を引き下げ、それに相当する分を「地方法人税」（国税）として課税。その税収の全額を地方交付税の原資に繰り入れ、地方公共団体に配分することにより、地方公共団体間の財政力格差の縮減を図っている。

地方法人税の課税要件等

1	納税義務者	法人税を納める義務がある法人
2	課 税 物 件 （課税対象）	法人の各事業年度の基準法人税額【※】
3	課 税 標 準	各課税事業年度の課税標準法人税額（＝基準法人税額）
4	税 額 算 出 方法・税率	(1) 算出方法 　　基準法人税額【※】　×　税率 (2) 税率 **開 始 事 業 年 度** 平26.10.1～令元.9.30 ： 4.4% 令元.10.1～ ： 10.3% 【※】　「基準法人税額」とは、法人税における次の税額控除（①～③）を適用する前の法人税の額をいう。 　①　所得税額控除 　②　外国税額控除 　③　仮装経理に基づく過大申告の場合の更正に伴う法人税額の控除
5	申 告・納 付	各事業年度終了の日の翌日から2月以内に国（税務署）に対して、申告及び納付を行う。

【法令等】 地方法人税法4～6、9、10

事　業　税

　事業税は、「個人事業税」と「法人事業税」の二つがあり、本書ではこれらごとに概説する。

事業税	個人事業税	個人が行う事業そのものに課される税（都道府県税）
	法人事業税	法人が行う事業そのものに課される税（都道府県税）

第3　個人事業税

　個人事業税は、個人の行う事業のうち、地方税法等で定められた事業（法定業種）に対して課される税である。

個人事業税の課税要件等

　個人事業税の課税要件等の概要は、次表のとおり。

1	納税義務者	事業を行う個人 （第1種事業、第2種事業及び第3種事業を行う個人）
2	課税物件 （課税客体）	個人の行う事業
3	課税標準	前年中の事業の所得 （前年1年間の事業・不動産所得から事業主控除（年290万円）等を控除した額）
4	税額算出 方法・税率	(1)　標準税率（次の区分による） 　　・第1種〜5％　・第2種〜4％　・第3種〜3％、5％ (2)　制限税率 　　標準税率の1.1倍
5	申告・納付	(1)　申告 　　3月15日までに申告。ただし、所得税の申告等を行った場合は申告不要。 (2)　納付 　　原則として8月、11月の年2回。ただし、税額が条例で定める金額以下の場合、いずれか一つの納期で全額徴収できる。
6	独自の制度	賦課課税方式により課税、普通徴収の方法により徴収

1　納税義務者

(1)　個人事業税の納税義務者

　個人事業税の納税義務者は、第1種事業、第2種事業及び第3種事業として地方

税法又は政令で法定されている事業を行う個人である。

類　　型	職　　種　　等
第1種事業を行う個人	商工業等のいわゆる営業（37業種）
第2種事業を行う個人	いわゆる第1次産業（3業種）
第3種事業を行う個人	いわゆる自由業（30業種）

（注）　法定列挙されていない事業（例えば、農業）を行う個人に対しては、個人事業税は課税されない。

(2) 法定業種（70業種）及び税率

類型	事　業　の　種　類	標準税率
第1種事業	物品販売業、保険業、金銭貸付業、物品貸付業、不動産貸付業、製造業、電気供給業、土石採取業、電気通信事業、運送業、運送取扱業、船舶定係場業、倉庫業、駐車場業、請負業、印刷業、出版業、写真業、席貸業、旅館業、料理店業、飲食店業、周旋業、代理業、仲立業、問屋業、両替業、公衆浴場業【※】、演劇興行業、遊技場業、遊覧所業、商品取引業、不動産売買業、広告業、興信所業、案内業、冠婚葬祭業	5％
第2種事業	畜産業、水産業、薪炭製造業	4％
第3種事業	医業、歯科医業、薬剤師業、獣医業、弁護士業、司法書士業、行政書士業、公証人業、弁理士業、税理士業、公認会計士業、計理士業、社会保険労務士業、コンサルタント業、設計監督者業、不動産鑑定業、デザイン業、諸芸師匠業、理容業、美容業、クリーニング業、公衆浴場業【※】、歯科衛生士業、歯科技工士業、測量士業、土地家屋調査士業、海事代理士業、印刷製版業	5％
第3種事業	あん摩・マッサージ又は指圧・はり・きゅう・柔道整復その他の医業に類する事業、装蹄師業	3％

（注）　上記の税率は、地方税法に定める標準税率であり、都道府県はこれを基準として実際の税率を条例で定めている。なお、制限税率は標準税率の1.1倍である。

【※】　第3種事業の公衆浴場業は、一般の公衆浴場（いわゆる銭湯）を経営する事業をいい、第1種事業の公衆浴場業とは、この一般の公衆浴場以外の公衆浴場業をいう。

【法令等】　地法72の2③⑧～⑩、72の49の17、地令13の2

(3) 個人事業税における納税義務の成立

原則	賦課期日（当該年度の初日の属する年の1月1日）に課税

【法令等】　地法72の55、72の55の2

2　課税物件（課税客体）

個人事業税は、第1種事業、第2種事業及び第3種事業として法定列挙されている

X 地方税

事業について課す。

【法令等】 地法72の2③

3 課税標準

(1) 個人事業税の課税標準（個人事業税額算出の基礎となる金額）

区　分		課　税　標　準
年の途中において事業を	廃止しなかった場合	前年中の事業の所得
	廃止した場合	前年中の事業の所得とその年の1月1日から事業の廃止の日までの事業の所得

【法令等】 地法72の49の11

(2) 課税標準の算定方法

原則	所得税法の「不動産所得」及び「事業所得」の計算方法によって算定
特例	下記の項目は、地方税法又は政令による特別の定めによる計算を行う。 ① 社会保険診療報酬に係る所得 ② 外国所得税額 ③ 青色申告者に係る青色事業専従者給与 ④ 白色申告者に係る事業専従者控除

【法令等】 地法72の49の12

4 税額算出方法・税率

(1) 個人事業税額の算出方法

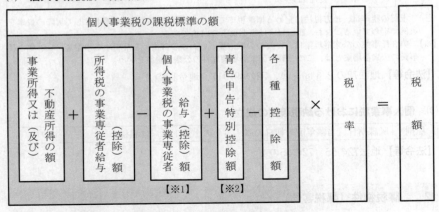

【※1】 「個人事業税の事業専従者給与（控除）額」の計算方法
事業主と生計を一にする親族の方が専らその事業に従事するときは、下表の額を必要経費と

して控除することができる。

青色申告の場合	青色事業専従者の給与金額
白色申告の場合	次の①又は②の金額のうちいずれか低い金額 ①　配偶者の場合・・・86万円 　　配偶者以外の場合・・・50万円 ②　事業専従者控除前の所得金額÷（専従者数＋1）

【※2】　個人事業税には青色申告特別控除の適用がないことから、課税標準となる所得に「青色申告特別控除額」を加算する。

【法令等】地法72の49の12①～③

(2)　各種控除額

イ　損　失　の　控　除	①　青色申告書を提出している年分の損失の繰越控除
	②　白色申告書を提出している年分の被災事業用資産の損失の繰越控除
	③　事業用資産の譲渡損失の控除
	④　青色申告書を提出している年分の事業用資産の譲渡損失の繰越控除
ロ　事　業　主　控　除	年額290万円【※】

【※】　「事業主控除」の額は、年間290万円であるが、営業期間が1年未満の場合は月割額の計算となる。なお、月割計算の結果、1,000円未満の端数はその端数を切上げて計算する（月数は暦に従って計算し、1月に満たない端数は1月とする）。

【法令等】地法72の49の12⑥～⑩、72の49の14

(3)　税率

類　　　　型	標　準　税　率
第1種事業（37業種）	5　％
第2種事業（3業種）	4　％
第3種事業（30業種）	5　％
	3　％

(注1)　第1種事業、第2種事業及び第3種事業の具体的な業種名については、前記1の(2)「法定業種（70業種）及び税率」のとおり。
(注2)　上記の税率は、地方税法に定める標準税率であり、都道府県はこれを基準として実際の税率を条例で定めている。なお、制限税率は標準税率の1.1倍である。

【法令等】地法72の49の17①③

5　申告・納付

(1)　申告

原則	3月15日までに申告。ただし、所得税の申告等を行った場合は申告不要	
例外	年の中途で事業を廃止した場合	廃止の日から1か月以内に申告
		死亡による場合は4か月以内に申告

【法令等】 地法72の55、72の55の2、地令35の4

(2)　納付

原則	8月及び11月中において、都道府県の条例で定める日。 ただし、税額が条例で定める金額以下の場合、いずれか1つの納期で全額徴収できる。
例外	事業廃止の場合、事業の廃止後直ちに課する。 ただし、1月1日～3月31日の間の廃止の場合、その年の3月31日後に課する。

【法令等】 地法72の51

6　個人事業税独自の制度

　個人事業税は、賦課課税方式である。

賦課の 方　法	都道府県は、納税義務者から提出された申告書等【※1】の課税資料を基にして税額を計算し【※2】、納期や納付場所なども記載した「納税通知書」を納税者に交付する【※3】。
徴収の 方　法	納税者は、当該「納税通知書」により金融機関等で納付する【※4】。 (注)　このような納税（徴収）方法を「普通徴収」という。

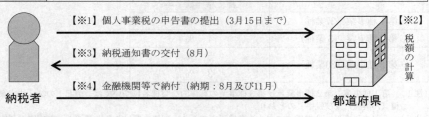

【※1】個人事業税の申告書の提出（3月15日まで）

【※2】税額の計算

【※3】納税通知書の交付（8月）

【※4】金融機関等で納付（納期：8月及び11月）

納税者　　　　　　　　　　　　　　　　　　　都道府県

【法令等】 地法72の49の18、72の50、72の51③

第4　法人事業税

　法人事業税は、法人の行う事業に対し、事務所又は事業所所在の都道府県がその事業を行う法人に課する都道府県税である。

　法人事業税は、①付加価値割、②資本割、③所得割、④収入割の4つの課税方式で構成されている。

法 人 事 業 税 の 課 税 方 式	①	付 加 価 値 割	付加価値額を課税標準とするもの
	②	資 本 割	資本金等の額を課税標準とするもの
	③	所 得 割	所得を課税標準とするもの
	④	収 入 割	収入金額を課税標準とするもの

法人事業税の課税要件等

　法人事業税の課税要件等の概要は、次表のとおり。

1	納税義務者	○　都道府県に事務所等を設けて事業を行う法人
2	課税物件（課税客体）	○　課税の対象は、法人が行う「事業」そのもの ○　一定の事業又は所得に対する非課税制度あり
3	課税標準	各事業年度の「付加価値額」、「資本金等の額」、「所得」又は「収入金額」
4	税額算出方法・税率	(1)　算出方法 外形標準課税対象法人（資本金1億円超の普通法人）⇒「付加価値割」+「資本割」+「所得割」の合計額 普通法人等、特別法人（資本金1億円以下の普通法人等）⇒「所得割」 電気供給業等を営む法人⇒「収入割」など （注）　令和6年度税制改正により、外形標準課税の適用対象法人の見直しがある。 (2)　税率 　課税標準金額（付加価値額、資本金等の額、所得又は収入金額）に一定の税率（標準税率又は超過税率）を乗じて算出
5	申告・納付	(1)　申告 　確定決算に基づき申告（原則として各事業年度終了の日の翌日から2月以内） （注）　中間申告の義務のある法人はそれぞれ中間申告を行う。 (2)　納付 　納期限は、法人税の申告書の提出期限と同じ（各事業年度終了の日の翌日から2月以内） （注）　都道府県に申告納付。
6	独自の制度	○　外形標準課税 ○　「分割基準」による法人事業税額の算定

地
方
税

X　地方税

1　納税義務者

(1)　法人事業税の納税義務者

　　法人事業税の納税義務者は、事業を行う法人であり、この納税義務者に対し次の区分に応じ、法人事業税が課される。

法　人　の　区　分		課される法人事業税	
外形標準課税対象法人	資本金の額又は出資金の額が1億円を超える普通法人	合計額	付加価値割額
			資　本　割　額
			所　得　割　額
普通法人等	普通法人、公益法人等、人格のない社団等	所　得　割　額	
特　別　法　人	協同組合等（農業協同組合、信用金庫等）及び医療法人		
電気供給業、ガス供給業及び保険業を営む法人		収入割額など	

(注)　外形標準課税の適用対象法人の見直し（令和6年度税制改正）
　　1　当分の間、前事業年度に外形標準課税の対象であった法人であって、当該事業年度に資本金1億円以下で、資本金と資本剰余金の合計額が10億円を超えるもの
　　2　資本金と資本剰余金の合計額が50億円を超える法人等の100％子法人等のうち、資本金1億円以下で、資本金と資本剰余金の合計額が2億円を超えるもの
　　　上記（注）1は令和7年4月1日以後開始事業年度、（注）2は令和8年4月1日以後開始事業年度から外形標準課税の対象とする。

【法令等】地法72の2、72の12、72の26、地法附則1、8の3の3～4

(2)　法人事業税における納税義務の成立

原則	各事業年度の終了の時に成立する。
例外	事業年度の中間点で納税をするための手続として、中間申告がある。

【法令等】地法72の25、72の26

2　課税物件（課税客体）

○　法人事業税の課税客体

　　法人が行う事業そのものが課税客体である。

　　ただし、一定の事業又は所得に対しては非課税制度が設けられている。

　　次の事業については、法人事業税が課されない。

非課税事業	①　林業、鉱物の掘採事業及び特定の農事組合法人が行う農業
	②　国、地方公共団体等が行う事業
	③　社会福祉法人、宗教法人、学校法人等の法人や人格のない社団等が行う事業で収益事業以外のもの

【法令等】地法72の2、72の4、72の5

3　課税標準

　法人事業税の課税方式ごとの課税標準（法人事業税額算出の基礎となる金額）は、次表のとおり。

課税方式	課税標準	補　　足　　説　　明
① 付加価値割	付加価値額	「収益配分額」±「単年度損益」で算出
② 資 本 割	資本金等の額	例外及び特例規定あり
③ 所 得 割	所　　得	「所得金額」±「調整措置」で算出
④ 収 入 割	収 入 金 額	

(1)　付加価値割の課税標準額

　付加価値割の課税標準額は、「収益配分額」±「単年度損益」で算出する。

収 益 配 分 額【※1】				単年度損益【※2】		付加価値割の課税標準額
①報酬給与額	②純支払利子	③純支払賃借料	±		=	

【※1】　「収益配分額」とは、各事業年度の①報酬給与額、②純支払利子及び③純支払賃借料の合計額をいう。詳細は、次表のとおり。

①報酬給与額【※a】	役員・使用人に対する報酬、給料、賃金、賞与、退職手当その他これらの性質を有する給与として支出する金額の合計額（雇用安定控除額有）	+	確定給付企業年金に係る規約に基づいて加入者のために支出する掛金その他の法人が役員又は使用人のために支出する一定の掛金等の合計額
②純 支 払 利 子	支払利子の額の合計額	−	受取利子の額の合計額
③純 支 払 賃 借 料	支払賃借料の合計額	−	受取賃借料の合計額

【※a】　派遣労働者については、次表により報酬給与額を算定する。

区　分	算　定　額	調　整
労働者派遣の役務の提供を受けた法人	労働者派遣をした者に支払う金額（派遣契約料）×75％	報酬給与額に加算（＋）
労働者派遣をした法人	労働者派遣の役務の提供を受けた者から支払を受ける金額（派遣契約料）×75％ （注）　派遣労働者に支払う給与等の額を限度とする。	報酬給与額から減算（−）

【※2】　「単年度損益」とは、繰越欠損金控除前の所得をいう。単年度損益がプラスの場合には収益配分額に加算し、マイナスの場合には減算して付加価値額を算定する。

（注）　付加価値割における賃上げへ対応

　　　継続雇用者の給与総額を3％以上増加させる等の要件を満たす法人について、雇用者全体の給与総額の対前年度増加額を付加価値額から控除する（令和6年4月1日から令和9年3月31日に開始する事業年度に適用）等の措置がある。

X 地方税

【法令等】地法72の14 ～ 18、72の20、地法附則 9 ⑬⑭

(2) 資本割の課税標準額

イ 資本割の課税標準となる資本金等の額

原則	○ 「資本金等の額」 　各事業年度終了の日における法人税法第 2 条第16号に規定する資本金等の額による。
例外	○ 無償増資、無償減資等を行い地方税法第72条の21の規定に該当する場合は、調整後の金額となる。 ○ 平成27年 4 月 1 日以後に開始する事業年度については、「資本金等の額」が「資本金の額及び資本準備金の額の合計額又は出資金の額」を下回る場合には、「資本金の額及び資本準備金の額の合計額又は出資金の額」となる。

【法令等】地法72の21①②

ロ 特定持株会社に係る特例

　特定持株会社については、資本金等の額から、当該資本金等の額に総資産のうちに占める子会社株式の帳簿価額の割合を乗じて得た金額を控除する。控除金額の算定方法は、次による。

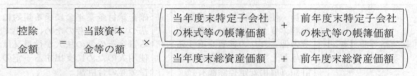

（注）　特定持株会社とは、当該子会社の発行済株式又は出資の総数又は総額の50/100を超える株式又は出資を直接又は間接に保有する法人をいう。

【法令等】地法72の21⑥

ハ 資本金等の額が1,000億円を超える法人に係る特例

　資本金等の額が1,000億円を超える法人の資本割の課税標準については、圧縮措置があり、次の表の区分に応じた率を乗じて計算した金額の合計額が課税標準となる。

資　本　金　等　の　額	率
1,000億円以下の部分	100%
1,000億円超～　5,000億円以下の部分	50%
5,000億円超～10,000億円以下の部分	25%

（注）　資本金等の額が 1 兆円を超える場合には、資本金等の額は 1 兆円となる。

【法令等】地法72の21⑦

二　外国において事業を行う特定内国法人の資本金等の額

　　内国法人で外国にその事業が行われる事務所等を有するもの（特定内国法人）の資本割の課税標準となる資本金等の額は、原則として次により算出する。

$$\boxed{\begin{array}{c}資本金\\等の額\end{array}} - \boxed{資本金等の額} \times \boxed{\dfrac{国外付加価値額}{付加価値額の総額}}$$

【法令等】地法72の22①、地令20の2の23①

(3) 所得割の課税標準額

$$\boxed{\begin{array}{c}法人税の課税標準\\である所得の金額\end{array}} \pm \boxed{\begin{array}{l}・調整措置（特別の定め）【※】\\・外国の事業に帰属する所得\\・繰越欠損金額（国内分）等\end{array}} = \boxed{\begin{array}{c}所得割の\\課税標準額\end{array}}$$

【※】「調整措置（特別の定め）」とは、次の項目をいう。

調整措置	イ　医療法人等の社会保険診療報酬に係る所得の課税除外 ロ　所得税額及び復興特別所得税額の損金不算入 ハ　寄附金の損金算入限度額の調整 ニ　内国法人の外国法人税額の損金等算入　　など

【法令等】地法72の23

(4) 収入割の課税標準額

業　種	課　税　標　準　額　の　算　定　方　法
電気供給業 ガス供給業	「収入金額」－（「国等からの補助金」＋「固定資産の売却による収入金額」など）
保　険　業	「保険の区分別（個人保険・地震保険等の別）の収入保険料」×「一定の率」【※】

【※】「一定の率」は、保険の区分によって異なる。

【法令等】地法72の24の2

4　税額算出方法・税率

(1) 法人事業税額の算出方法

　　法人事業税額は、事業の区分に応じた課税標準に一定の税率を乗じて算出する。

(2) 法人事業税の標準税率

　　税率は、法人の種類別と所得等の区分に従い、次のとおり。

　　（イ　所得を課税標準とする法人　ロ　外形標準課税対象法人　ハ　収入金額及び所得金額を課税標準とする法人　ごとに「原則」と「東京都の場合」を概説する）

X　地方税

イ　所得を課税標準とする法人（普通法人等）

(イ)　原則

適　　用　　区　　分				開 始 事 業 年 度	
				平26.10.1 ～	令元.10.1 ～
普通法人 公益法人等 投資法人等	所得割	軽減税率 適用法人	所 得 金 額 年400万円以下	3.4%	3.5%
			年400万円超 年800万円以下	5.1%	5.3%
			年800万円超	6.7%	7.0%
		軽減税率不適用法人			
特別法人 （協同組合等）	所得割	軽減税率 適用法人	年400万円以下	3.4%	3.5%
			年400万円超	4.6%	4.9%
		軽減税率不適用法人			

（注）1　上記は、地方税法に定める標準税率であり、各地方公共団体においては、これを基にして実際の税率を条例で定めている。
　　　2　制限税率は標準税率の1.2倍である。

(ロ)　東京都の場合

適　　用　　区　　分				開 始 事 業 年 度			
				平28.4.1 ～		令元.10.1 ～	
				標準税率	超過税率	標準税率	超過税率
普通法人等	所得割	軽減税率 適用法人	所 得 金 額 年400万円以下	3.4%	3.65%	3.5%	3.75%
			年400万円超 年800万円以下	5.1%	5.465%	5.3%	5.665%
			年800万円超	6.7%	7.18%	7.0%	7.48%
		軽減税率不適用法人					
特別法人	所得割	軽減税率 適用法人	年400万円以下	3.4%	3.65%	3.5%	3.75%
			年400万円超	4.6%	4.93%	4.9%	5.23%
		軽減税率不適用法人					

（出典）東京都主税局HP「法人事業税の税率表」

ロ　外形標準課税対象法人
（資本金の額又は出資金の額が１億円を超える普通法人）

（注）　令和６年度税制改正により、外形標準課税の適用対象法人の見直しがある（詳細は348ページ）。

㈠　原則

適　　用　　区　　分			開 始 事 業 年 度		
			平28.4.1 〜	令元.10.1 〜	令4.4.1 〜
外形標準課税法人	付　加　価　値　割		1.2%	1.2%	1.2%
	資　　本　　割		0.5%	0.5%	0.5%
	所得割　軽減税率適用法人	所　得　金　額年400万円以下	0.3%	0.4%	1.0%
		年400万円超年800万円以下	0.5%	0.7%	
		年800万円超	0.7%	1.0%	
	軽減税率不適用法人				

（注）１　上記は、地方税法に定める標準税率であり、各地方公共団体においては、これを基にして実際の税率を条例で定めている。
　　　２　外形標準課税対象法人の制限税率は、開始事業年度令和元.10.1以後は標準税率の1.7倍である。

㈡　東京都の場合

適　用　区　分			開 始 事 業 年 度					
			平28.4.1 〜		令元.10.1 〜		令4.4.1 〜	
			標準税率	超過税率	標準税率	超過税率	標準税率	超過税率
外形標準課税法人	付　加　価　値　割		－	1.26%	－	1.26%	－	1.26%
	資　　本　　割		－	0.525%	－	0.525%	－	0.525%
	所得割　軽減税率適用法人	所　得　金　額年400万円以下	（0.3%）	0.395%	（0.4%）	0.495%	（1.0%）	1.18%
		年400万円超年800万円以下	（0.5%）	0.635%	（0.7%）	0.835%		
		年800万円超	（0.7%）	0.88%	（1.0%）	1.18%		
	軽減税率不適用法人							

（出典）東京都主税局HP「法人事業税の税率表」

（注）１　（　）内の税率は東京都での適用はないが、特別法人事業税の基準法人所得割額の計算に用いる。
　　　２　令和４年３月31日以前に開始する事業年度においては、軽減税率を適用する場合があるが、令和４年４月１日以後に開始する事業年度においては、軽減税率の適用対象外となる。

地　方　税

X　地方税

ハ　収入金額及び所得金額を課税標準とする法人（電気供給業等）

(イ)　原則

適　用　区　分			開始事業年度		
			令元.10.1 ～	令2.4.1 ～	令4.4.1 ～
電気・ガス供給業等 （① ②除く）	収　入　割		1.0%	1.0%【※】	
小売電気事業・ 発電事業等（①）	資本金 1億円以下	収　入　割	1.0%	0.75%	0.75%
		所　得　割	－	1.85%	1.85%
	資　本　金 1億円超	収　入　割	1.0%	0.75%	0.75%
		付加価値割	－	0.37%	0.37%
		資　本　割	－	0.15%	0.15%
特定ガス供給業（②）	収　入　割		1.0%	1.0%	0.48%
	付　加　価　値　割				0.77%
	資　本　割				0.32%

（注）1　上記は、地方税法に定める標準税率であり、各地方公共団体においては、これを基にして実際の税率を条例で定めている。
　　　2　【※】特定ガス供給業は令和4年4月1日以後に開始する事業年度から適用される。

【法令等】 地法72の24の7

(ロ)　東京都の場合

適　用　区　分			開始事業年度					
			令元.10.1 ～		令2.4.1 ～		令4.4.1 ～	
			標準 税率	超過 税率	標準 税率	超過 税率	標準 税率	超過 税率
電気・ガス 供給業等 （①②除く）	収　入　割		1.0%	1.065%	1.0%	1.065%	1.0%	1.065%
小売電気 事業・発 電事業等 （①）	資　本　金 1億円以下	収　入　割	1.0%	1.065%	0.75%	0.8025%	0.75%	0.8025%
		所　得　割	－	－	1.85%	1.9425%	1.85%	1.9425%
	資　本　金 1億円超	収　入　割	(1.0%)	1.065%	(0.75%)	0.8025%	(0.75%)	0.8025%
		付加価値割	－	－	－	0.3885%	－	0.3885%
		資　本　割	－	－	－	0.1575%	－	0.1575%
特定ガス 供給業 （②）	収　入　割		1.0%	1.065%	1.0%	1.065%	(0.48%)	0.519%
	付　加　価　値　割						－	0.8085%
	資　本　割						－	0.336%

（出典）東京都主税局HP「法人事業税の税率表」

（注）（　）内の税率は東京都での適用はないが、特別法人事業税の基準法人所得割額及び基準法人収入割額の計算に用いる。

〈税率適用の判定〉

① 軽減税率「不適用法人」・「適用法人」の判定

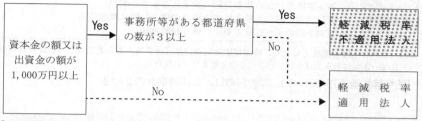

【法令等】地法72の24の7③

② 「超過税率」・「標準税率」の判定 ┃東京都の場合┃

　東京都においては、原則として標準税率によらず、「超過税率」が適用されるが、資本金の額（又は出資金の額）と所得の大きさなどによっては標準税率（この場合の名称は「不均一課税適用法人の税率」）が適用される。

　超過税率の適用の有無については、次表により判定する。

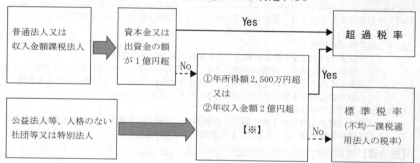

【※】　普通法人、公益法人等、人格のない社団等及び特別法人については、「年所得額」により、収入金額課税法人については、「年収入金額」により判定を行う。

地方税

(3) 算出税額から控除される事業税額（税額控除）

法人事業税には、算出税額から一定額が控除される以下の制度がある。

税額控除	○　特定寄附金に係る税額控除（企業版ふるさと納税） ○　仮装経理に基づく過大申告の場合の更正に伴う税額控除 ○　租税条約の実施に係る更正に伴う税額控除

（注）　令和2年度税制改正により、特定寄附金税額控除（企業版ふるさと納税）の税額控除割合が10%→20%に引き上げられている（令和2年4月1日施行）。

【法令等】 地法72の24の10、72の24の11、地法附則9の2の2

5　申告・納付

法人事業税は、申告納税方式である。

申告	確　定	確定決算に基づく法人事業税額の申告
	中　間 【※】	前事業年度実績に基づく法人事業税額の予定申告
		仮決算に基づく法人事業税額の申告
申告期限・納期限		当該法人税の申告書の提出期限と同じ（原則として各事業年度終了の日の翌日から2月以内）

【※】　中間申告を行う法人は、各事業年度の所得に対する法人税について中間申告の義務のある法人である。
（注）1　申告期限の延長
　　　　①　災害その他やむを得ない理由により決算が確定しない場合
　　　　②　定款等の定め又は特別の事情により、各事業年度終了の日の翌日から2月以内に当該各事業年度の決算についての定時総会が招集されない常況にあると認められる場合等
　　　　法人の申請に基づき申告書の提出期限を延長することができる。
　　　2　大法人の電子申告義務化
　　　　大法人（資本金の額が1億円超等）の申告は、令和2年4月1日以後に開始する事業年度から電子情報処理組織（eLTAX）により提出しなければならない。

【法令等】 地法72の24の12、72の25、72の28、72の32

6　法人事業税独自の制度

(1) 外形標準課税

外形標準課税対象法人は、「所得割額」に加えて、外形基準（「付加価値割額」及び「資本割額」）が課される。

区　分	対象となる法人	課される事業税	
外形標準課税 対象法人	資本金の額又は出資金の額が1億円を超える普通法人	所得基準	所　得　割　額
		外形基準	付加価値割額
			資　本　割　額

（注）　公益法人等、特別法人、人格のない社団等その他一定の法人を除く。

【法令等】地法72の2①

(2)　「分割基準」による法人事業税額の算定

分割基準	二以上の都道府県に事務所又は事業所を有する法人は、課税標準を従業者数等（事業により異なる）により分割し、各都道府県における税率を乗じて算出した税額を納付する。

(注)　分割基準は、事業区分に応じて次表のとおり定められている。

事 業 区 分		分　割　基　準
①　非製造業【※】		課税標準の1/2→事務所等の数
		課税標準の1/2→事務所等の従業者数
②　製造業	資本金1億円未満の法人	事務所等の従業者の数
	資本金1億円以上の法人	事務所等の従業者の数（ただし、工場の従業者の数を1.5倍）
③　ガス供給業、倉庫業		事務所等の固定資産の価額
④　鉄道事業、軌道事業		軌道の延長キロメートル数
⑤　電気供給業	発電事業等	課税標準の3/4→事務所等の固定資産で発電所に供する価額
		課税標準の1/4→事務所等の固定資産の価額
	送配電事業	課税標準の3/4→発電所に接続する電線路の電力容量
		課税標準の1/4→事務所等の固定資産の価額
	小売電気事業等	課税標準の1/2→事務所等の数
		課税標準の1/2→事務所等の従業者の数

(注) 1　【※】「非製造業」とは、②～⑤以外の事業をいう。
　　2　「事務所等の数」は、事業年度に属する各月の末日現在における数値を合計した数値である。
　　3　「従業者の数」は、原則、事業年度終了の日現在における数値である。
　　4　電気供給業の新たな事業類型「配電事業」及び「特定卸供給事業」に係る法人事業税の分割基準は令和4年4月1日以後に終了する事業年度から適用される。

【法令等】地法72の48、地令35の2

地
方
税

第5　特別法人事業税（国税）

(注)　特別法人事業税は国税であるが、法人事業税との関連から便宜上「地方税」に掲記している。

　平成31年度（令和元年度）税制改正において、令和元年10月1日以後に開始する事業年度から地方法人特別税が廃止され、新たに特別法人事業税が導入された。

特別法人事業税の課税要件等

特別法人事業税の課税要件等の概要は、次表のとおり。

1	納税義務者	法人事業税（所得割・収入割）の納税義務のある法人
2	課税物件（課税対象）	法人の行う「事業」そのもの
3	課税標準	法人事業税額（基準法人所得割額又は基準法人収入割額） (注)　「基準法人所得割額」又は「基準法人収入割額」とは、標準税率により計算した法人事業税の所得割額又は収入割額をいう。
4	税額算出方法・税率	(1)　算出方法 　イ　基準法人所得割額×税率 　ロ　基準法人収入割額×税率 (2)　税率

区　分	課税標準	開始事業年度 令2.4.1～	開始事業年度 令4.4.1～
普通法人	基準法人所得割額	37.0%	
特別法人		34.5%	
外形課税対象法人		260.0%	
電気・ガス供給業等の法人（①②除く）	基準法人収入割額	30.0%	
小売電気事業・発電事業等を行う法人（①）		40.0%	
特定ガス供給業を行う法人（②）			62.5%

(注)　特定ガス供給業は令和4年4月1日以後に開始する事業年度から適用。

5	申告・納付	○　特別法人事業税は、法人事業税と同じ申告書・納付書により、法人事業税と併せて都道府県に申告納付 (注)　1　申告期限の延長制度有 　　　2　大法人（資本金の額が1億円超等）の申告は電子申告義務化制度有
6	独自の制度	○　特別法人事業税は国税であるが、都道府県が法人事業税と併せて賦課徴収

【法令等】特別法人事業税及び特別法人事業譲与税に関する法律2、4～10

固定資産税等

第6　固定資産税

　固定資産税は、毎年1月1日現在の固定資産（土地、家屋及び償却資産）の所有者に対し、当該固定資産の所在する市町村（東京都特別区の場合は東京都）が、その固定資産の価値に応じて課税する税である。

　また、都市計画税は、毎年1月1日現在市街化区域内に所在する土地家屋の所有者に対し、当該土地家屋の所在する市町村（東京都特別区の場合は東京都）が、課税する税である。

　なお、都市計画税については、「第7　都市計画税」で概説する。

固定資産税の課税要件等

　固定資産税の課税要件等の概要は、次表のとおり。

1	納税義務者	賦課期日（1月1日）現在の固定資産の所有者	
2	課税物件 （課税客体）	固定資産（土地、家屋及び償却資産）	
3	課税標準	固定資産の価格（適正な時価） ○　土地・家屋 … 原則として基準年度の価格 ○　償却資産 … 原則としてその年の賦課期日における価格	
4	税額算出方法・税率	(1)　算出方法 課税標準額（固定資産の価格等）　×　税率 (2)　税率 　イ　標準税率　1.4% 　(注)1　上記は、地方税法に定める標準税率であり、各市町村においては、これを基にして実際の税率を条例で定めている。 　　　2　市街化区域内の土地及び家屋については、固定資産税とは別に都市計画税（税率0.3％以下）が課される。 　ロ　免税点 … 土地：30万円、家屋：20万円、償却資産150万円	
5	申告・納付	(1)　申告 　償却資産の所有者は、毎年1月31日までに申告 (2)　納付	
		原則	4月、7月、12月、翌年2月（年4回）
		例外	特別の事情がある場合、各条例により異なる納期を定めることができる。 （例）東京都特別区は、6月、9月、12月、翌年2月
		(注)　納税は普通徴収による。	
6	独自の制度	○　縦覧及び閲覧制度	
7	関連税目	○　都市計画税	

地
方
税

X　地方税

1　納税義務者

　固定資産税の納税義務者は、賦課期日（1月1日）現在の固定資産の所有者である。
なお、固定資産とは①土地、②家屋、③償却資産の総称をいう。

区　分	所　　有　　者
①　土　地	・登記簿に所有者として登記されている者 ・土地補充課税台帳に所有者として登録されている者
②　家　屋	・登記簿に所有者として登記されている者 ・家屋補充課税台帳に所有者として登録されている者
③　償却資産	・償却資産課税台帳に所有者として登録されている者

（注）1　原則として固定資産の所有者に課税されるが、次の場合等には「みなし所有者」に対して課
　　　　税することができる。
　　（例）　固定資産の所有者の所在が風水害等で不明である場合→使用者を所有者とみなす。
　　　2　所有者不明土地等については、市町村が一定の調査を尽くしてもなお固定資産の所有者が一
　　　　人も明らかにならない場合には、その使用者を所有者とみなして固定資産税を課することがで
　　　　きる（令和3年度分以後適用）。

【法令等】地法343①～⑤

2　課税物件（課税客体）

(1)　固定資産税の課税客体

　固定資産税の課税客体は、賦課期日（1月1日）現在において当該市町村に所在
する固定資産（土地、家屋及び償却資産）である。

区　分	定　　義
①　土　地	田、畑、宅地、塩田、鉱泉地、池沼、山林、牧場、原野その他の土地
②　家　屋	住家、店舗、工場（発電所及び変電所を含む。）、倉庫その他の建物
③　償却資産	土地及び家屋以外の事業の用に供することができる資産

【法令等】地法341一～四

(2)　償却資産の要件等

イ　償却資産の要件

償　却　資　産　の　要　件
①　土地及び家屋以外の事業の用に供することができる資産であること
②　その資産の減価償却額又は減価償却費が法人税法又は所得税法の規定による所得の計算上損金又は必要な経費に算入される資産で、一定の少額資産以外のものであること
③　鉱業権、漁業権、特許権その他の無形減価償却資産でないこと
④　自動車税の課税客体である自動車及び軽自動車税の課税客体である軽自動車等でないこと

【法令等】地法341四

ロ　償却資産の具体例

資産の種類		具　体　例　（　例　示　）
構築物	構築物	舗装路面、庭園、門・塀・緑化施設等の外構工事、看板（広告塔等）、ゴルフ練習場設備等
	建物附属設備	受変電設備、予備電源設備、その他建築設備、内装・内部造作等
機械及び装置		各種製造設備等の機械及び装置、クレーン等建設機械、機械式駐車設備（ターンテーブル含む。）等
船　　　舶		ボート、釣船、漁船、遊覧船等
航　空　機		飛行機、ヘリコプター、グライダー等
車両及び運搬具		大型特殊自動車（分類番号が「0、00〜09及び000〜099」、「9、90〜99及び900〜999」の車両）等
工具、器具及び備品		パソコン、陳列ケース、看板（ネオンサイン等）、医療機器、測定工具、金型、理容及び美容機器、衝立、ルームエアコン、応接セット、レジスター、自動販売機等

（出典）東京都主税局「令和6年度固定資産税（償却資産）申告の手引き」

ハ　課税客体とされない償却資産

次に掲げる資産は、償却資産の範囲から除外される。

区　　分	内　容　等
① 自動車税・軽自動車税の課税対象資産	原動機付自転車、小型特殊自動車等含む
② 無形減価償却資産	ソフトウエア、特許権、実用新案権等
③ 少額償却資産	・耐用年数が1年未満又は取得価額が10万円未満の資産で、法人税法又は所得税法上一時に損金又は経費に算入しているもの ・取得価額が20万円未満の資産で、一括償却資産として法人税法又は所得税法上3年均等償却しているもの ・法人税法又は所得税法上規定するリース資産で取得価額が20万円未満のもの

（注）　耐用年数が1年未満又は取得価額が20万円未満のものであっても、資産計上し個別に減価償却しているものは、上記の少額償却資産には該当しない。

【法令等】地法341四、地令49

3　課税標準

(1)　固定資産税の課税標準（固定資産税額算出の基礎となる金額）

　　固定資産税の課税標準は、固定資産の価格であり、固定資産課税台帳に登録された価格である。課税標準の原則は次のとおり。

土地及び家屋	基準年度（3年ごと）の1月1日における価格 (注)　基準年度は令和6年度、次回基準年度は令和9年度
償 却 資 産	その年の1月1日における価格

　【法令等】地法349、349の2

(2)　固定資産の価格（評価額）

　　固定資産の価格とは、総務大臣が定めた固定資産評価基準に基づいて評価された額を市町村長又は東京都知事（特別区内に限る。）が決定し、固定資産課税台帳に登録したものをいう。

　　固定資産課税台帳の種類は、次のとおり。

区　　　分	固 定 資 産 課 税 台 帳
土　　　地	土地課税台帳、土地補充課税台帳
家　　　屋	家屋課税台帳、家屋補充課税台帳
償却資産	償却資産課税台帳

　【法令等】地法341九、409～411

(3)　課税標準の特例（一部）

イ　住宅用地・建物

区　　　　　　　分		固定資産税	都市計画税
住　宅　用　地	小規模住宅用地以外の住宅用地	価格×1/3	価格×2/3
うち 小規模住宅用地	住宅用地で住宅1戸につき200㎡までの部分	価格×1/6	価格×1/3
長寿命化に資する大規模修繕工事マンション（注2）	対象部分～固定資産税額の建物部分100㎡まで	減額割合 1/6～1/2	－

　(注)1　「特定空家等」の敷地については、課税標準の特例措置の適用対象から除外される。
　　　2　一定の要件を満たす長寿命化に資する大規模修繕工事マンションは、2年間（R5.4.1～7.3.31）の特例措置を創設し、減額割合は市町村の条例で定める。

　【法令等】地法349の3の2、702の3、地法附則15の9の3

ロ　償却資産（先端設備導入による償却資産の特例）

概　　　　　要	取得時期	固定資産税 （課税標準等）
中小事業者等が中小企業等経営強化法に規定する先端設備等導入計画に基づき、生産性向上に資する一定の機械・装置等を取得した場合の特例	R 5 . 4 . 1 ～R 7 . 3 .31	・原則 3 年間：1／2 ・賃上げ要件満たす場合 4 ～ 5 年間:1／3

【法令等】地法附則15㊹

⑷　土地に係る負担調整措置

　　地域や土地によりばらつきのある負担水準（前年度課税標準額が今年度の評価額に対してどの程度まで達しているかの指標）を均衡化させるため、負担水準の高い土地は税負担を引き下げ又は据え置き、負担水準の低い土地はなだらかに税負担を上昇させることによって負担水準のばらつきを是正する措置である。

　　宅地等及び農地の負担調整について、「商業地等に係る条例減額制度」及び「税負担急増土地に係る条例減額制度」を含め、現行の負担調整措置の仕組みを 3 年間（令和 6 年度～ 8 年度）延長する。

（注）　上記改正に伴い、都市計画税も所要の措置が行われている。

【法令等】地法附則18、19、21、21の 2

4　税額算出方法・税率

⑴　固定資産税額の算出方法

課税標準額（固定資産の価格等）　×　税率

（注）　地方税法及び条例による減額措置等がある場合には、上記算出後の金額から軽減額等を控除したところで計算を行う。

⑵　固定資産税の標準税率

標　準　税　率	1.4%

（注）　上記は地方税法に定める標準税率であり、各市町村においてはこれを基にして実際の税率を条例で定めている。

【法令等】地法350

地
方
税

X 地方税

(3) 固定資産税の免税点

区　　分	免　　税　　点 （課税標準となるべき額の合計額）
土　　地	30万円未満
家　　屋	20万円未満
償却資産	150万円未満

【法令等】地法351

(4) 減額措置（令和8年3月31日までに取得等した場合）

イ　新築住宅の減額

新築住宅が、「床面積要件【※】」を満たす場合は、新たに課税される年度から次表のとおり、固定資産税額の1/2が減額される。

区　　分	軽減割合	適　　用　　年　　分
新　築　住　宅	1/2	3　　年　　度　　分 （3階以上の耐火建築物等は、5年度分）
うち 認定長期優良住宅		5　　年　　度　　分 （3階以上の耐火建築物等は、7年度分）

（注）　居住部分で1戸当たり120㎡相当分までを限度とする。

【※】床面積要件（主なもの）

新築年月日	一戸建住宅【※a】 床　面　積	マンションなどの区分所有の住宅【※b】 専有部分のうち居住部分の床面積に、廊下や階段などの共用部分の床面積をあん分して加えた床面積	うち 貸家の場合
令和8年 3月31日まで	50㎡以上280㎡以下		40㎡以上 280㎡以下

【※a】　居住部分の床面積が全体の1/2以上であるものに限る。
【※b】　専有部分のうち居住部分がその専有部分の1/2以上であるものに限る。
【法令等】地法附則15の6、15の7、地令附則12

ロ　既存住宅の改修工事に伴う減額（主なもの）

一定の基準を満たす改修工事については、固定資産税が減額される。

区　　分		軽減割合	適用年分
耐　震　改　修	認定長期優良住宅	2/3（例外有）	1年（例外2年）
	上　記　以　外	1/2	1年（例外2年）
バ　リ　ア　フ　リ　ー　改　修		1/3	1年

省 エ ネ 改 修	認定長期優良住宅	2／3	1年
	上　記　以　外	1／3	1年

【法令等】地法附則15の 9 、15の 9 の 2

5　申告・納付

(1)　固定資産税の申告（償却資産）

申告期限	賦課期日（ 1 月 1 日）現在所有している償却資産について、その年の 1 月31日までに申告
申告先	所在地の市町村長、都道府県知事等に申告

（注）　固定資産税の賦課は、課税権者である市町村長が税額を計算し、これを納税通知書により納税者に通知を行う「賦課課税方式」である。

【法令等】地法383

(2)　固定資産の納期限

原則	4 月、 7 月、12月、翌年 2 月（年 4 回）
例外	特別の事情がある場合、各条例により異なる納期を定めることができる。 （例）東京都特別区は、 6 月、 9 月、12月、翌年 2 月

（注）　納税は普通徴収による。

【法令等】地法362、364

6　固定資産税独自の制度

○　縦覧及び閲覧制度

区　分	対 象 帳 簿 等	縦 覧 ・ 閲 覧 期 間
縦　覧	①　土地価格等縦覧帳簿 ②　家屋価格等縦覧帳簿	毎年 4／1 以降一定期間 （参考）東京都の場合、令和 6 年度は 4／1 ～ 7／1
閲　覧	固定資産課税台帳	本人資産に係る部分は、年間を通じて閲覧可能

【法令等】地法382の 2 、415、416

7　関連税目

○　都市計画税

「第 7 　都市計画税」の項目で概説する。

地
方
税

第7　都市計画税

　都市計画税は、都市計画事業又は土地区画整理事業を行う市町村が、その事業に要する費用に充てるため、区域内に所在する土地及び家屋に課する目的税である。

　毎年1月1日現在の市街化区域内等に所在する土地及び家屋の所有者に対し、当該土地家屋の所在する市町村（東京都特別区の場合は東京都）が、課税を行う。

都市計画税の課税要件等

　都市計画税の課税要件等の概要は、次表のとおり。

1	納税義務者	賦課期日（1月1日）現在の土地又は家屋の所有者
2	課税物件 （課税客体）	原則として市街化区域内の土地及び家屋
3	課税標準	土地及び家屋の価格（適正な時価） (注)　「価格」とは、土地又は家屋に係る固定資産税の課税標準となるべき価格である。
4	税額算出 方法・税率	(1)　算出方法 　　課税標準額（土地及び家屋の価格）　×　税率 (2)　税率 　　税率0.3％以下 　　(注)　上記は、地方税法に定める税率であり、各市町村においては、これを基準として実際の税率を条例で定めている。 (3)　免税点 　　土地：30万円、家屋：20万円
5	申告・納付	(1)　原則として賦課課税方式による。 (2)　納付 　　固定資産税の納期と同様。 <table><tr><td>原則</td><td>4月、7月、12月、翌年2月（年4回）</td></tr><tr><td>例外</td><td>特別の事情がある場合、各条例により異なる納期を定めることができる。 （例）　東京都特別区は、6月、9月、12月、翌年2月</td></tr></table> (注)　納税は普通徴収による。
6	その他	○　固定資産税と同様に、住宅用地等に対する課税標準の特例措置（第6固定資産の3課税標準(3)イ）や土地に対する負担調整措置については、一部の所要措置が講じられている。
7	関連税目	○　固定資産税

【法令等】　地法702、702の4、702の6 ～ 702の8、地法附則25

その他

第8 不動産取得税

不動産取得税は、不動産の取得に対し不動産の価格を課税標準として課される都道府県税である。

不動産取得税の課税要件等

不動産取得税の課税要件等の概略は、次表のとおり。

1	納税義務者	不動産を取得した個人及び法人 (注)「取得」とは、登記の有無、有償無償を問わない。また、取得には、家屋の価値が増加する増改築を含む。
2	課税物件 (課税客体)	不動産の取得 (注) 不動産とは、土地及び家屋の総称である。
3	課税標準	不動産の価格（固定資産課税台帳に登録された固定資産の評価額）
4	税額算出 方法・税率	(1) 算出方法 （ 課税標準 － 課税標準の特例 ）× 税率 － 減額措置 (2) 課税標準の特例（主なもの）

区　　　分			特　例	適用期限
土地	宅地評価土地		価格×1/2	R9.3.31までに取得
家屋	新築 住宅	認定長期優良住宅	1,300万円控除	R8.3.31までに取得
		上記以外	1,200万円控除	
	既存 住宅	耐震基準適合住宅	最大1,200万円 控除	

(注)1 上記特例は、都道府県の条例に定めるところにより申告された場合に限り適用される。
2 床面積が50㎡以上（一戸建て以外の貸家は40㎡以上）240㎡以下の住宅に適用される。

(3) 税率

区　　　分		税　率	適用期限
土　　　地		3%	R9.3.31までに取得
家　屋	住宅		
	住宅以外	4%	

(注) 上記は、地方税法に定める税率であり、各地方公共団体においては、これを基にして実際の税率を条例で定めている。

地
方
税

(4)　免税点

土　　　地		10万円
家　　屋	建築による取得	23万円（一戸につき）
	承継による取得 （売買など）	12万円（一戸につき）

(5)　減額措置（主なもの）

○　「住宅用土地取得に対する減額措置」

土地取得後３年以内に当該土地の上に特例適用住宅を新築した場合など、一定の条件で申告が行われた場合に限り適用。

①　150万円	①②いずれか大きい額に税率
②　床面積の２倍の面積（200㎡限度）に相当する土地の価格	（３％）を乗じて得た額を減額

(6)　非課税（主なもの）

形式的な 所有権の移転	①　相続による不動産の取得（注）死因贈与は課税 ②　法人の合併又は分割による不動産の取得 ③　法人が新たに法人を設立するために現物出資を行う場合における不動産の取得
用途非課税	①　宗教法人が専ら本来の用に供する不動産の取得 ②　学校法人が直接保育又は教育の用に供する不動産の取得

（注）　法人の分割及び現物出資の場合には、一定の要件に該当した場合に限る。

5　申告・納付	(1)　申告 取得した日から条例で定めた期日までに申告 （参考）　一般的には取得してから60日以内の申告であるが、東京都の場合は30日以内に申告。 (2)　納期限 納税通知書に記載されている納期限 （注）　納期は各都道府県により異なる。
6　独自の制度	○　減額措置等の適用を受ける場合には、条例で定められた期日までに申告を要する。

【法令等】地法73の２、73の７、73の14、73の15、73の15の２、73の24、地法附則11、11の２、11の５

第9　事業所税

　事業所税は、都市環境の整備及び改善に関する事業に要する費用に充てるため、指定都市等が事業所等を設けて事業を行う法人又は個人に対し課する市町村税である。

(注)1　「指定都市等」は人口30万人以上の都市等で、詳細は「6　指定都市等」に記載。
　　2　東京都では、23区内において特例で都税として課税されるほか、武蔵野市、三鷹市、八王子市、町田市の4市で課税されている。

　事業所税の構成は次のとおり。

区　　　　　分		課　税　標　準
事　業　所　税	資　産　割	事　業　所　床　面　積
	従　業　者　割	従　業　者　給　与　総　額

事業所税の課税要件等

　事業所税の課税要件等の概略は、次表のとおり。

1	納税義務者	事務所又は事業所において事業を行う法人又は個人
2	課税物件 （課税客体）	事務所又は事業所において法人又は個人の行う事業
3	課税標準	(1)　資産割 　　事業所床面積（期末の事業所面積） 　　(注)　原則として法人は事業年度末、個人は12/31末現在。 (2)　従業者割 　　従業者給与総額（算定期間中の給与総額） 　　(注)1　「従業者給与総額」には、給料、賃金及び賞与等が含まれるが、退職金、年金等は含まない。 　　　　2　「従業者」には、役員も含まれるが、障害者及び年齢65歳以上の役員以外の者は従業者に含まれない。 　　　　3　年齢55歳以上65歳未満の者のうち雇用保険法等の規定に基づく一定の対象者がある場合は、その者の給与等の1/2を総額に含めない算定特例がある。
4	税額算出方法・税率	(1)　算出方法 $$\left(\begin{array}{c}\text{資産割}\\\text{課税標準}\end{array} \times \boxed{税率}\right) + \left(\begin{array}{c}\text{従業者}\\\text{課税標準}\end{array} \times \boxed{税率}\right)$$ (2)　税率 （表） (注)　免税点の判定の基礎となる事業所床面積は、特殊関係者との共同事業とみなされる事業の場合には、特殊関係者を含めて免税点の判定を行うなど特例がある。

区　分	税　　率	免　税　点
資　産　割	600円／㎡	合計床面積1,000㎡以下
従業者割	0.25%	従業者数100人以下

		(3)　非課税（主なもの）	
		人的非課税	公益法人等が行う収益事業以外の事業
		用途非課税	博物館、教育文化施設、病院、診療所、児童福祉施設、老人福祉施設、電気・ガス施設など一定の施設

5　申告・納付	事業所税の徴収は、申告納付の方法による。 なお、納期限は、次表のとおり。	
	法　人	各事業年度終了の日から２月以内
	個　人	翌年３月15日まで

6　指定都市等 （課税団体）	○　「指定都市等」（課税団体）は次に掲げる77団体である。	
	東京都	東京都特別区
	地方自治法第252条の19第１項の市（20市）	札幌市、仙台市、さいたま市、千葉市、横浜市、川崎市、相模原市、新潟市、静岡市、浜松市、名古屋市、京都市、大阪市、堺市、神戸市、岡山市、広島市、北九州市、福岡市、熊本市
	首都圏整備法に規定する既成市街地を有する市（３市）	川口市、武蔵野市、三鷹市
	近畿圏整備法に規定する既成都市区域を有する市（５市）	守口市、東大阪市、尼崎市、西宮市、芦屋市
	人口30万以上の政令で指定する市（48市）	旭川市、秋田市、郡山市、いわき市、宇都宮市、前橋市、高崎市、川越市、所沢市、越谷市、市川市、船橋市、松戸市、柏市、八王子市、町田市、横須賀市、藤沢市、富山市、金沢市、長野市、岐阜市、豊橋市、岡崎市、一宮市、春日井市、豊田市、四日市市、大津市、豊中市、吹田市、高槻市、枚方市、姫路市、明石市、奈良市、和歌山市、倉敷市、福山市、高松市、松山市、高知市、久留米市、長崎市、大分市、宮崎市、鹿児島市、那覇市
	(注)　令和６年４月１日現在。	

【法令等】地法701の30 ～ 32、701の34、701の40、701の42、701の43、701の45 ～ 47

XI　税務調査等

第1　所得税

(1)　調査事績の概要

　　令和4事務年度における所得税の実地調査（特別調査・一般調査）【※】の件数、非違件数、申告漏れ所得金額の総額及び追徴課税は増加しており、1件当たりの申告漏れ所得金額及び追徴税額についても高水準となっている。

　　具体的な実施状況は下表のとおり。

（注）　事務年度は、7月から翌年6月までの1年間。追徴税額には加算税を含む。以下同じ。

【※】　「実地調査（特別調査・一般調査)」とは、高額・悪質な不正計算が見込まれる事案を対象に深度ある調査が行われるものであり、特に、特別調査は、多額な脱漏が見込まれる個人等を対象に、相当の日数（1件当たり10日以上を目安）を確保して実施されているものをいう。

	R3事務年度	R4事務年度	対前年比
実　地　調　査　件　数	24,067件	35,751件	148.5%
申告漏れ等の非違件数	21,625件	31,271件	144.6%
非　　違　　割　　合	89.9%	87.5%	△2.4ポイント
申　告　漏　れ　所　得　金　額	3,882億円	5,204億円	134.1%
追　　徴　　税　　額　　計	777億円	980億円	126.1%
1件当たり申告漏れ所得金額	1,613万円	1,456万円	90.3%
1件当たり追徴税額計	323万円	274万円	84.8%

（出典）国税庁報道発表資料

（注）　上記のほか、「実地調査（着眼調査)」（資料情報や申告内容の分析の結果、申告漏れ等が見込まれる個人を対象に実地に臨場して短期間で行う調査）及び「簡易な接触」（原則、納税者宅等に臨場することなく、文書、電話による連絡又は来署依頼による面接を行い、申告内容を是正するもの）が実施されている。

　　令和4事務年度におけるこれらの実施状況は、下表のとおり。

	着眼調査	簡易な接触
実　　施　　件　　数	10,555件	591,517件
申告漏れ等の非違件数	7,150件	299,847件
非　　違　　割　　合	67.7%	50.7%
申　告　漏　れ　所　得　金　額	390億円	3,448億円
追　　徴　　税　　額　　計	35億円	353億円
1件当たり申告漏れ所得金額	369万円	58万円
1件当たり追徴税額計	33万円	6万円

（出典）国税庁報道発表資料

税務調査等

XI 税務調査等

(2) 所得税調査の傾向等（重点項目等）

イ 富裕層に対する調査

有価証券・不動産等の大口所有者、経常的な所得が特に高額な個人、海外投資等を積極的に行っている個人など、「富裕層」に対して、資産運用の多様化・国際化が進んでいることを念頭に積極的に調査が実施されている。

令和4事務年度においては、2,943件の実地調査（特別・一般）が実施された。1件当たりの申告漏れ所得金額は過去最高の3,331万円であり、所得税の実地調査（特別・一般）全体の平均（1,456万円）の2.3倍となっている。

(注) 特に、海外投資等を行っている富裕層の「1件当たり追徴税額」は1,068万円であり、所得税の実地調査（特別・一般）全体の（274万円）の3.9倍と高額となっている。

ロ 海外投資等を行っている個人に対する調査

経済社会の国際化に適切に対応していくため、有効な資料情報の収集に努めるとともに、海外投資を行っている個人や海外資産を保有している個人などに対して、国外送金等調書、国外財産調書、租税条約等に基づく情報交換制度のほか、CRS情報（共通報告基準に基づく非居住者金融口座情報）などを効果的に活用し、積極的に調査が実施されている。

令和4事務年度においては、2,784件の実地調査（特別・一般）が実施された。1件当たりの申告漏れ所得金額は、過去最高だった昨年をさらに上回り3,720万円であり、所得税の実地調査（特別・一般）全体の平均（1,456万円）の2.6倍となっている。

ハ インターネット取引を行っている個人に対する調査

インターネット取引に係るシェアリングエコノミー等の新たな分野の経済活動（注）の取引や暗号資産（仮想通貨）等の取引を行っている個人に対して資料情報の収集・分析を行い、積極的に調査が実施されている。

○ シェアリングエコノミー等新分野の経済活動の取引の令和4事務年度においては、1,324件の実地調査（特別・一般）が実施された。1件当たりの申告漏れ所得金額は1,508万円であり、所得税の実地調査（特別・一般）全体の平均（1,456万円）の1.0倍となっている。

(注) シェアリングエコノミー等の新たな分野の経済活動とは、シェアリングビジネス・サービス、ネット広告（アフィリエイト等）、デジタルコンテンツ、ネット通販、ネットオークションその他新たな経済活動を総称した経済活動をいう。

○ 暗号資産（仮想通貨）等取引の令和4事務年度においては、615件の実地調査（特別・一般）が実施された。1件当たりの申告漏れ所得金額は3,077万円であり、所得税の実地調査（特別・一般）全体の平均（1,456万円）の2.1倍となっている。

二　無申告者に対する調査

　　　無申告は、自発的に適正な納税をしている納税者に強い不公平感をもたらすこととなるため、的確かつ厳格に対応すべく積極的に調査が実施されている。

　　　令和4事務年度においては、5,229件の実地調査（特別・一般）が実施された。1件当たりの申告漏れ所得金額は2,711万円であり、所得税の実地調査（特別・一般）全体の平均（1,456万円）の1.9倍となっている。

【参考：海外投資等の調査事例】

○　家族名義により海外の金融機関で資産運用を行い、その資産運用益で得た所得について申告を行っていない事実を把握した事例。

○　国外財産調書により、海外に不動産及び預金口座を保有していることを把握し、その不動産の賃貸料収入及び預金から発生した利子が漏れていた事実を把握した事例。

○　国外送金等調書を活用し、外国法人の株式の保有の事実を把握するとともに、配当及び株式譲渡益が無申告である事実を把握した事例。

○　租税条約に基づく情報交換制度によって、海外銀行の代表者名義預金に売上代金を入金させ、売上げを適正に申告していなかった事実を把握した事例。

（出典）国税庁レポート2020～2023を基に作成

【参考：無申告の調査事例】

○　会社員が自身のホームページに企業広告等を掲載することにより得ていた収入（アフィリエイト収入）に関して、給与と合わせて確定申告をする必要があったが、無申告だった事例。

○　多額の利益が生じていることを認識していながら、作成していた書類を意図的に破棄し、税務申告を不正に逃れていた事実を把握した事例。

○　インターネットを通じて物品を販売することにより多額の利益を得ていたが申告せず、その利益で運用した暗号資産の利益も一部しか申告していなかった事実を把握した事例。

○　暗号資産取引により多額の利益を得ていたものの、関係人に暗号資産を送金の上、その関係人に日本円に換金させることで、自己の収益として申告しなかった事実を把握した事例。

○　動画配信により多額の利益を得ていたが、その利益を隠蔽し、申告をしなかった事実を把握した事例。

○　いわゆる「ギャラ飲み」による多額の収益を得ており、所得税の申告が必要であったが、申告をしなかった事実を把握した事例。

（出典）国税庁レポート2020～2023を基に作成

税務調査等

XI 税務調査等

【参考：重点項目等に対する調査結果（令和4事務年度）】

重点項目	イ 富裕層	ロ 海外投資家	ハ ネット取引		ニ 無申告者
			シェアリングエコノミー等	暗号資産（仮想通貨）等	
調　査　件　数	2,943件	2,784件	1,324件	615件	5,229件
申告漏れ所得金額	980億円	1,036億円	200億円	189億円	1,418億円
追　徴　税　額　計	183億円	207億円	42億円	64億円	224億円
1　件　当　た　り申告漏れ所得金額	3,331万円	3,720万円	1,508万円	3,077万円	2,711万円
1　件　当　た　り追　徴　税　額　計	623万円	743万円	320万円	1,036万円	429万円

（出典）国税庁報道発表資料

【参考：事業所得を有する個人の1件当たりの申告漏れ所得金額が高額な上位5業種（令和4事務年度）】

順位	業　種　目	1件当たりの申告漏れ所得金額	1件当たりの追徴税額（加算税を含む）	前年順位
1	経営コンサルタント	3,367万円	676万円	1
2	く　ず　金　卸　売　業	2,483万円	952万円	－
3	ブ　リ　ー　ダ　ー	2,075万円	454万円	3
4	焼　　　　　肉	1,611万円	319万円	－
5	タ　イ　ル　工　事	1,598万円	266万円	－

（出典）国税庁報道発表資料

(3) 所得税の調査のポイント等

　　上記等を踏まえると、例えば、次のような個人は、税務調査の対象となる可能性が高まると思料される。

> ① 売上げの伸びが著しい好況業種の個人や売上げを低く抑えて申告していることが想定される個人
> ② 利益率（粗利）の変動が大きく、所得金額が低い個人
> ③ 売上げに比して経費の支出が多額な個人
> ④ 前回調査で不正な計算を指摘された個人
> ⑤ 申告漏れ所得金額が高額な業種で、同業者と比較して申告事績が低調な個人
> ⑥ 海外からの収入、インターネット取引や動画配信による収入など多額の利益を得ていると見込まれるにもかかわらず、それらを申告をしていないことが想定される個人

第2 法人税

(1) 調査事績の概要

イ 実地調査の状況

令和4事務年度における法人税の実地調査の件数、申告漏れ所得金額、追徴税額は増加しており、追徴税額は近年の最高値の水準となっている。

令和4事務年度における法人税の実地調査の状況は、下表のとおり。

	R3事務年度	R4事務年度	対前年比
実 地 調 査 件 数	41千件	62千件	152.3%
申告漏れ等の非違件数	31千件	47千件	148.8%
非 違 割 合	75.6%	75.8%	+0.2ポイント
申 告 漏 れ 所 得 金 額	6,028億円	7,801億円	129.4%
追 徴 税 額 計	1,438億円	1,868億円	129.9%
1件当たり申告漏れ所得金額	14,788千円	12,570千円	85.0%
1件当たり追徴税額計	3,528千円	3,010千円	85.3%

(注) 調査による追徴税額には地方法人税を含む。

(出典) 国税庁報道発表資料を基に作成

ロ 実調率の推移

○ 実地調査の件数は、国税通則法の改正等に伴い減少していた時期があったものの、年間約10万件程度で推移していた。令和元事務年度以降は、新型コロナウイルス感染症の影響もあり調査等件数は更に減少したが、近年は増加している。

○ 申告件数に対する実地調査件数の割合（実調率）は、近年は3.4%前後であるが、令和4事務年度は2.0%（令和3事務年度1.3%）である。

	H17事務年度	H26事務年度	R4事務年度
実 地 調 査 件 数	143千件	95千件	62千件
申 告 件 数	2,767千件	2,794千件	3,128千件
実 調 率	5.2%	3.4%	2.0%

(出典) 国税庁報道発表資料を基に作成

ハ 簡易な接触の状況

令和4事務年度における簡易な接触の状況は、下表のとおり。

	R3事務年度	R4事務年度	対前年比
簡 易 な 接 触 件 数	67千件	66千件	99.3%
申 告 漏 れ 所 得 金 額	88億円	78億円	88.8%
追 徴 税 額	104億円	71億円	68.0%

(注) 簡易な接触とは、書面や電話による連絡や来署依頼による面接により、申告内容の見直しなどを要請するものをいう。

税務調査等

(2)　法人税調査の傾向等（重点項目等）

イ　海外取引法人等に対する調査

　　企業等の事業、投資活動のグローバル化が進展する中で、海外取引を行っている法人の中には、海外の関連法人を利用して偽りの商業送り状（注）を作成させることにより売上を過少に計上するなどの不正計算を行うものが存在する。このような海外取引法人等に対し、現地の登記情報等から外国子会社の実態の確認や租税条約等に基づく情報交換制度を積極的に活用するなど、深度ある調査が実施されている。

（注）　商業送り状とは、輸出貨物の品名、数量、価格などを記載した明細書、請求書等を兼ねる書類をいう。

	R3事務年度	R4事務年度	対前年比
実　地　調　査　件　数	6,676件	10,394件	155.7%
海外取引等に係る非違件数	1,752件	2,422件	138.2%
内、不正計算があった件数	219件	256件	116.9%
申　告　漏　れ　所　得　金　額	1,611億円	2,259億円	140.2%
内、不　正　所　得　金　額	108億円	134億円	123.9%
1件当たり申告漏れ所得金額	24,131千円	21,734千円	90.1%

（出典）国税庁報道発表資料を基に作成

【参考：海外取引に係る調査事例（令和4事務年度）】

①	国外関連者に対する取引価格を、独立企業間価格（注）より低く設定し利益移転
②	国外売上の一部を除外するほか、国外の関連法人へ利益の付け替え
③	国外関連者への支援目的で貸付金利息及び技術支援料を請求せず利益供与

（注）　独立企業間価格とは、国外関連者との取引が、その取引と同様の状況の下で非関連者間において行われた場合に成立すると認められる価格をいう。　　　　　（出典）国税庁報道発表資料

ロ　無申告法人に対する調査

　　事業を行っているにもかかわらず申告をしていない法人を放置しておくことは、納税者の公平感を著しく損なうものであること等から、インターネット情報等により事業実態を把握し的確に管理した上で、稼働無申告法人に対する調査が重点的に実施されている。

	R3事務年度	R4事務年度	対前年比
実　地　調　査　件　数	1,482件	1,632件	110.1%
内、不正計算があった件数	326件	364件	111.7%
調査による追徴税額	9,061百万円	9,476百万円	104.6%
内、不正計算があった法人への追徴税額	6,322百万円	6,059百万円	95.8%

（出典）国税庁報道発表資料

【参考：無申告法人に対する調査事例（令和4事務年度）】

①	婦人服の製造業で得た収入について、売上代金を代表者名義の預金口座に振り込ませ、書類を破棄することで取引を隠蔽
②	太陽光発電のコンサルティング業で得た収入について、売上代金を代表者名義の預金口座に振り込ませることで取引を隠蔽

（出典）国税庁報道発表資料

【参考：不正発見割合の高い上位5業種（令和4事務年度）】

順位	業　種　目	不正発見割合	1件当たりの不正所得金額	前年順位
1	そ の 他 の 飲 食	36.2%	20,201千円	5
2	廃 棄 物 処 理	29.4%	20,328千円	－
3	中 古 品 小 売	28.7%	13,520千円	－
4	土 木 工 事	28.1%	16,666千円	4
5	職 別 土 木 建 築 工 事	27.7%	18,825千円	3

（出典）国税庁報道発表資料

【参考：1件当たりの不正所得金額の大きな上位5業種（令和4事務年度）】

順位	業　種　目	不正発見割合	1件当たりの不正所得金額	前年順位
1	計量器、医療機械、理化学機械等製造	12.0%	85,482千円	－
2	運 輸 附 帯 サ ー ビ ス	17.9%	63,695千円	4
3	鉄 鋼 卸 売	17.3%	58,822千円	－
4	その他の対事業所サービス	17.9%	43,325千円	－
5	自動車、同付属品製造	17.1%	41,292千円	－

（出典）国税庁報道発表資料

(3) 法人税の調査のポイント等

　上記等を踏まえると、例えば、次のような法人は、税務調査の対象となる可能性が高まると思料される。

①	売上げの伸びが著しい好況法人
②	利益率（粗利）の変動が大きく申告所得が低調な法人
③	売上げに比して経費の支出が多額な法人
④	海外子会社を有し海外取引（輸出入、役務提供、海外投資など）が多い法人
⑤	代表者のワンマン経営で経理が脆弱な法人
⑥	前回調査で不正計算を指摘された法人
⑦	不正発見割合の高い業種で同業者に比較して申告事績が低調な法人

　また、税務調査におけるトラブルを未然に防止するには、一般に、以下の対策が有効と思料される。

税務調査等

XI 税務調査等

① 事業目的が希薄で、節税を主たる目的とするような取引等については、調査で指摘される可能性が高いことから、その取引等の導入の検討を含め、複数の専門家に意見を求める。

② 書類の散逸、書類間の不整合、証拠（根拠）となる資料の不存在、通常のルールと異なる形態や決済を行っている取引等があると、調査担当者に無用な疑念を抱かせることとなり、不必要な調査（更なる書類の提示や質問、取引先に対する反面調査等）が行われかねない。

　このため、日頃から帳簿書類やデータの管理・整理を徹底するとともに、イレギュラーな形態の取引等がある場合には、そのような形態となった経緯等が明確に説明できるように関係書類の整理や記録を残す。

③ 経費区分（福利厚生費、交際費、寄附金等の区分）が事後においても検証できるようにしておくこと。特に飲食費用や旅費など、一見して会社経費なのか個人的経費なのかが判別しにくいものについては、支出内容・目的等を説明できるようにする。

【参考：最近の税務調査の手法等】

○ 従来の帳簿・原始記録中心の調査手法に加え、経理や営業担当者のパソコン調査（特に電子メール調査）なども必要に応じて実施されている。

○ 令和3年度税制改正により、電子取引の取引情報に係る電磁的記録の保存が義務付けられたことから（電子帳簿保存法第7条）、令和6年1月1日以後に行う電子取引の取引情報が含まれる電子メールについては、質問検査権に基づき、提示・提出を求められることとなる（電子データの保存につき、相当な理由がある場合を除く。）。

○ 調査担当者が不正計算を指摘する場合は、原則として「質問応答記録書」【※】が作成される傾向にある。

○ 海外取引やネット取引については、情報交換制度を活用するなどして、国境を越えて資料情報の集積が図られている。

【※】「質問応答記録書」とは、課税要件の充足性を確認する上で重要と認められる事項について、その事実関係の正確性を期するため、調査担当者と納税者等の質問応答形式等で作成する行政文書である。

第3　消費税

(1)　調査事績の概要

令和4事務年度における消費税の実地調査の状況は、下表のとおり。

	個人事業者	法　人	計
実 地 調 査 件 数	26千件	61千件	87千件
申告漏れ等の非違件数	21千件	35千件	56千件
非 　違 　割 　合	82.3%	57.4%	64.4%
追 　徴 　税 　額 　計	336億円	1,357億円	1,693億円
1件当たり追徴税額計	132万円	223万円	

(出典) 国税庁報道発表資料

(2)　消費税調査の傾向等（重点項目等）

消費税は、主要な税目の一つであり、国民の関心も極めて高いことから、一層適正な税務執行が図られている。特に、虚偽の申告により不正に還付金を得ようとするケースについては、調査等を通じて還付原因となる事実関係を確認するなどし、その防止が図られている。

イ　消費税還付法人に対する調査

虚偽の申告により不正に消費税の還付金を得るケースがあるため、こうした不正還付等が想定される法人について、厳正な調査が実施されている。

実地調査件数の全体は減少している一方で、大口・悪質な不正計算が想定される法人に対して調査が実施された結果、ここ数年間の追徴税額は増加傾向にある。

	R3事務年度	R4事務年度	対前年比
調 　査 　件 　数	4,252件	5,810件	136.6%
非 違 が あ っ た 件 数	2,877件	3,588件	124.7%
内、不正計算があった件数	791件	931件	117.7%
調 査 に よ る 追 徴 税 額	372億円	563億円	151.5%
内、不正計算に係るもの	111億円	138億円	123.5%

(注)　調査による追徴税額には地方消費税（譲渡割額）を含む。　　(出典) 国税庁報道発表資料

【参考：消費税の調査事例】

○　仕入先と通謀して国内仕入れ（課税）を水増し計上するとともに、輸出に関する虚偽の資料を作成して輸出売上げ（免税）を水増し計上していた事例。

○　取引実態がないにもかかわらず、国内での仕入れを装い架空仕入れ（課税仕入れ）を計上するとともに、国外への販売を装い架空免税売上げ（免税取引）を計上していた事例。

税務調査等

○　輸出物品販売場（いわゆる免税店）で実際に店舗に来ていない外国人のパスポートを流用し、国内事業者に対する売上（課税取引）を外国人旅行者へ販売（免税取引）したように装い課税売上を免税売上に計上していた事例。

○　高額な固定資産の購入を装い架空の課税取引を計上していた事例。

○　在留外国人が消費税の輸出免税制度を悪用し、実際の取引に基づかない過大な金額の輸出免税売上及び仕入税額控除を故意に計上し、不正に消費税の還付を受けていた事例。

○　輸出物品販売場で消費税免税物品を大量に購入していたが、購入した物品を国外に輸出せず、不正に消費税の免税を受けていた事例。

（出典）国税庁報道発表資料及び国税庁レポート2021 ～ 2023を基に作成

ロ　無申告者に対する調査

　　無申告は、自発的に適正な納税をしている納税者に強い不公平感をもたらすこととなるため、的確かつ厳格に対応すべく積極的に調査が実施されている。

	個人事業者	法　　人	計
実　地　調　査　件　数	7,615件	1,370件	8,985件
調査による追徴税額計	198億円	105億円	303億円

（出典）国税庁報道発表資料

(3)　消費税の調査のポイント等

　　消費税調査における非違事項（誤り）には、所得税又は法人税の誤りに連動して生ずるもの（連動非違）と、所得税又は法人税の誤りとは連動しない固有の誤り（消費税固有の非違）とがある（下表参照）。

　　連動非違については、所得税又は法人税の調査への対応が消費税にも当てはまる一方で、固有の非違については、消費税独自の視点・観点からの対応が求められる。

連動非違となるもの	・売上げ計上漏れ　　　・仕入れ過大計上 ・経費の過大計上　　　・経費の繰上げ計上　　など
消費税固有の非違となるもの	・取引の課否判定誤り　　　・課税売上げの計上時期誤り ・非課税の適用誤り　　　　・課税売上割合の算定誤り ・免税の適用誤り　　　　　・課税仕入れ等の用途区分誤り ・課税標準額の算定誤り　　・課税仕入れ等の計上時期誤り ・税率適用誤り　　　　　　・一体資産の判定、税率適用誤り ・仕入控除税額の計算誤り　・仕入税額控除の調整の誤り ・簡易課税制度の適用及び計算誤り ・税率引上げ時の経過措置適用誤り　　など （注）　制度手続等の適用誤り防止の観点から、次の手続等を行っているか確認する必要もある。 　　　・課税事業者の判定や課税事業者の選択 　　　・簡易課税制度の選択　　など

第4 相続税・贈与税

(1) 調査事績の概要

イ 相続税

相続税の実地調査は、資料情報等から申告額が過少であると想定される事案や申告義務があるにもかかわらず無申告であると想定される事案等について実施されている。

令和4事務年度においては、令和3事務年度と比べ、実施調査件数（8,196件）、追徴税額計（669億円）は、ともに増加した。また、1件当たりの申告漏れ課税価格3,209万円、1件当たりの追徴税額（816万円）となった。

令和4事務年度における相続税の実地調査の状況は、下表のとおり。

	R3事務年度	R4事務年度	対前年比
実 地 調 査 件 数	6,317件	8,196件	129.7%
申告漏れ等の非違件数	5,532件	7,036件	127.2%
非 違 割 合	87.6%	85.8%	△1.7ポイント
申 告 漏 れ 課 税 価 格	2,230億円	2,630億円	117.9%
追 徴 税 額 計	560億円	669億円	119.5%
1件当たり申告漏れ課税価格	3,530万円	3,209万円	90.9%
1件当たり追徴税額計	886万円	816万円	92.1%

（出典）国税庁報道発表資料

ロ 贈与税

相続税の補完税である贈与税の適正な課税を実現するため、積極的に資料情報を収集するとともに、あらゆる機会を通じて財産移転の把握が行われ、無申告事案を中心に、贈与税の調査が実施されている。

令和4事務年度における贈与税の実地調査の状況は、下表のとおり。

	R3事務年度	R4事務年度	対前年比
実 地 調 査 件 数	2,383件	2,907件	122.0%
申告漏れ等の非違件数	2.225件	2,732件	122.8%
非 違 割 合	93.4%	94.0%	+0.6ポイント
申 告 漏 れ 課 税 価 格	175億円	206億円	117.6%
追 徴 税 額 計	68億円	79億円	115.1%
1件当たり申告漏れ課税価格	734万円	708万円	96.4%
1件当たり追徴税額計	287万円	270万円	94.3%

（出典）国税庁報道発表資料

税務調査等

ハ 相続税の簡易な接触の事績

	R3事務年度	R4事務年度	対前年比
簡 易 な 接 触 件 数	14,730件	15,004件	101.9%
申 告 漏 れ 等 の 非 違 件 数	3,638件	3,685件	101.3%
申 告 漏 れ 課 税 価 格	630億円	686億円	108.9%
追 徴 税 額 計	69億円	87億円	125.2%

(注) 簡易な接触とは、書面や電話による連絡や来署依頼による面接により、申告内容の見直しなどを要請するものをいう。 (出典) 国税庁報道発表資料

(2) **相続税調査の傾向等（重点項目等）**

イ **無申告者に対する調査**

無申告は、自発的に適正な申告・納税を行っている納税者の税に対する公平感を著しく損なうものであることから、資料情報の更なる収集・活用など無申告事案の把握のための積極的な取組及び的確な課税処理が行われている。

ロ **海外資産関連事案に対する調査**

納税者の資産運用の国際化に対応し、相続税の適正な課税を実現するため、相続税調査の実施に当たっては、租税条約等に基づく情報交換制度のほか、CRS情報（共通報告基準に基づく非居住者金融口座情報）などを効果的に活用した海外取引や海外資産の保有状況の把握が行われている。

【参考：重点項目等に対する調査結果（令和4事務年度）】

重点項目	イ 無申告	ロ 海外資産関連
実 地 調 査 件 数	705件	845件
申 告 漏 れ 等 の 非 違 件 数	607件	174件
非 違 割 合	86.1%	20.7%
申 告 漏 れ 課 税 価 格	741億円	70億円
追 徴 税 額 計	111億円	
1件当たり申告漏れ課税価格	10,508万円	4,028万円
1 件 当 た り 追 徴 税 額 計	1,570万円	

(出典) 国税庁報道発表資料

【参考：無申告、海外資産の申告除外の調査事例】

○ 被相続人の銀行口座から生前に出金して自宅に保管していた多額の現金があり、相続税の申告が必要であると認識しながら、申告をしなかった事実を把握した事例。

○　CRS情報を端緒に、相続税の申告において海外預金と海外不動産を申告していなかった事実を把握した事例。

（出典）国税庁レポート2023を基に作成

⑶　相続税・贈与税の調査のポイント等

上記等を踏まえると、例えば、次のような場合は、税務調査の対象となる可能性が高まると思料される。

①　相続財産が高額な場合
②　海外資産や不表現資産（預貯金、有価証券等）の申告漏れが想定される場合
③　被相続人の生前の収入に比して相続財産が過少である場合
④　相続人等の収入に比してその人の名義財産（特に金融資産）が多額な場合

また、税務調査におけるトラブルを未然に防止するには、一般に、以下の対策が有効と思料される。

①　実際に贈与を行う際は、次の行為等を確実に行い、名義預金等との指摘を受けないよう注意する。 　○　贈与契約書の作成、相続人が使用している預金口座への振込み、贈与税の適正申告などの証拠を残すこと 　○　相続人等の名義の預金等の管理・運用は名義人自らが行うこと
②　土地や株式の評価については、事実関係をよく調べて適正に評価するとともに、行き過ぎた節税対策（特に相続開始直前に）は行わない。

巻末資料

① 納税義務者の区分と課税所得の範囲・課税方法の概要・・・・・・・・・・・・・・・・・・387
② 非居住者及び外国法人に対する課税関係の概要と源泉徴収・・・・・・・・・・・・・・388
③ 令和6年（2024年）分の給与所得の源泉徴収税額表（月額表）・・・・・・・・・391
④ 月額表の甲欄を適用する給与等に対する源泉徴収税額の電算機計算の特
例・・398
⑤ 令和6年（2024年）分の給与所得の源泉徴収税額表（日額表）・・・・・・・・・399
⑥ 賞与に対する源泉徴収税額の算出率の表（令和6年分）・・・・・・・・・・・・・・406
⑦ 年末調整等のための給与所得控除後の給与等の金額の表・・・・・・・・・・・・・408
⑧ 居住者又は内国法人に支払う報酬・料金等に対する源泉徴収税額の表・・・417
⑨ 源泉徴収のための退職所得控除額の表（令和6年分）・・・・・・・・・・・・・・・・429
⑩ 課税退職所得金額の算式の表（令和6年分）・・・・・・・・・・・・・・・・・・・・・・・・430
⑪ 退職所得の源泉徴収税額の速算表（令和6年分）・・・・・・・・・・・・・・・・・・・・430
⑫ 減価償却資産の耐用年数表
　・別表第1　機械及び装置以外の有形減価償却資産の耐用年数表・・・・・・・・・431
　・別表第2　機械及び装置の耐用年数表・・・・・・・・・・・・・・・・・・・・・・・・・・・・・・439
　・別表第3　無形減価償却資産の耐用年数表・・・・・・・・・・・・・・・・・・・・・・・・・・442
　・別表第4　生物の耐用年数表・・・・・・・・・・・・・・・・・・・・・・・・・・・・・・・・・・・・・442
　・別表第5　公害防止用減価償却資産の耐用年数表・・・・・・・・・・・・・・・・・・・・443
　・別表第6　開発研究用減価償却資産の耐用年数表・・・・・・・・・・・・・・・・・・・・443
　・別表第7　平成19年3月31日以前に取得した減価償却資産の償却率表・・・444
　・別表第8　平成19年4月1日以後に取得した減価償却資産の定額法の償
　　　　　　　却率表・・・445
　・別表第9　平成19年4月1日から平成24年3月31日までの間に取得した
　　　　　　　減価償却資産の定率法の償却率、改定償却率及び保証率の
　　　　　　　表・・・446
　・別表第10　平成24年4月1日以後に取得した減価償却資産の定率法の償
　　　　　　　却率、改定償却率及び保証率の表・・・・・・・・・・・・・・・・・・・・・・・・447
　・別表第11　平成19年3月31日以前に取得した減価償却資産の残存割合
　　　　　　　表・・・448
⑬ 令和6年分土地及び土地の上に存する権利の評価についての調整率表・・・449
⑭ 印紙税額一覧表（令和6年4月現在）・・・・・・・・・・・・・・・・・・・・・・・・・・・・・・453
⑮ 登録免許税の税額表（抄）・・・・・・・・・・・・・・・・・・・・・・・・・・・・・・・・・・・・・・455
⑯ 協会けんぽの保険料率・・・459
⑰ 令和2年9月分（10月納付分）からの厚生年金保険料額表（令和6年度
版）・・・460
⑱ 介護保険料率・・461
⑲ 雇用保険料率（令和6年度）・・・・・・・・・・・・・・・・・・・・・・・・・・・・・・・・・・・・461
⑳ 国民年金の保険料・・461
㉑ 主な税のこよみ・・462
㉒ 年齢早見表（2024年（令和6年）用）・・・・・・・・・・・・・・・・・・・・・・・・・・・467

① 納税義務者の区分と課税所得の範囲・課税方法の概要

項目 納税義務者の区分			課 税 所 得 の 範 囲	課税方法
個 人	居 住 者	非永住者以外の 居住者 （所法2①三）	国の内外で生じた全ての所得（所法5①、7①一）	申告納税又 は源泉徴収
		非 永 住 者 （所法2①四）	国外源泉所得（国外にある有価証券の譲渡により生ずる所得として一定のものを含みます。）以外の所得及び国外源泉所得で国内において支払われ、又は国外から送金された所得（所法5①、7①二）	申告納税又 は源泉徴収
	非 居 住 者 （所法2①五）		国内源泉所得（所法5②、7①三）	申告納税又 は源泉徴収
法 人	内 国 法 人 （所法2①六）		国内において支払われる利子等、配当等、定期積金の給付補塡金等、匿名組合契約等に基づく利益の分配及び賞金（所法5③、7①四）	源 泉 徴 収
	外 国 法 人 （所法2①七）		国内源泉所得のうち特定のもの（所法5④、7①五）	源 泉 徴 収
	人 格 の な い 社 団 等 （所法2①八）		内国法人又は外国法人に同じ（所法4）	源 泉 徴 収

(出典)　「令和6年版　源泉徴収のあらまし」国税庁

活用税目

所 得 税

巻末資料

② 非居住者及び外国法人に対する課税関係の概要と源泉徴収

1 非居住者に対する課税関係の概要

非居住者の区分（所法164①）／所得の種類（所法161①）	恒久的施設を有する者 恒久的施設帰属所得（所法164①一イ）	その他の国内源泉所得（所法164①一ロ、②一）	恒久的施設を有しない者（所法164①二、②二）	源泉徴収（所法212①、213①）
（事業所得）		【課税対象外】		無
① 資産の運用・保有により生ずる所得（所法161①二）※ 下記⑦～⑮に該当するものを除く。	【総合課税】（所法161①一）	【総合課税（一部）（注2）】		無
② 資産の譲渡により生ずる所得（〃 三）				無
③ 組合契約事業利益の配分（〃 四）		【課税対象外】		20.42%
④ 土地等の譲渡対価（〃 五）				10.21%
⑤ 人的役務の提供事業の対価（〃 六）		【源泉徴収の上、総合課税】		20.42%
⑥ 不動産の賃貸料等（〃 七）				20.42%
⑦ 利子等（〃 八）	【源泉徴収の上、総合課税】（所法161①一）	【源泉分離課税】		15.315%
⑧ 配当等（〃 九）				20.42%
⑨ 貸付金利子（〃 十）				20.42%
⑩ 使用料等（〃 十一）				20.42%
⑪ 給与その他人的役務の提供に対する報酬、公的年金等、退職手当等（〃 十二）				20.42%
⑫ 事業の広告宣伝のための賞金（〃 十三）				20.42%
⑬ 生命保険契約に基づく年金等（〃 十四）				20.42%
⑭ 定期積金の給付補塡金等（〃 十五）				15.315%
⑮ 匿名組合契約等に基づく利益の分配（〃 十六）				20.42%
⑯ その他の国内源泉所得（〃 十七）	【総合課税】（所法161①一）	【総合課税】		無

（注）1 恒久的施設帰属所得が、上記の表①から⑯までに掲げる国内源泉所得に重複して該当する場

合があります。
2　上記の表②資産の譲渡により生ずる所得のうち恒久的施設帰属所得に該当する所得以外のものについては、所得税法施行令第281条第1項第1号から第8号までに掲げるもののみ課税されます。
3　租税特別措置法の規定により、上記の表において総合課税の対象とされる所得のうち一定のものについては、申告分離課税又は源泉分離課税の対象とされる場合があります。
4　租税特別措置法等の規定により、上記の表における源泉徴収税率のうち一定の所得に係るものについては、軽減又は免除される場合があります。

2　外国法人に対する課税関係の概要（網掛け部分が法人税の課税範囲）

・【法人税】の部分が、法人税の課税対象となる国内源泉所得となります。
・④及び⑤並びに(7)から(14)までの所得については、源泉徴収の対象となる国内源泉所得となります。

所得の種類（法法138）＼外国法人の区分（法法141）		恒久的施設を有する法人		恒久的施設を有しない法人（法法141二）	源泉徴収（所法212①、213①）
		恒久的施設帰属所得（法法141一イ）	その他の国内源泉所得（法法141一ロ）		
（事業所得）			【課税対象外】		無（注1）
② 資産の運用・保有（法法138①二）※ 下記(7)〜(14)に該当するものを除く。		① 恒久的施設に帰せられるべき所得（法法138①一）【法人税】	【法人税】		無（注2）
③ 資産の譲渡（法法138①三）※ 右のものに限る。	不動産の譲渡（法令178①一）				無（注3）
	不動産の上に存する権利等の譲渡（ 〃 二）				
	山林の伐採又は譲渡（ 〃 三）				無
	買集めした内国法人株式の譲渡（ 〃 四イ）				
	事業譲渡類似株式の譲渡（ 〃 四ロ）				
	不動産関連法人株式の譲渡（ 〃 五）				

— 389 —

	ゴルフ場の所有・経営に係る法人の株式の譲渡 等（〃六、七）		
④	人的役務の提供事業の対価（法法138①四）		20.42%
⑤	不動産の賃貸料等（〃 五）		20.42%
⑥	その他の国内源泉所得（〃 六）		無
(7)	債券利子等（所法161①八）（注5）		15.315%
(8)	配当等（〃 九）（注5）		20.42%（注4）
(9)	貸付金利子（〃 十）（注5）		20.42%
(10)	使用料等（〃 十一）（注5）		20.42%
(11)	事業の広告宣伝のための賞金（〃 十三）（注5）	【源泉徴収のみ】	20.42%
(12)	生命保険契約に基づく年金等（〃 十四）（注5）		20.42%
(13)	定期積金の給付補填金等（〃 十五）（注5）		15.315%
(14)	匿名組合契約等に基づく利益の分配（〃 十六）（注5）		20.42%

(注) 1　事業所得のうち、組合契約事業から生ずる利益の配分については、20.42％の税率で源泉徴収が行われます。

　　 2　租税特別措置法第41条の12の規定により同条に規定する一定の割引債の償還差益については、18.378％（一部のものは16.336％）の税率で源泉徴収が行われます。

　　　　また、租税特別措置法第41条の12の2の規定により同条に規定する一定の割引債の償還金に係る差益金額については、15.315％の税率で源泉徴収が行われます。

　　 3　資産の譲渡による所得のうち、国内にある土地若しくは土地の上に存する権利又は建物及びその附属設備若しくは構築物の譲渡による対価（所得税法施行令第281条の3に規定するものを除きます。）については、10.21％の税率で源泉徴収が行われます。

　　 4　上場株式等に係る配当等、公募証券投資信託（公社債投資信託及び特定株式投資信託を除きます。）の収益の分配に係る配当等及び特定投資法人の投資口の配当等については、15.315％の税率が適用されます。

　　 5　(7)から(14)までの国内源泉所得の区分は所得税法上のもので、法人税法にはこれらの国内源泉所得の区分は設けられていません。

（出典）「令和6年版　源泉徴収のあらまし」国税庁

③ 令和6年（2024年）分の給与所得の源泉徴収税額表（月額表）

月 額 表（平成24年3月31日財務省告示第115号別表第1（令和2年3月31日財務省告示第81号改正））

所得税

| その月の社会保険料等控除後の給与等の金額 | | 甲 | | | | | | | | 乙 |
以上	未満	0人	1人	2人	3人	4人	5人	6人	7人	税額
		扶 養 親 族 等 の 数								
		税						額		税 額
円	円	円	円	円	円	円	円	円	円	円
88,000 円未満		0	0	0	0	0	0	0	0	その月の社会保険料等控除後の給与等の金額の3.063%に相当する金額
88,000	89,000	130	0	0	0	0	0	0	0	3,200
89,000	90,000	180	0	0	0	0	0	0	0	3,200
90,000	91,000	230	0	0	0	0	0	0	0	3,200
91,000	92,000	290	0	0	0	0	0	0	0	3,200
92,000	93,000	340	0	0	0	0	0	0	0	3,300
93,000	94,000	390	0	0	0	0	0	0	0	3,300
94,000	95,000	440	0	0	0	0	0	0	0	3,300
95,000	96,000	490	0	0	0	0	0	0	0	3,400
96,000	97,000	540	0	0	0	0	0	0	0	3,400
97,000	98,000	590	0	0	0	0	0	0	0	3,500
98,000	99,000	640	0	0	0	0	0	0	0	3,500
99,000	101,000	720	0	0	0	0	0	0	0	3,600
101,000	103,000	830	0	0	0	0	0	0	0	3,600
103,000	105,000	930	0	0	0	0	0	0	0	3,700
105,000	107,000	1,030	0	0	0	0	0	0	0	3,800
107,000	109,000	1,130	0	0	0	0	0	0	0	3,800
109,000	111,000	1,240	0	0	0	0	0	0	0	3,900
111,000	113,000	1,340	0	0	0	0	0	0	0	4,000
113,000	115,000	1,440	0	0	0	0	0	0	0	4,100
115,000	117,000	1,540	0	0	0	0	0	0	0	4,100
117,000	119,000	1,640	0	0	0	0	0	0	0	4,200
119,000	121,000	1,750	120	0	0	0	0	0	0	4,300
121,000	123,000	1,850	220	0	0	0	0	0	0	4,500
123,000	125,000	1,950	330	0	0	0	0	0	0	4,800
125,000	127,000	2,050	430	0	0	0	0	0	0	5,100
127,000	129,000	2,150	530	0	0	0	0	0	0	5,400
129,000	131,000	2,260	630	0	0	0	0	0	0	5,700
131,000	133,000	2,360	740	0	0	0	0	0	0	6,000
133,000	135,000	2,460	840	0	0	0	0	0	0	6,300
135,000	137,000	2,550	930	0	0	0	0	0	0	6,600
137,000	139,000	2,610	990	0	0	0	0	0	0	6,800
139,000	141,000	2,680	1,050	0	0	0	0	0	0	7,100
141,000	143,000	2,740	1,110	0	0	0	0	0	0	7,500
143,000	145,000	2,800	1,170	0	0	0	0	0	0	7,800
145,000	147,000	2,860	1,240	0	0	0	0	0	0	8,100
147,000	149,000	2,920	1,300	0	0	0	0	0	0	8,400
149,000	151,000	2,980	1,360	0	0	0	0	0	0	8,700
151,000	153,000	3,050	1,430	0	0	0	0	0	0	9,000
153,000	155,000	3,120	1,500	0	0	0	0	0	0	9,300
155,000	157,000	3,200	1,570	0	0	0	0	0	0	9,600
157,000	159,000	3,270	1,640	0	0	0	0	0	0	9,900
159,000	161,000	3,340	1,720	100	0	0	0	0	0	10,200
161,000	163,000	3,410	1,790	170	0	0	0	0	0	10,500
163,000	165,000	3,480	1,860	250	0	0	0	0	0	10,800
165,000	167,000	3,550	1,930	320	0	0	0	0	0	11,100

巻末資料

月　額　表（平成24年3月31日財務省告示第115号別表第1（令和2年3月31日財務省告示第81号改正））

| その月の社会保険料等控除後の給与等の金額 | | 甲 扶養親族等の数 | | | | | | | | 乙 |
以上	未満	0人	1人	2人	3人	4人	5人	6人	7人	税額
円	円	円	円	円	円	円	円	円	円	円
167,000	169,000	3,620	2,000	390	0	0	0	0	0	11,400
169,000	171,000	3,700	2,070	460	0	0	0	0	0	11,700
171,000	173,000	3,770	2,140	530	0	0	0	0	0	12,000
173,000	175,000	3,840	2,220	600	0	0	0	0	0	12,400
175,000	177,000	3,910	2,290	670	0	0	0	0	0	12,700
177,000	179,000	3,980	2,360	750	0	0	0	0	0	13,200
179,000	181,000	4,050	2,430	820	0	0	0	0	0	13,900
181,000	183,000	4,120	2,500	890	0	0	0	0	0	14,600
183,000	185,000	4,200	2,570	960	0	0	0	0	0	15,300
185,000	187,000	4,270	2,640	1,030	0	0	0	0	0	16,000
187,000	189,000	4,340	2,720	1,100	0	0	0	0	0	16,700
189,000	191,000	4,410	2,790	1,170	0	0	0	0	0	17,500
191,000	193,000	4,480	2,860	1,250	0	0	0	0	0	18,100
193,000	195,000	4,550	2,930	1,320	0	0	0	0	0	18,800
195,000	197,000	4,630	3,000	1,390	0	0	0	0	0	19,500
197,000	199,000	4,700	3,070	1,460	0	0	0	0	0	20,200
199,000	201,000	4,770	3,140	1,530	0	0	0	0	0	20,900
201,000	203,000	4,840	3,220	1,600	0	0	0	0	0	21,500
203,000	205,000	4,910	3,290	1,670	0	0	0	0	0	22,200
205,000	207,000	4,980	3,360	1,750	130	0	0	0	0	22,700
207,000	209,000	5,050	3,430	1,820	200	0	0	0	0	23,300
209,000	211,000	5,130	3,500	1,890	280	0	0	0	0	23,900
211,000	213,000	5,200	3,570	1,960	350	0	0	0	0	24,400
213,000	215,000	5,270	3,640	2,030	420	0	0	0	0	25,000
215,000	217,000	5,340	3,720	2,100	490	0	0	0	0	25,500
217,000	219,000	5,410	3,790	2,170	560	0	0	0	0	26,100
219,000	221,000	5,480	3,860	2,250	630	0	0	0	0	26,800
221,000	224,000	5,560	3,950	2,340	710	0	0	0	0	27,400
224,000	227,000	5,680	4,060	2,440	830	0	0	0	0	28,400
227,000	230,000	5,780	4,170	2,550	930	0	0	0	0	29,300
230,000	233,000	5,890	4,280	2,650	1,040	0	0	0	0	30,300
233,000	236,000	5,990	4,380	2,770	1,140	0	0	0	0	31,300
236,000	239,000	6,110	4,490	2,870	1,260	0	0	0	0	32,400
239,000	242,000	6,210	4,590	2,980	1,360	0	0	0	0	33,400
242,000	245,000	6,320	4,710	3,080	1,470	0	0	0	0	34,400
245,000	248,000	6,420	4,810	3,200	1,570	0	0	0	0	35,400
248,000	251,000	6,530	4,920	3,300	1,680	0	0	0	0	36,400
251,000	254,000	6,640	5,020	3,410	1,790	170	0	0	0	37,500
254,000	257,000	6,750	5,140	3,510	1,900	290	0	0	0	38,500
257,000	260,000	6,850	5,240	3,620	2,000	390	0	0	0	39,400
260,000	263,000	6,960	5,350	3,730	2,110	500	0	0	0	40,400
263,000	266,000	7,070	5,450	3,840	2,220	600	0	0	0	41,500
266,000	269,000	7,180	5,560	3,940	2,330	710	0	0	0	42,500
269,000	272,000	7,280	5,670	4,050	2,430	820	0	0	0	43,500
272,000	275,000	7,390	5,780	4,160	2,540	930	0	0	0	44,500
275,000	278,000	7,490	5,880	4,270	2,640	1,030	0	0	0	45,500
278,000	281,000	7,610	5,990	4,370	2,760	1,140	0	0	0	46,600
281,000	284,000	7,710	6,100	4,480	2,860	1,250	0	0	0	47,600
284,000	287,000	7,820	6,210	4,580	2,970	1,360	0	0	0	48,600
287,000	290,000	7,920	6,310	4,700	3,070	1,460	0	0	0	49,700

月 額 表（平成24年3月31日財務省告示第115号別表第1（令和2年3月31日財務省告示第81号改正））

| その月の社会保険料等控除後の給与等の金額 | | 甲 | | | | | | | | 乙 |
以 上	未 満	0 人	1 人	2 人	3 人	4 人	5 人	6 人	7 人	税 額
		税					額			
円	円	円	円	円	円	円	円	円	円	円
290,000	293,000	8,040	6,420	4,800	3,190	1,570	0	0	0	50,900
293,000	296,000	8,140	6,520	4,910	3,290	1,670	0	0	0	52,100
296,000	299,000	8,250	6,640	5,010	3,400	1,790	160	0	0	52,900
299,000	302,000	8,420	6,740	5,130	3,510	1,890	280	0	0	53,700
302,000	305,000	8,670	6,860	5,250	3,630	2,010	400	0	0	54,500
305,000	308,000	8,910	6,980	5,370	3,760	2,130	520	0	0	55,200
308,000	311,000	9,160	7,110	5,490	3,880	2,260	640	0	0	56,100
311,000	314,000	9,400	7,230	5,620	4,000	2,380	770	0	0	56,900
314,000	317,000	9,650	7,350	5,740	4,120	2,500	890	0	0	57,800
317,000	320,000	9,890	7,470	5,860	4,250	2,620	1,010	0	0	58,800
320,000	323,000	10,140	7,600	5,980	4,370	2,750	1,130	0	0	59,800
323,000	326,000	10,380	7,720	6,110	4,490	2,870	1,260	0	0	60,900
326,000	329,000	10,630	7,840	6,230	4,610	2,990	1,380	0	0	61,900
329,000	332,000	10,870	7,960	6,350	4,740	3,110	1,500	0	0	62,900
332,000	335,000	11,120	8,090	6,470	4,860	3,240	1,620	0	0	63,900
335,000	338,000	11,360	8,210	6,600	4,980	3,360	1,750	130	0	64,900
338,000	341,000	11,610	8,370	6,720	5,110	3,480	1,870	260	0	66,000
341,000	344,000	11,850	8,620	6,840	5,230	3,600	1,990	380	0	67,000
344,000	347,000	12,100	8,860	6,960	5,350	3,730	2,110	500	0	68,000
347,000	350,000	12,340	9,110	7,090	5,470	3,850	2,240	620	0	69,000
350,000	353,000	12,590	9,350	7,210	5,600	3,970	2,360	750	0	70,000
353,000	356,000	12,830	9,600	7,330	5,720	4,090	2,480	870	0	71,100
356,000	359,000	13,080	9,840	7,450	5,840	4,220	2,600	990	0	72,100
359,000	362,000	13,320	10,090	7,580	5,960	4,340	2,730	1,110	0	73,100
362,000	365,000	13,570	10,330	7,700	6,090	4,460	2,850	1,240	0	74,200
365,000	368,000	13,810	10,580	7,820	6,210	4,580	2,970	1,360	0	75,200
368,000	371,000	14,060	10,820	7,940	6,330	4,710	3,090	1,480	0	76,200
371,000	374,000	14,300	11,070	8,070	6,450	4,830	3,220	1,600	0	77,100
374,000	377,000	14,550	11,310	8,190	6,580	4,950	3,340	1,730	100	78,100
377,000	380,000	14,790	11,560	8,320	6,700	5,070	3,460	1,850	220	79,000
380,000	383,000	15,040	11,800	8,570	6,820	5,200	3,580	1,970	350	79,900
383,000	386,000	15,280	12,050	8,810	6,940	5,320	3,710	2,090	470	81,400
386,000	389,000	15,530	12,290	9,060	7,070	5,440	3,830	2,220	590	83,100
389,000	392,000	15,770	12,540	9,300	7,190	5,560	3,950	2,340	710	84,700
392,000	395,000	16,020	12,780	9,550	7,310	5,690	4,070	2,460	840	86,500
395,000	398,000	16,260	13,030	9,790	7,430	5,810	4,200	2,580	960	88,200
398,000	401,000	16,510	13,270	10,040	7,560	5,930	4,320	2,710	1,080	89,800
401,000	404,000	16,750	13,520	10,280	7,680	6,050	4,440	2,830	1,200	91,600
404,000	407,000	17,000	13,760	10,530	7,800	6,180	4,560	2,950	1,330	93,300
407,000	410,000	17,240	14,010	10,770	7,920	6,300	4,690	3,070	1,450	95,000
410,000	413,000	17,490	14,250	11,020	8,050	6,420	4,810	3,200	1,570	96,700
413,000	416,000	17,730	14,500	11,260	8,170	6,540	4,930	3,320	1,690	98,300
416,000	419,000	17,980	14,740	11,510	8,290	6,670	5,050	3,440	1,820	100,100
419,000	422,000	18,220	14,990	11,750	8,530	6,790	5,180	3,560	1,940	101,800
422,000	425,000	18,470	15,230	12,000	8,770	6,910	5,300	3,690	2,060	103,400
425,000	428,000	18,710	15,480	12,240	9,020	7,030	5,420	3,810	2,180	105,200
428,000	431,000	18,960	15,720	12,490	9,260	7,160	5,540	3,930	2,310	106,900
431,000	434,000	19,210	15,970	12,730	9,510	7,280	5,670	4,050	2,430	108,500
434,000	437,000	19,450	16,210	12,980	9,750	7,400	5,790	4,180	2,550	110,300
437,000	440,000	19,700	16,460	13,220	10,000	7,520	5,910	4,300	2,680	112,000

その月の社会保険料等控除後の給与等の金額		甲								乙
		扶　養　親　族　等　の　数								
		0 人	1 人	2 人	3 人	4 人	5 人	6 人	7 人	
以　　上	未　　満	税					額			税　　額
円	円	円	円	円	円	円	円	円	円	円
440,000	443,000	20,090	16,700	13,470	10,240	7,650	6,030	4,420	2,800	113,600
443,000	446,000	20,580	16,950	13,710	10,490	7,770	6,160	4,540	2,920	115,400
446,000	449,000	21,070	17,190	13,960	10,730	7,890	6,280	4,670	3,040	117,100
449,000	452,000	21,560	17,440	14,200	10,980	8,010	6,400	4,790	3,170	118,700
452,000	455,000	22,050	17,680	14,450	11,220	8,140	6,520	4,910	3,290	120,500
455,000	458,000	22,540	17,930	14,690	11,470	8,260	6,650	5,030	3,410	122,200
458,000	461,000	23,030	18,170	14,940	11,710	8,470	6,770	5,160	3,530	123,800
461,000	464,000	23,520	18,420	15,180	11,960	8,720	6,890	5,280	3,660	125,600
464,000	467,000	24,010	18,660	15,430	12,200	8,960	7,010	5,400	3,780	127,300
467,000	470,000	24,500	18,910	15,670	12,450	9,210	7,140	5,520	3,900	129,000
470,000	473,000	24,990	19,150	15,920	12,690	9,450	7,260	5,650	4,020	130,700
473,000	476,000	25,480	19,400	16,160	12,940	9,700	7,380	5,770	4,150	132,300
476,000	479,000	25,970	19,640	16,410	13,180	9,940	7,500	5,890	4,270	134,000
479,000	482,000	26,460	20,000	16,650	13,430	10,190	7,630	6,010	4,390	135,600
482,000	485,000	26,950	20,490	16,900	13,670	10,430	7,750	6,140	4,510	137,200
485,000	488,000	27,440	20,980	17,140	13,920	10,680	7,870	6,260	4,640	138,800
488,000	491,000	27,930	21,470	17,390	14,160	10,920	7,990	6,380	4,760	140,400
491,000	494,000	28,420	21,960	17,630	14,410	11,170	8,120	6,500	4,880	142,000
494,000	497,000	28,910	22,450	17,880	14,650	11,410	8,240	6,630	5,000	143,700
497,000	500,000	29,400	22,940	18,120	14,900	11,660	8,420	6,750	5,130	145,200
500,000	503,000	29,890	23,430	18,370	15,140	11,900	8,670	6,870	5,250	146,800
503,000	506,000	30,380	23,920	18,610	15,390	12,150	8,910	6,990	5,370	148,500
506,000	509,000	30,880	24,410	18,860	15,630	12,390	9,160	7,120	5,490	150,100
509,000	512,000	31,370	24,900	19,100	15,880	12,640	9,400	7,240	5,620	151,600
512,000	515,000	31,860	25,390	19,350	16,120	12,890	9,650	7,360	5,740	153,300
515,000	518,000	32,350	25,880	19,590	16,370	13,130	9,890	7,480	5,860	154,900
518,000	521,000	32,840	26,370	19,900	16,610	13,380	10,140	7,610	5,980	156,500
521,000	524,000	33,330	26,860	20,390	16,860	13,620	10,380	7,730	6,110	158,100
524,000	527,000	33,820	27,350	20,880	17,100	13,870	10,630	7,850	6,230	159,600
527,000	530,000	34,310	27,840	21,370	17,350	14,110	10,870	7,970	6,350	161,000
530,000	533,000	34,800	28,330	21,860	17,590	14,360	11,120	8,100	6,470	162,500
533,000	536,000	35,290	28,820	22,350	17,840	14,600	11,360	8,220	6,600	164,000
536,000	539,000	35,780	29,310	22,840	18,080	14,850	11,610	8,380	6,720	165,400
539,000	542,000	36,270	29,800	23,330	18,330	15,090	11,850	8,630	6,840	166,900
542,000	545,000	36,760	30,290	23,820	18,570	15,340	12,100	8,870	6,960	168,400
545,000	548,000	37,250	30,780	24,310	18,820	15,580	12,340	9,120	7,090	169,900
548,000	551,000	37,740	31,270	24,800	19,060	15,830	12,590	9,360	7,210	171,300
551,000	554,000	38,280	31,810	25,340	19,330	16,100	12,860	9,630	7,350	172,800
554,000	557,000	38,830	32,370	25,890	19,600	16,380	13,140	9,900	7,480	174,300
557,000	560,000	39,380	32,920	26,440	19,980	16,650	13,420	10,180	7,630	175,700
560,000	563,000	39,930	33,470	27,000	20,530	16,930	13,690	10,460	7,760	177,200
563,000	566,000	40,480	34,020	27,550	21,080	17,200	13,970	10,730	7,900	178,700
566,000	569,000	41,030	34,570	28,100	21,630	17,480	14,240	11,010	8,040	180,100
569,000	572,000	41,590	35,120	28,650	22,190	17,760	14,520	11,280	8,180	181,600
572,000	575,000	42,140	35,670	29,200	22,740	18,030	14,790	11,560	8,330	183,100
575,000	578,000	42,690	36,230	29,750	23,290	18,310	15,070	11,830	8,610	184,600
578,000	581,000	43,240	36,780	30,300	23,840	18,580	15,350	12,110	8,880	186,000
581,000	584,000	43,790	37,330	30,850	24,390	18,860	15,620	12,380	9,160	187,500
584,000	587,000	44,340	37,880	31,410	24,940	19,130	15,900	12,660	9,430	189,000
587,000	590,000	44,890	38,430	31,960	25,490	19,410	16,170	12,940	9,710	190,400

月 額 表（平成24年3月31日財務省告示第115号別表第1（令和2年3月31日財務省告示第81号改正））

その月の社会保険料等控除後の給与等の金額		甲 扶養親族等の数								乙
以上	未満	0人	1人	2人	3人	4人	5人	6人	7人	税額
円	円	円	円	円	円	円	円	円	円	円
590,000	593,000	45,440	38,980	32,510	26,050	19,680	16,450	13,210	9,990	191,900
593,000	596,000	46,000	39,530	33,060	26,600	20,130	16,720	13,490	10,260	193,400
596,000	599,000	46,550	40,080	33,610	27,150	20,690	17,000	13,760	10,540	194,800
599,000	602,000	47,100	40,640	34,160	27,700	21,240	17,280	14,040	10,810	196,300
602,000	605,000	47,650	41,190	34,710	28,250	21,790	17,550	14,310	11,090	197,800
605,000	608,000	48,200	41,740	35,270	28,800	22,340	17,830	14,590	11,360	199,300
608,000	611,000	48,750	42,290	35,820	29,350	22,890	18,100	14,870	11,640	200,700
611,000	614,000	49,300	42,840	36,370	29,910	23,440	18,380	15,140	11,920	202,200
614,000	617,000	49,860	43,390	36,920	30,460	23,990	18,650	15,420	12,190	203,700
617,000	620,000	50,410	43,940	37,470	31,010	24,540	18,930	15,690	12,470	205,100
620,000	623,000	50,960	44,500	38,020	31,560	25,100	19,210	15,970	12,740	206,700
623,000	626,000	51,510	45,050	38,570	32,110	25,650	19,480	16,240	13,020	208,100
626,000	629,000	52,060	45,600	39,120	32,660	26,200	19,760	16,520	13,290	209,500
629,000	632,000	52,610	46,150	39,680	33,210	26,750	20,280	16,800	13,570	211,000
632,000	635,000	53,160	46,700	40,230	33,760	27,300	20,830	17,070	13,840	212,500
635,000	638,000	53,710	47,250	40,780	34,320	27,850	21,380	17,350	14,120	214,000
638,000	641,000	54,270	47,800	41,330	34,870	28,400	21,930	17,620	14,400	214,900
641,000	644,000	54,820	48,350	41,880	35,420	28,960	22,480	17,900	14,670	215,900
644,000	647,000	55,370	48,910	42,430	35,970	29,510	23,030	18,170	14,950	217,000
647,000	650,000	55,920	49,460	42,980	36,520	30,060	23,590	18,450	15,220	218,000
650,000	653,000	56,470	50,010	43,540	37,070	30,610	24,140	18,730	15,500	219,000
653,000	656,000	57,020	50,560	44,090	37,620	31,160	24,690	19,000	15,770	220,000
656,000	659,000	57,570	51,110	44,640	38,180	31,710	25,240	19,280	16,050	221,000
659,000	662,000	58,130	51,660	45,190	38,730	32,260	25,790	19,550	16,330	222,100
662,000	665,000	58,680	52,210	45,740	39,280	32,810	26,340	19,880	16,600	223,100
665,000	668,000	59,230	52,770	46,290	39,830	33,370	26,890	20,430	16,880	224,100
668,000	671,000	59,780	53,320	46,840	40,380	33,920	27,440	20,980	17,150	225,000
671,000	674,000	60,330	53,870	47,390	40,930	34,470	28,000	21,530	17,430	226,000
674,000	677,000	60,880	54,420	47,950	41,480	35,020	28,550	22,080	17,700	227,100
677,000	680,000	61,430	54,970	48,500	42,030	35,570	29,100	22,640	17,980	228,100
680,000	683,000	61,980	55,520	49,050	42,590	36,120	29,650	23,190	18,260	229,100
683,000	686,000	62,540	56,070	49,600	43,140	36,670	30,200	23,740	18,530	230,400
686,000	689,000	63,090	56,620	50,150	43,690	37,230	30,750	24,290	18,810	232,100
689,000	692,000	63,640	57,180	50,700	44,240	37,780	31,300	24,840	19,080	233,600
692,000	695,000	64,190	57,730	51,250	44,790	38,330	31,860	25,390	19,360	235,100
695,000	698,000	64,740	58,280	51,810	45,340	38,880	32,410	25,940	19,630	236,700
698,000	701,000	65,290	58,830	52,360	45,890	39,430	32,960	26,490	20,030	238,200
701,000	704,000	65,840	59,380	52,910	46,450	39,980	33,510	27,050	20,580	239,700
704,000	707,000	66,400	59,930	53,460	47,000	40,530	34,060	27,600	21,130	241,300
707,000	710,000	66,960	60,480	54,020	47,550	41,090	34,620	28,150	21,690	242,900
710,000	713,000	67,570	61,100	54,630	48,160	41,700	35,230	28,760	22,300	244,400
713,000	716,000	68,180	61,710	55,250	48,770	42,310	35,850	29,370	22,910	246,000
716,000	719,000	68,790	62,320	55,860	49,390	42,920	36,460	29,990	23,520	247,500
719,000	722,000	69,410	62,930	56,470	50,000	43,540	37,070	30,600	24,140	249,000
722,000	725,000	70,020	63,550	57,080	50,610	44,150	37,690	31,210	24,750	250,600
725,000	728,000	70,630	64,160	57,700	51,220	44,760	38,300	31,820	25,360	252,200
728,000	731,000	71,250	64,770	58,310	51,840	45,370	38,910	32,440	25,970	253,700
731,000	734,000	71,860	65,380	58,920	52,450	45,990	39,520	33,050	26,590	255,300
734,000	737,000	72,470	66,000	59,530	53,060	46,600	40,140	33,660	27,200	256,800
737,000	740,000	73,080	66,610	60,150	53,670	47,210	40,750	34,270	27,810	258,300

月　額　表（平成24年3月31日財務省告示第115号別表第1（令和2年3月31日財務省告示第81号改正））

その月の社会保険料等控除後の給与等の金額	甲								乙
	扶　養　親　族　等　の　数								
以上　　未満	0 人	1 人	2 人	3 人	4 人	5 人	6 人	7 人	税　額
	税					額			
740,000円	円 73,390	円 66,920	円 60,450	円 53,980	円 47,520	円 41,050	円 34,580	円 28,120	円 259,800
740,000円を超え 780,000円に満た ない金額	740,000円の場合の税額に、その月の社会保険料等控除後の給与等の金額のうち 740,000円を超える金額の20.42%に相当する金額を加算した金額								259,800 円 に、 その月の社会保 険料等控除後の 給与等の金額の うち 740,000円 を超える金額の 40.84%に相当 する金額を加算 した金額
780,000円	円 81,560	円 75,090	円 68,620	円 62,150	円 55,690	円 49,220	円 42,750	円 36,290	
780,000円を超え 950,000円に満た ない金額	780,000円の場合の税額に、その月の社会保険料等控除後の給与等の金額のうち 780,000円を超える金額の23.483%に相当する金額を加算した金額								
950,000円	円 121,480	円 115,010	円 108,540	円 102,070	円 95,610	円 89,140	円 82,670	円 76,210	
950,000 円 を 超 え 1,700,000円に満た ない金額	950,000円の場合の税額に、その月の社会保険料等控除後の給与等の金額のうち 950,000円を超える金額の33.693%に相当する金額を加算した金額								
1,700,000円	円 374,180	円 367,710	円 361,240	円 354,770	円 348,310	円 341,840	円 335,370	円 328,910	円 651,900
1,700,000円を超え 2,170,000円に満た ない金額	1,700,000円の場合の税額に、その月の社会保険料等控除後の給与等の金額のうち 1,700,000円を超える金額の40.84%に相当する金額を加算した金額								651,900 円 に、 その月の社会保 険料等控除後の 給与等の金額の うち1,700,000円 を超える金額の 45.945%に相当 する金額を加算 した金額
2,170,000円	円 571,570	円 565,090	円 558,630	円 552,160	円 545,690	円 539,230	円 532,760	円 526,290	
2,170,000円を超え 2,210,000円に満た ない金額	2,170,000円の場合の税額に、その月の社会保険料等控除後の給与等の金額のうち 2,170,000円を超える金額の40.84%に相当する金額を加算した金額								
2,210,000円	円 593,340	円 586,870	円 580,410	円 573,930	円 567,470	円 561,010	円 554,540	円 548,070	
2,210,000円を超え 2,250,000円に満た ない金額	2,210,000円の場合の税額に、その月の社会保険料等控除後の給与等の金額のうち 2,210,000円を超える金額の40.84%に相当する金額を加算した金額								
2,250,000円	円 615,120	円 608,650	円 602,190	円 595,710	円 589,250	円 582,790	円 576,310	円 569,850	
2,250,000円を超え 3,500,000円に満た ない金額	2,250,000円の場合の税額に、その月の社会保険料等控除後の給与等の金額のうち 2,250,000円を超える金額の40.84%に相当する金額を加算した金額								

月　額　表（平成24年3月31日財務省告示第115号別表第1（令和2年3月31日財務省告示第81号改正））

その月の社会保険料等控除後の給与等の金額	甲								乙
	扶　養　親　族　等　の　数								税　額
	0 人	1 人	2 人	3 人	4 人	5 人	6 人	7 人	
以　上　　未　満	税　　　　　　　　　　　　　　　　額								税　額
3,500,000円	円 1,125,620	円 1,119,150	円 1,112,690	円 1,106,210	円 1,099,750	円 1,093,290	円 1,086,810	円 1,080,350	651,900 円 に、その月の社会保険料等控除後の給与等の金額のうち1,700,000円を超える金額の45.945％に相当する金額を加算した金額
3,500,000円を超える金額	3,500,000円の場合の税額に、その月の社会保険料等控除後の給与等の金額のうち3,500,000円を超える金額の45.945％に相当する金額を加算した金額								
扶養親族等の数が7人を超える場合には、扶養親族等の数が7人の場合の税額から、その7人を超える1人ごとに1,610円を控除した金額									従たる給与についての扶養控除等申告書が提出されている場合には、当該申告書に記載された扶養親族等の数に応じ、扶養親族等1人ごとに1,610円を、上の各欄によって求めた税額から控除した金額

（注）この表における用語の意味は、次のとおりです。

1　「扶養親族等」とは、源泉控除対象配偶者及び控除対象扶養親族をいいます。

2　「社会保険料等」とは、所得税法第74条第2項（社会保険料控除）に規定する社会保険料及び同法第75条第2項（小規模企業共済等掛金控除）に規定する小規模企業共済等掛金をいいます。

（備考）税額の求め方は、次のとおりです。

1　「給与所得者の扶養控除等申告書」（以下この表において「扶養控除等申告書」といいます。）の提出があった人

(1)　まず、その人のその月の給与等の金額から、その給与等の金額から控除される社会保険料等の金額を控除した金額を求めます。

(2)　次に、扶養控除等申告書により申告された扶養親族等（その申告書に記載がされていないものとされる源泉控除対象配偶者を除きます。また、扶養親族等が国外居住親族である場合には、親族に該当する旨を証する書類（その国外居住親族である扶養親族等が年齢30歳以上70歳未満の控除対象扶養親族であり、かつ、留学により国内に住所及び居所を有しなくなった人である場合には、親族に該当する旨を証する書類及び留学により国内に住所及び居所を有しなくなった人に該当する旨を証する書類）が扶養控除等申告書に添付され、又は扶養控除等申告書の提出の際に提示された扶養親族等に限ります。）の数が7人以下である場合には、(1)により求めた金額に応じて「その月の社会保険料等控除後の給与等の金額」欄の該当する行を求め、その行と扶養親族等の数に応じた甲欄の該当欄との交わるところに記載されている金額を求めます。これが求める税額です。

(3)　扶養控除等申告書により申告された扶養親族等の数が7人を超える場合には、(1)により求めた金額に応じて、扶養親族等の数が7人であるものとして(2)により求めた税額から、扶養親族等の数が7人を超える1人ごとに1,610円を控除した金額を求めます。これが求める税額です。

(4)　(2)及び(3)の場合において、扶養控除等申告書にその人が障害者（特別障害者を含みます。）、寡婦、ひとり親又は勤労学生に該当する旨の記載があるときは、扶養親族等の数にこれらの一に該当するごとに1人を加算した数を、扶養控除等申告書にその人の同一生計配偶者又は扶養親族のうちに障害者（特別障害者を含みます。）又は同居特別障害者（障害者（特別障害者を含みます。）又は同居特別障害者が国外居住親族である場合には、親族に該当する旨を証する書類が扶養控除等申告書に添付され、又は扶養控除等申告書の提出の際に提示された障害者（特別障害者を含みます。）又は同居特別障害者に限ります。）に該当する人がいる旨の記載があるときは、扶養親族等の数にこれらの一に該当するごとに1人を加算した数を、それぞれ(2)及び(3)の扶養親族等の数とします。

2　扶養控除等申告書の提出がない人（「従たる給与についての扶養控除等申告書」の提出があった人を含みます。）

その人のその月の給与等の金額から、その給与等の金額から控除される社会保険料等の金額を控除し、その控除後の金額に応じた「その月の社会保険料等控除後の給与等の金額」欄の該当する行と乙欄との交わるところに記載されている金額（「従たる給与についての扶養控除等申告書」の提出があった場合には、その申告により申告された扶養親族等（その申告書に記載がされていないものとされる源泉控除対象配偶者を除きます。）の数に応じ、扶養親族等1人ごとに1,610円を控除した金額）を求めます。これが求める税額です。

④ 月額表の甲欄を適用する給与等に対する源泉徴収税額の電算機計算の特例

　給与所得に対する源泉所得税及び復興特別所得税の額は、「給与所得の源泉徴収税額表」によって求めることができますが、その給与等の支払額に関する計算を電子計算機などの事務機械によって処理しているときは、月額表の甲欄を適用する給与等については、以下の別表（別表第一～別表第四）を用いて源泉所得税及び復興特別所得税の額を求めることができる特例が設けられています。

〔源泉徴収税額の計算方法〕

　その月の社会保険料等を控除した後の給与等の金額(A)から、別表第一により算出した給与所得控除の額及び別表第三により求めた基礎控除の額並びに別表第二に掲げる配偶者（特別）控除の額及び扶養控除の額の合計額を控除した残額（課税給与所得金額(B)）を、別表第四に当てはめて源泉徴収すべき税額を求めます。

〔電子計算機等を使用して源泉徴収税額を計算する方法（平成24年3月31日財務省告示第116号（令和3年3月31日財務省告示第89号改正））（令和6年分））

別表第一

その月の社会保険料等控除後の給与等の金額(A)		給与所得控除の額
以　上	以　下	
円	円	
—	135,416	45,834円
135,417	149,999	(A)×40% −　8,333円
150,000	299,999	(A)×30% ＋　6,667円
300,000	549,999	(A)×20% ＋36,667円
550,000	708,330	(A)×10% ＋91,667円
708,331円　以　上		162,500円

（注）　給与所得控除の額に1円未満の端数があるときは、これを切り上げた額をもってその求める給与所得控除の額とします。

別表第二

配偶者（特別）控除の額	31,667円
扶　養　控　除　の　額	31,667円×控除対象扶養親族の数

別表第三

その月の社会保険料等控除後の給与等の金額(A)		基　礎　控　除　の　額
以　上	以　下	
円	円	
—	2,162,499	40,000円
2,162,500	2,204,166	26,667円
2,204,167	2,245,833	13,334円
2,245,834円　以　上		0円

別表第四

その月の課税給与所得金額(B)		税　額　の　算　式
以　上	以　下	
円	円	
—	162,500	(B)×　5.105%
162,501	275,000	(B)×10.210% −　　8,296円
275,001	579,166	(B)×20.420% −　36,374円
579,167	750,000	(B)×23.483% −　54,113円
750,001	1,500,000	(B)×33.693% −130,688円
1,500,001	3,333,333	(B)×40.840% −237,893円
3,333,334円　以　上		(B)×45.945% −408,061円

（注）　税額に10円未満の端数があるときは、これを四捨五入した額をもってその求める税額とします。

⑤ 令和6年（2024年）分の給与所得の源泉徴収税額表（日額表）

日 額 表（平成24年3月31日財務省告示第115号別表第2（令和2年3月31日財務省告示第81号改正））

その日の社会保険料等控除後の給与等の金額		甲								乙	丙
以上	未満	扶 養 親 族 等 の 数								税 額	税 額
		0 人	1 人	2 人	3 人	4 人	5 人	6 人	7 人		
		税							額		
円	円	円	円	円	円	円	円	円	円	円	円
2,900 円未満		0	0	0	0	0	0	0	0	その日の社会保険料等控除後の給与等の金額の3.063%に相当する金額	0
2,900	2,950	5	0	0	0	0	0	0	0	100	0
2,950	3,000	5	0	0	0	0	0	0	0	100	0
3,000	3,050	10	0	0	0	0	0	0	0	100	0
3,050	3,100	10	0	0	0	0	0	0	0	110	0
3,100	3,150	15	0	0	0	0	0	0	0	110	0
3,150	3,200	15	0	0	0	0	0	0	0	110	0
3,200	3,250	20	0	0	0	0	0	0	0	110	0
3,250	3,300	20	0	0	0	0	0	0	0	110	0
3,300	3,400	25	0	0	0	0	0	0	0	120	0
3,400	3,500	30	0	0	0	0	0	0	0	120	0
3,500	3,600	35	0	0	0	0	0	0	0	120	0
3,600	3,700	40	0	0	0	0	0	0	0	130	0
3,700	3,800	45	0	0	0	0	0	0	0	130	0
3,800	3,900	50	0	0	0	0	0	0	0	130	0
3,900	4,000	55	0	0	0	0	0	0	0	140	0
4,000	4,100	60	5	0	0	0	0	0	0	140	0
4,100	4,200	65	10	0	0	0	0	0	0	160	0
4,200	4,300	70	15	0	0	0	0	0	0	170	0
4,300	4,400	75	20	0	0	0	0	0	0	190	0
4,400	4,500	80	25	0	0	0	0	0	0	200	0
4,500	4,600	85	30	0	0	0	0	0	0	220	0
4,600	4,700	85	35	0	0	0	0	0	0	230	0
4,700	4,800	90	35	0	0	0	0	0	0	260	0
4,800	4,900	90	40	0	0	0	0	0	0	270	0
4,900	5,000	95	40	0	0	0	0	0	0	280	0
5,000	5,100	100	45	0	0	0	0	0	0	300	0
5,100	5,200	100	50	0	0	0	0	0	0	310	0
5,200	5,300	105	55	0	0	0	0	0	0	330	0
5,300	5,400	110	55	5	0	0	0	0	0	340	0
5,400	5,500	110	60	5	0	0	0	0	0	360	0
5,500	5,600	115	65	10	0	0	0	0	0	370	0
5,600	5,700	120	65	15	0	0	0	0	0	390	0
5,700	5,800	125	70	15	0	0	0	0	0	400	0
5,800	5,900	125	75	20	0	0	0	0	0	420	0
5,900	6,000	130	75	25	0	0	0	0	0	440	0
6,000	6,100	135	80	30	0	0	0	0	0	470	0
6,100	6,200	135	85	30	0	0	0	0	0	510	0
6,200	6,300	140	90	35	0	0	0	0	0	540	0
6,300	6,400	150	90	40	0	0	0	0	0	580	0
6,400	6,500	150	95	40	0	0	0	0	0	610	0
6,500	6,600	155	100	45	0	0	0	0	0	650	0
6,600	6,700	160	100	50	0	0	0	0	0	680	0
6,700	6,800	165	105	50	0	0	0	0	0	710	0
6,800	6,900	165	110	55	5	0	0	0	0	750	0
6,900	7,000	170	110	60	5	0	0	0	0	780	0

日 額 表（平成24年3月31日財務省告示第115号別表第2（令和2年3月31日財務省告示第81号改正））

その日の社会保険料等控除後の給与等の金額		甲								乙	丙
		扶　養　親　族　等　の　数									
以　上	未　満	0 人	1 人	2 人	3 人	4 人	5 人	6 人	7 人	税　額	税　額
		税					額				
円	円	円	円	円	円	円	円	円	円	円	円
7,000	7,100	175	115	65	10	0	0	0	0	810	0
7,100	7,200	175	120	65	15	0	0	0	0	840	0
7,200	7,300	180	125	70	15	0	0	0	0	860	0
7,300	7,400	185	125	75	20	0	0	0	0	890	0
7,400	7,500	185	130	75	25	0	0	0	0	920	0
7,500	7,600	190	135	80	30	0	0	0	0	960	0
7,600	7,700	195	135	85	30	0	0	0	0	990	0
7,700	7,800	200	140	85	35	0	0	0	0	1,020	0
7,800	7,900	200	150	90	40	0	0	0	0	1,060	0
7,900	8,000	205	150	95	40	0	0	0	0	1,090	0
8,000	8,100	210	155	100	45	0	0	0	0	1,120	0
8,100	8,200	210	160	100	50	0	0	0	0	1,150	0
8,200	8,300	215	165	105	50	0	0	0	0	1,190	0
8,300	8,400	220	165	110	55	5	0	0	0	1,230	0
8,400	8,500	220	170	110	60	5	0	0	0	1,260	0
8,500	8,600	225	175	115	65	10	0	0	0	1,300	0
8,600	8,700	230	175	120	65	15	0	0	0	1,330	0
8,700	8,800	235	180	120	70	15	0	0	0	1,360	0
8,800	8,900	235	185	125	75	20	0	0	0	1,400	0
8,900	9,000	240	185	130	75	25	0	0	0	1,430	0
9,000	9,100	245	190	135	80	25	0	0	0	1,460	0
9,100	9,200	245	195	135	85	30	0	0	0	1,490	0
9,200	9,300	250	200	140	85	35	0	0	0	1,530	0
9,300	9,400	255	200	150	90	40	0	0	0	1,560	3
9,400	9,500	255	205	150	95	40	0	0	0	1,590	6
9,500	9,600	260	210	155	100	45	0	0	0	1,630	10
9,600	9,700	265	210	160	100	50	0	0	0	1,670	13
9,700	9,800	270	215	160	105	50	0	0	0	1,710	17
9,800	9,900	270	220	165	110	55	0	0	0	1,750	20
9,900	10,000	275	220	170	110	60	5	0	0	1,780	24
10,000	10,100	280	225	175	115	65	10	0	0	1,800	27
10,100	10,200	290	230	175	120	65	15	0	0	1,830	31
10,200	10,300	300	235	180	125	70	20	0	0	1,850	34
10,300	10,400	305	240	185	125	75	20	0	0	1,880	38
10,400	10,500	315	240	190	130	80	25	0	0	1,910	41
10,500	10,600	320	245	195	135	85	30	0	0	1,940	45
10,600	10,700	330	250	195	140	85	35	0	0	1,970	49
10,700	10,800	340	255	200	150	90	40	0	0	2,000	53
10,800	10,900	345	260	205	150	95	40	0	0	2,040	56
10,900	11,000	355	260	210	155	100	45	0	0	2,070	60
11,000	11,100	360	265	215	160	105	50	0	0	2,110	63
11,100	11,200	370	270	215	165	105	55	0	0	2,140	67
11,200	11,300	380	275	220	170	110	60	5	0	2,170	70
11,300	11,400	385	280	225	170	115	60	10	0	2,220	74
11,400	11,500	400	290	230	175	120	65	15	0	2,250	77
11,500	11,600	405	295	235	180	125	70	15	0	2,280	81
11,600	11,700	415	305	235	185	125	75	20	0	2,320	84
11,700	11,800	425	310	240	190	130	80	25	0	2,350	88
11,800	11,900	430	320	245	190	135	80	30	0	2,380	91
11,900	12,000	440	330	250	195	140	85	35	0	2,420	95

日　額　表（平成24年3月31日財務省告示第115号別表第2（令和2年3月31日財務省告示第81号改正））

その日の社会保険料等控除後の給与等の金額		甲								乙	丙
以　上	未　満	扶　養　親　族　等　の　数								税　額	税　額
		0 人	1 人	2 人	3 人	4 人	5 人	6 人	7 人		
		税					額				
円	円	円	円	円	円	円	円	円	円	円	円
12,000	12,100	445	335	255	200	150	90	35	0	2,450	99
12,100	12,200	455	345	255	205	150	95	40	0	2,480	103
12,200	12,300	465	350	260	210	155	100	45	0	2,520	106
12,300	12,400	470	360	265	210	160	100	50	0	2,550	110
12,400	12,500	480	370	270	215	165	105	55	0	2,580	113
12,500	12,600	485	375	275	220	170	110	55	5	2,610	117
12,600	12,700	495	385	280	225	170	115	60	10	2,640	120
12,700	12,800	505	395	285	230	175	120	65	10	2,680	124
12,800	12,900	510	405	295	230	180	120	70	15	2,740	127
12,900	13,000	520	415	305	235	185	125	75	20	2,790	131
13,000	13,100	525	420	310	240	190	130	75	25	2,850	134
13,100	13,200	535	430	320	245	190	135	80	30	2,900	138
13,200	13,300	545	435	325	250	195	140	85	30	2,960	141
13,300	13,400	550	445	335	250	200	140	90	35	3,010	146
13,400	13,500	560	455	345	255	205	150	95	40	3,070	149
13,500	13,600	565	460	350	260	210	155	95	45	3,120	153
13,600	13,700	575	470	360	265	210	160	100	50	3,190	156
13,700	13,800	585	475	365	270	215	165	105	50	3,240	160
13,800	13,900	590	485	375	270	220	165	110	55	3,300	164
13,900	14,000	600	495	385	275	225	170	115	60	3,360	168
14,000	14,100	605	500	395	285	230	175	115	65	3,410	172
14,100	14,200	615	510	405	295	230	180	120	70	3,470	176
14,200	14,300	625	515	410	300	235	185	125	70	3,520	180
14,300	14,400	635	525	420	310	240	185	130	75	3,580	184
14,400	14,500	645	535	430	315	245	190	135	80	3,630	188
14,500	14,600	650	540	435	325	250	195	135	85	3,700	192
14,600	14,700	660	550	445	335	250	200	140	90	3,750	197
14,700	14,800	675	555	450	340	255	205	150	90	3,810	201
14,800	14,900	690	565	460	350	260	205	155	95	3,870	205
14,900	15,000	705	575	470	355	265	210	160	100	3,920	209
15,000	15,100	725	580	475	365	270	215	160	105	3,980	213
15,100	15,200	740	590	485	375	270	220	165	110	4,030	217
15,200	15,300	755	595	490	380	275	225	170	110	4,090	221
15,300	15,400	770	605	500	395	285	225	175	115	4,150	225
15,400	15,500	785	615	510	400	290	230	180	120	4,210	229
15,500	15,600	805	620	515	410	300	235	180	125	4,260	233
15,600	15,700	820	635	525	420	310	240	185	130	4,320	237
15,700	15,800	835	640	530	425	315	245	190	130	4,370	241
15,800	15,900	850	650	540	435	325	245	195	135	4,430	246
15,900	16,000	865	660	550	440	330	250	200	140	4,480	250
16,000	16,100	890	670	555	450	340	255	200	150	4,530	254
16,100	16,200	905	690	565	460	350	260	205	155	4,590	258
16,200	16,300	920	705	570	465	355	265	210	155	4,650	262
16,300	16,400	935	720	580	475	365	265	215	160	4,700	266
16,400	16,500	950	735	590	480	370	270	220	165	4,750	270
16,500	16,600	970	750	595	490	380	275	220	170	4,810	274
16,600	16,700	985	770	605	500	395	280	225	175	4,860	278
16,700	16,800	1,000	785	610	505	400	290	230	175	4,910	282
16,800	16,900	1,015	800	620	515	410	300	235	180	4,960	286
16,900	17,000	1,030	815	635	520	415	305	240	185	5,020	290

その日の社会保険料等控除後の給与等の金額		甲								乙	丙
		扶　養　親　族　等　の　数									
		0 人	1 人	2 人	3 人	4 人	5 人	6 人	7 人		
以　上	未　満	税					額			税　額	税　額
円	円	円	円	円	円	円	円	円	円	円	円
17,000	17,100	1,050	830	640	530	425	315	240	190	5,070	295
17,100	17,200	1,065	850	650	540	435	320	245	195	5,130	299
17,200	17,300	1,080	865	655	545	440	330	250	195	5,180	303
17,300	17,400	1,095	885	670	555	450	340	255	200	5,240	307
17,400	17,500	1,110	900	685	560	455	345	260	205	5,290	311
17,500	17,600	1,135	915	700	570	465	355	260	210	5,340	315
17,600	17,700	1,150	935	715	580	475	360	265	215	5,380	319
17,700	17,800	1,165	950	735	585	480	370	270	215	5,430	323
17,800	17,900	1,180	965	750	595	490	380	275	220	5,480	327
17,900	18,000	1,195	980	765	600	495	385	280	225	5,530	331
18,000	18,100	1,215	995	780	610	505	400	290	230	5,580	335
18,100	18,200	1,230	1,015	795	620	515	405	295	235	5,630	339
18,200	18,300	1,245	1,030	815	625	520	415	305	235	5,680	344
18,300	18,400	1,260	1,045	830	640	530	425	310	240	5,730	348
18,400	18,500	1,280	1,065	845	650	540	430	320	245	5,780	352
18,500	18,600	1,300	1,080	865	655	545	440	330	250	5,830	356
18,600	18,700	1,315	1,100	890	670	555	450	340	255	5,870	360
18,700	18,800	1,335	1,115	905	690	565	460	350	260	5,920	364
18,800	18,900	1,350	1,140	925	710	575	470	355	265	5,970	368
18,900	19,000	1,375	1,160	940	725	585	475	365	270	6,020	372
19,000	19,100	1,395	1,175	960	745	590	485	375	275	6,070	376
19,100	19,200	1,410	1,195	980	760	600	495	385	280	6,120	384
19,200	19,300	1,430	1,210	995	780	610	505	400	290	6,170	393
19,300	19,400	1,445	1,230	1,015	800	620	515	405	295	6,220	401
19,400	19,500	1,465	1,250	1,030	815	635	520	415	305	6,270	409
19,500	19,600	1,485	1,265	1,050	835	640	530	425	315	6,320	417
19,600	19,700	1,500	1,285	1,070	850	650	540	435	325	6,360	425
19,700	19,800	1,520	1,300	1,085	870	660	550	445	335	6,410	433
19,800	19,900	1,535	1,320	1,105	895	675	560	450	340	6,460	442
19,900	20,000	1,555	1,340	1,125	910	695	565	460	350	6,510	450
20,000	20,100	1,575	1,355	1,145	930	715	575	470	360	6,570	458
20,100	20,200	1,590	1,380	1,165	945	730	585	480	370	6,610	466
20,200	20,300	1,615	1,395	1,180	965	750	595	490	380	6,660	474
20,300	20,400	1,630	1,415	1,200	985	765	605	495	385	6,710	482
20,400	20,500	1,650	1,435	1,215	1,000	785	610	505	400	6,760	491
20,500	20,600	1,670	1,450	1,235	1,020	805	620	515	410	6,810	499
20,600	20,700	1,685	1,470	1,255	1,035	820	635	525	420	6,850	507
20,700	20,800	1,705	1,485	1,270	1,055	840	645	535	430	6,900	515
20,800	20,900	1,720	1,505	1,290	1,075	855	655	540	435	6,950	523
20,900	21,000	1,740	1,525	1,305	1,090	880	665	550	445	7,000	531
21,000	21,100	1,760	1,540	1,325	1,110	900	680	560	455	7,060	540
21,100	21,200	1,775	1,560	1,345	1,130	915	700	570	465	7,100	548
21,200	21,300	1,795	1,575	1,365	1,150	935	720	580	475	7,150	556
21,300	21,400	1,810	1,595	1,385	1,170	950	735	585	480	7,180	564
21,400	21,500	1,830	1,620	1,400	1,185	970	755	595	490	7,210	572
21,500	21,600	1,855	1,635	1,420	1,205	990	770	605	500	7,250	580
21,600	21,700	1,870	1,655	1,440	1,220	1,005	790	615	510	7,280	589
21,700	21,800	1,890	1,670	1,455	1,240	1,025	810	625	520	7,310	597
21,800	21,900	1,905	1,690	1,475	1,260	1,040	825	635	525	7,340	605
21,900	22,000	1,925	1,710	1,490	1,275	1,060	845	645	535	7,380	613

日　額　表（平成24年3月31日財務省告示第115号別表第2（令和2年3月31日財務省告示第81号改正））

その日の社会保険料等控除後の給与等の金額		甲								乙	丙
		扶 養 親 族 等 の 数									
		0 人	1 人	2 人	3 人	4 人	5 人	6 人	7 人		
以 上	未 満	税					額			税 額	税 額
円 22,000	円 22,100	円 1,945	円 1,725	円 1,510	円 1,295	円 1,080	円 860	円 655	円 545	円 7,410	円 621
22,100	22,200	1,960	1,745	1,530	1,310	1,095	885	670	555	7,440	629
22,200	22,300	1,980	1,760	1,545	1,330	1,115	905	685	565	7,480	638
22,300	22,400	1,995	1,780	1,565	1,350	1,135	920	705	570	7,510	646
22,400	22,500	2,015	1,800	1,580	1,370	1,155	940	720	580	7,550	654
22,500	22,600	2,035	1,815	1,600	1,390	1,175	955	740	590	7,590	662
22,600	22,700	2,050	1,835	1,625	1,405	1,190	975	760	600	7,620	670
22,700	22,800	2,070	1,855	1,640	1,425	1,210	995	775	610	7,650	678
22,800	22,900	2,085	1,875	1,660	1,445	1,225	1,010	795	615	7,700	687
22,900	23,000	2,110	1,895	1,675	1,460	1,245	1,030	810	625	7,750	695
23,000	23,100	2,130	1,910	1,695	1,480	1,265	1,045	830	640	7,800	703
23,100	23,200	2,145	1,930	1,715	1,495	1,280	1,065	850	650	7,850	711
23,200	23,300	2,165	1,945	1,730	1,515	1,300	1,085	865	660	7,900	719
23,300	23,400	2,180	1,965	1,750	1,535	1,315	1,100	890	675	7,950	727
23,400	23,500	2,200	1,985	1,765	1,550	1,335	1,125	905	690	8,000	736
23,500	23,600	2,220	2,000	1,785	1,570	1,355	1,140	925	710	8,070	744
23,600	23,700	2,235	2,020	1,805	1,590	1,375	1,160	945	730	8,120	752
23,700	23,800	2,255	2,040	1,825	1,615	1,395	1,180	965	750	8,170	760
23,800	23,900	2,275	2,060	1,850	1,635	1,415	1,200	985	770	8,220	768
23,900	24,000	2,295	2,080	1,870	1,655	1,435	1,220	1,005	790	8,270	776
24,000円		2,305	2,095	1,880	1,665	1,445	1,230	1,015	800	8,320	785
24,000円を超え26,000円に満たない金額		24,000円の場合の税額に、その日の社会保険料等控除後の給与等の金額のうち24,000円を超える金額の20.42%に相当する金額を加算した金額								8,320円に、その日の社会保険料等控除後の給与等の金額のうち24,000円を超える金額の40.84％に相当する金額を加算した金額	785円に、その日の社会保険料等控除後の給与等の金額のうち24,000円を超える金額の10.21％に相当する金額を加算した金額
26,000円		円 2,715	円 2,505	円 2,290	円 2,075	円 1,855	円 1,640	円 1,425	円 1,210		円 989
26,000円を超え32,000円に満たない金額		26,000円の場合の税額に、その日の社会保険料等控除後の給与等の金額のうち26,000円を超える金額の23.483%に相当する金額を加算した金額									989円に、その日の社会保険料等控除後の給与等の金額のうち26,000円を超える金額の20.42％に相当する金額を加算した金額
32,000円		円 4,125	円 3,915	円 3,700	円 3,485	円 3,265	円 3,050	円 2,835	円 2,620		円 2,214
32,000円を超え57,000円に満たない金額		32,000円の場合の税額に、その日の社会保険料等控除後の給与等の金額のうち32,000円を超える金額の33.693%に相当する金額を加算した金額									2,214円に、その日の社会保険料等控除後の給与等の金額のうち32,000円を超える金額の25.525％に相当する金額を加算した金額

日 額 表（平成24年3月31日財務省告示第115号別表第2（令和2年3月31日財務省告示第81号改正））

その日の社会保険料等控除後の給与等の金額	甲								乙	丙
	扶 養 親 族 等 の 数								税 額	税 額
	0 人	1 人	2 人	3 人	4 人	5 人	6 人	7 人		
以 上　　未 満	税							額		
57,000円	円 12,550	円 12,340	円 12,125	円 11,910	円 11,690	円 11,475	円 11,260	円 11,045	円 21,800	円 8,595
57,000円を超え 72,500円に満たない金額	57,000円の場合の税額に、その日の社会保険料等控除後の給与等の金額のうち57,000円を超える金額の40.84%に相当する金額を加算した金額								21,800円に、その日の社会保険料等控除後の給与等の金額のうち57,000円を超える金額の45.945%に相当する金額を加算した金額	8,595円に、その日の社会保険料等控除後の給与等の金額のうち57,000円を超える金額の33.693%に相当する金額を加算した金額
72,500円	円 19,060	円 18,845	円 18,635	円 18,420	円 18,200	円 17,985	円 17,770	円 17,555		
72,500円を超え 73,500円に満たない金額	72,500円の場合の税額に、その日の社会保険料等控除後の給与等の金額のうち72,500円を超える金額の40.84%に相当する金額を加算した金額									
73,500円	円 19,655	円 19,440	円 19,225	円 19,010	円 18,790	円 18,575	円 18,360	円 18,150		
73,500円を超え 75,000円に満たない金額	73,500円の場合の税額に、その日の社会保険料等控除後の給与等の金額のうち73,500円を超える金額の40.84%に相当する金額を加算した金額									
75,000円	円 20,450	円 20,235	円 20,020	円 19,805	円 19,585	円 19,375	円 19,160	円 18,945		
75,000円を超え 116,500円に満たない金額	75,000円の場合の税額に、その日の社会保険料等控除後の給与等の金額のうち75,000円を超える金額の40.84%に相当する金額を加算した金額									
116,500円	円 37,400	円 37,185	円 36,970	円 36,755	円 36,535	円 36,325	円 36,110	円 35,895		円 28,643
116,500円を超える金額	116,500円の場合の税額に、その日の社会保険料等控除後の給与等の金額のうち116,500円を超える金額の45.945%に相当する金額を加算した金額									28,643円に、その日の社会保険料等控除後の給与等の金額のうち116,500円を超える金額の40.84%に相当する金額を加算した金額

日　額　表（平成24年3月31日財務省告示第115号別表第2（令和2年3月31日財務省告示第81号改正）)

その日の社会保険料等控除後の給与等の金額	甲								乙	丙
	扶 養 親 族 等 の 数								税　額	税　額
	0 人	1 人	2 人	3 人	4 人	5 人	6 人	7 人		
以　上　　未　満	税　　　　　　　　　　　　　　　　　　　　額								税　額	税　額
扶養親族等の数が7人を超える場合には、扶養親族等の数が7人の場合の税額から、その7人を超える1人ごとに50円を控除した金額									従たる給与についての扶養控除等申告書が提出されている場合には、当該申告書に記載された扶養親族等の数に応じ、扶養親族等1人ごとに50円を、上の各欄によって求めた税額から控除した金額	—

(注) この表における用語の意味は、次のとおりです。
1 「扶養親族等」とは、源泉控除対象配偶者及び控除対象扶養親族をいいます。
2 「社会保険料等」とは、所得税法第74条第2項（社会保険料控除）に規定する社会保険料及び同法第75条第2項（小規模企業共済等掛金控除）に規定する小規模企業共済等掛金をいいます。
(備考) 税額の求め方は、次のとおりです。
1 「給与所得者の扶養控除等申告書」（以下この表において「扶養控除等申告書」といいます。）の提出があった人
 (1) まず、その人のその日の給与等の金額から、その給与等の金額から控除される社会保険料等の金額を控除した金額を求めます。
 (2) 次に、扶養控除等申告書により申告された扶養親族等（その申告書に記載がされていないものとされる源泉控除対象配偶者を除きます。また、扶養親族等が国外居住親族である場合には、親族に該当する旨を証する書類（その国外居住親族である扶養親族等が年齢30歳以上70歳未満の控除対象扶養親族であり、かつ、留学により国内に住所及び居所を有しなくなった人である場合には、親族に該当する旨を証する書類及び留学により国内に住所及び居所を有しなくなった人に該当する旨を証する書類）が扶養控除等申告書に添付され、又は扶養控除等申告書の提出の際に提示された扶養親族等に限ります。）の数が7人以下である場合には、(1)により求めた金額に応じて「その日の社会保険料等控除後の給与等の金額」欄の該当する行を求め、その行と扶養親族等の数に応じた甲欄の該当欄との交わるところに記載されている金額を求めます。これが求める税額です。
 (3) 扶養控除等申告書により申告された扶養親族等の数が7人を超える場合には、(1)により求めた金額に応じて、扶養親族等の数が7人であるものとして(2)により求めた税額から、扶養親族等の数が7人を超える1人ごとに50円を控除した金額を求めます。これが求める税額です。
 (4) (2)及び(3)の場合において、扶養控除等申告書にその人が障害者（特別障害者を含みます。）、寡婦、ひとり親又は勤労学生に該当する旨の記載があるときは、扶養親族等の数にこれらの一に該当するごとに1人を加算した数を、扶養控除等申告書にその人の同一生計配偶者又は扶養親族のうちに障害者（特別障害者を含みます。）又は同居特別障害者（障害者（特別障害者を含みます。）又は同居特別障害者が国外居住親族である場合には、親族に該当する旨を証する書類が扶養控除等申告書に添付され、又は扶養控除等申告書の提出の際に提示された障害者（特別障害者を含みます。）又は同居特別障害者に限ります。）に該当する人がいる旨の記載があるときは、扶養親族等の数にこれらの一に該当するごとに1人を加算した数を、それぞれ(2)及び(3)の扶養親族等の数とします。
2 扶養控除等申告書の提出がない人（「従たる給与についての扶養控除等申告書」の提出があった人を含みます。）
 (1) (2)に該当する場合を除き、その人のその日の給与等の金額から、その給与等の金額から控除される社会保険料等の金額を控除し、その控除後の金額に応じて「その日の社会保険料等控除後の給与等の金額」欄の該当する行を求め、その行と乙欄との交わるところに記載されている金額（「従たる給与についての扶養控除等申告書」の提出があった場合には、その申告書により申告された扶養親族等（その申告書に記載がされていないものとされる源泉控除対象配偶者を除きます。）の数に応じ、扶養親族等1人ごとに50円を控除した金額）を求めます。これが求める税額です。
 (2) その給与等が所得税法第185条第1項第3号（労働した日ごとに支払われる給与等）に掲げる給与等であるときは、その人のその日の給与等の金額から、その給与等の金額から控除される社会保険料等の金額を控除し、その控除後の金額に応じて「その日の社会保険料等控除後の給与等の金額」欄の該当する行を求め、その行と丙欄との交わるところに記載されている金額を求めます。これが求める税額です。
　　ただし、継続して2か月を超えて支払うこととなった場合には、その2か月を超える部分の期間につき支払われる給与等は、労働した日ごとに支払われる給与等には含まれませんので、税額の求め方は1又は2(1)によります。

⑥ 賞与に対する源泉徴収税額の算出率の表（令和6年分）

（平成24年3月31日財務省告示第115号別表第三（令和2年3月31日財務省告示第81号改正））

賞与の金額に乗ずべき率	扶養　　　親　　　族 甲							
	0 人		1 人		2 人		3 人	
	前　月　の　社　会　保　険　料　等　控							
	以　上	未　満	以　上	未　満	以　上	未　満	以　上	未　満
%	千円	千円	千円	千円	千円	千円	千円	千円
0.000	68 千円未満		94 千円未満		133 千円未満		171 千円未満	
2.042	68	79	94	243	133	269	171	295
4.084	79	252	243	282	269	312	295	345
6.126	252	300	282	338	312	369	345	398
8.168	300	334	338	365	369	393	398	417
10.210	334	363	365	394	393	420	417	445
12.252	363	395	394	422	420	450	445	477
14.294	395	426	422	455	450	484	477	510
16.336	426	520	455	520	484	520	510	544
18.378	520	601	520	617	520	632	544	647
20.420	601	678	617	699	632	721	647	745
22.462	678	708	699	733	721	757	745	782
24.504	708	745	733	771	757	797	782	823
26.546	745	788	771	814	797	841	823	868
28.588	788	846	814	874	841	902	868	931
30.630	846	914	874	944	902	975	931	1,005
32.672	914	1,312	944	1,336	975	1,360	1,005	1,385
35.735	1,312	1,521	1,336	1,526	1,360	1,526	1,385	1,538
38.798	1,521	2,621	1,526	2,645	1,526	2,669	1,538	2,693
41.861	2,621	3,495	2,645	3,527	2,669	3,559	2,693	3,590
45.945	3,495 千円以上		3,527 千円以上		3,559 千円以上		3,590 千円以上	

（注）この表における用語の意味は、次のとおりです。

1　「扶養親族等」とは、源泉控除対象配偶者及び控除対象扶養親族をいいます。
　　方」をご覧ください。

2　「社会保険料等」とは、所得税法第74条第2項（社会保険料控除）に規定する社会保険料及び同法第75条第2項（小規模企業共済等掛金控除）に規定する小規模企業共済等掛金をいいます。

　　また、「賞与の金額に乗ずべき率」の賞与の金額とは、賞与の金額から控除される社会保険料等の金額がある場合には、その社会保険料等控除後の金額をいいます。

（備考）賞与の金額に乗ずべき率の求め方は、次のとおりです。

1　「給与所得者の扶養控除等申告書」（以下この表において「扶養控除等申告書」といいます。）の提出があった人（4に該当する場合を除きます。）

　(1)　まず、その人の前月中の給与等（賞与を除きます。以下この表において同じです。）の金額から、その給与等の金額から控除される社会保険料等の金額（以下この表において「前月中の社会保険料等の金額」といいます。）を控除した金額を求めます。

　(2)　次に、扶養控除等申告書により申告された扶養親族等（その申告書に記載がされていないものとされる源泉控除対象配偶者を除きます。また、扶養親族等が国外居住親族である場合には、親族に該当する旨を証する書類（その国外居住親族である扶養親族等が年齢30歳以上70歳未満の控除対象扶養親族であり、かつ、留学により国内に住所及び居所を有しなくなった人である場合には、親族に該当する旨を証する書類及び留学により国内に住所及び居所を有しなくなった人に該当する旨を証する書類）が扶養控除等申告書等に添付され、又は扶養控除等申告書の提出の際に提示された扶養親族等に限ります。）の数と(1)により求めた金額とに応じて甲欄の「前月の社会保険料等控除後の給与等の金額」欄の該当する行を求めます。

　(3)　(2)により求めた行と「賞与の金額に乗ずべき率」欄との交わるところに記載されている率を求めます。これが求める率です。

等 の 数								乙	
4 人		5 人		6 人		7 人以上		前月の社会保険料等控除後の給与等の金額	
除 後 の 給 与 等 の 金 額									
以 上	未 満	以 上	未 満	以 上	未 満	以 上	未 満	以 上	未 満
千円	千円	千円	千円	千円	千円	千円	千円	千円	千円
210 千円未満		243 千円未満		275 千円未満		308 千円未満			
210	300	243	300	275	333	308	372		
300	378	300	406	333	431	372	456		
378	424	406	450	431	476	456	502		
424	444	450	472	476	499	502	523		
444	470	472	496	499	521	523	545	222 千円未満	
470	503	496	525	521	547	545	571		
503	534	525	557	547	582	571	607		
534	570	557	597	582	623	607	650		
570	662	597	677	623	693	650	708		
662	768	677	792	693	815	708	838		
768	806	792	831	815	856	838	880	222	293
806	849	831	875	856	900	880	926		
849	896	875	923	900	950	926	978		
896	959	923	987	950	1,015	978	1,043		
959	1,036	987	1,066	1,015	1,096	1,043	1,127	293	524
1,036	1,409	1,066	1,434	1,096	1,458	1,127	1,482		
1,409	1,555	1,434	1,555	1,458	1,555	1,482	1,583		
1,555	2,716	1,555	2,740	1,555	2,764	1,583	2,788	524	1,118
2,716	3,622	2,740	3,654	2,764	3,685	2,788	3,717		
3,622 千円以上		3,654 千円以上		3,685 千円以上		3,717 千円以上		1,118 千円以上	

2　1の場合において、扶養控除等申告書にその人が障害者（特別障害者を含みます。）、寡婦、ひとり親又は勤労学生に該当する旨の記載があるときは、扶養親族等の数にこれらの一に該当するごとに1人を加算した数を、扶養控除等申告書にその人の同一生計配偶者又は扶養親族のうちに障害者（特別障害者を含みます。）又は同居特別障害者（障害者（特別障害者を含みます。）又は同居特別障害者が国外居住親族である場合には、親族に該当する旨を証する書類が扶養控除等申告書に添付され、又は扶養控除等申告書の提出の際に提示された障害者（特別障害者を含みます。）又は同居特別障害者に限ります。）に該当する人がいる旨の記載があるときは、扶養親族等の数にこれらの一に該当するごとに1人を加算した数を、それぞれ扶養親族等の数とします。

3　扶養控除等申告書の提出がない人（「従たる給与についての扶養控除等申告書」の提出があった人を含み、4に該当する場合を除きます。）

(1)　その人の前月中の給与等の金額から前月中の社会保険料等の金額を控除した金額を求めます。

(2)　(1)により求めた金額に応じて乙欄の「前月の社会保険料等控除後の給与等の金額」欄の該当する行を求めます。

(3)　(2)により求めた行と「賞与の金額に乗ずべき率」欄との交わるところに記載されている率を求めます。これが求める率です。

4　前月中の給与等の金額がない場合や前月中の給与等の金額が前月中の社会保険料等の金額以下である場合又はその賞与の金額（その金額から控除される社会保険料等の金額がある場合には、その控除後の金額）が前月中の給与等の金額から前月中の社会保険料等の金額を控除した金額の10倍に相当する金額を超える場合には、この表によらず、平成24年3月31日財務省告示第115号（令和2年3月31日財務省告示第81号改正）第3項第1号イ(2)若しくはロ(2)又は第2号の規定により、月額表を使って税額を計算します。

5　1から4までの場合において、その人の受ける給与等の支給期が月の整数倍の期間ごとと定められているときは、その賞与の支払の直前に支払を受けた若しくは支払を受けるべき給与等の金額又はその給与等の金額から控除される社会保険料等の金額をその倍数で除して計算した金額を、それぞれ前月中の給与等の金額又はその金額から控除される社会保険料等の金額とみなします。

⑦ 年末調整等のための給与所得控除後の給与等の金額の表（第28条、第190条関係）

所得税法別表第5（令和2年1月1日から施行）

（一）

給与等の金額 以上	給与等の金額 未満	給与所得控除後の給与等の金額	給与等の金額 以上	給与等の金額 未満	給与所得控除後の給与等の金額	給与等の金額 以上	給与等の金額 未満	給与所得控除後の給与等の金額
円	円	円	円	円	円	円	円	円
551,000円未満		0	1,772,000	1,776,000	1,163,200	1,972,000	1,976,000	1,300,400
			1,776,000	1,780,000	1,165,600	1,976,000	1,980,000	1,303,200
			1,780,000	1,784,000	1,168,000	1,980,000	1,984,000	1,305,000
			1,784,000	1,788,000	1,170,400	1,984,000	1,988,000	1,308,800
			1,788,000	1,792,000	1,172,800	1,988,000	1,992,000	1,311,600
551,000	1,619,000	給与等の金額から550,000円を控除した金額	1,792,000	1,796,000	1,175,200	1,992,000	1,996,000	1,314,400
			1,796,000	1,800,000	1,177,600	1,996,000	2,000,000	1,317,200
			1,800,000	1,804,000	1,180,000	2,000,000	2,004,000	1,320,000
			1,804,000	1,808,000	1,182,800	2,004,000	2,008,000	1,322,800
			1,808,000	1,812,000	1,185,600	2,008,000	2,012,000	1,325,600
1,619,000	1,620,000	1,069,000	1,812,000	1,816,000	1,188,400	2,012,000	2,016,000	1,328,400
1,620,000	1,622,000	1,070,000	1,816,000	1,820,000	1,191,200	2,016,000	2,020,000	1,331,200
1,622,000	1,624,000	1,072,000	1,820,000	1,824,000	1,194,000	2,020,000	2,024,000	1,334,000
1,624,000	1,628,000	1,074,000	1,824,000	1,828,000	1,196,800	2,024,000	2,028,000	1,336,800
1,628,000	1,632,000	1,076,800	1,828,000	1,832,000	1,199,600	2,028,000	2,032,000	1,339,600
1,632,000	1,636,000	1,079,200	1,832,000	1,836,000	1,202,400	2,032,000	2,036,000	1,342,400
1,636,000	1,640,000	1,081,600	1,836,000	1,840,000	1,205,200	2,036,000	2,040,000	1,345,200
1,640,000	1,644,000	1,084,000	1,840,000	1,844,000	1,208,000	2,040,000	2,044,000	1,348,000
1,644,000	1,648,000	1,086,400	1,844,000	1,848,000	1,210,800	2,044,000	2,048,000	1,350,800
1,648,000	1,652,000	1,088,800	1,848,000	1,852,000	1,213,600	2,048,000	2,052,000	1,353,600
1,652,000	1,656,000	1,091,200	1,852,000	1,856,000	1,216,400	2,052,000	2,056,000	1,356,400
1,656,000	1,660,000	1,093,600	1,856,000	1,860,000	1,219,200	2,056,000	2,060,000	1,359,200
1,660,000	1,664,000	1,096,000	1,860,000	1,864,000	1,222,000	2,060,000	2,064,000	1,362,000
1,664,000	1,668,000	1,098,400	1,864,000	1,868,000	1,224,800	2,064,000	2,068,000	1,364,800
1,668,000	1,672,000	1,100,800	1,868,000	1,872,000	1,227,600	2,068,000	2,072,000	1,367,600
1,672,000	1,676,000	1,103,200	1,872,000	1,876,000	1,230,400	2,072,000	2,076,000	1,370,400
1,676,000	1,680,000	1,105,600	1,876,000	1,880,000	1,233,200	2,076,000	2,080,000	1,373,200
1,680,000	1,684,000	1,108,000	1,880,000	1,884,000	1,236,000	2,080,000	2,084,000	1,376,000
1,684,000	1,688,000	1,110,400	1,884,000	1,888,000	1,238,800	2,084,000	2,088,000	1,378,800
1,688,000	1,692,000	1,112,800	1,888,000	1,892,000	1,241,600	2,088,000	2,092,000	1,381,600
1,692,000	1,696,000	1,115,200	1,892,000	1,896,000	1,244,400	2,092,000	2,096,000	1,384,400
1,696,000	1,700,000	1,117,600	1,896,000	1,900,000	1,247,200	2,096,000	2,100,000	1,387,200
1,700,000	1,704,000	1,120,000	1,900,000	1,904,000	1,250,000	2,100,000	2,104,000	1,390,000
1,704,000	1,708,000	1,122,400	1,904,000	1,908,000	1,252,800	2,104,000	2,108,000	1,392,800
1,708,000	1,712,000	1,124,800	1,908,000	1,912,000	1,255,600	2,108,000	2,112,000	1,395,600
1,712,000	1,716,000	1,127,200	1,912,000	1,916,000	1,258,400	2,112,000	2,116,000	1,398,400
1,716,000	1,720,000	1,129,600	1,916,000	1,920,000	1,261,200	2,116,000	2,120,000	1,401,200
1,720,000	1,724,000	1,132,000	1,920,000	1,924,000	1,264,000	2,120,000	2,124,000	1,404,000
1,724,000	1,728,000	1,134,400	1,924,000	1,928,000	1,266,800	2,124,000	2,128,000	1,406,800
1,728,000	1,732,000	1,136,800	1,928,000	1,932,000	1,269,600	2,128,000	2,132,000	1,409,600
1,732,000	1,736,000	1,139,200	1,932,000	1,936,000	1,272,400	2,132,000	2,136,000	1,412,400
1,736,000	1,740,000	1,141,600	1,936,000	1,940,000	1,275,200	2,136,000	2,140,000	1,415,200
1,740,000	1,744,000	1,144,000	1,940,000	1,944,000	1,278,000	2,140,000	2,144,000	1,418,000
1,744,000	1,748,000	1,146,400	1,944,000	1,948,000	1,280,800	2,144,000	2,148,000	1,420,800
1,748,000	1,752,000	1,148,800	1,948,000	1,952,000	1,283,600	2,148,000	2,152,000	1,423,600
1,752,000	1,756,000	1,151,200	1,952,000	1,956,000	1,286,400	2,152,000	2,156,000	1,426,400
1,756,000	1,760,000	1,153,600	1,956,000	1,960,000	1,289,200	2,156,000	2,160,000	1,429,200
1,760,000	1,764,000	1,156,000	1,960,000	1,964,000	1,292,000	2,160,000	2,164,000	1,432,000
1,764,000	1,768,000	1,158,400	1,964,000	1,968,000	1,294,800	2,164,000	2,168,000	1,434,800
1,768,000	1,772,000	1,160,800	1,968,000	1,972,000	1,297,600	2,168,000	2,172,000	1,437,600

給与等の金額		給与所得控除後の給与等の金額	給与等の金額		給与所得控除後の給与等の金額	給与等の金額		給与所得控除後の給与等の金額
以上	未満		以上	未満		以上	未満	
円	円	円	円	円	円	円	円	円
2,172,000	2,176,000	1,440,400	2,372,000	2,376,000	1,580,400	2,572,000	2,576,000	1,720,400
2,176,000	2,180,000	1,443,200	2,376,000	2,380,000	1,583,200	2,576,000	2,580,000	1,723,200
2,180,000	2,184,000	1,446,000	2,380,000	2,384,000	1,586,000	2,580,000	2,584,000	1,726,000
2,184,000	2,188,000	1,448,800	2,384,000	2,388,000	1,588,800	2,584,000	2,588,000	1,728,800
2,188,000	2,192,000	1,451,600	2,388,000	2,392,000	1,591,600	2,588,000	2,592,000	1,731,600
2,192,000	2,196,000	1,454,400	2,392,000	2,396,000	1,594,400	2,592,000	2,596,000	1,734,400
2,196,000	2,200,000	1,457,200	2,396,000	2,400,000	1,597,200	2,596,000	2,600,000	1,737,200
2,200,000	2,204,000	1,460,000	2,400,000	2,404,000	1,600,000	2,600,000	2,604,000	1,740,000
2,204,000	2,208,000	1,462,800	2,404,000	2,408,000	1,602,800	2,604,000	2,608,000	1,742,800
2,208,000	2,212,000	1,465,600	2,408,000	2,412,000	1,605,600	2,608,000	2,612,000	1,745,600
2,212,000	2,216,000	1,468,400	2,412,000	2,416,000	1,608,400	2,612,000	2,616,000	1,748,400
2,216,000	2,220,000	1,471,200	2,416,000	2,420,000	1,611,200	2,616,000	2,620,000	1,751,200
2,220,000	2,224,000	1,474,000	2,420,000	2,424,000	1,614,000	2,620,000	2,624,000	1,754,000
2,224,000	2,228,000	1,476,800	2,424,000	2,428,000	1,616,800	2,624,000	2,628,000	1,756,800
2,228,000	2,232,000	1,479,600	2,428,000	2,432,000	1,619,600	2,628,000	2,632,000	1,759,600
2,232,000	2,236,000	1,482,400	2,432,000	2,436,000	1,622,400	2,632,000	2,636,000	1,762,400
2,236,000	2,240,000	1,485,200	2,436,000	2,440,000	1,625,200	2,636,000	2,640,000	1,765,200
2,240,000	2,244,000	1,488,000	2,440,000	2,444,000	1,628,000	2,640,000	2,644,000	1,768,000
2,244,000	2,248,000	1,490,800	2,444,000	2,448,000	1,630,800	2,644,000	2,648,000	1,770,800
2,248,000	2,252,000	1,493,600	2,448,000	2,452,000	1,633,600	2,648,000	2,652,000	1,773,600
2,252,000	2,256,000	1,496,400	2,452,000	2,456,000	1,636,400	2,652,000	2,656,000	1,776,400
2,256,000	2,260,000	1,499,200	2,456,000	2,460,000	1,639,200	2,656,000	2,660,000	1,779,200
2,260,000	2,264,000	1,502,000	2,460,000	2,464,000	1,642,000	2,660,000	2,664,000	1,782,000
2,264,000	2,268,000	1,504,800	2,464,000	2,468,000	1,644,800	2,664,000	2,668,000	1,784,800
2,268,000	2,272,000	1,507,600	2,468,000	2,472,000	1,647,600	2,668,000	2,672,000	1,787,600
2,272,000	2,276,000	1,510,400	2,472,000	2,476,000	1,650,400	2,672,000	2,676,000	1,790,400
2,276,000	2,280,000	1,513,200	2,476,000	2,480,000	1,653,200	2,676,000	2,680,000	1,793,200
2,280,000	2,284,000	1,516,000	2,480,000	2,484,000	1,656,000	2,680,000	2,684,000	1,796,000
2,284,000	2,288,000	1,518,800	2,484,000	2,488,000	1,658,800	2,684,000	2,688,000	1,798,800
2,288,000	2,292,000	1,521,600	2,488,000	2,492,000	1,661,600	2,688,000	2,692,000	1,801,600
2,292,000	2,296,000	1,524,400	2,492,000	2,496,000	1,664,400	2,692,000	2,696,000	1,804,400
2,296,000	2,300,000	1,527,200	2,496,000	2,500,000	1,667,200	2,696,000	2,700,000	1,807,200
2,300,000	2,304,000	1,530,000	2,500,000	2,504,000	1,670,000	2,700,000	2,704,000	1,810,000
2,304,000	2,308,000	1,532,800	2,504,000	2,508,000	1,672,800	2,704,000	2,708,000	1,812,800
2,308,000	2,312,000	1,535,600	2,508,000	2,512,000	1,675,600	2,708,000	2,712,000	1,815,600
2,312,000	2,316,000	1,538,400	2,512,000	2,516,000	1,678,400	2,712,000	2,716,000	1,818,400
2,316,000	2,320,000	1,541,200	2,516,000	2,520,000	1,681,200	2,716,000	2,720,000	1,821,200
2,320,000	2,324,000	1,544,000	2,520,000	2,524,000	1,684,000	2,720,000	2,724,000	1,824,000
2,324,000	2,328,000	1,546,800	2,524,000	2,528,000	1,686,800	2,724,000	2,728,000	1,826,800
2,328,000	2,332,000	1,549,600	2,528,000	2,532,000	1,689,600	2,728,000	2,732,000	1,829,600
2,332,000	2,336,000	1,552,400	2,532,000	2,536,000	1,692,400	2,732,000	2,736,000	1,832,400
2,336,000	2,340,000	1,555,200	2,536,000	2,540,000	1,695,200	2,736,000	2,740,000	1,835,200
2,340,000	2,344,000	1,558,000	2,540,000	2,544,000	1,698,000	2,740,000	2,744,000	1,838,000
2,344,000	2,348,000	1,560,800	2,544,000	2,548,000	1,700,800	2,744,000	2,748,000	1,840,800
2,348,000	2,352,000	1,563,600	2,548,000	2,552,000	1,703,600	2,748,000	2,752,000	1,843,600
2,352,000	2,356,000	1,566,400	2,552,000	2,556,000	1,706,400	2,752,000	2,756,000	1,846,400
2,356,000	2,360,000	1,569,200	2,556,000	2,560,000	1,709,200	2,756,000	2,760,000	1,849,200
2,360,000	2,364,000	1,572,000	2,560,000	2,564,000	1,712,000	2,760,000	2,764,000	1,852,000
2,364,000	2,368,000	1,574,800	2,564,000	2,568,000	1,714,800	2,764,000	2,768,000	1,854,800
2,368,000	2,372,000	1,577,600	2,568,000	2,572,000	1,717,600	2,768,000	2,772,000	1,857,600

給与等の金額		給与所得控除後の給与等の金額	給与等の金額		給与所得控除後の給与等の金額	給与等の金額		給与所得控除後の給与等の金額
以上	未満		以上	未満		以上	未満	
円	円	円	円	円	円	円	円	円
2,772,000	2,776,000	1,860,400	2,972,000	2,976,000	2,000,400	3,172,000	3,176,000	2,140,400
2,776,000	2,780,000	1,863,200	2,976,000	2,980,000	2,003,200	3,176,000	3,180,000	2,143,200
2,780,000	2,784,000	1,866,000	2,980,000	2,984,000	2,006,000	3,180,000	3,184,000	2,146,000
2,784,000	2,788,000	1,868,800	2,984,000	2,988,000	2,008,800	3,184,000	3,188,000	2,148,800
2,788,000	2,792,000	1,871,600	2,988,000	2,992,000	2,011,600	3,188,000	3,192,000	2,151,600
2,792,000	2,796,000	1,874,400	2,992,000	2,996,000	2,014,400	3,192,000	3,196,000	2,154,400
2,796,000	2,800,000	1,877,200	2,996,000	3,000,000	2,017,200	3,196,000	3,200,000	2,157,200
2,800,000	2,804,000	1,880,000	3,000,000	3,004,000	2,020,000	3,200,000	3,204,000	2,160,000
2,804,000	2,808,000	1,882,800	3,004,000	3,008,000	2,022,800	3,204,000	3,208,000	2,162,800
2,808,000	2,812,000	1,885,600	3,008,000	3,012,000	2,025,600	3,208,000	3,212,000	2,165,600
2,812,000	2,816,000	1,888,400	3,012,000	3,016,000	2,028,400	3,212,000	3,216,000	2,168,400
2,816,000	2,820,000	1,891,200	3,016,000	3,020,000	2,031,200	3,216,000	3,220,000	2,171,200
2,820,000	2,824,000	1,894,000	3,020,000	3,024,000	2,034,000	3,220,000	3,224,000	2,174,000
2,824,000	2,828,000	1,896,800	3,024,000	3,028,000	2,036,800	3,224,000	3,228,000	2,176,800
2,828,000	2,832,000	1,899,600	3,028,000	3,032,000	2,039,600	3,228,000	3,232,000	2,179,600
2,832,000	2,836,000	1,902,400	3,032,000	3,036,000	2,042,400	3,232,000	3,236,000	2,182,400
2,836,000	2,840,000	1,905,200	3,036,000	3,040,000	2,045,200	3,236,000	3,240,000	2,185,200
2,840,000	2,844,000	1,908,000	3,040,000	3,044,000	2,048,000	3,240,000	3,244,000	2,188,000
2,844,000	2,848,000	1,910,800	3,044,000	3,048,000	2,050,800	3,244,000	3,248,000	2,190,800
2,848,000	2,852,000	1,913,600	3,048,000	3,052,000	2,053,600	3,248,000	3,252,000	2,193,600
2,852,000	2,856,000	1,916,400	3,052,000	3,056,000	2,056,400	3,252,000	3,256,000	2,196,400
2,856,000	2,860,000	1,919,200	3,056,000	3,060,000	2,059,200	3,256,000	3,260,000	2,199,200
2,860,000	2,864,000	1,922,000	3,060,000	3,064,000	2,062,000	3,260,000	3,264,000	2,202,000
2,864,000	2,868,000	1,924,800	3,064,000	3,068,000	2,064,800	3,264,000	3,268,000	2,204,800
2,868,000	2,872,000	1,927,600	3,068,000	3,072,000	2,067,600	3,268,000	3,272,000	2,207,600
2,872,000	2,876,000	1,930,400	3,072,000	3,076,000	2,070,400	3,272,000	3,276,000	2,210,400
2,876,000	2,880,000	1,933,200	3,076,000	3,080,000	2,073,200	3,276,000	3,280,000	2,213,200
2,880,000	2,884,000	1,936,000	3,080,000	3,084,000	2,076,000	3,280,000	3,284,000	2,216,000
2,884,000	2,888,000	1,938,800	3,084,000	3,088,000	2,078,800	3,284,000	3,288,000	2,218,800
2,888,000	2,892,000	1,941,600	3,088,000	3,092,000	2,081,600	3,288,000	3,292,000	2,221,600
2,892,000	2,896,000	1,944,400	3,092,000	3,096,000	2,084,400	3,292,000	3,296,000	2,224,400
2,896,000	2,900,000	1,947,200	3,096,000	3,100,000	2,087,200	3,296,000	3,300,000	2,227,200
2,900,000	2,904,000	1,950,000	3,100,000	3,104,000	2,090,000	3,300,000	3,304,000	2,230,000
2,904,000	2,908,000	1,952,800	3,104,000	3,108,000	2,092,800	3,304,000	3,308,000	2,232,800
2,908,000	2,912,000	1,955,600	3,108,000	3,112,000	2,095,600	3,308,000	3,312,000	2,235,600
2,912,000	2,916,000	1,958,400	3,112,000	3,116,000	2,098,400	3,312,000	3,316,000	2,238,400
2,916,000	2,920,000	1,961,200	3,116,000	3,120,000	2,101,200	3,316,000	3,320,000	2,241,200
2,920,000	2,924,000	1,964,000	3,120,000	3,124,000	2,104,000	3,320,000	3,324,000	2,244,000
2,924,000	2,928,000	1,966,800	3,124,000	3,128,000	2,106,800	3,324,000	3,328,000	2,246,800
2,928,000	2,932,000	1,969,600	3,128,000	3,132,000	2,109,600	3,328,000	3,332,000	2,249,600
2,932,000	2,936,000	1,972,400	3,132,000	3,136,000	2,112,400	3,332,000	3,336,000	2,252,400
2,936,000	2,940,000	1,975,200	3,136,000	3,140,000	2,115,200	3,336,000	3,340,000	2,255,200
2,940,000	2,944,000	1,978,000	3,140,000	3,144,000	2,118,000	3,340,000	3,344,000	2,258,000
2,944,000	2,948,000	1,980,800	3,144,000	3,148,000	2,120,800	3,344,000	3,348,000	2,260,800
2,948,000	2,952,000	1,983,600	3,148,000	3,152,000	2,123,600	3,348,000	3,352,000	2,263,600
2,952,000	2,956,000	1,986,400	3,152,000	3,156,000	2,126,400	3,352,000	3,356,000	2,266,400
2,956,000	2,960,000	1,989,200	3,156,000	3,160,000	2,129,200	3,356,000	3,360,000	2,269,200
2,960,000	2,964,000	1,992,000	3,160,000	3,164,000	2,132,000	3,360,000	3,364,000	2,272,000
2,964,000	2,968,000	1,994,800	3,164,000	3,168,000	2,134,800	3,364,000	3,368,000	2,274,800
2,968,000	2,972,000	1,997,600	3,168,000	3,172,000	2,137,600	3,368,000	3,372,000	2,277,600

給与等の金額		給与所得控除後の給与等の金額	給与等の金額		給与所得控除後の給与等の金額	給与等の金額		給与所得控除後の給与等の金額
以上	未満		以上	未満		以上	未満	
円	円	円	円	円	円	円	円	円
3,372,000	3,376,000	2,280,400	3,572,000	3,576,000	2,420,400	3,772,000	3,776,000	2,577,600
3,376,000	3,380,000	2,283,200	3,576,000	3,580,000	2,423,200	3,776,000	3,780,000	2,580,800
3,380,000	3,384,000	2,286,000	3,580,000	3,584,000	2,426,000	3,780,000	3,784,000	2,584,000
3,384,000	3,388,000	2,288,800	3,584,000	3,588,000	2,428,800	3,784,000	3,788,000	2,587,200
3,388,000	3,392,000	2,291,600	3,588,000	3,592,000	2,431,600	3,788,000	3,792,000	2,590,400
3,392,000	3,396,000	2,294,400	3,592,000	3,596,000	2,434,400	3,792,000	3,796,000	2,593,600
3,396,000	3,400,000	2,297,200	3,596,000	3,600,000	2,437,200	3,796,000	3,800,000	2,596,800
3,400,000	3,404,000	2,300,000	3,600,000	3,604,000	2,440,000	3,800,000	3,804,000	2,600,000
3,404,000	3,408,000	2,302,800	3,604,000	3,608,000	2,443,200	3,804,000	3,808,000	2,603,200
3,408,000	3,412,000	2,305,600	3,608,000	3,612,000	2,446,400	3,808,000	3,812,000	2,606,400
3,412,000	3,416,000	2,308,400	3,612,000	3,616,000	2,449,600	3,812,000	3,816,000	2,609,600
3,416,000	3,420,000	2,311,200	3,616,000	3,620,000	2,452,800	3,816,000	3,820,000	2,612,800
3,420,000	3,424,000	2,314,000	3,620,000	3,624,000	2,456,000	3,820,000	3,824,000	2,616,000
3,424,000	3,428,000	2,316,800	3,624,000	3,628,000	2,459,200	3,824,000	3,828,000	2,619,200
3,428,000	3,432,000	2,319,600	3,628,000	3,632,000	2,462,400	3,828,000	3,832,000	2,622,400
3,432,000	3,436,000	2,322,400	3,632,000	3,636,000	2,465,600	3,832,000	3,836,000	2,625,600
3,436,000	3,440,000	2,325,200	3,636,000	3,640,000	2,468,800	3,836,000	3,840,000	2,628,800
3,440,000	3,444,000	2,328,000	3,640,000	3,644,000	2,472,000	3,840,000	3,844,000	2,632,000
3,444,000	3,448,000	2,330,800	3,644,000	3,648,000	2,475,200	3,844,000	3,848,000	2,635,200
3,448,000	3,452,000	2,333,600	3,648,000	3,652,000	2,478,400	3,848,000	3,852,000	2,638,400
3,452,000	3,456,000	2,336,400	3,652,000	3,656,000	2,481,600	3,852,000	3,856,000	2,641,600
3,456,000	3,460,000	2,339,200	3,656,000	3,660,000	2,484,800	3,856,000	3,860,000	2,644,800
3,460,000	3,464,000	2,342,000	3,660,000	3,664,000	2,488,000	3,860,000	3,864,000	2,648,000
3,464,000	3,468,000	2,344,800	3,664,000	3,668,000	2,491,200	3,864,000	3,868,000	2,651,200
3,468,000	3,472,000	2,347,600	3,668,000	3,672,000	2,494,400	3,868,000	3,872,000	2,654,400
3,472,000	3,476,000	2,350,400	3,672,000	3,676,000	2,497,600	3,872,000	3,876,000	2,657,600
3,476,000	3,480,000	2,353,200	3,676,000	3,680,000	2,500,800	3,876,000	3,880,000	2,660,800
3,480,000	3,484,000	2,356,000	3,680,000	3,684,000	2,504,000	3,880,000	3,884,000	2,664,000
3,484,000	3,488,000	2,358,800	3,684,000	3,688,000	2,507,200	3,884,000	3,888,000	2,667,200
3,488,000	3,492,000	2,361,600	3,688,000	3,692,000	2,510,400	3,888,000	3,892,000	2,670,400
3,492,000	3,496,000	2,364,400	3,692,000	3,696,000	2,513,600	3,892,000	3,896,000	2,673,600
3,496,000	3,500,000	2,367,200	3,696,000	3,700,000	2,516,800	3,896,000	3,900,000	2,676,800
3,500,000	3,504,000	2,370,000	3,700,000	3,704,000	2,520,000	3,900,000	3,904,000	2,680,000
3,504,000	3,508,000	2,372,800	3,704,000	3,708,000	2,523,200	3,904,000	3,908,000	2,683,200
3,508,000	3,512,000	2,375,600	3,708,000	3,712,000	2,526,400	3,908,000	3,912,000	2,686,400
3,512,000	3,516,000	2,378,400	3,712,000	3,716,000	2,529,600	3,912,000	3,916,000	2,689,600
3,516,000	3,520,000	2,381,200	3,716,000	3,720,000	2,532,800	3,916,000	3,920,000	2,692,800
3,520,000	3,524,000	2,384,000	3,720,000	3,724,000	2,536,000	3,920,000	3,924,000	2,696,000
3,524,000	3,528,000	2,386,800	3,724,000	3,728,000	2,539,200	3,924,000	3,928,000	2,699,200
3,528,000	3,532,000	2,389,600	3,728,000	3,732,000	2,542,400	3,928,000	3,932,000	2,702,400
3,532,000	3,536,000	2,392,400	3,732,000	3,736,000	2,545,600	3,932,000	3,936,000	2,705,600
3,536,000	3,540,000	2,395,200	3,736,000	3,740,000	2,548,800	3,936,000	3,940,000	2,708,800
3,540,000	3,544,000	2,398,000	3,740,000	3,744,000	2,552,000	3,940,000	3,944,000	2,712,000
3,544,000	3,548,000	2,400,800	3,744,000	3,748,000	2,555,200	3,944,000	3,948,000	2,715,200
3,548,000	3,552,000	2,403,600	3,748,000	3,752,000	2,558,400	3,948,000	3,952,000	2,718,400
3,552,000	3,556,000	2,406,400	3,752,000	3,756,000	2,561,600	3,952,000	3,956,000	2,721,600
3,556,000	3,560,000	2,409,200	3,756,000	3,760,000	2,564,800	3,956,000	3,960,000	2,724,800
3,560,000	3,564,000	2,412,000	3,760,000	3,764,000	2,568,000	3,960,000	3,964,000	2,728,000
3,564,000	3,568,000	2,414,800	3,764,000	3,768,000	2,571,200	3,964,000	3,968,000	2,731,200
3,568,000	3,572,000	2,417,600	3,768,000	3,772,000	2,574,400	3,968,000	3,972,000	2,734,400

活用税目

所得税

巻末資料

(五)

給与等の金額		給与所得控除後の給与等の金額	給与等の金額		給与所得控除後の給与等の金額	給与等の金額		給与所得控除後の給与等の金額
以上	未満		以上	未満		以上	未満	
円	円	円	円	円	円	円	円	円
3,972,000	3,976,000	2,737,600	4,172,000	4,176,000	2,897,600	4,372,000	4,376,000	3,057,600
3,976,000	3,980,000	2,740,800	4,176,000	4,180,000	2,900,800	4,376,000	4,380,000	3,060,800
3,980,000	3,984,000	2,744,000	4,180,000	4,184,000	2,904,000	4,380,000	4,384,000	3,064,000
3,984,000	3,988,000	2,747,200	4,184,000	4,188,000	2,907,200	4,384,000	4,388,000	3,067,200
3,988,000	3,992,000	2,750,400	4,188,000	4,192,000	2,910,400	4,388,000	4,392,000	3,070,400
3,992,000	3,996,000	2,753,600	4,192,000	4,196,000	2,913,600	4,392,000	4,396,000	3,073,600
3,996,000	4,000,000	2,756,800	4,196,000	4,200,000	2,916,800	4,396,000	4,400,000	3,076,800
4,000,000	4,004,000	2,760,000	4,200,000	4,204,000	2,920,000	4,400,000	4,404,000	3,080,000
4,004,000	4,008,000	2,763,200	4,204,000	4,208,000	2,323,200	4,404,000	4,408,000	3,083,200
4,008,000	4,012,000	2,766,400	4,208,000	4,212,000	2,926,400	4,408,000	4,412,000	3,086,400
4,012,000	4,016,000	2,769,600	4,212,000	4,216,000	2,929,600	4,412,000	4,416,000	3,089,600
4,016,000	4,020,000	2,772,800	4,216,000	4,220,000	2,932,800	4,416,000	4,420,000	3,092,800
4,020,000	4,024,000	2,776,000	4,220,000	4,224,000	2,936,000	4,420,000	4,424,000	3,096,000
4,024,000	4,028,000	2,779,200	4,224,000	4,228,000	2,939,200	4,424,000	4,428,000	3,099,200
4,028,000	4,032,000	2,782,400	4,228,000	4,232,000	2,942,400	4,428,000	4,432,000	3,102,400
4,032,000	4,036,000	2,785,600	4,232,000	4,236,000	2,945,600	4,432,000	4,436,000	3,105,600
4,036,000	4,040,000	2,788,800	4,236,000	4,240,000	2,948,800	4,436,000	4,440,000	3,108,800
4,040,000	4,044,000	2,792,000	4,240,000	4,244,000	2,952,000	4,440,000	4,444,000	3,112,000
4,044,000	4,048,000	2,795,200	4,244,000	4,248,000	2,955,200	4,444,000	4,448,000	3,115,200
4,048,000	4,052,000	2,798,400	4,248,000	4,252,000	2,958,400	4,448,000	4,452,000	3,118,400
4,052,000	4,056,000	2,801,600	4,252,000	4,256,000	2,961,600	4,452,000	4,456,000	3,121,600
4,056,000	4,060,000	2,804,800	4,256,000	4,260,000	2,964,800	4,456,000	4,460,000	3,124,800
4,060,000	4,064,000	2,808,000	4,260,000	4,264,000	2,968,000	4,460,000	4,464,000	3,128,000
4,064,000	4,068,000	2,811,200	4,264,000	4,268,000	2,971,200	4,464,000	4,468,000	3,131,200
4,068,000	4,072,000	2,814,400	4,268,000	4,272,000	2,974,400	4,468,000	4,472,000	3,134,400
4,072,000	4,076,000	2,817,600	4,272,000	4,276,000	2,977,600	4,472,000	4,476,000	3,137,600
4,076,000	4,080,000	2,820,800	4,276,000	4,280,000	2,980,800	4,476,000	4,480,000	3,140,800
4,080,000	4,084,000	2,824,000	4,280,000	4,284,000	2,984,000	4,480,000	4,484,000	3,144,000
4,084,000	4,088,000	2,827,200	4,284,000	4,288,000	2,987,200	4,484,000	4,488,000	3,147,200
4,088,000	4,092,000	2,830,400	4,288,000	4,292,000	2,990,400	4,488,000	4,492,000	3,150,400
4,092,000	4,096,000	2,833,600	4,292,000	4,296,000	2,993,600	4,492,000	4,496,000	3,153,600
4,096,000	4,100,000	2,836,800	4,296,000	4,300,000	2,996,800	4,496,000	4,500,000	3,156,800
4,100,000	4,104,000	2,840,000	4,300,000	4,304,000	3,000,000	4,500,000	4,504,000	3,160,000
4,104,000	4,108,000	2,843,200	4,304,000	4,308,000	3,003,200	4,504,000	4,508,000	3,163,200
4,108,000	4,112,000	2,846,400	4,308,000	4,312,000	3,006,400	4,508,000	4,512,000	3,166,400
4,112,000	4,116,000	2,849,600	4,312,000	4,316,000	3,009,600	4,512,000	4,516,000	3,169,600
4,116,000	4,120,000	2,852,800	4,316,000	4,320,000	3,012,800	4,516,000	4,520,000	3,172,800
4,120,000	4,124,000	2,856,000	4,320,000	4,324,000	3,016,000	4,520,000	4,524,000	3,176,000
4,124,000	4,128,000	2,859,200	4,324,000	4,328,000	3,019,200	4,524,000	4,528,000	3,179,200
4,128,000	4,132,000	2,862,400	4,328,000	4,332,000	3,022,400	4,528,000	4,532,000	3,182,400
4,132,000	4,136,000	2,865,600	4,332,000	4,336,000	3,025,600	4,532,000	4,536,000	3,185,600
4,136,000	4,140,000	2,868,800	4,336,000	4,340,000	3,028,800	4,536,000	4,540,000	3,188,800
4,140,000	4,144,000	2,872,000	4,340,000	4,344,000	3,032,000	4,540,000	4,544,000	3,192,000
4,144,000	4,148,000	2,875,200	4,344,000	4,348,000	3,035,200	4,544,000	4,548,000	3,195,200
4,148,000	4,152,000	2,878,400	4,348,000	4,352,000	3,038,400	4,548,000	4,552,000	3,198,400
4,152,000	4,156,000	2,881,600	4,352,000	4,356,000	3,041,600	4,552,000	4,556,000	3,201,600
4,156,000	4,160,000	2,884,800	4,356,000	4,360,000	3,044,800	4,556,000	4,560,000	3,204,800
4,160,000	4,164,000	2,888,000	4,360,000	4,364,000	3,048,000	4,560,000	4,564,000	3,208,000
4,164,000	4,168,000	2,891,200	4,364,000	4,368,000	3,051,200	4,564,000	4,568,000	3,211,200
4,168,000	4,172,000	2,894,400	4,368,000	4,372,000	3,054,400	4,568,000	4,572,000	3,214,400

給与等の金額		給与所得控除後の給与等の金額	給与等の金額		給与所得控除後の給与等の金額	給与等の金額		給与所得控除後の給与等の金額
以上	未満		以上	未満		以上	未満	
円	円	円	円	円	円	円	円	円
4,572,000	4,576,000	3,217,600	4,772,000	4,776,000	3,377,600	4,972,000	4,976,000	3,537,600
4,576,000	4,580,000	3,220,800	4,776,000	4,780,000	3,380,800	4,976,000	4,980,000	3,540,800
4,580,000	4,584,000	3,224,000	4,780,000	4,784,000	3,384,000	4,980,000	4,984,000	3,544,000
4,584,000	4,588,000	3,227,200	4,784,000	4,788,000	3,387,200	4,984,000	4,988,000	3,547,200
4,588,000	4,592,000	3,230,400	4,788,000	4,792,000	3,390,400	4,988,000	4,992,000	3,550,400
4,592,000	4,596,000	3,233,600	4,792,000	4,796,000	3,393,600	4,992,000	4,996,000	3,553,600
4,596,000	4,600,000	3,236,800	4,796,000	4,800,000	3,396,800	4,996,000	5,000,000	3,556,800
4,600,000	4,604,000	3,240,000	4,800,000	4,804,000	3,400,000	5,000,000	5,004,000	3,560,000
4,604,000	4,608,000	3,243,200	4,804,000	4,808,000	3,403,200	5,004,000	5,008,000	3,563,200
4,608,000	4,612,000	3,246,400	4,808,000	4,812,000	3,406,400	5,008,000	5,012,000	3,566,400
4,612,000	4,616,000	3,249,600	4,812,000	4,816,000	3,409,600	5,012,000	5,016,000	3,569,600
4,616,000	4,620,000	3,252,800	4,816,000	4,820,000	3,412,800	5,016,000	5,020,000	3,572,800
4,620,000	4,624,000	3,256,000	4,820,000	4,824,000	3,416,000	5,020,000	5,024,000	3,576,000
4,624,000	4,628,000	3,259,200	4,824,000	4,828,000	3,419,200	5,024,000	5,028,000	3,579,200
4,628,000	4,632,000	3,262,400	4,828,000	4,832,000	3,422,400	5,028,000	5,032,000	3,582,400
4,632,000	4,636,000	3,265,600	4,832,000	4,836,000	3,425,600	5,032,000	5,036,000	3,585,600
4,636,000	4,640,000	3,268,800	4,836,000	4,840,000	3,428,800	5,036,000	5,040,000	3,588,800
4,640,000	4,644,000	3,272,000	4,840,000	4,844,000	3,432,000	5,040,000	5,044,000	3,592,000
4,644,000	4,648,000	3,275,200	4,844,000	4,848,000	3,435,200	5,044,000	5,048,000	3,595,200
4,648,000	4,652,000	3,278,400	4,848,000	4,852,000	3,438,400	5,048,000	5,052,000	3,598,400
4,652,000	4,656,000	3,281,600	4,852,000	4,856,000	3,441,600	5,052,000	5,056,000	3,601,600
4,656,000	4,660,000	3,284,800	4,856,000	4,860,000	3,444,800	5,056,000	5,060,000	3,604,800
4,660,000	4,664,000	3,288,000	4,860,000	4,864,000	3,448,000	5,060,000	5,064,000	3,608,000
4,664,000	4,668,000	3,291,200	4,864,000	4,868,000	3,451,200	5,064,000	5,068,000	3,611,200
4,668,000	4,672,000	3,294,400	4,868,000	4,872,000	3,454,400	5,068,000	5,072,000	3,614,400
4,672,000	4,676,000	3,297,600	4,872,000	4,876,000	3,457,600	5,072,000	5,076,000	3,617,600
4,676,000	4,680,000	3,300,800	4,876,000	4,880,000	3,460,800	5,076,000	5,080,000	3,620,800
4,680,000	4,684,000	3,304,000	4,880,000	4,884,000	3,464,000	5,080,000	5,084,000	3,624,000
4,684,000	4,688,000	3,307,200	4,884,000	4,888,000	3,467,200	5,084,000	5,088,000	3,627,200
4,688,000	4,692,000	3,310,400	4,888,000	4,892,000	3,470,400	5,088,000	5,092,000	3,630,400
4,692,000	4,696,000	3,313,600	4,892,000	4,896,000	3,473,600	5,092,000	5,096,000	3,633,600
4,696,000	4,700,000	3,316,800	4,896,000	4,900,000	3,476,800	5,096,000	5,100,000	3,636,800
4,700,000	4,704,000	3,320,000	4,900,000	4,904,000	3,480,000	5,100,000	5,104,000	3,640,000
4,704,000	4,708,000	3,323,200	4,904,000	4,908,000	3,483,200	5,104,000	5,108,000	3,643,200
4,708,000	4,712,000	3,326,400	4,908,000	4,912,000	3,486,400	5,108,000	5,112,000	3,646,400
4,712,000	4,716,000	3,329,600	4,912,000	4,916,000	3,489,600	5,112,000	5,116,000	3,649,600
4,716,000	4,720,000	3,332,800	4,916,000	4,920,000	3,492,800	5,116,000	5,120,000	3,652,800
4,720,000	4,724,000	3,336,000	4,920,000	4,924,000	3,496,000	5,120,000	5,124,000	3,656,000
4,724,000	4,728,000	3,339,200	4,924,000	4,928,000	3,499,200	5,124,000	5,128,000	3,659,200
4,728,000	4,732,000	3,342,400	4,928,000	4,932,000	3,502,400	5,128,000	5,132,000	3,662,400
4,732,000	4,736,000	3,345,600	4,932,000	4,936,000	3,505,600	5,132,000	5,136,000	3,665,600
4,736,000	4,740,000	3,348,800	4,936,000	4,940,000	3,508,800	5,136,000	5,140,000	3,668,800
4,740,000	4,744,000	3,352,000	4,940,000	4,944,000	3,512,000	5,140,000	5,144,000	3,672,000
4,744,000	4,748,000	3,355,200	4,944,000	4,948,000	3,515,200	5,144,000	5,148,000	3,675,200
4,748,000	4,752,000	3,358,400	4,948,000	4,952,000	3,518,400	5,148,000	5,152,000	3,678,400
4,752,000	4,756,000	3,361,600	4,952,000	4,956,000	3,521,600	5,152,000	5,156,000	3,681,600
4,756,000	4,760,000	3,364,800	4,956,000	4,960,000	3,524,800	5,156,000	5,160,000	3,684,800
4,760,000	4,764,000	3,368,000	4,960,000	4,964,000	3,528,000	5,160,000	5,164,000	3,688,000
4,764,000	4,768,000	3,371,200	4,964,000	4,968,000	3,531,200	5,164,000	5,168,000	3,691,200
4,768,000	4,772,000	3,374,400	4,968,000	4,972,000	3,534,400	5,168,000	5,172,000	3,694,400

活用税目　所得税

巻末資料

(七)

給与等の金額		給与所得控除後の給与等の金額	給与等の金額		給与所得控除後の給与等の金額	給与等の金額		給与所得控除後の給与等の金額
以上	未満		以上	未満		以上	未満	
円	円	円	円	円	円	円	円	円
5,172,000	5,176,000	3,697,600	5,372,000	5,376,000	3,857,600	5,572,000	5,576,000	4,017,600
5,176,000	5,180,000	3,700,800	5,376,000	5,380,000	3,860,800	5,576,000	5,580,000	4,020,800
5,180,000	5,184,000	3,704,000	5,380,000	5,384,000	3,864,000	5,580,000	5,584,000	4,024,000
5,184,000	5,188,000	3,707,200	5,384,000	5,388,000	3,867,200	5,584,000	5,588,000	4,027,200
5,188,000	5,192,000	3,710,400	5,388,000	5,392,000	3,870,400	5,588,000	5,592,000	4,030,400
5,192,000	5,196,000	3,713,600	5,392,000	5,396,000	3,873,600	5,592,000	5,596,000	4,033,600
5,196,000	5,200,000	3,716,800	5,396,000	5,400,000	3,876,800	5,596,000	5,600,000	4,036,800
5,200,000	5,204,000	3,720,000	5,400,000	5,404,000	3,880,000	5,600,000	5,604,000	4,040,000
5,204,000	5,208,000	3,723,200	5,404,000	5,408,000	3,883,200	5,604,000	5,608,000	4,043,200
5,208,000	5,212,000	3,726,400	5,408,000	5,412,000	3,886,400	5,608,000	5,612,000	4,046,400
5,212,000	5,216,000	3,729,600	5,412,000	5,416,000	3,889,600	5,612,000	5,616,000	4,049,600
5,216,000	5,220,000	3,732,800	5,416,000	5,420,000	3,892,800	5,616,000	5,620,000	4,052,800
5,220,000	5,224,000	3,736,000	5,420,000	5,424,000	3,896,000	5,620,000	5,624,000	4,056,000
5,224,000	5,228,000	3,739,200	5,424,000	5,428,000	3,899,200	5,624,000	5,628,000	4,059,200
5,228,000	5,232,000	3,742,400	5,428,000	5,432,000	3,902,400	5,628,000	5,632,000	4,062,400
5,232,000	5,236,000	3,745,600	5,432,000	5,436,000	3,905,600	5,632,000	5,636,000	4,065,600
5,236,000	5,240,000	3,748,800	5,436,000	5,440,000	3,908,800	5,636,000	5,640,000	4,068,800
5,240,000	5,244,000	3,752,000	5,440,000	5,444,000	3,912,000	5,640,000	5,644,000	4,072,000
5,244,000	5,248,000	3,755,200	5,444,000	5,448,000	3,915,200	5,644,000	5,648,000	4,075,200
5,248,000	5,252,000	3,758,400	5,448,000	5,452,000	3,918,400	5,648,000	5,652,000	4,078,400
5,252,000	5,256,000	3,761,600	5,452,000	5,456,000	3,921,600	5,652,000	5,656,000	4,081,600
5,256,000	5,260,000	3,764,800	5,456,000	5,460,000	3,924,800	5,656,000	5,660,000	4,084,800
5,260,000	5,264,000	3,768,000	5,460,000	5,464,000	3,928,000	5,660,000	5,664,000	4,088,000
5,264,000	5,268,000	3,771,200	5,464,000	5,468,000	3,931,200	5,664,000	5,668,000	4,091,200
5,268,000	5,272,000	3,774,400	5,468,000	5,472,000	3,934,400	5,668,000	5,672,000	4,094,400
5,272,000	5,276,000	3,777,600	5,472,000	5,476,000	3,937,600	5,672,000	5,676,000	4,097,600
5,276,000	5,280,000	3,780,800	5,476,000	5,480,000	3,940,800	5,676,000	5,680,000	4,100,800
5,280,000	5,284,000	3,784,000	5,480,000	5,484,000	3,944,000	5,680,000	5,684,000	4,104,000
5,284,000	5,288,000	3,787,200	5,484,000	5,488,000	3,947,200	5,684,000	5,688,000	4,107,200
5,288,000	5,292,000	3,790,400	5,488,000	5,492,000	3,950,400	5,688,000	5,692,000	4,110,400
5,292,000	5,296,000	3,793,600	5,492,000	5,496,000	3,953,600	5,692,000	5,696,000	4,113,600
5,296,000	5,300,000	3,796,800	5,496,000	5,500,000	3,956,800	5,696,000	5,700,000	4,116,800
5,300,000	5,304,000	3,800,000	5,500,000	5,504,000	3,960,000	5,700,000	5,704,000	4,120,000
5,304,000	5,308,000	3,803,200	5,504,000	5,508,000	3,963,200	5,704,000	5,708,000	4,123,200
5,308,000	5,312,000	3,806,400	5,508,000	5,512,000	3,966,400	5,708,000	5,712,000	4,126,400
5,312,000	5,316,000	3,809,600	5,512,000	5,516,000	3,969,600	5,712,000	5,716,000	4,129,600
5,316,000	5,320,000	3,812,800	5,516,000	5,520,000	3,972,800	5,716,000	5,720,000	4,132,800
5,320,000	5,324,000	3,816,000	5,520,000	5,524,000	3,976,000	5,720,000	5,724,000	4,136,000
5,324,000	5,328,000	3,819,200	5,524,000	5,528,000	3,979,200	5,724,000	5,728,000	4,139,200
5,328,000	5,332,000	3,822,400	5,528,000	5,532,000	3,982,400	5,728,000	5,732,000	4,142,400
5,332,000	5,336,000	3,825,600	5,532,000	5,536,000	3,985,600	5,732,000	5,736,000	4,145,600
5,336,000	5,340,000	3,828,800	5,536,000	5,540,000	3,988,800	5,736,000	5,740,000	4,148,800
5,340,000	5,344,000	3,832,000	5,540,000	5,544,000	3,992,000	5,740,000	5,744,000	4,152,000
5,344,000	5,348,000	3,835,200	5,544,000	5,548,000	3,995,200	5,744,000	5,748,000	4,155,200
5,348,000	5,352,000	3,838,400	5,548,000	5,552,000	3,998,400	5,748,000	5,752,000	4,158,400
5,352,000	5,356,000	3,841,600	5,552,000	5,556,000	4,001,600	5,752,000	5,756,000	4,161,600
5,356,000	5,360,000	3,844,800	5,556,000	5,560,000	4,004,800	5,756,000	5,760,000	4,164,800
5,360,000	5,364,000	3,848,000	5,560,000	5,564,000	4,008,000	5,760,000	5,764,000	4,168,000
5,364,000	5,368,000	3,851,200	5,564,000	5,568,000	4,011,200	5,764,000	5,768,000	4,171,200
5,368,000	5,372,000	3,854,400	5,568,000	5,572,000	4,014,400	5,768,000	5,772,000	4,174,400

(八)

給与等の金額 以上	給与等の金額 未満	給与所得控除後の給与等の金額	給与等の金額 以上	給与等の金額 未満	給与所得控除後の給与等の金額	給与等の金額 以上	給与等の金額 未満	給与所得控除後の給与等の金額
円	円	円	円	円	円	円	円	円
5,772,000	5,776,000	4,177,600	5,972,000	5,976,000	4,337,600	6,172,000	6,176,000	4,497,600
5,776,000	5,780,000	4,180,800	5,976,000	5,980,000	4,340,800	6,176,000	6,180,000	4,500,800
5,780,000	5,784,000	4,184,000	5,980,000	5,984,000	4,344,000	6,180,000	6,184,000	4,504,000
5,784,000	5,788,000	4,187,200	5,984,000	5,988,000	4,347,200	6,184,000	6,188,000	4,507,200
5,788,000	5,792,000	4,190,400	5,988,000	5,992,000	4,350,400	6,188,000	6,192,000	4,510,400
5,792,000	5,796,000	4,193,600	5,992,000	5,996,000	4,353,600	6,192,000	6,196,000	4,513,600
5,796,000	5,800,000	4,196,800	5,996,000	6,000,000	4,356,800	6,196,000	6,200,000	4,516,800
5,800,000	5,804,000	4,200,000	6,000,000	6,004,000	4,360,000	6,200,000	6,204,000	4,520,000
5,804,000	5,808,000	4,203,200	6,004,000	6,008,000	4,363,200	6,204,000	6,208,000	4,523,200
5,808,000	5,812,000	4,206,400	6,008,000	6,012,000	4,366,400	6,208,000	6,212,000	4,526,400
5,812,000	5,816,000	4,209,600	6,012,000	6,016,000	4,369,600	6,212,000	6,216,000	4,529,600
5,816,000	5,820,000	4,212,800	6,016,000	6,020,000	4,372,800	6,216,000	6,220,000	4,532,800
5,820,000	5,824,000	4,216,000	6,020,000	6,024,000	4,376,000	6,220,000	6,224,000	4,536,200
5,824,000	5,828,000	4,219,200	6,024,000	6,028,000	4,379,200	6,224,000	6,228,000	4,539,200
5,828,000	5,832,000	4,222,400	6,028,000	6,032,000	4,382,400	6,228,000	6,232,000	4,542,400
5,832,000	5,836,000	4,225,600	6,032,000	6,036,000	4,385,600	6,232,000	6,236,000	4,545,600
5,836,000	5,840,000	4,228,800	6,036,000	6,040,000	4,388,800	6,236,000	6,240,000	4,548,800
5,840,000	5,844,000	4,232,000	6,040,000	6,044,000	4,392,000	6,240,000	6,244,000	4,552,000
5,844,000	5,848,000	4,235,200	6,044,000	6,048,000	4,395,200	6,244,000	6,248,000	4,555,200
5,848,000	5,852,000	4,238,400	6,048,000	6,052,000	4,398,400	6,248,000	6,252,000	4,558,400
5,852,000	5,856,000	4,241,600	6,052,000	6,056,000	4,401,600	6,252,000	6,256,000	4,561,600
5,856,000	5,860,000	4,244,800	6,056,000	6,060,000	4,404,800	6,256,000	6,260,000	4,564,800
5,860,000	5,864,000	4,248,000	6,060,000	6,064,000	4,408,000	6,260,000	6,264,000	4,568,000
5,864,000	5,868,000	4,251,200	6,064,000	6,068,000	4,411,200	6,264,000	6,268,000	4,571,200
5,868,000	5,872,000	4,254,400	6,068,000	6,072,000	4,414,400	6,268,000	6,272,000	4,574,400
5,872,000	5,876,000	4,257,600	6,072,000	6,076,000	4,417,600	6,272,000	6,276,000	4,577,600
5,876,000	5,880,000	4,260,800	6,076,000	6,080,000	4,420,800	6,276,000	6,280,000	4,580,800
5,880,000	5,884,000	4,264,000	6,080,000	6,084,000	4,424,000	6,280,000	6,284,000	4,584,000
5,884,000	5,888,000	4,267,200	6,084,000	6,088,000	4,427,200	6,284,000	6,288,000	4,587,200
5,888,000	5,892,000	4,270,400	6,088,000	6,092,000	4,430,400	6,288,000	6,292,000	4,590,400
5,892,000	5,896,000	4,273,600	6,092,000	6,096,000	4,433,600	6,292,000	6,296,000	4,593,600
5,896,000	5,900,000	4,276,800	6,096,000	6,100,000	4,436,800	6,296,000	6,300,000	4,596,800
5,900,000	5,904,000	4,280,000	6,100,000	6,104,000	4,440,000	6,300,000	6,304,000	4,600,000
5,904,000	5,908,000	4,283,200	6,104,000	6,108,000	4,443,200	6,304,000	6,308,000	4,603,200
5,908,000	5,912,000	4,286,400	6,108,000	6,112,000	4,446,400	6,308,000	6,312,000	4,606,400
5,912,000	5,916,000	4,289,600	6,112,000	6,116,000	4,449,600	6,312,000	6,316,000	4,609,600
5,916,000	5,920,000	4,292,800	6,116,000	6,120,000	4,452,800	6,316,000	6,320,000	4,612,800
5,920,000	5,924,000	4,296,000	6,120,000	6,124,000	4,456,000	6,320,000	6,324,000	4,616,000
5,924,000	5,928,000	4,299,200	6,124,000	6,128,000	4,459,200	6,324,000	6,328,000	4,619,200
5,928,000	5,932,000	4,302,400	6,128,000	6,132,000	4,462,400	6,328,000	6,332,000	4,622,400
5,932,000	5,936,000	4,305,600	6,132,000	6,136,000	4,465,600	6,332,000	6,336,000	4,625,600
5,936,000	5,940,000	4,308,800	6,136,000	6,140,000	4,468,800	6,336,000	6,340,000	4,628,800
5,940,000	5,944,000	4,312,000	6,140,000	6,144,000	4,472,000	6,340,000	6,344,000	4,632,000
5,944,000	5,948,000	4,315,200	6,144,000	6,148,000	4,475,200	6,344,000	6,348,000	4,635,200
5,948,000	5,952,000	4,318,400	6,148,000	6,152,000	4,478,400	6,348,000	6,352,000	4,638,400
5,952,000	5,956,000	4,321,600	6,152,000	6,156,000	4,481,600	6,352,000	6,356,000	4,641,600
5,956,000	5,960,000	4,324,800	6,156,000	6,160,000	4,484,800	6,356,000	6,360,000	4,644,800
5,960,000	5,964,000	4,328,000	6,160,000	6,164,000	4,488,000	6,360,000	6,364,000	4,648,000
5,964,000	5,968,000	4,331,200	6,164,000	6,168,000	4,491,200	6,364,000	6,368,000	4,651,200
5,968,000	5,972,000	4,334,400	6,168,000	6,172,000	4,494,400	6,368,000	6,372,000	4,654,400

給与等の金額		給与所得控除後の給与等の金額	給与等の金額		給与所得控除後の給与等の金額	給与等の金額		給与所得控除後の給与等の金額
以上	未満		以上	未満		以上	未満	
円	円	円	円	円	円	円	円	
6,372,000	6,376,000	4,657,600	6,492,000	6,496,000	4,753,600	6,600,000	8,500,000	給与等の金額に90%を乗じて算出した金額から1,100,000円を控除した金額
6,376,000	6,380,000	4,660,800	6,496,000	6,500,000	4,756,800			
6,380,000	6,384,000	4,664,000	6,500,000	6,504,000	4,760,000			
6,384,000	6,388,000	4,667,200	6,504,000	6,508,000	4,763,200			
6,388,000	6,392,000	4,670,400	6,508,000	6,512,000	4,766,400			
6,392,000	6,396,000	4,673,600	6,512,000	6,516,000	4,769,600	8,500,000	20,000,000	給与等の金額から1,950,000円を控除した金額
6,396,000	6,400,000	4,676,800	6,516,000	6,520,000	4,772,800			
6,400,000	6,404,000	4,680,000	6,520,000	6,524,000	4,776,000			
6,404,000	6,408,000	4,683,200	6,524,000	6,528,000	4,779,200			
6,408,000	6,412,000	4,686,400	6,528,000	6,532,000	4,782,400			
6,412,000	6,416,000	4,689,600	6,532,000	6,536,000	4,785,600	20,000,000円		18,050,000円
6,416,000	6,420,000	4,692,800	6,536,000	6,540,000	4,788,800			
6,420,000	6,424,000	4,696,000	6,540,000	6,544,000	4,792,000			
6,424,000	6,428,000	4,699,200	6,544,000	6,548,000	4,795,200			
6,428,000	6,432,000	4,702,400	6,548,000	6,552,000	4,798,400			
6,432,000	6,436,000	4,705,600	6,552,000	6,556,000	4,801,600			
6,436,000	6,440,000	4,708,800	6,556,000	6,560,000	4,804,800			
6,440,000	6,444,000	4,712,000	6,560,000	6,564,000	4,808,000			
6,444,000	6,448,000	4,715,200	6,564,000	6,568,000	4,811,200			
6,448,000	6,452,000	4,718,400	6,568,000	6,572,000	4,814,400			
6,452,000	6,456,000	4,721,600	6,572,000	6,576,000	4,817,600			
6,456,000	6,460,000	4,724,800	6,576,000	6,580,000	4,820,800			
6,460,000	6,464,000	4,728,000	6,580,000	6,584,000	4,824,000			
6,464,000	6,468,000	4,731,200	6,584,000	6,588,000	4,827,200			
6,468,000	6,472,000	4,734,400	6,588,000	6,592,000	4,830,400			
6,472,000	6,476,000	4,737,600	6,592,000	6,596,000	4,833,600			
6,476,000	6,480,000	4,740,800	6,596,000	6,600,000	4,836,800			
6,480,000	6,484,000	4,744,000						
6,484,000	6,488,000	4,747,200						
6,488,000	6,492,000	4,750,400						

(注)　給与所得控除後の給与等の金額を求めるには、その年中の給与等の金額に応じ、「給与等の金額」欄の該当する行を求めるものとし、その行の「給与所得控除後の給与等の金額」欄に記載されている金額が、その給与等の金額についての給与所得控除後の給与等の金額です。この場合において、給与等の金額が6,600,000円以上の居住者の給与所得控除後の給与等の金額に1円未満の端数があるときは、これを切り捨てた額をもってその求める給与所得控除後の給与等の金額とします。

⑧　居住者又は内国法人に支払う報酬・料金等に対する源泉徴収税額の表

Ⅰ　居住者に支払う報酬・料金等に対する源泉徴収

1　第204条第1項第1号の報酬・料金

（所法205、所令320①、所基通204－6～204－10）

区　分	左の報酬・料金に該当するもの	源泉徴収税額	左の報酬・料金に類似するが該当しないもの
原稿の報酬	(1)　原稿料 (2)　演劇、演芸の台本の報酬 (3)　口述の報酬 (4)　映画のシノプス（筋書）料 (5)　文、詩、歌、標語等の懸賞の入賞金 (6)　書籍等の編さん料又は監修料	左の報酬・料金の額×10.21% ただし、同一人に対し1回に支払われる金額が100万円を超える場合には、その超える部分については、20.42%	(1)　懸賞応募作品の選稿料又は審査料 (2)　試験問題の出題料又は各種答案の採点料 (3)　クイズ等の問題又は解答の投書に対する賞金等 　（注）　広告宣伝のための賞金に該当するものは、8により源泉徴収を行います。 (4)　ラジオ、テレビジョンその他のモニターに対する報酬 (5)　鑑定料 　（注）　不動産鑑定士等の業務に関する報酬・料金に該当するものは、2により源泉徴収を行います。 (6)　直木賞、芥川賞、野間賞、菊池賞等としての賞金品
挿絵の報酬	書籍、新聞、雑誌等の挿絵の料金	同上	
写真の報酬	雑誌、広告その他の印刷物に掲載するための写真の報酬・料金	同上	
作曲の報酬	作曲、編曲の報酬	同上	
レコード、テープ又はワイヤーの吹き込みの報酬	レコード、テープ、ワイヤーの吹込料 映画フィルムのナレーションの吹き込みの報酬	同上	
デザインの報酬	(1)　次のようなデザインの報酬 ①　工業デザイン 自動車、オートバイ、テレビジョン受像機、工作機械、カメラ、家具等のデザイン及び織物に関するデザイン ②　クラフトデザイン 茶わん、灰皿、テーブルマットのようないわゆる雑貨のデザイン ③　グラフィックデザイン 広告、ポスター、包装紙等のデザイン ④　パッケージデザイン 化粧品、薬品、食料品等の容器のデザイン ⑤　広告デザイン ネオンサイン、イルミネーション、広告塔等のデザイン	左の報酬・料金の額×10.21% ただし、同一人に対し1回に支払われる金額が100万円を超える場合には、その超える部分については、20.42%	(1)　織物業者が支払ういわゆる意匠料（図案を基に織原版を作成するのに必要な下画の写調料）又は紋切料（下画を基にする織原版の作成料） (2)　字又は絵等の看板書き料 (3)　ネオンサイン、広告塔、ショーウィンドー、陳列棚、商品展示会場又は庭園等のデザインとその施工とを併せて請け負った者にその対価を一括して支払うような場合には、その対価の総額をデザインの報酬・料金と施工の対価とに区分し、デザインの報酬・料金について源泉徴収を行いますが、そのデザインの報酬・料金の部分が極めて少額であ

— 417 —

区　　分	左の報酬・料金に該当するもの	源泉徴収税額	左の報酬・料金に類似するが該当しないもの
	⑥　インテリアデザイン 　　航空機、列車、船舶の客室等の内部装飾、その他の室内装飾 ⑦　ディスプレイ 　　ショーウィンドー、陳列棚、商品展示会場等の展示装飾 ⑧　服飾デザイン 　　衣服、装身具等のデザイン ⑨　ゴルフ場、庭園、遊園地等のデザイン (2)　映画関係の原画料、線画料又はタイトル料 (3)　テレビジョン放送のパターン製作料 (4)　標章の懸賞の入賞金		ると認められるときは、源泉徴収をしなくて差し支えありません。
放送謝金	ラジオ放送、テレビジョン放送等の謝金等	同上	放送演技者に支払うものは、5の報酬・料金に該当し、いわゆる素人のど自慢放送、素人クイズ放送の出演者の受けるものは、8の賞金等に該当します。
著作権の使用料	書籍の印税、映画、演劇又は演芸の原作料、上演料等 著作物の複製、上演、演奏、放送、展示、上映、翻訳、編曲、脚色、映画化その他著作物の利用又は出版権の設定の対価	左の報酬・料金の額×10.21% 　ただし、同一人に対し1回に支払われる金額が100万円を超える場合には、その超える部分については、20.42%	
著作隣接権の使用料	レコードの吹き込みによる印税等	同上	商業用レコードの二次使用料
	(注)　著作隣接権とは、次のような権利をいいます。 　　1　俳優、舞踊家、演奏家、歌手等が実演を録音し、録画し、又は放送する権利 　　2　レコード製作者が製作したレコードを複製する権利 　　3　放送事業者が放送に係る音又は映像を録音し、録画し、又は写真その他により複製する権利		
工業所有権等の使用料	工業所有権、技術に関する権利、特別の技術による生産方式又はこれらに準ずるものの使用料	同上	
講演の報酬・料金	講演を依頼した場合の講師に支払う謝金	同上	ラジオ、テレビジョンその他のモニターに対する報酬 (注)　放送謝金に該当するものについては、放送謝金として源泉徴収を行います。
技芸、スポーツ、知識等の教授・指導料	技芸、スポーツその他これらに類するもの（実技指導等）の教授若しくは指導又は知識の教授の報酬・料金 (注)　次に掲げるものも含まれます。 　　生け花、茶の湯、舞踊、囲碁、将棋等の遊芸師匠に対し実技指導の対価として支払う謝金等 　　編物、ペン習字、着付、料理、ダンス、カラオケ、	同上	一般の講演料に該当するものは講演の報酬・料金として、4のプロスポーツ選手に支払うものは4の報酬・料金として源泉徴収を行います。

区　　分	左の報酬・料金に該当するもの	源泉徴収税額	左の報酬・料金に類似するが該当しないもの
	民謡、語学、短歌、俳句等の教授・指導料 各種資格取得講座の講師謝金等		
脚本の報酬・料金	映画、演劇、演芸等の脚本料	左の報酬・料金の額×10.21％ ただし、同一人に対し1回に支払われる金額が100万円を超える場合には、その超える部分については、20.42％	
脚色の報酬・料金	(1) 潤色料（脚本の修正、補正料） (2) プロット料（粗筋、構想料）等	同上	
翻訳の報酬・料金	翻訳の料金	同上	
通訳の報酬・料金	通訳の料金	同上	手話通訳の報酬・料金
校正の報酬・料金	書籍・雑誌等の校正の料金	同上	
書籍の装丁の報酬・料金	書籍の装丁料	同上	製本の料金
速記の報酬・料金	速記料	同上	
版下の報酬・料金	(1) 原画又は原図から直ちに凸版、凹版、平版等を製版することが困難である場合に、その原画又は原図を基として製版に適する下画又は下図を写調する報酬・料金 (2) 原画又は原図を基として直接亜鉛版（ジンク版）に写調する報酬・料金 (3) 活字の母型下を作成する報酬・料金 (4) 写真製版用写真原版の修整料	同上	(1) 図案等のプレス型の彫刻料 (2) 織物業者が支払う意匠料又は紋切料 (3) 写真植字料
投資助言業務に係る報酬・料金	金融商品取引法第28条第6項に規定する投資助言業務に係る報酬・料金	左の報酬・料金の額×10.21％ ただし、同一人に対し1回に支払われる金額が100万円を超える場合には、その超える部分については、20.42％	

(注) 上記の報酬・料金のうち、次のいずれかに該当するもので、同一人に対して1回に支払うべき金額が少額（おおむね5万円以下）のものについては、源泉徴収をしなくて差し支えありません（所基通204－10）。

1　懸賞応募作品等の入選者に支払う賞金等
2　新聞、雑誌等の読者投稿欄への投稿者又はニュース写真等の提供者に支払う謝金等（あらかじめその投稿又は提供を委嘱した人にその対価として支払うものを除きます。）
3　ラジオやテレビジョン放送の聴視者番組への投稿者又はニュース写真等の提供者に支払う謝金等（あらかじめその投稿又は提供を委嘱した人にその対価として支払うものを除きます。）

2　第204条第1項第2号の報酬・料金

（所法205、所令320②、322、所基通204－11〜204－18）

区　　分	左の報酬・料金に該当するもの	源泉徴収税額	左の報酬・料金に類似するが該当しないもの
弁護士、外国法事務弁護士、公認会計士、税理士、計理士、会計士補、社会保険労務士又は弁理士の業務に関する報酬・料金	弁護料、監査料その他名義のいかんを問わず、その業務に関する一切の報酬・料金 （注）　支払時期及び金額があらかじめ一定しているもの等で、給与所得に当たるかその業務に関する報酬・料金に当たるかが明らかでないものは、これらの人が勤務時間や勤務場所などについて、その支払者の指揮命令に服しており、一般の従業員や役員と勤務形態において差異が認められない場合には給与所得、事業としての独立性がある場合にはその業務に関する報酬・料金となります。	左の報酬・料金の額×10.21％ 　ただし、同一人に対し1回に支払われる金額が100万円を超える場合には、その超える部分については、20.42％	
企業診断員の業務に関する報酬・料金	(1)　中小企業診断士の業務に関する報酬・料金 (2)　企業の求めに応じてその企業の状況について調査及び診断を行い、又は企業経営の改善及び向上のための指導を行う人（経営士、経営コンサルタント、労務管理士等と称されているもの）のその業務に関する報酬・料金	左の報酬・料金の額×10.21％ 　ただし、同一人に対し1回に支払われる金額が100万円を超える場合には、その超える部分については、20.42％	
司法書士の業務に関する報酬・料金	裁判所、検察庁、法務局又は地方法務局に提出する書類の作成その他の業務に関する報酬・料金	（左の報酬・料金の額－1回の支払につき1万円）×10.21％	
土地家屋調査士の業務に関する報酬・料金	不動産の表示に関する登記につき必要な土地又は家屋に関する調査、測量又は官公庁に対する申請手続その他の業務に関する報酬・料金	同上	
海事代理士の業務に関する報酬・料金	船舶法、船舶安全法、船員法、海上運送法又は港湾運送事業法の規定に基づく申請、届出、登記その他の手続又はこれらの手続に関する書類の作成その他の業務に関する報酬・料金	同上	
測量士又は測量士補の業務に関する報酬・料金	測量に関する計画の作成、その計画の実施その他の業務に関する報酬・料金 （注）　個人の測量業者等で測量士等の資格を有しない人が	左の報酬・料金の額×10.21％ 　ただし、同一人に対し1回に支払われる金額が100万円を	

区　　分	左の報酬・料金に該当するもの	源泉徴収税額	左の報酬・料金に類似するが該当しないもの
	測量士等の資格を有する使用人を雇用している場合に、その測量業者等に支払われるこれらの業務に関する報酬・料金も源泉徴収の対象とされます。	超える場合には、その超える部分については、20.42%	
建築士の業務に関する報酬・料金	(1)　建築物の設計、工事監理を行ったことに対して支払う報酬・料金 (2)　建築工事の指導監督を行ったことに対して支払う報酬・料金 (3)　建築工事契約に関する事務を行ったことに対して支払う報酬・料金 (4)　建築物に関する調査又は鑑定を行ったことに対して支払う報酬・料金 (5)　建築に関する法令又は条例に基づく手続の代理を行ったことに対して支払う報酬・料金 　(注)1　個人の建築業者等で建築士の資格を有しない人が建築士の資格を有する使用人を雇用している場合に、その建築業者等に支払われるこれらの業務に関する報酬・料金も源泉徴収の対象とされます。 　　　2　建築士には、建築士法第23条《登録》に規定する建築士事務所の登録を受けていない人も含まれます。	同上	建築士の業務と建築の請負とを併せて行っている人に設計等とその施工とを併せて請け負わせ、対価を一括して支払うような場合には、その対価の総額を建築士の業務に関する報酬・料金と建築の対価とに区分し、建築士の業務に関する報酬・料金について源泉徴収を行うのが建前ですが、建築士の業務に関する報酬・料金の部分が極めて少額であると認められるときは、源泉徴収をしなくて差し支えありません。
建築代理士の業務に関する報酬・料金	建築代理士（建築代理士以外の人で、建築に関する申請や届出の書類を作成し、又はこれらの手続の代理をすることを業とする人を含みます。）の業務に関する報酬・料金 　(注)　個人の建築業者等で建築代理士の資格を有しない人が建築代理士の資格を有する使用人を雇用している場合に、その建築業者等に支払われるこれらの業務に関する報酬・料金も源泉徴収の対象とされます。	左の報酬・料金の額×10.21% 　ただし、同一人に対し1回に支払われる金額が100万円を超える場合には、その超える部分については、20.42%	
不動産鑑定士又は不動産鑑定士補の業務に関する報酬・料金	不動産の鑑定評価その他の業務に関する報酬・料金 　(注)　個人の建築業者等で不動産鑑定士等の資格を有しない人が不動産鑑定士等の資格を有する使用人を雇用している場合に、その建築業者等に支払われるこれらの業務に関する報酬・料金も源泉徴収の対象とされます。	同上	
技術士又は技術士補の	技術士又は技術士補のその業務に関する報酬・料金のほか、技	左の報酬・料金の額×10.21%	

区　　分	左の報酬・料金に該当するもの	源泉徴収税額	左の報酬・料金に類似するが該当しないもの
業務に関する報酬・料金	術士又は技術士補の資格を有しないで科学技術（人文科学だけを対象とするものを除きます。）に関する高等の専門的応用能力を必要とする事項について計画、研究、設計、分析、試験、	ただし、同一人に対し1回に支払われる金額が100万円を超える場合には、その超える部分については、20.42％	

評価又はこれらに関する指導の業務（他の法律においてその業務を行うことが制限されている業務を除きます。）を行う人のその業務に関する報酬・料金

(注)　上記の「他の法律においてその業務を行うことが制限されている業務」には、次のようなものがあります。

1　電気事業法第43条《主任技術者》に規定する主任技術者の業務

2　ガス事業法第25条《ガス主任技術者》、第65条《ガス主任技術者》又は第98条《ガス主任技術者》に規定するガス主任技術者の業務

3　医師法第17条《医師でない者の医業禁止》に規定する医師の業務

4　医薬品、医療機器等の品質、有効性及び安全性の確保等に関する法律第7条《薬局の管理》、第17条《医薬品等総括製造販売責任者等の設置及び遵守事項》、第23条の2の14《医療機器等総括製造販売責任者等の設置及び遵守事項》又は第23条の34《再生医療等製品総括製造販売責任者等の設置及び遵守事項》の規定により薬剤師等が行うべき管理の業務

5　電離放射線障害防止規則（昭和47年労働省令第41号）第47条各号《エックス線作業主任者の職務》に規定するエックス線作業主任者の業務

6　食品衛生法第48条《食品衛生管理者》に規定する食品衛生管理者の業務

区　　分	左の報酬・料金に該当するもの	源泉徴収税額	左の報酬・料金に類似するが該当しないもの
火災損害鑑定人又は自動車等損害鑑定人の業務に関する報酬・料金	社団法人日本損害保険協会に火災損害登録鑑定人若しくは火災損害登録鑑定人補又は自動車等損害鑑定人（自動車又は建設機械の保険事故又は共済事故に関して損害額の算定又は調査を行うことを業とするいわゆるアジャスターをいいます。）として登録された人に対する報酬・料金でその業務に関するもの	左の報酬・料金の額×10.21％　ただし、同一人に対し1回に支払われる金額が100万円を超える場合には、その超える部分については、20.42％	損害保険会社（損害保険に類する共済の事業を行う法人を含みます。）以外の者が支払う報酬・料金

(注)　上記の報酬・料金の支払者が、上記の人に対し委嘱事項に関連して支払う金銭等であっても、その支払者が国や地方公共団体に対し、登記、申請等をするため、本来納付すべきものとされている登録免許税、手数料等に充てるものとして支払われたことが明らかなものについては、源泉徴収をする必要はありません（所基通204－11）。

3　第204条第1項第3号の診療報酬

（所法205、所令322、所基通204-19）

区　　分	左の報酬・料金に該当するもの	源泉徴収税額	左の報酬・料金に類似するが該当しないもの
診療報酬	社会保険診療報酬支払基金法の規定により社会保険診療報酬支払基金が支払う診療報酬	（左の診療報酬の額－その月分として支払われる金額につき20万円）×10.21%	(1)　健康保険組合又は国民健康保険組合等が直接支払う診療報酬 (2)　福祉事務所が支払う生活保護法の規定による診療報酬

4　第204条第1項第4号の報酬・料金

（所法205、所令320③、322、所基通204-20～204-23）

区　　分	左の報酬・料金に該当するもの	源泉徴収税額	左の報酬・料金に類似するが該当しないもの
職業野球の選手の業務に関する報酬・料金	選手、監督、コーチャー、トレーナー又はマネージャーに対し選手契約に定めるところにより支払われる全ての手当、賞金品等	左の報酬・料金の額×10.21% 　ただし、同一人に対し1回に支払われる金額が100万円を超える場合には、その超える部分については、20.42%	
職業拳闘家の業務に関する報酬・料金	プロボクサーに支払われるファイトマネー、賞金品その他その業務に関する報酬・料金	（左の報酬・料金の額－1回の支払につき5万円）×10.21%	
プロサッカーの選手の業務に関する報酬・料金	プロサッカーの選手に支払われる定期報酬、出場料、成功報酬その他その業務に関する報酬・料金	左の報酬・料金の額×10.21% 　ただし、同一人に対し1回に支払われる金額が100万円を超える場合には、その超える部分については、20.42%	
プロテニスの選手の業務に関する報酬・料金	プロテニスの選手に支払われる専属契約料、入賞賞金、出場料その他その業務に関する報酬・料金	同上	
プロレスラーの業務に関する報酬・料金	プロレスラーに支払われるファイトマネー、賞金品その他その業務に関する報酬・料金	同上	
プロゴルファーの業務に関する報酬・料金	プロゴルファーに支払われるその業務に関する賞金品、手当その他の報酬・料金	同上	
プロボウラーの業務に関する報酬・料金	プロボウラーに支払われるその業務に関する賞金品、手当その他の報酬・料金	左の報酬・料金の額×10.21% 　ただし、同一人に対し1回に支払われ	

区　　分	左の報酬・料金に該当するもの	源泉徴収税額	左の報酬・料金に類似するが該当しないもの
		る金額が100万円を超える場合には、その超える部分については、20.42％	
自動車のレーサーの業務に関する報酬・料金	サーキット場で行われるレース、ラリー、モトクロス、トライアル等の自動車（原動機を用い、かつ、レール又は架線によらないで運転する車をいいます。）の競走・競技に出場するドライバー、ライダー等に支払われる賞金品その他その業務に関する報酬・料金	同上	
競馬の騎手の業務に関する報酬・料金	競馬の騎手に支払われるその業務に関する報酬・料金	同上	
自転車競技の選手、小型自動車競走の選手又はモーターボート競走の選手の業務に関する報酬・料金	普通賞金、特別賞金、寄贈賞、特別賞（先頭賞、記録賞、敢闘賞、副賞）、参加賞その他競技に出場することによって支払われる全てのもの (注)　小型自動車競走の選手とは、小型自動車競走法第11条第1項（小型自動車競走の審判員等の登録）に規定する選手をいいます。	同上	
モデルの業務に関する報酬・料金	(1)　ファッションモデル等の報酬・料金 (2)　雑誌、広告その他の印刷物にその容姿を掲載させることにより支払われる報酬・料金	左の報酬・料金の額×10.21％ 　ただし、同一人に対し1回に支払われる金額が100万円を超える場合には、その超える部分については、20.42％	
外交員、集金人又は電力量計の検針人の業務に関する報酬・料金	(1)　外交員、集金人又は電力量計の検針人にその地位に基づいて保険会社等から支払われる報酬・料金 　(注)　1　その報酬・料金が職務を遂行するために必要な旅費とそれ以外の部分とに明らかに区分されている場合…旅費に該当する部分は非課税とされ、それ以外の部分は給与所得とされます。 　　　2　1以外の場合で、その報酬・料金が固定給（一定期間の募集成績等によって自動的にその額が定まるもの及び一定期間の募集成績等によって自動的に格付けされる資格に応じてその額が定まるものを除きます。	（左の報酬・料金の額－控除金額※）×10.21％ ※　控除金額……同一人に対してその月中に支払われる金額について、12万円（別に給与の支払があるときは、12万円からその月中に支払われる給与の金額を控除した残額）	(1)　保険会社が団体の代表者に対して支払う団体扱いに係る保険料の集金手数料 (2)　保険会社が代理店に対して支払う集金手数料 　(注)　生命保険会社が代理店に対し生命保険契約の募集に関して支払うものは、外交員の業務に関する報酬・料金に該当します。 (3)　製造業者又は卸売業者等が、特約店等に専属するセールスマン又は専ら自己の製品等を取り扱う特約店等の従業員等のために次に掲げる費用を支出することにより、そのセールスマン又は従業員等が

区　分	左の報酬・料金に該当するもの	源泉徴収税額	左の報酬・料金に類似するが該当しないもの
	以下この項において同じです。）とそれ以外の部分とに明らかに区分されているとき……固定給（固定給を基準として支給される臨時の給与を含みます。）は給与所得、それ以外の部分は外交員等の報酬・料金とされます。 　3　1及び2以外の場合……その報酬・料金の支払の基因となる役務を提供するために要する旅費等の費用の額の多寡その他の事情を総合勘案し、給与と認められるものについてはその総額を給与所得、その他のものについてはその総額が外交員等の報酬・料金とされます。 (2)　製造業者又は卸売業者等が、特約店等に専属するセールスマン又は専ら自己の製品等を取り扱う特約店等の従業員等に対し、取扱数量又は取扱金額に応じてあらかじめ定められているところにより交付する金員		受ける経済的利益については、課税しなくて差し支えありません。 イ　セールスマン又は従業員等の慰安のために行われる運動会、演芸会、旅行等のために通常要する費用 ロ　セールスマン若しくは従業員等又はこれらの者の親族等の慶弔、禍福に際し一定の基準に従って交付する金品の費用

5　第204条第1項第5号の報酬・料金

（所法205、206、所令320④⑤、所基通204-24～204-28の5、204-32）

区　分	左の報酬・料金に該当するもの	源泉徴収税額	左の報酬・料金に類似するが該当しないもの
映画、演劇その他芸能又はラジオ放送やテレビジョン放送の出演や演出又は企画の報酬・料金	映画、演劇、音楽、音曲、舞踊、講談、落語、浪曲、漫談、漫才、腹話術、歌唱、奇術、曲芸や物まね又はラジオ放送やテレビジョン放送の出演や演出又は企画の報酬・料金	左の報酬・料金の額×10.21% 　ただし、同一人に対し1回に支払われる金額が100万円を超える場合には、その超える部分については、20.42%	料理屋、旅館等において特定の客（団体客を含みます。）の求めに応じ、日本舞踊、三味線等の伎芸をもって客に接し酒興を添えるために軽易な芸を披露した者（料理屋、旅館等に専属して芸を披露している人又は常時出演している人など専ら客に対して芸能の提供を行う人を除きます。）に対し、その客が直接に又はその料理屋、旅館等を通じて支払う報酬・料金
	(注)1　「演出の報酬・料金」には、指揮、監督、映画や演劇の製作、振付け（剣技指導その他これに類するものを含みます。）、舞台装置、照明、撮影、演奏、録音（擬音効果を含みます。）、編集、美粧又は考証の報酬・料金が含まれます。 　　2　「ラジオ放送やテレビジョン放送の出演の報酬・料金」には、クイズ放送又はいわゆるのど自慢放送の審査員に対する報酬・料金も含まれます。 　　3　「映画や演劇の製作、編集の報酬・料金」には、映画又は演劇関係の監修料（カット料）又は選曲料が含まれます。 　　4　いわゆる素人のど自慢放送、クイズ放送の出演者に対し放送のスポンサー等から支払われる賞金品等は、8の賞金品等に該当します。		
芸能人の役務の提供を内容とする事業を行う者のその役務提供に関する報酬・	映画や演劇の俳優、映画監督や舞台監督（プロジューサーを含みます。）、演出家、放送演技者、音楽指揮者、楽士、舞踊家、講談師、落語家、浪曲師、漫談家、漫才家、腹話術師、歌手、奇術師、曲芸師又は物まね	左の報酬・料金の額×10.21% 　ただし、同一人に対し1回に支払われる金額が100万円を超える場合には、その超える部分につい	自ら主催して演劇の公演を行うことにより、観客等から受ける入場料等不特定多数の人から受けるもの（公演に伴い客席等の全部又は一部の貸切契約を締結することにより支払を受ける対価は、不特定多数の人から受

区　　分	左の報酬・料金に該当するもの	源泉徴収税額	左の報酬・料金に類似するが該当しないもの
料金	師の役務の提供を内容とする事業を行う者のその役務提供に関する報酬・料金	ては、20.42％	けるものに該当するものとして取り扱われます。)

(注) 1 「役務提供に関する報酬・料金」とは、不特定多数の人から支払われるものを除き、芸能人の役務の提供の対価たる性質を有する一切のものをいいますから、その報酬・料金には、演劇を製作して提供する対価や芸能人を他の劇団、楽団等に供給したり、芸能人の出演をあっせんしたりすることにより支払われる対価はもちろん、次のようなものも含まれます。
　　なお、脚本、楽曲等を提供することにより支払われる対価のように著作権の対価に該当するものは、上記の報酬・料金には含まれません。
(1) テレビジョンやラジオの放送中継料又は雑誌、カレンダー等にその容姿を掲載させるなどのために芸能人を供給したり、あっせんすることにより支払われる対価
(2) 芸能人の実演の録音、録画、放送又は有線放送につき著作隣接権の対価として支払われるもの（実演についての録音物の増製又は著作権法第93条の2第1項各号《放送のための固定物等による放送》に掲げる放送につき支払われるもので、その実演による役務の提供に対する対価と併せて支払われるもの以外のものを除きます。）
(3) 大道具、小道具、衣装、かつら等の使用による損耗の補填に充てるための道具代、衣装代等又は犬、猿等の動物の出演料等として支払われるもの（これらの物だけを貸与したり、これらの動物だけを出演させることにより支払われる対価を除きます。）
2 事業を営む個人が特定の要件に該当するものとして所轄税務署長から源泉徴収を要しないことの証明書の交付を受け、その証明書を提示して支払を受けるものについては、源泉徴収をする必要はありません。

6　第204条第1項第6号の報酬・料金

（所法205、所令322、措法41の20、措令26の29、措通（源）41の20－1〜41の20－3）

区　　分	左の報酬・料金に該当するもの	源泉徴収税額	左の報酬・料金に類似するが該当しないもの
ホステス、バンケットホステス・コンパニオン等の業務に関する報酬・料金	(1) キャバレー、ナイトクラブ、バーその他これらに類する施設でフロアにおいて客にダンスをさせ、又は客に接待をして遊興や飲食をさせるものにおいて、客に侍してその接待をすることを業務とするホステスその他の人のその業務に関する報酬・料金 (2) ホテル、旅館、飲食店その他飲食をする場所（臨時に設けられたものを含みます。）で行われる飲食を伴うパーティー等の会合において、専ら接待等の役務の提供を行うことを業務とするいわゆるバンケットホステス・コンパニオン等のその業務に関する報酬・料金	（左の報酬・料金の額－控除金額※）×10.21％ ※ 控除金額……同一人に対し1回に支払われる金額について、5,000円にその支払金額の計算期間の日数を乗じて計算した金額（別に給与の支払をする場合には、その計算した金額からその計算期間の給与の額を控除した残額）	芸妓の業務に関する報酬・料金 配膳人及びバーテンダーの報酬・料金

(注) バー等の経営者（キャバレー、ナイトクラブ、バーその他これらに類する施設の経営者及びバンケットホステス・コンパニオン等をホテル、旅館等に派遣して接待等の業務を行わせることを内容とする事業を営む者）以外の者から支払われるこれらの報酬・料金は、源泉徴収の対象とは

なりません。しかし、客からバー等の経営者を通じてホステス、バンケットホステス・コンパニオン等に支払われるものは、バー等の経営者が支払うものとして源泉徴収を行うことになります（所法204③、措法41の20②）。

7　第204条第1項第7号の契約金

（所法205、所令320⑥、所基通204-29、204-30）

区　分	左の報酬・料金に該当するもの	源泉徴収税額	左の報酬・料金に類似するが該当しないもの
役務の提供を約することにより一時に支払われる契約金	職業野球の選手、その他一定の者に専属して役務を提供する人が、その一定の者のために役務を提供し、又はそれ以外の者のために役務を提供しないことを約することにより一時に支払われる契約金 （注）　契約金には、雇用契約等を締結することにより支払われる支度金、移転料等も含まれます。ただし、就職に伴う転居のための旅費に該当するものは、これに当たりません。	左の契約金の額×10.21％ ただし、同一人に対し1回に支払われる金額が100万円を超える場合には、その超える部分については、20.42％	

8　第204条第1項第8号の賞金

（所法205、所令320⑦、321、322、所基通204-31～204-34）

区　分	左の報酬・料金に該当するもの	源泉徴収税額	左の報酬・料金に類似するが該当しないもの
事業の広告宣伝のための賞金	事業の広告宣伝のために賞として支払う金品その他の経済上の利益 （例）　いわゆる素人ののど自慢放送、クイズ放送の出演者に対し、番組のスポンサー等から支払われる賞金品等 （注）1　「事業の広告宣伝のために賞として支払う金品その他の経済上の利益」とは、事業を営む者が商品又は事業の内容等を広く一般に知らせ顧客を誘引するために支払う賞金品等をいい、事業を営む者が自己の事業の広告宣伝のために直接支払うもののほか、次に掲げるものもこれに含まれます。 　　(1)　商店会、同業組合等の業者団体がその所属する事業者の営む事業の広告宣伝のために支払う賞金品等 　　(2)　事業を営む者又は事	（左の賞金品の額－控除金額※）×10.21％ ※　控除金額……同一人に対し1回に支払われる賞金品の額について、50万円	(1)　旅行その他の役務の提供を内容とする経済上の利益で金品との選択をすることができないもの (2)　次に掲げる賞金品等で、その寄贈者等の事業の広告宣伝のための賞金品等であると認められるもの以外のもの 　イ　社会的に顕彰される行為、業績等を表彰するために支払う賞金品等で、社会通念上それが支払者の営む収益事業と密接な関連があると認められないもの 　ロ　使用者が自己の使用人等を対象とし、又は団体が自己の構成員を対象として、その使用人等又は構成員の勤務、業務、競技、演技等の成績を表彰するために支払う賞金品等 　ハ　行政官庁又はその協力団体が行政上の広報を目的として支払う賞金品等

区　　分	左の報酬・料金に該当するもの	源泉徴収税額	左の報酬・料金に類似するが該当しないもの
	業を営む者の組織する団体から寄贈（低額譲渡を含みます。）を受けた者が支払う賞金品等で、その寄贈者等の事業の広告宣伝のために支払うものと認められるもの 2　賞金品が物品で支払われる場合の評価は、次によります（所基通205－9）。 (1)　公社債、株式又は貸付信託、投資信託若しくは特定受益証券発行信託の受益権……支払われることとなった日の価額 (2)　商品券……券面額 (3)　貴石、貴金属、真珠、さんご等やこれらの製品又は書画、骨とう、美術工芸品……支払われることとなった日の価額 (4)　土地又は建物……支払われることとなった日の価額 (5)　定期金に関する権利又は信託の受益権……相続税法又は財産評価基本通達（昭39直資56）に定めるところに準じて評価した価額 (6)　生命保険契約に関する権利……支払われることとなった日においてその契約を解除したとした場合に支払われることとなる解約返戻金の額（解約返戻金のほかに支払われることとなる前納保険料、剰余金の分配等がある場合には、これらの金額との合計額）。ただし、その契約の保険料でその後に支払うこととなっているものをその権利の支払者において負担する条件が付けられている場合には、その負担することとなっている金額につき(5)に準じて評価した金額を加算した金額 (7)　その他のもの……通常の小売価額（現金正価）の60％相当額		
馬主に支払われる競馬の賞金	馬主に対し競馬の賞として支払われる金品のうち、金銭で支払われるもの	（左の賞金の額－控除金額※）×10.21％ ※　控除金額……同一人に対し1回に支払われる賞金の金額について、その賞金の額の20％相当額と60万円との合計額	副賞として交付される賞品

(注)　同一人に対し2以上の者が共同して賞金を支払う場合には、これらの者のうち授賞等の事務を主宰している者が源泉徴収を行うこととされています。

Ⅱ　内国法人に支払う報酬・料金等に対する源泉徴収

　内国法人に対して、国内において次の表に掲げる報酬・料金等を支払う者は、次の表の算式によって計算した額の所得税及び復興特別所得税を源泉徴収しなければなりません（所法174十、175、212③、213②、所令298⑨、299、所基通174－9）。

区　　分	左の報酬・料金に該当するもの	源泉徴収税額	左の報酬・料金に類似するが該当しないもの
馬主に支払われる競馬の賞金	内国法人である馬主に対し競馬の賞として支払われる金品のうち、金銭で支払われるもの	（左の賞金の額－控除金額※）×10.21％ ※　控除金額……同一人に対し1回に支払われる賞金の金額について、その賞金の額の20％相当額と60万円との合計額	副賞として交付される賞品

（出典）「令和6年版　源泉徴収のあらまし」国税庁

⑨ 源泉徴収のための退職所得控除額の表（令和6年分）

（所得税法別表第六）

勤続年数	退職所得控除額		勤続年数	退職所得控除額	
	一般退職の場合	障害退職の場合		一般退職の場合	障害退職の場合
	千円	千円		千円	千円
2年以下	800	1,800	24年	10,800	11,800
			25年	11,500	12,500
			26年	12,200	13,200
3年	1,200	2,200	27年	12,900	13,900
4年	1,600	2,600	28年	13,600	14,600
5年	2,000	3,000	29年	14,300	15,300
6年	2,400	3,400	30年	15,000	16,000
7年	2,800	3,800	31年	15,700	16,700
8年	3,200	4,200	32年	16,400	17,400
9年	3,600	4,600	33年	17,100	18,100
10年	4,000	5,000	34年	17,800	18,800
11年	4,400	5,400	35年	18,500	19,500
12年	4,800	5,800	36年	19,200	20,200
13年	5,200	6,200	37年	19,900	20,900
14年	5,600	6,600	38年	20,600	21,600
15年	6,000	7,000	39年	21,300	22,300
16年	6,400	7,400	40年	22,000	23,000
17年	6,800	7,800			
18年	7,200	8,200	41年以上	22,000千円に、勤続年数が40年を超える1年ごとに700千円を加算した金額	23,000千円に、勤続年数が40年を超える1年ごとに700千円を加算した金額
19年	7,600	8,600			
20年	8,000	9,000			
21年	8,700	9,700			
22年	9,400	10,400			
23年	10,100	11,100			

（注）この表における用語の意味は、次のとおりです。
　1　「勤続年数」とは、退職手当等の支払を受ける人が、退職手当等の支払者の下においてその退職手当等の支払の基因となった退職の日まで引き続き勤務した期間により計算した一定の年数をいいます（所得税法施行令第69条）。
　2　「障害退職の場合」とは、障害者になったことに直接基因して退職したと認められる一定の場合をいいます（所得税法第30条第6項第3号）。
　3　「一般退職の場合」とは、障害退職の場合以外の退職の場合をいいます。
（備考）
　1　退職所得控除額は、2に該当する場合を除き、退職手当等に係る勤続年数に応じ「勤続年数」欄の該当する行に当てはめて求めます。この場合、一般退職のときはその行の「退職所得控除額」の「一般退職の場合」欄に記載されている金額が、また、障害退職のときはその行の「退職所得控除額」の「障害退職の場合」欄に記載されている金額が、それぞれその退職手当等に係る退職所得控除額です。
　2　所得税法第30条第6項第1号（退職所得控除額の計算の特例）に掲げる場合に該当するときは、同項の規定に準じて計算した金額が、その退職手当等に係る退職所得控除額です。

⑩　課税退職所得金額の算式の表（令和6年分）

退職手当等の区分	課税退職所得金額	
一般退職手当等の場合（※1）	（一般退職手当等の収入金額 − 退職所得控除額）× $\frac{1}{2}$	
特定役員退職手当等の場合（※2）	特定役員退職手当等の収入金額 − 退職所得控除額	
短期退職手当等の場合（※3）	短期退職手当等の収入金額 − 退職所得控除額≦300万円の場合　$\left(\begin{array}{c}短期退職\\手当等の\\収入金額\end{array} - \begin{array}{c}退職所得\\控除額\end{array}\right) × \frac{1}{2}$	短期退職手当等の収入金額 − 退職所得控除額＞300万円の場合　$150万円 + \left\{\begin{array}{c}短期退職\\手当等の\\収入金額\end{array} - \left(300万円 + \begin{array}{c}退職所得\\控除額\end{array}\right)\right\}$

（※）1　一般退職手当等とは、退職手当等のうち、特定役員退職手当等及び短期退職手当等のいずれにも該当しないものをいいます。
　　　2　特定役員退職手当等とは、役員等としての勤続年数（以下「役員等勤続年数」といいます。）が5年以下である人が支払を受ける退職手当等のうち、その役員等勤続年数に対応する退職手当等として支払を受けるものをいいます。
　　　3　短期退職手当等とは、短期勤続年数（役員等以外の者として勤務した期間により計算した勤続年数が5年以下であるものをいい、この勤続年数については役員等として勤務した期間がある場合、その期間を含めて計算します。以下同じです。）に対応する退職手当等として支払を受けるものであって、特定役員退職手当等に該当しないものをいいます。
（注）1　課税退職所得金額に1,000円未満の端数があるときは、これを切り捨てます。
　　　2　本年中に一般退職手当等、特定役員退職手当等又は短期退職手当等のうち2以上の退職手当等がある場合の課税退職所得金額の計算方法については、国税庁ホームページ【https://www.nta.go.jp】をご確認ください。

⑪　退職所得の源泉徴収税額の速算表（令和6年分）

課税退職所得金額(A)		所得税率(B)	控除額(C)	税額＝（（A）×(B)−(C)）×102.1%
	1,950,000円以下	5％	—	((A)× 5％　　　　　　　）×102.1%
1,950,000円超	3,300,000円 〃	10％	97,500円	((A)×10％ − 　 97,500円)×102.1%
3,300,000円 〃	6,950,000円 〃	20％	427,500円	((A)×20％ − 　427,500円)×102.1%
6,950,000円 〃	9,000,000円 〃	23％	636,000円	((A)×23％ − 　636,000円)×102.1%
9,000,000円 〃	18,000,000円 〃	33％	1,536,000円	((A)×33％ −1,536,000円)×102.1%
18,000,000円 〃	40,000,000円 〃	40％	2,796,000円	((A)×40％ −2,796,000円)×102.1%
40,000,000円 〃		45％	4,796,000円	((A)×45％ −4,796,000円)×102.1%

（注）　求めた税額に1円未満の端数があるときは、これを切り捨てます。

⑫　**減価償却資産の耐用年数表**

（**別表第1**　機械及び装置以外の有形減
　　価償却資産の耐用年数表）

〈建　　　物〉

構造又は用途	細　　　目	耐用年数
鉄骨鉄筋コンクリート造又は鉄筋コンクリート造のもの	事務所用又は美術館用のもの及び下記以外のもの	50
	住宅用、寄宿舎用、宿泊所用、学校用又は体育館用のもの	47
	飲食店用、貸席用、劇場用、演奏場用、映画館用又は舞踏場用のもの	
	飲食店用又は貸席用のもので、延べ面積のうちに占める木造内装部分の面積が3割を超えるもの	34
	その他のもの	41
	旅館用又はホテル用のもの	
	延べ面積のうちに占める木造内装部分の面積が3割を超えるもの	31
	その他のもの	39
	店舗用のもの	39
	病院用のもの	39
	変電所用、発電所用、送受信所用、停車場用、車庫用、格納庫用、荷扱所用、映画製作ステージ用、屋内スケート場用、魚市場用又はと畜場用のもの	38
	公衆浴場用のもの	31
	工場（作業場を含む。）用又は倉庫用のもの	
	塩素、塩酸、硫酸、硝酸その他の著しい腐食性を有する液体又は気体の影響を直接全面的に受けるもの、冷蔵倉庫用のもの（倉庫事業の倉庫用のものを除く。）及び放射性同位元素の放射線を直接受けるもの	24
	塩、チリ硝石その他の著しい潮解性を有する固体を常時蔵置するためのもの及び著しい蒸気の影響を直接全面的に受けるもの	31
	その他のもの 　　倉庫事業の倉庫用のもの 　　　冷蔵倉庫用のもの	21
	その他のもの	31

構造又は用途	細　　　目	耐用年数
	その他のもの	38
れんが造、石造又はブロック造のもの	事務所用又は美術館用のもの及び下記以外のもの	41
	店舗用、住宅用、寄宿舎用、宿泊所用、学校用又は体育館用のもの	38
	飲食店用、貸席用、劇場用、演奏場用、映画館用又は舞踏場用のもの	38
	旅館用、ホテル用又は病院用のもの	36
	変電所用、発電所用、送受信所用、停車場用、車庫用、格納庫用、荷扱所用、映画製作ステージ用、屋内スケート場用、魚市場用又はと畜場用のもの	34
	公衆浴場用のもの	30
	工場（作業場を含む。）用又は倉庫用のもの	
	塩素、塩酸、硫酸、硝酸その他の著しい腐食性を有する液体又は気体の影響を直接全面的に受けるもの及び冷蔵倉庫用のもの（倉庫事業の倉庫用のものを除く。）	22
	塩、チリ硝石その他の著しい潮解性を有する固体を常時蔵置するためのもの及び著しい蒸気の影響を直接全面的に受けるもの	28
	その他のもの 　　倉庫事業の倉庫用のもの 　　　冷蔵倉庫用のもの	20
	その他のもの	30
	その他のもの	34
金属造のもの（骨格材の肉厚が4ミリメートルを超えるものに限る。）	事務所用又は美術館用のもの及び下記以外のもの	38
	店舗用、住宅用、寄宿舎用、宿泊所用、学校用又は体育館用のもの	34
	飲食店用、貸席用、劇場用、演奏場用、映画館用又は舞踏場用のもの	31
	変電所用、発電所用、送受信所用、停車場用、車庫用、格納庫用、荷扱所用、映画製作ステージ用、屋内スケート場用、魚市場用又はと畜場用のもの	31
	旅館用、ホテル用又は病院用のもの	29
	公衆浴場用のもの	27

構造又は用途	細　　目	耐用年数
	工場（作業場を含む。）用又は倉庫用のもの	
	塩素、塩酸、硫酸、硝酸その他の著しい腐食性を有する液体又は気体の影響を直接全面的に受けるもの、冷蔵倉庫用のもの（倉庫事業の倉庫用のものを除く。）及び放射性同位元素の放射線を直接受けるもの	20
	塩、チリ硝石その他の著しい潮解性を有する固体を常時蔵置するためのもの及び著しい蒸気の影響を直接全面的に受けるもの	25
	その他のもの	
	倉庫事業の倉庫用のもの	
	冷蔵倉庫用のもの	19
	その他のもの	26
	その他のもの	31
金属造のもの（骨格材の肉厚が3ミリメートルを超え4ミリメートル以下のものに限る。）	事務所用又は美術館用のもの及び下記以外のもの	30
	店舗用、住宅用、寄宿舎用、宿泊所用、学校用又は体育館用のもの	27
	飲食店用、貸席用、劇場用、演奏場用、映画館用又は舞踏場用のもの	25
	変電所用、発電所用、送受信所用、停車場用、車庫用、格納庫用、荷扱所用、映画製作ステージ用、屋内スケート場用、魚市場用又はと畜場用のもの	25
	旅館用、ホテル用又は病院用のもの	24
	公衆浴場用のもの	19
	工場（作業場を含む。）用又は倉庫用のもの	
	塩素、塩酸、硫酸、硝酸その他の著しい腐食性を有する液体又は気体の影響を直接全面的に受けるもの及び冷蔵倉庫用のもの	15
	塩、チリ硝石その他の著しい潮解性を有する固体を常時蔵置するためのもの及び著しい蒸気の影響を直接全面的に受けるもの	19
	その他のもの	24

構造又は用途	細　　目	耐用年数
金属造のもの（骨格材の肉厚が3ミリメートル以下のものに限る。）	事務所用又は美術館用のもの及び下記以外のもの	22
	店舗用、住宅用、寄宿舎用、宿泊所用、学校用又は体育館用のもの	19
	飲食店用、貸席用、劇場用、演奏場用、映画館用又は舞踏場用のもの	19
	変電所用、発電所用、送受信所用、停車場用、車庫用、格納庫用、荷扱所用、映画製作ステージ用、屋内スケート場用、魚市場用又はと畜場用のもの	19
	旅館用、ホテル用又は病院用のもの	17
	公衆浴場用のもの	15
	工場（作業場を含む。）用又は倉庫用のもの	
	塩素、塩酸、硫酸、硝酸その他の著しい腐食性を有する液体又は気体の影響を直接全面的に受けるもの及び冷蔵倉庫用のもの	12
	塩、チリ硝石その他の著しい潮解性を有する固体を常時蔵置するためのもの及び著しい蒸気の影響を直接全面的に受けるもの	14
	その他のもの	17
木造又は合成樹脂造のもの	事務所用又は美術館用のもの及び下記以外のもの	24
	店舗用、住宅用、寄宿舎用、宿泊所用、学校用又は体育館用のもの	22
	飲食店用、貸席用、劇場用、演奏場用、映画館用又は舞踏場用のもの	20
	変電所用、発電所用、送受信所用、停車場用、車庫用、格納庫用、荷扱所用、映画製作ステージ用、屋内スケート場用、魚市場用又はと畜場用のもの	17
	旅館用、ホテル用又は病院用のもの	17
	公衆浴場用のもの	12
	工場（作業場を含む。）用又は倉庫用のもの	
	塩素、塩酸、硫酸、硝酸その他の著しい腐食性を有する液体又は気体の影響を直接全面的に受けるもの及び冷蔵倉庫用のもの	9

構造又は用途	細　目	耐用年数
	塩、チリ硝石その他の著しい潮解性を有する固体を常時蔵置するためのもの及び著しい蒸気の影響を直接全面的に受けるもの	11
	その他のもの	15
木骨モルタル造のもの	事務所用又は美術館用のもの及び下記以外のもの	22
	店舗用、住宅用、寄宿舎用、宿泊所用、学校用又は体育館用のもの	20
	飲食店用、貸席用、劇場用、演奏場用、映画館用又は舞踏場用のもの	19
	変電所用、発電所用、送受信所用、停車場用、車庫用、格納庫用、荷扱所用、映画製作ステージ用、屋内スケート場用、魚市場用又はと畜場用のもの	15
	旅館用、ホテル用又は病院用のもの	15
	公衆浴場用のもの	11
	工場（作業場を含む。）用又は倉庫用のもの	
	塩素、塩酸、硫酸、硝酸その他の著しい腐食性を有する液体又は気体の影響を直接全面的に受けるもの及び冷蔵倉庫用のもの	7
	塩、チリ硝石その他の著しい潮解性を有する固体を常時蔵置するためのもの及び著しい蒸気の影響を直接全面的に受けるもの	10
	その他のもの	14
簡易建物	木製主要柱が10センチメートル角以下のもので、土居ぶき、杉皮ぶき、ルーフィングぶき又はトタンぶきのもの	10
	掘立造のもの及び仮設のもの	7

〈建物附属設備〉

構造又は用途	細　目	耐用年数
電気設備（照明設備を含む。）	蓄電池電源設備	6
	その他のもの	15
給排水又は衛生設備及びガス設備		15
冷房、暖房、通風又はボイラー設備	冷暖房設備（冷凍機の出力が22キロワット以下のもの）	13
	その他のもの	15
昇降機設備	エレベーター	17
	エスカレーター	15
消火、排煙又は災害報知設備及び格納式避難設備		8
エヤーカーテン又はドアー自動開閉設備		12
アーケード又は日よけ設備	主として金属製のもの	15
	その他のもの	8
店用簡易装備		3
可動間仕切り	簡易なもの	3
	その他のもの	15
前掲のもの以外のもの及び前掲の区分によらないもの	主として金属製のもの	18
	その他のもの	10

〈構築物〉

構造又は用途	細　目	耐用年数
鉄道業用又は軌道業用のもの	軌条及びその附属品	20
	まくら木	
	木製のもの	8
	コンクリート製のもの	20
	金属製のもの	20
	分岐器	15
	通信線、信号線及び電灯電力線	30
	信号機	30
	送配電線及びき電線	40
	電車線及び第三軌条	20
	帰線ボンド	5

構造又は用途	細目	耐用年数
	電線支持物（電柱及び腕木を除く。）	30
	木柱及び木塔（腕木を含む。）　架空索道用のもの	15
	その他のもの	25
	前掲以外のもの　線路設備　　軌道設備　　　道床	60
	その他のもの	16
	土工設備	57
	橋りょう　　　鉄筋コンクリート造のもの	50
	鉄骨造のもの	40
	その他のもの	15
	トンネル　　　鉄筋コンクリート造のもの	60
	れんが造のもの	35
	その他のもの	30
	その他のもの	21
	停車場設備	32
	電路設備　　鉄柱、鉄塔、コンクリート柱及びコンクリート塔	45
	踏切保安又は自動列車停止設備	12
	その他のもの	19
	その他のもの	40
その他の鉄道用又は軌道用のもの	軌条及びその附属品並びにまくら木	15
	道床	60
	土工設備	50
	橋りょう　鉄筋コンクリート造のもの	50
	鉄骨造のもの	40
	その他のもの	15
	トンネル　鉄筋コンクリート造のもの	60
	れんが造のもの	35
	その他のもの	30
	その他のもの	30
発電用又は送配電用のもの	小水力発電用のもの（農山漁村電気導入促進法に基づき建設したものに限る。）	30
	その他の水力発電用のもの（貯水池、調整池及び水路に限る。）	57

構造又は用途	細目	耐用年数
	汽力発電用のもの（岸壁、さん橋、堤防、防波堤、煙突、その他汽力発電用のものをいう。）	41
	送電用のもの　地中電線路	25
	塔、柱、がい子、送電線、地線及び添加電話線	36
	配電用のもの　鉄塔及び鉄柱	50
	鉄筋コンクリート柱	42
	木柱	15
	配電線	30
	引込線	20
	添架電話線	30
	地中電線路	25
電気通信事業用のもの	通信ケーブル　光ファイバー製のもの	10
	その他のもの	13
	地中電線路	27
	その他の線路設備	21
放送用又は無線通信用のもの	鉄塔及び鉄柱　円筒空中線式のもの	30
	その他のもの	40
	鉄筋コンクリート柱	42
	木塔及び木柱	10
	アンテナ	10
	接地線及び放送用配線	10
農林業用のもの	主としてコンクリート造、れんが造、石造又はブロック造のもの　果樹棚又はホップ棚	14
	その他のもの	17
	主として金属造のもの	14
	主として木造のもの	5
	土管を主としたもの	10
	その他のもの	8
広告用のもの	金属造のもの	20
	その他のもの	10
競技場用、運動場用、遊園地用又は学校用のもの	スタンド　主として鉄骨鉄筋コンクリート造又は鉄筋コンクリート造のもの	45
	主として鉄骨造のもの	30
	主として木造のもの	10
	競輪場用競走路　コンクリート敷のもの	15
	その他のもの	10
	ネット設備	15

構造又は用途	細目	耐用年数
	野球場、陸上競技場、ゴルフコースその他のスポーツ場の排水その他の土工施設	30
	水泳プール	30
	その他のもの 　児童用のもの 　　すべり台、ぶらんこ、ジャングルジムその他の遊戯用のもの	10
	その他のもの	15
	その他のもの 　　主として木造のもの	15
	その他のもの	30
緑化施設及び庭園	工場緑化施設	7
	その他の緑化施設及び庭園（工場緑化施設に含まれるものを除く。）	20
舗装道路及び舗装路面	コンクリート敷、ブロック敷、れんが敷又は石敷のもの	15
	アスファルト敷又は木れんが敷のもの	10
	ビチューマルス敷のもの	3
鉄骨鉄筋コンクリート造又は鉄筋コンクリート造のもの（前掲のものを除く。）	水道用ダム	80
	トンネル	75
	橋	60
	岸壁、さん橋、防壁（爆発物用のものを除く。）、堤防、防波堤、塔、やぐら、上水道、水そう及び用水用ダム	50
	乾ドック	45
	サイロ	35
	下水道、煙突及び焼却炉	35
	高架道路、製塩用ちんでん池、飼育場及びへい	30
	爆発物用防壁及び防油堤	25
	造船台	24
	放射性同位元素の放射線を直接受けるもの	15
	その他のもの	60
コンクリート造又はコンクリートブロック造のもの（前掲のものを除く。）	やぐら及び用水池	40
	サイロ	34
	岸壁、さん橋、防壁（爆発物用のものを除く。）、堤防、防波堤、トンネル、上水道及び水そう	30
	下水道、飼育場及びへい	15
	爆発物用防壁	13
	引湯管	10
	鉱業用廃石捨場	5
	その他のもの	40

構造又は用途	細目	耐用年数
れんが造のもの（前掲のものを除く。）	防壁（爆発物用のものを除く。）、堤防、防波堤及びトンネル	50
	煙突、煙道、焼却炉、へい及び爆発物用防壁 　塩素、クロールスルホン酸その他の著しい腐食性を有する気体の影響を受けるもの	7
	その他のもの	25
	その他のもの	40
石造のもの（前掲のものを除く。）	岸壁、さん橋、防壁（爆発物用のものを除く。）、堤防、防波堤、上水道及び用水池	50
	乾ドック	45
	下水道、へい及び爆発物用防壁	35
	その他のもの	50
土造のもの（前掲のものを除く。）	防壁（爆発物用のものを除く。）、堤防、防波堤及び自動車道	40
	上水道及び用水池	30
	下水道	15
	へい	20
	爆発物用防壁及び防油堤	17
	その他のもの	40
金属造のもの（前掲のものを除く。）	橋（はね上げ橋を除く。）	45
	はね上げ橋及び鋼矢板岸壁	25
	サイロ	22
	送配管 　鋳鉄製のもの	30
	鋼鉄製のもの	15
	ガス貯そう 　液化ガス用のもの	10
	その他のもの	20
	薬品貯そう 　塩酸、ふつ酸、発煙硫酸、濃硝酸その他の発煙性を有する無機酸用のもの	8
	有機酸用又は硫酸、硝酸その他前掲のもの以外の無機酸用のもの	10
	アルカリ類用、塩水用、アルコール用その他のもの	15
	水そう及び油そう 　鋳鉄製のもの	25
	鋼鉄製のもの	15
	浮きドック	20
	飼育場	15
	つり橋、煙突、焼却炉、打込み井戸、へい、街路灯及びガードレール	10

構造又は用途	細目	耐用年数
	露天式立体駐車設備	15
	その他のもの	45
合成樹脂造のもの（前掲のものを除く。）		10
木造のもの（前掲のものを除く。）	橋、塔、やぐら及びドック	15
	岸壁、さん橋、防壁、堤防、防波堤、トンネル、水そう、引湯管及びへい	10
	飼育場	7
	その他のもの	15
前掲のもの以外のもの及び前掲の区分によらないもの	主として木造のもの	15
	その他のもの	50

〈船　　舶〉

構造又は用途	細目	耐用年数
船舶法第4条から第19条までの適用を受ける鋼船	漁船　総トン数が500トン以上のもの	12
	総トン数が500トン未満のもの	9
	油そう船　総トン数が2,000トン以上のもの	13
	総トン数が2,000トン未満のもの	11
	薬品そう船	10
	その他のもの　総トン数が2,000トン以上のもの	15
	総トン数が2,000トン未満のもの	
	しゅんせつ船及び砂利採取船	10
	カーフェリー	11
	その他のもの	14
船舶法第4条から第19条までの適用を受ける木船	漁船	6
	薬品そう船	8
	その他のもの	10

構造又は用途	細目	耐用年数
船舶法第4条から第19条までの適用を受ける軽合金船（他の項に掲げるものを除く。）		9
船舶法第4条から第19条までの適用を受ける強化プラスチック船		7
船舶法第4条から第19条までの適用を受ける水中翼船及びホバークラフト		8
その他のもの	鋼船　しゅんせつ船及び砂利採取船	7
	発電船及びとう載漁船	8
	ひき船	10
	その他のもの	12
	木船　とう載漁船	4
	しゅんせつ船及び砂利採取船	5
	動力漁船及びひき船	6
	薬品そう船	7
	その他のもの	8
	その他のもの　モーターボート及びとう載漁船	4
	その他のもの	5

〈航　空　機〉

構造又は用途	細目	耐用年数
飛行機	主として金属製のもの　最大離陸重量が130トンを超えるもの	10
	最大離陸重量が130トン以下のもので、5.7トンを超えるもの	8
	最大離陸重量が5.7トン以下のもの	5
	その他のもの	5

構造又は用途	細　目	耐用年数
その他のもの	ヘリコプター及びグライダー	5
	その他のもの	5

〈車両及び運搬具〉

構造又は用途	細　目	耐用年数
鉄道用又は軌道用車両（架空索道用搬器を含む。）	電気又は蒸気機関車	18
	電車	13
	内燃動車（制御車及び附随車を含む。）	11
	貨車 　高圧ボンベ車及び高圧タンク車	10
	薬品タンク車及び冷凍車	12
	その他のタンク車及び特殊構造車	15
	その他のもの	20
	線路建設保守用工作車	10
	鋼索鉄道用車両	15
	架空索道用搬器 　閉鎖式のもの	10
	その他のもの	5
	無軌条電車	8
	その他のもの	20
特殊自動車（この項には、別表第二に掲げる減価償却資産に含まれるブルドーザー、パワーショベルその他の自走式作業用機械並びにトラクター及び農林業用運搬機具を含まない。）	消防車、救急車、レントゲン車、散水車、放送宣伝車、移動無線車及びチップ製造車	5
	モータースイーパー及び除雪車	4
	タンク車、じんかい車、し尿車、寝台車、霊きゅう車、トラックミキサー、レッカーその他特殊車体を架装したもの 　小型車（じんかい車及びし尿車にあっては積載量が2トン以下、その他のものにあっては総排気量が2リットル以下のものをいう。）	3
	その他のもの	4
運送事業用、貸自動車業用又は自動車教習所用の車両及び運搬具（前掲のものを除く。）	自動車（二輪又は三輪自動車を含み、乗合自動車を除く。） 　小型車（貨物自動車にあっては積載量が2トン以下、その他のものにあっては総排気量が2リットル以下のものをいう。）	3
	その他のもの 　　大型乗用車（総排気量が3リットル以上のものをいう。）	5
	その他のもの	4
	乗合自動車	5

構造又は用途	細　目	耐用年数
前掲のもの以外のもの	自転車及びリヤカー	2
	被けん引車その他のもの	4
	自動車（二輪又は三輪自動車を除く。） 　小型車（総排気量が0.66リットル以下のものをいう。）	4
	その他のもの 　　貨物自動車 　　　ダンプ式のもの	4
	その他のもの	5
	報道通信用のもの	5
	その他のもの	6
	二輪又は三輪自動車	3
	自転車	2
	鉱山用人車、炭車、鉱車及び台車 　金属製のもの	7
	その他のもの	4
	フォークリフト	4
	トロッコ 　金属製のもの	5
	その他のもの	3
	その他のもの 　自走能力を有するもの	7
	その他のもの	4

〈工　　具〉

構造又は用途	細　目	耐用年数
測定工具及び検査工具（電気又は電子を利用するものを含む。）		5
治具及び取付工具		3
ロール	金属圧延用のもの	4
	なつ染ロール、粉砕ロール、混練ロールその他のもの	3
型（型枠を含む。）、鍛圧工具及び打抜工具	プレスその他の金属加工用金型、合成樹脂、ゴム又はガラス成型用金型及び鋳造用型	2
	その他のもの	3
切削工具		2
金属製柱及びカッペ		3
活字及び活字に常用される金属	購入活字（活字の形状のまま反復使用するものに限る。）	2
	自製活字及び活字に常用される金属	8

構造又は用途	細目	耐用年数
前掲のもの以外のもの	白金ノズル	13
	その他のもの	3
前掲の区分によらないもの	白金ノズル	13
	その他の主として金属製のもの	8
	その他のもの	4

〈器具及び備品〉

構造又は用途	細目	耐用年数
1 家具、電気機器、ガス機器及び家庭用品（他の項に掲げるものを除く。）	事務机、事務いす及びキャビネット 　主として金属製のもの	15
	その他のもの	8
	応接セット 　接客業用のもの	5
	その他のもの	8
	ベッド	8
	児童用机及びいす	5
	陳列だな及び陳列ケース 　冷凍機付又は冷蔵機付のもの	6
	その他のもの	8
	その他の家具 　接客業用のもの	5
	その他のもの 　　主として金属製のもの	15
	その他のもの	8
	ラジオ、テレビジョン、テープレコーダーその他の音響機器	5
	冷房用又は暖房用機器	6
	電気冷蔵庫、電気洗濯機その他これらに類する電気又はガス機器	6
	氷冷蔵庫及び冷蔵ストッカー（電気式のものを除く。）	4
	カーテン、座ぶとん、寝具、丹前その他これらに類する繊維製品	3
	じゅうたんその他の床用敷物 　小売業用、接客業用、放送用、レコード吹込用又は劇場用のもの	3
	その他のもの	6
	室内装飾品 　主として金属製のもの	15
	その他のもの	8
	食事又はちゅう房用品 　陶磁器製又はガラス製のもの	2

構造又は用途	細目	耐用年数
	その他のもの	5
	その他のもの 　主として金属製のもの	15
	その他のもの	8
2 事務機器及び通信機器	謄写機器及びタイプライター 　孔版印刷又は印書業用のもの	3
	その他のもの	5
	電子計算機 　パーソナルコンピュータ（サーバー用のものを除く。）	4
	その他のもの	5
	複写機、計算機（電子計算機を除く。）、金銭登録機、タイムレコーダーその他これらに類するもの	5
	その他の事務機器	5
	テレタイプライター及びファクシミリ	5
	インターホーン及び放送用設備	6
	電話設備その他の通信機器 　デジタル構内交換設備及びデジタルボタン電話設備	6
	その他のもの	10
3 時計、試験機器及び測定機器	時計	10
	度量衡器	5
	試験又は測定機器	5
4 光学機器及び写真製作機器	オペラグラス	2
	カメラ、映画撮影機、映写機及び望遠鏡	5
	引伸機、焼付機、乾燥機、顕微鏡その他の機器	8
5 看板及び広告器具	看板、ネオンサイン及び気球	3
	マネキン人形及び模型	2
	その他のもの 　主として金属製のもの	10
	その他のもの	5
6 容器及び金庫	ボンベ 　溶接製のもの	6
	鍛造製のもの 　　塩素用のもの	8
	その他のもの	10
	ドラムかん、コンテナーその他の容器 　大型コンテナー（長さが6メートル以上のものに限る。）	7
	その他のもの 　　金属製のもの	3

構造又は用途	細目	耐用年数
	その他のもの	2
	金庫 手さげ金庫	5
	その他のもの	20
7　理容又は美容機器		5
8　医療機器	消毒殺菌用機器	4
	手術機器	5
	血液透析又は血しよう交換用機器	7
	ハバードタンクその他の作動部分を有する機能回復訓練機器	6
	調剤機器	6
	歯科診療用ユニット	7
	光学検査機器 ファイバースコープ	6
	その他のもの	8
	その他のもの レントゲンその他の電子装置を使用する機器 移動式のもの、救急医療用のもの及び自動血液分析器	4
	その他のもの	6
	その他のもの 陶磁器製又はガラス製のもの	3
	主として金属製のもの	10
	その他のもの	5
9　娯楽又はスポーツ器具及び興行又は演劇用具	たまつき用具	8
	パチンコ器、ビンゴ器その他これらに類する球戯用具及び射的用具	2
	ご、しょうぎ、まあじゃん、その他の遊戯具	5
	スポーツ具	3
	劇場用観客いす	3
	どんちょう及び幕	5
	衣しょう、かつら、小道具及び大道具	2
	その他のもの 主として金属製のもの	10
	その他のもの	5
10　生物	植物 貸付業用のもの	2
	その他のもの	15
	動物 魚類	2
	鳥類	4

構造又は用途	細目	耐用年数
	その他のもの	8
11　前掲のもの以外のもの	映画フィルム（スライドを含む。）、磁気テープ及びレコード	2
	シート及びロープ	2
	きのこ栽培用ほだ木	3
	漁具	3
	葬儀用具	3
	楽器	5
	自動販売機（手動のものを含む。）	5
	無人駐車管理装置	5
	焼却炉	5
	その他のもの 主として金属製のもの	10
	その他のもの	5
12　前掲する資産のうち、当該資産について定められている前掲の耐用年数によるもの以外のもの及び前掲の区分によらないもの	主として金属製のもの	15
	その他のもの	8

（**別表第2**　機械及び装置の耐用年数表）

番号	設備の種類	細目	耐用年数
1	食料品製造業用設備		10
2	飲料、たばこ又は飼料製造業用設備		10
3	繊維工業用設備	炭素繊維製造設備 黒鉛化炉	3
		その他の設備	7
		その他の設備	7
4	木材又は木製品（家具を除く。）製造業用設備		8
5	家具又は装備品製造業用設備		11

— 439 —

番号	設備の種類	細目	耐用年数
6	パルプ、紙又は紙加工品製造業用設備		12
7	印刷業又は印刷関連業用設備	デジタル印刷システム設備	4
		製本業用設備	7
		新聞業用設備 モノタイプ、写真又は通信設備	3
		その他の設備	10
		その他の設備	10
8	化学工業用設備	臭素、よう素又は塩素、臭素若しくはよう素化合物製造設備	5
		塩化りん製造設備	4
		活性炭製造設備	5
		ゼラチン又はにかわ製造設備	5
		半導体用フォトレジスト製造設備	5
		フラットパネル用カラーフィルター、偏光板又は偏光板用フィルム製造設備	5
		その他の設備	8
9	石油製品又は石炭製品製造業用設備		7
10	プラスチック製品製造業用設備（他の号に掲げるものを除く。）		8
11	ゴム製品製造業用設備		9
12	なめし革、なめし革製品又は毛皮製造業用設備		9
13	窯業又は土石製品製造業用設備		9

番号	設備の種類	細目	耐用年数
14	鉄鋼業用設備	表面処理鋼材若しくは鉄粉製造業又は鉄スクラップ加工処理業用設備	5
		純鉄、原鉄、ベースメタル、フェロアロイ、鉄素形材又は鋳鉄管製造業用設備	9
		その他の設備	14
15	非鉄金属製造業用設備	核燃料物質加工設備	11
		その他の設備	7
16	金属製品製造業用設備	金属被覆及び彫刻業又は打はく及び金属製ネームプレート製造業用設備	6
		その他の設備	10
17	はん用機械器具（はん用性を有するもので、他の器具及び備品並びに機械及び装置に組み込み、又は取り付けることによりその用に供されるものをいう。）製造業用設備（第20号及び第22号に掲げるものを除く。）		12
18	生産用機械器具（物の生産の用に供されるものをいう。）製造業用設備（次号及び第21号に掲げるものを除く。）	金属加工機械製造設備	9
		その他の設備	12
19	業務用機械器具（業務用又はサービスの生産の用に供されるもの（これらのものであって物の生産の用に供されるものを含む。）をいう。）製造業用設備（第17号、第21号及び第23号に掲げるものを除く。）		7

番号	設備の種類	細目	耐用年数
20	電子部品、デバイス又は電子回路製造業用設備	光ディスク(追記型又は書換え型のものに限る。)製造設備	6
		プリント配線基板製造設備	6
		フラットパネルディスプレイ、半導体集積回路又は半導体素子製造設備	5
		その他の設備	8
21	電気機械器具製造業用設備		7
22	情報通信機械器具製造業用設備		8
23	輸送用機械器具製造業用設備		9
24	その他の製造業用設備		9
25	農業用設備		7
26	林業用設備		5
27	漁業用設備(次号に掲げるものを除く。)		5
28	水産養殖業用設備		5
29	鉱業、採石業又は砂利採取業用設備	石油又は天然ガス鉱業用設備　坑井設備	3
		掘さく設備	6
		その他の設備	12
		その他の設備	6
30	総合工事業用設備		6
31	電気業用設備	電気業用水力発電設備	22
		その他の水力発電設備	20
		汽力発電設備	15
		内燃力又はガスタービン発電設備	15
		送電又は電気業用変電若しくは配電設備　需要者用計量器	15
		柱上変圧器	18

番号	設備の種類	細目	耐用年数
		その他の設備	22
		鉄道又は軌道業用変電設備	15
		その他の設備　主として金属製のもの	17
		その他のもの	8
32	ガス業用設備	製造用設備	10
		供給用設備　鋳鉄製導管	22
		鋳鉄製導管以外の導管	13
		需要者用計量器	13
		その他の設備	15
		その他の設備　主として金属製のもの	17
		その他のもの	8
33	熱供給業用設備		17
34	水道業用設備		18
35	通信業用設備		9
36	放送業用設備		6
37	映像、音声又は文字情報制作業用設備		8
38	鉄道業用設備	自動改札装置	5
		その他の設備	12
39	道路貨物運送業用設備		12
40	倉庫業用設備		12
41	運輸に附帯するサービス業用設備		10
42	飲食料品卸売業用設備		10
43	建築材料、鉱物又は金属材料等卸売業用設備	石油又は液化石油ガス卸売用設備(貯そうを除く。)	13
		その他の設備	8
44	飲食料品小売業用設備		9
45	その他の小売業用設備	ガソリン又は液化石油ガススタンド設備	8

番 号	設備の種類	細　　目	耐用年数
		その他の設備 　主として金属製のもの	17
		その他のもの	8
46	技術サービス業用設備（他の号に掲げるものを除く。）	計量証明業用設備	8
		その他の設備	14
47	宿泊業用設備		10
48	飲食店業用設備		8
49	洗濯業、理容業、美容業又は浴場業用設備		13
50	その他の生活関連サービス業用設備		6
51	娯楽業用設備	映画館又は劇場用設備	11
		遊園地用設備	7
		ボウリング場用設備	13
		その他の設備 　主として金属製のもの	17
		その他のもの	8
52	教育業（学校教育業を除く。）又は学習支援業用設備	教習用運転シミュレータ設備	5
		その他の設備 　主として金属製のもの	17
		その他のもの	8
53	自動車整備業用設備		15
54	その他のサービス業用設備		12
55	前掲の機械及び装置以外のもの並びに前掲の区分によらないもの	機械式駐車設備	10
		ブルドーザー、パワーショベルその他の自走式作業用機械設備	8
		その他の設備 　主として金属製のもの	17
		その他のもの	8

（別表第3　無形減価償却資産の耐用年数表）

種　　類	細　　目	耐用年数
漁　業　権		10
ダ ム 使 用 権		55
水　利　権		20
特　許　権		8
実 用 新 案 権		5
意　匠　権		7
商　標　権		10
ソフトウエア	複写して販売するための原本	3
	その他のもの	5
育　成　者　権	種苗法第4条第2項に規定する品種	10
	その他	8
営　業　権		5
専用側線利用権		30
鉄道軌道連絡通行施設利用権		30
電気ガス供給施設利用権		15
水道施設利用権		15
工業用水道施設利用権		15
電気通信施設利用権		20

（別表第4　生物の耐用年数表）

種　　類	細　　目	耐用年数
牛	繁殖用（家畜改良増殖法に基づく種付証明書、授精証明書、体内受精卵移植証明書又は体外受精卵移植証明書のあるものに限る。）	
	役肉用牛	6
	乳用牛	4
	種付用（家畜改良増殖法に基づく種畜証明書の交付を受けた種おす牛に限る。）	4
	その他用	6
馬	繁殖用（家畜改良増殖法に基づく種付証明書又は授精証明書のあるものに限る。）	6
	種付用（家畜改良増殖法に基づく種畜証明書の交付を受けた種おす馬に限る。）	6

種　類	細　目	耐用年数
	競走用	4
	その他用	8
豚		3
綿羊及びやぎ	種付用	4
	その他用	6
かんきつ樹	温州みかん	28
	その他	30
りんご樹	わい化りんご	20
	その他	29
ぶどう樹	温室ぶどう	12
	その他	15
なし樹		26
桃樹		15
桜桃樹		21
びわ樹		30
くり樹		25
梅樹		25
かき樹		36
あんず樹		25
すもも樹		16
いちじく樹		11
キウイフルーツ樹		22
ブルーベリー樹		25
パイナップル		3
茶樹		34
オリーブ樹		25
つばき樹		25
桑樹	立て通し	18
	根刈り、中刈り、高刈り	9
こりやなぎ		10
みつまた		5
こうぞ		9
もう宗竹		20
アスパラガス		11
ラミー		8
まおらん		10
ホップ		9

（別表第5　公害防止用減価償却資産の耐用年数表）

種　類	細　目	耐用年数
構築物		18
機械及び装置		5

（別表第6　開発研究用減価償却資産の耐用年数表）

種　類	細　目	耐用年数
建物及び建物附属設備	建物の全部又は一部を低温室、恒温室、無響室、電磁しゃへい室、放射性同位元素取扱室その他の特殊室にするために特に施設した内部造作又は建物附属設備	5
構築物	風どう、試験水そう及び防壁	5
	ガス又は工業薬品貯そう、アンテナ、鉄塔及び特殊用途に使用するもの	7
工具		4
器具及び備品	試験又は測定機器、計算機器、撮影機及び顕微鏡	4
機械及び装置	汎用ポンプ、汎用モーター、汎用金属工作機械、汎用金属加工機械その他これらに類するもの	7
	その他のもの	4
ソフトウエア		3

(別表第7　平成19年3月31日以前に取得した減価償却資産の償却率表)

耐用年数	旧定額法	旧定率法	耐用年数	旧定額法	旧定率法
2	0.500	0.684	52	0.020	0.043
3	0.333	0.536	53	0.019	0.043
4	0.250	0.438	54	0.019	0.042
5	0.200	0.369	55	0.019	0.041
6	0.166	0.319	56	0.018	0.040
7	0.142	0.280	57	0.018	0.040
8	0.125	0.250	58	0.018	0.039
9	0.111	0.226	59	0.017	0.038
10	0.100	0.206	60	0.017	0.038
11	0.090	0.189	61	0.017	0.037
12	0.083	0.175	62	0.017	0.036
13	0.076	0.162	63	0.016	0.036
14	0.071	0.152	64	0.016	0.035
15	0.066	0.142	65	0.016	0.035
16	0.062	0.134	66	0.016	0.034
17	0.058	0.127	67	0.015	0.034
18	0.055	0.120	68	0.015	0.033
19	0.052	0.114	69	0.015	0.033
20	0.050	0.109	70	0.015	0.032
21	0.048	0.104	71	0.014	0.032
22	0.046	0.099	72	0.014	0.032
23	0.044	0.095	73	0.014	0.031
24	0.042	0.092	74	0.014	0.031
25	0.040	0.088	75	0.014	0.030
26	0.039	0.085	76	0.014	0.030
27	0.037	0.082	77	0.013	0.030
28	0.036	0.079	78	0.013	0.029
29	0.035	0.076	79	0.013	0.029
30	0.034	0.074	80	0.013	0.028
31	0.033	0.072	81	0.013	0.028
32	0.032	0.069	82	0.013	0.028
33	0.031	0.067	83	0.012	0.027
34	0.030	0.066	84	0.012	0.027
35	0.029	0.064	85	0.012	0.026
36	0.028	0.062	86	0.012	0.026
37	0.027	0.060	87	0.012	0.026
38	0.027	0.059	88	0.012	0.026
39	0.026	0.057	89	0.012	0.026
40	0.025	0.056	90	0.012	0.025
41	0.025	0.055	91	0.011	0.025
42	0.024	0.053	92	0.011	0.025
43	0.024	0.052	93	0.011	0.025
44	0.023	0.051	94	0.011	0.024
45	0.023	0.050	95	0.011	0.024
46	0.022	0.049	96	0.011	0.024
47	0.022	0.048	97	0.011	0.023
48	0.021	0.047	98	0.011	0.023
49	0.021	0.046	99	0.011	0.023
50	0.020	0.045	100	0.010	0.023
51	0.020	0.044			

(別表第8 平成19年4月1日以後に取得した減価償却資産の定額法の償却率表)

耐用年数	償却率	耐用年数	償却率	耐用年数	償却率
2	0.500	35	0.029	68	0.015
3	0.334	36	0.028	69	0.015
4	0.250	37	0.028	70	0.015
5	0.200	38	0.027	71	0.015
6	0.167	39	0.026	72	0.014
7	0.143	40	0.025	73	0.014
8	0.125	41	0.025	74	0.014
9	0.112	42	0.024	75	0.014
10	0.100	43	0.024	76	0.014
11	0.091	44	0.023	77	0.013
12	0.084	45	0.023	78	0.013
13	0.077	46	0.022	79	0.013
14	0.072	47	0.022	80	0.013
15	0.067	48	0.021	81	0.013
16	0.063	49	0.021	82	0.013
17	0.059	50	0.020	83	0.013
18	0.056	51	0.020	84	0.012
19	0.053	52	0.020	85	0.012
20	0.050	53	0.019	86	0.012
21	0.048	54	0.019	87	0.012
22	0.046	55	0.019	88	0.012
23	0.044	56	0.018	89	0.012
24	0.042	57	0.018	90	0.012
25	0.040	58	0.018	91	0.011
26	0.039	59	0.017	92	0.011
27	0.038	60	0.017	93	0.011
28	0.036	61	0.017	94	0.011
29	0.035	62	0.017	95	0.011
30	0.034	63	0.016	96	0.011
31	0.033	64	0.016	97	0.011
32	0.032	65	0.016	98	0.011
33	0.031	66	0.016	99	0.011
34	0.030	67	0.015	100	0.010

（別表第9　平成19年4月1日から平成24年3月31日までの間に取得した減価償却資産の定率法の償却率、改定償却率及び保証率の表）

耐用年数	償却率	改定償却率	保証率	耐用年数	償却率	改定償却率	保証率
2	1.000	—	—	52	0.048	0.050	0.01036
3	0.833	1.000	0.02789	53	0.047	0.048	0.01028
4	0.625	1.000	0.05274	54	0.046	0.048	0.01015
5	0.500	1.000	0.06249	55	0.045	0.046	0.01007
6	0.417	0.500	0.05776	56	0.045	0.046	0.00961
7	0.357	0.500	0.05496	57	0.044	0.046	0.00952
8	0.313	0.334	0.05111	58	0.043	0.044	0.00945
9	0.278	0.334	0.04731	59	0.042	0.044	0.00934
10	0.250	0.334	0.04448	60	0.042	0.044	0.00895
11	0.227	0.250	0.04123	61	0.041	0.042	0.00892
12	0.208	0.250	0.03870	62	0.040	0.042	0.00882
13	0.192	0.200	0.03633	63	0.040	0.042	0.00847
14	0.179	0.200	0.03389	64	0.039	0.040	0.00847
15	0.167	0.200	0.03217	65	0.038	0.039	0.00847
16	0.156	0.167	0.03063	66	0.038	0.039	0.00828
17	0.147	0.167	0.02905	67	0.037	0.038	0.00828
18	0.139	0.143	0.02757	68	0.037	0.038	0.00810
19	0.132	0.143	0.02616	69	0.036	0.038	0.00800
20	0.125	0.143	0.02517	70	0.036	0.038	0.00771
21	0.119	0.125	0.02408	71	0.035	0.036	0.00771
22	0.114	0.125	0.02296	72	0.035	0.036	0.00751
23	0.109	0.112	0.02226	73	0.034	0.035	0.00751
24	0.104	0.112	0.02157	74	0.034	0.035	0.00738
25	0.100	0.112	0.02058	75	0.033	0.034	0.00738
26	0.096	0.100	0.01989	76	0.033	0.034	0.00726
27	0.093	0.100	0.01902	77	0.032	0.033	0.00726
28	0.089	0.091	0.01866	78	0.032	0.033	0.00716
29	0.086	0.091	0.01803	79	0.032	0.033	0.00693
30	0.083	0.084	0.01766	80	0.031	0.032	0.00693
31	0.081	0.084	0.01688	81	0.031	0.032	0.00683
32	0.078	0.084	0.01655	82	0.030	0.031	0.00683
33	0.076	0.077	0.01585	83	0.030	0.031	0.00673
34	0.074	0.077	0.01532	84	0.030	0.031	0.00653
35	0.071	0.072	0.01532	85	0.029	0.030	0.00653
36	0.069	0.072	0.01494	86	0.029	0.030	0.00645
37	0.068	0.072	0.01425	87	0.029	0.030	0.00627
38	0.066	0.067	0.01393	88	0.028	0.029	0.00627
39	0.064	0.067	0.01370	89	0.028	0.029	0.00620
40	0.063	0.067	0.01317	90	0.028	0.029	0.00603
41	0.061	0.063	0.01306	91	0.027	0.027	0.00649
42	0.060	0.063	0.01261	92	0.027	0.027	0.00632
43	0.058	0.059	0.01248	93	0.027	0.027	0.00615
44	0.057	0.059	0.01210	94	0.027	0.027	0.00598
45	0.056	0.059	0.01175	95	0.026	0.027	0.00594
46	0.054	0.056	0.01175	96	0.026	0.027	0.00578
47	0.053	0.056	0.01153	97	0.026	0.027	0.00563
48	0.052	0.053	0.01126	98	0.026	0.027	0.00549
49	0.051	0.053	0.01102	99	0.025	0.026	0.00549
50	0.050	0.053	0.01072	100	0.025	0.026	0.00546
51	0.049	0.050	0.01053				

(**別表第10** 平成24年4月1日以後に取得した減価償却資産の定率法の償却率、改定償却率及び保証率の表)

耐用年数	償却率	改定償却率	保証率	耐用年数	償却率	改定償却率	保証率
2	1.000	—	—	52	0.038	0.039	0.01422
3	0.667	1.000	0.11089	53	0.038	0.039	0.01370
4	0.500	1.000	0.12499	54	0.037	0.038	0.01370
5	0.400	0.500	0.10800	55	0.036	0.038	0.01337
6	0.333	0.334	0.09911	56	0.036	0.038	0.01288
7	0.286	0.334	0.08680	57	0.035	0.036	0.01281
8	0.250	0.334	0.07909	58	0.034	0.035	0.01281
9	0.222	0.250	0.07126	59	0.034	0.035	0.01240
10	0.200	0.250	0.06552	60	0.033	0.034	0.01240
11	0.182	0.200	0.05992	61	0.033	0.034	0.01201
12	0.167	0.200	0.05566	62	0.032	0.033	0.01201
13	0.154	0.167	0.05180	63	0.032	0.033	0.01165
14	0.143	0.167	0.04854	64	0.031	0.032	0.01165
15	0.133	0.143	0.04565	65	0.031	0.032	0.01130
16	0.125	0.143	0.04294	66	0.030	0.031	0.01130
17	0.118	0.125	0.04038	67	0.030	0.031	0.01097
18	0.111	0.112	0.03884	68	0.029	0.030	0.01097
19	0.105	0.112	0.03693	69	0.029	0.030	0.01065
20	0.100	0.112	0.03486	70	0.029	0.030	0.01034
21	0.095	0.100	0.03335	71	0.028	0.029	0.01034
22	0.091	0.100	0.03182	72	0.028	0.029	0.01006
23	0.087	0.091	0.03052	73	0.027	0.027	0.01063
24	0.083	0.084	0.02969	74	0.027	0.027	0.01035
25	0.080	0.084	0.02841	75	0.027	0.027	0.01007
26	0.077	0.084	0.02716	76	0.026	0.027	0.00980
27	0.074	0.077	0.02624	77	0.026	0.027	0.00954
28	0.071	0.072	0.02568	78	0.026	0.027	0.00929
29	0.069	0.072	0.02463	79	0.025	0.026	0.00929
30	0.067	0.072	0.02366	80	0.025	0.026	0.00907
31	0.065	0.067	0.02286	81	0.025	0.026	0.00884
32	0.063	0.067	0.02216	82	0.024	0.024	0.00929
33	0.061	0.063	0.02161	83	0.024	0.024	0.00907
34	0.059	0.063	0.02097	84	0.024	0.024	0.00885
35	0.057	0.059	0.02051	85	0.024	0.024	0.00864
36	0.056	0.059	0.01974	86	0.023	0.023	0.00885
37	0.054	0.056	0.01950	87	0.023	0.023	0.00864
38	0.053	0.056	0.01882	88	0.023	0.023	0.00844
39	0.051	0.053	0.01860	89	0.022	0.022	0.00863
40	0.050	0.053	0.01791	90	0.022	0.022	0.00844
41	0.049	0.050	0.01741	91	0.022	0.022	0.00825
42	0.048	0.050	0.01694	92	0.022	0.022	0.00807
43	0.047	0.048	0.01664	93	0.022	0.022	0.00790
44	0.045	0.046	0.01664	94	0.021	0.021	0.00807
45	0.044	0.046	0.01634	95	0.021	0.021	0.00790
46	0.043	0.044	0.01601	96	0.021	0.021	0.00773
47	0.043	0.044	0.01532	97	0.021	0.021	0.00757
48	0.042	0.044	0.01499	98	0.020	0.020	0.00773
49	0.041	0.042	0.01475	99	0.020	0.020	0.00757
50	0.040	0.042	0.01440	100	0.020	0.020	0.00742
51	0.039	0.040	0.01422				

(**別表第11** 平成19年3月31日以前に取得した減価償却資産の残存割合表)

種　　　類	細　　　　　　　目		残存割合
別表第一、別表第二、別表第五及び別表第六に掲げる減価償却資産（同表に掲げるソフトウエアを除く。）			100分の10
別表第三に掲げる無形減価償却資産、別表第六に掲げるソフトウェア並びに鉱業権及び坑道			ゼロ
別表第四に掲げる生物 （注）　牛と馬の残存価額は、右の金額と10万円のいずれか少ない金額とされている（省令6条2項）。	牛		
		繁殖用の乳用牛及び種付用の役肉用牛	100分の20
		種付用の乳用牛	100分の10
		その他用のもの	100分の50
	馬		
		繁殖用及び競走用のもの	100分の20
		種付用のもの	100分の10
		その他用のもの	100分の30
	豚		100分の30
	綿羊及びやぎ		100分の5
	果樹その他の植物		100分の5

⑬　令和6年分土地及び土地の上に存する権利の評価についての調整率表

付表①　奥行価格補正率表

地区区分　　　　奥行距離m	ビル街	高度商業	繁華街	普通商業・併用住宅	普通住宅	中小工場	大工場
4 未満	0.80	0.90	0.90	0.90	0.90	0.85	0.85
4 以上　6 未満		0.92	0.92	0.92	0.92	0.90	0.90
6 〃　8 〃	0.84	0.94	0.95	0.95	0.95	0.93	0.93
8 〃　10 〃	0.88	0.96	0.97	0.97	0.97	0.95	0.95
10 〃　12 〃	0.90	0.98	0.99	0.99		0.96	0.96
12 〃　14 〃	0.91	0.99				0.97	0.97
14 〃　16 〃	0.92				1.00	0.98	0.98
16 〃　20 〃	0.93		1.00			0.99	0.99
20 〃　24 〃	0.94			1.00			
24 〃　28 〃	0.95				0.97		
28 〃　32 〃	0.96	1.00	0.98		0.95		
32 〃　36 〃	0.97		0.96	0.97	0.93		
36 〃　40 〃	0.98		0.94	0.95	0.92		
40 〃　44 〃	0.99		0.92	0.93	0.91	1.00	
44 〃　48 〃			0.90	0.91	0.90		
48 〃　52 〃		0.99	0.88	0.89	0.89		
52 〃　56 〃		0.98	0.87	0.88	0.88		
56 〃　60 〃		0.97	0.86	0.87	0.87		
60 〃　64 〃		0.96	0.85	0.86	0.86	0.99	1.00
64 〃　68 〃	1.00	0.95	0.84	0.85	0.85	0.98	
68 〃　72 〃		0.94	0.83	0.84	0.84	0.97	
72 〃　76 〃		0.93	0.82	0.83	0.83	0.96	
76 〃　80 〃		0.92	0.81	0.82			
80 〃　84 〃		0.90		0.81	0.82	0.93	
84 〃　88 〃		0.88					
88 〃　92 〃		0.86			0.81		
92 〃　96 〃	0.99	0.84	0.80	0.80		0.90	
96 〃　100 〃	0.97	0.82					
100 〃	0.95	0.80			0.80		

付表②　側方路線影響加算率表

地区区分	加算率	
	角地の場合	準角地の場合
ビル街	0.07	0.03
高度商業・繁華街	0.10	0.05
普通商業・併用住宅	0.08	0.04
普通住宅・中小工場	0.03	0.02
大工場	0.02	0.01

付表③　二方路線影響加算率表

地区区分	加算率
ビル街	0.03
高度商業・繁華街	0.07
普通商業・併用住宅	0.05
普通住宅・中小工場 大工場	0.02

角地　　　　　　　　　　　　　　　　　　　準角地

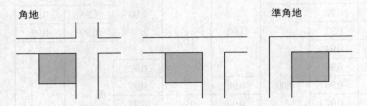

準角地とは上図のように一系統の路線の屈折部の内側に位置するものをいう。

付表④　不整形地補正率を算定する際の地積区分表

地区区分＼地積区分	A	B	C
高度商業	1,000㎡未満	1,000㎡以上 1,500㎡未満	1,500㎡以上
繁華街	450㎡未満	450㎡以上 700㎡未満	700㎡以上
普通商業・併用住宅	650㎡未満	650㎡以上 1,000㎡未満	1,000㎡以上
普通住宅	500㎡未満	500㎡以上 750㎡未満	750㎡以上
中小工場	3,500㎡未満	3,500㎡以上 5,000㎡未満	5,000㎡以上

付表⑤　不整形地補正率表

地積区分／かげ地割合	高度商業、繁華街、普通商業・併用住宅、中小工場			普通住宅		
	A	B	C	A	B	C
10％以上	0.99	0.99	1.00	0.98	0.99	0.99
15％ 〃	0.98	0.99	0.99	0.96	0.98	0.99
20％ 〃	0.97	0.98	0.99	0.94	0.97	0.98
25％ 〃	0.96	0.98	0.99	0.92	0.95	0.97
30％ 〃	0.94	0.97	0.98	0.90	0.93	0.96
35％ 〃	0.92	0.95	0.98	0.88	0.91	0.94
40％ 〃	0.90	0.93	0.97	0.85	0.88	0.92
45％ 〃	0.87	0.91	0.95	0.82	0.85	0.90
50％ 〃	0.84	0.89	0.93	0.79	0.82	0.87
55％ 〃	0.80	0.87	0.90	0.75	0.78	0.83
60％ 〃	0.76	0.84	0.86	0.70	0.73	0.78
65％ 〃	0.70	0.75	0.80	0.60	0.65	0.70

$$※「かげ地割合」 = \frac{想定整形地の地積 - 不整形地の地積}{想定整形地の地積}$$

付表⑥　間口狭小補正率表

間口距離（メートル）	ビル街	高度商業	繁華街	普通商業・併用住宅	普通住宅	中小工場	大工場
4 未満	－	0.85	0.90	0.90	0.90	0.80	0.80
4 以上　6 未満	－	0.94		0.97	0.94	0.85	0.85
6 〃　　8 〃	－	0.97			0.97	0.90	0.90
8 〃　　10 〃	0.95					0.95	0.95
10 〃　16 〃	0.97		1.00				0.97
16 〃　22 〃	0.98	1.00		1.00	1.00		0.98
22 〃　28 〃	0.99					1.00	0.99
28 〃	1.00						1.00

付表⑦　奥行長大補正率表

間口距離 / 奥行距離 （地区区分）	ビル街	高度商業	繁華街	普通商業・併用住宅	普通住宅	中小工場	大工場
2 以上　3 未満			1.00		0.98	1.00	
3 〃　　4 〃			0.99		0.96	0.99	
4 〃　　5 〃			0.98		0.94	0.98	
5 〃　　6 〃	1.00		0.96		0.92	0.96	1.00
6 〃　　7 〃			0.94			0.94	
7 〃　　8 〃			0.92		0.90	0.92	
8 〃			0.90			0.90	

付表⑧　がけ地補正率表

がけ地地積 / 総地積 （がけ地の方位）	南	東	西	北
0.10以上	0.96	0.95	0.94	0.93
0.20 〃	0.92	0.91	0.90	0.88
0.30 〃	0.88	0.87	0.86	0.83
0.40 〃	0.85	0.84	0.82	0.78
0.50 〃	0.82	0.81	0.78	0.73
0.60 〃	0.79	0.77	0.74	0.68
0.70 〃	0.76	0.74	0.70	0.63
0.80 〃	0.73	0.70	0.66	0.58
0.90 〃	0.70	0.65	0.60	0.53

付表⑨　特別警戒区域補正率表

特別警戒区域の地積 / 総地積	補正率
0.10以上	0.90
0.40 〃	0.80
0.70 〃	0.70

⑭　**印紙税額一覧表（令和6年4月現在）**

10万円以下又は10万円以上 ・・・・ 10万円は含まれます。
10万円を超え又は10万円未満 ・・ 10万円は含まれません。

番号	文書の種類（物件名）	印紙税額（1通又は1冊につき）	主な非課税文書
1	**1　不動産、鉱業権、無体財産権、船舶若しくは航空機又は営業の譲渡に関する契約書** （注）　無体財産権とは、特許権、実用新案権、商標権、意匠権、回路配置利用権、育成者権、商号及び著作権をいいます。 （例）　不動産売買契約書、不動産交換契約書、不動産売渡証書など **2　地上権又は土地の賃借権の設定又は譲渡に関する契約書** （例）　土地賃貸借契約書、土地賃料変更契約書など **3　消費貸借に関する契約書** （例）　金銭借用証書、金銭消費貸借契約書など **4　運送に関する契約書** （注）　運送に関する契約書には、傭船契約書を含み、乗車券、乗船券、航空券及び送り状は含まれません。 （例）　運送契約書、貨物運送引受書など	記載された契約金額が 　　　　10万円以下のもの　　　　　　　　　　　　 200円 　　10万円を超え　50万円以下のもの　　　　　 400円 　　50万円を超え　100万円以下　　 〃　　　　 1千円 　100万円を超え　500万円以下　　 〃　　　　 2千円 　500万円を超え　1千万円以下　　 〃　　　　 1万円 　1千万円を超え　5千万円以下　　 〃　　　　 2万円 　5千万円を超え　　1億円以下　　 〃　　　　 6万円 　　1億円を超え　　5億円以下　　 〃　　　　10万円 　　5億円を超え　　10億円以下　　 〃　　　　20万円 　10億円を超え　　50億円以下　　 〃　　　　40万円 　50億円を超えるもの　　　　　　　　　　　　 60万円 契約金額の記載のないもの　　　　　　　　　　 200円	記載された契約金額が**1万円未満（※）**のもの ※　第1号文書と第17号文書とに該当する文書で第1号文書に所属が決定されるものは、記載された契約金額が1万円未満であっても非課税文書となりません。
	上記の1に該当する「不動産の譲渡に関する契約書」のうち、平成26年4月1日から令和9年3月31日までの間に作成されるものは、記載された契約金額に応じ、右欄のとおり印紙税額が軽減されています。 （注）　契約金額の記載のないものの印紙税額は、本則どおり200円となります。	記載された契約金額が 　　　　50万円以下のもの　　　　　　　　　　　 200円 　　50万円を超え　100万円以下のもの　　　　 500円 　100万円を超え　500万円以下　　 〃　　　　 1千円 　500万円を超え　1千万円以下　　 〃　　　　 5千円 　1千万円を超え　5千万円以下　　 〃　　　　 1万円 　5千万円を超え　　1億円以下　　 〃　　　　 3万円 　　1億円を超え　　5億円以下　　 〃　　　　 6万円 　　5億円を超え　　10億円以下　　 〃　　　　16万円 　10億円を超え　　50億円以下　　 〃　　　　32万円 　50億円を超えるもの　　　　　　　　　　　　 48万円	
2	**請負に関する契約書** （注）　請負には、職業野球の選手、映画（演劇）の俳優（監督・演出家・プロデューサー）、プロボクサー、プロレスラー、音楽家、舞踊家、テレビジョン放送の演技者（演出家、プロデューサー）が、その者としての役務の提供を約することを内容とする契約を含みます。 （例）　工事請負契約書、工事注文請書、物品加工注文請書、広告契約書、映画俳優専属契約書、請負金額変更契約書など	記載された契約金額が 　　　　100万円以下のもの　　　　　　　　　　 200円 　100万円を超え　200万円以下のもの　　　　 400円 　200万円を超え　300万円以下　　 〃　　　　 1千円 　300万円を超え　500万円以下　　 〃　　　　 2千円 　500万円を超え　1千万円以下　　 〃　　　　 1万円 　1千万円を超え　5千万円以下　　 〃　　　　 2万円 　5千万円を超え　　1億円以下　　 〃　　　　 6万円 　　1億円を超え　　5億円以下　　 〃　　　　10万円 　　5億円を超え　　10億円以下　　 〃　　　　20万円 　10億円を超え　　50億円以下　　 〃　　　　40万円 　50億円を超えるもの　　　　　　　　　　　　 60万円 契約金額の記載のないもの　　　　　　　　　　 200円	記載された契約金額が**1万円未満（※）**のもの ※　第2号文書と第3号文書とに該当する文書で第2号文書に所属が決定されるものは、記載された契約金額が1万円未満であっても非課税文書となりません。
	上記の「請負に関する契約書」のうち、建設業法第2条第1項に規定する建設工事の請負に係る契約に基づき作成されるもので、平成26年4月1日から令和9年3月31日までの間に作成されるものは、記載された契約金額に応じ、右欄のとおり印紙税額が軽減されています。 （注）　契約金額の記載のないものの印紙税額は、本則どおり200円となります。	記載された契約金額が 　　　　200万円以下のもの　　　　　　　　　　 200円 　200万円を超え　300万円以下のもの　　　　 500円 　300万円を超え　500万円以下　　 〃　　　　 1千円 　500万円を超え　1千万円以下　　 〃　　　　 5千円 　1千万円を超え　5千万円以下　　 〃　　　　 1万円 　5千万円を超え　　1億円以下　　 〃　　　　 3万円 　　1億円を超え　　5億円以下　　 〃　　　　 6万円 　　5億円を超え　　10億円以下　　 〃　　　　16万円 　10億円を超え　　50億円以下　　 〃　　　　32万円 　50億円を超えるもの　　　　　　　　　　　　 48万円	
3	**約束手形、為替手形** （注）1　手形金額の記載のない手形は非課税となりますが、金額を補充したときは、その補充をした人がその手形を作成したものとみなされ、納税義務者となります。 　　　2　振出人の署名のない白地手形（手形金額の記載のないものを除きます。）で、引受人やその他の手形当事者の署名のあるものは、引受人やその他の手形当事者がその手形を作成したことになります。	記載された手形金額が 　10万円以上　　100万円以下のもの　　　　　 200円 　100万円を超え　200万円以下　　 〃　　　　 400円 　200万円を超え　300万円以下　　 〃　　　　 1千円 　300万円を超え　500万円以下　　 〃　　　　 2千円 　500万円を超え　1千万円以下　　 〃　　　　 4千円 　1千万円を超え　2千万円以下　　 〃　　　　 4千円 　2千万円を超え　3千万円以下　　 〃　　　　 6千円 　3千万円を超え　5千万円以下　　 〃　　　　 1万円 　5千万円を超え　　1億円以下　　 〃　　　　 2万円 　　1億円を超え　　2億円以下　　 〃　　　　 4万円 　　2億円を超え　　3億円以下　　 〃　　　　 6万円 　　3億円を超え　　5億円以下　　 〃　　　　10万円 　　5億円を超え　　10億円以下　　 〃　　　　15万円 　10億円を超えるもの　　　　　　　　　　　　 20万円	1　記載された手形金額が10万円未満のもの 2　手形金額の記載のないもの 3　手形の複本又は謄本
	①一覧払のもの、②金融機関相互間のもの、③外国通貨で金額を表示したもの、④非居住者円表示のもの、⑤円建銀行引受手形	200円	
4	**株券、出資証券若しくは社債券又は投資信託、貸付信託、特定目的信託若しくは受益証券発行信託の受益証券** （注）1　出資証券には、投資証券を含みます。 　　　2　社債券には、特別の法律により法人の発行する債券及び相互会社の社債券を含みます。	記載された券面金額が 　　　　500万円以下のもの　　　　　　　　　　 200円 　500万円を超え　1千万円以下のもの　　　　 1千円 　1千万円を超え　5千万円以下　　 〃　　　　 2千円 　5千万円を超え　　1億円以下　　 〃　　　　 1万円 　　1億円を超えるもの　　　　　　　　　　　　 2万円 （注）　株券、投資証券については、1株（1口）当たりの払込金額に株数（口数）を掛けた金額を券面金額とします。	1　日本銀行その他特定の法人の作成する出資証券 2　譲渡が禁止されている特定の受益証券 3　一定の要件を満たしている額面株式の株券の無効手続に伴い新たに作成する株券

番号	文書の種類（物件名）	印紙税額（1通又は1冊につき）		主な非課税文書
5	合併契約書又は吸収分割契約書若しくは新設分割計画書 （注）　1　会社法又は保険業法に規定する合併契約を証する文書に限ります。 　　　　2　会社法に規定する吸収分割契約又は新設分割計画を証する文書に限ります。	4万円		
6	定　款 （注）　株式会社、合名会社、合資会社、合同会社又は相互会社の設立のときに作成される定款の原本に限ります。	4万円		株式会社又は相互会社の定款のうち公証人法の規定により公証人の保存するもの以外のもの
7	継続的取引の基本となる契約書 （注）　契約期間が3か月以内で、かつ、更新の定めのないものは除きます。 （例）　売買取引基本契約書、特約店契約書、代理店契約書、業務委託契約書、銀行取引約定書など	4千円		
8	預金証書、貯金証書	200円		信用金庫その他特定の金融機関の作成するもので記載された預入額が1万円未満のもの
9	倉荷証券、船荷証券、複合運送証券 （注）　法定記載事項の一部を欠く証書で類似の効用があるものを含みます。	200円		
10	保険証券	200円		
11	信用状	200円		
12	信託行為に関する契約書 （注）　信託証書を含みます。	200円		
13	債務の保証に関する契約書 （注）　主たる債務の契約書に併記するものは除きます。	200円		身元保証ニ関スル法律に定める身元保証に関する契約書
14	金銭又は有価証券の寄託に関する契約書	200円		
15	債権譲渡又は債務引受けに関する契約書	記載された契約金額が1万円以上のもの	200円	記載された契約金額が1万円未満のもの
		契約金額の記載のないもの	200円	
16	配当金領収証、配当金振込通知書	記載された配当金額が3千円以上のもの	200円	記載された配当金額が3千円未満のもの
		配当金額の記載のないもの	200円	
17	1　売上代金に係る金銭又は有価証券の受取書 （注）　1　売上代金とは、資産を譲渡することによる対価、資産を使用させること（権利を設定することを含みます。）による対価及び役務を提供することによる対価をいい、手付けを含みます。 　　　　2　株券等の譲渡代金、保険料、公社債及び預貯金の利子などは売上代金から除かれます。 （例）　商品販売代金の受取書、不動産の賃貸料の受取書、請負代金の受取書、広告料の受取書など	記載された受取金額が 　　　　100万円以下のもの 100万円を超え　200万円以下のもの 200万円を超え　300万円以下　〃 300万円を超え　500万円以下　〃 500万円を超え　1千万円以下　〃 1千万円を超え　2千万円以下　〃 2千万円を超え　3千万円以下　〃 3千万円を超え　5千万円以下　〃 5千万円を超え　1億円以下　〃 1億円を超え　　2億円以下　〃 2億円を超え　　3億円以下　〃 3億円を超え　　5億円以下　〃 5億円を超え　10億円以下　〃 10億円を超えるもの 受取金額の記載のないもの	200円 400円 600円 1千円 2千円 4千円 6千円 1万円 2万円 4万円 6万円 10万円 15万円 20万円 200円	次の受取書は非課税 1　記載された受取金額が5万円未満のもの 2　営業に関しないもの 3　有価証券、預貯金証書など特定の文書に追記した受取書
	2　売上代金以外の金銭又は有価証券の受取書 （例）　借入金の受取書、保険金の受取書、損害賠償金の受取書、補償金の受取書、返還金の受取書など	200円		
18	預金通帳、貯金通帳、信託通帳、掛金通帳、保険料通帳	1年ごとに	200円	1　信用金庫など特定の金融機関の作成する預貯金通帳 2　所得税が非課税となる普通預金通帳など 3　納税準備預金通帳
19	消費貸借通帳、請負通帳、有価証券の預り通帳、金銭の受取通帳などの通帳 （注）　18に該当する通帳を除きます。	1年ごとに	400円	
20	判取帳	1年ごとに	4千円	

⑮ 登録免許税の税額表（抄）

1 不動産の登記（主なもの）

(1) 土地の所有権の移転登記

内容	課税標準	税率	軽減税率（措法72）
売買	不動産の価額	1,000分の20	令和8年3月31日までの間に登記を受ける場合1,000分の15
相続、法人の合併又は共有物の分割	不動産の価額	1,000分の4	－
その他（贈与・交換・収用・競売等）	不動産の価額	1,000分の20	－

相続による土地の所有権の移転登記について、次の免税措置があります。

① 相続により土地の所有権を取得した個人が、その相続によるその土地の所有権の移転登記を受ける前に死亡した場合には、平成30年4月1日から令和7年3月31日までの間に、その死亡した個人をその土地の所有権の登記名義人とするために受ける登記については、登録免許税は課されません。

② 個人が、平成30年11月15日から令和7年3月31日までの間に、土地について相続による所有権の移転登記を受ける場合において、その土地が相続登記の促進を特に図る必要がある一定の土地であり、かつ、その土地の登録免許税の課税標準となる不動産の価額が100万円以下であるときは、その土地の相続による所有権の移転登記については、登録免許税は課されません。

(2) 建物の登記

内容	課税標準	税率	軽減税率 （措法72の2～措法75）
所有権の保存	不動産の価額	1,000分の4	個人が、住宅用家屋を新築又は取得し自己の居住の用に供した場合については「(3)住宅用家屋の軽減税率」を参照してください。
売買又は競売による所有権の移転	不動産の価額	1,000分の20	同上
相続又は法人の合併による所有権の移転	不動産の価額	1,000分の4	－
その他の所有権の移転（贈与・交換・収用等）	不動産の価額	1,000分の20	－

(注) 課税標準となる「不動産の価額」は、市町村役場で管理している固定資産課税台帳の価格がある場合は、その価格です。市町村役場で証明書を発行しています。
　　固定資産課税台帳の価格がない場合は、登記官が認定した価額です。不動産を管轄する登記所にお問い合わせください。

(3) 住宅用家屋の軽減税率

項目	内容	軽減税率	備考
①住宅用家屋の所有権の保存登記（措法72の2）	個人が、令和9年3月31日までの間に住宅用家屋を新築又は建築後使用されたことのない住宅用家屋の取得をし、自己の居住の用に供した場合の保存登記	1,000分の1.5	登記申請に当たって、その住宅の所在する市町村等の証明書を添付する必要があります。なお、登記した後で証明書を提出しても軽減税率の適用を受けられませんので注意してください。
②住宅用家屋の所有権の移転登記（措法73）	個人が、令和9年3月31日までの間に住宅用家屋の取得（売買及び競落に限ります。）をし、自己の居住の用に供した場合の移転登記	1,000分の3	同上
③特定認定長期優良住宅の所有権の保存登記等（措法74）	個人が、令和9年3月31日までの間に認定長期優良住宅で住宅用家屋に該当するもの（以下「特定認定長期優良住宅」といいます。）を新築又は建築後使用されたことのない特定認定長期優良住宅の取得をし、自己の居住の用に供した場合の保存又は移転登記（一戸建ての特定認定長期優良住宅の移転登記にあっては、1,000分の2となります。）	1,000分の1	同上
④認定低炭素住宅の所有権の保存登記等（措法74の2）	個人が、令和9年3月31日までの間に、低炭素建築物で住宅用家屋に該当するもの（以下「認定低炭素住宅」といいます。）を新築又は建築後使用されたことのない認定低炭素住宅の取得をし、自己の居住の用に供した場合の保存又は移転登記	1,000分の1	同上
⑤特定の増改築等がされた住宅用家屋の所有権の移転登記（措法74の3）	個人が、令和9年3月31日までの間に、宅地建物取引業者により一定の増改築等が行われた一定の住宅用家屋を取得する場合における当該住宅用家屋に係る所有権の移転登記	1,000分の1	同上
⑥住宅取得資金の貸付け等に係る抵当権の設定登記（措法75）	個人が、令和9年3月31日までの間に住宅用家屋の新築（増築を含む。）又は住宅用家屋の取得をし、自己の居住の用に供した場合において、これらの住宅用家屋の新築若しくは取得をするための資金の貸付け等に係る抵当権の設定登記	1,000分の1	同上

(注) 上記の軽減税率の適用を受けるには、床面積が50㎡以上であることや、新築又は取得後1年以内の登記であること等一定の要件を満たす必要があります。

⑷ 配偶者居住権の設定登記

内容	課税標準	税率
設定の登記	不動産の価額	1,000分の2

2 会社の商業登記（主なもの）

会社の商業登記等

項目	内容	課税標準	税率
株式会社等の設立の登記	株式会社	資本金の額	1,000分の7 （15万円に満たないときは、申請件数1件につき15万円）
	合名会社又は合資会社	申請件数	1件につき6万円
	合同会社	資本金の額	1,000分の7 （6万円に満たないときは、申請件数1件につき6万円）
株式会社又は合同会社の資本金の増加の登記		増加した資本金の額	1,000分の7 （3万円に満たないときは、申請件数1件につき3万円）
合併、組織変更等の登記	合併又は組織変更若しくは種類の変更による株式会社、合同会社の設立又は合併による株式会社、合同会社の資本金の増加の登記	資本金の額、増加した資本金の額	1,000分の1.5 （合併により消滅した会社又は組織変更若しくは種類の変更をした会社の当該合併又は組織変更若しくは種類の変更の直前における資本金の額として一定のものを超える資本金の額に対応する部分については1,000分の7） （3万円に満たないときは、申請件数1件につき3万円）
	分割による株式会社、合同会社の設立又は分割による株式会社、合同会社の資本金の増加の登記	資本金の額、増加した資本金の額	1,000分の7 （3万円に満たないときは、申請件数1件につき3万円）
支店の設置の登記		支店の数	1箇所につき6万円
本店又は支店の移転の登記		本店又は支店の数	1箇所につき3万円
取締役又は代表取締役若しくは監査役等に関する事項の変更の登記		申請件数	1件につき3万円 （資本金の額が1億円以下の会社については1万円）

	支配人の選任又は代理権の消滅、取締役又は代表取締役若しくは監査役等の職務代行者の選任の登記	申請件数	1件につき3万円
支配人、取締役等の職務代行者選任の登記			
登記事項の変更、消滅若しくは廃止の登記		申請件数	1件につき3万円
登記の更正又は抹消登記		申請件数	1件につき2万円
支店における登記	一般の場合	申請件数	1件につき9,000円 (登記が「取締役又は代表取締役若しくは監査役等に関する事項の変更」に該当するもののみであり、資本金の額が1億円以下の会社が申請者である場合には6,000円)
	登記の更正又は抹消登記	申請件数	1件につき6,000円

3　個人の商業登記

個人の商業登記

項目	内容	課税標準	税率
商号の登記	商号の新設又は取得による変更の登記	申請件数	1件につき3万円
支配人の登記	支配人の選任又はその代理権の消滅の登記	申請件数	1件につき3万円
未成年者等の営業登記	未成年者の営業登記又は後見人の営業登記	申請件数	1件につき1万8,000円
商号の廃止、更正、変更、消滅の登記又は抹消登記		申請件数	1件につき6,000円

(登法9、10、登法附則7、別表第1、措法72、72の2、73、74、74の2、74の3、75、84の2の3)

⑯　協会けんぽの保険料率

事業主・被保険者の方の令和6年3月分（同年4月30日納付期限分）からの一般保険料率、特定保険料率及び基本保険料率及び任意継続被保険者の方の令和6年4月分からの一般保険料率、特定保険料率及び基本保険料率は、下記の表のようになります。

都道府県	一般保険料率	特定保険料率	基本保険料率	都道府県	一般保険料率	特定保険料率	基本保険料率
北 海 道	10.21%	3.42%	6.79%	滋 賀 県	9.89%	3.42%	6.47%
青 森 県	9.49%	3.42%	6.07%	京 都 府	10.13%	3.42%	6.71%
岩 手 県	9.63%	3.42%	6.21%	大 阪 府	10.34%	3.42%	6.92%
宮 城 県	10.01%	3.42%	6.59%	兵 庫 県	10.18%	3.42%	6.76%
秋 田 県	9.85%	3.42%	6.43%	奈 良 県	10.22%	3.42%	6.80%
山 形 県	9.84%	3.42%	6.42%	和歌山県	10.00%	3.42%	6.58%
福 島 県	9.59%	3.42%	6.17%	鳥 取 県	9.68%	3.42%	6.26%
茨 城 県	9.66%	3.42%	6.24%	島 根 県	9.92%	3.42%	6.50%
栃 木 県	9.79%	3.42%	6.37%	岡 山 県	10.02%	3.42%	6.60%
群 馬 県	9.81%	3.42%	6.39%	広 島 県	9.95%	3.42%	6.53%
埼 玉 県	9.78%	3.42%	6.36%	山 口 県	10.20%	3.42%	6.78%
千 葉 県	9.77%	3.42%	6.35%	徳 島 県	10.19%	3.42%	6.77%
東 京 都	9.98%	3.42%	6.56%	香 川 県	10.33%	3.42%	6.91%
神奈川県	10.02%	3.42%	6.60%	愛 媛 県	10.03%	3.42%	6.61%
新 潟 県	9.35%	3.42%	5.93%	高 知 県	9.89%	3.42%	6.47%
富 山 県	9.62%	3.42%	6.20%	福 岡 県	10.35%	3.42%	6.93%
石 川 県	9.94%	3.42%	6.52%	佐 賀 県	10.42%	3.42%	7.00%
福 井 県	10.07%	3.42%	6.65%	長 崎 県	10.17%	3.42%	6.75%
山 梨 県	9.94%	3.42%	6.52%	熊 本 県	10.30%	3.42%	6.88%
長 野 県	9.55%	3.42%	6.13%	大 分 県	10.25%	3.42%	6.83%
岐 阜 県	9.91%	3.42%	6.49%	宮 崎 県	9.85%	3.42%	6.43%
静 岡 県	9.85%	3.42%	6.43%	鹿児島県	10.13%	3.42%	6.71%
愛 知 県	10.02%	3.42%	6.60%	沖 縄 県	9.52%	3.42%	6.10%
三 重 県	9.94%	3.42%	6.52%				

⑰　令和2年9月分（10月納付分）からの厚生年金保険料額表（令和6年度版）

（単位：円）

標準報酬 等級	標準報酬 月額	報酬月額 円以上		報酬月額 円未満	一般・坑内員・船員（厚生年金基金加入員を除く）全額 18.300%	折半額 9.150%
1	88,000		~	93,000	16,104.00	8,052.00
2	98,000	93,000	~	101,000	17,934.00	8,967.00
3	104,000	101,000	~	107,000	19,032.00	9,516.00
4	110,000	107,000	~	114,000	20,130.00	10,065.00
5	118,000	114,000	~	122,000	21,594.00	11,529.00
6	126,000	122,000	~	130,000	23,058.00	12,261.00
7	134,000	130,000	~	138,000	24,522.00	12,993.00
8	142,000	138,000	~	146,000	25,986.00	13,725.00
9	150,000	146,000	~	155,000	27,450.00	14,640.00
10	160,000	155,000	~	165,000	29,280.00	15,555.00
11	170,000	165,000	~	175,000	31,110.00	16,470.00
12	180,000	175,000	~	185,000	32,940.00	17,385.00
13	190,000	185,000	~	195,000	34,770.00	18,300.00
14	200,000	195,000	~	210,000	36,600.00	20,130.00
15	220,000	210,000	~	230,000	40,260.00	21,960.00
16	240,000	230,000	~	250,000	43,920.00	23,790.00
17	260,000	250,000	~	270,000	47,580.00	25,620.00
18	280,000	270,000	~	290,000	51,240.00	27,450.00
19	300,000	290,000	~	310,000	54,900.00	29,280.00
20	320,000	310,000	~	330,000	58,560.00	31,110.00
21	340,000	330,000	~	350,000	62,220.00	32,940.00
22	360,000	350,000	~	370,000	65,880.00	34,770.00
23	380,000	370,000	~	395,000	69,540.00	37,515.00
24	410,000	395,000	~	425,000	75,030.00	40,260.00
25	440,000	425,000	~	455,000	80,520.00	43,005.00
26	470,000	455,000	~	485,000	86,010.00	45,750.00
27	500,000	485,000	~	515,000	91,500.00	48,495.00
28	530,000	515,000	~	545,000	96,990.00	51,240.00
29	560,000	545,000	~	575,000	102,480.00	53,985.00
30	590,000	575,000	~	605,000	107,970.00	56,730.00
31	620,000	605,000	~	635,000	113,460.00	59,475.00
	650,000	635,000	~		118,950.00	

○　厚生年金保険料率（平成29年9月1日～　適用）
　　一般・坑内員・船員の被保険者等　…18.300%　（厚生年金基金加入員　…13.300%～15.900%）
○　子ども・子育て拠出金率（令和6年4月1日～　適用）…0.36%
　　［参考］令和5年4月分～令和6年3月分までの期間は0.36%
※子ども・子育て拠出金については事業主が全額負担することとなります。

- 平成29年9月分（10月納付分）から、一般の被保険者と坑内員・船員の被保険者の方の厚生年金保険料率が同率となりました。
- 被保険者負担分（厚生年金保険料額表の折半額）に円未満の端数がある場合
    ①事業主が、給与から被保険者負担分を控除する場合、被保険者負担分の端数が50銭以下の場合は切り捨て、50銭を超える場合は切り上げて1円となります。
    ②被保険者が、被保険者負担分を事業主へ現金で支払う場合、被保険者負担分の端数が50銭未満の場合は切り捨て、50銭以上の場合は切り上げて1円となります。
    （注）①、②にかかわらず、事業主と被保険者の間で特約がある場合には、特約に基づき端数処理をすることができます。
- 納入告知書の保険料額について
    納入告知書の保険料額は、被保険者個々の保険料額を合算した金額となります。ただし、その合算した金額に円未満の端数がある場合は、その端数を切り捨てた額となります。
- 賞与に係る保険料について
    賞与に係る保険料は、賞与額から1,000円未満の端数を切り捨てた額（標準賞与額）に、保険料率を乗じた額になります。また、標準賞与額には上限が定められており、厚生年金保険と子ども・子育て拠出金は1ヶ月あたり150万円が上限となります。
- 子ども・子育て拠出金について
    厚生年金保険の被保険者を使用する事業主の方は、児童手当等の支給に要する費用の一部として子ども・子育て拠出金を全額負担いただくことになります。この子ども・子育て拠出金の額は、被保険者個々の厚生年金保険の標準報酬月額及び標準賞与額に拠出金率を乗じて得た額の総額となります。
- 全国健康保険協会管掌健康保険の都道府県別の保険料率については、全国健康保険協会の各都道府県支部にお問い合わせください。また、全国健康保険協会管掌健康保険の保険料率及び保険料額表は、全国健康保険協会から示されております。
- 健康保険組合における保険料額等については、加入する健康保険組合へお問い合わせください。

⑱　介護保険料率

一般被保険者	令和6年3月分（4月30日納付期限分）から	1.60%
任意継続被保険者、日雇特例被保険者	令和6年4月分から	1.60%

⑲　雇用保険料率（令和6年度）
○　令和6年4月1日～令和7年3月31日

負担者 事業の種類	①労働者負担（失業等給付・育児休業給付の保険料率のみ）	②事業主負担	失業等給付・育児休業給付の保険料率	雇用保険二事業の保険料率	①+②雇用保険料率
一般事業	6/1,000	9.5/1,000	6/1,000	3.5/1,000	15.5/1,000
農林水産・清酒製造の事業	7/1,000	10.5/1,000	7/1,000	3.5/1,000	17.5/1,000
建設の事業	7/1,000	11.5/1,000	7/1,000	4.5/1,000	18.5/1,000

⑳　国民年金の保険料

（令和6年度）国民年金第1号被保険者及び任意加入被保険者の1か月当たりの保険料	16,980円

2024年（令和6年）6月

【国税】

●所得税

(1)　5月分源泉所得税の納付（10日まで）

(2)　予定納税額等の通知（税務署から17日までに納税者へ）

●法人税

(1)　4月決算法人の確定申告と納税（7月1日まで）

(2)　10月決算法人の中間申告と納税（7月1日まで）

●その他

(1)　令和5年分財産債務調書の提出（7月1日まで）

(2)　令和5年分国外財産調書の提出（7月1日まで）

【地方税】

○個人住民税

(1)　第1期分の納税（条例で定める日まで）

(2)　令和5年度分の特別徴収の開始

7月

【国税】

●所得税

(1)　6月分源泉所得税の納付（10日まで）

(2)　常時10人未満の従業員に対し給与を支払う源泉徴収義務者で、税務署長から「納期の特例」の承認を受けている場合の令和6年1月分から6月分の源泉所得税の納付（10日まで）

(3)　予定納税額第1期分の納税（31日まで）

(4)　予定納税額の減額承認申請（6月30日現在の状況で申告納税見積額を計算して16日まで）

●法人税

(1)　5月決算法人の確定申告と納税（31日まで）

(2)　11月決算法人の中間申告と納税（31日まで）

【地方税】

○固定資産税・都市計画税

第2期分の納税（条例で定める日まで）

8月

【国税】

●所得税

　7月分源泉所得税の納付（13日まで）

●法人税

　(1)　6月決算法人の確定申告と納税（9月2日まで）

　(2)　12月決算法人の中間申告と納税（9月2日まで）

【地方税】

○個人事業税

　年2回のうちの第1期分の納税（条例で定める日まで）

○個人住民税

　第2期分の納税（条例で定める日まで）

9月

【国税】

●所得税

　8月分源泉所得税の納付（10日まで）

●法人税

　(1)　7月決算法人の確定申告と納税（30日まで）

　(2)　1月決算法人の中間申告と納税（30日まで）

10月

【国税】

●所得税

　(1)　9月分源泉所得税の納付（10日まで）

　(2)　特別農業所得者に対する予定納税額等の通知（税務署から15日までに納税者
　　へ）

●法人税

　(1)　8月決算法人の確定申告と納税（31日まで）

　(2)　2月決算法人の中間申告と納税（31日まで）

【地方税】

○個人住民税

　第3期分の納税（条例で定める日まで）

11月

【国税】

●所得税

(1) 10月分源泉所得税の納付（11日まで）

(2) 予定納税額第2期分の納税（12月2日まで）

(3) 特別農業所得者の予定納税額の納税（12月2日まで）

(4) 予定納税額の減額承認申請（10月31日現在の状況で申告納税見積額を計算して15日まで）

●法人税

(1) 9月決算法人の確定申告と納税（12月2日まで）

(2) 3月決算法人の中間申告と納税（12月2日まで）

【地方税】

○個人事業税

第2期分の納税（条例で定める日まで）

12月

【国税】

●所得税

(1) 11月分源泉所得税の納付（10日まで）

(2) 給与所得者の年末調整、事業所得計算上の年末棚卸し等の決算の準備

●法人税

(1) 10月決算法人の確定申告と納税（1月6日まで）

(2) 4月決算法人の中間申告と納税（1月6日まで）

【地方税】

○固定資産税・都市計画税

第3期分の納税（条例で定める日まで）

2025年（令和7年）1月

【国税】

●所得税

(1) 令和6年12月分源泉所得税の納付（10日まで）

(2) 常時10人未満の従業員に対して給与を支払う源泉徴収義務者で、税務署長から「納期の特例」の承認を受けている場合の令和6年7月分から12月分の源泉所得税の納付（20日まで）

(3) 給与所得・退職所得の源泉徴収票、生命保険契約等の一時金・年金の支払調書、不動産等の譲受けの対価の支払調書などの提出（31日まで）

(4) 源泉徴収票の交付（31日まで）

(5) 給与所得者の扶養控除等申告書の提出（給与支払日の前日まで）

●法人税

(1) 11月決算法人の確定申告と納税（31日まで）

(2) 5月決算法人の中間申告と納税（31日まで）

●消費税及び地方消費税

個人事業者の確定申告と納税（31日まで）

【地方税】

○個人住民税

(1) 第4期分の納税（条例で定める日まで）

(2) 給与支払報告書の提出（31日まで）

○固定資産税

償却資産の申告（31日まで）

2月

【国税】

●所得税

(1) 1月分源泉所得税の納付（10日まで）

(2) 確定申告と納税（17日から3月17日まで）

●贈与税

申告と納税（3日から3月17日まで）

●法人税

(1) 12月決算法人の確定申告と納税（28日まで）

(2) 会計期間の定めのない人格のない社団等の確定申告と納税（28日まで）

(3) 6月決算法人の中間申告と納税（28日まで）

【地方税】

○固定資産税・都市計画税

第4期分の納税（条例で定める日まで）

3月

【国税】

●所得税

(1) 2月分源泉所得税の納付（10日まで）

(2) 確定申告と納税（17日まで）

●贈与税

申告と納税（17日まで）

●法人税

(1) 1月決算法人の確定申告と納税（31日まで）

(2) 7月決算法人の中間申告と納税（31日まで）

●**消費税及び地方消費税**　個人事業者の確定申告と納税（31日まで）

【地方税】

○**事業所税（個人）**

令和5年分の事業に係る申告と納税（17日まで）

○**固定資産税**

固定資産の価格等の決定（31日まで）

4月

【国税】

●**所得税**

(1)　3月分源泉所得税の納付（10日まで）

(2)　第3期分振替分の納付（4月中旬）

●**法人税**

(1)　2月決算法人の確定申告と納税（30日まで）

(2)　8月決算法人の中間申告と納税（30日まで）

【地方税】

○**固定資産税・都市計画税**

(1)　第1期分の納税（条例で定める日まで）

(2)　土地（家屋）価格等縦覧帳簿の縦覧（1日から20日又は第1期分の納期限のいずれか遅い日以後の日まで）

5月

【国税】

●**所得税**

(1)　4月分源泉所得税の納付（12日まで）

(2)　確定申告による延納分の納税（6月2日まで）

●**法人税**

(1)　3月決算法人の確定申告と納税（6月2日まで）

(2)　9月決算法人の中間申告と納税（6月2日まで）

【地方税】

○**個人住民税**

給与所得者について、市町村長から雇用主を通じ納税者に特別徴収税額の通知（6月2日まで）

㉒ **年齢早見表（2024年（令和6年）用）**

西暦	和暦	年齢(干支)	西暦	和暦	年齢(干支)	西暦	和暦	年齢(干支)
1917年	大正6年	107 (巳)	1954年	昭和29年	70 (午)	1991年	平成3年	33 (未)
1918年	大正7年	106 (午)	1955年	昭和30年	69 (未)	1992年	平成4年	32 (申)
1919年	大正8年	105 (未)	1956年	昭和31年	68 (申)	1993年	平成5年	31 (酉)
1920年	大正9年	104 (申)	1957年	昭和32年	67 (酉)	1994年	平成6年	30 (戌)
1921年	大正10年	103 (酉)	1958年	昭和33年	66 (戌)	1995年	平成7年	29 (亥)
1922年	大正11年	102 (戌)	1959年	昭和34年	65 (亥)	1996年	平成8年	28 (子)
1923年	大正12年	101 (亥)	1960年	昭和35年	64 (子)	1997年	平成9年	27 (丑)
1924年	大正13年	100 (子)	1961年	昭和36年	63 (丑)	1998年	平成10年	26 (寅)
1925年	大正14年	99 (丑)	1962年	昭和37年	62 (寅)	1999年	平成11年	25 (卯)
1926年	大正15年	98 (寅)	1963年	昭和38年	61 (卯)	2000年	平成12年	24 (辰)
	昭和元年		1964年	昭和39年	60 (辰)	2001年	平成13年	23 (巳)
1927年	昭和2年	97 (卯)	1965年	昭和40年	59 (巳)	2002年	平成14年	22 (午)
1928年	昭和3年	96 (辰)	1966年	昭和41年	58 (午)	2003年	平成15年	21 (未)
1929年	昭和4年	95 (巳)	1967年	昭和42年	57 (未)	2004年	平成16年	20 (申)
1930年	昭和5年	94 (午)	1968年	昭和43年	56 (申)	2005年	平成17年	19 (酉)
1931年	昭和6年	93 (未)	1969年	昭和44年	55 (酉)	2006年	平成18年	18 (戌)
1932年	昭和7年	92 (申)	1970年	昭和45年	54 (戌)	2007年	平成19年	17 (亥)
1933年	昭和8年	91 (酉)	1971年	昭和46年	53 (亥)	2008年	平成20年	16 (子)
1934年	昭和9年	90 (戌)	1972年	昭和47年	52 (子)	2009年	平成21年	15 (丑)
1935年	昭和10年	89 (亥)	1973年	昭和48年	51 (丑)	2010年	平成22年	14 (寅)
1936年	昭和11年	88 (子)	1974年	昭和49年	50 (寅)	2011年	平成23年	13 (卯)
1937年	昭和12年	87 (丑)	1975年	昭和50年	49 (卯)	2012年	平成24年	12 (辰)
1938年	昭和13年	86 (寅)	1976年	昭和51年	48 (辰)	2013年	平成25年	11 (巳)
1939年	昭和14年	85 (卯)	1977年	昭和52年	47 (巳)	2014年	平成26年	10 (午)
1940年	昭和15年	84 (辰)	1978年	昭和53年	46 (午)	2015年	平成27年	9 (未)
1941年	昭和16年	83 (巳)	1979年	昭和54年	45 (未)	2016年	平成28年	8 (申)
1942年	昭和17年	82 (午)	1980年	昭和55年	44 (申)	2017年	平成29年	7 (酉)
1943年	昭和18年	81 (未)	1981年	昭和56年	43 (酉)	2018年	平成30年	6 (戌)
1944年	昭和19年	80 (申)	1982年	昭和57年	42 (戌)	2019年	平成31年	5 (亥)
1945年	昭和20年	79 (酉)	1983年	昭和58年	41 (亥)		令和元年	
1946年	昭和21年	78 (戌)	1984年	昭和59年	40 (子)	2020年	令和2年	4 (子)
1947年	昭和22年	77 (亥)	1985年	昭和60年	39 (丑)	2021年	令和3年	3 (丑)
1948年	昭和23年	76 (子)	1986年	昭和61年	38 (寅)	2022年	令和4年	2 (寅)
1949年	昭和24年	75 (丑)	1987年	昭和62年	37 (卯)	2023年	令和5年	1 (卯)
1950年	昭和25年	74 (寅)	1988年	昭和63年	36 (辰)	2024年	令和6年	0 (辰)
1951年	昭和26年	73 (卯)	1989年	昭和64年	35 (巳)			
1952年	昭和27年	72 (辰)		平成元年				
1953年	昭和28年	71 (巳)	1990年	平成2年	34 (午)			

【※1】 誕生日以降の満年齢です。

【※2】 各元号の初日は、昭和は12月25日、平成は1月8日、令和は5月1日。

活用税目

その他

巻末資料

索　引

あ

青色欠損金の繰越控除 ·················· 99
青色欠損金の繰戻しによる還付 ·········· 155
青色申告制度（所得税・法人税）···· 62, 156
圧縮記帳 ····························· 97
暗号資産 ····························· 105

い

一括比例配分方式（消費税）·········· 196
一体資産 ····························· 186
移転価格税制 ························· 304
医療費控除 ························ 43, 44
インボイス制度 ····················· 173

う

受取配当等 ··························· 76
売上税額の算出方法 ··················· 187

え

永住者 ·························· 285, 286
役務の提供（消費税）················· 179
円換算 ·························· 290, 295
延滞税 ····························· 13
延納（相続税・贈与税）·········· 234, 245

か

外貨建取引（国際課税）··············· 290
外貨建取引の換算等 ··················· 109
外形標準課税対象法人（法人事業税）
·························· 348, 353, 356
外国貨物（消費税）··················· 180
外国子会社合算税制 ·············· 301, 302
外国子会社から受ける配当等 ·········· 78
外国所得税（国際課税）··· 291, 292, 293, 294
外国税額控除（相続税）··············· 230
外国税額控除（居住者）··············· 291
外国税額の控除（法人税）············· 142
外国法人（国際課税）················· 299
確定申告（消費税）··················· 205
過誤納金 ····························· 23
貸倒れが生じた場合の税額控除 ········· 203

貸倒損失 ··························· 100
貸倒引当金 ··························· 100
過少資本税制（国際課税）············· 306
過少申告加算税 ····················· 14
課税売上割合（消費税）··············· 194
課税貨物（消費税）··················· 165
課税期間（消費税）·············· 167, 204
課税期間の特例 ····················· 205
課税仕入れ（消費税）················· 189
課税事業者の選択（消費税）··········· 168
課税資産の譲渡等（消費税）··········· 165
課税物件 ····························· 176
過大支払利子税制（国際課税）········· 307
寡婦控除 ························ 43, 47
株式等の譲渡所得等の税率 ············ 51
仮決算による中間申告 ················· 206
簡易課税制度（消費税）··············· 198
関税課税価格（消費税）··············· 186
還付加算金 ··························· 23

き

企業組織再編税制 ··················· 114
基準期間（消費税）··················· 167
基準期間の課税売上高（消費税）········ 166
基礎控除（所得税）·············· 43, 48
基礎控除（贈与税）··················· 242
基礎控除額（相続税）················· 224
寄附金（法人税）····················· 92
寄附金控除（所得税）·············· 43, 46
給与等の支給額が増加した場合の特別
　控除 ····························· 146
共通報告基準（CRS）················· 315
居住者（所得税・国際課税）···· 33, 285
居住用賃貸建物（消費税）············· 189
均等割（個人住民税・法人住民税）
·························· 332, 338
金融所得課税（所得税）··············· 39
勤労学生控除 ·················· 43, 47

く

区分記載請求書等保存方式 ········· 190, 192
繰延資産（法人税）··················· 86

グローバル・ミニマム課税制度 ……… 308
グループ通算制度 …………………… 123
グループ法人税制 …………………… 136

け

軽減税率（消費税） ………………… 186
軽減税率不適用法人（法人事業税）
………………………… 352, 353, 355
経済的利益 …………………………… 90
決定 …………………………………… 9
減価償却資産 ………………………… 81
減価償却資産の償却方法 …………… 84
源泉徴収 ……………………………… 61

こ

高額特定資産（消費税） ……… 170, 199
恒久的施設（国際課税） ……… 286, 299
合計所得金額 ………………………… 43
交際費等 ……………………………… 91
公社債の評価 ………………………… 278
更正 …………………………………… 9
厚生年金の脱退一時金（国際課税） …… 287
更正の請求（納税者によるもの） ……… 10
国外財産調書 ………………………… 313
国外証券移管等調書 ………………… 314
国外送金等調書 ……………………… 312
国外中古建物 ………………………… 35
国外転出時課税 ……………………… 295
国税犯則調査 ………………………… 25
国内取引（消費税） ………………… 176
個別対応方式（消費税） …………… 195

さ

災害損失金の繰越控除 ……………… 99
災害損失欠損金の繰戻しによる還付 …… 156
再調査の請求 ………………………… 26
債務控除（相続税） ………………… 220
雑損控除 ………………………… 43, 44

し

仕入税額控除 ………………………… 189
仕入税額の算出方法 ………………… 188
仕入明細書 …………………………… 191
事業者（消費税） …………………… 165

事業者向け電気通信利用役務の提供
………………………… 165, 178, 179
事業所得 ………………………… 34, 35
事業年度 ……………………………… 66
自己建設高額特定資産（消費税）
………………………………… 170, 199
資産の貸付け（消費税） …………… 179
資産の譲渡（消費税） ……………… 179
資金の販売等の収益の額 …………… 73
資産の評価益等 ……………………… 78
資産の評価損（法人税） …………… 95
資産割（事業所税） ………………… 369
地震保険料控除 ………………… 43, 46
実施特例法 …………………………… 320
指定都市等（事業所税） …………… 370
使途秘匿金 …………………………… 141
死亡保険金の非課税（相続税） …… 219
資本金等の額（法人住民税・法人事業
税） …………………………… 337, 350
資本的支出と修繕費 ………………… 82
資本割（法人事業税） ………… 347, 350
社会保険料控除 ………………… 43, 44
借地権 ………………………………… 106
重加算税 ……………………………… 16
従業者割（事業所税） ……………… 369
住宅借入金等特別控除（所得税・個人
住民税） ………………………… 53, 331
収入割（法人事業税） ………… 347, 351
縦覧・閲覧制度（固定資産税） …… 359
障害者控除（所得税） ………… 43, 46
障害者控除（相続税） ……………… 229
少額特例 ……………………………… 192
小規模企業共済等掛金控除 ……… 43, 45
小規模宅地等の評価減の特例 ……… 266
償却資産（固定資産税） ……… 359, 360
消費税等の取扱い（法人税） ……… 150
上場株式の評価 ……………………… 273
書画骨とう品の評価 ………………… 272
所得控除（個人住民税） …………… 330
所得控除（所得税） ………………… 43
所得税額の控除 ……………………… 142
所得割（法人事業税） ………… 347, 351
申告期限の延長（法人税） ………… 152
申告期限の特例（消費税） ………… 206
申告納税方式 ………………………… 7

審査請求 ……………………………………… 26
新設法人（消費税）……………………… 169
信託課税（法人税）……………………… 113

す

ストックオプションの評価 …………… 277

せ

税額控除（法人税）……………………… 141
生前贈与加算（相続税）………………… 221
政党等寄附金特別控除 …………………… 58
税務調査の事前通知 ……………………… 23
税務調整 …………………………………… 70
生命保険料控除 ……………………… 43, 45

そ

葬式費用（相続税）……………………… 220
相次相続控除 ……………………………… 229
総所得金額等 ……………………………… 43
相続財産（相続税）……………………… 218
相続時精算課税制度（贈与税）………… 246
相当の地代（財産評価）………………… 268
贈与税額控除（相続税）………………… 228
租税公課等 ………………………………… 94
租税条約 …………………………………… 317
租税条約に関する届出書等 …………… 320
損益通算 …………………………………… 39

た

対価の返還等をした場合の税額控除 … 202
退職所得の選択課税（国際課税）… 287, 288
脱税犯 ……………………………………… 26
棚卸資産 …………………………………… 79
たな卸商品等の評価 ……………………… 272

ち

地方消費税率 ……………………………… 186
中間申告（消費税）……………………… 205
中間申告（法人税）……………………… 154
中小企業者等が機械等を取得した場合
　の特別控除 …………………………… 145
中小企業者等が機械等を取得した場合
　の特別償却 …………………………… 96
中小企業者等が試験研究を行った場合
　の特別控除 …………………………… 143

中小企業者等が特定経営力向上設備等
　を取得した場合の特別控除 ………… 145
中小企業者等が特定経営力向上設備等
　を取得した場合の特別償却 ………… 96
超過税率（法人事業税）…………… 352, 355
調整控除（個人住民税）………………… 331
調整対象固定資産（消費税）……… 196, 197
帳簿の記載事項 ………………………… 190
直系尊属からの教育資金の一括贈与に
　係る非課税制度（贈与税）………… 249
直系尊属からの結婚・子育て資金の一
　括贈与に係る非課税制度（贈与税）… 250
直系尊属からの住宅取得等資金の贈与
　の非課税制度（贈与税）…………… 247

つ

積上げ計算 ……………………………… 187

て

定額減税 …………………………… 59, 332
定期金に関する評価 …………………… 279
適格簡易請求書 ………………………… 191
適格請求書 ……………………………… 190
適格請求書等の記載事項 ……………… 190
適格請求書等保存方式 …………… 173, 190
適格請求書発行事業者の登録 ………… 173
適格請求書発行事業者の義務 ………… 174
適格請求書の交付義務の免除 ………… 174
適格請求書類似書類 …………………… 175

と

登録番号 ………………………………… 174
特定役務の提供（消費税）………… 165, 179
特定課税仕入れ（消費税）………… 165, 189
特定期間（消費税）…………………… 167
特定仕入れ（消費税）……………… 176, 179
特定資産の譲渡等（消費税）……… 165, 178
特定新規設立法人（消費税）………… 169
特定同族会社と留保金課税 …………… 140
特典条項に関する付表 ………………… 321
独立企業間価格 ………………………… 304
土地・建物等の譲渡所得 …………… 40, 52
取引相場のない株式の評価 …………… 273

索　引

な

内外判定（消費税）……………………176

に

NISA ……………………………………51
２割加算（相続税）……………………228
２割特例…………………………………201

の

農地に係る相続税・贈与税の納税猶
　予 ……………………………………257
農地の評価………………………………269

は

配偶者居住権等の評価 …………………271
配偶者控除（所得税）……………43, 47
配偶者控除（贈与税）…………………242
配偶者特別控除…………………………43, 47
配偶者の税額軽減（相続税）…………228
配当期待権の評価………………………277
配当控除…………………………………52
配当所得の税率…………………………50
端数処理…………………………………8

ひ

非永住者（所得税・国際課税）
　………………………………33, 285, 286
非永住者以外の居住者（国際課税）……285
非課税取引（消費税）…………………180
非居住者（所得税）……………………33
非居住者（消費税）………………183, 184
非居住者（国際課税）……………285, 286
ひとり親控除……………………………43, 48
標準税率…………………………………186

ふ

賦課課税方式……………………………7
付加価値割（法人事業税）………347, 349
物納（相続税）…………………………235
不納付加算税……………………………16
不服申立て………………………………26
扶養控除…………………………………43, 48
ふるさと納税（所得税、個人住民税、
　法人住民税、法人事業税）

　……………………………46, 331, 339, 356
分割基準（法人住民税・法人事業税）
　……………………………………340, 357
分割法人（法人住民税）………………340

ほ

邦貨換算（国際課税）……………290, 301
法人契約の生命保険……………………111
法人税割（法人住民税）…………337, 339
法人版事業承継税制（一般）（贈与税）
　………………………………………256
法人版事業承継税制（特例）（贈与税）
　………………………………………252
法定業種（個人事業税）………………343
保税地域（消費税）……………………180

ま

マンション評価…………………………270

み

未成年者控除（相続税）………………229
みなし仕入れ率（消費税）……………200
みなし相続財産（相続税）……………218
みなし贈与財産（贈与税）……………240
みなし配当（法人税）…………………77

む

無申告加算税……………………………15

め

免税事業者（消費税）……………165, 166
免税事業者等からの仕入れに係る経過
　措置……………………………………193

や

役員給与…………………………………87
役員退職給与……………………………89

ゆ

有価証券（法人税）……………………104
輸出物品販売場（消費税）……………184
輸出免税等（消費税）…………………183
輸入取引（消費税）………………176, 179

よ

予定納税 ……………………………… 60
予納 …………………………………… 17

り

リース取引（法人税）………………… 107

利子所得の税率 ……………………… 50
利子税 ………………………………… 13
リバースチャージ方式（消費税）……… 165

わ

割戻し計算 …………………………… 187

税目別索引

【国税通則法】

延滞税 ························· 13
過誤納金 ······················ 23
過少申告加算税 ················· 14
還付加算金 ···················· 23
決定 ························· 9
更正 ························· 9
更正の請求（納税者によるもの）······ 10
国税犯則調査 ·················· 25
再調査の請求 ·················· 26
重加算税 ······················ 16
申告納税方式 ··················· 7
審査請求 ······················ 26
税務調査の事前通知 ·············· 23
脱税犯 ······················· 26
端数処理 ······················ 8
賦課課税方式 ··················· 7
不納付加算税 ··················· 16
不服申立て ···················· 26
無申告加算税 ··················· 15
予納 ························ 17
利子税 ······················· 13

【所得税】

青色欠損金の繰戻しによる還付 ········ 155
青色申告制度 ·················· 62
医療費控除 ················· 43, 44
寡婦控除 ·················· 43, 47
株式等の譲渡所得等の税率 ·········· 51
基礎控除 ·················· 43, 48
寄附金控除 ················· 43, 46
居住者 ······················· 33
金融所得課税 ·················· 39
勤労学生控除 ··············· 43, 47
源泉徴収 ······················ 61
合計所得金額 ··················· 43
国外中古建物 ··················· 35
雑損控除 ·················· 43, 44
事業所得 ·················· 34, 35
地震保険料控除 ·············· 43, 46
社会保険料控除 ·············· 43, 44

住宅借入金等特別控除 ············· 53
障害者控除 ················· 43, 46
小規模企業共済等掛金控除 ········ 43, 45
所得控除 ······················ 43
政党等寄附金特別控除 ············· 58
生命保険料控除 ·············· 43, 45
総所得金額等 ··················· 43
損益通算 ······················ 39
定額減税 ······················ 59
土地・建物等の譲渡所得 ········ 40, 52
NISA ························ 51
配偶者控除 ················· 43, 47
配偶者特別控除 ·············· 43, 47
配当控除 ······················ 52
配当所得の税率 ················· 50
非永住者 ······················ 33
非居住者 ······················ 33
ひとり親控除 ··············· 43, 48
扶養控除 ·················· 43, 48
ふるさと納税 ··················· 46
予定納税 ······················ 60
利子所得の税率 ················· 50

【法人税】

青色申告制度 ·················· 156
青色欠損金の繰越控除 ············· 99
青色欠損金の繰戻しによる還付 ········ 155
圧縮記帳 ······················ 97
暗号資産 ····················· 105
受取配当等 ···················· 76
外貨建取引の換算等 ·············· 109
外国子会社から受ける配当等 ········· 78
外国税額の控除 ················· 142
貸倒損失 ····················· 100
貸倒引当金 ···················· 100
企業組織再編税制 ··············· 114
寄附金 ······················· 92
給与等の支給額が増加した場合の特別
　　控除 ····················· 146
繰延資産 ······················ 86
グループ通算制度 ··············· 123

グループ法人税制 …………………… 136
経済的利益 ……………………………… 90
減価償却資産 …………………………… 81
減価償却資産の償却方法 ……………… 84
交際費等 ………………………………… 91
災害損失金の繰越控除 ………………… 99
災害損失欠損金の繰戻しによる還付 … 156
事業年度 ………………………………… 66
資産の販売等の収益の額 ……………… 73
資産の評価益等 ………………………… 78
資産の評価損 …………………………… 95
使途秘匿金 ……………………………… 141
資本的支出と修繕費 …………………… 82
借地権 …………………………………… 106
消費税等の取扱い ……………………… 150
所得税額の控除 ………………………… 142
申告期限の延長 ………………………… 152
信託課税 ………………………………… 113
税額控除 ………………………………… 141
税務調整 ………………………………… 70
租税公課等 ……………………………… 94
棚卸資産 ………………………………… 79
中間申告 ………………………………… 154
中小企業者等が機械等を取得した場合
　の特別償却（特別控除）………… 96, 145
中小企業者等が試験研究を行った場合
　の特別控除 ………………………… 143
中小企業者等が特定経営力向上設備等
　を取得した場合の特別償却（特別控
　除）………………………………… 96, 145
特定同族会社と留保金課税 ………… 140
法人契約の生命保険 ………………… 111
みなし配当 …………………………… 77
役員給与 ……………………………… 87
役員退職給与 ………………………… 89
有価証券 ……………………………… 104
リース取引 …………………………… 107

【消費税】
一体資産 ……………………………… 186
一括比例配分方式 …………………… 196
インボイス制度 ……………………… 173
売上税額の算出方法 ………………… 187
役務の提供 …………………………… 179
外国貨物 ……………………………… 180

確定申告 ……………………………… 205
貸倒れが生じた場合の税額控除 …… 203
課税売上割合 ………………………… 194
課税貨物 ……………………………… 165
課税期間 ………………………… 167, 204
課税期間の特例 ……………………… 205
課税仕入れ …………………………… 189
課税事業者の選択 …………………… 168
課税資産の譲渡等 …………………… 165
課税物件 ……………………………… 176
仮決算による中間申告 ……………… 206
簡易課税制度 ………………………… 198
関税課税価格 ………………………… 186
基準期間 ……………………………… 167
基準期間の課税売上高 ……………… 166
居住用賃貸建物 ……………………… 189
区分記載請求書等保存方式 …… 190, 192
軽減税率 ……………………………… 186
高額特定資産 …………………… 170, 199
国内取引 ……………………………… 176
個別対応方式 ………………………… 195
仕入税額控除 ………………………… 189
仕入税額の算出方法 ………………… 188
仕入明細書 …………………………… 191
事業者 ………………………………… 165
事業者向け電気通信利用役務の提供
　……………………………… 165, 178, 179
自己建設高額特定資産 ………… 170, 199
資産の貸付け ………………………… 179
資産の譲渡 …………………………… 179
少額特例 ……………………………… 192
申告期限の特例 ……………………… 206
新設法人 ……………………………… 169
対価の変換等をした場合の税額控除 … 202
地方消費税率 ………………………… 186
中間申告 ……………………………… 205
調整対象固定資産 ……………… 196, 197
帳簿の記載事項 ……………………… 190
積上げ計算 …………………………… 187
適格簡易請求書 ……………………… 191
適格請求書 …………………………… 190
適格請求書等の記載事項 …………… 190
適格請求書等保存方式 ………… 173, 190
適格請求書発行事業者の登録 ……… 173
適格請求書発行事業者の義務 ……… 174

索　引

適格請求書の交付義務の免除 ·············· 174
適格請求書類似書類 ······················· 175
登録番号 ·································· 174
特定役務の提供 ····················· 165, 179
特定課税仕入れ ····················· 165, 189
特定期間 ·································· 167
特定仕入れ ························· 176, 179
特定資産の譲渡等 ··················· 165, 178
特定新規設立法人 ························· 169
内外判定 ·································· 176
２割特例 ·································· 201
非課税取引 ································ 180
非居住者 ··························· 183, 184
標準税率 ·································· 186
保税地域 ·································· 180
みなし仕入れ率 ··························· 200
免税事業者 ························· 165, 166
免税事業者等からの仕入れに係る経過
　措置 ·································· 193
輸出物品販売場 ··························· 184
輸出免税等 ································ 183
輸入取引 ························· 176, 179
リバースチャージ方式 ···················· 165
割戻し計算 ································ 187

【相続税】

延納 ······································ 234
外国税額控除 ······························ 230
基礎控除額 ································ 224
債務控除 ·································· 220
死亡保険金の非課税 ······················ 219
障害者控除 ································ 229
生前贈与加算 ······························ 221
葬式費用 ·································· 220
相次相続控除 ······························ 229
相続財産 ·································· 218
贈与税額控除 ······························ 228
２割加算 ·································· 228
農地に係る相続税・贈与税の納税猶
　予 ·································· 257
配偶者の税額軽減 ························· 228
物納 ······································ 235
未成年者控除 ······························ 229
みなし相続財産 ··························· 218

【贈与税】

延納 ······································ 245
基礎控除 ·································· 242
法人版事業承継税制（一般） ·············· 256
法人版事業承継税制（特例） ·············· 252
相続時精算課税制度 ······················ 246
直系尊属からの教育資金の一括贈与に
　係る非課税制度 ······················ 249
直系尊属からの結婚・子育て資金の一
　括贈与に係る非課税制度 ··············· 250
直系尊属からの住宅借入金等資金の贈
　与の非課税制度 ······················ 247
直系尊属からの住宅取得等資金の贈与
　の非課税制度 ························· 247
農地に係る相続税・贈与税の納税猶
　予 ·································· 257
配偶者控除 ································ 242
みなし贈与財産 ··························· 240

【財産評価】

公社債の評価 ······························ 278
小規模宅地等の評価減の特例 ·············· 266
上場株式の評価 ··························· 273
書画骨とう品の評価 ······················ 272
ストックオプションの評価 ················ 277
相当の地代 ································ 268
たな卸商品等の評価 ······················ 272
定期金に関する評価 ······················ 279
取引相場のない株式の評価 ················ 273
農地の評価 ································ 269
配偶者居住権の評価 ······················ 271
配当期待権の評価 ························· 277
マンションの評価 ························· 270

【国際課税】

移転価格税制 ······························ 304
永住者 ··························· 285, 286
円換算 ··························· 290, 295
外貨建取引 ································ 290
外国子会社合算税制 ················· 301, 302
外国所得税 ··············· 291, 292, 293, 294
外国税額控除（居住者） ·················· 291
外国法人 ·································· 299
過少資本税制 ······························ 306
過大支払利子税制 ························· 307

共通報告基準（CRS）······················315
居住者···285
グローバル・ミニマム課税制度·········308
恒久的施設··························286, 299
厚生年金の脱退一時金···················287
国外財産調書································313
国外証券移管等調書·····················314
国外送金等調書····························312
国外転出時課税····························295
実施特例法··································320
租税条約·····································317
租税条約に関する届出書等············320
退職所得の選択課税·············287, 288
特典条項に関する付表··················321
独立企業間価格····························304
非永住者····························285, 286
非永住者以外の居住者··················285
非居住者····························285, 286
邦貨換算····························290, 301

【地方税】
外形標準課税対象法人（法人事業税）
·······························348, 353, 356
均等割（個人住民税・法人住民税）
·····································332, 338
軽減税率不適用法人（法人事業税）
·······························352, 353, 355

資産割（事業所得）·······················369
指定都市等（事業所税）··················370
資本金等の額（法人住民税・法人事業
　税）······························337, 350
資本割（法人事業税）············347, 350
従業者割（事業所税）·····················369
住宅借入金等特別控除（個人住民税）··331
収入割（法人事業税）············347, 351
償却資産（固定資産税）·········359, 360
所得控除（個人住民税）··················330
所得割（個人住民税・法人事業税）
·····························333, 352～354
縦覧・閲覧制度（固定資産税）·········359
地方消費税率·······························186
超過税率（法人事業税）·········352, 355
調整控除（個人住民税）··················331
定額減税·····································332
適格簡易請求書····························191
付加価値割（法人事業税）······347, 349
ふるさと納税（個人住民税、法人住民
　税、法人事業税）··········331, 339, 356
分割基準（法人住民税・法人事業税）
·····································340, 357
分割法人（法人住民税）··················340
法人税割（法人住民税）·········337, 339
法定業種（個人事業税）··················343

〔編著者紹介〕

鳴島安雄（なるしま　やすお）

　ヒルトップ税理士法人税理士。S49東京国税局入局後、大蔵省（現財務省）主税局、山梨税務署長、税務大学校研究部主任教授、東京国税局審理官、企画課長、審理課長、個人課税課長、国税庁、札幌国税局総務部長、高松国税局長等を経てH28退職。

富川泰敬（ふかわ　やすひろ）

　税理士、行政書士、（一社）豊かな海の森創り理事ほか。S61東京国税局入局後、国税庁酒税課、税務署酒類指導官、税務大学校研究部教育官等を経てR1退職。H17税理士試験委員。著書に『図解酒税』、『酒類の取引基準及び公正競争規約集』ほか。

〔著者紹介〕

深澤英雄（ふかざわ　ひでお）

　税理士。東京国税局調査第一部調査審理課主査、東京国税不服審判所国税審査官、税務大学校研究部教授、新宿税務署副署長、東京国税局調査第四部統括国税調査官、広島国税局浜田税務署長、千葉西税務署長等を経てH29退職。著書に『国税OB税理士による税務調査のすべて』（共著）

宮川博行（みやかわ　ひろゆき）

　税理士。国税庁審理室・消費税室課長補佐、税務大学校研究部教授、東京国税局調査三部・課税二部統括国税調査官、王子税務署長、東京国税局消費税課長、札幌国税不服審判所部長審判官、江戸川北税務署長を経てH30退職。

原　武彦（はら　たけひこ）

　税理士、国士舘大学大学院客員教授。東京国税局、国税庁、東京国税不服審判所、税務大学校研究部主任教授、中野税務署長等を経てH30退職。同年9月太陽グラントソントン税理士法人入社、R4年9月業務委託契約に変更。著書に『四訂版Q&A外国人の税務』（共編著・税務研究会・2020）ほか。

近藤隆志（こんどう　たかし）

　税理士。大蔵省主税局、国税庁会計課課長補佐、税務大学校教授、世田谷税務署長、東京国税局会計課長、同局税務相談室長、板橋税務署長等を経てR1退職。著書に『所得税必要経費の税務』（編・平成29年版）。

佐藤　繁（さとう　しげる）

　東京富士大学大学院客員教授、税理士。S60東京国税局入局後、東京国税局審理課課長補佐、税務大学校研究部教授、東京国税局訟務官、税務相談室主任相談官、古川税務署長等を経てR2退職。

林　浩二（はやし　こうじ）

　ジー・エフ税理士法人パートナー税理士。東京国税局課税第一部審理課主査、同調査第一部特別国税調査官付総括主査、同調査第一部調査審理課総括主査、東京国税不服審判所審判第四部副審判官等を経てR2退職。

令和6年版　税務必携　タックスファイル

令和6年5月9日　初版印刷
令和6年5月21日　初版発行

編著者	雄敬雄行彦志繁二 安泰英博武隆 島川澤川藤藤 鳴富深宮原近佐林 浩
著　者	

不　許
複　製

（一財）大蔵財務協会　理事長
発行者　木村幸俊

発行所　一般財団法人　大蔵財務協会
〔郵便番号　130-8585〕
東京都墨田区東駒形1丁目14番1号
（販　売　部）TEL03（3829）4141・FAX03（3829）4001
（出版編集部）TEL03（3829）4142・FAX03（3829）4005
https://www.zaikyo.or.jp

乱丁・落丁はお取替えいたします。　　　　　印刷　恵友社
ISBN978-4-7547-3243-1